현대 북한의 식량난과 협동농장 개혁

개정판

이 도서의 국립중앙도서관 출판예정도서목록(CIP)은 서지정보유통지원시스템 홈페이지(http://seoji.nl.go.kr)와
국가자료공동목록시스템(http://www.nl.go.kr/kolisnet)에서 이용하실 수 있습니다.
CIP제어번호: CIP2016003877(양장), CIP2016003878(반양장)

현대 북한의 식량난과 협동농장 개혁

개정판

남성욱 지음

한울
아카데미

개정판 머리말

2004년 초판을 발행한 지 12년이 지났다. 강산이 한 번 변할 정도의 시간이 흘렀다. 초판을 발행하고 2008년부터 5년간 국가안보전략연구원장, 민주평화통일자문회의 사무처장(차관급) 등의 공직을 맡아 현장에서 북한을 관찰했다. 국가안보전략연구원에서는 국내외 및 탈북자 연구자들과 북한의 농업과 식량 생산 문제를 관찰하고 개혁·개방 가능성을 진단했다. 민주평통에서는 국내외의 통일 운동을 정부 차원에서 관리했다. 학계와 현장을 아우르는 유익한 시간들이었다. 5년 만에 학교에 복직한 후 학생들에게 북한 농업의 현장을 이해시키는 과정에서 이 책이 과거의 내용을 담고 있다는 지적을 받지 않을 수 없었다. 특히 2011년 12월 30일 김정은이 3대 세습지도자로서 북한을 통치함에 따라 김정은 시대의 농정이 새롭게 제시되었다. 특히 6.28 조치와 5.30 조치 등 북한의 사회주의경제 관리 체계 안에서의 개혁 조치들이 발표됨에 따라 북한의 현재 농업 실상에 대한 체계적인 분석이 절실했다.

미국 국제식량정책연구소(IFPRI)는 2015년 8월 공개한 「2015년 세계식량정책 보고서」에서 북한의 토지 생산성이 지난 2012년 1헥타르(ha)당 1450달러로 남한의 25% 수준에 머물렀다고 밝혔다. 북한의 토지 생산성은 1990년 1헥타르당 1532달러를 기록한 이후 지속적으로 감소하고 있다. 아시아 국가 중 1990년 이후 토지 생산성이 감소 추세에 있는 국가는 북한이 유일하다. 농업인구 1인당 노동 생산성에서도 남북한 격차가 크게 벌어졌다. 1961년 남북한의 노동 생산성은 모두 1인당 500달러 수준으로 비슷했지만, 2012년 북한의 노동 생산성은 남한(9063달러)의 7분의 1 수준에 불과한 1233달러를 기록했다. 이 책의 초판을 발행한 이후 10년이 경과했지만 여전히 북한의 식량난은 미해결 과제인 것이다.

한편 외부에서 초판에 대해 과중한 격려와 다양한 제언 등을 보내주셨다. 시간이 지남에 따라 서점에서도 재고가 소진되어 이 책의 초판을 구하기 어려워 필자에게 책을 요청하는 일이 빈번해지면서 개정판에 대한 욕구가 증가했다. 현재 대학이나 일반 연구소 등에서 발행한 북한 농업에 대한 체계적인 이해를 제고시키는 단행본은 사실상 부족하다. 북한 식량난이 발생할 때는 관심이 제고되어 관련 연구가 반짝하나 시간이 지나면 언론이나 연구 대상에서 사라졌다. 이에 따라 체계적인 연구 서적이 충분하지 않다는 지적도 많았다. 특히 이 책의 토대가 되었던 필자의 박사 학위 논문을 수정해 2006년 독일 뮌헨에 소재한 헤르베르트 Utz(Herbert Utz) 출판사에서 "Contemporary Food Shortage of North Korea and Reform of Collective Farm"이라는 제목으로 출간해 유럽과 미국의 북한 농업 연구자들로부터 주목을 받았다. 이제 연구자로서 더 이상 개정판을 지체할 수 없다는 압박감 속에서 2015년 분단·광복 70주년을 맞이해 개정 작업을 완료했다. 기존 초판의 11장까지는 현재의 내용을 유지하고 12장을 새로 추가해 2004년부터 2011년 김정일 사망까지 북한 농업을 살펴보고 김정은 집권 이후 5년간 북한 농정을 분석했다. 주로 김정은의 신년사와 농업 현지지도 등을 관찰했다. 2016년 신년사를 포함시켜 가능한 최신 내용을 담으려고 시도했고 6.28 조치와 5.30 조치의 내용과 의미 등을 파악하는 데 주력했다. 김정은 시대 경제정책의 특징 중 하나는 경제특구를 계속 지정했다는 것이다. 2013년 13개의 특구와 2014년 6개의 추가 특구 등 19개 지방급 특구와 중앙급 특구 6개를 포함해 총 25개 이상의 특구를 발표해 외자 유치에 나서고 있다. 이 중에서 북청, 어랑 및 숙천 지역을 농업 특구로 지정한 것은 이례적인 일이었다. 과거 경제특구는 주로 관광이나 산업 등 비농업 특구 중심이었으나 농업 특구를 지정함으로써 농업 분야에도 외자 유치를 시도했다. 따라서 북한이 제시한 농업 특구 세 곳에 대한 입지 분석과 남측의 진출에 의한 남북농업협력 가능성을 검토했다. 통일에 앞서 남북농업협력을 제도화하고 단순 물자 지원에서 복합농촌단지를 건설하는 방식이 검토될 때가 도래했다. 이를 위해 투자에 대한 비용 편익 분석을 시도한 결과 파급효과가 양호함을 알 수 있었다. 농어촌공사 등과 합동으로 검토한 분석

자료를 포함해 남북농업 협력에 대한 새로운 비전을 제시하려 했다.

한국에서 북한 연구를 학문적으로 진행하기에는 한계가 있다. 수시로 터져 나오는 북한 뉴스를 분석하고 남북한 현안에 대해 정책적 대안을 제시하다 보면 심도 있는 학문적 분석에 시간을 투입하기가 용이하지 않다. 그렇지만 학계와 현장을 경험한 입장에서 우선적으로 학문적 차원의 북한 연구 체계를 수립하는 노력이 중단 없이 지속되어야 한다는 점을 강조하고 싶다. 통일대박론이 화두가 된 이후, 우리 사회에는 통일에 대한 진지하고 구체적인 노력 없이 라스베이거스의 잭팟처럼 '통일이 어느 날 갑자기 올 것'이라는 막연한 낙관론이 만연해 있다. 독일 통일에 대한 잘못된 학습 효과 때문이다. 통일을 결과가 아닌 과정(process)으로 인식한 독일인들이 준비했던, 조용하지만 구체적이었던 노력을 간과한 결과이기도 한다. 또 압록강과 두만강 북·중 국경 지대에서 진행되는 북·중 간 경제협력에 대한 구체적인 분석 노력이 부족하기 때문이기도 하다. 2010년 발행된 세계적 과학저널리스트 매트 리들리(Matt Ridley)의 저서 『이성적 낙관주의』가 주장하는 합리적이고 과학적인 대안 제시만이 인류를 발전시킨다는 사실을 한반도 통일에 적용하고 싶다. 북한의 식량난이 해결되고 한반도에 통일 농정을 수립하는 그날까지 북한 농업에 대한 연구는 지속되어야 한다. 고려대학교 아세아문제연구소 북한연구센터와 (사)남북경제연구원 연구원들에게 감사의 마음을 전하고 싶다. 또 개정판을 발행하는 데 격려를 아끼지 않은 한울의 윤순현 선생에게 심심한 감사를 드린다.

병신년 2016년 1월 원단에

고려대 연구실에서 남성욱

초판 머리말

2003년 7월 28일부터 31일까지 평양을 비롯해 북한을 다섯 번째 방문했다. 방문할 때마다 식량 부족 사정이 언제 해소될까 궁금해 논밭을 살피고 작물의 생육 상태를 파악하는 데 주력해 안내원의 지적을 받는 일이 다반사였다. 평양시 강동구 구빈리 협동농장을 방문해 뙈기밭과 개인 텃밭, 그리고 계단식 밭을 직접 올라가 보았다. 남한에서는 부족한 농지를 최대한 활용하기 위해 임야 지역인 경사 30~40도의 산들을 옥수수 밭으로 전용하고 있었다. 농지로 사용하기에는 부적합하다는 필자의 지적은 북한의 곡물생산량 부족을 감안할 때 한가한 발언이라는 반론을 받을 수밖에 없었다.

2003년 양곡 연도를 기준으로 북한의 곡물생산량을 측정한 결과, 415만 6000톤에 그쳐 최소 소요량 550만 톤에서 140만여 톤이 부족했다. 2003년에는 한반도의 북핵 위기로 말미암아 국제사회의 대북 식량 지원이 아프리카보다 우선순위에서 밀려났다. 특히 1995년부터 시작된 대북 식량 지원은 8년여가 지나면서부터 기부자의 피로감(donor fatigue)이 더욱 심해졌다. 이는 대북 식량 지원이 장기화됨에도 불구하고 근본적인 대책이 강구되지 않아, 국제사회가 식량 지원에 회의감을 갖기 시작했기 때문이다. 한국 정부가 2003년에 40만 톤의 식량을 지원하지 않았다면 북한의 식량 부족 사태는 기아 발생으로 확대되었을 것이다. 남측의 이러한 지원은 북한 주민의 굶주림을 일시적으로 해결하는 데는 기여하고 있으나 구조적인 문제점을 해결하지는 못하고 있다. 연례화 · 구조화되는 북한의 식량 문제를 해결하기 위해서는 북한의 곡물생산 현황을 정확히 파악하고 효율적인 대책을 강구해야 한다.

북한의 농업생산이 부진한 이유로 농업 내부의 원인과 농업 외부의 비농업적 원인을 들 수 있다. 후자의 비농업적 원인은 일반 경제와 연관된 문제로, 경제성장이 이루어져 원유와 원자재 생산 및 도입이 증가해 비료 농기계, 농약 등 농자재의 정상적인 공급이 가능해지면 자연스럽게 해결될 문제다. 따라서 농업정책만으로는 해결이 어렵다. 전자인 농업 내부 문제의 해결 방안으로는 영농 시스템을 개편하는 것과 농업기술을 개선하는 것이 있다. 후자 방안은 옥수수 재배를 축소하고 감자 농사를 장려하며 이모작을 강조한다. 또 주체농법을 탄력적으로 적용하고 작목선택권을 농민들에게 되돌려주며, 작부 체계를 개편하는 등 농업기술의 개선과 관련된 사항이다. 반면에 전자 방안은 협동농장의 운영과 관련된 사항이다. 따라서 주 생산단위인 협동농장의 운영상 변화를 논하지 않을 수 없다.

중국의 개혁을 연구한 고든 화이트(Gordon White)는 그의 저서 *Riding the Tiger*에서 농업 개혁 없이 사회주의 개혁이 출발할 수 없다고 지적한 바 있다.

과연 현실적으로 북한의 농정당국이 협동농장의 영농 구조를 완전히 개편할 수 있을까? 이러한 질문에 대한 답은 일단 북한의 현 정세로 판단해볼 때 회의적이다. 협동농장의 전면적인 개편은 북한 경제의 기본을 해체하는 충격요법에 해당할 것이다. 소련, 베트남, 중국 및 동구 사회주의 국가에서 보았듯이 사회주의 정권은 농업의 협동화를 국가의 기본 생산 체제로 간주한다. 따라서 사회주의 농업을 포기하고 농지를 사유화하면서 가족농 체제로 전환하는 등 근본 개혁을 추진하지 않는 한 전면적으로 협동농장의 변화를 시도하기는 어렵다.

물론 협동농장 운영 체계 및 조직 단위에서 일부 변화가 있었고 상당한 개혁적 의미도 내포되었다. 1996년에 실시된 분조관리제를 집단농장의 생산물 분배형식 측면에서 볼 때, 도급제의 요소를 종전보다 훨씬 더 강화한 것으로 볼 수 있다. 도급제는 생산물의 양과 질에 따라 보수를 주는 형태이다. 생산물의 자유시장, 즉 농민시장이 존재하는 상태에서 협동농장의 도급제 생산은 농업 부문의 시장경제적 개혁을 의미하는 것이라는 견해도 있다. 그러나 분조관리제에 대한 총량적 평가를 내리기는 다소 어렵다. 왜냐하면 이 제도가 전국적으로 실시되지는 않았기 때문이다. 제도 도입의 성패를 가늠하기 위해서는 북한 전역에서 최소 3년 동안 실험이 실시되어야 한다. 이러한 전국 단위의 실험이 수행되지 않은 상태에서 평가를 섣불리 내리는 것은 사회과학적으로 합리적이지 못하다.

결국 북한 농업의 근간을 흔드는 협동농장에 대한 전면적인 개혁은 현 북한 통치체제하에서 볼 때 단기간에 이루어지기 어렵다. 협동농장 체제를 전면 개편하기 위해서는 1998년에 개정한 북한 헌법을 바꿔야 한다. 그러나 이는 노동당의 규약을 개정하는 것만큼이나 어렵다. 1978년 중국 개혁 당시 덩샤오핑(鄧小平)이 취한 행동처럼 최고 지도자의 과감한 조치가 반드시 필요하다. 현 북한 통치 체제의 특성상, 중국 농업 개혁과 같은 개인농 시스템의 도입과 관련한 논의는 시기상조다. 오히려 국영농장 설립을 강화하는 추세이므로 협동농장의 해체 논의는 북한 통치체제를 정확히 이해하지 못한 결과로 볼 수 있다. 그렇다면 농장 해체 등 전면 개혁보다 운영체제를 개선하는 것과 같은 부분 개편을 모색해야 할 것이다.

이 책의 기초가 된 것은 필자의 박사 학위(University of Missouri-Columbia) 논문인 "Prospects of Grain Production, Consumption and Trade in North Korea: 1961~97"이었다. 필자의 지도교수인 오스번(Dr. D. Osburn) 박사는 북한 농업 연구의 황무지 상태에서 연구의 분석틀을 잡아주었다. 또한 미국 농업경제학계의 살아 있는 전설인 블래스(Dr. Melvin Blase) 박사는 세계 농업과 북한 농업의 특성을 비교하는 연구 방법을 제시해주었다. 처음으로 관련 통계와 문헌 연구를 기본으로 하면서 농학적 연구와 농업경제학 및 계량 분석 등을 통합해 분석에 완벽성을 기하는 데 최선을 다했다. 또한 마지막으로 북한 원문 자료를 가능한 한 다양하게 수록해 독자들이 북한 당국에서 주장하는 내용을 파악할 수 있도록 했다.

이 책을 집필하는 데 많은 분들의 도움을 받았다. 고려대학교 북한학과의 김동규, 유호열, 김형찬, 브라이언 마이어스(Brian Mysers), 박현선 교수님 등은 좋은 연구 환경을 조성해주어 집필 시간을 최대한 확보해주었다. 고려대학교 일반 대학원 북한학과의 정순원, 허지연, 노병춘, 조상원, 오카다로 등은 편집과 색인 등 지루한 마무리 작업 등을 여름 방학 내내 최대한 도와주었다. 중앙대 박사과정 장경호, 외국어대 박사과정 장박진 군 등은 중국과 러시아 및 일본 문헌을 조사하고 정리해 집필 시간을 대폭 단축시켜주었다. 재능이 뛰어난 이 학생들이 학문적 자기 영역을 개척할 수 있도록 길잡이 역할을 하는 것이 선도 연구자의 책임이라고 생각한다. 김순화 · 남상미 · 남상우 등 가족들도 집필의 어려움을 지켜보느라 수고가 많았다. 어려운 출판 여건 속에서도 흔쾌히 출판을 허락해준 한울의 김종수 사장님을 비롯한 임직원 여러분에게 심심한 사의를 표한다.

2003년 12월 30일 한 해를 보내며
연구실에서 남성욱

차례

개정판 머리말 5

초판 머리말 8

제1장 북한 농업의 현황과 정책 방향 21

1. 북한 농업의 현황 21
2. 최근 북한 농업정책 추진 방향 25
   1) 감자 증산정책 28
   2) 이모작 면적 확대 31
   3) 종자혁명 33
   4) 토지정리사업과 토지보호대책 34
   5) 초식 가축사육 및 양어 사업 확대 36
   6) 미생물 비료 도입 39
   7) 국영농장 신설 40
   8) 주체농업정책의 탄력적 적용 41
   9) 기상재해 최소화를 위한 농업 기반 정비 42
   10) 외자 유치를 위한 농업경제특구 지정 43
3. 북한 곡물생산과 소비의 역사적 고찰 43
   1) 생산량 추이 43
   2) 북한의 식량 수출입 고찰 47

제2장 북한 농업정책의 추진과 협동농장체제 도입 51

1. 북한 농업 발전과 협동농장체제 도입의 불가피성 51
   1) 제1단계(1945~1949): 인민민주주의 개혁기 56

2) 제2단계(1950~1953): 동란기 57
3) 제3단계(1954~1959): 사회주의 혁명기 57
4) 제4단계(1960~1970): 사회주의제도 건설기 58
5) 제5단계(1971~1976): 사회주의제도 안정기 59
6) 제6단계(1977~1986): 주체경제 확립기 60
7) 제7단계(1987~1993): 사회주의제도 완전승리기 60
8) 제8단계(1994~1999): 사회주의 농업제도 고난기 61
9) 제9단계(2000~현재): 사회주의 농업제도 보완기 61

2. 1946년 토지개혁의 의의와 협동화 62

3. 북한의 농업협동화 정책 67

1) 농업집단화의 시대적 배경 67
2) 농업집단화의 전개 과정 68
3) 북한 농업협동화 과정의 특성 70
4) 북한 농업협동화 운동 경과의 개관 76
5) 북한 농업협동화 운동 추진 사례별 내용과 특성 82
6) 개별조합의 협동화 사례 90
7) 협동화 과정상의 쟁점 검토 98

제3장 1964년 "사회주의농촌문제에 관한 테제"와 협동농장 운영 개혁 ······ 109

1. "테제"의 일반적 해석과 협동농장 운영 109

2. "테제" 발표의 배경과 협동농장 운영 개선 114

3. 농업협동화와 농정조직 구축 정책 116

1) 농업성 117
2) 도 농촌경리위원회 118
3) 군 협동농장 경영위원회 118
4) 리 협동농장 관리위원회 119

제4장 북한의 협동농장 거시적 운영 조직 및 미시적 운영 정책 ············ 123

1. 북한 협동농장의 거시적 현황 123
2. 협동농장의 재산과 소유 128
3. 협동농장 조합원의 의무와 권리 130
1) 조합원의 의무 130
2) 조합원의 권리 130
4. 협동농장의 기능별 조직 131
1) 협동농장의 주요 기관 131
2) 협동농장의 내부 조직 135
3) 협동농장의 생산 체계 137
4) 협동농장의 공급 및 분배 체계 142
5. 협동농장의 영농자재 조달공급체계 143
6. 협동농합의 영농자금 조달공급체계 145
7. 북한의 분배 체계 147
1) 북한 분배 체계의 원칙과 기준 147
2) 협동농장의 수입과 지출 149
3) 협동농장 수입 분배 151
4) 작업반우대제 156
5) 분조관리제 157
6) 협동농장 운영과 농산물의 수매 162

제5장 협동농장 운영체제와 규약의 변화 양상 ································· 163

1. 농업법 제정과 협동농장 운영체제 변화 163
2. 국영농장의 신설 증가 165
3. 협동농장규약기준 적용의 이완 166
4. 협동농장 생산 · 분배 제도의 변화와 효과 167
5. 1996년 분조관리제와 농장원의 영농행태 170
6. 1996년 분조관리제의 문제점과 향후 전망 171

7. 생산성 증대 목적의 제도 173

제6장 북한의 주체농법과 협동농장 운영체제 ······························ 177

1. 주체농법의 의의 177
1) 주체농법 도입의 배경 177
2. 주체농법 대두의 시대적 배경 179
1) 경제적 배경 179
2) 주체농법의 도입 시점 180
3. 주체농법의 철학 182
4. 주체농법의 내용과 협동농장 운영 184
1) 적지적작(適地適作), 적기적작(適期適作) 186
2) 밀식재배와 연작(連作) 187
3) 시비체계의 과학화 188
4) 다락밭 건설 189
5. 주체농법의 문제점과 향후 방향 191
1) 주체농법의 문제점 191
2) 주체농법의 향후 방향 193

제7장 협동농장 운영과 곡물생산함수 분석 ······························ 196

1. 북한 식량난 원인 분석과 기존 연구 검토 196
2. 곡물생산함수를 통한 회귀분석 201
1) 데이터 출처 201
2) 곡물생산함수의 구성 202
3. 곡물생산함수에 대한 회귀분석 결과 212
4. 협동농장체제와 개별 투입 요소에 대한 논의 217
5. 곡물생산함수 분석과 식량증산을 위한 대책 221

제8장 협동농장 개편 방향과 가족농의 역할 증대 ………………………… 229

1. 북한의 협동농장 개편 가능성 229
2. 현행 협동농장 운용체제의 한계와 개선 방향 231
3. 가족농의 역할 236

제9장 북한 협동농장과 중국 및 구소련 협동농장 비교분석 ……………… 241

1. 중국 인민공사의 운영 형태와 개혁 내용 241
 1) 사회주의혁명과 토지개혁 241
 2) 농업집단화와 인민공사의 형성 244
 3) 인민공사의 성장 247
2. 인민공사의 운영 형태 249
 1) 관리 체계 249
 2) 생산조직 250
 3) 분배 체계 254
3. 인민공사의 개혁 내용 257
 1) 개혁 배경 257
 2) 제1단계 개혁: 생산책임제 도입과 인민공사 해체 259
 3) 제2단계 개혁: 토지제도 개혁과 경영규모 확대 269
4. 소련 콜호스의 운영 형태와 개혁 내용 275
 1) 콜호스의 성장과정: 사회주의혁명과 토지개혁 275
 2) 농업집단화와 콜호스의 형성 278
 3) 콜호스와 집단농장의 성장 282
 4) 콜호스의 운영 형태 286
 5) 협동농장의 생산 체계 286
 6) 분배 체계 287
 7) 콜호스의 개혁 내용 288
5. 제2단계 개혁: 시장경제로의 체제전환 300
 1) 1단계 개혁의 실패 300

2) 농업체제전환: 토지개혁과 농민경영 창설 302
3) 농업체제 전환의 실태 303
6. 북한 협동농장과 중국 · 소련의 비교 306
1) 집단농장 개혁 유형 306
2) 농업집단화의 비교 308
3) 관리 체계의 비교 311
4) 생산조직의 비교 315
5) 분배 체계의 비교 319
6) 역사적 경험의 비교 323

제10장 북한 협동농장체제의 개혁 방향과 대응 방안 ························· 326

1. 향후 협동농장 개혁 여건과 방향 326
2. 협동농장 개편의 기본 원칙 328
1) 농장원의 자원성 원칙 보장 330
2) 형평성 원칙에 의한 생존권 보장 331
3) 효율성 원칙에 의한 농업생산구조 유도 331
4) 여타 산업 부문과 연계된 개혁 방향 유도 332
3. 협동농장의 개혁 방향 332
1) 거시적 개혁 방향 332
2) 미시적 개혁 방향 335
4. 북한 농업개혁과 남북 농업협력 336
5. 협동조합 재건과 남북한 농업협력 방향 341
1) 협동농장과 국내 농업주체 간 계약재배 방식의 활성화 342
2) 협동농장의 감자 증산정책에 참여 344
3) 협동농장 지원 관련 국제사회와 연계 추진 345
4) 특정 협동농장 대상 잠업협력 적극 추진 346
5) 협동농장 지원 관련 남북농업채권 발행 347
6) 협동농장 대상 과잉 농축산물 지원 347
7) 각종 영농자재 지원 348

제11장 7·1 경제관리개선조치와 농업개혁 ………………………………… 350

1. 7·1 조치와 북한 경제 350
2. 물가인상: 국정가격과 농민시장 가격의 비교분석 353
1) 국정가격 제정의 기준과 원칙 353
2) 국정가격 인상의 실태 분석 355
3) 농민시장 물가동향 359
4) 최근 농민시장 물가동향: 초인플레이션 만연 362
3. 임금 인상의 원칙과 목적: 직종별 차별화와 근로의욕 제고 363
1) 임금 인상의 원칙과 목적 363
2) 계층별 임금 인상의 비교: 선군정치와 직업별 차별화 365
3) 공업 부문별 임금 인상 비교 368
4) 7 · 1 조치에 따른 임금 인상 내용 370
4. 임금과 물가 인상에 따른 생산 · 소비 행태의 변화와 사회적 · 경제적 함의 373
1) 생산 · 소비 행태의 변화 양상 373
2) 임금 · 물가 인상과 사회적 · 경제적 함의 375
5. 7·1 조치의 평가와 향후 개혁추진 전망 377
6. 7·1 경제관리개선조치와 농업개혁 379
1) 농업관리개선조치의 내용 379
2) 농업개혁 평가 및 향후 전망 384

제12장 김정은 집권 이후 농정과 향후 전망 ………………………………… 391

1. 김정은 집권 이후 농정의 내용과 식량수급 실태 391
1) 2000년대 이후 북한 경제 및 농업현황 391
2) 김정은 집권 이후 농정 방향 395
3) 김정은 시대 식량수급 실태 405
2. 김정은 시대 농업개혁 평가: 6.28 조치와 5.30 조치 409
1) 6.28 조치와 5.30 조치의 내용과 평가 410
2) 북한의 농업생산성 평가 414

3. 북한의 농업경제특구와 복합농촌단지 건설 417
1) 북청농업개발구 418
2) 어랑농업개발구 424
3) 숙천농업개발구 428
4) 농업개발구 파급효과와 남북농업협력 432

부록 443
1. 우리나라에서의 사회주의적 농업협동화의 승리와 농촌경리의 앞으로의 발전에 대하여 444
2. 분조관리제를 정확히 실시하며 농업생산에서 새로운 앙양을 일으킬 데 대하여 484
3. 농촌경리의 당면한 과업의 성과적 실행을 위하여 497
4. 우리나라 사회주의농촌문제에 관한 테제 505
5. 북한의 주요 농업 연표 533
6. 농업협동조합 기준규약(잠정) 542

참고문헌 552
찾아보기 569

제1장

북한 농업의 현황과 정책 방향

1. 북한 농업의 현황

"우리는 알곡뿐만 아니라 여러 가지 농산물과 부산물을 많이 생산함으로써 우리의 농촌경리를 인민 경제와 주민들의 수요를 충족시킬 수 있는 발전된 사회주의적 경리로 만들게 될 것입니다."[1) "농민들은 인민군대와 로동자, 사무원들의 식량을 보장하기 위하여 올해 봄 밭갈이를 제때에 하며 영농사업에 모든 힘을 집중하여야 하겠습니다. 전체 농민들은 '식량을 위한 투쟁은 조국을 위한 투쟁이다!'라는 구호를 높이 들고 식량 절약과 증산 투쟁에 총궐기하여야 하겠습니다."[2) "농촌경리는 사회주의 경제건설에서 매우 중요한 자리를 차지합니다. 농사가 잘되어야 먹을 것이 넉넉하게 되고 나라의 모든 살림살이가 잘 펴나갈 수 있습니다."[3)

1) 김일성, 『김일성 저작선집』 제2권(평양: 조선로동당출판사, 1979), 319쪽.

2) 김일성, 『김일성 저작집』 제6권(평양: 사회과학출판사, 1980), 243쪽.

이 인용문들은 1950~1960년대 김일성이 협동농장에 대한 현지지도를 통해 강조한 지시 사항들이다. 이것은 북한 농업의 농촌경리가 사회주의 경제발전에서 차지하는 위치와 의의를 명확하게 보여준다. 농촌경리를 속히 발전시켜야만 주민의 식량 수요를 원만히 충족시킬 수 있으며 경공업 원료를 보장해 공업 발전을 촉진시킬 수 있다고 한다. 즉, 북한은 전체 경제건설에서 농업이 차지하는 중요성을 역설하고 정권 차원에서 식량 생산이 차질을 빚지 않도록 혼신을 다할 것이라며 농민들도 적극적으로 정부 정책에 동참할 것을 역설하고 있다. 이러한 노력을 기울인 결과 북한은 1980년대 말까지 비교적 좁은 경작 가능 지역과 2~3%의 높은 인구 증가율이라는 열악한 조건하에서도 인민들의 식량 수요를 어느 정도 충족시켜왔다. 1990년대 초·중반까지 북한 농업이 보여준 역사적 경험은 현재 북한 농업이 당면한 어려움의 원인을 파악하고 향후 농업생산량 회복의 가능성을 가늠하는 데 중요한 단초가 될 것이다. 따라서 북한의 농업현황을 정확히 이해하기 위해서는 1948년 토지개혁에 이어 진행된 협동농장집단화에 대한 심도 있는 분석이 선행되어야 한다. 또한 다음의 두 가지 명제에 대한 문제 제기를 통해 협동농장의 중요성을 강조하고 이에 대한 함의를 파악해야 한다.

북한은 매년 봄철에 개최되는 남북당국자회담에서 비료만 제대로 공급되면 식량 생산이 정상화될 것이라고 주장하며 20~30만 톤의 비료 지원을 요청했다. 이후 언론에 공개되지 않은 비공개 접촉을 통해 비료를 지원했으나, 가을 수확기에 열린 회담에서 북한은 식량 문제가 해결되었다는 소식 대신 일부 지역의 가뭄이나 홍수 등 자연재해로 인해 생산량이 전체 최소 소요량 550만 톤에서 150~200만 톤이 미달해 남측의 지원이 불가피하다는 요구를 했을 뿐이었다. 이는 비료가 북한 농업생산량 회복의 결정적 변수(decisive variable)로 작용하지 못했고 제 역할을 다하지 못하고 있음을 암시하는 대목이다.

둘째, 일부에서는 집단농장제도가 농민들의 생산 의욕을 자극하지 못해 생산량이 급속히 감소했다고 주장하면서 집단농장제도만 해체되면 생산량이 급

---

3) 김일성, 『김일성 저작선집』 제3권(평양: 조선로동당출판사, 1979), 383쪽.

증할 것이라고 단언했다. 물론 일리가 있는 지적이다.

그러나 남측에 '자본주의를 포기하고 사회주의를 수용하라면 가능하겠는가?' 라는 질문을 제기하지 않을 수 없다. 유사한 논리로 북측 사회주의 건설의 핵심 제도인 집단생산제도의 개선은 북한 정권이 존재하는 한 부분적이라도 수정하기 어려운 사항들인 만큼 이 제도의 폐기를 전제로 한 논의는 학문적 연구로서는 가치가 있으나 해결이 시급한 현실 문제를 다룰 경우에는 효용성이 낮아질 것이라고 판단된다. 특히 북한이 식량 수급 문제를 부족하나마 해결할 때도 개인생산제도가 아니었기 때문에, 집단농장제도를 골간으로 유지한 상태에서 현재 논의하는 것이 사회과학적으로 타당하다.

북한의 농업협동화가 사회주의체제에서 필연적으로 뒤따르는 기본적 원리이자 예정된 과정이라고 볼 때 농업협동화는 북한 농업이 안고 있는 여러 가지 모순들이 나타나는 원인의 단초를 제공했다. 북한 농업은 임업과 수산업을 포함해 2003년 기준 국민총생산(GDP)의 약 30%를 차지하고 있다.[4] 1995년부터 시작된 가뭄, 홍수, 해일, 우박, 태풍 및 한파 등의 자연재해가 사실상 거의 매년 발생했고 정도의 차이만 있을 뿐 농업생산량에 상당히 부정적인 영향을 미쳤다. 또한 외화 사정이 악화되면서 비료, 연료, 농약, 트랙터 및 농기계 부품 등 농업 투입 자재가 부족해졌다. 이러한 모순은 최근의 식량난에서 잘 나타나고 있다.

북한은 특히 1995~1998년에 최악의 식량난을 경험한 이후 국제사회의 원조 등에 힘입어 그 심각성이 완화되었다고 밝혔으나 여전히 식량 부족 문제는 해결되지 않고 있다. 북한의 2003년 곡물생산량은 415만 6000톤에 그침으로써 140만여 톤의 식량이 부족한 것으로 추정된다. 국제식량농업기구(Food and Agriculture Organization of the United Nations: FAO)는 2015년 10월 공개한 2015년도 「식량전망 보고서」에서 북한이 올해 쌀 150만 톤과 옥수수 220만 톤을 생산할 것으로 추정했다. 이는 작년보다 쌀은 20만 톤, 옥수수는 40만 톤 감소한 수치다. 북한은 2015년도에 쌀 30만 톤, 옥수수 20만 톤을 각각

---

4) 한국은행, 「북한 국민총생산(GNP) 추계」(2003), www.bok.go.kr.

수입해 2015년 생산량 370만 톤까지 합쳐 모두 420만 톤의 식량을 확보할 계획이었지만, 이는 북한의 연간 곡물 최소 소요량인 540만 톤보다 120만 톤가량 부족한 양이다.

식량난의 원인으로는 자연적 요인, 농업 외적 요인, 농업 내부 요인 등이 있다. 자연적 요인으로는 협소한 경지면적과 일조량, 무상일수 등 농업에 불리한 자연조건과 연이은 자연재해를 들 수 있다. 농업 외적 요인으로는 경제가 낙후되어 비료, 농약, 농기계 등 농자재 공급이 부족해 농업생산 정체가 구조화된 것을 들 수 있다. 농업 내부 요인으로는 농업생산 기반, 품종개량, 생산기술 등 농업생산 체계의 붕괴 등과 비효율적인 농업정책 및 농민의 생산 의욕 감퇴를 들 수 있다.

북한은 식량 증산을 위한 이모작 재배 확대, 감자의 증산 등 다양한 농업정책을 선보이고 있다. 이러한 일련의 변화들이 북한 농업에 어떠한 변화를 줄 것인지 알아보고 북한의 농업 개혁 방향을 예측하기 위해서는 북한의 농업 구조와 생산 체계에 대해 분석하고 북한 농민들의 생활 실태에 대해 정확히 인식할 필요가 있다. 북한의 농업과 농민들의 일상생활을 규정짓는 농업의 생산 체계는 북한 정권이 수립된 이후 실시된 토지개혁과 농업협동화에 의해 결정되었다.

현재 북한의 농업생산은 약 1000여 개의 국영농·목장과 3000여 개의 협동농장에서 이루어지고 있으며, 텃밭이나 뙈기밭을 제외하면 협동농지가 북한의 농업을 책임지는 생산단위인 셈이다.

북한 농업은 1946년 토지개혁과 1958년 농업협동화를 통해 일대 전환을 맞이했다. 토지개혁은 북한 사회주의의 사회경제적 토대를 형성한 기본이다. 현재 북한의 농업생산은 협동농장과 국영농장이라는 집단화된 생산조직이 90% 이상 전담한 상태로 이뤄지고 있다. 협동농장은 리(里) 단위 기본 생산조직으로 전국에 3000여 개가 있으며 북한 전체 경지면적의 90%인 180만 헥타르, 농업생산의 80%를 담당하고 있다. 반면 국영농장은 지역 단위에 제한되지 않은 생산단위로 육묘와 축산 등 국가 소요 농축산물의 생산을 담당하고 있다. 결국 텃밭이나 뙈기밭 등을 제외하고 협동농장은 사실상 북한 농업을 책임지는 생산단위들이다. 따라서 이들 협동과 국영농장 운영 체계를 정확하게 이해하지 않고서 북한 농업생산을 정확하게 이해하는 것은 불가능하다.

2. 최근 북한 농업정책 추진 방향

남한이 1970년대 식량 증산을 위해 새마을운동을 전개하고 품종 개발 및 기술 진보에 혼신의 힘을 쏟았듯이 북한도 식량 부족 문제를 해결하기 위해 각종 정책을 추진하고 있다. 1993년 12월 북한 당 중앙위원회 총회는 제3차 7개년 계획(1987~1993)이 실패했음을 공식적으로 인정했다. 그래서 1994~1996년까지 3년을 완충기로 정해놓고 농업 제일주의, 경공업 제일주의, 무역 제일주의라는 혁명적 경제 전략을 내세웠다.[5] 북한은 1994년 김일성이 사망하기 전까지 1990년 이후 악화된 경제난을 극복하기 위해 여러 정책을 추진했고 김정일 역시 경제 문제 해결을 정책 추진의 제일 과제로 삼았다. 특히 북한은 1999년, 2000년, 2001년, 2002년에 이어 2003년 신년 공동 사설을 통해서도 “강성대국의 영마루로 총진군해가는 대담한 공격전의 해, 거창한 변혁의 해”로 설정하고 경제건설이 강성대국 건설의 가장 중요한 과제임을 강조했다. 구체적으로 인민경제의 모든 부문에서 생산 정상화, 인민생활의 안정과 향상을 경제건설의 기본 과업으로 제시했다. 김정일은 이러한 정책에 대한 당국의 의지를 과시하기 위해 2003년 1월부터 10월까지 경제 부문 현지지도를 예년보다 대폭 증가한 수치인 20회 이상 실시했고, 곡물생산량 부진에 따른 식량 부족 사태를 해결하기 위해 농민들의 증산을 독려하고 있다. 또한 7 · 1 경제개선관리조치에 대해서도 각종 보도 매체를 통해 선전 활동을 강화하는 등 북한 주민들의 생산 의욕을 자극하고 있다.[6] 또한 ‘제2의 천리마 대약진 운동’을 재차 강조해 주민 노력 동원을 대대적으로 전개하고 있다.

1998년에 들어, 최악의 경제난이 진정 국면에 들어서자 북한은 그동안 무너

---

5) 에야 오사무, 『김정일의 북한, 내일은 있는가』, 김종우 옮김(청정원, 1999), 113쪽.

6) 남성욱, 「7 · 1 조치 이후 북한농업부문의 변화」(통일농수산포럼 제21차 정기 월례세미나 발표문, 2003.5.30), 1쪽.

진 경제의 규율과 질서를 확립하고 실리를 확보하기 위해 각종 법과 제도를 정비하는 등 경제 운영 체계의 정상화를 도모했다. 헌법 개정(1998.2), 농업법(1999.2), 양어법(1999.3), 인민경제계획법(1999.4), 대외경제중재법(1999.7), 신의주 특별행정구 기본법(2002.9), 개성공업지구법(2002.11), 금강산관광지구법(2002.11), 회계법(2003.3) 등 경제 관련 법들을 계속적으로 제정했다. 또한 북한은 1999년 4월 최고인민회의 10기 2차 회의에서 1995년 이래 중단되었던 국가 예산 등 재정 규모를 심의 발표했다. 또한 김정일은 1999년 2월 농민시장이 지나치게 팽창하면 노동자들이 직장을 이탈하는 등 북한이 자본주의로 타락할 우려가 있다며 1차 경고했고 번창 일로에 있는 '자유시장'을 폐쇄하라고 명령했다고 보도된 바 있다.[7] 하지만 시장경제 요소를 도입함으로써 궁극적으로 북한 체제의 불안 요인이 될 것이 우려됨에도 불구하고 7·1 경제관리개선조치 및 신의주 특별행정구, 개성공단 개발과 같은 일련의 경제개혁 조치를 취해서 부분적이나마 시장경제를 수용하겠다는 북한의 정책 의지를 대외적으로 전달하고 있다.[8] 특히 2003년 3월에는 농민시장을 농산물뿐만 아니라 공산품도 판매하는 상설 종합시장으로 전환해 시장의 기능을 적극적으로 인정하기 시작했다.

이러한 전반적인 분위기 속에서 북한이 식량난을 해결하기 위해 어떠한 대응 노력을 했는지 살펴보자. 우선 식량난 해결은 체제 존립의 문제와 직결되어 있는 만큼 식량 증산은 북한 경제의 최우선 과제가 되고 있다. 따라서 농업 부문의 증산을 위한 구체적 조치를 1999~2003년까지 분석해보면 다음과 같다.

1999년 1월 자강도 현지지도에서 김정일은 농사에 모든 힘을 집중할 것을 지시했다. 1999년, 2000년에는 신년 사설을 통해 농업생산이 강성대국 건설의 "천하지대본(天下地大本)"이라고 강조하면서 국가적 차원에서 먹는 문제 해결, 감자 농사에서의 혁명, 적기적작(適期適作)·적지적작(適地適作) 원칙에서 농업 구조 개선, 두벌농사 및 종자혁명 계속추진, 토지정리사업의 전 군중적

---

7) ≪교도통신≫, 1999년 9월 1일 자.

8) ≪중앙일보≫, 2003년 7월 9일 자.

운동전개 등을 제시했다.

한편 북한 평양방송도 2000년 3월 13일 "장군님(김정일 총비서)은 나라의 전반적인 경제를 활성화하는 돌파구를 열어놓기 위해 두 가지 문제, 즉 먹는 것과 전력 증산 문제 해결에 힘을 집중했다"라고 선전했다. 김 총비서가 먹는 문제 해결을 위해 구체적으로 감자 농사 혁명, 두벌농사(이모작) 면적 확대, 복합미생물 비료 확대, 대규모 토지정리, 종자혁명, 초식 가축사육 및 양어 사업 확대 등을 "통 크게" 벌릴 것을 지시했다면서 특히 김 총비서가 농업생산성 증대와 관련해 "북한을 가까운 앞날에 세계적인 감자 단지로 전변시키는" 구상을 하고 있다고 소개했다. 즉, 옥수수가 재배되고 있는 상당수 지역의 작물을 감자로 바꾼다는 계획이다.

2001년 북한은 신년사설에서 대홍단 정신, 대홍단 일본새로 21세기의 첫 농사에서 풍작을 이룩하자고 했으며, 2000년은 '라남의 봉화'를 통해 사회주의 경제건설에서 성과를 이룩하고 농업생산에서 새로운 전진의 토대를 마련한 한 해였다고 회고했다. 특히 농업 전선은 강성대국 건설을 위한 가장 중요한 투쟁 전선으로서 농업생산을 획기적으로 늘리고 먹는 문제를 완전히 해결해야 한다고 주장했다. 또한 종자혁명은 먹는 문제를 해결하기 위한 농업 부문 사업의 기본 고리이며 과학기술에 기초해 생산성이 높은 우리식 종자를 육성해야 한다고 강조했다.[9]

2002년 북한은 제2의 토지개혁이라고 일컬어지는 7·1 경제관리개선조치[10]를 단행했다. 이로 인해 북한 농업에서 농산물의 가격이 많은 영향을 받았다. 식량 가격을 현실화해 알곡 판매 가격을 킬로그램당 8전에서 44원으로 550배 대폭 인상했고, 쌀의 농민 수매 가격은 킬로그램당 40원으로 종전의 킬로그램당 82전보다 50배 인상되었고 옥수수의 수매가는 킬로그램당 60전에서 20원으로 33배 인상되었다. 판매가는 킬로그램당 6전에서 24원으로 400배 인상되었다. 콩은 킬로그램당 8전에서 40원으로 500배 인상되었고 밀가루는 킬

---

9) ≪조선신보(朝鮮新報)≫, 2002년 1월 1일 자.

10) 2002년 7월 1일 경제관리개선조치의 실시로 임금은 노동 유형에 따라 약 20배 인상되었고 미국 달러화에 대한 환율은 2.15원에서 151원으로 인상되었다.

로그램당 6전에서 24원으로 400배 인상되었다. 결국 7 · 1 조치는 원칙적으로 더 많은 인센티브를 제공할 것이며 주기적인 조정을 통해 중 · 장기적으로 북한의 농업생산에 긍정적인 효과를 나타낼 것이다. 북한 당국도 농산물의 가격 현실화를 시행해야만 정부의 양곡 적자 부담이 줄어들고 정부의 재정예산도 건전해질 수 있기에 7 · 1 경제관리개선조치를 시행하게 된 것이다. 이러한 인센티브에 기초한 생산 시스템은 북한 농업에서 중요한 역할을 수행할 수 있으며 나아가 북한의 식량 부족 사태를 해결하는 데 많은 도움이 될 것이다. 또한 1990년대 이후 계속되고 있는 북한의 만성적인 식량 부족 상황을 해결하기 위해서는 긴급 식량 원조뿐만 아니라 남북한 정부와 국제사회가 지속 가능한 식량 생산 및 전반적인 식량 안보를 제고하는 데 필요한 경제적 · 재정적 지원을 모두 동원할 수 있어야 할 것이며,[11] 이를 뒷받침해줄 수 있는 제도적 틀을 마련하고 실행해나가는 정책 기구를 구성해 정책적인 합의를 도출해내야 할 것이다.

김정은 집권 시대에 들어서는 2012년 6.28 조치, 2014년 5.30 조치 등을 발표해 농민들의 영농의욕을 고취하는 데 주력하고 있다. 김정은은 농산 · 축산 · 수산 부문에서 혁신을 일으켜 인민생활을 개선하자고 역설했다. 구체적인 역점 사업으로 강원도 세포지구 축산기지 건설, 전국 양어장 건설 등 수산, 채소온실 및 버섯 생산기지들이 이제 성과를 거둬야 한다고 독려했다. 또한 이를 통한 주민 생활의 개선을 강조했다.

1) 감자 증산정책

감자는 식량작물로서 전 세계 130여 개국에서 재배되고 있으며 쌀, 옥수수, 밀, 대두와 함께 5대 작물에 속하는 주요 작물이다. 북한은 그동안 지역 특성을 고려하지 않고 주체농법이라는 구호 아래 동일한 작물을 전 지역 농민에게

---

11) 남성욱, 「2002년 북한의 임금과 물가인상에 따른 주민 생산 · 소비행태의 변화에 관한 연구」, 고려대학교북한학연구소, 『7 · 1 경제관리개선조치의 평가 및 향후 전망』(제4회 국제학술세미나 자료집, 2003.6.26).

〈그림 1-1〉 씨감자 생산 체제

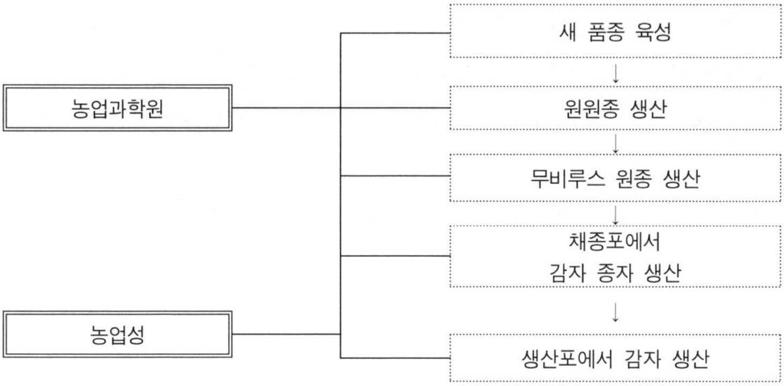

〈그림 1-2〉 북한의 감자 원종 생산 체계

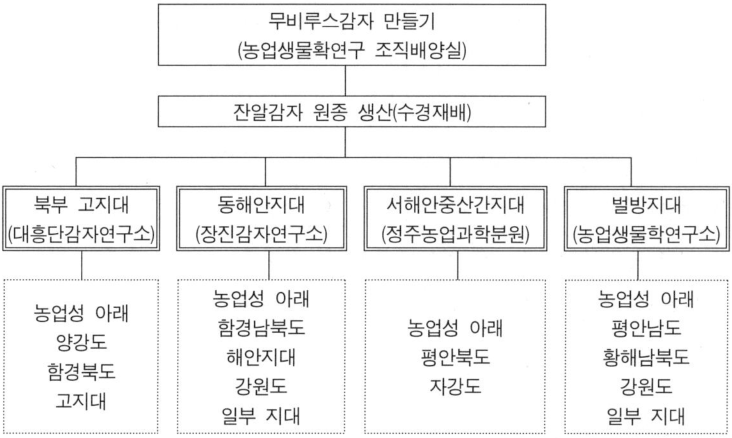

강요해왔다. 특히 쌀과 함께 옥수수를 주곡으로 책정하면서 옥수수의 비중을[12] 무리하게 확대하곤 했다. 그러나 옥수수는 지력을 많이 소모시키고 성장기에 비료를 다량으로 필요로 하는 다비(多肥) 작물이다. 그래서 옥수수는 세계적으로 토양이 비옥한 미국의 일리노이 주의 콘 벨트와 중국의 황허 강 유

12) 2003년 북한 식량생산량 415만 6000톤(FAO 발표 기준) 중에서 쌀은 148만 4000톤, 옥수수는 172만 5000톤을 기록해 전체 작물에서 쌀과 옥수수의 비율이 36 : 41이었다.

역 등지에서 주로 재배된다. 남북한의 한반도는 노년기 지층의 퇴적암이 토양을 구성하고 있어 유기질이 부족하다. 이러한 토양하에서 옥수수는 주곡으로서 부적합하다. 전통적으로 한반도에서 옥수수는 부업 작물에 불과하다.

비료 수급이 원활히 이뤄지지 않자 1990년대 중반 이후 옥수수 생산성이 급격히 하락했다. 북한도 1998년 이후 이와 같은 문제점을 인식하고 옥수수 재배면적을 줄이고 감자를 장려하기 시작했다. 현재 북한의 씨감자 생산 체계를 보면 감자 새 품종 육성과 원원종, 원종 생산을 농업과학원이 담당해 진행하고 있으며 농업성은 원종을 넘겨받아 채종해 감자를 생산하고 있다.[13] 그 체계는 〈그림 1-1〉과 같다. 감자는 과도한 비료 공급이 필요하지 않고 수확량이 옥수수보다 절대량이 많다. 또한 고산지대에서도 재배가 가능하고 옥수수와 달리 기후에 영향을 적게 받으며 감자는 기후가 서늘하고(6~7월의 평균기온이 15~23℃ 범위가 생육에 적정 온도) 주야간 온도차가 큰 산간지대에서 생육이 왕성하고 작황이 좋은 작물이다.

해방 이전에 감자 재배는 개마고원을 비롯한 고산지대에서 많이 이루어졌다. 북한은 어려운 경제 여건 속에서도 종자혁명을 일으킬 수 있는 모든 토대를 마련했다.[14] 북한의 농업과학원에서는 채택된 씨감자 생산 체계를 북한 전역에 적용해 부족한 수송 수단을 극복할 수 있도록, 필요한 물량의 씨감자를 지역별로 분담시킬 계획을 갖고 있으며 이를 위해 〈그림 1-2〉와 같이 북부 고지대, 동해안지대, 서해안중산간지대, 평야지대(벌방지대)로 나누어 생산하고 있다.

북한의 감자 품종으로는 조생 품종이 포태 7호, 올 23호, 부전 63호이고, 중만생종은 장진 66종, 랑림 1호, 백암 2호, 감자 18호, 대홍단 1호, 남연 21호, 연사 1호 등이며 만생종은 두만강 3호가 포함되어 있다. 생육 기간은 품종에 따라 80~110일 정도이다. 북한에서 감자를 이모작할 경우 전작으로 3월 중순께 파종해 6월 하순께 쌀과 옥수수에 앞서 파종이 가능하다.

---

13) 이용범, 「북한의 원예산업 현황, 북한농업연구」, ≪북한농업연구≫, 제9권(2002), 52쪽.

14) 박래경 외, 『북한의 주요 농업개발 현황과 협력방안』, 한국농촌경제연구원(2000.12), 93쪽.

〈표 1-1〉 북한의 감자 재배면적 및 연도별 생산량 추이

구분	1994	1995	1996	1997	1998	1999	2000	2001	2003
재배면적 (1000ha)	55	45	48	80	120	187	188	188	187
ha당 수량(톤)	10.4	9.7	10.6	10	10.6	7.9	9.9	10	12.8
생산량(만 톤)	57	44	51	80	127	147	187	188	239

자료: FAO Statistical Databases, http://apps.fao.org.

북한의 감자 재배면적 및 연도별 생산량 추이는 〈표 1-1〉과 같다. 〈표 1-1〉에서도 나타나듯이 1998년과 2001~2003년의 감자의 생산량을 비교해봤을 때 약 70% 정도 증가했고 재배면적 또한 늘어나는 추세이다. 이는 감자의 증산 정책으로 식량 문제를 해결해보려는 북한의 의도인 것으로 추정해볼 수 있다.

2) 이모작 면적 확대

두 번째 농업전략은 이모작 추진이다. 경지면적이 부족한 만큼 쌀과 옥수수 외 전작과 후작으로 밀, 보리, 감자를 적극 재배하는 것이다. 이모작은 국제식량농업기구(FAO) 등의 기술 지원을 받아 이루어진다. 특히 겨울밀과 봄보리는 양강도와 함경북도를 제외한 모든 지역에서 생산되며 국제식량농업기구(FAO)와 두만강지역개발계획(Tumen River Area Development Programme: TRADP)이 북한 농업복구계획의 일환으로 시작한 이모작 프로그램에 포함된 주요 곡물이었다. 이모작 프로그램은 현재의 조건하에서 식량 생산을 증대시킬 수 있는 효과적인 전략인 것으로 고려된다.

이 프로그램의 목적은 6~9월 기간에 옥수수와 벼를 재배한 이후, 10월부터 이듬해 6월까지 농지의 일부를 활용해 여타 곡물과 감자를 재배하는 데 있다. 자강도, 양강도 및 함경북도를 제외한 모든 지역에서 이모작이 계속 강조되고 있다.[15] 〈표 1-2〉는 북한의 주요 곡창지대인 평안남북도, 평양, 황해남북도의

15) http://www.fao.org/docrep/005/y7843E/y7843E00.htm

〈표 1-2〉 북한 곡창지대의 농사 달력

작물 \ 월	10월	11월	12월	1월	2월	3월	4월	5월	6월	7월	8월	9월
겨울밀 / 보리	S	G	G	G	G	G	G	G	H	H		
봄밀 / 보리					S	G	G	G	H	H		
봄감자						P	G	G	H	H		
쌀						S	G	T	T	G	G	H
옥수수						S	G	T	T	G	G	H
고구마	H							P	G	G	G	H
대두									S	G	G	H
이모작 감자	H							P	P	G	G	G

주: S= 파종기, T= 이앙기, G= 생장기, P= 모종심기, H= 수확기, 주요 곡창지대는 평안남북도, 평양, 황해남북도이다.
자료: FAO, "Special Report"(2002.7), http://www.fao.org/docrep/005/y7243E/y7243E00.htm.

월별 농사 작물을 나타낸 달력이다.

겨울 및 봄밀, 봄보리, 봄감자를 재배하는 이모작 식부 면적은 1997년 3만 8000헥타르에서 2001~2002년에 19만 1644헥타르로 증가했다. 겨울밀은 주요 작물의 수확이 끝나는 9월 하순부터 10월 중순까지 파종된다. 따라서 겨울밀 식부 면적은 가을철 강수량, 종자의 적시 공급과 여타 작업을 위한 노동 수요가 많은 시기에 농기계 및 노동력의 적정 공급의 영향을 받는다. 봄보리는 3월에 파종된다. 현행 농업정책하에서 이모작 식부 면적은 더욱 확대될 것이다. 2002~2003년에 이모작 식부 면적은 21만 1000헥타르(겨울밀 6만 3000헥타르, 봄보리 3만 9000헥타르, 봄감자 10만 9000헥타르)로 전년 대비 10% 정도 증가했다.

또한 감자는 곡창지대에서 이모작을 할 경우 봄작물로, 그리고 재배 일수가 짧은 북부 지역(자강도 · 양강도)에서는 여름작물로 재배된다. 이모작되는 감자는 3~4월에 파종해 6월에 수확하는 반면, 여름작물로서는 5~6월에 파종되고 8~9월에 수확된다. 최근 주요 곡물의 생산량이 감소함에 따라 모든 농업 지역에서 감자의 중요성이 증대되고 있다. 감자 식부 면적의 확대를 제한하는 가장 중요한 요인은 씨감자의 부족이다. 또한 일부 지역에서는 감자 역병과 진딧물 때문에 상당한 작황 피해를 입었다. 현재 전체 감자 식부 면적은 약 19

〈표 1-3〉 2002년도 이모작 작물의 재배면적과 생산량

(단위: 1000헥타르, 1000톤)

지역	이모작 작물					
	겨울밀		봄보리		봄감자	
	면적	생산량	면적	생산량	면적	생산량
개성	18.9	50.6	2.9	5.9	0.8	1.3
남포	25.4	70.7	3.6	7.4	1.8	3.0
평양	41.6	127.9	3.3	7.0	2.9	5.1
자강도	50.3	148.2	0.1	0.3	0.9	1.5
양강도	49.9	150.3				
강원도	76.4	173.2	5.2	10.4	2.0	3.5
평안남도	167.7	476.0	8.5	17.6	6.5	11.6
평안북도	206.3	621.4	3.9	8.0	4.0	7.0
황해남도	250.9	756.7	20.6	43.3	11.9	21.0
황해북도	123.3	360.6	10.6	21.8	6.4	11.3
함경남도	124.1	319.1	4.4	8.8	2.0	3.3
함경북도	87.1	196.3				
합계	63.0	130.5	39.2	68.4	108.6	187.2

자료: FAO, "Special Report"(2002.10), http://www.fao.org/docrep/005/y7843E/y7843E00.htm.

만 헥타르로 추정된다. 올해 여름에 감자 식부 면적은 8만 9000헥타르였다. 그러나 북한 당국이 이모작을 다시 강조함에 따라 감자 식부 면적은 계속해서 연간 10%씩 증가할 것으로 예상된다.[16)]

3) 종자혁명

북한은 세 번째 정책으로 농업생산 증대를 위한 '종자혁명'을 추진하고 있다. ≪로동신문≫은 종자혁명에 대해 "나라의 농업생산을 결정적으로 추켜세우는 데서 가장 중시하는 문제"라고 지적하고 이로부터 종자혁명을 알곡생산 부문에만 국한하지 않고 축산, 남새, 과수, 잠업을 비롯한 농업 부문의 모든 분야를 포괄하는 중대한 문제로 내세우고 있다고 했다. 북한은 종자혁명의 실

16) "FAO/WFP Crop and Food Supply Assessment Mission to the Democratic People's Republic of Korea," FAO/WFP, "Special Report"(GIEWS, 2002.10.28, 2003.10.30).

례로 양강도 대홍단군에 설립된 감자연구소를 꼽았다. 여기서 연구된 감자는 감자 농사의 본보기 단위로 강조되고 있다. 또 종자혁명을 이룩해 곡물생산 부문에서도 농업용 비닐을 쓰지 않고 농사를 지을 수 있어야 하고 비료를 적게 주면서도 이모작이 가능한 종자를 얻어내야 한다는 것이다. 축산 부문에서는 먹이를 적게 주면서도 증체율과 산란율이 높은 집짐승 종자를 육종해내야 한다는 것이다. 북한은 종자혁명을 통해 농업용 비닐과 비료가 모자라 농사를 잘 짓지 못했다고 말하지 말고 아예 그것 없이 이모작 영농을 할 수 있는 방안을 강구하라고 농학자들에게 요구하고 있으나 현실적으로 한계가 있다.

4) 토지정리사업과 토지보호대책

네 번째 농업전략은 토지정리사업을 전개해 농업의 종합적 기계화를 실현하는 것이다. 북한은 1970년대 농기계 보급과 함께 경지정리에 상당한 진전이 있었다. 평안도와 황해도의 평야 지역에 대한 경지정리가 이 시기를 전후해서 완성되었다. 통일부가 북한 지역의 관개면적을 추정한 것에 의하면 1977년 이래 논의 관개율은 대략 60% 수준을 유지하고 있으나, 밭은 매년 증가해 1977년의 40% 수준에서 1984년에 70%로 나타났다.

1980년 이후에는 수리화율의 확대에 대해서 언급하지 않고 간척지 확대 등을 통한 경작지 확장에 주력하고 있다. 20만 정보 새땅찾기 운동(1980~1984), 30만 정보 간석지 개간(1981~1985) 등이 주요 과업으로 제시되었다. 제3차 7개년 계획에서도 비슷한 과업들이 계속 제시되고 있는 점으로 미루어볼 때 성과는 회의적이다. 따라서 1970년대 이래 북한의 총경지면적은 줄곧 200만 헥타르 내외를 유지하고 있는 것으로 보인다.[17)]

최근 북한은 1998년 10월부터 1999년 4월까지 강원도에서 3만 정보, 1999년 5월부터 2000년 5월까지 평안북도에서 5만 1500정보의 토지를 각각 정리해 총토지정리 실적은 18만여 헥타르에 달했다. 대대적인 토지정리작업은 농

---

17) 김운근, 「북한의 농업현황과 전망」, ≪북한경제논총≫, 창간호(1995), 92~93쪽.

〈표 1-4〉 북한의 토지정리사업 결과

지역 (추진 기관)	면적 (정보)	논두렁 정리 (감소율)	뙈기밭 정리 (감소율)	경지 증대 (증대율)
강원도 (1998.10~1999.4)	30,000	12,000km → 5,600km (53.3%)	233,800개 → 85,500개 (63.4%)	1,760정보 (5.9%)
평안북도 (1999.10~2000.5)	51,500	29,000km → 16,000km (44.8%)	531,340개 → 149,384개 (71.9%)	2,000~3,000정보 (3.9~5.8%)
황해남도 (2000.10~2002.3)	100,000	50,000km → 16,700km (66.7%)	748,000개 → 374,000개 (50%)	2,000정보 (2%)
합계	181,500	91,000km → 38,300km (57.9%)	1,513,140개 → 608,884개 (59.8%)	5,760~6,760정보 (3.2~3.7%)

자료: 통일부, 「북한의 토지정리사업 결과」(2002.10).

경지를 확장해 곡물생산을 늘리는 데 주목적이 있다. 이에 따라 기존의 "뙈기논밭"(매우 작은 논밭)을 필지당 최소 800평 이상으로 규격화함으로써 경작면적을 늘리는 한편 기계 영농이 가능하도록 하고 있다. 그러나 리 또는 군 단위로 토지정리사업을 추진할 경우 단기간에 전국의 토지를 정리할 수 없다는 판단에 따라 도 단위로 묶어서 대규모로 시행하고 있다. 이에 따라 인민군이 앞장서고 전국의 민간 돌격대와 각종 장비들을 동원하는 '선군정치' 방식으로 토지정리사업을 추진해왔다. 북한은 토지정리사업을 낡은 사회의 유물을 청산하는 하나의 혁명으로 간주하고 있다. 즉, 토지정리를 통해 뙈기논밭을 제거함으로써 조상 대대로 내려온 봉건적 토지 소유의 잔재를 제거하고 사회주의 국가의 면모를 갖추게 된다는 것이다.

북한은 김정일 총비서의 지시로 1998년 10월 노동당 중앙위원회, 인민무력부, 내각의 관계자들로 '토지정리합동부'를 조직하고 토지정리사업을 최단 시일 내에 끝내기 위한 단계별 목표와 방법을 비롯해 설비와 자재를 지원토록 하는 한편, 강원도에 이어 평안북도, 황해남도 순으로 토지정리사업을 추진할 것을 지시했다.[18]

18) 연합뉴스, 『2003 북한연감』(2002), 254~255쪽.

토지정리사업은 감자 재배면적을 확대하기 위한 대책으로서 강원도에서의 경험이 전국의 모델이 되고 있다. 북한은 국토 면적의 80%가 산지로 구성되어 있고 밭면적 대부분이 경사지에 분포해 있으며 경사도가 16도 이상인 급경사 비탈 밭이 많다. 또 매년 7~8월 300밀리미터 이상의 집중호우로 인해 토양침식이 심하다. 1995년 이후 8년 동안 계속된 홍수 피해는 경사지의 과도한 농업적 이용 및 산림 훼손과 관련이 있다.

이에 따라 매년 집중호우로 자연재해를 입고 있는 각 지역의 자연적 조건에 맞게 다양한 토지보호대책을 마련할 것을 주민들에게 촉구하고 있다. 우선 토양침식의 위험성이 큰 경사도 16도 이상의 토지에 풀로 다락밭 둑을 조성해야 한다고 독려하고 있다. 또한 장마철에 논과 밭머리 둑이 물에 패어 떨어져나가지 않도록 물길 정리, 강바닥 파기, 둑 쌓기, 물살 막이 설치, 나무 심기 등을 해야 한다고 농민들에게 지시하고 있다.[19] 그리고 다락밭 조성에 의한 토양 유실을 효율적으로 막기 위해 농공학적 방법과 토목공사들을 실시하는 토양보존공법을 개발함으로써 토지를 보호하고 유실을 최소화해나가고 있다.[20]

5) 초식 가축사육 및 양어 사업 확대

다섯 번째 주요 농정은 초식 가축의 대대적 사육이다. 2002년 3월 최고인민위원회의 제10기 5차 회의에서 '인민생활의 향상을 위한 알곡 · 고기 · 과일 · 양어 등 먹는 문제'를 국가경제방향의 중점 과업으로 제시함에 따라 앞으로도 이를 관철하기 위해 사업 추진을 더욱 가속화할 것으로 보인다. 1990년대 이후 투입재 부족으로 북한의 국내 식량생산량이 감소했고 곡물생산량은 과거보다 30% 이상 감소했으며, 이에 따라 곡물 사료를 이용하는 가축이 대규모로 도축되었다. 경지면적이 희소한 상황에서 영구 목초지는 전체 토지면적의 0.3%에 불과하며 국내 식량 생산에서 가축의 비중도 비교적 낮다. 더욱이 국가가 구조적으로 직접 통제하는 계획경제체제하에서 북한 당국이 축산

---

19) ≪천리마≫, 2000년 3월 호.

20) 부경생, 『북한의 농업: 실상과 발전 방법』(서울대학교출판부, 2001), 167쪽.

〈표 1-5〉 북한의 가축사육 두 수 추이

(단위: 1000두)

	1996	1997	1998	1999	2000	2001	2002	2003	1996년 대비 2003년 변화율
소	615	545	565	577	579	570	575	576	-6
젖소	n.a	n.a	n.a	n.a	n.a	n.a	n.a	n.a	-
돼지	2,674	1,859	2,475	2,970	3,120	3,137	3,152	3,178	19
양	248	160	165	185	185	189	170	171	-31
염소	712	1,077	1,508	1,900	2,276	2,566	2,693	2,717	282
토끼	3,056	2,740	2,795	5,202	11,475	19,455	19,482	19,576	541
닭	8,871	7,547	8,965	10,371	14,844	15,804	17,259	18,711	111
오리	1,098	822	1,372	1,624	2,078	3,158	4,189	4,613	320
거위	554	357	462	829	889	1,090	1,247	1,247	125

자료: "FAO/WFP Crop and Food Supply Assessment Mission to the Democratic People's Republic of Korea," "Special Report"(GIEWS, 2002.10.28, 2003.10.30).

물의 생산 공급을 전담한다. 그러나 심각한 식량 부족 상황에 직면하자 북한 정부는 곡물 사료를 소비하는 가축의 사육을 억제하는 한편, 염소와 토끼와 같은 반추동물의 사육을 장려하는 축산 정책을 펴고 있다. 염소는 적응성이 매우 높고 다양한 식물 사료를 소화할 수 있어 사육하기가 쉽고 비용도 적게 든다. 곡물 소비에 있어서도 인간과 경쟁 관계에 있지 않고 염소의 육류와 우유를 생산해 국민의 부족한 영양을 보충할 수 있다. 또한 소득을 증대시킨다는 측면에서 보아도 점차 염소의 중요성이 증가하고 있다. 염소는 원래 200일의 산유 기간에 200~250킬로그램의 우유를 생산해내는데, 최근에 도입된 개량종은 200일의 산유 기간에 500킬로그램의 우유를 생산해낸다. 협동농장은 일정 토지를 목초지 조성에 할당하고 있다. 토끼는 주로 가계 텃밭에서 사육된다. 소와 돼지의 사육 두 수는 다소 정체 상태를 보이는 것으로 나타났으며, 양의 사육 두 수는 증가세를 나타내고 있고 가금류(닭 · 오리 · 거위)의 사육 두 수도 급증세를 보이고 있다.

공식적인 통계에 따르면 북한의 가축사육 두 수는 1996년의 대홍수로 인해 1997년에 대폭 감소한 이후 소와 양을 제외할 경우 점차 회복세를 나타낸 것으로 보인다(〈표 1-5〉 참조). 초식동물은 감자를 사료로 해 사육하는데, 최근에는 감자 생산량이 늘어나면서 감자를 사료로 쓰는 돼지농장 등도 설립하고 있

〈표 1-6〉 닭 공장 현대화 및 건설동향

공장명	시기	내용
강계시 닭 공장	2000.10	완공
112호 닭 공장	2000.11	완공
황주 닭 공장	2000.11	완공
평양시 5개 닭 공장	2001.10	완공
삭주 닭 공장 9월	2001.2	현대화 진행
27일 닭 공장	2001.9	완공
강계시 흥주 닭 공장	2002.2	현대화 진행
311호 닭 공장	2002.3	완공
구성 닭 공장	2002.5	완공
안주 닭 공장	2002.6	완공

자료: 연합뉴스, 『2003 북한연감』(2002), 264쪽.

다고 한다. 또한 양어 사업도 장려되고 있으며 상당수의 농장은 천연사료를 이용해 잉어, 메기 등을 양식하는 양어장을 전국 각지에 건설함으로써 양식 등을 대대적으로 독려하고 있다. 하지만 관개용수가 부족한 상황이기에 몇몇 농장의 양어장은 물 공급의 우선순위가 낮은 것으로 고려된다.[21] 이처럼 북한은 부족한 단백질을 공급하기 위해 농가별로 초식 가축의 사육과 양어 사업의 확대를 장려하고 있는 상황이다.[22]

〈표 1-6〉은 평양시에 닭 공장을 건설한 것과 기존의 공장들을 현대화한 사

21) FAO, "Special Report"(2002.7).

22) 차린석 북한 농업성 농업국장은 1999년 3월 20일 조총련 기관지 ≪조선신보≫와의 인터뷰에서 "감자농사에서 혁명을 일으키고 적지적작 · 적기적작의 원칙에서 농업 구조를 개선하며 두벌농사를 대대적으로 벌여 종자혁명을 일으키기 위해 노력하고 있다"라고 언급하고 구체적으로 ① 강냉이 밭을 줄이고 대신 감자를 심으며 두벌농사의 앞그루 · 사이그루로 감자를 심고 새 땅을 찾아내면서 감자밭 면적을 확장하고 있으며, ② 바이러스에 감염되지 않는 새로운 종자를 개발하고, ③ 농민들에게 감자 심기에 새로운 방법을 지도하고, ④ 화학비료로 토양이 산성화되고 지력이 낮아진 것을 해결하기 위해 복합미생물 비료를 생산 · 이용해야 된다고 밝혔다. 차 국장은 농업구조 개선에 대해 그동안 우선 작물배치라는 명목으로 토양 · 기후 조건을 무시한 채 모든 지방에서 일률적으로 강냉이를 심어 폐단이 많았는데, 올해부터는 강냉이 밭을 줄이고 감자를 늘리되 강냉이가 잘되던 지방은 계속 강냉이를 심고 기온이 비교적 높은 지역에서는 고구마를, 북부 고산지대에서는 약초를 재배할 방침이라고 설명했다.

업을 나타낸 표이다.

6) 미생물 비료 도입

여섯 번째는 복합미생물 비료의 도입이다.[23] 북한은 1995년부터 일본에서 '유효 미생물균(effective microorganism: EM)'을 도입하고 비료화해 최근에 상당한 성과를 거둔 것으로 알려지고 있다. 1999년 10월 28일부터 11월 1일 동안 남아프리카 공화국에서 개최된 EM 관련 국제회의에 참가한 북한 측 대표 양호곤은 북한이 EM 원액을 재생산해 북한의 전 지역에서 사용하여 대단한 성과를 냈다고 발표했다. 북한의 과학원 애국복합미생물센터는 2000년 8월 평양에서 일본의 복합미생물 연구기구, 자연농법국제연구개발센터와 공동으로 '복합미생물 기술과 자연농업에 관한 국제토론회'를 개최했다.[24]

북한이 복합미생물을 비롯한 자연농법에 관심을 갖게 된 것은 유기질 비료가 부족한 상황에서 장기간에 걸쳐 화학비료와 농약을 남용하고, 자연재해가 계속되어 토양 산성화가 가속화되면서 농업생산성이 저하되었기 때문이다. 양홍근 애국복합미생물센터 부소장은 5년간 1200톤의 복합미생물 원균이 생산되었으며 80만 정보의 농경지에 복합미생물이 보급되었다고 언급했다. 북한의 농경지 199만여 정보 가운데 거의 절반 가까운 면적에 복합미생물이 활용되고 있다는 것은 자연농법이 상당한 수준에 있다는 것을 암시한다. 결과적으로 복합미생물 비료는 부족한 화학비료를 보충하고 산성화된 토양을 개량하면서 식량 증산을 시도하는 등 다목적용으로 쓰이나 효과는 계량적으로 정확

---

23) 복합미생물이란 1970년대 일본 종교 단체인 세계구세교 창설자 오카다 모키치(岡田茂吉)가 주장한 것으로, 유용 미생물 발견자인 히가 데루오(比嘉照夫) 류큐(流球) 대학 교수가 실시한 일종의 자연 농법이다. 일반 퇴비에 비해 100배 이상의 영양물질을 함유하고 있어 식물 생육에 탁월한 효과가 있는 것으로 알려져 있다.

24) 토론회에는 세계유기농업운동연맹(International Federation of Organic Agriculture Movements: IFOAM)의 린다 불러드(Linda Bullard) 회장, 히가 교수를 비롯해 북한과 스위스, 프랑스 등 20여 개 국가의 과학자 300여 명이 참가했으며 총 52건의 논문이 발표되었다(≪조선신보≫, 2000년 9월 29일 자).

하게 파악되지 않고 있다. 아직까지 남한은 북한 측이 개발했다고 하는 EM의 정확한 실체를 파악하지 못하고 있으며 산성화된 북한의 토양을 개량하고 부족한 화학비료를 대용할 수 있을지 관측이 필요하다.

7) 국영농장 신설

북한은 2000년 10월 12일 황해남도 신원군에 '축산종합기지'인 국영 계남농장을 새로 건설했다.[25] 이 농장은 소 · 돼지 · 염소 · 토끼 · 꿩 등 사육사와 창고를 비롯한 수십 채의 가공장, 중소형 발전소 등을 갖춰 연간 수백 톤의 고기를 생산한다고 한다. 북한은 김정일 노동당 총비서의 지시에 따라 먹는 문제를 해결하기 위해 전국 각지에 가금 목장, 닭 공장, 돼지 공장 등 가축의 사육과 가공을 하는 '축산기지' 건설에 주력하고 있다.

북한이 국영농장을 신설하고 운영에 주력하는 것은 소유 문제 등 여러 가지 의미를 함축하고 있다. 북한의 국영농장은 국가에서 관리하고 운영하는 농장으로, 일반적으로 협동농장에 비해 규모가 크고 기계화 수준이 높다. 북한은 축산업의 전문화가 실현됨에 따라 지난 1963년 11월 국영농목장을 국영농장과 국영목장으로 분리했다.

이번 국영 계남농장 신설은 '협동적 소유의 전 인민적 소유 구조로의 전환'이라는 소유구조 전환작업이 지속적으로 이루어지고 있음을 시사하고 있다. 북한은 지난 1998년 9월 개정한 헌법 제23조에서 "…… 협동단체에 들어 있는 전체 성원들의 자발적 의사에 따라 협동단체 소유를 점차 전 인민적 소유로 전환시킨다"고 명시해 완전한 소유 구조 개편을 최종 목표로 내걸었다.[26]

---

25) 조선중앙방송, 1999년 10월 5일 자.

26) 북한 농업 부문의 소유구조 전환작업은 지난 1994년 2월 김일성 주석이 '전국농업대회' 참가자들에게 서한을 보내 "농촌의 협동적 소유를 '전 인민적 소유'로 전환하는 데 주력해야 한다"라고 강조한 이후 본격적으로 시작되었다. 김 주석의 서한을 계기로 1994년 12월 평양시 만경대 구역 협동농장과 평남 숙천군 내 20여 협동농장이 국영농장으로 전환되는 조치가 취해졌다. 당시 국영농장 전환조치는 농민들의 '집단주의 사상'을 더욱 확고히 하는 것은 물론 ① 영농 전문 기술인력 양성, ② 농업의 공업화 및 현대화,

초과 생산물에 대한 개인 처분권을 인정했던 '새로운 분조관리제' 등은 이 목표에 반하는 것 같지만, 협동적 소유 구조가 전 인민적 소유 구조로 개편하는 과정에서 농민들의 근로 의욕과 책임감을 고취시키기 위한 하나의 수단인 것으로 보인다.

8) 주체농업정책의 탄력적 적용

북한은 기존의 일방적인 농업정책에 탄력을 주고 있다. 주목되는 것은 1997년부터 농업정책을 농민의 의사와 실정에 맞추어 추진하고 있다는 점이다. 북한은 1999년 2월 24일 평양에서 '북한 사회주의 농촌 문제에 관한 논문' 발표 35주년 기념 중앙보고회를 개최했다. 홍성남 총리는 보고에서 "김정일은 최근 농업의 실태를 잘 파악하고 있으며 주체농업을 왜곡 집행해 농업생산을 저해해온 현상을 바로잡았다"라고 발언했다. 결국 현지 실정에 정통한 농민의 의사를 반영하는 것이 주체농업에 가장 효율적이라는 것을 부분적으로 인정했다. 그러나 아직까지 북한이 본질적인 농정의 변화를 시도하고 있다는 증거는 나타나지 않고 있다. 단지 옥수수의 면적을 줄이고 감자 면적을 늘리는 과정에서 농민들의 의사를 반영한 것이라고 분석할 수 있다.

지난 1995년 이후 북한 식량 사정의 악화로 북한 주민들은 배급제의 보호막에서 밀려나 버렸다. 농민들 및 주민들은 시장이라는 사경제를 통해 식량을 조달하고 있으며 당국도 이를 묵인하고 있다.[27] 최근에는 유엔세계식량계획(World Food Programme: WFP) 등의 국제 구호 물품이 일부 지역에서 암시장을 통해 거래되고 있다고 한다. 북한 당국도 어느 정도 이러한 사실을 인지하고 있지만 불가피성을 고려해 방치하고 있는 듯하다. 주민들은 점점 사적 시장에서 식량 조달을 확대하고 있다. 텃밭의 규모를 좀 더 확대하고 협동농장

---

③ 도시와 농촌, 노동계급과 농민의 계급적 차이를 없애기 등 농민의 노동계급화 차원에서 진행되었다.

27) 1998년도 북한의 시장경제 규모는 27%로 추정된다[남성욱 · 문성민, 「북한의 시장경제추정에 관한 연구: 1998년을 중심으로」, ≪현대북한연구≫, 3권 1호(2000)].

의 개별농가 책임제를 부분적으로라도 도입한다면 생산량이 급증할 것이다. 그러나 이 문제는 체제 존립의 문제인 만큼 김정일 위원장의 결단이 없으면 시행이 불가능하다.28)

9) 기상재해 최소화를 위한 농업 기반 정비

2000년대 들어 엘니뇨 현상에 따라 북한에서도 가뭄과 홍수 등 기상재해가 빈발했는데, 농업 기반이 부실한 북한으로서는 자연재배에 더욱 취약할 수밖에 없었다. 북한의 기상이변에 따른 농업재해는 평균 3~4년에 한 번씩 발생한다. 일부 재해는 곡물생산량의 10% 내외의 감소를 가져올 정도이다. 특히 7~8월에 발생하는 홍수와 가뭄은 작물 생육에 심각한 피해를 가져오며, 지난 1991년부터 2014년까지 북한에서 발생한 총 30회의 기상재해를 따져보면 연평균 1.25회 수준이다. 특히 7~8월에 홍수, 태풍, 가뭄에 의한 재해가 집중되었다. 결국 안정적인 농업생산을 유지하기 위해서는 기상재해를 최소화하는 물 관리 체계를 구축하는 일이 선행되어야 한다. 남한은 농어촌공사가 물 관

---

28) 집단생산의 문제점을 파악하기 위해 중국의 1978년 농가청부 생산책임제 개혁을 살펴보자. 중국 대륙의 공산혁명으로 중국 농민들은 경자유전의 원칙을 실현했다. 1958년부터 불어닥친 집단소유화 바람인 인민공사는 농민들의 생산 의욕을 꺾었다. 1978년 11월 24일 안후이 성의 평양 현 샤오강 촌의 지방 농민 18명은 공동생산 · 분배라는 인민공사 체제를 거부하기로 했다. 그 대신 농지를 가구별로 나눠 경작하자는 농가청부 생산책임제를 도입했다. 즉 농민 숫자대로 토지를 분배받아 경작한 후 일정 양의 양식을 국가에 납부하고 잔여량은 자신이 마음대로 처분하는 제도이다. 덩샤오핑의 묵인하에 시작된 이 제도로 샤오강 촌의 곡물생산량은 1978년의 3만 2500킬로그램에서 1997년에 60만 킬로그램으로 18배 증가했다. 샤오강 촌의 성공은 덩샤오핑이 주창한 개혁과 개방의 시발점이 되었다. 덩샤오핑은 생산력 향상을 앞세워 전국적으로 인민공사를 해체하기 시작했다. 인민공사가 해체되면서 2억 5000만 명이었던 농촌의 절대 빈곤 인구가 1998년에 4200만 명으로 줄었다. 1978년 3억 744만 톤이던 중국의 식량 생산은 1997년에 4억 9417만 톤으로 증가했다. 중국의 높은 인구증가율을 감안해볼 때 이러한 식량 증산이 없었다면 대량 기아는 불가피했을 것이다[남성욱, 「북한의 농업정책과 남북농업협력방안」, ≪농어촌과 환경≫(2000.12), 65~66쪽].

리를 집중적으로 담당하는 등 농업생산 기반을 지속적으로 정비했으나 북한은 기반 정비가 불충분했다. 북한 당국은 태성호 물길 공사 등을 시행하는 등 기반 정비의 필요성을 인식하고 지속적인 노력을 전개하고 있으나 예산 부족으로 한계에 직면하고 있다.

10) 외자 유치를 위한 농업경제특구 지정

김정은 경제정책의 핵심은 경제특구를 통한 외자 유치 정책이다. 2013년 5월에는 함경남도 북청농업개발구, 함경북도 어랑농업개발구 등 13개 중소규모의 지방급 경제개발구를 지정했다. 2014년 7월에는 평안남도 숙천농업개발구 등 여섯 곳을 경제특구로 지정했다. 여섯 개의 경제특구 중에는 평안남도 숙천 지역이 유제품 생산을 위한 농업특구를 제안하고 있다. 총 19개의 경제개발구가 발표되었고, 이로써 북한에는 5대 중앙급 경제특구와 19개의 지방급 경제개발구가 존재하게 되었다. 특구 정책의 핵심은 외자 유치를 통해 경제를 회복시키는 것이다. 특히 농업 분야에서도 외자 유치를 통해 소득 증대와 생산량 확대를 모색하고 있다. 북한이 전통적인 자력갱생 분야인 농업 분야에서 외국 자본 유치를 시도하는 것은 이례적인 조치다. 1억 달러 내외의 외자 유치를 통해 농촌 지역을 개발해 생산량을 증가시키고 소득을 늘리기 위한 조치이다. 농업특구에는 남한의 농촌 기업들이 진출해 복합농촌단지를 건설하는 방안이 검토되고 있다. 다만 수익성 확보나 남북 관계의 정치적 상황을 검토할 때 농업 협력의 장점에도 불구하고 실행은 여전히 미지수다.

3. 북한 곡물생산과 소비의 역사적 고찰

1) 생산량 추이

북한은 1946년 토지개혁과 1953~1958년 동안의 집단농장화 등을 통해 남한보다 빠른 속도로 농업 분야에서 일제 식민지 지배의 비효율성을 극복하면서 농업생산량을 증가시켰다. 이에 따라 1948년에는 식량의 자급 기반이 마련되었다.[29] 북한은 사실 이러한 식량 자급을 바탕으로 한국전쟁을 일으켰다. 1946년에 199만 8000톤, 1947년에 217만 8000톤에 머물던 곡물 총생산량은 1948년과 1949년도에 각각 280만 9000톤, 279만 5000톤으로 증가했다.[30] 〈표 1-7〉에서 보듯 1960~1970년대 역시 북한의 식량 생산이 비교적 꾸준한 증가세를 유지했다.

북한은 그동안 식량 통계를 공식통계자료인 ≪조선중앙연감≫을 통해 주로 발표하거나 각종 국제식량농업기구(FAO)와 같은 국제기구 등에 간헐적으로 발표해왔다. 사회주의 국가의 계획경제 특성상 목표 달성이 지도자의 최우선 관심사인 만큼 때로는 수치가 제시되지 않고 전년 대비 몇 배에 달했다고만 발표하기도 한다. 일반적으로 북한은 식량에 관해 세 가지 통계를 가지고 있다고 추측된다. 내부 자료, 국제기구에 제출된 자료, 자체 ≪조선중앙연감≫ 발표 자료 등이다.[31] 이러한 자료와 통계의 다양성은 과거의 국내 발표 자료와 국제기구 자료의 차이가 커서 생긴 추론이다. 이러한 추정은 이제 더 이상 성립되지 않는다. 매년 가을 수확철에 국제기구 대표단이 평양의 직접 경작지를 방문해 작황을 조사하고,[32] 인공위성의 첨단 장비를 통해 매월 생산 실태를 파악하는 상황에서 식량작물 생산량은 더 이상 국가 기밀이 되지 못하고 있다. 일단 북한 내부 자료를 사용해 북한 식량 생산 실태를 살펴보자. 북한은 1946년에 199만 8000톤을 생산했고 1987년에는 1000만 톤을 생산했다고 발표했다. 40년간 대략 일곱 배 정도의 생산 증가가 이루어졌다고 볼 수 있

29) 김성보, 『남북한 경제구조의 기원과 전개』(역사비평사, 2000), 228쪽.

30) 조선중앙통신사, ≪조선중앙연감≫(각 연도); 한림대학교, 『북한경제통계자료집』(1994); 『1946~1960 조선민주주의인민공화국 인민경제발전통계집』(평양: 국립출판사, 1961).

31) Kim Woon Keun, "The Food Crisis in North Korea: Background and Prospects," *East Asian Review*, vol.3, no.4, winter 1996, p.58.

32) 국제식량농업기구(FAO)는 매년 10~11월 북한을 방문해 평균 11개 생산 지역에서 단수당 생산량과 북한이 제시한 당해 연도 농업 기본 자료를 토대로 결과 보고서를 발표한다["FAO/WFP Crop and Food Supply Assessment Mission to the Democratic People's Republic of Korea"(2003.10.30)].

〈표 1-7〉 북한의 식량 생산 실태(1961~2015)

(단위 : 만 톤)

연도	북한 발표[1)]	한국 (통일부)	국제식량 농업기구 (FAO)	연도	북한 발표[1)]	한국 (통일부)	국제식량 농업기구 (FAO)
1961	483.0	-	358.3	1989	886.0	-	659.4
1962	500.0	-	372.5	1990	900.0	481.0	586.6
1963	500.0	-	405.4	1991	890.0	443.0	540.5
1964	500.0	-	421.2	1992	880.0	427.0	497.3
1965	452.6	354.8	370.7	1993	900.0	388.0	459.3
1966	440.5	-	407.3	1994	708.0	413.0	495.1
1967	511.0	-	378.8	1995	349.0	345.0	424.5
1968	567.2	-	366.2	1996	250.0	369.0	448.0
1969	-	-	437.8	1997	268.0	367.0	266.0
1970	-	466.4	436.5	1998	283.0	393.0	347.0
1971	350.0	-	449.9	1999	428.0	422.0	348.0
1972	390.3	-	430.9	2000	-	358.0	292.0
1973	534.4	-	481.5	2001	-	395.0	354.0
1974	700.0	-	506.8	2002	-	413.0	387.0
1975	770.0	495.3	523.2	2003	-	-	415.6
1976	800.0	503.2	535.1	2004	-	423.5	431.0
1977	850.0	502.9	570.8	2005	-	435.6	453.0
1978	780.0	498.8	557.8	2006	-	-	448.0
1979	900.0	517.7	576.6	2007	-	-	401.0
1980	900.0	398.2	504.2	2008	-	421.0	431.0
1981	-	563.9	579.9	2009	-	430.0	411.0
1982	950.0	599.6	603.3	2010	-	448.0	448.0
1983	-	578.5	618.4	2011	-	469.0	-
1984	1,000	626.7	656.0	2012	-	441.0	468.0
1985	-	-	633.2	2013	-	492.0	481.0
1986	-	-	711.4	2014	-	503.0	480.0
1987	1,000	-	662.8	2015	-	-	396.7
1988	-		637.1				

주: 1) 북한 발표치에서 1995년 이전은 조곡 기준이며, 1995년 이후는 정곡 기준이다.
식량은 쌀, 옥수수, 맥류, 두류, 잡곡을 합한 수치이며 조곡 기준이다.

자료: 연도별 김일성 신년사, ≪조선중앙연감≫(각 연도); FAO, "Monthly Bulletin of Statistics," *Production Yearbook*; 통일원, 『남북한 영농기반 분석과 생산능력 비교』(1977); 통계청, 『남북한 경제사회상 비교』(각 연도); 『남북한 경제사회상 비교』; 농촌경제연구원, 『북한의 농업생산능력평가』(1983).

다. 그러나 이러한 통계는 같은 기간에 남한이 2.5배 증가가 있었다는 사실로 볼 때 과장되었다고 볼 수 있다.

중요한 것은 1986년 국제식량농업기구(FAO) 및 미국 농무성(USAD) 자료를 기준으로 할 때, 북한이 711만 4000톤으로 농업생산량 최고치를 기록했다는 사실이다. 수치상의 차이는 있지만 북한의 식량 생산이 정상대로 진행되었다는 것이 중요하다. 즉, 통계상의 차이는 있지만 식량 생산 경향(trend)이 실제 상황과 같은 궤도를 그리고 있다는 것이다. 생산량 발표 최고치가 일정 수준 이상일 때는 식량 부족 현상이 최소화되었다. 수치가 정확하게 맞지 않다고 무가치하다고 간주해서는 곤란하다. 특징적인 것은 식량난이 심화되기 시작한 1992년을 기점으로 통계가 과거의 과장형에서 축소형으로 전환하기 시작했다는 사실이다. 아마도 국제사회로부터 식량 원조를 가능한 많이 받기 위해서일 것이다.

북한 당국은 그동안 주로 경제계획 기간 말에 식량 생산목표를 달성해왔다고 발표하곤 했다. 한 예로 김일성은 1985년 신년사에서 1984년에 제2차 7개년 계획(1978~1984)으로 식량 생산목표 1000만 톤을 달성했다고 발표한 바 있다. 1994년에는 제3차 7개년 계획(1987~1993)의 목표 1500만 톤에 대해서 구체적으로 언급하지 않고 1946년보다 5.3배를 달성했다고만 발표했다. 그러나 식량난이 심해지면서 1995년에 처음으로 식량생산량이 376만 톤을 기록했다고 발표했다. 그리고 1995년부터는 국제식량농업기구(FAO)의 조사단이 북한을 방문함으로써 국제식량농업기구(FAO)의 공식적인 통계가 매년 발표되고 있다. 한편 국제식량농업기구 및 미국 농무성은 그동안 자체 자료와 북한이 1977년 국제식량농업기구 가입 시 제출한 기초통계 등을 사용해 통계를 재구성했는데 매우 시계열적(時系列的)으로 일관성이 있고 정확성이 높다.

요약하면 국제기구 통계로 볼 때 북한의 곡물생산량은 1992년부터 500만 톤 미만으로 축소되었고 1995년에는 자연재해로 인해 450만 톤 미만으로, 1996년 이후에는 400만 톤 이하로 하락하면서 식량 부족에 의한 아사자 발생이 표면화되었다. 통일부도 1995년 이후 생산량이 400만 톤 이하로 하락했다고 통계치를 보고했는데 근소한 차이는 있으나 이러한 추세를 반영한 것이다. 황장엽 전 노동당 비서의 증언은 이러한 정황을 뒷받침하고 있다.[33] 결론적으로 북한의 정상적인 곡물생산량은 500만 톤 정도이며 1990년대 초반 이후 400만 톤, 1995년 이후 300만 톤 선으로 하락했다. 결국 문제는 1990년대 이전에 500만 톤 수준을 회복하는 대책을 마련하는 데 있다.

2) 북한의 식량 수출입 고찰

1948년에 정권이 창립된 이래로 북한의 식량 부족이 일시적인 현상인지, 만성적인 현상인지를 북한 내부 자료와 식량 수출입 통계를 통해 파악했다. 북한은 1946년 토지개혁, 1953~1958년간 협동농장화, 1964년 "사회주의농촌 문제에 관한 테제" 발표 등 자급자족을 목표로 한 증산 농정을 적극 추진해왔으나 식량 부족이 계속적으로 발생하곤 했다. 기본적인 식량 생산기반이 취약한 상태에서 높은 인구증가율은 식량 수급을 계속 불안하게 만들었다.

김일성은 1967년 2월 2일 농민들과 만났을 때 다음과 같이 언급했다. "우리는 금년에 최소한 100만 톤의 식량을 증산해야 한다. 100만 톤을 증산하면 수입하던 50만 톤을 안 해도 되고 50만 톤을 외국에 수출할 수 있다." 이는 1967년에 인구 1100만 명 선에서 식량을 50만 톤 수입했다는 사실에서 알 수 있다. 북한은 식량 부족이 절대적으로 부족한 것이 경지면적 때문이라며 대규모 국토 확장을 추진해왔다. 이러한 예로서 자연개조 5대 방침(1976년)과 4대 자연개조 사업(1981년)을 들 수 있다. 이러한 사업들을 전개한다는 것은 북한의 식량 부족이 더 이상 여타 농업정책만으로는 해결되지 못하는 상황으로 갔다는 것이다.

---

33) "1996년 가을에 노동당 중앙당 비서국에서는 식량 사정이 걱정되어 그해 결국 생산 정형을 검토해보았더니 평년작의 절반도 안 되는 210만 톤(조곡 기준)밖에 생산되지 못하였다. 이것 가지고서는 군량미도 안 될 것이라고 모두 걱정하였다. 조직부 책임간부의 말에 의하면 1995년에는 당원 5만 명을 포함하여 50만 명이 아사하였으며, 1996년에는 11월 중순까지 벌써 아사자 수가 100만 명에 도달하였다는 것이다. 그는 1996년의 양곡 생산량이 210만 톤밖에 안 되기 때문에 대책을 세우지 않고 이대로 간다면 1997년에는 200만 명이 굶어 죽을 것이라고 걱정하였다"[황장엽, 『어둠의 편이 된 햇볕은 어둠을 밝힐 수 없다』(월간조선사, 2001), 264~266쪽].

북한의 곡물 수출입 통계를 보면 식량 부족 상태에서도 일정상의 곡물을 수출한 것을 알 수 있는데, 이는 절대량 부족을 해결하기 위해 가격 면에서 세 배 차이가 나는 비싼 쌀을 수출하고 저렴한 밀과 밀가루를 수입한 것이다. 그러나 감소세를 보이던 이러한 수출은 1990년대 들어 중단되었다.

북한은 실제로 부족한 식량을 중국과 러시아로부터 국제가격의 3분의 1에 해당하는 우호 가격(friendly price)으로 수입했다. 북한은 1990년대 들어 1992년에 65만 톤, 1993년에 94만 톤, 1994년에 20만 톤을 수입했으나 1995년에는 중국이 자국의 흉작으로 인한 식량 부족과 경화 결제를 요구해 수입이 전무했다. 북한은 1997년 5월 베이징에서 북·중 경제 기술 교환비밀 협정을 체결했는데 그 내용에는 매년 중국이 식량 50만 톤을 북한에 공급할 때 25만 톤은 무상으로 나머지 25만 톤은 국제가격의 3분의 1에 해당하는 우호 가격으로 공급한다는 것이다.

북한의 식량 수입은 최근 경제난과 1995년 중국의 흉작, 그리고 1990년대 들어 국제 곡물 가격이 상승함에 따라 상당히 어려워졌다. 1993년에는 냉해 피해로 50만 톤 이상이 감소했고 1994년은 우박 피해로 120만 톤, 1995년에는 홍수 피해로 190만 톤이 각각 감소했다. 1995년 들어 경제난에 의한 외화 부족으로 식량 수입이 감소했다. 북한은 1995년 가을에 흉작으로 인한 식량 부족을 보충하기 위해 중국, 미국, 일본, 이집트, 타이완, 태국 등에 300만 톤의 식량지원을 요청했으나 실제 도입량은 1995년에 전체 1985만 톤, 1996년에 52만 톤에 그쳤다. 1996년, 1997년, 1998년도 역시 생산량이 400만 톤 수준에 머물렀으나 식량 도입은 100만 톤 이하 수준으로 과거와 달리 수입에 의해 식량 부족을 해결하지 못했다.

〈표 1-8〉은 북한의 1961~2000년 식량 수출입 통계이다. 1990년대 중반부터 중국과 러시아를 제외한 북한의 실질 상업적 수입량은 외화 부족으로 인해 연간 10만 톤 수준이며 대부분 남한을 비롯한 국제사회의 인도적 지원이다.

〈표 1-8〉 북한의 곡물 수출입 통계(1961~2000)

(단위 : 1000톤)

연도	수출			수입			과부족
	쌀	옥수수	합계	밀/밀가루	기타	합계	
1961	22.5	2.6	25.1	398.1	75.0	473.1	448.0
1962	0.3	12.7	13.0	91.9	30.4	122.3	109.3
1963	0.0	37.0	37.0	96.1	30.1	126.2	89.2
1964	0.0	23.5	23.5	50.6	31.0	81.6	58.1
1965	43.5	0.0	43.5	129.7	100.5	230.2	186.7
1966	72.1	18.1	90.1	433.8	-	433.8	343.7
1967	125.4	6.3	131.7	524.2	-	524.8	392.5
1968	59.6	5.4	55.0	148.7	-	148.7	83.7
1969	96.2	17.4	113.6	225.7	-	225.7	112.1
1970	88.6	21.9	110.5	260.7	-	260.7	50.2
1971	103.1	9.3	112.4	276	-	276.0	163.6
1972	93.0	8.0	101.0	407.7	9.9	417.0	316.6
1973	111.0	119.0	230.0	1,448.0	9.3	1,498.0	1,268.0
1974	1107.0	70.0	1,177.0	1,370.0	9.7	1,380.0	203.0
1975	132.0	15.0	147.0	293.0	-	299.0	152.0
1976	173.0	96.0	269.0	278.0	-	278.0	9.0
1977	280.0	300.0	580.0	500.0	-	500.0	-8.0
1978	500.0	200.0	700.0	405.6	-	405.6	-294.4
1979	450.0	200.0	650.0	525.6	-	525.6	-124.4
1980	300.0	-	300.0	510.0	-	510.0	210.0
1981	300.0	-	300.0	720.0	-	720.0	420.0
1982	300.0	-	300.0	585.0	-	585.0	285.0
1983	120.0	-	120.0	350.0	-	350.0	230.0
1984	80.0	-	80.0	200.0	-	200.0	120.0
1985	200.0	-	200.0	200.0	-	200.0	0.0
1986	200.0	-	200.0	270.0	-	270.0	70.0
1987	225.0	-	225.0	610.0	-	610.0	385.0
1988	200.0	-	200.0	630.0	270.3[1)]	900.3	700.3
1989	90.0	-	90.0	350.0	480.0[2)]	781.0	691.0
1990	43.0	-	43.0	370.0	534.0[3)]	904.0	861.0
1991	11.0	-	11.0	950.0	332.0[4)]	1,280.0	1,269.0
1992	-	-	-	-	-	920.0	-
1993	-	-	-	-	-	1,090.0	-
1994	-	-	-	-	-	600.0	-
1995	-	-	-	-	-	850.0	-
1996	-	-	-	-	-	520.0	-
1997	-	-	-	-	-	700.0	-
1998	-	-	-	-	290.0	290.0	1,920.0
1999	-	-	-	-	140.0	140.0	1,620.0
2000	-	-	-	-	100.0	100.0	960.0

주: 1) 옥수수, 2) 쌀 13만 톤, 보리 5만 4000톤, 옥수수 29만 6000톤, 3) 쌀 27만 톤, 옥수수 26만 4000톤, 4) 쌀 11만 2000톤, 옥수수 22만 톤.

자료: "UN, FAO Almanac"(1960~1998); "UN Commodity Trade Statistics"(1998); 1998, 1999년 통계는 FAO/WFP, "Special Report"(1998.11, 1999.11, 2000.11).

〈그림 1-3〉 우리식 사회주의 농업 농촌의 기본 구조

국방위원회
조선노동당, 내각
국가안전보위부
지방인민위원회
도농촌 경리위원회

↓ ↑

◆ 우리식 농업 농촌의 관리 ◆

* 사상 · 기술 · 문화 3대혁명으로 '사회주의의 완전한 승리'
* 중앙집권적 계획경제(계획의 일원화) - 농업의 공업화 / 농업의 노동계급화 / 소유의 전 인민화
* 행정 · 생산 · 생활의 삼위일체
* 당중심의 국가적 사회통제
(주민의 성분, 사상점검, 핵심 · 기본 · 복잡 · 군중 등 3개층 51개 부류)
* 농촌 사람의 성분 및 사회적 차별(농촌이탈현상) - 농촌작업반 / 분조를 통한 감시
* 직업 · 직장의 국가배치(출신 및 사회적 성분과 당성 등)
* 정치사상교양(정치사회화) - 유일사상(주체사상 · 수령절대주의 · 사회정치적생명체론)
* 「여행증명서」 제도로 농민들의 군 간 · 지역 간 이동통제(사회적 폐쇄성)
(도시 : 농촌 ⇒ 인구비율 61 : 39)

↓ ↑ ↓ ↑ ↓ ↑

◆ 우리식 농업 ◆

:협동국영농장 및 기업소

* 협동농장의 국영농장화 또는 연합기업소화
[전 인민적(국가적) 소유]
(*1996: 협동농장 3,220 국영농장 1,241)
* 농장의 기업화
(현대화, 과학화)
* 주체농법(적기적작, 적지적작 원칙)
* 식량자급을 위한 다각화
(군 단위)
* 계획 생산 및 분배
* 리협동농장관리위원회
* 작업반, 분조 등 협동생산조직

←

◆ 우리식 농촌 ◆

:농장 및 지역공동체

* 협동농장(리) 중심의 생산 및 생활공동체
(소비 · 교육 · 보건 등)
* 군을 핵심거점으로 하는 자기 완결적 지역공동체
(유사시 최소 생존을 위한 군사적 지위체계)
- 전국을 20여 개 지역으로 분할(1 / 200 지역세포)
* 군 단위 지방공장건설(평균 20여 개)
* 군 협동농장경영위원회 중심 농촌경리 - 농업행정을 지방인민위원회에서 분리하여 기업적 방식으로 농촌 지도
* 농민시장(장마당)을 통한 교환(1개군 1~2개소 지정)

←

◆ 우리식 농민 ◆

:농민(농가)은 협동(또는 국영)농장 또는 기업소 소속 노동자(농장원)

* 개인 텃밭 보유(가구당 20~30평)
* '충실성 원칙'에 따른 직업(농업)과 직장(협동농장)의 (세습적) 승계
- '대를 이어 혁명처소를 굳건이 지키자'
- '대를 이어 충성하자'
* 농민휴일(월 3회, 1, 11, 21일)(농민시장 열림)
* 1알 1~2시간의 각종 사업 및 생활총회집회(정치 · 사상 · 교양) 참석
* 농민의 낮은 노동당원 비율(농민의 소유욕은 계급적 교양 대상)

제2장

북한 농업정책의 추진과 협동농장체제 도입

1. 북한 농업 발전과 협동농장체제 도입의 불가피성

"농촌 문제는 지난날 제국주의와 식민주의의 예속 밑에 있었거나 아직도 그 예속 밑에 있는 여러 나라들에서 특별히 중요한 의의를 가진다. 이 나라들에서 농민문제, 농업 문제의 성과적 해결 여부는 혁명의 승패와 사회적 진보를 좌우하는 관건적인 문제가 되고 있다."[1] 김일성은 농업의 최종 목적이 먹는 문제 해결이며 이는 사회주의를 통해서 가능하다고 역설했다. 이에 따라 농업정책도 사회주의의 계획경제 틀에서 추진할 것을 강조했다.

결국 북한의 농정은 중앙집권적인 계획경제와 불가분의 관계를 맺고 있다. '사회주의 사회는 반드시 계획경제를 실시한다'는 원칙은 마르크스주의 정치경제학에서 온 것이다. 생산이 발전해 사회화 특성을 가지게 되면 사회(정부)

1) 서관희, 『선두에 서시어』(조선로동당출판사, 1990), 1쪽.

가 생산수단을 장악하고 전체 사회의 요구를 만족시키기 위해 엄밀한 계획에 따라 생산과 유통을 조직해야 한다. 이 원칙과 이론에 따라 제2차 세계대전 이후 신생 사회주의 국가는 모두 엄격한 계획경제체제를 고수해왔다.[2] 북한도 이 원칙을 준수해 경제에 대한 통일된 지도와 추진이 경제발전을 위해 필수적인 전제라고 보았으며 철저한 계획 없이는 경제성장과 발전을 전혀 기대할 수 없고, 계획을 현실에 적용함으로써 실현되는 균형 발전이 가장 중요하다고 인식하고 있다. 일반적으로 사회주의 사회는 경제의 지도 · 관리 문제를 사회주의 건설의 성패를 좌우하는 근본 문제로 인식한다. 경제의 지도 · 관리 문제는 생산수단이 국유화된 상태에서 자원 배분을 계획하고 관리하는 국가의 경제주도자적 역할에서 비롯된 것이다.

사회주의 계획경제 원칙을 북한 농업 분야에 적용한 것이 바로 협동농장이다. 통일된 농업 지도와 추진이 철저히 구현되는 데 개인농 체제는 부적합하다는 것이 마르크스-레닌주의 농업론의 원칙이다. 가족농 체제는 농민들의 의식을 집단화하지 못하기에 사회주의를 형성하는 데 장애가 된다는 것이다. 김일성은 전국농업협동조합대회(1959.1.9)에서 "1946년 3월 토지개혁이 실시된 결과 우리 농촌에서는 소상품 생산적 개인농민경리가 지배하게 되었습니다. 레닌이 말한 바와 같이 소생산은 끊임없이 날마다 시간마다 자연 생장적으로 자본주의와 부르주아를 대량으로 산출하는 것입니다. 물론 우리나라에서 주권이 노동계급을 핵심으로 하는 인민의 수중에 장악되었고 기본 생산수단이 국가의 수중에 집중되어 있으며 또한 토지개혁이 가장 철저히 수행된 조건하에서 농촌에서의 이러한 계급분화 과정은 극도로 제한되지 않을 수 없었습니다. 그러나 소상품 경리의 조건하에서는 우리는 농민들의 생활을 근본적으로 개선할 수 없었으며 농촌에서 착취와 빈궁의 근원을 종국적으로 청산할 수 없었습니다. 소규모적으로 분산된 개인농민경리는 계획적으로 발전시킬 수 없으며 그의 대부분은 확대재생산을 실현할 수 없습니다. 소농경리가 지배하는 한 우리의 농촌경리는 자기 발전에서 반드시 일정한 한계에 부닥치게 되리라는 것

2) 김승남, 「북 · 중 경제체제의 비교」, 『통일경제와 북한농업』(한울, 1995), 307쪽.

〈표 2-1〉 북한 농정의 시기 구분

구분	이원준[1)]	국토통일원[2)]	농촌경제연구원[3)]
1946~	제1단계	제1단계	
1949	(농지 개혁기)	(인민민주주의 실현단계)	전 단계
1950~	제2단계	제2단계	
1953	(동란기)	(동란기)	제1단계
1954~	제3단계	제3단계	(전후 복구 기간:
1959	(농업 협동기)	(사회주의 준비단계)	1954~1956)
1960~	제4단계		
1963	(농업생산 경쟁기)	제4단계	제2단계
1964~	제5단계	(사회주의 제도 정비기)	(1957~1969)
1970	(농업로동자동맹기)	제5단계	제3단계
1971~	제6단계	(사회주의 제도 안정기)	(1970~1977)
1977	(농업 기술혁명기)		
1978~	제7단계	제6단계	제4단계
1984	(주체농법기)		

주: 1) 이원준, 「북한의 농업경제정책현황」, 북한연구소, ≪북한≫(1982).
2) 국토통일원, 『북한경제통계집(1946~1985)』(1986).
3) 한국농촌경제연구원, 「북한의 농업생산능력 평가」, ≪연구보고≫, 65(1983).
자료: 최민호, 『북한의 농업생산에 관한 연구』(국토통일원, 1989), 7쪽.

은 명백하였습니다"라고 개인농 체제의 협동화 전환을 강조했다.[3)]

다음은 영농자재가 부족한 현실에서 협동화를 하지 않을 경우 농업자재의 조달이 어렵다는 문제점을 지적하고 있다. 결국 협동화는 공동생산 공동분배의 원칙이 농민들의 의식 개조라는 추상적인 문제와 농업생산수단의 효율적 조달이라는 이중적인 측면을 고려한 다목적 제도라고 할 수 있다. 따라서 북한의 농업정책은 협동화를 완전하게 이루어 농민의 의식을 개조함과 더불어 식량의 자급 생산을 달성하는 데 목적이 있다고 볼 수 있다.

사회주의 계획경제체제하에서 불안정한 식량 수급은 이념적으로 어긋날 뿐만 아니라 체제 전복의 근본적인 원인이 될 수 있기 때문에 북한에서 농업정책은 최우선적으로 다루어져 왔다. 북한 농정을 체계적으로 분석하기 위해서는 1947년 제1차 1개년 계획부터 제3차 7개년 계획까지 수차례에 걸친 경제

3) 『전국농업협동조합대회 주요 문헌집』(평양: 조선로동당출판사, 1959), 10~11쪽.

계획과 농업을 연계시켜 구분해보아야 하며 실제로 국내 대다수 연구 보고서들도 이와 같은 시대 구분을 따르고 있다.[4] 그러나 북한 농정의 시기 구분은 연구자의 시각에 따라 약간씩 차이를 보이는데, 1989년 서울대 최민호 교수가 수행한 국토통일원의 「북한의 농업생산에 관한 연구」에서는 〈표 2-1〉과 같이 연구자에 따라 북한 농정의 시기 구분에 다소 차이를 나타냄을 보여준다. 이러한 차이는 순수 농정만을 기준으로 할 것인지 아니면 일반 경제계획과 연계해 판단할 것인지에 좌우된다. 이러한 각각의 분류법은 모두 장단점을 가지고 있다. 순수한 농업정책만을 가지고 시대 구분을 할 경우 농업정책 집행 시기의 특성은 효율적으로 파악할 수 있다. 그러나 일반 경제정책과의 연계성이 부족해 농업정책이 전체 북한 경제정책에서 차지하는 의미를 정확히 분석하기 어려운 측면이 있다. 한편 농업정책과 경제정책을 연계해 시대를 구분할 경우, 국가 전체 경제와의 유기적 관련성이 분명해짐으로써 전체 산업에서 농업의 역할과 기능을 살펴보기가 용이하다. 반면 농업 자체만의 고유한 특성을 이해하기 어려운 측면도 있다.

북한의 농정 변천 과정을 통일원의 통상적인 구분 방법에 따라 그들의 경제개발계획 기간과 연관 지어 세분화하면 〈표 2-2〉처럼 요약되는데 그 주요 내용들은 다음과 같다. ① 제1단계: 인민민주주의 개혁기(1945~1949), ② 제2단계: 동란기(1950~1953), ③ 제3단계: 사회주의 혁명기(1954~1959), ④ 제4단계: 사회주의 제도 건설기(1960~1970), ⑤ 제5단계: 사회주의 제도 안정기(1971~1976), ⑥ 제6단계: 주체경제 확립기(1977~1986), ⑦ 제7단계: 사회주의 완전승리기(1987~1993), ⑧ 제8단계: 사회주의 농업제도 고난기(1994~1999), ⑨ 제9단계: 사회주의 농업제도 보완기(2000~현재)로 구분했다. 9단계는 김정은 시대의 농정이 포함된다. 2012년 6.28 조치와 2014년 5.30 조치 등을 통해 사회주의 협동농장 체제의 비효율성을 제거하는 데 주력하고 있다.

북한 농정을 파악하는 데 역점을 두어야 할 것은 주요한 농업정책이 발표된 농업 경제적·사회적 배경과 김일성의 정치적 의도를 명확히 밝히는 것이다.

4) 본문에서 이 구분은 주로 통일원의 북한 경제 관련 자료의 구분에 따른 것이다(오경찬, 앞의 책, 46쪽).

〈표 2-2〉 북한농정의 시대별 구분과 정책 과정

연도	단계별	농업정책		비고
		기본 과제	주요 시책	
1945 ~ 1949	제1단계: 인민 민주주의 개혁기	1. 봉건적 토지 소유관계 청산 2. 농업생산을 봉건적 생산관계에서 해방	· 토지개혁에 관한 법령(46.3) · 임야관리경영결정서(46.6) · 지하자원 · 산림 · 수역국유령(47.12) · 토지 행정에 관하여(50.1)	반제, 반봉건적 민주주의 혁명 단계
1950 ~ 1953	제2단계: 동란기	1. 전시 노력 동원 2. 전시 식량 공급	· 농민시장 개설에 관한 결정서(50.10) · 농민들에 대한 노력 동원 제한에 대하여(52.4)	전시동원 체제
1954 ~ 1959	제3단계: 사회주의 혁명기	1. 농촌에서 자본주의 요소 청산 2. 농업의 협동화, 사적 생산관계 해소	· 농업협동경리의 강화, 발전 대책에 관하여(54.3) · 농업협동조합기준규약(잠정) 초안(58.11) · 100만 정보 관개면적 확장령(58.10)	사회주의 경제체제 완성
1960 ~ 1970	제4단계: 사회주의 제도 건설기	1. 농촌의 3대(기술, 문화, 사상) 혁명과업 확산 2. 농업에 대한 공업의 지원제(도시 및 노동계급) 3. 협동 소유를 점차 전인민적 소유제로 접근	· 농업협동조합들에서 천리마 작업반 운동을 조직, 전개할 데 대하여(61.3) · 농촌경리의 과학화를 촉진시킬 데 대하여(61.12) · 농업근로자동맹규약(65.3)	우리나라 사회주의 농촌문제에 관한 테제 (64.3) 발표
1971 ~ 1976	제5단계: 사회주의 제도 안정기	1. 농업의 수리화, 기계화, 화학화 2. 힘든 농업노동에서 해방	· 전답의 수리화와 농장의 전기화 완성 발표(74) · 자연개조 5대방침결정[1](76.10) · 1976년의 알곡수확량 800만 톤 달성 목표	6개년 계획기간
1977 ~ 1986	제6단계: 주체경제 확립기	1. 곡물 증산을 위한 장기적 자연개조사업(4대자연개조사업[2]) 2. 농업의 공업화와 현대화 3. 농업생산의 과학화와 집약화	· 기간 중 목표(1984년) - 알곡 1000만 톤 생산 - 밭관개 완성 - 15만 정보 다락밭 건설 - 100정보당 10대 트랙터 공급 - 논밭 정보당 2톤의 화학비료 시비 - 80~90만 톤의 고기 생산 - 150만 톤의 과일 생산	제2차 7개년 계획기간

연도	단계별	농업정책		비고
		기본 과제	주요 시책	
1987 ~ 1993	제7단계: 사회주의 제도완전 승리기	1. 10대 전망 목표 실현 2. 농촌의 기술혁명 강화	· 기간 중 목표(1993) - 알곡 1500만 톤 생산 - 수산물 1100만 톤 생산 - 150만 정보 조림사업 - 30만 정보 간척지 개간 - 20만 정보 새땅 찾기	제3차 7개년 계획기간
1994 ~ 1999	제8단계: 사회주의 농업제도 고난기	1. 계속된 자연재해로 4년 연속 흉작 2. 식량 부족으로 다수의 아사자 발생	- 농업 부문에 대한 투자 증가(6%) - 기계화 수준 향상 - 토지정리 · 농지개발 사업 추진 - 농촌의 상품공급체계 개선 - 공업제품과 농산물의 수매가격 조정	고난의 행군시기
2000 ~ 현재	제9단계: 사회주의 농업제도 보완기	1. 농업 생산기반 확충 2. 농촌 생활수준 향상 3. 농업생산조직의 개편 4. 김정은 시대 농정: 농업 · 축산 · 수산업을 3대 축으로 하여 먹는 문제 해결	- 일부 협동농장을 국영농장으로 개편 - 독립채산제 확대 실시 - 국영기업의 분배 방식 변화 - 6.28 조치(2012)와 5.30 조치(2014)로 생산량 증가 시도	계획경제의 효율성 제고시기

주: 1) 「자연개조 5대 방침」은 ① 밭관개의 완성, ② 토지정리 및 토지개량, ③ 다락밭 건설, ④ 치산치수, ⑤ 간척지 개간 등이다.

2) 4대 자연개조사업은 20만 정보 새땅 찾기, 30만 정보 간석지 개간, 태천발전소 건설, 서해 갑문건설 등이다(북한 노동당 제6기 4차 중앙위원회 전체회의, 1981.10).

자료: 대륙연구소, 『북한법령집』 제2권(1990); 통일문제 연구소, 『북한경제자료집』, 통일 문제 자료집 제2호(1989); 국토통일원, 『북한경제 통계집』(1986); 통일원, 『북한개요』(1991)를 참조해 작성했다. KDI, 『북한경제동향』(1994.8); 김운근, 「북한의 농업 현황과 전망」, ≪북한경제논총≫, 서울 북한경제 FORUM 창간호(1995)에서 재인용했다.

일부 농업정책들은 순수하게 농업 문제를 해결하려는 처방과 같은 측면이 있는 반면, 일부 농업정책들은 농업과 산업의 문제를 해결함과 동시에 농촌과 농민들의 혁명적 의식을 고양하고 정치적 반대 세력들을 제거하려는 정치적 의도를 내포한 측면이 있다.

1) 제1단계(1945~1949): 인민민주주의 개혁기

이 단계는 1945년부터 1949년까지를 말하며 봉건적 토지소유관계를 청산함으로써 농민들을 지주의 착취와 예속에서 해방하고, 농업생산력을 봉건적 생산관계에서 해방시키는 것이 기본 과제인 단계다. 즉 토지개혁과 농산물의 생산을 늘리는 두 가지 사업에 농업정책의 목표를 두었다. 이 기간의 주요 시책으로는 사회주의 계획하의 첫 단계로 1946년 3월 5일 단행된 무상몰수, 무상분배의 '토지개혁에 대한 법령'과 '同 개혁 실시에 대한 임시 조치법'을 공포하고 3월 8일부터 3월 30일까지 토지개혁을 전면적으로 실시했다. 뒤이어 1946년 공업이 국유화되었고 1947년 말에는 '지하자원, 산림, 수역 등의 국유화 법령'(1947.12.22)이 공포되었다.

따라서 농업 부문에서의 소유구조와 생산관계의 기초를 변혁시키는 작업이 완료되었다. 이를 기초로 북한은 식량 증산을 위해 1949년부터 농업의 기계화를 추진하기 시작했다. 이 기간 중에 2회에 걸친 1개년 계획(1947~1948)이 수행되었으며, 그 뒤를 이어서 2개년 계획(1949~1950)의 일부를 추진하는 도중에 한국전쟁이 발발했다.

2) 제2단계(1950~1953): 동란기

이 단계는 한국전쟁 시기로서 전쟁 동원 정책이 이 단계의 특징이다. 이 시기에 북한 농업정책의 기본 목표는 전시 노력 동원과 식량 공급이었다. 특히 전시경제체제의 기본 목표인 군량미 해결을 위한 농업생산 증대에 주력했다. 이를 위해 농민시장 건설과 농민들에 대한 노력 동원을 제한했다.[5] 한국전쟁으로 인해 대부분의 공업 시설과 농업 시설이 파괴되었으며 농경지 감소에 따라 농업 총생산량은 전쟁 전에 비해 약 76% 수준으로 떨어졌다.

3) 제3단계(1954~1959): 사회주의 혁명기

전후복구 3개년 계획(1954~1956)과 5개년 계획(1957~1961)이 추진되었는데

---

5) 북한은 "농민시장 개설에 관한 결정서"(1950.10) 및 "농민들에 대한 노력동원 제한에 대하여"(1952.4)를 발표했다[최수영, 『북한의 농업정책과 식량 문제연구』(민족통일연구원, 1996), 8쪽].

후자는 1959년까지 일단락 짓고 그동안의 수행 과정에서 발생한 모순을 시정하기 위해 1960년을 완충기로 정했다. 이 기간 중 경제계획의 기본 목표는 생산수준을 전전 수준으로 회복하고 사회주의적 공업화의 기초 확립과 인민의 의식주 문제를 해결하는 것이었다. 이 시기 농정에서 가장 주목할 만한 것은 농촌 생산관계에서 사회주의적 개조(혁명)인 협동화가 진행되었다는 점과 "우리나라 사회주의농촌문제에 관한 테제"의 발표다. 전자가 소유 구조와 관계된 제도적 측면의 사회주의화 수행이라면 후자는 향후 농정 수행의 기본 원칙, 기본 방향, 실행 방법 등을 구체적으로 제시한 실행 지침으로서 의의를 갖는다. 이 두 문제는 북한의 사회주의화 수행에서 매우 중요한 과제다.

농업협동화는 1953년 8월 농업집단화 방침이 결정된 이후부터 1954년 말까지 시험 단계를 거쳐 1955년부터 전국적으로 시도되었다.[6] 농업협동화 계획은 사회주의 경제가 계획경제인 만큼 개인농을 그대로 두고서는 철저한 계획경제 실시가 사실상 불가능하다는 점에서 추진되었다. 정치적인 면에서는 노동동맹을 강화하고 농민들을 사회주의적 성분으로 강제 전환시켜야 한다는 정책적 이유가 작용했다. 또한 한국전쟁을 통해 농지 기반이 크게 파괴되고 훼손되었기 때문에 농민들 개개인의 노력만으로는 복구와 발전이 어렵다는 사실도 직접적인 요인이 되었다고 할 수 있다.

4) 제4단계(1960~1970): 사회주의제도 건설기

이 시기는 제1차 7개년 계획이 수행된 기간으로 최초 3년간(1961~1963)과 나머지 4년간의 계획(1964~1967), 그리고 계획 미달에 따른 연장기간(1968~1970)으로 세분화된다. 초기 3년간은 농업협동화의 보완과 농업관리기구의 단일화에 중점이 주어졌다. 특히 1960년부터 탄생된 청산리 방법에 따른 농촌 관리 지침이 시행되었다. 청산리 방법의 주요 내용은 집단농장 관리자들에게

6) 농업협동화 계획이 처음 제기되었을 때 노동당 내에서는 시기상조론, 공업우선론 등 시기 선택 문제와 농민들의 자발적 참여 문제를 포함한 여러 가지 난제가 대두되었다(앞의 책, 9쪽).

농민들이 안고 있는 문제를 직접 파악하고 해결하도록 노력하라는 것과 농업 근로자들의 사상 의식을 고취해 혁명적 열성을 제고하도록 하는 것이다. 농정의 기본 목표는 "우리나라 사회주의농촌문제에 관한 테제"에 근거해 농촌의 기술 · 문화 · 사상의 3대 혁명 추진, 농업에 대한 공업의 지원제, 그리고 협동소유의 점차적인 전 인민적 소유로의 전환에 있었다. 실제로 이 단계는 농촌에서의 기계화 · 수리화 · 화학화의 성과가 구체적으로 나타난 시기로서 북한 농업이 가장 발달한 시기에 속한다.

5) 제5단계(1971~1976): 사회주의제도 안정기

이 단계는 사회주의 제도의 안정기로 경제개발 6개년 계획 기간과 일치한다. 6개년 계획의 기본 과업은 "공업화의 성과를 강화 · 발전시키며 기술혁명을 새로운 높은 단계로 끌어올려 사회주의의 물질과 기술적 토대를 더욱 튼튼히 하며 인민경제 모든 부문에서 근로자들을 힘든 노동에서 해방하는 것"이었다. 농업 부분의 중심 과업은 농업생산을 고도로 집약화하는 것이었다. 이를 위해 밭관개를 널리 하여 이모작 면적을 늘리고 농촌경리의 화학화를 더욱 가속화하며 정보당 수확고를 높이기 위해 육종사업 및 채종 사업을 강화해 우량종자 및 우량 품종을 개발하는 생물학적 연구 사업을 강화하고 새 땅을 얻기 위한 간석지 개간 사업을 널리 시행하는 것 등이 세부사업으로 제시되었다.

이 시기에 농업생산성의 정체가 나타나기 시작하면서 사회주의 농업생산의 한계가 드러나기 시작했다. 농업 노동력의 부족을 극복하기 위해 농업 기계화와 화학화 정책을 적극 추진했다. 그리고 이 기간 중의 알곡 생산량은 800만 톤이고 농업 부문의 수리화와 전기화가 완료되었다고 발표했다. 그러나 6개년 계획이 끝나는 1976년 10월에 "자연개조 5대 방침"을 발표한 것은, 경지면적의 확대와 토지 이용률 제고 정책을 통해 농업생산력 정체로 인한 식량난을 타개하려는 주된 목적이 있었기 때문으로 볼 수 있다. 따라서 6개년 계획이 끝나는 시점에서 "자연개조 5대 방침"이 발표된 것은 이와 무관하지 않다.

6) 제6단계(1977~1986): 주체경제 확립기

북한이 6개년 계획을 1년 4개월이나 앞당겨 달성했다고 발표했음에도 불구하고, 제2차 7개년 계획은 6개년 계획의 목표 연도인 1976년을 1년이나 넘기고 1997년에야 비로소 착수되었다. 북한은 1977년 12월 최고인민회의 제6기 제1차 회의에서 제2차 7개년 계획 기간을 1978~1984년으로 정하고 인민경제의 주체화 · 현대화 · 과학화를 기본 목표로 채택했다. 이와 함께 절약 운동 강화, 대외무역 촉진, 수송의 근대화 등도 기본 목표에 포함되었다. 한편 1980년 6차 당대회에서 제2차 7개년 계획을 앞당겨 달성하고 새롭고 더욱 높은 목표를 향해 계속 정진하자는 발표가 있었으며, 1980년대에 달성해야 할 10대 전망 목표가 제시되어 사실상 제2차 7개년 계획은 수정되었다고 볼 수 있다.[7] 이 시기 농정의 기본 정책은 자연개조 사업의 전개와 농업의 공업화 · 현대화, 농업생산의 과학화 · 현대화에 역점을 두고 전개되었다. 농업 부분에서의 구체적인 목표는 알곡 1000만 톤 생산, 밭관개 완성, 15만 정보의 다락밭 건설, 100정보당 10대의 트랙터 공급, 논밭 정보당 2톤의 화학비료 시비, 80~90만 톤의 고기 생산, 과일 생산 150만 톤 등이다. 그러나 농업 부문의 주된 목표인 알곡 1000만 톤 달성은 경지면적의 부족, 한랭 기후, 농촌 인력 부족, 낙후된 영농시설 등으로 달성하기 어려웠던 것으로 보인다.

7) 제7단계(1987~1993): 사회주의제도 완전승리기

이 시기는 알곡 1500만 톤 생산 등 10대 전망 목표 실현이 실패로 끝난 시기이다. 최근의 여러 가지 자료를 종합해 분석해보면 북한은 인민경제의 주체화 · 현대화 · 과학화라는 기본적 토대하에서 농업 부문의 성장을 추구했으나

---

7) "북한 노동당 6차대회 김일성보고"(1980.10.10)에서 전력 1000억 킬로와트(kw), 석탄 1억 2000만 톤, 강철 1500만 톤, 유색금속 150만 톤, 시멘트 2000만 톤, 화학비료 700만 톤, 직물 16억 미터, 수산물 500만 톤, 알곡 1500만 톤, 간석지 개간 30만 정보 등이다(앞의 책, 85쪽).

경지면적 확대의 한계, 영농기술 개선의 어려움, 기상 조건의 악화 등으로 구체적 성과는 미미한 것으로 판단된다. 북한의 식량증산 노력이 한계를 보이기 시작한 시기라고 볼 수 있다.

8) 제8단계(1994~1999): 사회주의 농업제도 고난기

북한은 1993년에 마무리된 제3차 7개년 계획의 목표성과가 실패로 끝나면서 그 후 2년간 완충기를 두었다. 이때 농업 제일주의, 경공업 제일주의, 무역 제일주의, 선진기술 · 자본의 도입을 경제정책으로 표방하고 협동농장을 국영농장으로 개편했으며 독립채산제 확대 실시 등을 주요 시책으로 제시했다. 그러나 3년의 완충기 동안 연속된 마이너스 경제성장과 곡물생산량 감소, 대외무역 총액감소, 적자폭 확대 등으로 전반적인 경제상황이 오히려 더욱 어려워진 것으로 평가된다. 특히 4년에 걸친 연속적인 자연재해로 곡물생산이 급감했다. 곡물생산 감소로 아사자가 대량 발생해 북한 정권 붕괴론이 대두되기도 했다.

9) 제9단계(2000~현재): 사회주의 농업제도 보완기

북한은 1990년대 중반 극심한 식량 부족 사태를 경험한 후 사회주의 경제 및 농업제도를 보완하기 시작했다. 2002년 7 · 1 경제관리개선조치를 시작으로 시장화의 요소를 도입했고 시장화는 농민과 노동자의 생산 의욕을 장려한다는 장점이 있었다. 이에 생산량이 부분적으로 증가한 반면, 시장경제 논리에 따른 수요 · 공급에 의한 가격 결정으로 물가가 상승했다. 인플레이션이 확산되면서 개혁적인 시장화 조치가 자연스럽게 중단되었다. 특히 2006년 이후 인플레이션의 확산을 차단하기 위해 물가를 통제했고, 이후 농업 생산 효율성을 도모하기 위해 6.28 조치(2012년), 5.30 조치(2014년) 등을 발표하며 증산을 시도했으나 큰 성과를 거두지 못하고 있다. 현재 김정은 집권 5년이 경과하고 있지만 사회주의 집단농의 큰 틀은 변하지 않고 있다.

2. 1946년 토지개혁의 의의와 협동화

북한 농업을 결정지은 가장 큰 핵심이 토지개혁과 농업협동화라는 데에는 재론의 여지가 없다. 토지개혁은 북한 사회주의의 사회경제적 토대를 형성한 기본이다. 토지개혁이 성공적으로 진행되었기 때문에 이를 바탕으로 협동화의 진행이 가능했다. 북한은 남북 분단 이듬해인 1946년 3월에 토지개혁을 전격 실시했다. 당시 토지개혁은 북한 정권 수립 초기에 농민의 지지를 통한 정권 안정의 기반을 구축하는 데 그 목적이 있었다.

해방 당시 농촌은 농민의 80%가 토지를 전혀 가지지 못했거나 또는 아주 소규모의 토지밖에 소유하지 못한 소작농, 반소작농, 고용농 등으로 구성되어 있었다. 당시 지주는 대부분 일본인이었고 한국인 지주 계층은 총농가 수의 4%에 불과했다. 지주들이 소유한 토지는 총경지면적의 58.2%로서 이들의 토지의 소작료는 50~80%로 고율이었다. 당시 상황에서 북한 정권은 토지개혁을 통해 북한 노동당의 영향력을 확대하면서 대중의 지지를 이끌어내는 데 성공했다.

일제강점기하에서 조선의 경제구조를 살펴보면, 자연적 조건과 일본 제국주의의 한반도 지배정책에 의해 남쪽 지역은 농업과 소비재 공업이 발달한 상태였고 북쪽 지역은 상대적으로 중화학공업 위주로 발전한 상태였다. 이러한 상황에서 남북이 분단되어 북한 지역의 식량 사정이 대단히 어려워졌다. 이는 패망한 일본인의 토지법[8]으로는 해결할 수 없었다. 즉, 일제에 의한 농촌경리의 영세성[9]과 토지 소유 집중화,[10] 농민들의 저항[11]과 소작인 수탈로 인한

---

8) 류해웅, 「현대토지법제를 통해 본 토지제도의 교훈」, 민자당국책연구원, ≪국책연구≫, 봄 호(1991), 122쪽. 우리나라 최초의 도시계획법이라 할 수 있는 '조선시가지계획령'은 1934년 일본 총독부에 의해 실시되지만 민간의 권익을 거의 무시한 강제적인 것으로 총독만이 시가지 계획령을 입안할 수 있는 권리를 가지고 있는 문제점이 지적된다.

9) 통일문제연구소 편, 『북한경제자료집』(민족통일, 1989), 252~259쪽. 농촌경리의 영세성은 농가호당 경지면적과 경지 규모별 농가호수에서 잘 나타난다. 1939년 농가 1호당 경지면적은 1.47정보로 이는 미국의 6.69정보(1923년), 헝가리 8.57정보(1895년), 체코의 3.02정보(1919년), 불가리아 5.04정보(1904년), 타이완의 3.0정보(1913년)와 비교한

농가의 몰락[12] 등으로 피폐화된 농촌의 식민지 봉건적 토지소유제도를 철폐하고 농민의 생산 의욕을 고취시키기 위한 토지소유제도의 재편성이 요구되었던 것이다.

또한 이는 당시 신탁통치로 인해 북한에 주둔하게 된 소련군정과 북한의 '북조선 임시 인민위원회'의 정치적 이해가 얽혀 있는 주요한 문제이기도 했다. 그리하여 1946년 3월 5일 '토지개혁에 관한 법령'에 의해 토지개혁이 전격

다면 세계적으로 영세 규모임을 알 수 있다. 경작지 규모별 농가호수를 보면 1923년 전 농가 중 1정보 이하의 영세농이 60.6%이며 이 중 0.3~1.0정보의 영세농이 34.8%, 0.3정보 미만의 농가가 25.8%에 달했다. 시간이 흐를수록 영세농이 늘어 1938년에는 1정보 이하 영세농이 전 농가의 63%로 나타났으며 1정보 미만 외에 1~2정보의 경작 농민 20%까지를 포함한다면 사실상 83%에 이르렀다. 남북한을 비교해보면 북한은 전작 지대, 남한은 답작 지대로서 북한은 1정보 이하 영세농이 35.7%이고 남한은 72.7%로 남한의 경우 농촌경리의 영세성이 더 심화되었다.

10) 1932년에는 지주가 전 농가의 3.6%이고 소작농이 전 농가의 52.8%였으나 1939년에는 284만 1000호인 총농가호수의 55.7%인 153만 8000호가 완전한 소작농으로 나타났다. 1942년 통계에 따르면 5정보 이상의 경지소유자 총수는 조선인 80만 929명, 일본인 8220명으로 8만 9185명에 불과했다. 북한의 경우 1943년 말 198만 2343정보 중 지주 소유지는 115만 4838정보로, 전체의 58.2%에 달하는 것으로 조사되었다. 이는 북한 총농가호수의 4%에 불과한 4만 6134호의 지주가 경지의 과반수를 소유한 것으로 토지 소유 집중의 심각성을 보여주었다.

11) 일제하의 농민 저항은 토지조사사업을 계기로 자기 집단의 권익 실현을 위한 집단적 투쟁으로 나타났는데, 이는 1919년 15건수에 비해 1932년에는 1965건, 1936년에는 3만 1799건으로 급증한 것이다. 1920년대 소작쟁의가 전통적 답작 지대인 전라도, 경상도, 충청도에서 발생했다면 1930년대에는 강원도, 평안도, 함경도에 이르기까지 광범위하게 전국적으로 일어났다.

12) 농민의 잉여가치를 대표하는 소작료는 현물로 대부분이 이루어지고 있으며 보통 50~60%에서 최고 90%에 이르는 경우까지 있었다. 현물 소작료를 1930년 공황 시세로 환산한다면 반당소작료에 있어서 답이 7.9원 내지 11.95원이 되는데, 이것은 영국이 2.50원(제1차 세계대전), 프랑스 1.20~1.60원(1913년), 미국이 1.00~1.50원(1913년)과 비교해 효율적이었다. 소작인에 대한 수탈은 비단 소작료 관계에서만 나타나는 것이 아니라 각종 농노제적 공납과 지세, 수리조합비 등 공조 부과금과 부역 비료대, 각종 뇌물, 토지개량비 및 종자대 등 갖가지 형태로 자행되었다. 1930년 통계에 의하면 총농가호수의 75%가 채무를 지고 있는 것으로 나타났다.

적으로 단행되었다. 이때의 토지개혁은 농지개혁이었다. 이 토지개혁은 생산수단인 토지에 대한 첫 번째 사회화 조치였다. 이때 토지개혁의 과제는 일본인·조선인 지주의 토지소유와 소작제를 철폐하고 토지이용권을 경작자에게 부여하는 것이었다. 이 토지개혁에서 토지(농지)에 대한 사적 소유권을 전면적으로 폐지하지는 못하고 일부 남겼으며 무상몰수에 의한 무상분배 방법에 의해 진행되었다.

토지개혁 전 일제강점기하에서 조선 농업의 주된 특징은 반봉건적 토지소유관계를 바탕으로 농민대중이 일본제국주의 및 조선인 지주에 반농노적으로 예속된 것이었다. 그 결과 가혹한 봉건적 착취 제도와 일본 제국주의의 식민지적 수탈정책에 의한 농민대중의 몰락, 만성적인 기아, 농업생산력의 현저한 정체와 쇠퇴가 필연적으로 나타났다. 이러한 상황에서 이른바 반제·반봉건 혁명의 기본과제는 필연적으로 일본제국주의와 지주계급을 일소해서 새로운 토지소유관계를 수립하는 토지개혁 수행이 될 수밖에 없었다.

이러한 배경하에서 무상몰수, 무상분배라는 원칙을 토대로 토지개혁이 단행되었다. 토지 분배의 원칙으로 무상분배의 원칙, 노동력과 가족 수에 따른 분배원칙,[13] 실제로 경작하는 농민에게 분배하는 원칙, 고농·빈농들이 그가 경작한 땅 중에서 가장 좋은 땅을 선택하도록 하는 원칙 등을 내세웠다. 한편 무상분배의 원칙을 내세웠으나 경작권만 농민에게 부여해 농민들은 토지를 매매, 저당, 상속하지 못했다. 그리고 자신이 직접 경작하지 않을 경우에는 국가에 반납하도록 했고 다른 농민에게 소작을 주지 못하게 했다. 이 때문에 농민에게 소유권이 완전히 귀속되었다고 보기는 어렵다. 이러한 일련의 조치는 사회주의화의 진지 구축과 농촌의 계급분화를 막고 자본주의적 착취 관계의 발생을 예방하기 위한 것이었다.

토지개혁의 결과, 토지의 반봉건적 소유관계가 없어졌으며 농민 다수가 자기 소유의 토지를 분배받았다는 만족감과 함께 생산 의욕이 높아져 곡물생산

---

13) 18~60세 남성과 18~50세 여성은 각각 1점, 15~17세까지의 청년은 0.7점, 10~14세의 어린이 0.4점, 9세 이하의 어린이 0.1점, 61세 이상의 남성과 51세 이상 여성은 각각 0.3점을 기준으로 하여 분배했다.

〈표 2-3〉 북한의 주요 농업정책 및 집단화 관련 연표(1946~1958)

연도	월	관련 내용
1946	1	농민동맹 창설
	3	토지개혁에 관한 법령 공포
	4	농민은행 창설
	5	소비조합 창설
	9	토지관리개관리령 공포
	10	중요산업 국유화 관한 법령 공포
1947	12	지하자원 · 산림 · 수역의 국유화에 관한 법령 공포
1948		국영농목장 설치
1950	봄	농기계임경소 창설
1953	8	농업집단화 방침 결정
1954	4	협동조합화에 착수
1955		농업협동조합기준규약 제정
1958	4	신용협동조합 업무 개시
	8	농업협동화 완료
	10	농협협동조합의 리 단위 통합

자료: 북한연구소, 『북한총람(1983~1993)』(1994); 림기범, 『우리식 농촌문제해결의 빛나는 경험』(농업출판사, 1992); 오대호, 『협동농장 관리운영 경험』(평양: 사회과학출판사, 1989).

을 증대시킬 수 있는 조건이 갖추어지게 되었다. 그러나 한편으로는 토지개혁 당시 조직된 농민위원회를 농민조합에 흡수 · 통합해 대중 정치 조직을 강화했으며, 농민위원회의 위원과 빈농 · 고농 등 농촌 핵심들을 당원으로 받아들여 당조직을 확대하는 등 정치적 권력 기반을 다지는 기회로도 이용되었다. 토지개혁을 완성한 북한은 1946년 10월 '중요산업 국유화에 관한 법령'을 공포해 대부분의 산업과 자원을 국유화함으로써 사회주의화를 급속하게 추진해 갔다(〈표 2-3〉 참고).

이와 함께 농촌에서도 토지개혁에 의해 형성된 빈 · 고농 중심의 사회주의 동조 세력을 지원 · 양성하고 나아가 농촌에서의 사회주의적 생산관계를 구축하기 위한 농업집단화의 전 단계로서 농업 관련 각종 조직 및 기관을 창설하게 된다. 1946년 4월에 농민은행을 창설하고 같은 해 5월 소비조합을 설치했으며, 1948년부터는 국영 농 · 목장을 설치 운영했고 1950년 봄에는 농기계임경소를 조직 · 운영해 농민들에게 협동화의 우월성을 홍보하면서 전후 시기를 기점으로 본격적인 집단화에 착수하게 되었다.

〈표 2-4〉 농민별 분배 토지면적과 그 호수

자격별	면적		그중 경지면적		분배농가호수	
	실수 (정보)	비율 (%)	실수 (정보)	비율 (%)	실수 (정보)	비율 (%)
고용농민	22,387	2.3	21,960	2.2	17,137	2.4
토지 없는 농민	603,407	61.5	589,377	61.1	442,973	61.1
토지 적은 농민	345,974	35.2	344,134	35.7	260,501	36.0
이주한 지주	9,622	1.0	9,598	1.0	3,911	0.5
(인민위원회 보유지)	(18,935)	-	(18,885)	-	-	-
분배한 토지합계	961,390	100.0	965,069	100.0	724,522	100.0

자료: 『조선민주주의인민공화국 국민경제발전통계집』(1946~1963), 57쪽; 김종채, 「북한 농촌사회의 변모」, 『북한의 사회』(을유문화사, 1995).

북한의 토지개혁의 토대인 「북조선토지개혁법」에 의하면 제1조에는 토지개혁의 목적을 농업생산과 농촌 생활의 제 관계를 근본적으로 혁신하고 모든 토지를 직접 경작자에게 분배함과 동시에 농민으로 하여금 자주적인 농업경영을 할 수 있는 길을 열어주는 데 있다고 규정했으며, 제2조에는 토지를 무상몰수해 농민에게 무상으로 분배하는 방법이 규정되어 있다. 또한 제3조에는 조선인 지주에 의한 소작제를 철폐하고 토지이용권을 직접 경작자에게 주도록 규정했다. 즉 몰수한 토지를 무상으로 농민에게 분배하되 한 농가에 5정보 이상 소유한 조선인 지주의 소유지, 자경하지 않고 전부 소작을 주는 소유자의 토지, 면적에 관계없이 계속적으로 소작을 주는 소유자의 토지, 그리고 5정보 이상을 소유한 종교기관의 소유 토지는 몰수했다.[14]

해방 당시 농촌은 농민의 80%가 토지를 전혀 가지지 못했거나 혹은 아주 소규모의 토지밖에 소유하지 못한 소작농, 반소작농, 고용농 등으로 구성되어 있었다. 북한의 토지개혁 결과를 〈표 2-4〉에서 보면 실제 몰수된 면적은 전체

14) 5정보 이상의 몰수에서 제외되는 부분도 있었는데 첫째, 학교, 과학연구소, 병원 등의 소유지, 둘째, 북한 인민위원회의 특별한 결정으로 독립운동 등에 공로가 있는 자들과 그 가족에 속하는 토지 및 민족문화발전에 특별한 공로가 있는 자들과 그 가족에 속하는 토지는 몰수에서 제외했다[김삼현, 「통일 후 북한지역의 토지정책에 관한 연구」(동아대경영대학원, 1995), 56쪽].

의 50%인 100만여 정보였다. 그중 98%인 98만 정보가 약 72만 호의 농민에게 균등 분배되었고 나머지 2만여 정보는 임시인민위원회 보유지로 귀속되었다. 분배받은 농민의 96.7%는 토지가 없거나 적은 농민들이었으며 이주한 지주에게 재분배된 경지는 1.0%에 불과했다.[15]

이와 같은 북한의 토지개혁은 그 자체가 목적이었던 것이 아니라 농업의 사회주의적 개조를 향한 한 과정에 불과했다. 토지개혁은 농민에게 몰수된 토지를 강제로 분배해 관리·경작하게끔 되어 있었으나 매매와 저당이 일체 금지되어 토지의 유동성을 부인하고 있어서 실제적으로는 농민에게 토지이용권, 즉 경작권만을 인정한 것에 불과한 것이었다. 따라서 북한의 토지개혁은 토지소유권의 무상몰수에 의한 토지이용권의 무상분배였으므로 소작제와 자작제를 금지하고 국가지주제를 확립했다.[16] 그 결과 국가는 지주로, 농민은 단순한 노동자로 전락하고 말았다. 또한 북한의 토지개혁은 정치적으로는 지주계급의 지배력을 타파하고 농민의 지지를 획득해 정권 수립을 위한 지지 기반을 확보하는 데 목적이 있었고, 한편으로는 부분적으로 토지의 사적 소유권을 인정해 지주계급을 회유하기 위함이었다고 평가된다.

3. 북한의 농업협동화 정책

1) 농업집단화의 시대적 배경

북한에서는 1954년부터 농업협동화가 전개되는데 이렇게 일찍이 협동화가 추진된 데에는 두 가지의 중요한 배경이 있었다. 첫째, 한국전쟁을 통해 피폐한 농촌 경영을 급속히 복구하고 농업생산력을 더욱 발전시킬 필요가 있었고 이를 위해 개인농민 경영을 협동화했다. 한국전쟁 중 북한은 37만 정보의 경지 감소와 25만 두의 축우, 38만 두의 돼지, 9만 본의 과수 등의 피해를 입은

---

15) 오경찬, 앞의 책, 53쪽.

16) 김운근, 「북한의 농업발달과 생산 개황」, ≪북한연구≫, 봄 호(1992), 61~62쪽.

것으로 발표되었다. 또한 곡물생산은 1946년 189만 톤에서 1949년 264만 톤으로 늘었다가 1953년 232만 톤으로 감소하고 말았다. 이렇게 파괴된 생산력을 회복시키는 데 개별농민경영의 힘만으로는 어려웠기에 노동력을 집단적·효율적으로 동원할 필요가 있었던 것이다.

둘째, 한국전쟁을 통해 한국군에 협력하거나 월남하는 등 이른바 "공산혁명에 가담하지 않는 자"들이 농촌에서 대량 발생했다. 이에 대처하기 위해 북한은 농촌 지역을 정치적인 "혁명적 민주기지"로 만들고 강화해야 할 필요가 있었다. 이러한 현실 인식하에서 사회주의 혁명의 정치적 기반인 노농동맹을 더욱 강화하고 농업의 협동화를 통해 사회주의 혁명의 적대 계급인 부농 발생을 근절시키고 농촌을 혁명 근거지로 안정시킬 필요가 절박했다.

2) 농업집단화의 전개 과정

〈표 2-5〉에서 보는 것처럼 1954년 추진되기 시작한 농업집단화는 당 중심의 조직적이고 선동적인 조치에 의하여 4년 만인 1958년 8월에 100% 사회주의적 협동농장으로 완성되었다. 특히 집단화의 초기부터 제3단계로 규정지어진 완전사회주의 형태가 압도적인 비중을 차지하는 것을 알 수 있는데, 이는 농업집단화가 당에 의해 주도된 것이었다는 것을 반증하는 것이라고 할 수 있을 것이다. 동시에 그 경제적 배경을 보면 토지개혁 과정에서의 토지 균등 분배와 한국전쟁에 따른 생산수단의 공급 부족은 토지에 대한 소유 욕구를 크게 감소시켰다. 반면 제1단계라고 할 수 있는 초기 사회주의 형태로서의 노력 협동 형태는 원래 반대 세력 및 방관적인 입장에 있던 농민 계층을 의식해 초기에 주로 취하도록 했던 형태이다. 그러나 개념적인 구분에 불과할 뿐 실질적으로 실행되지는 않은 것으로 보인다.

〈표 2-6〉은 북한 농업협동조합의 규모별 구성을 나타낸 것이다. 초기 추진 과정에서는 조합의 규모를 15~20호 정도로 축소했고, 관리 경험이 축적되고 관리·운영수준이 향상됨에 따라 40~100호를 기준으로 삼게 되었다. 이를 지대적 특성에 맞춰 평야지대에서는 더욱 크게, 산간지대에서는 더욱 작게 조직했다. 특히 협동조합 간의 경제적 수준이 서로 상이해서 생활수준의 차이가

〈표 2-5〉 북한 집단농장화의 추이(1953~1958)

(단위: %)

형태 \ 연도	1954	1955	1956	1957	1958
반사회주의 형태	21.5	7.8	2.5	1.2	-
완전사회주의 형태	78.5	92.2	97.5	98.8	100.0
농가호수에 대한 비율	31.8	49.0	80.0	95.6	100.0
경지면적에 대한 비율	30.9	48.6	77.9	93.7	100.0
농업협동조합(수)	10,098	12,132	15,825	16,032	3,843

자료: 림기범, 『우리식 농촌문제해결의 빛나는 경험』(평양: 농업출판사, 1992), 22~24쪽.

〈표 2-6〉 농업협동조합의 규모별 구성

(단위: %)

형태 · 연도	1954	1955	1956	1957	1958
30호 이하	57.0	38.9	23.0	15.3	8.5
31~50호	27.7	34.6	33.0	28.6	20.4
51~100호	13.1	23.4	35.4	42.2	44.5
101~200호	2.3	2.9	7.9	12.9	24.1
201~300호	-	0.2	0.7	0.8	2.1
301호 이상	-	-	-	0.2	0.4

자료: 림기범, 앞의 책, 26쪽.

발생하거나 관리 범위의 확대로 인해 운영의 통제가 곤란해질 것을 우려했다. 그래서 소규모 조직 방침을 견지하면서 이미 조직된 협동조합의 규모가 더 크게 확대되지 못하도록 하고 협동조합 간의 통합도 엄격하게 통제했다.

그러나 1958년 농업집단화가 완성됨과 동시에 기초 행정구역인 리 단위로 통합함으로써 조합 규모의 확대와 함께 협동농장 수가 3800여 조합으로 급격하게 감소했다. 이와 함께 신용협동조합 및 농촌 소비 협동조합을 협동농장에 통합함으로써, 농협은 농촌의 생산 · 유통 · 금융 · 소비의 전 경제활동 부문을 포괄하게 되었다. 이로써 북한의 농업 · 농민에 대한 조직화 · 집단화는 극단적인 형태로 완성되게 되었고 북한의 사회주의화를 위한 농촌의 통제가 이를 통해 더욱 철저하고 조직적으로 이루어질 수 있게 되었다.

이렇게 집단화가 완성된 북한의 농촌에서 농민은 결과적으로 철저하게 사회주의적 노동자가 되었으며, 농업생산 측면에서 보면 적어도 초기에 빠른 속도로 발전할 수 있는 계기로 작용했던 것 같다. 즉, 농민을 조직적으로 관리해 노동력을 좀 더 많이 동원할 수 있었고 규모의 경제성을 살린 기계화로 일시적으로나마 생산성이 향상되었던 것으로 추정된다.17) 그러나 한편으로 개인의 자유가 통제되고 말살되는 계기가 되었음은 물론, 장기적으로는 노동에 대한 동기부여와 창의성이 말살되면서 오히려 농업생산력 발전을 저해하는 요인이 되었다는 데에는 의심할 여지가 없다.

3) 북한 농업협동화 과정의 특성

북한의 농업협동화는 토지개혁 이후 필연적으로 뒤따를 수밖에 없는 사회주의 체제구축의 기본적 논리이며 예정된 과정으로 보는 것이 타당하다. 당시 협동화 이후의 과정에서 김일성과 농민들의 생각은 완전히 달랐다. 농민들은 정말로 자기 땅을 소유한 것에 흥분을 감추지 못했다. 평생을 고율의 소작료에 시달렸던 농민들에게 순수하게 토지를 자경할 수 있다는 현실은 믿기지 않는 것이었다. 그러나 김일성의 토지개혁은 협동화를 달성하기 위한 과도기적 정책에 불과했다. 토지개혁 문서의 잉크도 마르기 전에 김일성은 협동화를 준비했다.

협동화를 강행하는 논리는 두 가지였다. 첫째, 김일성의 토지개혁은 거대한 정치경제적 의의를 가지는 심각한 혁명적 변혁이었으나 농민문제를 종국적으로 해결하지 못한다는 것이었다. 또 소농경리가 만연한 것을 문제점으로 지적했다. 둘째, 한국전쟁으로 인해 농촌 경제가 파괴된 것을 복구하기 위해 협동화의 필요성을 제기했다. 김일성은 전국농업협동조합대회(1959.1.9)에서 "개인농민경리를 그대로 유지하여 가지고는 혹심하게 파괴된 농촌경리를 급속히 복구할 수 없었으며 전후시기에 매우 어렵게 된 식량문제를 해결할 수 없었다. 이것은 공업의 급속한 복구 발전과 나아가서 전반적 인민경제의 복구사업에 커다란 지장을 주리라는 것은 명백했다"라며 당시의 상황을 회고했다.

17) 북한의 자료에 의하면 농업협동화가 완성되기 전에 비해서 완성된 후에는 농업생산량이 알곡 생산량 1.8배(1956년 대비), 고기생산량 3.2배(1953년 대비)로 증가했다고 한다(림기범, 앞의 책, 1992, 28쪽 참조).

농업협동화는 생산의 집단화 과정을 통해서 완성된다. 김일성도 토지가 농민들의 사적 소유로 되어 있으며 농민들의 경제적 형편과 준비 정도가 상이하다는 사정을 고려해 협동화 운동을 제기하는 처음부터 협동경리의 세 가지 형태를 규정하고 조합 조직에서 구체적인 정형에 적응하고 그의 형태를 선정하게끔 농민들을 지도했다고 밝힌 바 있다. 사실 협동화의 3단계 형태론은 협동화 과정에서 농민들의 저항을 최소화하기 위한 전략이라고 볼 수 있다. 농촌경리의 협동화는 사회주의 혁명에서 가장 어려운 과업의 하나라고 김일성 자신도 언급하고 있고, 레닌도 협동화 작업이 용이한 일이 아니며 단기간에 진행하기 어려운 작업이라고 정의한 바 있다.[18]

1953년 8월 농업협동화 방침을 결정한 이후 북한은 1954년 1월부터 "농업협동조합의 조직문제에 대하여"라는 북한 노동당의 결정 사항에 의해 세 단계로 집단농장 형태를 설정하고 사회주의 농업집단화의 정형적 단계를 밟게 된다. 북한은 농업협동조합의 세 가지 형태, 즉 제1형태, 제2형태, 제3형태를 설정하고 농민들이 각각 자신의 경제 상태나 의식 상태에 맞춰 자유롭게 선택할 수 있도록 했다. 북한은 협동조합을 조직할 때 외형상으로 조합원들의 가축 및 농기구 등을 기계적으로 통합하지 않고 농민들의 희망에 따라 통합하거나 일정한 시기까지 계속 사적인 소유로 남겨두면서 공동으로 이용하도록 했다. 또 통합할 경우 반드시 대가를 지불하도록 함으로써 농민들의 반발을 최소화하는 데 주력했다. 북한은 이러한 단계적이고 다양한 협동화 단계를 통해 중농들로 하여금 협동화를 용이하게 접수하도록 하고 협동화 과정에서 나타날 수 있는 여러 가지 폐단을 미연에 방지할 수 있었다고 평가하고 있다.[19] 이 점에서 북한의 협동화 운동은 협동 정도가 낮은 형태에서 높은 형태로 발전한

---

18) "소규모의 개인농 경리로부터 공동적 토지 경작에로의 이행과 같은 생활과 풍습의 가장 깊은 토대와 관련되는 수천만 인민들의 생활에서 일어나는 그러한 위대한 전환은 오직 장기간의 노력에 의해서만 이루어질 수 있으며 또 이러한 전환은 일반적으로 필요성이 사람들로 하여금 자기의 생활을 개선하지 않을 수 없게 하는 그러한 때에 비로소 실현될 수 있다"[『레닌 전집』 28권(평양: 사회과학출판사, 1950), 318쪽; 김일성 전국농업협동조합대회에서 재인용].

19) 김일성, 「전국협동조합전국대회 연설문」, 17쪽.

〈표 2-7〉 사회주의 협동조직의 조직 형태

구분	제1형태	제2형태	제3형태
구성 내용	작업만을 공동 실시하는 고정적 노력 협동반(호조조제)	토지를 통합하고 협동 경영하는 반(半) 사회주의적 형태	토지와 기본 생산수단을 결합해 통합 운영하는 사회주의적 협동조합 형태
분배	생산수단 사적 소유, 보수의 사적 귀속	생산수단을 출자, 토지와 노동력에 의해 분배	모든 수단 통합, 노동의 투입량에 의해서만 분배
모델(소련)	토즈	아르텔	콜호스
규모	소규모	대규모	거대화

자료: 村上保男, 「朝鮮民主主義共和国の協同農場などの現況」, 農業構造研究会, ≪農業構造問題研究≫, 136号(1983); 한국농촌경제연구원, 『북한의 농업개황』(1994), 39쪽.

중국이나 구소련의 예와는 극히 대조적이라고 할 수 있다.

각 형태별로 구체적 내용은 〈표 2-7〉과 같으며 북한의 농업집단화 과정은 다음과 같이 세 가지 형태로 나누어 조직되었다.[20]

제1형태는 토지 및 기타 생산수단의 사적 소유를 기초로 가축이나 농기구의 공동 이용을 통해 농작업을 공동으로 수행하고 각각의 토지소유자가 생산물을 소유하도록 하는 경험적 단계의 소위 '품앗이'(노동호조) 형태였다. 이 단계에서는 빈농과 진보적인 농민을 중심으로 지금까지 전통적으로 이루어져 왔던 '가축의 힘을 공동 사용하는 것'과 '노동상호부조' 또는 '부업적 협동조합' 등을 토대로 소수의 농업협동조합을 시험적으로 조직해 경험을 쌓는 것에서부터 시작되었다.

제2형태는 토지 및 기타 생산수단의 사적 소유를 견지하면서도 이를 협동조합이 통합시켜 공동 사용할 수 있도록 하고 노동일수와 출자한 토지에 상응해 분배하는 대중적 발전 단계의 '반(半)사회주의적 형태'였다. 이는 농촌의 기본적 대중을 이루었으며 중농이 대량으로 협동화의 형태를 취하게 되고, 협동조합 조직을 정비·강화하면서 중앙집권지도체계를 강화해가는 단계라고 할 수 있다. 여기에는 부농과 도시 주변의 상업적 농업을 경영하는 농민, 산간지

20) 김영윤, 「북한 농업협동화의 성과와 한계」, 북한연구소, ≪북한≫, 6월 호(1997).

대 등의 농민 등이 협동화의 주된 대상이었다.

제3형태는 토지 및 기타 생산수단의 협동조합적 소유를 통해 생산한 후 투입 노동량에 따라 분배하는 최종 완성 단계의 '사회주의 형태'이다. 북한은 농민으로 하여금 여러 형태 중에서 그들의 경제 상태나 의식 수준에 맞추어 선택할 수 있도록 함을 강조했다. 이 단계에서 비로소 모든 생산수단이 공유화되는 거대한 규모의 사회주의적 협동조합이 성립하게 되었는데, 말하자면 구소련의 콜호스(kolhoze: 협동농장)와 같은 것이다.

농업집단화 실시 초년기인 1954년에는 부농이 0.6%에 불과했는 데 비해 빈농의 비중은 40%에 달했다. 이에 따라 북한은 이들을 중점적으로 가입시키고 난 후에 탄압적 정책을 사용해 1954년 말 현재 총농가호수의 49%가 가입하게 되었다. 협동화 경험이 부족하고 관리간부들의 협동화에 대한 인식 수준이 높지 않아 협동조합의 규모를 비교적 적은 수인 40~100호 정도로 조직했다.

당시 조직된 형태를 보면 제2형태가 7.8%이고 제3형태가 92.2%이었다. 대체로 15~20호 규모의 소규모 조합을 조직한 후 농업기술이 발전함에 따라 그 규모를 40~100호 정도로 확대했다.[21] 북한은 협동화 운동을 펴나가는 데 있어 자발성의 원칙에 따랐다고 하지만,[22] 자율성이 부여된 적은 없었고 농민에 대한 정치와 조직 활동을 강화하는 한편, 기존 협동조합을 조직적으로 강화하는 데 주력했다. 북한은 더욱 신속하게 협동화를 완성시키기 위해 1955년 12월 2일 북한 당 중앙위원회 전체 회의에서 "농촌과 도시에 사회주의적 개조사업을 강화하는 데 대한 제방안"을 결의하고 협동화 강행 정책을 실시했다. 이에 따라 수천 명의 중앙간부 및 지방간부들을 동원해 매년 1~2차씩 실시한 집중지도는 우리나라 농업협동화 운동 발전에서 중요한 역할을 했다. 결국

21) 고승효, 『현대북한경제입문』(대동, 1993), 159쪽.

22) 북한의 먼저 농업협동화 과정에서 지켜야 할 가장 중요한 원칙으로서 자발성의 원칙을 강조하고 있다. 김일성은 다음과 같이 지적했다. "농업협동화 운동에서 우리가 반드시 지켜야 할 원칙은 어디까지나 농민들의 자원에 의해 협동조합을 조직하는 것입니다. 협동조합이 좋다고 해서 농민들을 강제로 끌어들이면 그것을 조직하는 일은 절대로 없어야 하겠습니다"[『김일성저작집』 제9권(평양: 조선로동당출판사, 1980), 132~133쪽].

〈표 2-8〉 북한 농업협동화 진행 추이

연도	총농가호수에 대한 비율(%)	총경지면적에 대한 비율(%)	협동조합 총수(개)	제2형태(%)	제3형태(%)
1953	1.2	0.7	806	-	-
1954	31.8	30.9	10,098	21.5	78.5
1955	49.0	48.6	12,132	7.8	92.2
1956	80.0	77.9	15,825	2.5	97.5
1957	95.6	93.7	16,032	1.2	98.9
1958.8	100.0	100.0	3,843	-	100.0

자료: 『북한 총람』, 340쪽, 349쪽; 김승준, 『우리나라에서의 농촌문제해결의 력사적 경험』(평양: 조선로동당출판사, 1961), 174쪽; 김종채, 「북한농촌사회의 변모」, 『북한의 사회』(을유문화사, 1995), 111쪽.

1955년 하반기부터는 광범위한 중농 계층이 협동화에 참여해 대중적 발전 단계에 들어선 것으로 보인다. 협동농장의 총수에서 약간의 변동을 제외하면 1958년에 농업협동화가 완성된 것으로 판단된다. 농업협동화의 구체적 내용을 살펴보면 〈표 2-8〉과 같다.

농업협동화의 초기단계에서는 농장당 200호 미만의 규모가 주종을 이루었으나 완성 단계에 이른 1958년 이후에는 300호 이상의 대형화에 중점이 주어졌다. 1960년 이후에는 600~1000호의 대형 규모도 전체의 5% 수준에 이른다. 이는 1953년 이래 면(面) 단위를 없애고 군(郡) 단위 중심의 협동농장체제를 완성시킨 것에서 크게 연유한다. 협동조합을 확대하기 위해 1953~1954년의 시험 기간 중 군 단위 1~2개소의 시험협동조합을 조직해 집중 지원함으로써 '협동경리가 개인농보다 우월하다'는 것을 시범적으로 보였다. 1953년 806개소, 1만 1697호로 협동조합을 조직해 비료 등 생산 자재를 우선 지원하고 현물세도 20% 이하로 낮추었다. 이로써 북한의 농업협동화가 가속화되는 계기가 마련되었다. 협동화가 시작된 지 1년 만인 1954년에 이미 협동화 비율이 30%를 상회했고, 1956년 영농기에는 전체 농가호수의 70.5%가 협동화에 들어섰다. 또 1만 4700여 개 협동조합 중 노동에 의해서만 분배를 실시하는 제3형태가 97%를 차지했다. 1957년에 93.7%, 1958년에 100%의 협동화가 완료되어 불과 6년여 만에 협동화의 전 과정이 마무리되는 성과를 이룩했다.[23]

북한 측은 1958년 8월 협동화가 성공적으로 완수되었다고 발표했다. 북한은 협동화의 결과로 한국전쟁 전보다 농기계임경소가 3.3배 증가하고, 화학비료의 공급량이 12배로 늘어났으며 각종 농기구 공급도 증가했다고 발표했다. 또한 1958년 알곡 생산량은 370만 톤에 달했는데 이는 1953년에 비해 1.6배, 전쟁 전 최고 수준에 비해 1.4배 늘어난 수치다. 농민들의 생활도 급격히 향상되어 농가 1호당 알곡 수입은 5년 동안 1.7배, 현금 수입은 약 4배로 증가했고 전체 농민들의 생활이 이미 중농 또는 그 이상이 되었다고 선전했다.

농업협동화의 진전과 함께 농업의 물질적·기술적 토대도 함께 강화되었다. 1956년에는 알곡 생산량이 전년 수준을 능가해 287톤이었고, 1957년에는 320만 톤, 1958년에는 370만 톤을 생산해 1946년의 약 두 배로 성장했으며 해마다 공동축적기금을 공제하고도 농장원들의 분배 몫이 늘었다.

북한 농업협동화의 특징을 정리하면 다음과 같다. 첫째, 공업화를 선행해 기계화한 후 협동화한 것이 아니라 협동화를 진행하면서 기계화의 유리한 조건을 창출하는 생산관계 우선 중심의 구조적 형태를 취했다. 둘째, 분산적 소농 경영에서 복잡한 과도적 형태를 단계적으로 거쳐 집단화를 진행시킴으로서 출자한 토지에 대한 보수를 인정하는 반사회주의적 형태가 존재했다. 셋째, 생산수단 통합에서 무상몰수의 형태를 취하지 않고 평가위원회를 설치해 일정한 대가를 조합원에게 지불하고 조합이 자기의 재산으로 소유하도록 해 출자제도를 인정했는데, 이는 여타 사회주의 국가와는 다른 형태라고 할 수 있다.[24]

당시 사회주의 종주국이었던 구소련까지도 북한의 급진적인 농업협동화 추진에 대해 농기계 보급이 보장되지 않는 조건에서 집단화를 강행하는 것은 모순이라고 지적했다. 대체로 사회주의 국가에서 농업집단화를 추진할 경우 1단계에서 2단계로 전환할 때 생산력을 중시하는 계층인 중농은 생산수단의 공유 과정에서 마찰을 일으키고, 소농 계층은 토지에 대한 집착, 즉 자율적 가족경영의 포기라는 관점에서 반발하곤 했다. 이런 내부적 반발에도 불구하고 농업집단화는 급속히 진행되었고, 그 결과 총경지 중 협동농장에 소속된 농가와

23) 김운근, 앞의 책, 39쪽.

24) 김영윤, 앞의 책, 202~203쪽.

경지면적 등이 획기적으로 증가했다.

특히 1958년 집단화가 완성되는 단계에서 농장당 평균 규모가 전년도 대비 네 배 이상 증가했다. 그러나 농가호당 평균 면적으로 대략 1.6정보를 그대로 유지한 점을 분석해보면 농장대형화가 기계화, 인구 감소 등 경제 논리에 의한 경영합리화 차원에서 추진된 것이 아니라 정치 논리에 의한 행정적 필요성 때문에 추진된 것임을 알 수 있다.[25]

4) 북한 농업협동화 운동 경과의 개관

북한은 농업협동화가 당과 정부의 시행 방침에 따라 전국에서 조직적으로 추진된 1953년 8월부터 그 완료까지의 기간을 세 단계, 즉 ① 경험단계(1953.8~1954.11), ② 대중단계(1954.11~1956년 말), ③ 완성단계(1957.1~1958.8)로 구분한다고 밝혔다.[26] 이러한 구분은 북한이 자체적으로 농업협동화를 어떤 경로를 통해서 진행했는가를 파악하는 데 중요한 분석 자료를 제공하고 있다.

(1) 경험단계

북한은 외형적으로 농업협동화를 진행하는 과정에서 마르크스-레닌주의의 교시대로 자원성의 원칙을 강조했다. 이에 따라 농민들을 자원적 원칙에서 농업협동화에 편입시키기 위해서는 농민들 스스로 실제적 경험에 의해 협동화의 우월성을 인식하는 것이 중요하다고 판단했다. 경험적 단계의 기본 목적은 광범위한 농민들에게 협동화의 우월성을 실물적으로 보여주는 것이었다. 이러한 방침에 따라 당은 우선 빈농을 동원해 몇 개 군에 농업협동조합을 조직해 성과를 계속적으로 과시하는 전략을 수립해 실행했다.

농업협동화 방침이 공식 확인된 것은 한국전쟁 휴전 직후인 1953년 8월에

---

25) 오경찬, 앞의 책, 56~57쪽.

26) 내각 제1부수상 김일, 「우리 당의 농업협동화 정책과 농촌경리의 금후 발전에 관한 몇 가지 문제에 대하여」, 『전국농업협동조합대회 주요문헌집』(1959), 71~80쪽. 우리나라에서 농업협동화 운동은 기본적으로 세 개의 발전 단계를 거쳐 완성되었다.

열린 조선노동당중앙위원회 제6회 총회였다. 당시 그곳에서 진행된 김일성의 보고 "정전협정 체결과 관련해서의 전후 인민경제 복구, 발전을 위한 투쟁과 당의 오늘의 임무"에서는 "우리는 1954년부터 사유토지와 사유생산도구를 가지는 원칙 밑에 일부 지역에 경험적으로 농업협동조합을 조직해야 한다"라고만 언급되어 있다. 여기에는 분명히 "1954년부터"라고 언급되어 있으며 실제 1953년의 문헌 등을 찾아보아도 대중적 홍보가 대대적으로 진행된 적은 없었던 것으로 보인다. 그러나 제6회 대회 결정에 따라 전국 각지에서 협동화 운동이 전개되기 시작해, 1953년 말에 조합 수가 806개에 달했다. 최근의 문헌들은 모두 다 농업협동화의 기점을 이 제6회 총회에 두고 있다.

1954년 1월에 조선노동당중앙위원회는 "농업협동경영의 조직 문제에 대하여"라는 지시를 내고 그때까지 매우 자연발생적으로 임의의 형태로 조직된 농업협동조합에 대해, 조직 운영상의 기본 원칙을 제시해 실정에 맞게 각 조합이 선택해야 하는 세 종류의 표준 형태를 처음으로 내놓았다. 첫 번째 제1형태는 사회주의 맹아라고 불리는 것으로서 토지는 통합이 안 되고 노동력만 통합되며, 수확을 전부 토지소유자에게 귀속시켜 연말에 노동 대가를 청산하는 연간 고정 노동력협조반이다. 초보적인 분업제와 간단한 생산계획이 세워지고 운영 과정에서 점차 공동재산도 형성된다. 그다음으로 제2형태는 반(半)사회주의적 형태라고 불리는 것으로, 노동력뿐 아니라 토지도 통합되며 수입의 20% 이내 범위에서 출자된 토지에 응하는 분배가 진행된다. 마지막으로 사회주의 형태인 제3형태는 분배도 전부 노동일에 응하여 진행된다. 이 제3형태는 1958년까지 표준 형태로서 변화가 없었다. 이 지시에서 조합의 민주주의적 조직원칙, 농민의 자원원칙, 상호이익원칙, 당 및 국가의 원조 필요성 등이 강조되었다.

이 지시에 따라 농업협동조합에 대한 각종 후속 조치를 규정한 "내각결정 40호, 농업협동경영의 강화발전 대책에 대하여"(1954.3.11), 농업협동조합의 존재를 법적으로 뒷받침하는 의미를 가진 "농업성령 제2호, 농업협동경영의 국가등록에 관한 규정"(1954.5.4), 농업성 작성의 제2, 3형태에 관한 "농업협동조합 기준규약"(1954.8) 등이 잇따라 나오면서 운동은 적극적으로 전개되었다.

경험단계의 지도는 우선 국내에 2~3개소, 특히 협동화를 위한 경제적 전제가 있는 지역을 택해서 빈농을 중심으로 조합을 조직시켜 거기에 국가의 지도와 지원을 집중하는 방식으로 진행되었다. 전체적으로 운동은 맨 처음 기대되었던 것 이상으로 추진 움직임을 보인 것으로 판단된다. 이 때문에 일부 협동화 추진 간부들은 이미 제2, 3형태의 조합이 조직되고 있으므로 더 이상 협동화가 필요하지 않다고 하면서 농민의 자발성을 억제하거나 제3형태를 희망하는 조합에 제2형태를 강제하는 등, 중앙의 지시를 교조주의적으로 이해한 소극적 태도를 보였다. 이런 운동 과정은 1954년 11월 조선노동당 중앙위원회에서 총괄되었으며 그에 의거해 김일성의 보고「농촌경영의 앞으로의 발전을 위한 대책들에 대하여」가 다음 단계의 지도 전망을 보여주었다.

(2) 대중단계

경험적 단계를 통한 협동화의 성공적 수행에 확신을 가진 북한 지도부는 광범위한 중농 이하 농민층을 대상으로 대중적 운동을 전개할 것을 결단했다. 1955년 초에는 전국 다수확 모범농민대회, 농업협동조합관리 활동가 대회 등 선행 조직들이 구성되었다. 조선노동당 중앙위원회 정치위원회는 광범위한 협동화 진행에 따라 부수적으로 해결해야 하는 조합의 질적 강화 문제에 대해 "농업협동조합의 조직적 강화를 위한 대책들에 관한 결의"(1955.2)를 채택했다. 1955년부터 시작해 농업협동조합에도 국가계획 과제가 제시되었다. 1955년 2월부터 4월까지 농기계 임대소 증설, 농업현물세 감면, 빈농에 대한 다양한 지원, 협동화로 인해 처음으로 가능하게 된 예약수매제도 등에 대한 일련의 내각결정이 제시되었다.

이에 따라 농촌에는 일종의 협동화 붐(boom)이 생겼다. 사실상 협동조합이 대중적 단계에 들어선 것이다. 경험단계에서 조직된 조합은 인근 농민에 대한 실증적 교재라는 의미도 가지고 있었다. 1954년의 개인농민들을 비교했을 때 해당 조합은 곡물 단위 면적당 수확량의 10~50% 증가, 현금 수입은 2~7배 증가라는 성과를 거두었다. 이로 인해 대다수 농민이 협동화의 우월성을 확인하며 자발적으로 조합의 조직을 희망했다. 실제로 이 시기의 농민의식은 아직 협동화 과정에 대한 충분한 검토 없이 결과만을 비교하고 있었다.

북한 당국에서도 조합의 가입자 수, 조합 규모, 조합 형태의 차이 등 현실을 무시하고 추진하는 양상이 나타났다. 이에 따라 양적 확대와 질적 향상이 일치하지 않게 되었다. 결국 1955년 6월, 조선노동당 중앙위원회 상무위원회는 당분간 조합의 양적 성장을 제한하고 이미 설립한 조합 정리 및 강화 노력에 집중하는 결의를 채택했다. 만일 이러한 양적 확대 정지 조치를 취하지 않았더라면 협동조합의 조직률은 한층 신장했을 테지만, 조합이 잘못해서 개인농민 당시보다 수입이 밑돌 경우 장기적으로 보면 좌절감으로 인해 반협동화 정서가 동요했을지도 모른다. 역설적으로 말하면 그만큼 농민의 자원성이 분명히 높았다는 것이다.

조합의 정비 및 강화를 위해서는 조합의 물질적 기초를 높이는 것과 조합의 조직적 · 재정적 관리 · 운영수준을 향상시키는 것이 필수적이었다. 북한 당국에서는 전자를 위해 “내각결정 57호, 농촌경영을 급속히 복구, 발전시키기 위한 대책들에 대하여”(1955.6.24)를 공포했다. 한편 후자는 협동화 운동의 성패에 매우 중대한 의미를 가지고 있었다. 이에 매년 6~8월을 농업협동조합 강화월간으로 설정해 중앙과 지방의 당 및 정권 기관의 활동가가 직접 각 조합 지도에 나서고 조합 관리 활동가의 정치 및 실무 수준을 향상시키기 위해 지원하는 ‘집중지도’가 시행되었다. 당시 조합에 파견된 사람이 4000명에 달할 정도로 대규모였다. ‘집중지도’는 연간 두 번 정도 계속되었다.

한편 1955년 9월에는 “농업협동조합 관리 활동가 양성소 설치에 관하여”라는 내각명령이 떨어졌다. ‘집중지도’를 시행할 때 ‘불순분자’를 적발했는데, 이는 조합원 대중의 의식을 높이는 기회로 활용되었다. 1955년은 전체적으로 모든 협동조합에서도 변화와 변혁의 기운이 왕성한 해이기도 했다.

1955년 12월, 조선노동당 중앙위원회는 6개월간의 조정 기간을 거쳐 조직 확대를 재개하기로 결정했다. 그 결과 1956년 활동기에 들어가기 전에 총농가호수의 70.5%가 협동조합에 가입했다. 이에 따라 북한 당국에서는 농업협동화 운동의 가장 곤란한 고비를 이미 넘겼다고 판단했다. 그리고 1956년 4월 조선노동당 제3회 대회는 제1차 5개년 계획 기간 중(1961년까지)의 과제로서 ‘농업집단화 운동을 더욱 발전시켜 그것을 조직적 · 경제적으로 강화함으로써 농업의 전면적 집단화를 완성시킬 것’을 결정했다. 여기서 처음으로 협동화 완성에 관한 논의가 시작되었다.

이와 아울러 1956년부터 최고인민회의 제10차 회의가 채택한 '농업현물세법'의 개정에 기초해 세율의 인하 및 고정 세액제 시행과 농업협동조합의 현물세율 5% 인하 등이 진행되었다. 또한 '1956년산 공예작물 예약매수 시행규정'(내각 매수국령 39호, 1956.5.4)을 비롯해 일련의 농산물 매수제도 정비, 매상가격 인상 조치 등이 취해졌다. 1956년 10월에는 다시 농기계 임대소 증설이 결정되었다. 1956년 말에는 조합가입 농가 수가 80%를 넘었으며, 1956년 12월 조선노동당 중앙위원회에서는 이미 변혁된 생산관계 위에서 어떻게 급속한 생산 증대를 도모할 것인가를 집중적으로 논의했다. '최종적으로 협동화 운동을 완성하기 위해서 남은 개인농민을 어떻게 조직화 하는가'만이 남겨진 문제였다. 그런 의미에서 1957년 이후는 협동화의 완성단계라고 불린다.

(3) 완성단계

1957년 1월, 각 도별 농업협동조합 관리활동가 대회가 열렸다. 평안남도 대회에 참석한 김일성은 "농촌경영의 앞으로의 발전을 위한 몇 가지 문제에 대하여"라는 문헌을 통해 당시 협동화의 문제점을 지적했다. 또 동년 12월에 이와 같이 도별로 열린 농업협동조합 열성자 대회인 황해도 대회에 출석한 김일성은 "농촌경영의 사회주의적 개조에서 얻어진 성과를 더욱 강화하는 것에 대하여"라는 보고를 통해 당시의 문제점을 제시했다.

이 단계에서 아직 협동조합에 참가하지 않은 농민들 중에는 지역적으로 산간지대, 도시 근교, 한국전쟁 후에 북조선 측에 들어간 소위 신해방지구 등 계층적으로 부농층이 많았다. 산간지대의 경우, 분산 거주라는 자연적 조건으로 인한 어려움이 주된 요인이었기 때문에 목축기지에 편입, 소규모 독립작업반 설치 등 조건에 맞는 방법으로 조직화가 추진되었다. 도시 근교의 경우, 비농가가 동시에 같이 분산되어 산다는 조건 외에도 도시 지향 상품 작물 생산자가 많고 투기적 성격이 강하다는 점이 협동화의 걸림돌이 되었다. 이에 따라 사영 상공업자의 사회주의적 개조와 협동화를 병행해 시도해야 했다. 신해방지구의 경우, 인민민주주의 제도하에서의 경험과 연수 기회가 적다는 것이 주된 원인이었기에 그 조건에 맞는 대책을 취했고 부농들도 점차 평화적으로 협동조합에 참가하기에 이르렀다. 이 단계의 신규 가입자 중에는 비교적 부유층이 많았다. 협동화 운동이 개시된 이래 처음으로 새로운 가입자 수의 비율(19.1%)이 신협동화 경지면적 비율(22.1%)보다 낮은 현상이 나타난 것은 부유층이 가입하기 시작했다는 것을 증명한다.

평야지대 순 농촌에서는 이미 1956년 말까지 협동화율이 90% 전후에 달한 지역이 많았다. 이런 곳에서는 새롭게 조직된 협동경영의 우위성을 어떻게 생산력의 합리적 발전으로 실현할 것인가와 협동경영의 생산계획, 노동력 배치, 재무 활동 등을 어떻게 전 조합원의 공통 이익에 알맞게 합리적으로 운영해나갈 것인가 등이 주로 조합간부 활동가의 실무 수준에 관련된 주된 문제였다. 이러한 작업은 조합 관리자들이 부기 업무에 생소하고 심지어 일부 관리자들은 해방 전까지 글자를 배우는 기회조차 가지지 못했기에 어려운 일이기도 했다. 따라서 긴급하게 교육하고 농민들 속에서 그런 전문가를 양성하는 것이 큰 과제로 여겨졌다. "내각명령 90호, 농업협동조합 경리질서를 강화하는 데에 대하여"(1957.11.15), 그리고 약간 거슬러 올라가 농업협동조합원의 채무 집행에 대해 특정한 면제 규정을 준 "내각결정 95호, 판결, 판정집행에 관한 규정"(1956.9.25) 등은 이런 사정과 관련한 것으로 생각된다.

이러한 사정과 관련해 일단 조직된 조합을 더 합리적으로 정리하고 통합하는 사업도 진행되었다. 1953년 이래 1조합당 평균 농가호수는 일제히 증가했으나 동일 촌락 내에 몇 개 조합이 병존하는 경우, 경지정리 및 기타 여러 면에서 소규모 조합의 불합리성이 불가피했다. 이러한 정리 및 통합은 협동화 과정에서 어느 정도 필연적이었다고 인정된다. 이에 따라 경험단계에서 조합 규모의 지역 격차는 거의 없었으나 완성단계에 이르러서는 평야지대와 산간지대에서 심한 격차가 나타났다. 다만 이 통합 문제 속도와 관련해 중앙에서는 늘 지나친 진행을 경계하는 견해를 드러냈는데, 조합 관리의 실무 수준이 높지 않았다는 것이 그 이유였다. 1958년 8월, 농업협동화 운동을 100% 완료한 이후 1959년 10월에 협동조합의 '리(里)' 단위 통합이 전국적으로 진행되었던 것의 전제에 조합 측의 통합에 대한 내재적 요구가 있었다는 것이다.

1959년 1월에 열린 전국농업협동조합대회는 협동화운동의 전 과정부터 '리' 단위 통합까지 총괄했다. 이 대회는 양적 팽창과 질적 향상이라는 새로운 조합 형성의 조건에 적합한 「신농업협동조합 기준규약(잠정)」을 채택한 획기적인 대회였다.

5) 북한 농업협동화 운동 추진 사례별 내용과 특성

(1) 황해남도와 개성의 '배천바람' 사례

황해남도의 지형은 북서부가 높고 북동부와 남동부를 비롯한 해안 연안이 낮은 평야지대이다. 해안지대에는 재령평야와 연백평야를 비롯한 비옥한 평야들이 있어 황해남도 전체 면적의 42%가 농경지이며 총경지면적의 41.7%가 논이다.[27] 평야지대가 많을 뿐 아니라 토지도 비옥해서 북한에서는 가장 따뜻한 지역에 속한다. 이러한 조건에서 농업이 발달할 수 있었으며, 인구의 대부분이 농업생산에 종사한다. 인구밀도는 비교적 균등하나 재령평야 일대의 밀도가 가장 높다.

개성은 도시 지역이어서 경지면적이 차지하는 비중이 그리 크지 않다. 그렇지만 벼를 비롯해 맥류, 옥수수, 콩 등 다양한 농작물이 재배되며 인삼과 약초재배가 중요한 생산 부문 중 하나이다. 개성 · 개풍 · 판문 · 남연백 · 옹진 지구는 38선 이남 지역으로 1945년 해방 이후에는 남한 지역이었다가 한국전쟁 이후 북한에 편입된 이른바 '신해방지구'이다. 이 지역은 분단과 한국전쟁으로 가장 많은 피해를 입은 지역으로, 특히 월남자의 가족은 공민의 권리를 박탈당하거나 재산을 몰수당하기도 했다. 이러한 경험은 주민들로 하여금 북한 정권에 대한 반발심을 조성했으며 이는 농업협동화 추진 과정에서 비협조와 저항으로 나타나게 되었다.

황해남도와 개성의 경우, 농업협동화 전개 과정이 빠르지 않았다. 농업협동화가 대중적 단계로 접어든 1954년 12월, 농가호수 대비 협동화 비율은 2~5%로서 북한 전체의 평균 31.8%보다 낮았다. 그러나 그 후 집중지도사업과 사상교양 학습의 강화로 황해남도의 협동조합은 양적인 성장을 거듭해, 1956년 12월 황해남도의 농가호수 대비 협동화 비율이 76.8%로 북한 전체의 평균인

---

27) ≪조선중앙연감≫(1959), 255쪽.

〈표 2-9〉 협동경리농가 1호당 분배 몫의 증가 실태

구분 \ 연도		1955	1956	1957	1958
알곡	1인 분배량(kg)	1,250(100%)	1,616(129%)	1,742(139%)	1,826(146%)
	전체 생산량(만 톤)	204	287	320	370
1인당 분배량 감자류(kg)		193(100%)	357(185%)	434(225%)	501(260%)
현금(원)		5,605(100%)	9,542(170%)	13,703(244%)	20,350(364%)

자료: 김승준, 『우리나라에서의 농촌문제해결의 력사적 경험』(평양: 조선로동당출판사, 1965), 179쪽; 『전국농업협동조합대회 주요 문헌집』(평양: 조선로동당출판사, 1959), 28쪽; 김종채, 「북한농촌사회의 변모」, 『북한의 사회』(을유문화사, 1995), 112쪽.

80.9%에까지 근접했다(〈표 2-9〉 참조).

그런데 1956년 결산분배가 끝나자마자 협동조합에 가입하기 이전에 부농과 중농이었던 사람들을 중심으로 협동조합을 탈퇴하려는 움직임이 일어났는데 이러한 움직임은 주로 '신해방지구'에서 심했다.[28] 이러한 현상은 황해남도 배천지방에서 공공연하게 발생했기 때문에 '배천바람'으로 불렸으며 협동조합 탈퇴의 움직임은 개성과 황해도 일부로 확대되었다.

이와 같은 농민들에 대한 강경한 대책과 함께 사태의 책임을 물어 황해남도 인민위원장인 고봉기, 황해남도 인민위원장 백순제, 개성시 인민위원장 이달진 등이 숙청되었으며, 당시 농업부장직을 맡았던 박훈일도 1957년 2월 이후 공식석상에서 사라졌다. 김일성은 "황해남도 배천군에서 농업협동화 사업이 잘되지 못하였는데 알고 보니 고봉기의 작간이었다"[29]라고 해서 '배천바람'의 원인을 고봉기에게 돌렸다.

그러나 1956년 6월부터 10월까지 협동농장의 양적 성장이 무리하게 추진된 것은 협동조합 탈퇴의 직접적인 원인이 되었을 것이다. 또한 이 시기에 북한 지도부의 방침으로 농업협동화가 급속하게 추진되었기 때문에, '배천바람'의

28) 김남식, 「북한의 공산화과정과 계급노선」, 고려대학교 아세아문제연구소, 『북한 공산화과정연구』(1972), 173쪽.

29) 김일성, 「당단체를 공고히 하고, 당의 경제정책을 관철할 데 대하여」, 『김일성저작집』 11권(평양: 조선로동당출판사, 1980), 188쪽.

원인을 고봉기의 책동으로 몰고 간 데에는 다른 정치적 내막이 있었던 것으로 추정된다.

여기서 또 하나 고려해야 할 점이 있다. 바로 1956년 8월 종파사건에 이어 반대하는 세력을 제거하기 위한 반종파투쟁 와중에 중앙지도부와 대립하는 지방 간부들을 제거해야만 했던 것이다. 특히 고봉기는 반김일성 운동의 핵심인 최창익과 같은 연안파였기 때문에 '배천바람'과 같은 반종파투쟁의 태풍 속에서 숙청되는 운명을 맞이하게 되었다.

농업협동화의 속도에서 주목할 만한 지역이 바로 개성이다. 개성은 1955년 12월 농가호수 대비 협동화 비율이 15.8%로 북한 전 지역 중 가장 낮았으며 이러한 상태는 1956년 봄까지 지속되었다. 그러나 1956년 12월에 이르러 협동화 비율이 30% 이상 증가해 협동화 비율이 76.7%에 달하게 되었다. 이 시기에 황해남도와 마찬가지로 급속한 협동조합의 양적 성장이 이루어졌으며, 이런 무리한 농업협동화는 배천에서 시작된 협동조합 탈퇴 움직임이 개성에서도 발생하게 된 원인으로 작용했다.

개성에서 농업협동화 속도가 완만하게 나타난 것의 배경으로 먼저 황해남도와 마찬가지로 '신해방지구'라는 점을 들 수 있다. 그렇지만 개성은 황해남도와는 달리 전형적인 농업 지역이 아니어서 초반에 농업협동화 비율이 더욱 낮았던 것으로 생각된다. 따라서 농업협동화를 급속하게 추진할 필요가 없었을 것이고 이에 따라 초기의 협동화 비율도 낮게 나타난 것으로 생각된다.

지금까지 살펴본 바와 같이 황해남도와 개성에서 농업협동화를 추진할 당시 초기에 협동화 속도가 저조하고 제2형태의 경향이 우세하게 나타난 것은 농업협동화에 대한 소극성을 뜻하는 것이었다. 이러한 소극성이 급속한 농업협동화의 강행으로 인해 '배천바람'이라는, 북한 역사상 유례없는 집권 세력에 대한 주민들의 저항으로 발전하게 되었다. 이 '배천바람'은 황해남도와 개성에서 나타난 농업협동화의 한 모습으로, 1950년대 북한 사회의 역동성의 증거로서 의미를 갖는 것이다.

(2) 함경도의 '길주 제일주의' 사례

북한의 농업협동화 과정 중 협동화 속도 측면에서 변화가 가장 심했던 지역은 함경도이다. 함경도는 북한의 동북단에 위치한 지역으로, 전반적으로 지대가 높은 편이며 산지가 많고 평야가 적은 지형적 특성을 가지고 있다. 주요 평야로는 함경북도의 두만강 어구벌, 길주벌, 어랑벌, 임명벌과 화대벌이 있으며 함경남도에는 함흥평야와 금야평화가 발달되어 있다. 평야가 적기 때문에 인구밀도가 낮은 편이고 인구도 지역에 따라 불균형하게 분포되어 있다. 이러한 지형과 인구의 특성으로 인해 다른 지역에 비해 함경도에서는 농업이 발달하지 못했다. 1958년을 기준으로 하여 함경남도의 경지면적은 북한 전체 경지면적의 10.1%를 차지하고 있고 함경북도의 경우 9% 정도이다.[30]

또한 1958년 경지면적의 지목별 구성을 보면, 함경남도는 논이 전체 경지면적의 32%를 차지하며 함경북도는 논이 14.9%, 밭이 85.1%이다. 1920년대 중반까지 함경도의 농업은 자작농 중심의 형태가 대부분을 차지하고 있어서 농촌 내부의 불평등과 빈곤의 문제가 심하지 않았다. 그러나 자원이 풍부하고 만주와 접경하고 있는 함경도의 지리적 조건은 1920년대 말 일본 자본 진출의 배경으로 작용했다. 원래 농사를 지었던 경지에 발전소와 공장이 세워지면서 땅을 잃은 농민들은 자신들의 토지에서 유리되었고 지주제가 발달하면서 빈농층이 형성되는 등 농민 생활이 더욱 악화되었다. 함경도 지방은 국내의 다른 지역보다 사회주의 운동이 활발했던 간도 및 노령과 가까워서 국외에서의 사회주의 운동으로부터 직접적인 영향을 받을 수 있었다.

함경도에서는 외부로부터 도입된 사회주의 이념이 몰락한 농민들이 일상생활에서 가지고 있던 불만을 저항의 행동으로 표출시키는 결정적인 역할을 한 것이다. 함경도의 농업협동화 전개 과정을 살펴보면, 농업협동화가 대중적 단계로 접어든 1954년 12월 말 함경남도의 농가호수 대비 협동화 비율은 27.1%로 북한 전체 평균 31.8%보다 낮았다. 1955년 봄에 함경남도는 32.2%로 북한 전체 평균인 44.7%에 비해 크게 낮을 뿐 아니라 5% 증가하는 데 그쳐 가장 증가율이 낮았다(〈표 2-10〉 참조). 다른 지역의 협동화 속도가 더딘 데에는 산간지대나 상업지구라는 요인이 작용했지만, 함경남도는 1954년 11월 이후

30) ≪조선중앙연감≫(1959), 278쪽.

〈표 2-10〉 지역별 농업협동화 비율의 추세

(단위: 농가호수 %)

	1953.12	1954.12	1955년 봄	1956년 봄	1956.12	1957.12	1958.3
평양	0.7	16.9	28.4	39.4	53.8	96.1	96.7
평안남도	1.1	34.3	47.7	53.2	86.0	97.5	99.5
평안북도	2.0	42.3	53.8	54.0	78.6	93.7	98.8
자강도	1.1	18.8	32.7	33.2	73.4	94.2	97.8
황해남도	0.4	25.5	43.9	44.6	76.8	97.1	98.9
황해북도	-	26.9	47.8	47.2	86.4	95.6	98.8
강원도	1.5	40.7	54.3	52.7	82.2	94.6	97.7
함경남도	1.0	27.1	32.3	54.4	90.4	96.0	98.7
함경북도	1.7	43.3	48.1	51.6	72.9	95.6	98.3
양강도	-	24.2	36.9	38.5	66.2	89.4	93.6
개성	0.5	6.4	11.1	15.8	76.7	94.6	99.3
북한 전체	1.2	31.8	44.7	49.0	80.9	95.6	98.6

자료: 서동만, 「북한의 농업집단화에 관한 연구」, 한국정치학회 월례발표회(1996), 45쪽.

에 시행된 곡물수매사업에 대한 반발이 요인으로 작용한 것으로 보인다.

이에 함경남도에는 1955년 6월~9월, 1955년 11월~1956년 2월, 1956년 5월~6월 등 세 차례에 걸쳐 중앙의 집중지도가 행해졌다.31) 그 결과 1955년 12월에는 협동화 비율이 54.5%로 전국 최고치를 기록했으며, 1956년 6월에는 81.5%, 12월에는 90.4%로 급속한 농업협동화가 진행되었다.

함경남도에서 농업협동화가 급성장한 것은 협동조합의 대규모 통합으로까지 이어졌다. 협동조합의 통합운동은 8월부터 본격적으로 시작되어 약 2개월 동안 시행되었고, 그 결과 함경남도 내 2154개 조합이 935개로 통합되었다. 함주군의 경우 대성리와 전길리 내 18개의 농업협동조합을 통합해 약 1000호에 달하는 대규모 조합을 조직하기도 했다. 단천군과 수동군에서는 "1개리 1개 조합운동"이 전개되어 많은 지역에서 "통합하는 이상 통합구역 내의 개인

31) 전국적 집중지도는 중앙집중지도그룹이 담당한 해당 도 · 시 · 군에 내려가 지방 그룹을 편성하고 그것과 합류해 지도하는 방법으로 이루어졌다. 지도 그룹은 현지에 파견되어 수개월 동안 조합에서 숙박하면서 지도 활동을 했는데, 그 전 기간을 통해 수시로 중간 총괄을 하고 지도 과정에서 얻은 경험을 일반화해 전국적 규모로 지도의 통일성을 확보했다.

농민을 남김없이 망라하자"라는 슬로건을 내걸고 억지로 조합에 가입시키기도 했다. 이러한 통합운동은 관리간부들의 조합 이탈과 조합 내부의 무질서, 공동재산의 처분 등 극도의 혼란을 초래했다. 결국 당 중앙위원회가 수습에 나서 2개월간 935개의 조합을 1967개로 복구시켰다. 북한은 함경도에서의 협동조합 통합운동에 대해, 도당 및 정권 기관의 일부 지도간부가 협동화 실적에 자만해 범한 과오라고 공식 입장을 표명했다. 함경북도는 함경남도와 유사한 조건을 가졌으나 농업협동화 속도 면에서는 함경남도와 다른 양상을 보였다.

함경북도의 경우 농업협동화의 경험적 단계에서 빠른 진전을 보여 1954년 12월에 농가호수 대비 협동화 비율이 43.3%로 나타났고 북한 전체 평균인 31.8%를 훨씬 상회했다. 그러나 대중적 단계에 접어든 후에는 협동화의 비율 증가가 둔화되어서 집중지도사업을 받으며 급속한 협동화를 달성한 함경남도와 대조를 이루었다. 1956년 12월에는 농가호수 대비 협동화 비율이 72.9%로 북한 전체 평균인 80.9%에 훨씬 못 미쳤다. 그러나 완성단계에 접어든 1957년 12월에는 농가호수 대비 협동화 비율이 95.6%로, 1년 동안 20%가 넘게 증가했다(〈표 2-10〉 참조). 함경도의 이러한 특성은 결국 농업협동화가 완료된 후인 1959년 '지방주의'와 '가족주의'로 비판받게 되었다. 1959년 4월 27일 자 ≪로동신문≫에 실린 함경남도 당위원회 위원장 현무광의 논문에서는 "김열, 현정민, 라유민 등 개인 영웅주의자들이 농업협동화를 추진하고 있을 때 조합 발전에 막대한 지장을 주었다"라고 기록되었으며, "함남이 제일, 함남에서 홍원이 제일"이라고 하여 "당의 빛나는 혁명전통 대신 소위 함남의 지방전통을 설교했다"라고 비판했다. 결국 '길주 제일주의'는 농업협동화 추진 과정에서 나타난 함경도 지역의 특성을 보여준다. 함경도 농민에게 '길주 제일주의'는 김일성을 중심으로 한 항일 빨치산 계열의 주류파가 추진하는 농업협동화에서 자신들의 지역 전통을 배경으로 일정 부분의 자율성을 지키려는 움직임의 표현이라고 할 수 있다. 그러나 김일성과 주류파에게 '길주 제일주의'는 자신들의 항일혁명투쟁 전통의 의미를 축소시키는 것이며, 급속하고 높은 형태의 농업협동화를 지향하는 사회주의 건설 노선에서의 이탈이었다. 농업협동화가 완료된 후 함경도에서의 이러한 경향은 항일혁명전통의 순수성을 위해 제거되어야만 했던 것이다.

(3) '배천바람'과 '길주 제일주의' 사례에 대한 소결론

한국전쟁으로 인한 북한 농촌의 소유 형태와 계급 구성의 변화, 생산기반의 파괴 등을 바탕으로 하여 농업협동화는 사회주의 건설을 위한 중요한 과업으로 추진되었다. 농업협동화를 둘러싸고 상당한 논쟁과 갈등이 있었지만 결국 경험적 단계와 대중적 단계, 완성단계를 거쳐 1958년 8월에 농업협동화가 완료되었다.

북한의 농업협동화는 급속하고 비교적 순조롭게 추진된 것으로 평가되어왔지만 협동화의 속도와 협동조합 형태에서 주목할 만한 지역별 차이가 발견된다. 또 이와 관련한 농민들의 반발도 적지 않았다. 함경남도의 협동화는 초기에는 속도가 저조했다가 후반에 가장 높아지는 극적인 모습을 보였으며, 함경도 지역의 협동조합 형태에서 제2형태가 우위를 차지했다. 이는 함경도가 농업협동화를 추진하는 과정에서 중앙권력에 어느 정도 자율적인 움직임을 추구했기 때문으로 평가할 수 있다. 그리고 이러한 자율성을 추구하게 된 것은 함경도에서 1930년대에 사회주의 성향의 혁명적 농민조합운동이 활발하게 전개되었던 것에서 기인했다고 볼 수 있다. 이러한 자율성 추구는 결국 '길주 제일주의'로 비판받게 되었다.

황해남도는 북한 최대의 곡창지대이며 개성은 전형적인 상업도시이다. 그리고 황해남도와 개성, 이 두 지역은 '신해방지구'라는 공통점을 지닌다. 이러한 지리적 · 역사적 조건은 농업협동화 과정에서 황해남도와 개성을 다른 지역과 차별화시키는 요인으로 작용했다. 황해남도와 개성은 초기에는 농업협동화의 속도가 늦은 편이었으나 급속한 양적 성장을 추구하면서 상당한 수준의 협동화를 달성했다. 그렇지만 이 과정에서 강압적으로 협동화가 추진되어 결국 '배천바람'이라는 농민들의 대규모 이탈을 초래했다. 이에 대해 북한 지도부는 농민에 대해서는 강경한 방법으로, 지방의 간부들에 대해서는 숙청을 통해 사태를 해결했다. '배천바람'에서 나타난 저항은 '반혁명적 요소', '종파주의적 경향'으로서 그 의미를 상실했다.

그러면 함경도와 황해남도, 개성에서 나타나는 이러한 지역별 특성이 북한의 농업협동화 추진 과정에서 가지는 의미는 무엇일까? 먼저 농업협동화 추진의 기본 방침인 '자원성의 원칙'과 각 지역별 특성과의 관계에서 살펴볼 수 있다. 북한은 농민들을 행정적 · 강제적 방법으로 협동조합에 포함시키는 것이 아니라 "협동경리의 우월성을 깨닫고 자진하여 협동경리에 들어오도록" 하는 원칙에 의해 농업협동화를 추진했다고 주장한다. 그러나 각 지역별 농업협동화의 속도와 협동조합의 형태로 유추해볼 때, 경험적 단계인 1954년 후반까지만 농민들의 자원적인 선택이 어느 정도 보장되었다고 할 수 있다. 따라서 이 단계에서는 지역별로 농업협동화의 속도와 협동조합의 형태에 편차가 있었다.

그 이후에는 자원성의 원칙에서 "협동조합이 조직되고 발전되도록 농민들에게 선전하고 교양하여 설복해야" 하는 것이 강조되면서 강압적이고 급속한 농업협동화가 추진되었다. 이에 대해 각 지역의 간부와 농민들의 대응 형태에 따라 농업협동화 과정은 다시 지역별로 상이한 양상을 나타내게 되었다. 즉 '자원성의 원칙' 변화에 대한 대응의 차이가 농업협동화의 지역별 특성으로 표현된 것이다.

둘째, 지방의 '자율성'이라는 측면에서 농업협동화를 이해할 수 있다. 앞에서 살펴본 각 지역의 농업협동화 속도와 협동조합의 형태는 북한 지도부의 의도와 방침에 반드시 일치하는 것은 아니었으며 각 지역 조건에 따라서 때로는 중앙의 당과 정부에서 정한 방향에서 벗어나는 경우도 있었다. 이런 경우에 국가가 집중지도 등을 통해 개입했지만, 다양한 궤도 이탈사례로 볼 때 지방에서 어느 정도 자율성을 가지고 농업협동화를 추진할 수 있었음을 알 수 있다. 그러나 김일성을 중심으로 한 단일지도체제의 성립 과정과 맞물리면서 농업협동화 추진 과정에서 지방 차원의 자율성이 상실되어갔다. 결과적으로 그동안의 연구들은 북한의 농업협동화가 큰 반발 없이 빠른 시간 내에 완성되었다는 점만 강조함으로써 협동화의 추진 과정에서 나타난 역동성과 다양성을 간과한 측면이 있었다.

1950년대는 북한 역사에서 가장 생명력과 역동성이 넘치는 시기로 여겨지는데, 그러한 생명력과 역동성이 바로 농업협동화 추진 과정에서 표출되었다고 생각한다. 또한 그 과정에서 나타난 북한 농업협동화의 좌절을 간과해서는 안 된다. 바로 이러한 양안(兩眼)적인 시각으로 북한의 농업협동화를 바라볼 때 좀 더 구체적인 모습을 그려낼 수 있을 것이다.

6) 개별조합의 협동화 사례

1958년부터 1959년에 걸쳐 조선노동당 중앙위원회 농업협동조합 경험집 편찬위원회가 『농업협동화운동의 승리』 전 6권을 편집·간행했다(이하 『경험집』이라고 약칭). 이 책은 각 권의 주제마다 앞 부문에 편찬자 측 총설을 두었으며 각 테마마다 각 개별조합의 구체적인 경험 수십 건을 수록했다. 각각의 기술에 한 장씩을 할당한 형식을 띠고 있으며 전 6권에 걸쳐 전체 90여 개 조합 협동화 사례를 수록했다.

이 책에서는 당명의 과제에 관련된 협동경영의 조직 발전 과정에 초점을 맞춘 제1권 『개인농가경영에서 협동경영으로』(1958년 8월 발행, 1958년 봄까지의 실정이 실린 간행물)를 중심으로 검토한다. 우선 이 『경험집』 제1권에 수록된 12개 조합의 발전 경과를 형식 면만 요약·분석하기로 한다.

(1) 강원도 주원군 삭령리(江原道 鉄原郡 朔寧里), 백노산협동조합

이 조합은 한국전쟁 당시 전선공동 작업대에서 출발했다. 38도선에 접한 이 지역에는 1951년 여름 그 지방민들로 '임진강' 및 '백노산'이라는 양 유격대가 조직되었다. 이후 1952년 2월에, 전선이 교착상태에 처한 상황에서 싸우며 농업생산에 종사하는 삭령리(朔寧里) 전선 공동작업대(남자 122명, 여자 52명)로 개편되었고, 정전 후인 1954년 3월에 이것을 기초로 함경남도 산악지대 출신인 이주자들을 중심으로 백노산 농업협동조합(제3형태)이 조직되었다. 당시 전체 호수 111호는 당시로서 적지 않은 규모였다. 1955년 초에는 인접한 월청동(月清洞) 농업조합(1954년 발족)을 통합해 동시에 인근 '무창동', '세동'의 개인농민들까지 가입시켜 267호 규모로 확대되었다. 농업 자재나 나머지 개인농민들을 받아들여 1957년 말까지 '리' 전체 협동화를 진행했다. 전선 공동작업대를 겪은 것은 협동화가 신속하게 진행될 수 있었던 이유 중 하나이다.

(2) 황해도 신천군 석봉리(黃海道 信川郡 石峰里), 새날농업협동조합

1951년부터 있던 하부부락 '부마시' 반을 기초로 1954년 3월 제2형태로 발족되었다. 1954년 8월 가입 분위기가 조성되고 상부 지시에 따라 새날조합과 다른 몇 개 조합을 통합하기로 했으나 농민들의 의견이 일치하지 않아, 결국 동년 9월에 '리' 내 전 희망자를 새날조합이 받아들이기로 결정했다. 당시 600호라는 규모는 '리' 내 농민의 90% 이상이 참여한 전국적으로도 규모가 큰 거대조합으로서 성패 여부가 주목된 사례 중 성공한 예라고 할 수 있다. 1955년 초에 제3형태로 바꾸고 1956년에 '리' 단위의 협동화를 완료했다.

(3) 양강도 운흥군 운용리(兩江道 雲興郡 雲龍里) 모정농업협동조합

산간지대에서 협동화가 성공한 사례이다. 1953년 늦가을 모정부락 내에서 6가구가 제1형태로 발족되었다. 1954년 9월 제3형태로 발전했으나 1954년 말부터 1955년 초에 걸쳐 조합원의 탈퇴, 가입 문제가 반복해서 발생했다. 같은 시기에 해당 '리' 내 '온동', '자사이' 양 마을에도 각 15호 규모의 조합이 생겨서 1956년 3월 삼자 합병했다. 1957년에는 '리' 단위의 협동화를 완료했다. 산간지대에서 신속하게 협동화가 진행된 예이다.

(4) 평안남도 순안군 택암리(平安南道 順安郡 宅庵里) 상양농업협동조합

평야지대의 모범적인 협동화 조합의 사례이다. 전시의 "노동력협조반"을 기초로 1953년 12월 상양마을의 12호 농가들이 제3형태 조합으로 발족했다. 1954년 12월 마을 내 부농들이 제2조합 설립을 시도했다. 북한 당국은 부농들의 제2조합 설립을 강제적으로 저지하고 1955년 2월에 마을 내 협동화를 완료했다. 1955년 말에는 인근 개인농민들과 다른 네 개의 조합을 통합해 '리'적 협동화를 완료했다. 이후 1957년에 두 개, 1958년에도 세 개의 조합을 받아들이고 명칭도 "조중친선농업협동조합"으로 개칭했다.

(5) 평안북도 태천군 신서리(平安北道 泰川郡 新西里) 전진농업협동조합

황초평(黃草坪)으로 불리는 지역으로 벼를 주로 재배한다. 1952년에는 118호 정도의 '부마시' 반이 있었으며 그중 「통년 부마시반」이 30% 정도를 차지했다. 1953년 초가을부터 1954년 2월까지, 이 속에서 일곱 개의 농업협동조합(모두 제2형태)이 발족되었고, 각각 개인농민의 가입을 받아들여 1954년 말에 '리' 단위 통합이 진행되었으나 상부의 지시로 다시 해체되었다. 제3형태를 채택하고 1956년 2월에 다시 리 단위 조합 협동화의 요구가 제기됨에 따라 협동화가 완성되었다. 그 후 1957년 말까지 잔존 개인농민들이 가입해서 '리' 단위 협동화가 이루어졌다.

(6) 함경남도 함주군 흥보리(咸鏡南道 咸州郡 興保里) 붉은별농업협동조합

1954년 초에 조합 결성이 추진되었으나 실패해 10호의 연간 고정노동력 협조반으로 발족했다. 1954년 11월, 제2형태인 흥보리 제1농업협동조합(30호)로 확대되었고 1954년 12월에는 제2형태(27호)로 발족했다. 1955년 10월 제3형태인 "붉은별농업협동조합"으로 발족했다. 1955년에 일부 사람들이 탈퇴했으나 1956년에 들어서 '리' 내 다른 부락의 개인농민들을 받아들여 1956년 가을 '리' 단위 협동화를 완료했다. 관리위원장은 한후방이라는 여성이었다.

(7) 황해북도 금천군 북리(黃海北道 金川郡 北里) 친선농업협동조합

1952년에는 내골 마을 내에 다섯 개의 '부마시반'이 있었고 그것을 기초로 하여 1953년 말에 조합 결성의 움직임이 있었으나 실패했다. 그리고 다시 진행된 1954년 9월에, 단번에 전 부락의 농민이 참가해 처음부터 제3형태로 출발했다. 그 후 1958년 초까지 큰 변동 없이 추진되었다.

(8) 자강도 자성군 상평리(慈江道 慈城郡 常坪里) 상평리 제1농업협동조합

산간지역의 사례이다. 1954년 3월 '리' 내 중동(中洞)의 16호 농가로 축산부업협동조합을 발족했다. 1954년 9월 전 리의 범위를 망라하는 67호 농가의 제3형태 농업협동조합으로 발전시켰으나 부락 간의 거리가 멀어 잘 운영되지 못했다. 하동(下同) 지역에서는 박(朴) 씨들만의 협동조합을 도모하게 되었고 1955년 1월 이것을 자연촌락 단위로 재분할했다. 중동 부락의 제1조합은 제3형태로서 반농반목의 경영을 진행했다가 1956년 초에 동(洞) 내 협동화를 완료했으며 1958년에는 '리' 내 제3농업과 재합병했다. 산촌지역의 경우 분산 거주로 협동 노동이 어려웠기에 목축기지를 창설하여 신집주촌(新集住村)을 건설하는 등 근본적인 생활 조건의 개혁이 진행되었다는 점에서 주목된다.

(9) 함경북도 영안군 삼포리(咸鏡北道 永安郡 三浦里) 다진반농반어협동조합

연해의 특수한 반농반어협동조합 사례다. 하루살이 경향이 강한 어민의 특수성, 농민과 어민 간에 존재하는 편견과 대립 등 농촌 지역에서는 나타나지 않았던 어려움이 있었다. 1953년에 다진부락 내 빈농들이 조합조직을 계획했으나 실패했고, 제1형태인 '노동력협조반'을 조직하는 데 머물렀다. 그리고 이듬해인 1954년 가을 제2형태의 다진반농반어협동조합으로 발전했다. 조합원 구성은 순수 어민 및 반농반 어민 12명이었다. 1956년 초에는 제3형태로 진행되었고 규모도 점차 확대되었다.

한편 마을 내 중농층 중심으로 1954년 말 별도로 다산반농반어협동조합이 조직되었고 점차 확대되었다. 1958년 초에는 전 마을의 협동화가 완료되었으나 가장 옛날부터 있던 다진수산협동조합을 포함해 다진협조(78호), 다산협조(51호) 등 세 조합이 통합되었다.

(10) 개성시 덕암리(開城市 德岩里) 십월농업협동조합

협동화가 조기에 완료된 사례다. 1953년 7월 축산부업협동조합으로 발족해 1953년 11월 제2형태의 농업협동조합으로 발전했으나 일부 조합원들이 탈퇴하는 등 동요가 있었다. 1955년 여름 조합지도부 개편을 거치고 같은 해 12월 제3형태 조합으로 확대되었다. 1956년 가을에는 마을 내 협동화를 완료했다.

(11) 평양특별시 남구역(平壤特別市 南區域) 두루섬농업협동조합

도시 근교 지역으로 해방 전부터 평양 시내에 출하하는 채소공급지이다. 온실을 가지고 고급 채소를 재배하는 부농이 꽤 많았고 자본적·투기적 농업이 일반화되어 있었으므로 협동화운동은 다른 지역과 달리 많은 문제를 야기했다. 1954년 2월 제2형태로 발족했으나 6호 농가로 구성된 소규모였다. 고급 채소를 재배했으므로 자본이 없는 빈농층은 비교적 초기부터 조합에 참가했다. 1954년 6월에는 제3형태로 발전되었으나 여타 지역과 달리 어려움이 많았다. 부농은 자기의 상품생산에 만족했으나 반대로 조합 내부에 투기적인 농법이 퍼지기도 했다. '리' 단위 협동화는 1958년 초에나 완료되었다.

(12) 황해남도 옹진군 남해리(黃海南道 甕津郡 南海里) 삼승반농반어협동조합

주민 구성이 복잡하고 기타 불리한 조건들이 많아 협동화가 어려움을 경험한 사례다. 1952년에 조직된 인평수산협동조합은 실제로는 협동화를 지키지 않는 유령조합이었다. 1955년 초에 솔모루농업협동조합이 조직되었으나 관리위원장의 관료주의적이고 실정에 맞지 않는 지도 때문에 조합원들의 불만이 컸다. 1955년 초에는 주민들이 조직한 신도농업협동조합이 있었다. 성격이 상이한 삼자가 합치면 오히려 잘될 수 있다는 명분으로 1956년 8월 제3형태의 반농반어협동조합을 통합해 '삼승(三乘)'이라 명명했으나 역시 잘 안되었고, 1956년 가을에 많은 탈퇴자가 잇따랐다. 1957년에 들어서 군 내 장송리 신진농업협동조합 관리위원장인 최진모를 관리위원장으로 맞이하면서 재건에 착수했다. 이로써 1958년 초에 가까스로 탈퇴자를 복귀시킬 수 있었다.

조합 모두가 전체 발전단계와 반드시 일치하는 것은 아니지만 대체로 경험단계, 대중단계, 완성단계를 각각 거쳤다고 할 수 있다. 자료집에 수록된 사례는 일반적으로 표준보다 나은 사례가 많았고 1956년과 1957년에 '리'적 완성단계에 도달한 곳이 많았다. 그러나 대중단계까지의 2~3년간 조합이 이합집산과 조합원의 탈퇴 및 재가입 등이 일상적으로 발생했으며, 그 때문에 꽤 유동적이기도 했다. 또 부농이라고 규정되어야 하는 층까지 조합 내외에서 비교적 자유롭게 활동했다. 심지어 일제강점기에 오래 구장을 맡은 사람이 관리위원장이 되었고, 그때까지 참여한 적이 없는 인물이 안경을 끼고 말을 타며 촌락을 시찰하는 바람에 농민이 겁을 먹었다는 특이한 사례까지 있다. 대다수 조합들이 한 번쯤 조합의 존립 위기를 겪었다고 말해도 과언이 아니다. 그런 단계를 거쳐서 1958년 초에 완성단계에 도달했다는 것이다.

이상과 같은 표면적 경과에 대한 구체적인 내용은 각각 복잡한 요인이 관련되어 있다. 따라서 대표적인 사례를 선택해 상세한 내용을 파악함으로써 전체적인 협동화 상황을 유추하기로 한다. 금천군 친선농협의 사례만을 좀 더 자세하게 살펴보기로 한다.

(13) 황해북도 금천군(黃海北道 金川郡) 친선농업협동조합

황해도 금천군 강북리 내골은 서남 지역에 예성강이 흐르는 낮은 구릉지대에 위치한 90호의 촌락으로 논이 밭보다 약간 많다. 해방 전 1930년대에 농민이 개척한 예성강의 논 73정보 가운데 50정보는 일본인 가토(加藤)의 소유이며 나머지는 개성의 지주 고항봉의 소유였다. 농민들은 50%의 소작료 외에도 지세, 수세 등 다양한 세를 부담했기에 어려움이 많았다. 밭 47정보 가운데 17정보도 가토의 소유였다. 당시 76호 가운데 3호만이 여유가 있었을 뿐이다. 그 외에 8호가 간신히 식량을 지급할 수 있었고 남은 65호는 항상 굶주리는 상태여서 가토 농장에서 장기이자부의 곡물을 빌려야 했다. 그 때문에 거지로 전락한 사람이 있었을 뿐만 아니라 공장으로 일하러 간 사람도 있었다.

해방 후 토지개혁으로 이들의 토지가 농민에게 부여되었으나 소농 경영이라는 계층 분화와 착취 관계는 그대로 유지되었다. 한국전쟁 전 마을에는 해방 후 상승한 4호를 포함해 7호의 부농과 20호의 자급자족농이 존재했으나 그 외에는 생활이 충분히 향상되지 못했다. 부농 조병망, 일제강점기에 외양간을 관리한 이명찬은 빈민들에게 소를 빌려주는 대가로, 연간 200여 공수(工手)의 노동력을 쓴 데다 몰래 고리 대출과 소 소작도 하고 있었다. 따라서 빈농은 아주 바쁜 농번기에 자기의 논을 방치하면서까지 부농에게 노동력을 제공해야 했다.

한국전쟁 중에는 경작 중인 농민이 폭격으로 사망한 것을 비롯해 인원, 가옥 및 생산수단의 손실이 너무나 컸고 국가로부터 연간 15톤의 식량 및 42만 원(舊)의 영농자금대출 등을 받았으나 생활 회복이 쉽지 않았다. 단지 전쟁 전에 이미 공동 노동을 수행한 경험(개관공사와 농번기 '부마시')이 축적되어 있었다. 또 한국전쟁 전에는 특히 전선에 가까운 조건에서 송악산(松岳山) 전투로의 수송 원조와 식량 증산 투쟁을 공동 노동으로 해결했다. 1951년에는 은행 대출 자금으로 소 여러 마리를 구입해 '소결반'을 결성했으며, 1952년에는 소를 적당하게 배치하는 것을 원칙으로 다섯 개의 '부마시반'을 조직해 주요 농작업을 공동으로 진행하면서 작업일을 여느 때보다 10~15일 단축했다. 반원의 노동은 공수(工數)로 연말에 청산하며 과부족이 있으면 1공수당 곡물 4.5킬로그램으로 계산했다. 농민들은 트랙터가 좁은 경지에서는 방향 전환에 어려움이 있다고 인식하거나 또는 '부마시'에서는 수확에 결정적인 영향을 주는 모내기와 제초의 순서 다툼이나 축력과 노동력의 평가 문제에서의 이해대립이 발생하는 것을 통해 소련의 콜호스 같은 협동화를 진행하는 것이 바람직하다는 논의가 있었다.

그러나 문제가 현실화된 것은 1953년 8월 당 중앙총회 이후이다. 이때부터 가까운 마을에서 협동조합이 조직되기 시작했다. 제대군인이면서 당 세포 위원장이었던 고장남 등이 중심이 되어 홍보 활동을 전개했다. 이에 대해 개인농 중 생활 향상 전망이 없는 후방가족, 애국열사 유가족, 빈농 및 핵심당원들은 협동화에 곧 찬성했으나 앞서 기술한 부농들은 '농업은 원래 자기가 직접 하는 것', 또는 "부지런히 하면 생활은 향상되기에 경영 형태를 바꿔도 안 된다"라고 말하며 적극 반대했다. 중농이나 부농에 의지하던 일부 빈농들도 "협동화되면 자유도 없어지고 식량도 빼앗긴다"라는 소문의 영향을 받았다.

이에 따라 협동화에 부정적인 일부 조합들은 인근 조합의 진행상황을 보고 점진적으로 시작해도 좋다는 의견이 전체적으로 강해, 협동화가 즉시 진행되지 않았으며 1954년에도 '부마시반'으로 농사를 지었다. 그러나 종전보다 조직적으로 영농을 수행해서 반장을 고르고 일정의 작업계획화와 통제를 진행해 노동지출 계산도 합리화했다. 그러나 역시 '부마시'에서 과거의 모순은 해소되지 않았으며 전시의 긴장이 풀렸기에 오히려 표면화되었다. 제1 '부마시반'에서는 축우 소유자인 부농이 주도권을 잡아서 축력 평가를 노동력 2일분으로서 높게 정한 데다 노동력 보수를 종래의 1공수 곡물 6킬로그램부터 4.5킬로그램으로 줄여, 부농이 이익을 얻을 수 있게 했기 때문에 빈농들이 공공연히 반대했다.

'리' 내의 선발 조합을 견학한 것은 농민들에게 협동화의 산 교훈이 되었다. 또 조합 쪽이 개인농보다 성적이 좋다는 것도 확인되었다. 특히 바로 이웃 부락에서 조합들이 발족한 것은 큰 자극이 되어 선전 효과가 있었고 1954년 8월 협동화 조건이 성숙되었다. 22명의 노동당원을 포함해 빈농과 중농 일부 등 32호 농가가 조합 설립 희망을 표명해 고장남 등 핵심당원이 조합 사업에 착수했다. 이에 따라 이전에 가입을 반대했던 농민들도 가입을 희망하기 시작했으며 약 한 달 내에 대다수 마을 농민이 조합에 결집했다. 부농들은 시기상조라고 주장하며 "남이 다 들어가도 나는 안 들어가"라고 친척의 가입을 막으려 했으나, 완전히 고립되어 수탈 기반이 없어지자 부득이 가입을 자원할 수밖에 없었다. 이렇게 해서 착수 한 달 만에 전체 부락 85호 농가가 조합에 망라되었다.

비교적 많은 땅을 소유한 농가들은 형태 문제에 대해 "처음부터 높은 단계로 안 하는 것이 좋다"라고 말하며 토지에 비례한 분배를 주장했다. 일부 농민들은 이에 찬성했으나 다수 농가들은 '원래 토지개혁으로 받은 토지에 대해 분배받으려고 하는 것은 불가하다'는 의견이었고, 결국 다수결에 의해 제3형태로 결성되었다. 농기구 등에 관해서는 일부 부농부터 제발 이것만이라도 소유권을 남겨서 분배를 해달라는 의견과 반대로 그것도 공짜로 조합에 제공해야 한다는 의견이 있었으나 결국 상호이익의 원칙 아래 통합해 3년간에 타당한 가격을 지불하게 되었다.

1955년 봄 공동작업 개시 당시 80여 호 170여 명이라는 비교적 큰 조합이 결성되었으나 운영 경험이 부족한 간부로서는 순조롭게 진행할 수 없었다. 그 결과 계획을 세워도 실정에 맞지 않았고 작업이 계획과 연결되지 않았다. 작업반도 종래의 '부마시반'의 경험 범위에서 편성했으나 작업반장은 반원을 통솔해 노동 날을 정확하게 평가할 수 없었다. 특히 현장에 오지 않는 반장, 게으름 피우며 나태한 친척을 감싸주어 열성적인 반원의 불만을 일으킨 반장, 게으름을 지적당하자 "지금은 한 가족이 되었는데 야박하게 왜 비판하느냐"라고 반대로 반발하는 반장 등 규율은 무너지고 노동의욕이 낮아졌으며 공동재산이 비효율적으로 쓰였다. 가장 먼저 조합 결성에 적극적으로 참여한 자들은 이러한 문제점을 고치려고 노력했으나 부농들은 조합이 발전하는 것을 원하지 않았고 다른 사람과 같이 조합이 어려움에 빠지면 탈퇴할 준비를 했다. 이에 따라 일반적으로 광범위한 동요가 생기고 가을에 탈퇴를 공언하는 사람조차 생겼다. 이 위기는 8월 '집중지도' 때 조언을 받고 제도를 다시 개선하면서 겨우 해소될 수 있었다. 이때 작업반의 개편이 중요한 역할을 했는데 성별, 연령 및 능력에 차이가 있는 사람을 같은 비율로 구성한 여섯 개 반으로 개편하면서 토지, 목축 및 농구 등 작업반의 고정을 엄밀하게 행했고 작업양도 적정화해서 자신의 작업에 책임질 수 있도록 했다.

이로 인해 1500편의 토지개관, 400미터의 수로 굴착으로 인한 4.5정보의 수리 안전화, 옥수수 · 담배 · 밤 등 영농 작목 다각화와 지급비료 증가 등으로 경험이 부족한 옥수수 외에는 단위당 수확고가 증가했다. 분배량도 호당 평균 곡물은 1.5톤, 현금은 1만 1400원(舊)으로 증가했고, 조합 결성 시 농가 구성 비율이 식량 부족 농가 56%, 자급 농가 27%, 여유 농가 7%의 구성이었으나 조합 결성 이후 여유 및 자급 농가 78%, 부족 농가 12%로 변화되었다. 또 돼지 70마리와 닭 550마리가 공동재산으로 남았다. 이 결과 대다수 조합원의 태도가 크게 달라졌다. 수입이 이전보다 약간 떨어진 부농은 속으로는 불만이었으나 탈퇴까지는 하지 못하고 1년간 더 유보적인 태도를 취했다.

1956년에는 간부 실무 능력이 상승하고 계획을 잘 세움과 동시에 농한기에도 토지건설 사업에 노동력을 동원하면서 20.5정보의 수리 안전화, 10.5정보의 신전 개발, 10.5정보 밭의 수전 전환, 그리고 영농업을 개선하는 것과 아울러 경영을 다각화했다. 특히 축산작업반을 전문화하고 현물 우대 제도로 인해 작업 결과에 관심을 높이고 중소의 농기계로 기계 효율성을 높였다. 이 결과 분배는 호당 평균 곡물 2.4톤, 현금 1300원으로 늘었고 식량 부족 농가는 사라지고 부농들도 일부 만족했다.

조합 결성 이후의 단계에 대해 농민들은 '1년째는 먹는 문제가 해결되고 2년째는 대부분 농가에 식량 여유가 생기고 3년째에는 먹고사는 문제뿐만 아니라 문화적 생활을 구축하는 것을 목표로 정했다'고 평가했다. 1954년 여름까지 이 조합의 발전 속도는 표준이 되었으나 1955~1957년 3년간은 연속해서 '모범농업협동조합'의 칭호를 받았다.

7) 협동화 과정상의 쟁점 검토

(1) 시점의 문제

협동화 완료 이후 대다수 문헌에서 운동의 명확한 개시기로 1953년 8월의 노동당 중앙위원회 6회 총회를 지적했으나, 앞서 보았듯이 그 당시의 지역별 실정을 기록한 문헌에 따르면 반드시 그때가 정확한 시기인 것은 아니다. 단지 1954년부터 일부 지역에 경험적으로 조직화를 도모한다는 것이었다. 적어도 경험단계 마지막까지 운동이 아주 소극적으로 진행되었으며 점차성과 자원성이 강조되었다. 또 운동이 꽤 장기간 진행될 것으로 전망되었다. 농민들의 협동화 의욕과 실제 진행 속도와는 상이한 측면이 있다고 판단된다.

한편 토지개혁에서 바로 협동화에 착수한 중국의 경우와 비교해, 1946년에 있었던 북한의 토지개혁 이후 1953년까지 협동화가 진행되지 않았다는 데에 일부 논란이 있었으나 1953년 이전에 협동화 운동의 전제가 될 어떠한 조치도 없었던 것은 아니다. 오히려 토지개혁 후 토지제도에는 기본적으로 소농의 토지 소유권을 인정하면서도 일정한 제한이 있었고 이미 단순한 소농 토지 소유제와는 다른 여러 가지 요소를 포함하고 있었다. 중국의 경우 토지개혁 후 소농 소유지의 매매 등도 자유롭게 할 수 있는 제도가 취해졌기에 곧바로 협동화로 진행할 필요가 생겼으나, 북한에서는 상술한 듯이 토지제도가 협동화에 유리한 전제가 되어 있었다. 또 협동화를 서둘러서 하지 않더라도 좋은 조건이 마련되어 있었던 것도 중국과 상이한 배경이다. 1948년 9월에 공포된 조선민주주의인민공화국 헌법은 원칙적으로 협동단체조직의 장려와 그 소유권의 보호를 규정했기에 한국전쟁 전에 협동화의 가능성이 전혀 없었다고는 볼 수 없다.

특히 한국전쟁기인 1951~1952년부터는 전시의 노동력 부족과 관련해 전반적으로 '부마시반'과 '소결반' 조직이 장려되었고, 일부 강원도 전선 지대에는 전선협동작업반(1951~1953)이, 1953년 2월에는 빈농이 밀접한 연해지 및 산촌을 종심으로 부업협동조합을 조직하는 것이 결정되었다. 이들 일부는 적어도 제1형태의 농업협동조합 정도의 내용을 포함하고 있었고 협동화운동 전개의 유력한 조건이 되었다. 사실 이들 속에서 1953년 8월에 부업협동조합, 그리고 그 외에 약간의 농업생산협동조합까지 조직되었다. 이러한 사실에도 불구하고 1953년 8월까지 통일적 협동화 운동은 명확하게 추진되지 않았고 그 이후인 1954년 11월까지 운동은 꽤 소극적으로 전개되었다. 전쟁 전까지 이러한 현상이 나타난 데에는 통일 문제와 관련 있지 않을까 싶다. 전쟁 전에는 김구 등이 참가한 1948년 남북연속회의를 비롯해 일련의 정치적 협상이 진행되었다. 이때 남북 분단은 일시적인 것이고 통일은 비교적 가까운 시일 내에 달성될 현실적인 문제로 여겨졌던 것으로 보인다. 그런 전망 기저에는 "북조선만의 변혁 추진은 당연히 한때 유보해야 한다"라는 주장이 있었는데, 특히 남조선노동당 측 사람들의 의견이었다고 한다.

이런 상황의 연장으로서 1953년 8월에도 협동화 운동의 전면적 전개의 가부에 대해 지도부 내에서 견해가 완전히 통일되지 않았던 것으로 보인다. 사실 많은 문헌이 공통적으로 이 시점에서 두 가지 문제점을 지적한 바 있다. 첫째는 협동화가 조국통일에 방해가 된다는 것이었고, 둘째는 농업을 기계화할 만큼의 물질적 기초 없는 협동화는 성공할 가능성이 낮다는 시점상 협동화 시기상조론이었다. 첫 번째 주장은 아마 전쟁 전의 견해와 관련해 전후 통일 문제의 조건 변화를 어떻게 간주하느냐에 달려 있기에, 이러한 문제점은 김일성의 다음과 같은 발언으로 결론이 났다. "어느 동지들이 생각하듯이 농촌의 사회주의개조는 조국통일에 방해가 되는 것이 아니라 유리하게 된다. 우리가 사업을 옳게 조직하고 지도하여 농촌을 사회주의적으로 개조하면 근로농민의 생활은 한층 좋아지고 그들의 사상, 의식 수준이 더 높아지고 우리 농촌에 존재하는 부농이나 기타 자본주의적 요소의 영향이 차차 없어질 것이며 따라서 노동자와 근로농민의 동맹이 한층 강화되고 우리의 농촌진지가 더욱 튼튼해질 것이다. 그렇게 되면 남조선 농민도 북반부 농민과 같이 좋은 생활을 하기 위하여 우리의 뒤를 따라올 것이다. 이들의 모든 것이 우리의 조국통일을 한층 촉진시키는 것은 명확하다."

두 번째 주장은 비록 '기계 없는 협동화'에 일정 수준의 한계는 있지만 기계화가 없다고 해서 협동화가 불가능한 것은 아니라는 점에서 레닌(Lenin)의 견해를 원용했다. 그 견해는 농민의 토지와 농기구의 단순한 통합으로, 협동경영은 수공업적 기술 위에서 각 소농이 추진하기에 불가능한 경영상의 개선을 가능하게 하며 노동 생산을 2~3배 높이는 것을 가능하게 한다는 것이었다. 사실 개인농 경영에 비해 일반 조합에서 약 20~30%, 반기계화 작업을 실시한 조합에서는 약 50~60%의 노동력을 절약할 수 있게 되었다. 경험단계 협동조합의 이러한 성공은 분배 면에서의 우위성을 증명했으며 협동화 추진 주장의 유력한 논거가 되었다. 1956년 노동당 제3회 대회에 이르러 '1961년까지의 협동화를 완료'하는 방침이 명확하게 제기되었다는 것이다. 그러나 실제 운동은 목표보다 앞선 1958년 8월에 완료되었다.

(2) 협동화에 대한 각 계층들의 대응

협동화 운동에서 계층 정책의 기본은 일반적으로 '빈농에 분명히 의거해 중농과의 동맹을 강화하면서 부농을 제한하며 개조시키는 것'이었다고 전해진다. 기본적으로 부농도 평화적으로 개조된 것이 하나의 특징이라고 할 수 있다. 각 계층들의 적극적 · 소극적 대응의 내용은 어떤 것이었는지 자세히 파악해보자.

협동화 과정에서 기본적 범주로 설정되어 있는 것은 빈농 · 중농 · 부농이라는 세 범주다. 그것을 구분하는 명확한 규정이 문헌에 정확하게 알려져 있지는 않으나, 『경험집』 등에서 나타난 사례로 판단해보면 빈농은 자가 농업 생산으로 1년간의 식량을 자급하지 못하는 소위 절량농가를 의미하며, 중농은 간신히 자급자족이 가능한 정도의 농가, 부농은 남의 노동 착취의 유무라는 다른 요소도 가미된 규정이 있었다. 기본적으로 부농은 중농보다 위의 농업생산으로 잉여를 축적할 수 있는 계층을 가리키는 듯하다. 그 외에도 중농과 부농 사이에 약간의 중간적 범주가 정해지는 경우도 있다. 신중농, 신부농이라고 특별히 구별한 경우도 있는데, 이는 토지개혁 이후에 각각 중농 · 부농으로 상승한 계층을 나타낸 것이다. 또 부유중농이라는 범주가 가끔 등장하는데 이것은 저생활 수준이면서 자급자족이 겨우 가능한 수준, 즉 중농보다 약간 여유는 있으나 남의 노동은 착취하지 않는다는 측면에서 부농과 구별된다.

토지 소유 규모 또는 경영 규모가 계층 구분의 지표가 된 예는 없는데, 이는 토지개혁으로 그것이 평균화되었고 정확하게 계층 관계를 반영하기 어려운 실정이었기 때문이다. 또 식량 자급의 가부를 기본 지표로 엥겔계수(Engels Coefficient) 50 이상, 즉 간신히 먹고사는 것만 할 수 있는 층을 중농이라고 규정했는데, 이는 일반론으로서 아주 낮은 수준을 설정한 것이지만 일제강점기부터 이어온 식민지적 농촌 전체의 생활수준이 낮음을 반영한 규정이었다. 부농이라고 해도 다른 나라의 수준과 비교하면 중농 이하의 생활수준이었다. 그러나 중요한 것은 그런 전반적인 빈곤 가운데서도 소농 밑에서는 더 한층 계층 분화, 착취 - 피착취 관계가 발생해 오히려 더 사태가 심각해지는 사례도 있었다는 사실이다.

이들 각 계층의 양적 구성 추이에 대해서 자세한 숫자는 발표되지 않았으나 공식 문헌들의 기술을 개관하면 다음과 같다. 해방 전에는 3~4개월 이상 식량이 부족한 소위 절량농가(빈농)가 70% 이상이었고, 배급량을 자급할 수 있는 중농은 20%에 미치지 못하며 기타 약 5%를 차지하는 부농과 3~4%에 불과한 지주들이 있었다.

물론 토지개혁으로 인해 지주계급이 청산되고 토지는 소농에 분배된 데다 반지주적 성격을 띤 부농의 비율이 감소했으나, 여전히 작부 면적에서 3.2%, 농업생산액에서 5.6%를 각각 차지했고 호수에서는 2~3%로 추산되었다. 토지개혁 후에 일어난 새로운 계층 분화로 신부농이 이 숫자에 포함되어 있는지는 불분명하다. 그러나 지주의 소작료 수탈로부터 해방되었다는 것만으로도 농민의 생활이 상당히 개선되었으며 집의 신축, 재봉틀, 라디오, 구입 등 최저 소비생활 수준의 상승 과정이 광범하게 진행되고 일부에서는 부농화되는 층도 나타났다. 한편 토지개혁으로 인해 상승의 가능성이 없는 빈농이 25% 정도 남게 되었다. 법적으로 토지 소유 확대가 제한되어 있다 하더라도 다른 생산수단의 소유로 인한 다른 유통 과정에서의 수탈로 새로운 계층 분화가 진행되었다. 결국 한국전쟁 전의 농민 구성을 살펴보면 부농이 약 2~3%, 중농 부유중농이 72~73%, 빈농이 25% 정도이다.

한국전쟁으로 인명, 토지, 생산수단, 가옥 등 전반적인 피해를 입어 상황이 일변하면서 정전 후 협동화 직전에 빈농이 40%, 부농이 0.6%, 나머지가 중농이었다고 한다. 부농의 급감은 식량 자급 가부를 기준으로 하여 전쟁 직후 부분적으로 나타난 일시적 상태를 반영한 숫자이다. 『경험집』 등의 사례로 미뤄볼 때 부농의 잔존은 큰 비율인 듯하다. 수십 호 촌락에 몇 명은 반드시 부농 내지 부유한 중농이었고 빈농, 중농이 반반 또는 빈농 쪽이 좀 많은 곳도 있었다. 이것이 협동화 직전의 일반적 농촌의 모습이라고 상상할 수 있다.

이상의 각 계층 가운데 협동화로 손실보다 이익이 더 큰 빈농이 당연히 운동의 중심 기반이었고, 사실 기본적으로 협동화에 저항을 느끼지 않았다고 보인다. 그 이전에는 자력으로 단순재생산의 회복이 불가능한 상황이었다. 그 때문에 1953년 8월 이전부터 특히 빈농이 집중적으로 거주하던 해안 및 산간지대에서 조직화가 진행되었고, 그 후에도 반농반어 또는 반농반목의 협동조합이라는 범주를 설정해 특별 대책이 취해졌다. 특히 경험단계의 문헌에서는 이런 영세 빈농문제의 해결이라는 관점에서 빈농을 중심으로 조합이 조직되는 것이 강조되었다. 한편 한국전쟁의 사망자 때문에 발생한 '애국열사유가족', '인민군 후방가족'은 노동력 확보에서도 어려움을 겪었다. 이들 가족은 그 성분에서도 당연히 지도 방침에 협조적인 의식을 가지고 있었고 많은 지역에서 조합 조직의 중심으로서 활동했다는 사실이 주목된다.

한편 중농은 촌락의 압도적인 부분을 차지하는 빈농과 같이 오히려 부농층과 이해가 대립하고 있었다는 측면이 강하고 경제적 조건과 직결되는 의식구조라는 측면에서 빈농층과 큰 차이가 없었다. 따라서 일반적으로 협동화 운동의 중심은 광범위한 빈·중 농민층부터 경우에 따라서는 부유중농이라고 볼 수 있는 층에서 나타났으며, 그 범위에서 협동화 운동으로의 적극적·소극적 태도는 다소의 경제적 조건의 격차라기보다 각 농민의 의식 상태에 크게 규정되었다고 말하는 것이 적절하다. 빈농이라도 전통적 부농에 대한 종속의식이나 실질적인 경제적 의존관계 때문에 부농의 이익에 맞는 태도를 취한 예도 적지 않다. 또한 중농 상층(上層)이라고 할 수 있는 위치에 있던 독농(篤農)이라고 불리는 계층도 심도 있게 검토해볼 필요가 있다. 그들은 전통적으로 '농업은 자기 힘으로 하는 것'이라는 사상을 가지고 있었으며, 그런 생산양식 밑에서의 자기 능력에 대한 자신을 가지고 있었던 만큼 납득할 수 없는 한 그것을 바꾸지 않는 완고함을 가지고 있었다. 따라서 일반적으로는 협동화에 찬성하지 않았다. 오히려 참여를 거부해 비극적인 사건이 발생한 경우도 있었으나 협동화 과정은 그런 완고하고 믿음직한 층이 서서히 납득해서 자기를 바꿔나가는 과정이기도 했다고 볼 수 있다.

『경험집』 사례에 의거해 협동화운동을 적극적으로 추진한 사람을 보면 제1순위가 일제강점기 또는 토지개혁 당시부터의 일꾼인 열성적인 노동당원 및 제대군인이었고, 제2순위가 빈농 출신의 열성분자, 특히 애국열사 유가족과 인민군 후방가족이었으며, 제3순위가 소수이지만 노동 경험이 많은 독농층 등이었다. 조합조직 후에 간부를 형성한 사람으로는 광범한 빈·중농 출신이 많았다.

조합간부 형성 문제와 관련해 또 다른 관심 사항은 현지 우선주의다. 조합의 간부는 기술자를 제외하고 원칙적으로 그 지역에 사는 농민 속에서 뽑혔고 가능한 한 고정하도록 지도가 진행되었다. 『경험집』 제1집의 사례 가운데서도 다른 곳에서 관리위원장을 이입시키던 예는 두 군데뿐이다. 한국전쟁 후 인력 부족과 관련해 제대군인이 농촌에 배치되거나 일부 지역 간 농민 이동이 광범하게 진행되었으나 조합은 농민 자신이 운영하는 것이 원칙이었다.

마지막으로 이상의 각 계층과 특성이 다른 부농의 문제를 언급해두어야 한다. 토지개혁 후의 농촌에 잔존한 부농은 어떤 존재였던가. 『경험집』에 자세하게 기재되어 있는 사례를 살펴보자. 그들은 중농보다 토지와 경영 규모가 크고 해방 전부터 자작지가 5정보 이내의 범위에서 그대로 남았다는 것 등으로 볼 때, 비교적 비옥한 좋은 땅을 차지하고 있었으며 생산수단도 충분했다. 농기구를 빈농에게 빌려주어 그 대가로 노동을 시키고 '부마시' 및 '서결'을 자기중심으로 조직하는 임노동의 형태로 인근 빈농을 지배하고 있었다. 그 가운데서는 완전히 남의 노동만을 이용하고 자신은 전혀 농사에 종사하지 않는 경우도 있었다. 이처럼 부농의 경영 형태는 당연히 인근 지역에 광범하게 낮은 가격으로 노동을 제공하는 빈농이 존재해야만 성립될 수 있는 형태였다. 부농들은 식량 부족 농가에 주로 현물로 인한 고리 대출을 하였으며, 상업지역에서는 상업 활동으로 인해 경우에 따라 몰래 소작도 시키고(법적 금지 사항) 축우 소작 등을 시켜 빈농을 수탈하기도 했다. 이런 부농의 대다수는 기본적으로 해방 전부터 부농 계층이었으나 토지개혁 후에 급속히 증가해 고리대출을 하게 된 사람도 있었다. 그러나 이들의 조건에 상관없이 대다수 부농은 일을 열심히 하는 근면한 측면도 지니고 있었으며, 고용 노동을 제공하는 빈농을 완전히 단일적으로 지배하고 있었던 것도 아니다. 광범위한 빈농층의 존재를 전제로 하여 처음으로 부농이 존재할 수 있었다. 빈농을 부농 측에서 떼어놓고 협동조합 쪽에 결집시키는 투쟁 과정을 통해 수탈할 수 있는 노동력 공급원을 잃고 종래의 경영 형태 유지도 불가능해지자, 부농이 자발적으로 협동조합에 가입할 수밖에 없게 되었고 평화적으로 사회주의 농민에 개조되었다.

협동조합 가입이나 그 내부에서의 권리 행사에 대해 '이전의 지주 및 친일파, 친미파 등의 정치적 불순분자'를 제외하고 부농에게는 어떠한 법적 제한 및 차별도 가해지지 않았다. 자원만 하면 부농도 조합을 조직하고 가입해서 작업반장 또는 관리위원장 등의 지위에 오를 수 있었고 실제로 『경험집』에도 그런 예가 적지 않게 기술되어 있다.

부농의 저항은 전반적 협동화운동의 진전 속에서 오히려 조합 내부의 문제라는 형태로 계속되었다. 그것은 많은 경우 조합 속에서 주도권을 장악해 형태 문제, 자유지(自留地), 통합 농기구의 평가 등에서 종래의 이익을 유지하려는 시도로 나타났다. 그것이 한 걸음 나아가서 먼저 발족한 빈농 중심의 조합과 따로 부농의 주도권으로 그 이익을 위해 동 지역 내에 신 조합을 조직하려는 시도로까지 진전되었다. 한편 조합 조직의 진전과 병행해 일부 부유중농이 '자기만으로 힘을 합쳐서 비료도 대량 쓰고 조합보다 많은 수확을 올리자'고 협동경영과 경쟁을 벌인 예 등도 있다. 부농들의 '믿음직한 지방 동지'의 주도로 조합이 조직되어 경제적 기반이 약한 빈농을 거꾸로 쫓아낼 듯한 지도부가 일부 지역에서 진행되기까지에 이른 점을 감안할 때 부농들은 여전히 강력한 힘을 가지고 있었던 것으로 보인다.

또한 부농은 구 지주와 아울러 한국전쟁 때 현재화한 정치적 반혁명의 주된 기반이기도 했다. 정치적 반혁명 세력의 협동화 사업에 대한 반발 형태는 초기에 헛소문, 조합재산 파괴, 파업 및 집단 탈퇴 등으로 다양했다. 『경험집』은 이러한 사례에 많은 부농이 관계된 것으로 소개하고 있다. 협동경영의 발전을 방해하는 부정적 의식도 운동의 전개 과정에서 다양한 형태로 나타났다. 이는 특히 부농만의 문제가 아니었고 토지의 많고 적음에 차이가 있더라도 농민 스스로 변혁해야 하는 의식 상태와도 관련이 있었다. 그것은 낡은 관습을 준수하려고 하는 보수주의, 선진 기술에 대한 두려움, 조합으로의 상업부기 도입, 관리 부문에서의 출세주의, 관료주의 등으로 표출되었기에 해결하기 쉬운 문제가 아니었다.

(3) 자원성(自願性), 점진성(漸進性)의 원칙

농민의 자원성 존중은 협동화의 전 단계를 통해 모든 측면에서 우선적으로 내세워진 것이다. 농민의 의사에 반해 강제적으로 추진하면 안 된다는 것이 늘 강조되었다. 중농이나 부농의 물질적 관심에 대한 언급이 늘 강조되는 것도 이러한 측면과 관련이 있었다. 자원성의 원칙은 교조주의적 지시에 대한 주의라는 의미를 가지는 것과 더불어 농민 자신의 힘으로 여러 모순을 해결하기 위해서 조합 내 민주주의 원칙과 함께 이와 같은 큰 변혁에서는 필수적이다. 제도적으로는 1958년까지 통합된 토지 소유권이 개인농민에게 유보된다는 것이나 탈퇴의 자유가 보장되어 있었다는 것이 상징적 의미를 지닌다. 특히 탈퇴의 자유를 실제 행사해도 된다고 보장된 것이 주목할 만하다. 『경험집』 제1권의 12조합만 보아도 다음과 같은 사례를 열거할 수 있다.

가. 운흥(雲興) 모전조합

1954년 9월 제3형태로 전환할 때 소를 보유한 신부농인 노성국은 소를 통합하는 데 불만을 갖고 조합에서 탈퇴했고 박병황 노인도 뒤따라 탈퇴했다. 박(朴) 노인은 1955년 모내기 전 개인영농 실적이 부진해 소를 팔고 생활했으며 동년 가을에 재가입을 신청했다. 총회에서는 재가입을 인정하지 못한다는 의견이 강했으나 해방 전에는 같은 빈농임을 상기해 결국 가입이 인정되었다.

나. 용천(龍川) 전진조합

1955년 모내기 당시 부유한 중농 한병세는 분배 수입이 이전 빈농보다 적다는 것과 소를 부당한 헐값으로 매수당하지 않을까 불안해하면서 협동조합에서 탈퇴했으나 일정 기간이 지난 후 다시 조합에 가입했다. 부농 장독인은 1955년 봄 협동화가 완료단계에 접어들면서 노동력 공급이 없어지자 조합에 가입하기보다 자유롭게 농업을 영위할 수 있는 토지를 구해 내륙 지방으로 이주했다. 그러나 1956년 봄 전년의 분배 소식을 듣고 마을로 돌아와서 생산수단을 가지고 가입을 신청했다. 총회에서는 가입 거부의 의견이 강했으나 결국 평화적 개조의 방침에 따라 인정되었다.

다. 함주(咸州) 붉은별조합

1955년 봄 자급 비료를 조달하는 어려움과 그에 대한 불만으로 인해 이성강, 한영국 등 수 명이 탈퇴했다. 1956년에도 한때 동요가 일어 탈퇴 희망자가 생겼으나 실행까지는 이르지 않았고 이성강, 한영국 등 이전에 탈퇴한 사람들도 1956년 가을에 복귀했다.

라. 개성(開城) 시월조합

1953년 11월 부업조합의 돼지가 전염병으로 전멸하는 사고가 발생하자 김명보가 탈퇴하고 기타 탈퇴 희망자, 조합 해체논자 등이 다수 발생했으나 1954년 봄까지 재건대책과 국가자금 융자의 전망이 열리자 이내 수습되었다. 김명보 역시 1954년 봄에 복귀했다.

마. 평양(平壤) 둘섬조합

1954년 가을 빈농이 대규모 가입할 즈음에 조합의 이름으로 장사하는 것의 이득이 없어지자 부농 김영성, 김재화는 각각 출자 몫의 반환 요구와 노년을 이유로 탈퇴했다.

바. 옹진(甕津) 삼승조합

1953년 인평수산조합의 실적과 분배가 거의 없었기 때문에 조합원이 탈퇴하거나 해산한 논이 많았다. 1956년 8월 3조합 통합 과정에서도 통합으로 인해 수입이 줄어든 설몰농협의 농민들의 불만이 컸다. 또 협동조합 관리활동가 양성소에서 연수를 받았는데도 불구하고 관리원에 취임하지 못한 전 관리위원장인 장본렬의 주도로 수십 명이 같이 탈퇴했다가 1958년에 복귀했다.

평양 당국은 이상 여섯 가지 사례 모두 다 눈앞의 이익에 매달린 예라고 주장했다. 이 외에도 순안(順安) 상양, 금천(金川) 친선, 영안(永安) 다진 등에서 유사한 이유로 탈퇴를 신청했으나 탈퇴에 이르지 않았던 사례들이 발견되었으며 전체 12조합 중 적어도 10조합이 최소 한 번은 탈퇴 문제에 직면했다. 가입한 사람의 탈퇴가 이 정도로 빈번했다면 개인농민의 가입, 비가입은 충분히 자유의사로 결정할 수 있었을 것이다.

자원성의 원칙과 빈농 우선의 방침이 가끔 대립하는 경우가 있었으나 그럴 경우에는 후자보다 전자가 우선되는 것이 일반적이었다. 점진성의 원칙도 늘 자원성의 원칙과 관련해서 강조되었다. 협동화의 진행 속도뿐만 아니라 그 형태의 고도화, 규모의 확대 및 통합 문제에 대해서도 충분히 신중하게 고려했다. 물론 그 기계적 적용의 해악도 동시에 발생했다. 전반적인 협동화 내지 통합의 조건은 중농, 부농, 또는 생산력이 발전하고 있는 조합 농민의 수입이 협동화 전보다 줄어들지는 않는다는 것이었다.

통합의 규모 문제에 대해 점진성의 원칙 적용 필요성이 분명한 근거와 함께 강조되었다. '기계 없는 협동화' 및 간부의 지도 능력 수준의 한계 때문에 단순한 규모 확대는 이익이 있기는커녕 일부 유해하기도 했다. 협동화 속도를 조절하는 조건하에서 점차 규모 확대에 대한 요구가 커졌고, 1958년 10월에 일제히 '리' 단위의 통합이 실현되었다.

제3장

1964년 "사회주의농촌문제에 관한 테제"와 협동농장 운영 개혁

1. "테제"의 일반적 해석과 협동농장 운영

1964년 2월 25일 당 중앙위원회 제4기 제8회 총회에서 김일성의 "우리나라 사회주의농촌문제에 관한 테제"가 채택되었다. 이 테제는 "사회주의 농촌경제 제도를 강화·발전시키면서 도시와 농촌의 격차를 서서히 축소하는 것"에 관한 방침을 제시한 것이다. 그 해결 방법으로 세 가지의 원칙이 제시되었다.

제1원칙은 도시와 비교해 농촌의 낙후를 극복하는 것이며 "농업이 공업보다 물질적·기술적 토대가 약하고 농촌 주민의 문화 수준이 도시 주민보다 낮고 농민이 노동자보다 사상 의식이 뒤떨어지고 있다"라고 하여 농촌에서의 기술혁명(농업 수리화·기계화·전기화·화학화), 문화혁명(농민의 일반지식 수준과 기술 수준 향상), 사상혁명(농민을 선구자적 노동자계급의 사상, 공산주의 사상으로 무장시킴) 등 혁명 수행 세 가지를 강조했다.

농촌의 기술혁명은 수리화·기계화·전기화·화학화를 실현하는 것이며 이 중에서도 수리화 정책을 가장 우선적으로 추진할 것을 제시했다. 북한은 농촌의 수리화를 단순히 경제적 · 기술적 측면뿐 아니라 노동당의 중요한 정치적 과업으로 비화해 "물과 비료는 쌀이고 쌀은 곧 사회주의"라는 구호를 내걸었다. "농업생산의 특성과 자연기후 조건의 수리화를 먼저 할 것을 요구하고 있으며 농업은 공업과 달리 자연기후 조건의 영향을 많이 받고, 생명 유기체를 대상으로 하는 농업은 물이 없으면 생산을 보장할 수 없으며, 물은 농업에서 생명수이다. 특히 논농사가 큰 비중을 차지하며 봄에 가뭄이 계속되고 여름에 홍수가 자주 나는 조건에서 논과 밭에 관개 체계를 세우고 한해와 홍수를 막는 것은 농업생산을 보장하는 데 결정적 의의를 갖는다"라고 명시되어 있는 김일성의 「우리나라에서의 농촌문제 해결의 몇 가지 경험에 대하여」라는 문헌의 한 구절에서 북한이 농촌 기술혁명 중 수리화를 가장 우선순위로 한 배경을 찾아볼 수 있다.

1978년의 발표에 의하면 북한의 해방 전 관개면적은 10만 정보이며 대부분의 논이 수리불안전답이었고 토지개혁을 하던 해의 봄에는 물이 없어 '꼬창모'를 했다. 그러나 관개공사를 적극적으로 추진한 결과 평남 관개공사가 착수되었고 88개의 관개공사가 진행되었으며 몇 해 사이에 100만 정보의 관개공사를 완수하는 기적을 창조해냈다고 한다. 그러나 극심한 식량난을 겪고 있는 오늘의 북한 현실은 이미 완성했다고 선전하는 농업 수리화에 대한 의구심을 불러일으키고 있으며 농업 수리화 체계 자체가 상당한 문제점을 안고 있음을 말해준다.[1)]

북한은 문화혁명을 '낡은 사회에서 물려받은 문화적 낙후성을 없애고 사회주의 공산주의 문화를 창조하기 위한 투쟁'으로 묘사했고, 국가가 수행해야 할 기본적인 혁명 과업의 하나로 사상혁명과 함께 인간을 개조해 공산주의 사회의 주체를 마련하기 위한 사업으로 보고 있다. 따라서 북한은 3대 혁명의 기치를 농민들에게 적용해 그들의 문화기술 수준을 높이고 공산주의적 생산문화와 생활문화를 세우는 데 문화혁명과 사상혁명을 추진하는 목적이 있음을 분명히 하고 있다.[2)]

---

1) 북한농업기반정보(rri.karico.co.kr/north/8140/4hwa-policy.html), 농업기반공사 참조.

2) 디지털 북한 백과사전(ww.kdatabase.com) 참조.

제2원칙은 "우리나라처럼 과거 뒤떨어진 농업국이었던 나라에서는 혁명이 승리한 후 사회주의 공업화 때문에 농촌에서 일정 기간 일정 자금을 구할 수밖에 없었다"라고 해서 과거 소위 '원시적 축적'의 축적 패턴이 취해진 것을 인정한 데다가 이미 '사회주의 공업의 기초'를 구축한 이상 이후에는 도시, 공업, 노동자들이 농촌 · 농업 · 농민을 지원해야 한다고 강조했다. 구체적으로는 농기계, 소비 물자 등을 농촌에 공급하는 등 물질적 자원과을 내세웠고 기술자의 농촌으로의 파견 등 기술적 자원, 농업현물세 감면, 공업용 작물 매수 가격 인상, 농기계 작업료, 관개사용료, 농기구 가격 인하 등 물질적 자원 및 농촌으로의 노동력 파견, 정착 등 인적 자원 강화를 내세웠다.

제3원칙에는 경제 관리 수준과 소유 관계에서 도시와 비교했을 때 낙후된 농촌의 상태를 지적하고, 관리 측면에서 농업협동조합의 관리를 '기업적 방법'으로 운영하기 위해 기술지도를 강화한다고 명시했다. 또 경영활동을 계획화 · 조직화하는 방법 등을 제시했다. 소유 형태에서는 '현실적 조건과 가능성을 고려하고 않고 협동적 소유를 성급하게 전 인민적 소유로 전환하는' 것이 아니라 국가가 협동농장에 대한 지도를 강화하면서 '점차적 전환'을 도모하는 것을 방침으로 했다.

이상의 세 가지 기본 원칙을 실행할 때 중심 지역은 행정구역상 군(郡)이며 그 가운데에서도 군 당위원회의 지도에 치중했다. 북한이 1960년대 이래로 계속 추진하고 있는 '군 거점' 전략은 중국식 지역 자력갱생노선과 유사한 것으로 중앙의 지원보다 군이나 농촌의 자력으로 개발하겠다는 전략이다. 따라서 북한의 농촌은 도시보다, 농업은 공업보다 더디게 성장할 수밖에 없는 상황이 되었다. 또한 농촌의 기금은 그곳의 발전을 위해서 쓰이기보다 국가적 사업이나 공업을 위한 자본으로 쓰이기도 한 것이다.[3)]

마지막으로 "테제"는 '협동농장의 경제적 토대를 강화해서 농민의 생활을 향상시키기 위한 '일시적인 대책'으로서 세 가지 구제책을 내놓았다. 하나는 1959년의 세율 개정 이후 수확고의 8.4%로 되어 있던 농업현물세를 1966년

---

3) 김귀옥, 「통일을 향한 남북 사회 문화 연구」, 『북단 50년의 구조와 현실』(민중사, 1994), 30쪽.

까지 철폐하는 것이었다. 또 하나는 지금까지 협동농장이 자체 자금으로 운영해온 농촌의 기본건설을 1964년부터 전부 국가자금으로 진행하는 것으로, 과거 5년간의 기록을 보면 총투자액 가운데 국가투자가 60% 이상, 협동농장 자체의 투자는 40%의 비율이었다. 마지막 구제책은 협동농장이 자체 자금으로 진행해온 주택건설을 국가부담으로 진행해 이미 지어진 주택건설비도 국가가 부담하는 것이었다. 이러한 세 가지 구제책에 대해 "테제"의 발표부터 한 달 후에 법령으로서 최고인민회의에서 채택되고 11월에 집행대책 수립으로 내각 결정이 이루어졌다.

일반적으로는 이 "테제"가 농업 · 농촌 · 농민에게 도움이 되는 것으로 해석되었으나, 북한 당국이 도시와 농촌의 격차 해소를 목표로 노력해왔음에도 불구하고 주민들은 일상생활에서 지역적인 차이를 심각하게 느끼는 것으로 나타났다. 1993년에 나온 북한영화 〈도시처녀 시집와요〉에 등장하는 남자주인공 성식은 도시에서 고급재단사로 일하는 리향을 좋아하지만 그 처녀가 농촌 총각인 자신에게 시집올 리 없다고 생각한다. 그런가 하면 오랫동안 도청 소재지에 살다가 남편의 직장 이동으로 얼마 전에 군(郡)에 내려온 여의사 진희는 "도시 생활의 세련된 차림새로 인해 소박한 군 사람들의 시선을 끌었지만 어쩔 수 없는 일이라고 생각할 뿐이며 굳이 군 사람들처럼 수수하게 차리고 싶어 하지 않는" 것으로 나타난다. "테제"는 '도시 - 농촌 간 격차시정'이라는 목적으로 발표된 것이며 상세한 내용을 분석적으로 읽지 않으면 정확한 의미를 이해하기가 어렵다. 이는 장점만을 외형적으로 내세웠기 때문이다. 그러나 이 해석은 실제로 하나의 대전제위에 존재해왔다. 그것은 최후 세 가지의 구제책에 관계된 것이며 협동농장의 '분배 측면'과 관계가 있다.

"테제"가 발표되기까지 협동농장에서는 '조합수입의 분배는 현물 및 현금 총수입 가운데 먼저 국가납부와 종자, 사료, 비료, 기타 생산에 요하는 지출분을 빼고 남은 수입에서 15~30%의 공동축적 펀드, 3~7%의 사회문화 펀드 및 필요한 양의 지원 펀드를 적립하며, 그 나머지를 노동일 수에 따라 조합원에게 분배되는 원칙'이 적용되었다. 다만 이것은 1959년 1월에 제정된 「농업협동조합 기준규약(점정)」에 의거한 것이며 그 후 개정하면서 일부 변경되었으나 크게는 변하지 않았다.

여기에서 지적한 국가 납부는 현물세이며 '기타 생산에 요하는 지출분'에 농업기계 작업소의 임대료나 관개관리소의 관개사용료 등이 포함된다. 또 이것들은 현물로 지불된다. 공동축적 펀드는 '생산수단 구입과 생산적 건설, 교육, 문화, 보건, 후생시설 및 일부 주택건설'이며 사회문화 펀드는 '간부양성, 교육, 문화사업과 유치원, 탁아소, 후생시설경영, 조합원의 휴양과 조합원 및 그 가족을 위한 보건위생산업'에 지출된다. 말하자면 공동축적 펀드의 대부분은 고정자본투자로서 사회문화 펀드가 경상비로 지출된다는 것이다. 따라서 "테제"가 말하는 것은 협동농장의 이 부담분 가운데 현물세를 공동축적 펀드로 실시해온 고정자본투자와 주택건설을 국가가 대신 진행한다는 것이었다. 이에 따라 협동농장이 자유롭게 사용 · 분배할 수 있는 현물 및 현금이 대폭 증가했다. 위의 일반적 해석은 이것을 대전제로 하고 있는 것이다. "테제"의 문맥상에서 이해한다면 이렇게 해석하는 것이 자연스럽다.

협동농장과 농민에 '흡족한 조건'이 주어지고 대전제가 옳다면 농민의 노동 인센티브가 높아지고 농업생산이 확대되어 "테제"에 대한 긍정적 평가가 당연히 따라온다. 그러나 1964년 이후부터 곡물생산량이 공표되지 않았고 실제로 급속하게 증가하지도 않았다. 다음 세 가지는 구체적인 실시 상황을 검증한 것이다. 농업현물세 철폐에 대해서는 데이터로 추적하기가 어려우나 1966년 4월 최고인민회의에서 법으로 채택된 바 있다. 만일 실제로 협동농장이 진행해온 기본 건설투자를 국가자금으로 실시했더라면 그만큼 국가기본건설투자에 차지하는 농업 부문의 몫이 증가했을 것이다. 더구나 김일성은 이것을 1964년부터 실시한다고 약속했다. 결과적으로 농촌 부문의 몫은 약간 늘어났으며 다음과 같은 현상들이 나타났다.

첫째, 1958년 농업집단화가 완료되기 이전에 농촌에 지어진 주택들은 면적이 도시보다 넓었다. 둘째, 80% 이상이 농촌의 자기자금으로 건설되었다. 셋째, 1958년 이후 공업화(도시화)가 진전됨에 따라 도시 주택 면적이 농촌을 웃돌았으며 국가자금으로 건설되는 농촌 주택의 비율이 급속히 높아졌다. "테제" 발표 전년인 1963년에, 협동농장이 자체 자금으로 건설한 주택 26만 평방미터는 총면적의 불과 8%(1962년에는 3%)에 지나지 않는 수준이었다. "테제"는 이것을 국가자금으로 해준다고 선언할 따름이었다.

문제는 1964년 이후에 대해서 도시 - 농촌의 비율밖에 알 수 없다는 것이다. 그러나 "테제"가 진행되었더라면 자체 자금으로의 주택건설이 없어질 테니 당연하다고 할 수 있다. 1964년의 농촌 몫은 전년과 비교해 대폭 감소했으며 적어도 1964년에는 김일성이 약속을 지키지 않은 것으로 평가된다. 다만 1965년에는 1963년 수준의 비율을 회복했다. 마지막으로 조합원으로의 분배 측면에서 평가할 때, 1964년의 현금분배액은 불어났으나 곡물분배량은 거꾸로 감소해 1961년 수준을 밑돌고 있었다. 이런 검증 결과 "테제"에 대한 일반적 해석은 실제 현실과 차이가 적지 않았다.

2. "테제" 발표의 배경과 협동농장 운영 개선

1964년 전후의 상황을 정리해보면 다음과 같다. 먼저 계획경제체제의 비효율성이 점차 확대되는 가운데 1962년부터 개시되었던 군비확충이 한층 강화되었다. 또 국가 예산에서 차지하는 군사비의 비율이나 군사 건설에 돌리는 자원과 노동량이 증대했다. 그러나 그것을 보충하는 외국의 원조는 옛날과 달리 대폭 감소해, 대중 동원 방식과 지방의 자력갱생으로 인한 경제건설이 이미 한계에 이르렀던 것으로 보인다. 더욱이 '정치활동 우선'은 실무 경시 풍조를 낳았고 경제를 혼란에 빠뜨렸다. 한편 자본축적 측면에서 보면 1950년대 말에 이미 농업의 축적을 중공업 · 군사 건설에 돌리는 길이 열렸고 1961년 말에는 협동농장의 생산 측면을 국가가 직접 관리하는 체제도 갖추어졌다.

"테제"는 이러한 정치적 · 경제적 상황하에서 등장했다. "테제"의 실제 목적이 협동농장의 분배 일부를 국가가 박탈하는 데 있다는 해석도 제기되었다. 국가가 진행한다고 약속한 농업 투자와 주택 건설을 그때까지 협동농장이 실시하던 규모 이하로 억제하는 한편, 협동농장에 생긴 '새로운 잉여'에 대한 국가 매수를 강화하거나 농기계임대료 및 관개사용료를 인상하는 등 몇 가지 방법으로 수탈해 농업투자재원을 축소했다. 그리고 이러한 재원을 군사력 강화에 투입시켰다. 당연히 결과적으로 농업생산 감소 등이 나타났는데, 이것이 곡물생산량을 비롯한 각종 데이터를 숨겨야 하는 이유가 되었을 것이라고 추측할 수 있다.

김일성의 당초 목적이 이런 것이 아니었을지라도 나중에 결과적으로 살펴보면 "이런 기능을 수행하기 위해 '테제'가 실행된 것이다"라는 해석이 타당할 수도 있다. 1966년 10월 군비 확장을 결정한 당대표자회의에서의 김일 제1부수상은 "당은 1962년 중앙위원회 제4기 제5차 전원회의에서 경제건설과 국방건설을 병진시키는 방침을 제기하며 국방력을 강화하기 위한 일련의 중요한 대책을 취했습니다. 그때부터 우리는 7개년 계획기간 동안 당초 생각한 것보다 더 많은 힘을 국방건설에 돌리기로 되고 경제건설도 정세에 요구에 맞게 개편하기 시작했습니다. 이것은 물론 우리나라 경제 발전에 영향을 줄 수밖에 없었습니다"라고 말하며 1962년부터의 경제건설 개편이 군비 확장 추진에 맞춘 것임을 공식적으로 인정했다.

여기에서 말하는 경제건설 개편이 무엇을 지시하는가는 분명하지 않지만 "테제"의 구체적 변경도 그것에 포함되었을 가능성이 크다. 맨 처음에 소개한 "테제" 발표 30돌 전국농업대회로의 김일성의 서간(1994년 2월 24일)에는 새삼스럽게 농업의 협동소유를 전 인민적 소유로 이행시키는 방침이 포함되어 있었다. 게다가 그 내용은 "테제"보다 구체화되고 군 단위에서의 이행을 호소했다. 그리고 그 후 김일성의 사망에도 불구하고 1995년 1월 1일 ≪로동신문≫ 등 3개지 공동사설에서 "농촌경리부문에서는 당의 사회주의 농촌건설구상을 높이 들고 협동소유와 더불어 전인민적 소유의 우월성을 높이 발휘하여 주체농업을 철저히 관철하여 당이 제시한 곡물생산목표를 반드시 달성해야 한다"라고 말해 협동농장의 국영농장화를 추진하는 입장을 밝혔다. 이렇게 위대한 수령 김일성이 남긴 "테제"는 농업정책으로의 '유훈'으로서 지금도 북한 농업을 지배하고 있다.

김일성은 1994년 2월 25일 사회주의 농촌테제 발표 30주년 기념행사에서 서한을 발표했다. 서한에서 김일성은 현재의 사회주의 농촌경리제도가 "협동적 소유"를 점차적으로 "전 인민적 소유"로 전환시킬 수 있게 하는 가장 선진적 제도임을 주장했다. 또 북한의 벼, 옥수수의 단위면적당 수량이 세계 최고에 도달했고, 북한의 농민 모두가 도시 부럽지 않은 문화농촌에서 유족한 생활을 누리고 있다고 주장했다. 그 구체적인 내용은 다음과 같다.

첫째, 도시와 농촌 주민들의 생활 조건에서의 차이를 없애기 위해 농촌의 전기화 · 수도화 · 버스화 · 중앙난방화 · 가스화를 몇 해 안으로 해결해야 할 5대 과업으로 제시했다. 둘째, 이제까지 추진해온 주체농법을 철저히 관철해 농업생산을 더욱 과학화 · 집약화해야 하며 농업과학연구기지, 농업과학연구사업을 강화해 녹색혁명을 다그쳐 나가야 한다. 셋째, 군 단위 협동농장들을 전 인민적 소유의 국영농장들로 전환시키고 그에 대한 지도관리를 군에서 담당해야 한다. 넷째, 군 협동농장경영위원회를 농업연합지도소로 전환시켜 농촌경리에 복무하는 국가기업소들과 국영농장들을 포함시키고 연합기업소와 그 아래 기업소 및 농촌들을 독립채산제로 운영한다.[4)]

3. 농업협동화와 농정조직 구축 정책

북한은 1952년에 면(面)을 없애고 리(里)를 대형화하는 지방행정개편을 실시했다. 이에 따라 협동농장도 대형화하여 군 중심으로 운영되도록 농업 관리 체계의 전면적인 개혁을 실시했다. 북한의 농업 관리 조직은 생산수단의 사회적 소유 형태에 따라 두 가지로 대별된다. 국가적 소유에 기초한 국영 농 · 목장, 국영농기계 작업소, 국영관계관리소 등은 농업 전 분야에서 지도적 역할을 담당하고 있지만, 농업 관리 조직의 구성 면에서는 협동농장이 압도적으로 많은 비중을 차지하고 있다.

북한은 농업의 집단화 · 협동화를 통해 농업생산수단을 국유화했으며 1980년대 중반부터 정무원 농업위원회 위원장을 부총리급으로 격상시켜 농업의 혁신을 이룩하려 했다. 그러나 체제 유지를 위한 군사력 강화 등의 정책에 밀려 항상 중공업보다 예산 투입 순위에서 뒤로 밀리고 있다. 북한은 우리나라의 농촌지도소와 같은 별도의 농민지도직을 구성하지 않고 행정 · 정치 체계와 병행해 농촌지도사업을 수행하고 있다. 지도사업은 중앙에 당과 정무원 농

---

4) 손상목 외, 「북한 농업생산 및 농업정책의 현실과 전망」(북한농업연구회 발표 논문 요약, 2000), 55쪽.

업위원회에서 출발해도 농촌경리위원회, 군 협동농장경영위원회, 리 협동농장 관리위원회를 거쳐 일선 작업반과 분조에 소속된 농민에게 전달된다. 각 단계에서는 그 단계를 관할하는 지역 당위원회의 명령 체계에 의한 지침을 받아 사업을 수행하도록 되어 있다. 도에는 각 군별로 담당 농업지도원이 배치되어 있고 작목별 전문지도원도 함께 배치되어 있다. 또한 협동농장에는 농민의 사상무장을 구실로 젊은 대졸자 등으로 구성된 3대 혁명 소조원까지 파견해 농업지도에 참가함으로써 농업 실무자와 정치일꾼 간의 이견 때문에 혼선을 빚고 있다. 북한의 지도사업은 농민의 소득 향상을 통한 복지 증진보다 주체농법을 실현하기 위한 정치일꾼의 역할을 수행하는 측면이 더 강하다.

농업관리 체계를 살펴보면 다음과 같다. 먼저 군 인민위원회 농촌경리부에서 군 내의 농업 전반을 장악해 행정 방식으로 지도 관리했다. 그 결과 관료주의, 독단주의 등이 팽배했으며 군 인민위원회 위원 자체의 지도역량 부족과 지도 간부의 자질 부족으로 협동조합에 대한 계획 수립, 기술, 자재 공급, 노동 행정, 재정 활동 등에 대한 올바른 지도를 할 수 없게 되었다. 1962년 말부터 군 협동농장 경영위원회를 농촌경리의 말단 단위로 하여 이를 도 농촌경리위원회와 중앙의 정무원 농업위원회와 일원적으로 연결시켰다. 전문적 농업지도 기관이자 농업기업소의 성격을 띤 협동농장경영위원회는 군 내 협동농장 및 농업 부문 국가기업소를 총괄적으로 관리·운영했다. 개편된 농촌 관리 체계에서 북한이 내세우고 있는 농업 관리의 기본 방향으로는 첫째, 당위원회의 집체적 지도하에 정치 사업을 앞세운 농촌 지도, 둘째, 군 단위로 공업적·기업적 방법에 의한 농촌 관리, 셋째, 중앙집권적 일원화 체계의 원칙 반영 등이다. 계통별 농업 관리 조직에 대해 알아보면 다음과 같다.

1) 농업성

농업성은 북한 농업행정을 책임지고 있는 최고의 행정기관이다. 농업성에서는 농업 부문 계획 작성에 대한 지도, 생산기술지도, 농업자재 및 농기계 보급 대책 수립 등 농업 부문 전반을 지도하면서 농업과 학원의 상급 기관으로서 농업기술 개발 연구와 농촌 개발에 대한 업무를 관장하고 있다. 또한 종자,

토양 및 종축개량과 간부 양성사업과 간척지 등 자연개조사업을 직접 지도 관리하고 있다.

2) 도 농촌경리위원회

농업성과 더불어 1962년 10월에 신설된 기관으로 군 협동농장, 경영위원회와 군영목장 등 도 내 농업 부문을 전반적으로 지도한다. 주요 임무로는 첫째, 농촌 사업에 대한 계획화 작성의 지도, 둘째, 농업생산과 기술 지도, 셋째, 국가계획위원회로부터의 직접적인 영농자재 수령 및 공급, 넷째, 도내 농작물의 지역적 배치, 다섯째, 토양과 농작물의 특성에 따르는 작물 배치, 종자 선정, 시비 체계 수립 등 기술적 지도를 맡아하는 도 단위 농업 관리 기관이다. 조직은 도, 군의 협동농장에 대한 관리를 효율화하기 위한 조치로서 위원장, 부위원장, 서기장 등이 있다.

3) 군 협동농장 경영위원회

군 협동농장 경영위원회는 군 단위로 계획을 세우고 생산, 분배, 교환과 같은 생산과 관련된 제반 사업을 총괄적으로 책임지며, 지방 산업과 농촌을 연결하고 생산조직 노동력의 배치 및 기술 발전 등의 사업까지 담당하는 기본단위이다. 1961년 12월 12일 '내각결정 제157호'에 의거해 군 단위 국가농업지도기관으로서 군 협동농장 경영위원회를 설치했다. 군 협동농장 경영위원회는 소위 '국가봉사기업'이라고 하는 농기계 작업소, 관개관리소, 농기구공장, 종자관리소, 수의 방역소, 토지건설사업소, 종란장, 종금장, 배합먹이 공장, 농사시험장을 흡수해 협동농장의 영농을 지도하는 말단 국가 농업 기관으로 재편했다. 그 결과 협동농장과 국영농업 기업소를 단일 계획에 따라 지도하는 관리체계가 확립되었다. '군 협동경영 위원회'는 농기계 작업소, 농기계공장, 관개관리소, 자재공급소, 가축방역소 등의 운영, 협동농장 계획화 사업에 대한 지도 및 지원, 농업생산에 선진적인 기술도입 및 지도, 협동농장의 노동 행정·재정부기·경영 활동 지도, 영농자재 공급, 군 전체 농업발전계획의 작성, 농업기술혁명, 토지개간 및 정리, 농촌 건설 사업의 체계적인 진행을 그 역할로 하는 전문적인 농업지도 기관이다.[5] 북한 당국은 농업생산과 관련한 물적 수단과 기술 집단을 직접 장악해 협동농장을 기업적 방법으로 지도 · 관리함으로써 농업 관리 수준을 공업관리 수준으로까지 끌어올릴 수 있다고 우월성을 선전하고 있다.

4) 리 협동농장 관리위원회

북한의 협동농장은 행정구역상 리 단위에 한 개소씩 조직되어 있다. 리 협동농장 관리위원회는 경제단위인 동시에 행정단위의 성격을 가지고 있는데 이는 관리위원장이 리 인민위원장을 겸직하고 있기 때문이다. 따라서 리 단위 협동농장을 교육 문화 및 후생 등을 총괄하는 기본단위라고 평가할 수 있다. 모든 단위의 협동농장은 수직 체계에 따라 협동농장 생산목표의 설정, 성과의 평가 등을 상급관리 체계인 군 협동농장 경영위원회의 통제와 지시에 따라 독립채산제로 운영하고 있다.

협동농장 산하에 각 작업반이 있고 다시 작업반은 작업 단위 조직인 분조로 구성되어 있다. 협동농장은 전국적으로 약 3000개소가 있으며 각 농장은 평균 300호의 농가로 구성되어 약 500정보의 경지를 경작한다. 또 협동농장에는 5~10개의 작업반이 있고 각 작업반에는 50~100명이 소속되어 있다. 각 작업반은 3~4개의 분조로 구성되며 분조당 15~20명이 소속되어 있다. 1960년대 중반부터는 분조관리제와 함께 작업반우대제[6]가 실시되었는데, 이는 농민들의 생산 의욕을 높이기 위해 일정한 우대 기준을 설정해주고 그것을 초과하

---

5) Gotha, "North Korea, infrastructure Based on information from Korea," *Energy Information Administration*(Germany, 1990).

6) 북한은 '협동경리'의 약점인 책임성과 노동의욕 결여 현상의 대책으로 1960년대부터 '작업반우대제'를 실시해왔으나, '작업반'은 규모가 커서 효율적으로 통제하기 어렵다는 점에서 이를 좀 더 세분화한 '분조관리제'를 도입했다[통일원 정보분석실, ≪북한동향≫, 303호(1996.10.26~11.1), 9쪽].

는 부분은 작업반 구성원들이 나누어 갖는 제도이다.[7]

분조관리제는 협동농장의 생산단위인 분조에 토지나 농기구 등 생산수단과 노동력을 고정시켜 국가계획에 준해 분조에 단위당 연간 생산계획과 노동력 투하 계획을 세우고, 계획의 수행 정도 및 생산량을 연결시켜 분조 성원의 가동 노동일을 재평가해 분배하는 협동농장의 생산조직 및 분배 형태라고 할 수 있다. 다시 말해 분조에 일정의 토지와 농기구 및 노동력을 고정시키고 분배를 직접 그 토지의 생산성과 연결시킴으로써 농업생산에 대한 농민의 책임과 물질적 관심을 연결시킨다는 데 그 특징이 있다.[8]

분조관리제는 책임성 제고의 측면에서, 작업반우대제는 노동 의욕의 고취라는 측면에서 각각 기능하는 것을 목표로 했으나 조합원들이 더욱 많은 초과분 할당을 의식해 생산 실적을 과대평가하고 비현실적인 생산목표량을 설정하는 등의 부작용으로 인해 1970년대 초부터 유명무실화되었다. 그러나 최근에 와서 심각한 식량난에 시달리고 있는 북한 당국은 이상 기후 현상과 홍수로 농업생산이 커다란 타격을 받고 있는 현실을 반영해, 1997년 초부터 분조관리제의 장점을 높이기 위한 새로운 조치로서 분조관리제를 일부 개선해 시행했다. 그러나 협동농장의 집단성이 약화되는 것을 우려해 전국적으로 확대되지 못하고 중단되었다.[9]

---

7) 통일원, 『북한경제용어집』(1994), 84~85쪽.

8) 김영윤, 「북한의 농업문제 2」, ≪북한≫(북한연구소, 1997. 5), 155~156쪽.

9) 「조총련」 기관지 ≪조선신보≫는 「분조관리제 도입 30돌」이라는 제하의 해설 기사에서 "분조관리제의 생활력을 보다 높이기 위한 새로운 조치가 올해부터 취하여졌다"라고 보도했다(1996.10.24). 김병찬, "북한 「분조관리제」 개선 의미," ≪한국일보≫, 1996년 10월 31일 자.

〈그림 3-1〉 북한의 행정 계층과 농업 · 농촌

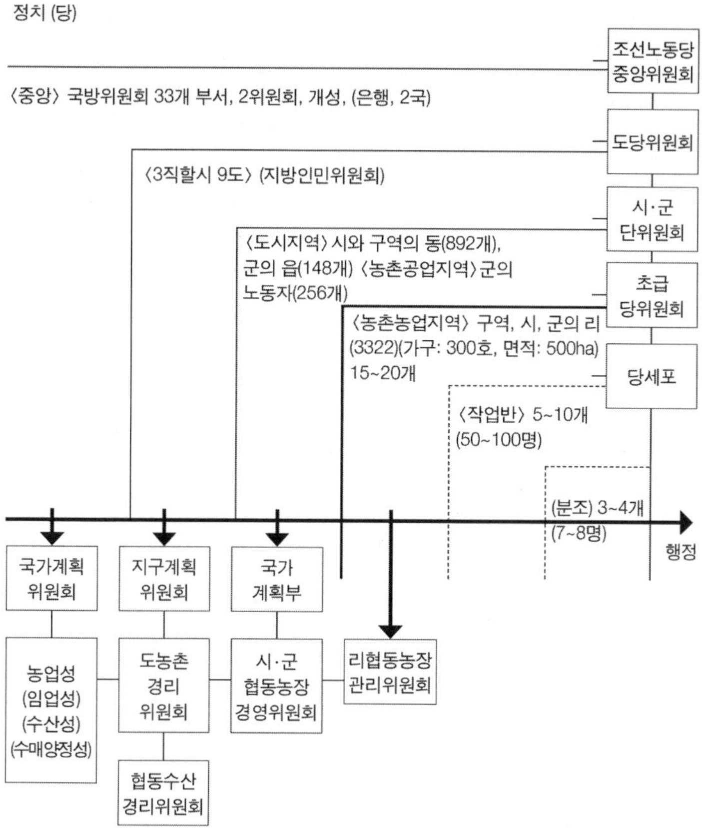

자료: 북한연구소, 『북한총람(1983~1993)』(1994), 369쪽.

〈그림 3-2〉북한의 농업지도 및 관리 체계

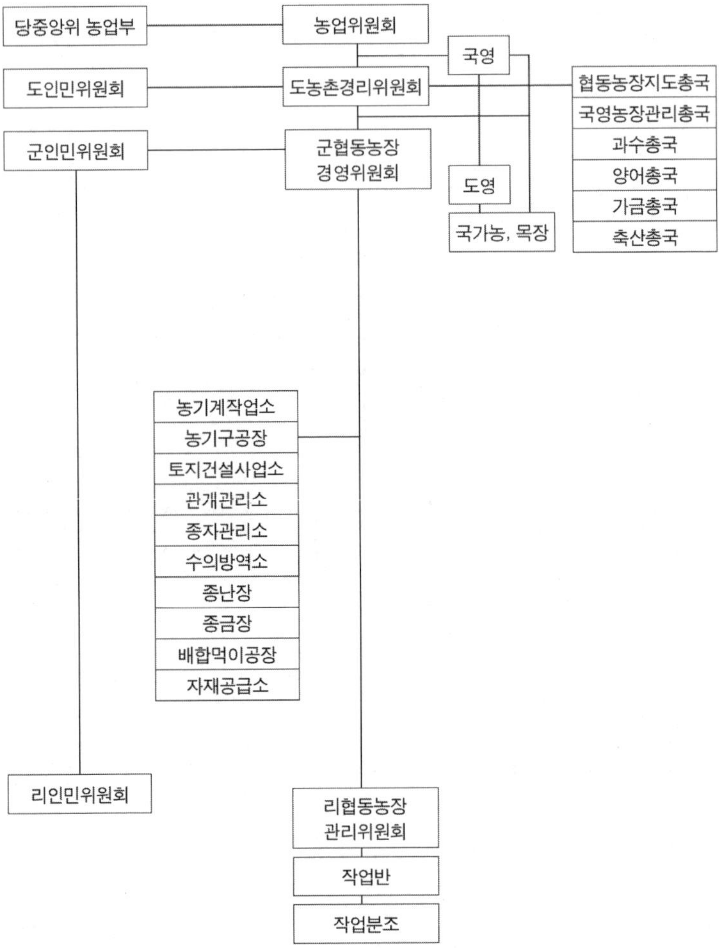

자료: 북한연구소, 『북한총람(1983~1993)』(1994), 369쪽.

제4장

북한의 협동농장 거시적 운영 조직 및 미시적 운영 정책

1. 북한 협동농장의 거시적 현황

북한의 농업생산 체계는 개인농이 아닌 국영농장과 협동농장으로 집단화되어 있다. 북한은 1954년 4월, 한국전쟁 이후 농업생산력 증대를 위해 생산수단의 공동 이용을 비롯한 농작업의 공동 실시 등 농업 전반에 관한 협동화를 실시했다. 김일성은 1954년 11월 "농업협동화는 농업생산을 급격히 향상시켜 인민생활 수준을 높여줄 것이다. 농촌의 부족한 노동력과 생산수단을 협동화하는 것 외에는 농업생산을 증가시킬 대안이 없다"며 농업집단화를 강행했다.

토지개혁 이후 소농 체제에 의한 분할지 소유는 생산수단의 사용 범위를 감소시키고 재생산의 기초를 축소시키는 등 한계를 노출했다고 판단했다. 농민들이 토지를 개인적으로 소유함으로써 부농이 생기고 자본가적 사고가 싹트는 등 프롤레타리아 인민민주주의 혁명을 수행하는 데 장애가 발생했다. 이에 따라 이를 제거하고 소농 경영의 문제점을 극복하며 대경영의 효율성을 추구하기 위해 집단화를 강력하게 추진했다.

〈표 4-1〉 연도별 협동농장 수의 변화 과정

연도	협동농장 수	연도	협동농장 수
1953	806	1961	3,702
1954	10,096	1964	3,778
1955	12,132	1965	3,700
1956	15,825	1970	3,667
1957	16,032	1990	3,300
1958	3,843	2000	3,000
1959	3,739	2003	3,295
1960	3,736		

자료: ≪조선중앙연감≫(평양: 조선중앙통신사, 각 연도). 2000년 통계는 Phrang Roy, "The Experience of IFAD with the Co-operatives of DPR Korea"(2000), 2003년 통계는 FAO, "Special Report" (2003).[1)]

〈표 4-2〉 북한의 농업집단화

연도	협동 농장 수	농가호수 (1000호)	협동농장 경지면적 (1000 정보)	농장당 호수 (호)	농장당 평균 규모 (정보)	농가호당 평균 규모 (정보)	총경지 중 집단화 비율(%)
1953	806	12	11	14.9	13.6	0.9	0.6
1954	10,098	333	576	32.9	57.0	1.7	30.9
1955	12,132	511	885	42.1	72.9	1.7	48.6
1956	15,825	865	1,397	54.7	88.3	1.6	77.9
1957	16,032	1,025	1,687	63.9	105.0	1.6	93.7
1958	3,843	1,055	1,791	274.5	466.0	1.7	100.0
1959	3,739	1,102	1,790	294.6	466.2	1.6	100.0
1960	3,736	1,111	1,789	297.4	466.4	1.6	100.0

자료: ≪조선중앙연감≫(평양: 조선중앙통신사, 1953~1964).

이와 함께 김일성은 농촌의 수리화·기계화·전기화·화학화 등의 기술혁명을 토대로 농업생산량의 극대화를 추진했으며, 그 결과 북한의 농업집단화는 알곡 생산의 증가뿐만 아니라 목축업·잠업·과수업 등 농촌 전반에 관한 생산량의 증대를 이루었다.

이러한 지속적인 농업집단화 정책이 완료된 1960년 당시 북한은 3736개 협동농장에 농가호수는 111만 1000호, 협동농장 경지면적은 178만 9000정보, 농장당 호수는 297.4호, 농장당 평균 경지규모는 466.4정보, 농가 호당 평균 규모는 1.6정보로 전체 경지 중 집단화 비율 100%를 달성했다. 이는 북한이 전후 중공업 중심의 국가경제 발전 전략에 치중하면서 공업을 지원하는 기초

〈표 4-3〉 북한 시 · 도별 협동농장 가구 수

시 · 도	가구 수	시 · 도	가구 수
평양시	60,000	평안남도	188,000
평안북도	212,000	자강도	78,000
황해남도	252,000	황해북도	159,000
강원도	107,000	함경남도	212,000
함경북도	112,000	양강도	36,000
개성시	32,000	남포시	33,000

자료: 「농업회복과 환경보호」, *People's Korea*(조총련 기관지, 1999.3).

기지로 농업을 육성함으로써 경제를 재건하려는 노력의 일환이었다. 그 후 20년간 협동농장은 20%가 감소해 2002년 말에는 3000여 개의 협동농장이 존재했다.[2] 조총련 영문 격월간지인 *People's Korea*가 1999년에 북한의 협동농장에 관해 보도한 통계에 따르면, 1998년에는 148만 가구에 600만여 명이 집단농장에 소속되어 있었고 협동농장당 평균 350~400가구가 포함되어 있었다. 또한 협동농장 당 평균 부양가족 수는 평균 1900~2000명 선이고 각 협동농장의 조합원 수는 평균 700~900명 선이며, 이는 실제 북한 곡물생산량의 90.5%를 차지한다. 시 · 도별 참여 농가 수는 〈표 4-3〉과 같다.

국영농장은 전체 경지(200만 헥타르)의 10%인 20만 헥타르, 협동농장은 90%인 180만 헥타르를 차지하고 있다. 협동농장은 전국적으로 리(里) 수준의 자연단위 부락 수와 일치하는 약 3000개이며, 각 농장은 평균 300호의 농가와 500헥타르의 경지로 구성되어 있다. 각 작업반은 3~4개 분조로 구성되어 있

1) 김운근 외(1994)와 김영훈(1997)은 북한 협동농장 수를 약 3300개로 추정하고 있다. 또한 북한에서 농업 부문에 종사한 탈북자 김광일과 동용섭은 협동농장의 수를 약 4000개, 협동농장에 소속되어 있는 인구를 약 800만 명으로 추정하고 있으나 국제농업개발기금(International Fund for Agricultural Development: IFAD)의 내부자료(「최근 북한의 협동농장 실태」, 1998.1)와 북한의 중요 농업정책인 농기계의 활용도 제고와 농장의 행정 비용 절감을 위해 협동화 사업을 계속 추진해온 결과, 지난 20년 동안 협동농장 수는 20% 줄어든 약 3000개소에 달하며 약 600만 명이 협동농장에 소속되어 있고 농장당 1900명에서 2000명의 구성원과 그 부양가족을 갖고 있는 것으로 추정된다.

2) Phrang Roy, "The Experience of IFAD with the Co-operatives of DPR Korea," 『남북화해협력시대 협동조합의 역할에 관한 국제포럼 농협중앙회 자료집』(2000.11), 91~104쪽.

〈표 4-4〉 북한의 협동농장과 국영농장 현황

구분	협동농장	국영농장
북한 농업에서의 비중 (농업물 생산액)	· 180만 헥타르 - 90%(80%)	· 20만 헥타르 - 10%(15%)
기능	· 북한 농업의 전반적인 생산책 - 경종농업 위주	· 품종개량소 및 채종장, 시험장 등 국가 직속으로 소속 · 1998년 이후 국영농장은 주로 축산 분야에 집중
소유	· 협동농장원들의 공동소유와 국가 재산이 혼재	· 국가 재산
분배	· 생산물을 일정액 국가에 수매하고 나머지는 농장원들의 노동 참여에 따라 분배	· 모든 생산물을 국가에 수매하고 월급 형태로 분배

고 분조당 15~20명이 소속되어 있다. 평균 350~400호의 농가로 구성되어 있으며 소유 농경지는 농장 한 곳당 평균 550~750헥타르 정도인 것으로 알려지고 있다.[3)]

1958년 10월부터 11월에 걸쳐 협동농장은 말단 행정 단위인 리로 통합되었다. 이에 따라 리 위원장이 협동농장의 장을 겸임하고 있으며 협동농장은 중국의 인민공사와 마찬가지로 해당 지역 내 경제 · 교육 · 문화 · 보건 · 후생 부문 등을 총괄적으로 운용 및 지도 · 감독하고 있다.

---

3) 1998년 1월 22일부터 26일까지 북한의 나진 · 선봉 지역을 방문한 남한 농업전문가단(건국대 류태영 교수, 강원대 김경량 교수, 한국과학기술원 정혁 박사, 한국농촌경제연구원 김영훈 박사)의 보고서에 의하면 나진 · 선봉지구 내에 있는 '후창협동농장'과 '선봉종합농장'의 경우 '후창협동농장'의 총인구 1300명 중 여자가 60%를 차지하며 농업노동 인구는 700명이다. '선봉종합농장'은 단위 농장이 14개가 있고 7개 농장에는 논이 있으나 7개 농장에는 논이 없는 것으로 조사되었다. 또한 개별 농장의 경지면적은 평균 300~500헥타르, 개별 농장의 가구는 평균 200~300세대, 세대별 인구는 3~4명인 것으로 조사되었다. 경지면적의 보유 비율은 논과 밭이 거의 같은 비율로 구성되어 있으며 논농사 7000헥타르, 과수(배) 160헥타르로 구성되어 있다. '후평협동농장' 내 비농가는 100세대가 있고 경지면적은 360헥타르, 작업반 다섯 개와 축산반 한 개가 있는 것으로 보고되었다. 협동농장 내에는 탁아유치원과 소학교, 중학교가 있으며 '후평협동농장'의 경우 학생 수는 약 350명 정도이다.

또한 북한은 1955년 초부터 수천 명의 중앙 및 지방 간부를 동원해 매년 한두 차례씩 농촌 지역 주민에 대해 집중적인 사상지도를 실시했다. 이러한 지도사업은 관리간부들의 농촌 배치를 통해 사회주의적 질서와 제도를 확립하고 조합원들 속에서 사회주의적 교양을 강화하며 생산을 급속히 성장시켜 경제적 토대를 확립하게 되었다. 이렇듯 농촌 경제의 통합을 위해 북한은 인력을 최대한 활용하려 했으며, 이는 중앙위주 지방보조의 형식을 띠었다. 결국 협동농장의 통합은 단순한 경제적 차원이 아니라 완전한 생활공동체적 기구를 지향한 것이다.

그 특성은 첫째, 리 인민위원회 위원장이 협동농장 관리위원장을 겸임해 행정단위와 생산단위가 결합된 것이다. 둘째, 협동조합 내에 존재하던 소비조합 및 신용조합 등 모든 농민단체를 통합해 협동농장에 생산 및 소비에 대한 포괄적 기능을 부여했다. 셋째, 협동농장이 교육 · 문화 · 후생을 포함한 구역 내 모든 경제생활을 총괄하는 역할을 담당하게 되어 모든 생산 · 분배 · 소비가 단일 계획에 의해 수행되는 형태로 개편되었다. 넷째, 북한의 협동농장은 토지나 기타 생산수단을 통합할 때 일정한 대가를 치르고 그것을 완전히 협동농장의 소유[4]로 확정했기 때문에 동유럽에서와 같은 출자 형태가 없으며 소유면에서 협동농장은 사실상 국영농장[5]과 같다고 할 수 있다.

---

4) 북한헌법 제22조는 "협동단체소유는 협동경리에 들어 있는 근로자들의 집단적 소유이다. 토지, 부림짐승, 농기구, 고기배, 건물 같은 것과 중소공장, 기업소는 협동단체가 소유할 수 있다"라고 규정하고 있다. 협동농장은 기본적으로 민간 기업이라고 정의될 수 있지만 "국가는 협동단체 소유를 보호한다"라고 규정하고 있어서 소유권에 있어서는 협동농장 소유와 정부 소유가 혼재하고 있다. 예를 들면 협동농장 관할 지역 내에 있는 광산이나 산림은 국가 소유이다. 또한 정부가 지원해준 생산수단은 법적으로 정부가 소유권을 갖고 있지만 생산물에 대한 소유권은 협동농장이 갖고 있다. 예를 들어 과수원과 뽕밭의 경우 협동농장에 무상으로 제공된 과수 묘목과 뽕나무는 국가 소유이지만 과일과 뽕잎은 협동농장 재산이다.

5) 국영농장의 경우 협동농장과는 달리 모든 보급품을 국가로부터 받기 때문에 협동농장보다는 영농 조건이 양호한 편이며 근로자의 대우도 협동농장의 경우 농민으로 분류되어 자녀들의 진학 문제나 다른 직장으로 취업에 제한을 받는 등 불이익이 있는 반면, 국영농장의 근로자는 북한 공민 중에서 노동자로 분류되어 있어 사회적인 제약이 없는 것

2. 협동농장의 재산과 소유

북한은 협동농장에서 '노동계급의 당과 국가의 영도 밑에 근로 농민들이 자원적 원칙에서 단합해 토지를 비롯한 모든 생산수단에 대한 공동소유에 기초해 생산을 계획적으로 조직하고 사회주의적 원칙에 따라 분배가 실시'되어야 한고 정의한다. 협동농장은 토지 등의 생산수단이 협동농장 구성원에 의해 공유되는 협동적 소유제에 기초하고 있다.

북한 사회주의 헌법 22조 「농업협동조합기준규약」(1958.11.24)에는 "사회협동단체 소유는 해당 단체에 들어 있는 근로자들의 집단적 소유다", "협동농장의 재산은 집단 속에서 일하는 사람들의 공동소유이다"라고 규정하고 있다.

협동농장에는 또한 텃밭과 뙈기밭 같은 소규모 개인 경작을 제한적으로 허용하고 있다. 개별농가당 30~50평에 대해서는 개인적인 경작을 허용하며 주로 채소 생산에 충당하고 있다. 헌법 24조는 텃밭 경리를 비롯한 개인부업경리에서 나오는 생산물과 그 밖의 합법적인 경리 활동을 통해 얻은 수입도 개인소유에 속한다고 규정하고 있어 제한적인 개인소유를 보장하고 있다. 또한 가축, 가금류의 사양 관리에 따른 약간의 시설 및 소농기구에 대해서도 개인소유를 허용하고 있다.[6]

으로 알려지고 있다. 또한 생활수준도 협동농장과 큰 차이를 보이고 있다[김영숙, 『농협중앙회 탈북자 강연자료』(1998.2.26)].

6) 「농업협동조합기준규약초안」(1958.11.24): 협동농장 토지 및 생산수단의 소유와 조합원에 관한 규정.

제5조: 조합은 통합된 모든 토지와 그에 속한 연년생 작물을 공동으로 소유한다. 조합은 경지면적을 부단히 확장하며, 경지를 다른 목적에 이용하려고 할 경우에는 반드시 해당 절차에 의해 승인을 받아야 한다.

제6조: 조합은 조합원용 채소전을 공동으로 경작하는 것을 원칙으로 하되 경우에 따라서 공동소유 토지 중에서 농가호당 30~50평의 텃밭을 줄 수 있다.

제7조: 조합은 각종 생산수단들과 시설·설비품을 공동소유로 하고 그를 계속 증대시키며 철저히 보관·관리한다. 조합원 농호들은 자기 텃밭을 다루며 가축, 가금류를 사양 관리함에 필요한 약간의 시설 및 소농기구들을 가질 수 있다.

제8조: 농촌에 거주하는 16세 이상의 근로자로서 조합의 규약을 승인하고 가입금을 내

〈표 4-5〉 협동조합 재산 소유의 대상과 종류

구분	대상
전 인민적소유 (국가 소유)	· 생산수단: 국유화 부문의 생산수단(18조) · 자연부원, 중요 공장과 기업소(3급 이상), 항만, 은행, 교통운수 및 체신기관(21조)
협동단체소유 (공유)	· 생산수단: 협동농장, 수산업협동조합의 생산수단(18조) · 토지, 부림짐승, 농기구, 고기배, 건물, 중소공장과 기업소(22조)
개인소유 (사유)	· 노동에 의한 사회주의 분배: 임금, 수당, 농민결산분배(22조) · 국가 및 사회의 추가적 혜택: 교육, 진료(27조) · 텃밭 경영 및 개인부업 경영에서 나오는 생산물(24조)

자료: 「조선민주주의 인민공화국 사회주의 헌법」(1998).

사회주의 경제이론에 따르면 국가는 사회주의 협동경리 제도를 공고히 발전시키며 농업경리 제도의 발전과 협동단체 구성원들의 자발적인 의사에 따라 협동단체 소유의 토지를 점차 전 인민적 국가소유로 전환시킬 수 있도록 하고 있다. 따라서 협동단체 소유의 토지는 과도기적으로 존재하는 것으로서 사유재산제와 국가소유제의 중간적인 형태로 농촌 지역의 경영 형태에서 많이 나타나고 있다. 또한 토지를 비롯한 협동단체의 소유권은 시효 제한이 없고 금전 외에는 강제집행이 불가능하다. 그리고 협동단체 소유의 대상물은 협동단체 구성원들의 의사에 따라 이용·처분할 수 있다.

그러나 토지에 대한 처분은 법이 정한 바에 따라서만 할 수 있다. 결국 토지는 궁극적으로 국가소유로 이전되어야 할 것이므로 협동단체 구성원들의 의사에 따라 처분할 수 없다.[7] 한편 협동조합규약은 협동조합의 구성원에 대해 농촌에 거주하는 16세 이상의 근로자로서 조합의 규약을 수용하고 가입금을 내는 자로 규정하고 있으며, 조합가입금은 1958년 기준으로 100원이었다. 따라서 협동농장의 생산수단과 가입 절차 등을 볼 때 협동농장은 북한 사회주의에서 국영농장과 개인농장 중간에 위치한 과도기적 생산 체제였다.

는 자는 조합원이 될 수 있다. 과거 지주, 친일파 등 정치적 불순자는 후보조합원으로 된다. 그러나 이들 가운데서 조합과 사회업에 열성적으로 참여하며 일정한 기간 로력을 통하여 개조되었다고 인정되는 자는 조합원으로 될 수 있다. 조합가입금은 매 조합원에 대하여 100원으로 한다. 조합원은 조합원총회 또는 대표자회의에서 결정된다.

7) 전상곤, 『북한 협동농장의 전환방향에 관한 연구』, 한국농촌경제연구원(1999), 20쪽.

3. 협동농장 조합원의 의무와 권리

1) 조합원의 의무

북한 협동농장의 조합원은 조합의 규약과 규정들을 준수하고 조합의 결정을 충실히 집행해야 한다. 또한 조합원은 생산에 의무적으로 참가해 노동규율을 지키고 작업의 질을 보장하며 노동생산성을 제고하기 위해 노력해야 한다. 또한 조합원은 국가 및 조합 공동재산을 소중히 관리하며 이를 침해 · 손상시켜서는 안 된다. 그리고 조합원은 항상 조선노동당과 공화국 인민 정권을 옹호하며 전체 근로인민의 이익을 위해 투쟁해야 한다고 말하고 있다.

한편 조합원은 농촌에서 자본주의적 · 비근로적 현상에 반대하며 자체의 정치 · 문화 · 기술 수준을 제고하기 위해 노력하고 조합원 상호 간의 협조와 단결을 강화하며 사회주의적 도덕을 지키고, 마지막으로 향토 건설 사업과 보건위생 사업에서 모범이 되며 자기의 집과 부락을 잘 거두어야 한다고 말하고 있다.[8)]

2) 조합원의 권리

조합원은 조합의 공동경리에서 노동하며 노동에 의한 보수를 받고 조합 내에서 동등한 선거권과 피선거권을 가지며 회의에서 발언권과 결의권을 가진다. 또한 조합원은 조합 사업을 위해 건의와 비판을 할 수 있으며 총회 또는 대표자회 소집을 요구할 수 있다. 조합으로부터 탈퇴할 수도 있고 탈퇴하는 조합원은 공동소유 토지 중에서 일정한 면적의 경지를 받을 수 있으며 당년에 번 노력 일에 대해서는 연말 결산서 또는 현물로 분배를 받는다. 후보 조합원의 경우 조합 내에서 선거권 및 피선거권과 결의권을 가지지 못하며 그 외의 권리와 의무는 조합원과 동일하다.

---

8) 『전국농업협동조합대회 주요 문헌집』(평양: 조선로동당출판사, 1959), 154~156쪽.

한편 국가의 법령과 조합의 규약 및 규정들을 지키지 않거나 조합에 엄중한 손실을 끼친 조합원에 대해서는 총회 또는 대표자회의 결정을 통해 후보 조합원으로 내리거나 제명할 수 있다. 이에 대한 결정은 시 · 군 인민위원회의 비준을 받아야 하며, 제명 처분을 받은 자가 자기 문제에 대하여 의견이 있을 경우에는 도 인민위원회에 제기할 수 있다.

조합은 자기 임무를 성실히 수행하지 않고 규율을 위반한 조합원에 대해 그 정도에 따라 총회 또는 대표자회 결정으로 견책 · 경고 · 엄중 경고 책벌을 적용할 수 있다고 규정하고 있다.

4. 협동농장의 기능별 조직

1) 협동농장의 주요 기관

북한은 대규모화된 협동농장의 효율적 관리와 국가에서 하달하는 생산계획을 완수하기 위해 관리 조직과 여러 내부 노동조직을 두고 있다. 당과 농업위원회의 농업정책과 지도 방침을 협동농장의 하부 생산단위까지 전달하고 생산을 조직화하기 위한 기관으로 총회, 협동농장관리위원회, 검사위원회를 두고 있다. 협동농장은 규모 확대에 따라 다양한 생산부문의 관리, 합리적인 노동배치, 사회주의 집단생활의 촉진을 위해 내부 조직으로 작업반, 분조를 조직했으며 특수한 경우 분장을 조직해 활용하고 있다.

협동농장의 최고의사결정기관은 농장원총회로 대표자회의라고 불리기도 하며 협동농장의 모든 구성원으로 조직된다. 총회는 1년에 분기마다 네 번 개최되며(「농업협동조합기준규약」에는 월 1회 이상), 농장원 총수의 3분의 1 이상의 요구가 있을 때에는 즉시 소집한다. 총회는 조합원 총수의 반수 이상, 대표자회는 대표자 총수의 3분의 2 이상의 참가로 성립되며 참가자 반수 이상의 다수결에 의해 채택된다. 또한 대표자회의의 대표자 선출 비율의 경우, 관리위원회가 규정하되 대표자 총수는 전체 조합원 수의 30%를 넘어야 하며 작업반 및 기타 단위들에서 선거가 실시된다.[9]

총회의 주요 사업은 조합 규약과 규정들의 제정 및 수정, 조선로동당과 공화국 정부의 결정 · 지시의 집행 대책과 중요한 당면 문제의 토의 · 생산 · 건설 · 분배 · 상품 유통 · 신용 · 교육 · 문화 · 보건 사업에 대한 연간 및 전망 계획의 비준과 그 집행 대책의 토의, 조합의 연간 결산과 수입 분배안의 비준, 공동축적폰드, 사회문화폰드 및 원호폰드의 규모의 설정, 원호 대상자의 결정, 작업반 편성, 작업반별 생산 과제 및 자재 소비 기준의 비준, 등급별 작업 저량, 노력일 투하 계획, 노동 보수 기준, 노력일의 가산 및 삭감과 우대제 기준의 설정, 농기계 임경소 및 기타 기관, 단체와 체결한 계약의 비준, 관리 위원회 및 검사 위원회 사업 보고의 청취 토의, 관리 위원회 및 검사 위원회 사업 보고의 청취 토의, 관리 위원회가 임명한 일꾼들의 비준, 조합원, 후보 조합원의 가입, 탈퇴, 책벌 및 제명의 결정, 조합 기본 재산의 취득 및 그의 처분 범위의 설정과 조합 재정에 대한 관리 위원회의 보고 청취, 관리위원회 위원장과 2인 이상의 부위원장 선출, 연간사업계획 및 예산의 승인, 연도별 최종 작업공수 계산과 현금 결산에 대한 비준, 조합의 기타 문제 등이다. 또한 모든 농장원과 관리위원회 지도자들은 무조건 농장원 총회에서 토의 의결한 사항에 따라 집행해야 한다.

관리위원회는 총회를 대신해 협동농장의 전반적인 관리 · 운영을 수행하는 기관으로 리 당위원회의 지도에 따라 농장의 경영 활동과 생산활동을 조직하고 집행한다. 관리위원회는 1~2년의 임기로 선거된 15~25명의 위원들로 구성되며 여기에는 위원장, 부위원장, 기사장, 창고장, 노동통계원, 부기장, 계획통계원, 관개담당원, 축산기사, 농업기사, 작업점통계원, 생활지도원 등이 포함된다. 위원장은 농장원 총회에서 선거를 통해 선출되고 기사장과 부위원장은 관리위원회에서 선거를 통해 선출된다. 관리위원회 위원장은 월 2회 이상 관리 위원회를 소집하며 조합의 결정을 집행한다. 그리고 작업반 및 기타 단위들의 사업을 일상적으로 지도하며 조합에 수시로 제기되는 문제를 처리한다. 관리위원회 부위원장은 관리위원장의 사업을 돕고 관리위원장이 없을 때는

9) 『전국농업협동조합대회 주요 문헌집』(평양: 조선로동당출판사, 1959), 156~158쪽.

〈표 4-6〉 협동농장 관리위원회의 직제별 업무 내용

직제	주요 분장 업무 내용
위원장	· 협동농장의 최고관리자로서 생산과 회원 복지 담당
부위원장	· 생산 지원 · 생활보장사업: 국가가 협동농장에 제공한 탁아소, 육아원, 학교, 의료법인, 문화센터, 회원교육용 공부방 시설의 유지 관리와 여기에 근무하는 직원의 주택 및 식품제공 담당
기사장	· 협동농장의 제1대리인으로 직접 생산을 조직, 전담 · 작업반에서 분조에 이르기까지 주체농법에 입각해 기술 지도 실시
부기장	· 연간 재정계획 수립과 생산 관련 재정 관리 · 협동농장과 그 구성원의 중앙은행 계정 운영 · 군협동농장 경영위원회 월별 보고 · 회원의 결산분배를 위한 연간 작업점 환산
창고장	· 농장의 시설과 자재의 안전 보관
노동통계원	· 인력을 작업반과 분조에 배치
계획통계원	· 생산 계획 및 작업 점검 · 군협동농장 경영위원회에 일일 실적 보고
관개담당원	· 협동농장 관개시설의 유지, 운영
축산기사	· 축산물의 생산 및 거름(퇴비) 생산
작업통계원	· 생산활동에 대한 노력공수(작업점수) 책정

자료: 오대호, 『협동농장관리운영경험』(평양: 사회과학출판사, 1989).
FAO, "Working Paper 5: Human Resources & Rural Institutions," *AREP Programme*(1998).

그를 대리한다. 또한 관리위원회의 주요 사업은 조합의 규약과 총회 또는 대표자회의 결정을 집행하며 조합 사업의 관리·운영, 총회 또는 대표자회를 소집하면서 정기적으로 자기 사업 정형을 총회 또는 대표자회에 보고한다. 또한 관리위원회 부위원장을 선거하고 부기장(부기원), 생산지도원, 작업반장, 분조장, 통계원, 창고원, 민주선전실장, 보건일꾼, 교양원, 상점일꾼 등을 임명 또는 해임한다.

국가생산계획을 뒷받침하기 위해 관리위원회의 직제를 세분하고 그에 따른 직능을 구체화했는데, 특히 관리위원회 부위원장이 농업생산활동의 지원만이 아니라 주민행정과 생활 보장 사업을 담당하고 있어 협동농장이 생산단위인 동시에 행정단위임을 보여준다.

검사위원회는 협동농장에 부과된 국가의 의무 사항, 농장의 재산 관리와 재정 관리, 노력 관리 등을 월별·분기별로 검열하는 기관으로 5~15명 정도의 검사위원을 총회에서 선출하며 임기는 1~2년이다. 평균 580호의 농가와 약

〈그림 4-1〉 북한 협동농장의 주요 기관과 내부 조직

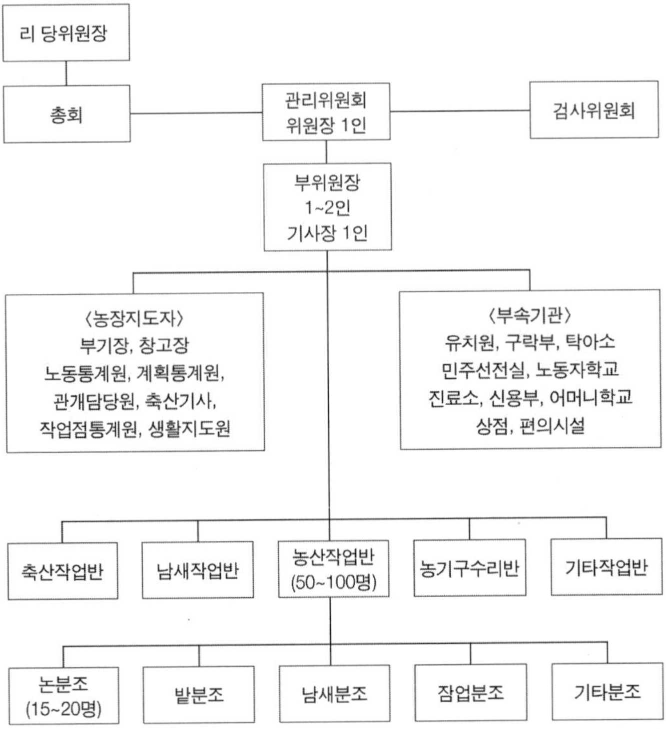

600정보의 농지를 갖도록 조직한 리 단위 협동농장은 리 인민위원장이 협동농장관리위원장을 겸임해 행정단위와 생산단위가 결합하는 체제이다.

검사위원회의 사업은 다음과 같다. 관리위원회의 조합 규약 및 규정들의 준수정형과 총회 또는 대표자회의 결정집행정형 감독, 조합의 국가의무 수행 정형과 조합 재산의 보관 관리, 부기 계산, 노력일의 평가, 상품유통, 신용 등 관리위원회의 일체 경리 활동 검열, 관리위원회 사업에 대한 조합원의 신소 청원 처리, 매 분기 1회 이상 자기 사업에 대해 총회 또는 대표자회에 보고하며 특히 연간 결산정형 검열 보고 등이다.

또한 리 단위로 설립되었던 모든 농민 단체를 흡수해 생산, 분배 및 소비에 관한 모든 기능은 물론 주민의 교육, 문화, 후생 등 생활 부문까지 포괄적으로 담당하고 있다. 한 개 협동농장은 평균 50~100명의 농민으로 구성되는 3~4개

〈그림 4-2〉 협동농장 운영 체계

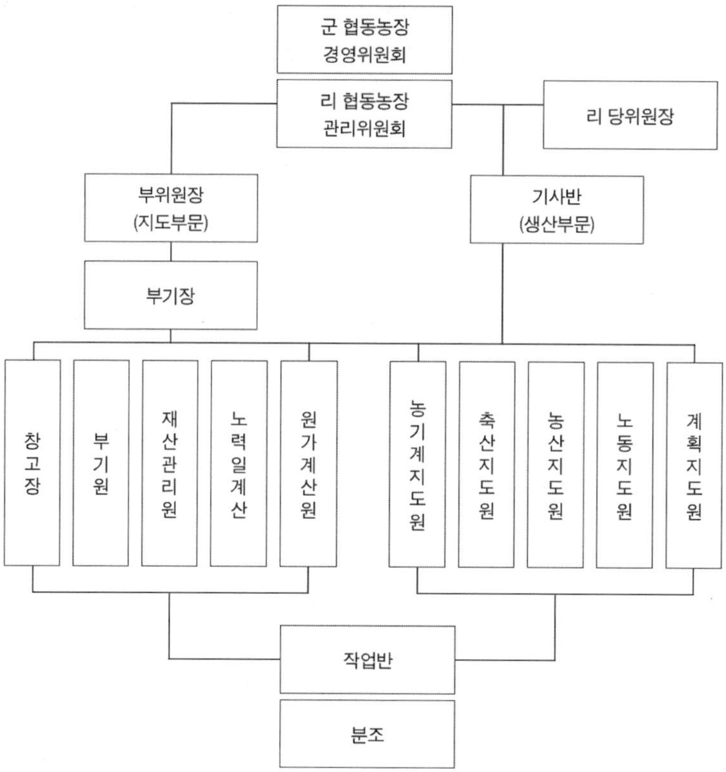

의 분조로 조직되어 있다. 작업반은 1작목으로 편성되나 지역 실정에 따라 복합 작목을 생산하는 경우도 있다. 작업반은 협동농장의 기본 생산단위로 직접 생산과 노동과정을 조직하고 토지 등 생산수단과 노동 인력이 고정 배치된다. 분조는 협동농장의 기층 생산단위로 작업반 내의 생산 및 노동조직으로 편성되거나 특별한 경우 농장에 직속하는 형식으로 조직되며 토지 등 생산수단과 노동 인력이 고정 배치된다.

2) 협동농장의 내부 조직

북한의 농업협동화와 협동농장의 리 단위 통합은 농촌에 이전과는 다른 새로운 문제를 야기했다. 첫째, 대규모 협동농장 생산 체제의 구축으로 토지, 역축 등 주요 생산수단이 공동화되었다. 둘째, 협동농장의 규모가 확대됨으로써 농민들의 생산활동 단위가 불분명해졌다. 셋째, 생산수단과 노동의 효과적인 관리와 배치가 이루어지지 않게 되었다. 따라서 개인 경영에 익숙한 농민들을 사회주의적 집단 경영으로 내부화하는 방안의 필요성이 제기되었다.

이에 북한은 농장원들의 사상의식 수준과 기술 장비 수준, 그리고 관리 일꾼들의 관리 · 운영수준에 맞게 대규모 집단경리의 우월성을 충분히 발휘할 수 있도록 하기 위해 농장의 내부 단위를 합리적으로 조직하려 했다. 농장의 규모가 커지고 한 농장 안에서도 자연적 · 지리적 조건이 서로 다른 특성을 가지고 있는 만큼 내부 단위를 합리적으로 조직하고 주어진 모든 조건과 성장 잠재력을 가장 효과적으로 이용해 농업생산을 발전시키고 협동경리를 추진하고자 했다.[10]

따라서 북한은 협동농장의 규모, 농장원들의 준비 정도, 농촌의 자연 지리적 특성, 협동농장의 기술 수준 등을 고려해 협동농장에 내부 생산단위를 조직하는 방안을 채택했다. 그리고 내부 생산단위를 조직하는 데 있어 노동 참가율을 어떻게 제고시킬 것인가 하는 측면에 주목했다.[11] 또한 농업은 토지를 생산수단으로 하기 때문에 토지의 지리적 분산성을 고려해 내부 단위를 조직했다.

북한은 협동농장의 내부 생산조직으로 작업반과 분조를 기본조직으로 설정하고 특수한 경우 분장을 조직했다. 작업반은 협동농장의 기본 생산단위로서 직접 생산과 노동과정을 조직하고 토지 등 생산수단과 노동 인력이 이에 고정 배치되었다. 또한 분조는 기층 생산수단으로서 작업반 안의 생산 및 노동조직으로 편성되거나 특별한 경우 농장에 직속하는 형식으로 조직되며, 여기에는 역시 토지 등 생산수단과 노동 인력이 고정배치되었다.[12]

---

10) 오대호, 『협동농장관리운영경험』(평양: 사회과학출판사, 1989), 20쪽.

11) 김일성, 『김일성 저작집』 제15권(평양: 사회과학출판사), 58쪽.

12) 「농업협동조합기준규약초안」(1958.11.24): 협동조합 내부 조직으로서 작업반과 분조에 관한 규정 제30조. 조합에서 노력 조직의 기본 형태는 고정작업반이다.

3) 협동농장의 생산 체계

현재 북한의 협동농장은 100헥타르당 6~7대의 트랙터 및 운반용 자동차, 이앙기, 수확기 등의 농기계를 보유하고 있고 기계적 영농과 수작업을 병행한다.[13] 생산 분야는 작업반과 분조로 조직되어 있으며 운영 기관으로는 농장원 총회 및 대표자회의가 있고 관리 · 감독 기관으로는 협동농장관리위원회와 협동농장검사위원회가 있다. 북한은 1990년대 초부터 농업위원회의 곡물과 축산물 생산에 관한 의사 결정을 점차 군 협동농장경영위원회와 협동농장에 이관하고 있으며 농장 구성원의 소득원인 협동농장으로부터 수입 이외에 다른 소득원 개발을 적극 지원하고 있다.[14]

---

① 조합은 생산 부문의 구성과 그 규모, 조합원들의 기술 · 기능 정도, 거주 조건 등을 고려하여 적당한 인원으로 작업반을 조직하고 모든 작업에서 책임제를 실시한다.

② 작업반에서는 일정한 토지, 역축, 농기구와 어선, 어구를 위시한 생산도구, 경영건물 및 생산시설을 고착시킨다.

③ 작업반에는 그 규모와 작업의 범위, 포전 및 거주 조건에 따라서 적당한 성원들로 조직된 몇 개의 분조를 둘 수 있다.

13) 북한은 현재 심각한 외화난과 에너지난으로 인해 보급되어 있는 농기계의 연료 부족 현상이 발생해 농기계의 가동률이 낮은 실정이다. 또한 농기계가 대부분 1970년대에 보급된 것이어서 매우 노후화되었고, 부속품이 부족해 수리에도 어려움을 겪고 있다. 한편 북한 농업성 부상 홍명렬은 2003년 1월 농기계 부족을 해결하기 위해 서부 러시아 옴스크 시에 소재한 '옴스크트란스마시 플랜트(Omsktransmash Plant)' 사로부터 트랙터 1000여 대를 구매했다. 옴스크 시장은 "2003년 1월 북한 사절단의 현지 방문은 지난 2001년 여름 김정일 위원장의 옴스크 방문 시 시정부와의 합의 사항을 이행하기 위한 차원에서 이루어진 것"이라고 밝혔다[러시아 이타르타스(ITAR-Tass) 통신, 『블라디보스톡 한국무역관 KOTRA 보고서』, 2003.1.18].

14) 북한은 농산물의 부족과 농가의 소득 증대를 위해 부업 형태의 가축사육을 의무화하는 정책을 1961년에 도입했다. 의무 사육 두수는 협동농장, 작업반, 농가별로 구체적으로 할당되었는데 협동농장의 경우 소 50두, 양 200두, 작업반에는 닭 100~150수를 의무 사육하도록 했다. 생산된 것 중에서 소, 돼지 등 대가축과 중가축은 반드시 국가에서 수매토록 되어 있어 임의처분을 금지했으나 닭, 토끼, 오리, 염소 등 소가축은 농민시장(장마당)에서 임의로 매매 처분할 수 있도록 허용해 협동농장에서의 소득 이외에 소득 향상을 모색하고 있다.

협동농장에서의 영농자재 공급은 농업위원회와 도 농촌경리위원회에 설치한 자재상사, 군 협동조합의 자재공급소와 같은 전문적인 자재공급기관에서 협동농장과 직속 기업소에 자재를 계통적으로 공급하고 있다. 최근 북한은 전반적인 경제난 속에서 비료 공업까지 침체해 심각한 비료난에 봉착해 있다. 이에 따라 공장 기업소가 비료 확보를 위해 각자 노력을 하지 않으면 안 되는 상황에 처해 있다.

작업반은 협동농장의 기본생산단위로서 직접 생산과 노동력을 조직하며 협동농장원들의 집단생활과 공동노동을 조직하고 진행한다. 이것은 다시 농장생산부문의 결합 상태에 따라 종합작업반과 전문작업반,[15] 노동력과 생산수단의 고착 정도에 따라 고정작업반과 임시작업반의 형태로 나뉜다.

작업반은 자연부락을 단위로 조직된다. 한 개 자연부락에 한 개의 작업반을 조직하는 것을 기본으로 하면서 자연부락이 비교적 크게 형성된 지역에서는 두 개 또는 그 이상의 작업반을 조직하고 산간지대 등에서는 2~3개의 자연부락을 합해 한 개의 작업반을 조직한다. 이로써 작업반 한 개의 규모는 평균 70~80명 정도를 기본으로 하며 경우에 따라서는 100여 명 정도가 되기도 한다. 농산작업반의 경우 농장의 크기, 생산기계 및 장비 수준 등에 따라 70~120헥타르 정도로 하고 산간지대에서는 40~60헥타르 정도로 조직한다. 작물별로는 채소작업반은 20~30헥타르, 과수작업반은 40헥타르, 뽕밭작업반은 40헥타르를 기준으로 운영된다. 작업반에는 농업생산에 관련된 것뿐만 아니라 농장원들의 생활과 관련된 주택보수사업반이 있고, 이 밖에도 수산작업반, 조립작업반, 편의작업반, 기계화작업반 등 다양한 형태의 작업반이 일의 종류에 따라 조직되어 있다.

또한 북한은 분배 문제를 둘러싼 갈등을 해결하기 위해 1960년에 작업반우대제를 도입했다. 이는 작업반별로 일정한 우대 기준을 정해주고 협동농장에

---

15) 종합작업반은 두 개 이상의 생산 부문을 결합해 조직하는 것으로서, 농산작업반과 축산분조를 설치해 농산 부문과 축산 부문을 밀접히 결합시키는 것 등을 말한다. 종합작업반은 작업반 조직 중에서도 가장 기본적이고 일반적인 형태라고 할 수 있다. 반면 전문작업반은 한 가지 생산물을 전문적으로 생산하는 작업반을 말한다.

〈표 4-7〉 협동농장 작업반의 형태

구분		내용
생산 부문 간 결합 상태	종합작업반	· 작업반 조직의 기본 형태로서 두 개 이상의 생산 부문을 결합해 조직 · 농업 부문과 축산 부문을 별도의 작업반으로 조직하지 않고 농산 작업반에 축산분조를 결합시키는 방법으로 조직
	전문작업반	· 한 가지 생산물을 전문적으로 생산하는 작업반 · 공예작업반, 잠업작업반, 과수작업반, 남새작업반, 축산작업반 · 품종별 전문작업반: 담배작업반
생산 수단과 노동의 고정 상태	고정작업반	· 작업반의 일시적인 유형
	임시작업반	· 특정 목적을 위해 일시적으로 조직된 작업반
청년작업반		· 협동농장의 후계 조직

자료: 오대호, 『협동농장관리운영경험』(평양: 사회과학출판사, 1989).

서 150명 정도로 구성되는 성원이 작업의 한 단위가 되어 생산량 중 초과되는 부분은 농장의 공동분배 몫이 아닌 해당 작업반 구성원들에게 분배하는 보충적인 지불 제도이다.

작업반우대제는 사회주의 분배 원칙을 정확히 관철할 수 있게 하고 '분조본위주의'의 이기주의적인 경향을 극복하고 농장원들로 하여금 비단 분조의 범위뿐만 아니라 작업반의 성과와 나아가 농장 전체의 공동체적인 생산성과를 굳게 단합하는 데 의의가 있다. 즉 분조 단위에서는 생산 결과를 토대로 노동량을 재평가하는 것이 제도화되어 있지 않아 분조원은 작업반의 계획 과제를 초과 수행하는 것보다 자신의 노동일을 늘리는 데만 관심이 있기 때문에 이러한 문제를 해결하기 위한 제도인 것이다.

한편 작업반 내에는 다시 생산 및 노동력의 조직 단위로서 분조제를 운영하고 있는데 이것은 생산을 직접 진행하는 기층 단위일 뿐 아니라 농장원들의 집단생활을 위한 기본조직이기도 하다. 분조는 생산공정의 특성에 맞추어 부문별로 전문화하는 방향으로 조직되었다. 예를 들면 농산분조의 경우에는 작물별로 논분조, 밭분조, 담배분조, 채소분조, 수산분조, 잠업분조, 트랙터분조, 농기구수리분조 등으로 세분화되어 조직된다. 분조의 규모는 평야지대에서는 15~20명, 중간지대 12~18명, 산간지대 8~12명 정도를 기준으로 담배분조

10~15헥타르, 채소분조 7~10헥타르, 잠업분조는 뽕밭 15~20헥타르를 기준으로 조직되어 있다. 그러나 분조의 규모는 고정 불변한 것이 아니고 토지정리의 진척도에 따라 분조 외에도 내부 단위의 특수형에 맞춰 조직하도록 되어 있다. 이러한 기능적인 분조 외에도 내부 단위의 특수 형태로서 청년작업반과 청년분조가 있는데 이는 남한의 영농후계자제도와 유사한 것이다.

북한은 협동농장의 생산목표 달성을 위해 생산계획, 자재조달계획, 자금조달계획 등 주요 농업계획지표들 수립에 비중을 두고 있다. 협동농장은 군 협동농장경영위원회, 도 농촌경리위원회, 그리고 농업성으로 이어지는 농업의 4단계 기획 · 경영 · 생산 시스템의 가장 하부단계이다. 국가와 농업성은 군 협동농장경영위원회[16]와 도 농촌경리위원회를 통해 협동농장의 활동을 지원하고 감독한다. 따라서 협동농장은 하향식 계획 시스템에 의해 운영되어왔다.

주요 곡물의 수급에 관한 결정은 중앙계획 당국인 국가계획위원회와 농업성에 의해 결정되기 때문에 군 단위 이하 관련 부서에서는 피동적으로 수행할 뿐이다. 군 협동농장경영위원회는 주요 곡물 및 무, 배추 등 주요 가을 채소에 대해 군 인민위원회 상업과와 협의해 해당 지역의 수급 문제를 결정한다. 군 전체의 총생산 가능량을 군 내 각 협동농장과 사전에 협의해 파악하며 각 협동농장별 생산 할당량을 결정한다. 군 인민위원회 상업과는 인근 여타 군의 과부족분을 파악해 계획 수립 과정에서 사전 조정해 과부족분을 처리한다. 군 인민위원회 상업과는 해당 지역의 총수요량을 파악해 군 협동농장경영위원회와 협의를 거쳐 각 리 협동농장위원회와 공급계약을 체결하고 협동농장은 계약내용을 수행한다.

북한의 농업계획작성은 예비계획, 통제계획, 국가경제계획이라는 세 단계 과정을 거쳐 수립된다. 예비계획은 국가계획을 수립하는 데 도움을 줄 목적으로 농업성에서 계획한다. 농업성이 10월부터 최초의 예비계획을 군 협동농장경영위원회를 통해 협동농장에 전달하며 보통 직전 3개년의 평균생산에 10~15%를 증액해 정한다. 이 예비계획에 기초해 군 협동농장경영위원회와 협동

16) 1961년 12월 12일, "내각결정 제157호"에 의거해 군 단위 국가농업지도기관으로 군 협동농장경영위원회가 설립되었다.

농장 계획통계원은 노동, 농기계, 자재, 서비스 등 투입 요소를 확정하고 기술적 지침에 따라 헥타르당 투입 요소 충당계획, 노동수요량 등을 산출한다. 그리고 협동농장의 부기장은 예비생산계획에 기초해 ① 투입 요소가격, ② 인건비, ③ 생산목표량 달성 시 총수입, ④ 감가상각비 등으로 예비재정계획을 수립한다. 또한 예상총수입에서 농업생산 비용, 공동기금을 공제한 후 총수익을 추정한다.

협동농장의 예비생산계획과 추정 예산은 군 협동농장경영위원회에 제출되어 군 예비계획으로 통합되고 다시 도와 농업성에 제출되어 조정 · 수정을 거쳐 국가농업생산계획 초안이 작성된다. 농업성에서 국가경제계획 초안이 만들어지면 이를 통제계획이라고 하며, 도와 군을 통해 협동농장별로 수정된 연간 생산계획 및 재정계획을 하달한다. 협동농장은 통제 계획을 기초로 작업반별로 작물과 품종의 배치 계획, 영농자재 공급 계획을 수립해 하달하고 작업반과 분조의 토의를 거쳐 관리위원회의 심의 및 농장원 총회의 승인을 통해 군에 제출한다.

협동농장이 통제 계획을 승인하면 도와 군을 거쳐 농업성에 제출되고 이는 국가경제계획으로 통합된다. 마무리된 계획은 정무원의 승인 및 최고인민회의의 승인을 통해 국가계획으로 확정되며 법률적인 구속력을 갖고 협동농장에 시달된다. 협동농장의 생산계획 수립에서 가장 중요한 것은 국가경제계획인데 이를 기초로 생산계획 달성 및 초과 달성을 위한 구체적 실행 계획인 내부 계획이 수립되기 때문이다. 내부계획 수립 시에는 연간 생산계획뿐만 아니라 건설 및 보수계획, 기술발전 계획, 현금계획, 노동계획, 자재계획, 분배계획, 수매계획, 재정계획, 영농과정별 기술공정계획 등도 함께 수립한다. 협동농장은 이렇게 수립된 내부 계획을 다시 작업반과 분조에 분할해 하달한다.

또한 북한은 작업반우대제에 이어 1965년에 분조관리제를 도입했다. 이는 10~15명이 한 개 분조를 이뤄 연간 농업생산계획을 책임지고 수행하며 생산실적에 따라 분배받는 일종의 노동지불제도이다. 작업반우대제가 인센티브의 측면에서 고안되었다면, 분조관리제는 책임성 제고의 측면에서 고안되었다.

4) 협동농장의 공급 및 분배 체계

북한의 현행 농업 관리 체계는 1961년 12월 22일 내각결정에 따라 근본적으로 개편된 이후 커다란 수정 없이 현재까지 유지되고 있다. 평균적으로 행정구역상 리마다 하나씩 조직되어 있는 협동농장은 국가 소유에 바탕을 두고 있는 국영 농·목장과 함께 북한 농업생산의 기본단위로 리 인민위원장이 리 협동농장관리위원회 위원장을 겸하고 있다.[17)]

주요 곡물의 수급에 관한 결정은 중앙계획당국에 의해 결정되며 군 단위 이하 해당 부서에서는 중앙의 결정 사항을 피동적으로 수행하고 있고 군 협동농장경영위원회는 무, 배추 등 주요 가을채소에 대해 군 인민위원회 상업과와 협의해 해당 지역의 수급 문제를 결정한다. 군 내에서는 총가용 공급량을 군 내 각 협동농장과 협의해 파악하며 각 협동농장별 생산 할당량을 결정한다. 협동농장의 공급 능력이 군 인민위원회의 요구량을 초과할 때, 초과 생산된 분량은 군 인민위원회를 통해 판매가 가능하며 군 인민위원회는 협동농장에서 구입한 생산물을 각 지역의 식료상점에 판매하고 기업, 농가 등 실수요자는 이 식료상점에서 자기들의 부족분을 구입할 수 있다.

협동농장에서 생산된 농산물의 유통 체제를 보면 농민들은 주요 곡물 및 가을채소를 제외한 일부 생산물에 대해 농민시장과 각 지역의 식료상점을 통해 판매할 수 있는 통로를 가지고 있다.[18)] 이러한 기능은 북한 주민들의 생활에 상당한 활력소로 작용하고 있으며, 특히 텃밭에서 생산하는 채소, 경제 작물 등에서 잉여분이 발생하면 주로 농민시장 및 암시장을 통해 유통된다.

---

17) 1958년 농협을 리 단위로 통합하고 신협 및 소비조합을 농협에 흡수함으로써 농업집단화를 완성한 북한은 1962년 농협을 협동농장으로 개칭하는 한편 1960년 기계화 실현령, 1961년 화학화 추진령을 공포하면서 농업생산의 근대화를 본격적으로 추진하게 되었다.

18) 곡물(쌀) 및 육류 등 그동안 농민시장에서 금지되어오던 농산물 주요 품목들도 농민시장에서 거래가 이루어지고 있다. 북한은 새로운 분조관리제를 통해 잉여농산물에 대한 자유처분권을 허용했으며 이는 농민시장의 활성화를 통해 극심한 식량난을 해결하기 위한 자구책이었다.

5. 협동농장의 영농자재 조달공급체계

협동농장에서 영농자재의 조달은 농업생산을 계획적으로 진행하기 위해 가장 중요한 활동이다. 북한은 협동농장에 대한 영농자재를 공급하기 위해 '대안의 사업 체계'[19]에 입각해 '자재를 위에서 책임지고 아래로 내려다주는 자재공급 체계'를 확립했다. 북한은 농업성과 도 농촌경리위원회에는 '자재상사'를, 군 협동농장경영위원회에는 '자재공급소'와 같은 전문적인 자재 공급 기관을 두었으며 협동농장과 직속 기업소에 자재를 계통적으로 공급하고 있다.

협동농장은 농산물의 생산과 분배를 모두 책임지고 있다. 협동농장 관리 · 지도 체계에서 가장 중요한 위치를 차지하는 군 협동농장경영위원회는 종래 각각 별개의 지휘 체계에 속해 있던 군 내의 모든 국영농업기관, 기업소를 자기 관할하에 두고 협동농장에 대한 전문적인 생산 · 기술 지도와 물질 · 기술적 원조를 담당하고 있다.[20]

각 군에는 해당 군의 공장, 기업소, 협동농장들을 관리하는 행정 · 경제지도위원회가 있으며 이곳에서 주로 계획수립과 행정 통제를 담당한다. 행정 · 경제지도위원회의 지도 · 감독을 받으며, 군 산하 리 협동농장의 생산에 대한 실

---

19) 대안의 사업체계는 1961년 12월 16일 발표된 북한 공업 부문의 일반적인 관리 체계로 농업 부문의 청산리방식과 함께 북한 경제의 주요 경제관리 방식이다. 주요 내용은 ① 이전의 지배인 유일관리제를 공장(기업)당위원회를 최고지도기관으로 하는 집체적 지도체계로 고쳐 당의 정치적 지도체계 공장(기업)의 관리 체계에 포함시킨다는 점, 즉 최고지도기관인 당위원회의 집체적 지도하에 당의 정치적 지도와 국가의 경제 · 기술적인 지도를 결합한 기업관리 체계 확립, ② 종합적인 생산지도체계 확립, ③ 자재 공급 등 생산조건들의 보장체계 확립 등이다[사회과학경제연구소, 『경제사전 I』(평양: 사회과학출판사, 1986)].

20) 1961~1963년 사이에 농업지도체계를 대대적으로 개편했다. 이 당시까지 농업지도는 군 인민위원회에서 담당하고 있었으나, 군 인민위원회는 상업 · 재정 · 교육 · 문화 · 보건 · 도시 · 경영 · 국토 관리 등의 다양한 임무를 동시에 수행하고 있었기 때문에 농촌에 대한 전문적인 기술 지도를 하지 못하고 행정 지도에만 편중되어 있었다. 특히 협동농장의 대규모화와 기계화 · 화학화의 추진에 따라 전문적이고 일원화된 농촌 · 농업의 지도 관리 체계의 필요성이 대두되게 되었다.

질적인 지도·관리 기구 역할을 하는 군 농촌경영위원회는 경영위원장, 기사장, 초급당비서의 총지휘하에 5개과(생산과·축산과·잠업과·과수과·재정과)로 구성되어 리 협동농장들의 생산을 지도하고 있다. 리 단위 협동농장에는 리 초급당위원회[21]와 리 협동농장관리위원회[22]가 있으며 작업반은 크게 생산반과 비생산반으로 구분되어 있다.

협동농장의 공동경리는 공동소유로 되어 있는 토지와 기타 생산수단들을 토대로 한다. 경리는 우리말로 경제에 해당한다. 공동경리에는 농업생산부문, 보조 및 부업 생산 부문들이 포함된다. 협동농장의 기본적인 기능을 하는 것은 농업생산 부문이다. 공동경리는 노동계급의 국가적 지원 아래 공동축적폰드와 사회문화폰드에 의해 농장원들이 적극 참가해 관리위원회가 계획적으로 운영한다.

협동농장은 농산물에 대한 인민경제적 수요를 충족시키며 농장원들의 수입을 끊임없이 높이는 방향에서 모든 경제활동을 계획적으로 진행한다.[23] 따라서 각 협동농장 농산물 생산계획은 농장원들이 자의로 결정할 수 없다. 북한

---

21) 협동농장원들에 대한 사상사업을 담당하며 농업생산에서 혁신을 일으킬 수 있도록 정치선동, 경제선동으로 다양한 행사와 조직사업을 수행하고 있다.
- 초급당비서: 리의 정치 생활을 총지휘하는 리에서 가장 실력자
- 적위대장: 리의 노동적위대의 군사훈련을 책임지며 연간 1월에 15일 군사훈련 실시
- 농근맹위원장: 당원이 되지 못한 30세 이상의 농장원들로 구성된 근로단체조직의 장
- 사로청위원장: 만 17세 이상 청년들로 당원이 되지 못한 주민들로 구성된 조직의 장
- 리 여맹위원장: 당원이 되지 못한 만 55세 이상의 여성들로 구성된 조직의 장

22) 리 협동농장의 생산 및 관리를 책임지고 있다.
- 관리위원장: 리 협동농장의 알곡 생산을 책임지고 재산을 관리하는 총지휘관
- 기사장: 리의 알곡 생산을 현장에서 지위하는 참모장의 임무 수행
- 부기장: 리의 종장재산을 재정적으로 관리하며 생산물을 관리하는 업무 수행
- 노동지도원: 리 협동농장의 노력 조절을 책임지는 인사과장의 임무 수행
- 축산지도원: 리의 축산을 의무적으로 지도하는 임무 수행
- 사무장: 관리부위원장의 임무를 수행하는 동시에 리 인민생활도 동시에 책임지고 관리
- 창고장: 리협동농장의 씨앗, 농장비료 등을 관리와 생산에 대한 책임도 가지고 있음

23) 사회과학출판사, 『경제사전』(평양: 사회과학출판사, 1985), 734쪽.

에서는 매년 7월경에 로동당 및 정무원 국가계획위원회가 다음 해의 농업생산계획량을 작성하고 도 · 시 · 군에 하달하며 군 협동농장경영위원회에서는 이를 다시 각 리 단위 협동농장으로 하달한다.

협동농장은 하달된 생산 계획량에 대해 각 작업반별로 회의를 개최하며, 당에서 제시한 생산 계획량을 초과실행하기 위해 일정량을 초과 생산하겠다는 맹세를 하는 농장원 궐기대회를 연다. 이를 증산계획이라고 한다.[24] 대체적으로 모든 농업생산계획량은 협동농장의 평균 생산량을 초과한다.

6. 협동농합의 영농자금 조달공급체계

협동조합에서 생산은 내부자원을 우선적으로 동원하지만 경영 활동에서 자금이 부족할 경우 은행대부제도를 이용할 수 있다. 은행대부제도는 협동농장의 농업생산과정에서 일시적으로 자금이 부족할 때 필요 자금을 중앙은행에서 차입하는 방법이다. 북한에서 농업금융은 중앙은행 '군지점(郡支店)'을 통해 취급되며 별도의 농업전문 금융기관은 존재하지 않는다. 중앙은행 군 지점은 협동농장 부기장의 승인과 협동농장의 상환보장을 통해 대출한다. 협동농장 관리위원회 부기장이 협동농장이나 농장원의 금융적 수요를 중앙은행 군 지점과 연계해 금융서비스를 제공한다. 북한은 농업금융을 전문적으로 취급하기 위해 1948년 농민은행을 설립했으나 1958년 농업협동화가 완료되면서 그 기능을 협동농장으로 이관하고 신용업무는 중앙은행이 전담하게 되었다. 1964년에는 협동농장의 자금 수요 증가에 대응하기 위해 산업은행을 설립했으나 곧 폐지되었다.

중앙은행 군 지점은 정부부처와 지방정부에 대한 자금의 공급 및 분배, 협동농장 및 개인기업 간의 자금이전, 부채 및 지불액의 기록 업무 등을 수행한다. 군지점은 군 협동농장경영위원회와 협의해 협동농장에 '생산 목적의 연간 대출총액(annual production credit)'을 할당한다. 그러나 북한은 개별 가계에

24) 김영윤, 「북한 협동농장의 운영 실태와 개편 방향」, ≪통일경제≫(2001년 5 · 6월 호), 37~38쪽.

대해서는 생산자금대출을 시행하고 있지 않으며, 단지 가족의 긴급한 사항의 처리 및 소비 목적에 대해서만 제한적으로 농업금융을 제공하고 있다. 중앙은행은 협동농장이나 가계에 대해 3.6~5%의 대출금리를 적용하고 있으며 가계부문의 저축에 대해 단기예금은 3.5%, 저축성 장기예금은 4%의 예금이자를 지불하고 있다.

북한은 1986년에 국제농업개발기금(International Fund for Agricultural Development: IFAD)의 회원국이 되었으나 1990년 9월이 되어서야 농업과 농촌 분야를 연구하기 위한 답사 사절단이 북한에 파견될 수 있었다. 당시 국제농업개발기금(IFAD)의 재정 지원이 필요한 세 분야로 잠업, 축산업, 어업이 선정되었다. 1998년 이후 북한에는 북한에 대한 국제식량농업기구의 '농업회복과 환경보호를 위한 금융지원프로그램(Agricultural Recovery and Environmental Protection Program: AREP)' 및 국제농업개발기금(IFAD)의 잠업 및 축산복구자금 등에 따라 협동농장에 단기 및 중장기대출이 상환 조건으로 이루어지고 협동농장의 경영 제고 및 수익성 확보 활동이 강화되고 있다.

국제농업개발기금(IFAD)와 북한 정부 간 주요 합의 사항 중 하나는 협동농장 농민에게 직접 대출하는 것이다. IFAD는 북한에 대한 농업금융을 지원하기 위해 대출에 대한 조사와 평가를 진행했다. 또한 중앙은행과 국제기구가 공동으로 대출편람을 개발했다. 각 군의 은행부서와 해당 협동농장에서 대출프로그램을 위해 특별히 전임 대출담당관이 임명되었다. 그리고 지점 대출담당자를 대상으로 수차례의 연수프로그램이 제공되었으며, 이어서 은행 지점이 주관하는 협동농장의 대출담당관을 대상으로 하는 연수가 있었다. 북한의 은행과 협동농장 관계자들은 대출 업무에 적응하기 시작했다. 먼저 각 농가를 대상으로 대출 홍보활동이 수행되었고 55만 달러에 달하는 차관이 승인 및 분배되었다. 이 차관 중 절반은 가금, 거위, 염소, 돼지, 토끼를 생산하는 농가에 분배되었으며 나머지는 축산작업반의 활동을 위해 협동농장에 분배되었다. 높은 대출 수요와 대출담당관의 효율성을 바탕으로 대출 목표가 달성되었다.

7. 북한의 분배 체계

1) 북한 분배 체계의 원칙과 기준

북한의 구조적인 식량 생산 부족으로 중앙당과 국가계획위원회의 생산 배정량이 협동농장 농장원들의 의사와는 달리 농장 생산량을 훨씬 웃돌았다. 이와 같은 높은 기준의 배정량은 사실 농민들의 생산 의욕을 무력화시키고 공동생산 및 공동 분배라는 협동농장의 장점을 희석시킨다. 북한 당국도 협동농장의 노력 보수를 정확히 하는 것이, 노력 조직을 잘하고 노동 생산능률을 높이는 모든 대책들과 함께 농업협동경리제도를 공고히 발전시키는 데 매우 중요한 의의를 가진다고 강조하고 있다. 이에 따라 당국은 분배의 기준으로 세 가지를 제시했다. 첫째, 기본적인 분배, 둘째, 작업반우대제 분배, 셋째, 분조도급제 적용 분배 등이다. 이러한 분배 방법들은 상당히 과학적인 기준과 조건을 통해 농장원 간에 공동노동에 대한 자각적인 태도를 키움으로써 농장원들의 혁명화, 노동계급화를 촉진하려는 목적을 가지고 있다.[25]

김일성은 공동 생산과정에서 나타나는 무임승차자를 막기 위해 노력을 합리적으로 조직하고 노동 생산 능률을 높이기 위한 온갖 대책을 강구해야 하며 노동에 대한 보수는 반드시 노동의 질과 양에 의해 지불해야 할 것이라고 주장했다. 그러나 협동농장의 생산능력을 초과하는 목표량은 과학적 기준에 의한 분배 체계를 작동하지 못하도록 만든다. 따라서 협동농장이 사회주의 경제관리 노선에 따라 제대로 가동되기 위해서는 생산목표량을 낮추어 농민들의 영농의욕을 자극하는 것이 필요하다. 사회주의에서 분배는 '노동에 따른 분배' 원칙에 따른다. 사회주의에서는 생산수단이 법적으로 공동소유제에 기초하고 있다. 그러므로 생산물도 일반적으로 공동소유의 개념으로 파악되고 있다. 따라서 총생산물에서 생산과정 중 소모된 지출을 제외하고 남은 소득 가운데, 국가 납부와 협동농장의 공동 축적 부분을 제외하고도 남은 소득을 개인에게

---

25) 김일성, 『김일성 선집』 제4권(평양: 조선로동당출판사, 1960), 496쪽.

〈표 4-8〉 협동농장 기준 작업 정량표

노력일수	작업 내용	작업 양	노력일수	작업 내용	작업 양
1.5	볏단 묶음	550평	1.0	파종작업	400평
1.5	벼수확	250평	1.25	비료주기	250킬로그램
1.5	밭갈이	2000평	1.0	벼온상관리	350평
1.5	모내기	200평	1.0	부식퇴지조제	2~3톤
1.25	온상만들기	1~15평	1.0	묘판관리	400평
1.25	묘운반	3000평	0.75	새끼꼬기	5킬로그램
1.25	퇴비운반	10달구지	0.75	풀베기	25킬로그램
1.25	제초작업	250평	0.75	종자건조	500킬로그램
1.25	벼단운반	500단	0.5	잔심부름	-

주: 협동농장원의 연간책임량은 350공수이다.
자료: 북한연구소, 『북한총람』(1945~1982), 723쪽.

분배하고 있다. 그러므로 분배의 기준은 생산과정에서 지출된 노동의 양과 질을 그 척도로 한다. 이에 따라 북한의 분배는 사회주의적 분배 원칙, 즉 노동에 의한 분배 원칙에 따라 이루어진다. 노동에 의한 분배를 하기 때문에 노동의 질과 양을 정확하게 평가하는 작업이 필수적으로 수행되어야 한다. 추수와 탈곡이 끝나는 연말에 협동농장별로 결산분배를 행하며 협동농장의 총수입은 생산비와 관리비 · 운영비 등의 비용지출, 각종 공동기금의 조성, 개인소비 몫 등 세 가지로 분배된다. 이 중에서 개인 소비 몫은 다시 기본분배와 우대분배로 나뉜다.

협동농장의 결산분배는 각 협동농장 내의 밭머리작업 총화회의에서 노력일을 평가한 후 주 · 월 · 분기별로 농장원총회에 결과를 보고하는 형태로 이루어진다. 농장관리 위원회는 노력일의 평가결과를 공시하며 이를 1년간 합산해 분배 몫을 산정한다. 또한 생산결산서 및 노력결산통계를 군 협동농장경영위원회에 제출하면 관리위원장, 리당비서, 근로단체장들이 참석한 회의에서 동의 여부를 표명하는 절차를 거치게 된다.

기본분배의 계산 기준은 농장원의 노동일을 평가한 노력공수에 따른다. 노력공수는 농작업별 난이도에 따른 작업기초계수와 작업량, 작업의 질에 따라 평가된다.[26] 하루 작업량에 따라 1일 점수(평균 1.5)를 계산하고 이것을 1년 동안 합산해 수확 이후 분배기준으로 정한다. 노력공수(일수)에 따라 실제 협동농장에서 농장원이 분배받는 몫은 다음과 같다. 노동자는 총수확고와 현금

〈표 4-9〉 협동농장의 총수입과 지출 내역

총수입 내역		지출 내역
현물 수입	화폐 수입	
· 당년 생산물 - 부업 생산물 포함 · 전년 이월 생산물	· 판매 수입 - 당년 생산물 - 전년 이월 생산물 · 봉사료 수입 · 기타 수입	· 생산 과정에서 소비된 생산함수의 보전과 생산 및 판매 활동과 관련한 일체의 비용 · 종자·종란비, 가축구입비, 농약비, 냉온상 자재비·기타 자재비, 농기계운영비, 생산용 고정자산감가상각비, 관개사용료, 농장관리비, 기타 생산비

주: 농기계 운영비는 농기계 작업소의 기계 이용과 관련된 비용으로서 유류비, 중소 수리비, 부속품비, 감가상각비 등이 포함된다.

자료: 오대호, 『협동농장관리운영경험』(평양: 사회과학출판사, 1989).

수입을 합한 총량에서 영농비와 공제액을 제한 분배 총량 중 협동농장의 농장원 총노력공수에서 자신의 노력공수만큼 분배받는다.[27] 농장원은 협동농장기준규약이 정한 연간기본노동일을 충족해야 분배에 참여할 수 있다. 최근 자료에 의하면 남자의 의무노동일수는 연간 280일, 여자는 260일이며 협동농장관리위원회 지도자들도 연간 50~100일 이상 작업에 참여해야 한다.[28]

2) 협동농장의 수입과 지출

협동농장에서는 수확이 모두 끝난 11월경에 1년 동안의 경영 활동을 평가하고 수입을 분배하는 결산분배를 진행하며 이를 위해 총수입과 지출을 계산해 농장의 소득을 확정한다.

협동농장의 수입은 농산물 총생산량, 현금으로 실현한 농업생산물, 봉사 부문에서 벌어들인 수입으로 구성되며 현물과 현금으로 구분된다. 협동농장의

---

26) D = A×(B+C)×(E/100)

A: 작업등급계수(작업급수/평가기준), B: 1일 작업일수, C: 1일 작업정량

D: 노력공수, E: 작업의 실적계수

27) $\text{기본분배량} = \dfrac{\text{협동농장총생산량}-\text{총공제량}}{\text{전체 농장원의 노력공수}} \times \text{개인의 연간노력공수}$

28) IFAD, 『최근 북한의 협동농장 실태』(1998.1), 19쪽.

〈표 4-10〉 협동농장 공동기금의 구성

기금 구성	주요 내용
기본건설기금	· 본래 기본건설은 국가에서 담당하고 협동농장은 고정재산의 구입과 비생산적 고정재산의 구입에 기본건설기금 투자 · 그러나 협동조합은 국가자금에만 의존하지 않고 자체자금으로 일부 기본건설 추진 - 차년도의 자체건설기금, 고정재산 투입자금 등
유동기금	· 차년도의 생산 확대와 관련해 추가로 요구되는 생산비와 농장관리비의 합계 - 공제한 생산비만 가지고는 유동자금의 수요를 충족시킬 수 없으므로 소득에서 일부를 유동자금으로 추가 조성
사회문화기금	· 간부양성사업, 보건위생사업, 대중정치교양사업, 군중문화체육사업, 기타 문화 사업에 충당할 기금
탁아소·유치원 운영기금	· 탁아소와 유치원 건물 및 시설의 보수, 교부비품과 장난감, 침구, 간식구입, 보육원, 교양원들의 강습, 출장비에 충당할 기금

자료: 오대호, 『협동농장관리운영경험』(평양: 사회과학출판사, 1989).

총수입을 발생시킨 요인에 따라 보면, 협농농장의 총수입은 협동농장 고유의 생산수단과 농장원들의 노동에 의한 수입, 농기계 작업소의 생산수단과 노동에 의한 수입, 관개관리소의 생산 시설과 노동에 의한 수입, 도시의 노동자, 사무원, 학생, 군인들의 지원노동에 의한 수입으로 구분된다.

협동농장의 지출은 농업생산을 위해 소비한 생산수단의 가치와 생산판매활동 등과 관련된 일체의 비용으로 구성된다. 지출 항목의 구성을 보면 농기계 운영비, 관개시설사용료, 고정자산 감가상각금과 화학비료, 농약, 소농기구, 집짐승먹이, 수의약품 등 영농자재비, 그리고 화폐 지출인 운임, 수리비, 전력비, 이동작업비, 여비, 전신전화비, 벌금, 위약금, 은행이자를 비롯한 생산판매활동 비용 등이다. 협동농장의 총수입에서 총지출을 공제하면 협동농장에서 분배할 수 있는 분배총량이 결정된다.

협동농장의 분배 총량이 결정되면 협동농장의 공동기금과 개인분배 몫을 분배하는데, 공동기금은 생산 확대와 사회문화사업을 비롯한 농장관리·운영에 필요한 기금의 하나로서 순수입의 20~30% 규모로 조성된다. 또한 공동기금은 용도에 따라 공동축적기금, 유동기금, 사회문화기금, 탁아소, 유치원 운영기금 등으로 사용된다. 협동조합 총수입에서 국가납부 및 생산비 공제와 공동기금을 공제하면 개인 분배 몫이 결정되며 개인 분배 몫은 1년간 참가한 노력 일수에 따라 분배되고 현물과 현금 형식으로 지급된다.

3) 협동농장 수입 분배

사회주의 국가에서 노동에 따른 분배는 두 가지 형태로 나타나는데 첫 번째 형태는 국영부문 노동자와 사무직 노동자의 임금 형태이고, 두 번째는 협동조합 농민의 노동보수다. 이러한 구분은 사회주의 소유의 두 가지 형태인 국가적 소유와 협동적 소유의 차이에서 기인한다. 협동농장원은 도시의 노동자, 사무원과는 달리 협동농장의 연간생산량에 대한 결산분배에 의해 현금과 현

〈그림 4-3〉 북한 농업생산 및 분배 구조

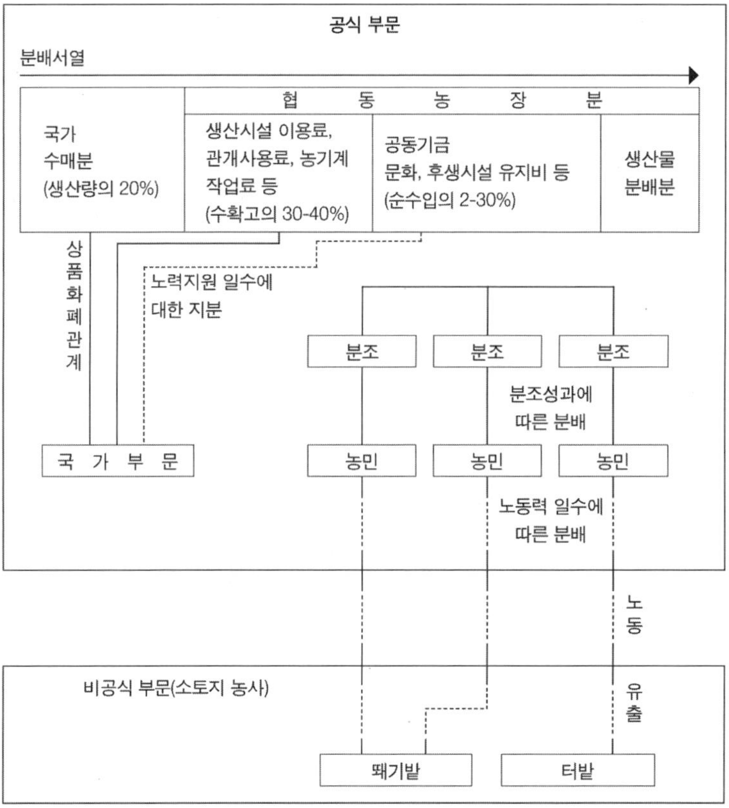

〈표 4-11〉 협동농장 기본분배의 절차와 방법

분배 순서	내용 및 서식
1. 기본분배 기금 확정	협동농장 소득에서 공동기금, 우대기금을 제한 나머지 기금
2. 협동농장의 1노동일당 분배 몫	$D=F_P/N$ F_p: 협동농장의 기본분배 기금 N: 농장의 재평가된 총노동일수
3. 분조의 분배 몫	$B=D\times N_b$ N_b: 분조의 재평가된 총노동일수
4. 1분조의 1노동일당 분배 몫	$D_b=B/N_c$ N_c: 분조의 재평가되지 않은 총노동일수
5. 개별 농장원 기본분배 몫	$S=D_b\times M$ M: 개별 농장원이 획득한 노동일수

자료: 김영훈 · 전형진 · 문순철, 『북한 집단농장의 분배제도에 관한 연구』(한국농촌경제연구원, 2001), 25쪽.

물을 분배받는다. 분배의 기준은 농장원이 각각 1년간 제공한 노동의 양과 질이며 3~4명으로 구성된 노력평가조가 '노력공수 평가기준'에 의거해 계산한 노력공수 총계에 따라 분배량이 결정된다.

협동농장이 1년간 생산한 생산물의 총량에서 국가 납부량 10%, 종자, 비료, 사료대, 농기계 임대료, 물세 등 생산 비용을 포함한 협동농장 납부량 35%, 공기금 5%를 공제한 나머지 50% 가운데 당초 생산량 목표에 미달할 경우에는 미달량을 공제한 약 40% 정도를 전체 농장원의 노력공수로 나누어 농장원별로 분배한다. 이때 분배량은 농장의 생산적 입지조건이나 시설투자의 정도, 농업노동에 참여하는 가족 수 등에 따라 차이가 난다.[29]

1959년 1월 9일 제정된 「노동협동조합기준규약(잠정)」 제44조는 협동농장의 수입 분배를 다음과 같이 규정했다. "조합 수입의 분배는 현물 및 현금 총수입 중에서 우선 국가납부, 종자, 사료, 비료, 기타 생산적 지출을 공제하고 남는 순수입 중 15~30%의 공동축적기금, 3~7%의 사회문화기금 및 필요한 양의 원호기금을 조성하고 그 나머지를 노력 일에 따라 조합원들에게 분배하는 원칙에서 실시한다. 그러나 조합 수입이 많아지고 투자가 더 많이 요구될 때

29) 신동완 외, 『북한의 농업기술』(오성출판사, 1998), 78쪽.

〈표 4-12〉 협동농장의 노동일 평가 방법

구분	계산식	주요 내용
곡물 부문	$D_1 = C\times(O/S)\times Q$ C: 작업등급에 따른 노동일 O: 1일 작업실적 S: 1일 작업정량(노동정량) Q: 작업실적계수(%)	· 노동의 양(노동정량)과 질적인 측면을 고려해 농작업을 노동일 평가 기준에 따라 구분한 작업 등급을 설정하고 이를 토대로 평가 · 작업 등급과 노동일 - 초기: 1급(0.5노동일), 2급(0.75) 3급(1.0), 4급(1.25), 5급(1.5) - 현재: 1급(0.8노동일), 2급(0.9), 3급(1.0), 4급(1.2), 5급(1.4), 6급(1.6)
축산 부문	$D_2 = (N\times D_N)+(Y\times D_Y)+(F\times D_F)$ N: 관리 마리 수 D_N: 마리당 노동일 Y: 축산물 생산량 실적 D_Y: 축산물 단위당 노동일 F: 거름 생산량 실적 D_F: 거름논당 노동일	· 작업 실적을 매일 파악했다가 매월 1회 평가 · 가축 관리보다 축산물 생산에 많은 비중을 두고 평가하도록 했으며 거름 생산 실적도 평가에서 고려
관리원 및 작업 반장	$D_3 = D_A\times W\times P$ D_A: 농장원들의 월평균 가동일당 노동일 W: 출근 일수 P: 가산비율	· 관리원들은 농장원들의 월평균 가동일당 획득 노동일에 기초해 평가 - 가산비율은 농장의 규모가 직무에 따라 국가에서 제정 · 작업반장의 경우 작업반원들의 월평균 가동일당 노동일에 기초해 평가 · 관리원과 작업반장은 생산노동에 참가해야 할 의무가 있으며 수행하지 못할 경우 그만큼 노동일 삭감

자료: 오대호, 『협동농장관리운영경험』(평양: 사회과학출판사, 1989).

는 총회 또는 대표자회의의 결정에 의해 공동축적기금 및 사회문화기금을 더 높은 비율로 설정할 수 있다."[30]

결산분배사업은 ① 결산분배의 준비, ② 결산서의 작성과 비준, ③ 결산분배총화회의 진행, ④ 현물 및 현금 분배 등의 절차로 진행된다. 결산분배를 위한 준비 사업에서는 수입과 지출의 확정, 노력일의 확정과 재평가, 채권·채무의 청산, 재산실사 등이 진행된다. 결산서에는 생산계획 수행과 관련한

30) 김영훈 · 전형진 · 문순철, 『북한 집단농장의 분배제도에 관한 연구』(한국농촌경제연구원, 2001), 21쪽.

〈표 4-13〉 협동농장관리위원회 관리자들의 의무노력일

직급별	계(일)	영농 시기별		
		모내기철	김매기철	수확철
관리위원장, 기사장, 부위원장, 기타관리자	80	20	40	20
사무장, 부기장, 기타관리자	40	10	20	10
업무부위원장, 계획지도원, 기타관리자	40	-	-	-

자료: 오대호, 『협동농장관리운영경험』(평양: 사회과학출판사, 1989).

지표들과 수입 분배 관련 지표들, 그리고 생산 및 재정 성과를 평가하는 지표 등으로 구성된다.

이 결산서는 농장원총회(대표자회의)에서 토의·결정한 다음 해당 상급 기관에 제출해 비준된다. 이때 상급 기관은 제출된 결산서를 심의하고 매개 단위의 생산 및 재정 활동을 평가하며 경리 운영상의 개선을 위한 대책을 제시해 준다. 상급 기관의 결산서 비준절차가 끝나면, 협동농장 결산분배총화회의를 통해 총화보고에 이어 결산분배서를 통과시키고 검사위원장이 결산 기간 중 검사위원회가 진행한 검열 결과를 보고하게 된다. 이 회의가 끝나는 대로 현금 및 현물 분배가 실시된다.

기본분배의 척도인 노동일에 대한 평가는 작업 현장에서 매일 이루어지며 평가 시 주관적 의견을 배제하고 집단적 의견을 보장하기 위해 각 분조마다 평가조를 조직하고 이들이 분조장을 도와 작업이 끝나면 분조원들의 노동일을 평가한다. 협동농장에서는 작업반의 경우 10일 1회, 농장의 경우 매월 1회씩 개별 농장원이 획득한 노동일을 공시하고 있다. 노동일 평가는 곡물, 축산, 관리원 및 작업반장 등 부문별로 각기 다른 세 가지 방법으로 실시하고 있다.

작업반우대제와 분조관리제의 적용을 받는 기본분배의 절차와 내용은 다음과 같다. 기본분배는 먼저 협동농장의 기본분배기금을 확정하는 것에서부터 시작한다. 기본분배기금은 협동농장의 소득에서 공동기금과 작업반우대기금을 제한 나머지이다. 다음으로 협동농장의 1노동일당 분배 몫을 협동농장의 기본분배기금을 농장의 재평가된 총노동일수로 나누어 정한 후, 다시 협동농장의 1노동일당 분배몫에 분조의 재평가된 총노동일수를 곱해 분조의 분배몫을 정한다. 그 후 분조의 분배 몫을 분조의 재평가하지 않은 총노동일수로

〈표 4-14〉 노력공수 평가 기준

작업 급수		작업명	노력공수	일일 작업량
경노동	1급	잔심부름	0.5	
	2급	종자말리기	0.75	500킬로그램
		풀베기	1.0	250킬로그램
		벼·면화 말리기	1.0	500~1000킬로그램
중노동	3급	못자리만들기	1.0	40~60평
		부식퇴비만들기	1.0	2~3톤
		모판관리 등	1.0	400~600평
	4급	논두렁만들기	1.25	250~400미터
		수로관리	1.25	20정보
		비료주기	1.25	200~300킬로그램
	5급	모심기	1.5	130~170평
		제초	1.5	200~300평
		벼베기	1.5	200~250평
		탈곡	1.5	350~400평

자료: 오대호, 『협동농장관리운영 경험』(평양: 사회과학출판사, 1989); 탈북자 면담(2002.9).

나누어 1분조의 1노동일당 분배 몫을 정하고, 마지막으로 1분조의 1노동일당 분배 몫을 개별 농장원이 획득한 노동일수를 곱해 개별 농장원의 기본분배 몫을 결정한다.

한편 1959년에 발표된 농업협동농장 관리규약에는 1년 동안 남자는 230노력일, 여자는 180노력일, 임신부와 첫돌 미만의 아기가 있는 여성은 130노력일 이상을 의무적으로 수행해야 한다고 규정되어 있으며, 관리위원회 관리자들도 직급별로 영농 시기별 수행해야 할 의무노력일을 정해두고 있다.

북한의 협동농장에서 작업량을 평가하는 단위로 공수는 1일 작업량을 말하는 것이다. 한 공수라도 더 벌어야 연말결산 때 분배 몫이 많아지므로 항상 공수 때문에 농장원 간에 말도 많고 시비도 많다. 농장원들은 공수를 높이 받으려고 하지만 가을에 총생산물을 부과된 총공수로 나누기 때문에 공수가 아무리 많아도 농사가 제대로 안 되며 번 돈이 없으면 별 의미가 없다.

따라서 낮게 계산하는 농장의 공수가 높게 매기는 농장보다 공수의 가치가 더 높을 수도 있다. 집단농장체제하에서 여러 사람이 모여 일을 하다 보니 작업량을 측정하기 어렵다. 그래서 국가가 기본적인 규정을 만든 것이다. 각 지방별로 토양, 지리조건, 기후 풍토에 맞게 협동농장별로 자율적으로 작업량을 정하기도 하지만 반드시 국가의 승인을 받아야 한다.[31] 협동농장의 노력공수 평가 기준의 예와 협동농장 생산량 분배기준의 예는 다음과 같다.

4) 작업반우대제

협동농장에서는 기본분배 외에도 상금제 성격의 보충분배가 실시된다. 이러한 보충분배는 1960년 도입한 작업반우대제와 1966년 도입한 분조관리제이다. 협동농장의 기본분배제도는 작업반우대제의 도입을 계기로 변화를 겪었다. 작업반우대제는 작업반 단위로 부여된 생산계획의 90% 이상을 초과한 경우 초과한 분량만큼 우대기금으로 인정하며, 노동일에 따라 추가로 분배하는 노동보수 지불형태이다. 작업반우대제의 실시로 기본분배의 총량은 과거에 비해 협동농장의 전체 우대기금만큼 감소했으며 다음의 계산식에 의해 기본분배가 이루어졌다.

작업반우대제는 협동농장의 소득에서 공동기금과 기본분배기금을 공제하고 남은 우대기금을 가지고 추가로 분배하는 제도이다. 우대기금은 작업반에 부여된 우대기준을 초과한 전량을 말하며 협동농장의 소득에서 공동기금, 기본분배기금을 제하고 남은 우대기금을 가지고 추가로 분배하는 제도이다. 우대기금은 작업반에 부여된 우대기준을 초과한 전량이며 협동농장의 공동분배에 포함시키지 않았다. 작업반우대제는 일종의 인센티브 제도로서 기본분배 총량을 줄인 반면 보충분배의 크기를 제한하지 않는 방식으로 농장원의 생산 의욕을 자극한다. 작업반의 노동일당 우대 몫은 작업반의 우대 몫을 작업반에서 획득한 총노동일로 나눈 값이며, 이에 기초해 분조의 우대 몫과 개별 농장원들의 우대 몫을 산출할 수 있다. 협동농장에서 우대기금의 분배는 일종의 상금지불로서의 성격을 갖기 때문에 우대 계획을 수행하지 못한 분조원들과 의무노동일이나 자급비료 생산량을 달성하지 못한 농장원들에게는 우대제를 적용하지 않았다.

---

31) ≪조선일보≫, 2001년 5월 7일 자.

작업반우대제하의 기본분배 몫: $Wi = Di \times Tp / \sum Df$
Wi: i 농장원 분배 몫
Tp: 분배총량(총수입 - 생산비 - 공동기금 - 우대기금)
Di: i 농장원 노동일수
$\sum Df$: 농장 총노동일수

북한의 작업반우대제는 작업반별로 부과된 생산계획과제의 90%를 우대기준으로 설정한 점이 특징적인데 초과생산물에 해당하는 만큼 노동일을 가산하여 작업반원에게 추가로 지불했다. 분조관리제 도입 이전에는 우대기준에 도달하지 못한 경우에 부족량의 5~15%를 기본분배에서 공제해 협동농장의 공동축적기금으로 적립하도록 했다.

5) 분조관리제

협동농장의 작업반우대제에 의한 분배는 1965년 분조관리제의 도입으로 다시 한 번 변화를 겪었다. 분조관리제는 작업반의 하부단위인 분조(15~20명)에 일정한 면적의 토지와 노동력, 역축 및 기타 생산수단을 고정시키고 분조 단위로 정보당 수확량 및 노동일 투하 계획을 부여한 후, 결산분배 시 계획 수행 정도에 따라 분조원들의 노동일을 재평가하는 시스템이다.

분조관리제의 도입은 노동의 양만을 평가 기준으로 간주하는 노동일 평가방식의 단점을 시정하기 위한 것이었다. 다시 말해 농장원들이 계획 과제의 초과수행보다 노동일 확보에만 주력하는 경향을 개선하기 위한 것이다. 이를 통해 노동의 양과 질에 따른 분배라는 사회주의 분배원칙을 더욱 철저하게 관철시키는 한편 생산유인을 위한 물질적 자극을 좀 더 강화했다. 보충분배에서 분조관리제의 적용은 노동일의 재평가를 통해 이루어지며 이것은 기본분배액을 결정하는 과정에서 작용한다.

그러나 분조관리제 도입 이후에는 우대기준에 미달한 경우 분배액을 삭감하지 않도록 했는데, 이것은 우대기준에 미달한 경우에도 분조단계에서 자동적으로 노동일이 삭감되기 때문에 이중으로 삭감되는 것을 방지하려는 조치였다. 작업반우대제는 우대기준이 국가의 계획과제보다 10% 낮게 설정되어

〈표 4-15〉 **분조관리제의 도입 요인**

요인 구분	주요 내용
인센티브 강화	· 생산 결과와 결부시켜 노동일을 재평가하는 시스템이 없어 농장원들이 계획 과제의 초과 수행보다 노동일 확보에만 주력하는 경향 존재 · 분조 단위의 생산 결과를 기초로 노동의 질을 평가하고 이를 통해 노동 보수를 조절함으로써 농장원들의 물질적 관심 자극
평균주의 배제	· 농업생산의 특성상 노동지출의 척도인 노동일을 그대로 노동 지불의 척도로 이용하는 경우 분배에 불가피하게 평균주의적 요소가 도입되는 부작용 존재 · 분조관리제는 지출 노동력에 대한 노동일 평가를 생산량에 의해서 재평가하는 것으로 노동일이 지니는 결함 극복
생산수단의 효과적 이용	· 공업 노동과는 달리 농업 노동의 특성인 노동과정의 분단성, 노동 결과의 장기성으로 인해 생산수단의 효과적 이용을 위한 책임 제도가 필요
노동 손실 최소화	· 작업반 내부의 노동력이 유동화되면서 발생하는 노동력 손실 최소화
농업노동에 대한 감시 강화	· 작업반 내 분업과 협업이 진전됨에 따라 작업반에 대한 협동농장 간부 및 작업반장의 통제가 충분히 이루어지지 않고 작업반원들의 노동 지출 또한 정확히 평가하기가 어려워 기본 생산 단위를 세분화할 필요성 제기

자료: 김영훈 · 전형진 · 문순철, 『북한 집단농장의 분배제도에 관한 연구』(한국농촌경제연구원, 2001), 22쪽.

있는 점 때문에, 협동농장 전체의 기본분배 절대액은 이전보다 감소하는 반면 보충분배분은 증가하도록 함으로써 농민들을 물질적으로 자극했다. 분조관리제의 도입 이후 협동농장의 기본분배와 보충분배를 토대로 한 개별 농장원에 대한 노동보수의 지불절차는 다음과 같다.

개별 농장원의 노동보수 $O' = (P' + Y') \times M \times \alpha$

P': 기본분배기금 / 재평가된 농장 총노동일수

Y': 작업반우대기금 / 재평가된 작업반 총노동일수

M: 개인별 연간 총노동일수

α: (분조계획투하노동일수/분조실제노동일수) × 계획수행률

분조관리제의 도입으로 작업반 안의 유동적인 작업단위였던 분조가 생산 및 노동배치의 단위가 되는 동시에 분배단위가 됨으로써 협동농장 내의 소규모 경영체로서 형태를 갖추게 되었다. 분조관리제하의 농산물 분배는 농장원의 개인적인 물적 욕구를 인정하고 평균주의적인 분배요소를 상당히 제거한 것으로 평가할 수 있다. 경제적 유인이 포함된 분배제도의 실시로 농산물이 증산되었는데, 북한은 협동농장에서 분조관리제가 실시되어 농업생산이 1967

〈표 4-16〉 협동농장 생산량 분배기준

(단위: %)

구분	사례1	사례2	사례3	사례4	사례5	사례6
생산계획 대 생산실적 비율	110	100	95	90	85	80
공제량	50	50	50	50	50	50
(국가납부)	(10)	(10)	(10)	(10)	(10)	(10)
(협동조합납부)	(35)	(35)	(35)	(35)	(35)	(35)
(공공기금)	(5)	(5)	(5)	(5)	(5)	(5)
농장원분배량(노력공수에 의함)	60	50	45	40	35	30

년에는 그 전년도에 비해 116%가 증가했고, 1968년에는 1967년에 비해 111%로 각각 증가했다면서 「분조관리제를 정확히 실시하며 농업생산에서 새로운 앙양을 일으킬 때 대하여」라는 논문을 통해 분조관리제가 성공적으로 정착했음을 주장한 바 있다.[32)]

그러나 이후 장기간의 경제 침체로 국가 배급체계가 취약해지면서 1966년부터 실시된 분조관리제하의 분배제도의 효과가 점차 미약해지기 시작했다. 그 이유는 분조에 귀속된 초과생산분을 분조의 자유처분에 맡기지 않고 매우 낮은 국정가격으로 다시 수매하는 방식을 취했기 때문이다. 국가배급체계가 취약해졌다는 것은 생활필수품이나 식량을 국정가격으로 구입하기 매우 어려워졌다는 사실과 이들 상품을 구하려면 암시장에서 높은 가격으로 구매해야 한다는 사실을 의미한다. 이러한 상황에서 분조관리제 분배제도는 실질적으로 청부제(靑負制)가 가지고 있는 증산에 대한 동기유발효과를 발휘하지 못하게 된다.

대체로 실제 농민들이 분배받는 평균 양곡의 양은 1인당 조곡 400킬로그램 수준이며, 정곡으로 환산해서 270킬로그램 수준이다. 이는 도시근로자 1일 1인 700킬로그램의 식량 기준량과 비슷한 수준이다. 최근 협동농장의 결산분배 실태에 대한 보도를 보면, 곡물생산량이 국가 생산목표량을 크게 밑돌기 시작한 1990년대 이후부터 부족량을 보충하기 위해 농장 및 작업반 단위로 각종 경비를 공제함은 물론, 개인별로 일정량을 분배한 이후에도 각종 명목으

32) 「분조관리제를 정확히 실시하며 농업생산에서 새로운 앙양을 일으킨 데 대하여」, 전국농업일꾼대회(1968.2.14).

로 헌납을 강요해 농장원들의 분배 몫이 현저히 감소되고 있다고 한다.

생산량이 국가계획량의 80% 이하로 저조할 경우 미달분 20%는 농민 분배 몫에서 공제하고, 농장 단위에서는 양정사업소에서 국가납부 및 생산적 지출분으로 생산량 중 50%를 우선적으로 거두어간다. 또 작업반 차원에서는 '군대 지원미', '다음해 비료준비대금' 등의 명목으로 10~30%를 공제하며 개인별로 분배받은 이후에는 건설비, 공사비, 구호소지원 등의 명목으로 10~20%를 추가로 헌납하도록 강요하고 있어, 농장원들의 최종 분배량은 기준량의 절반 수준에도 못 미치는 경우가 발생하고 있다고 한다. 또한 협동농장 간부들이 영농에 참가하지 않은 가족들을 참가한 것으로 조작해 식량을 빼돌리고 안전성, 보위부, 인원까지 결산분배에 참여해 1년분 식량을 받아가고 있어 농장원들의 불만이 증가하고 있는 실정이라고 한다.[33)]

북한 농정당국은 국가와 농장원 간에 분배와 관련된 갈등을 해결하기 위해 작업반우대제(1960년)와 분조관리제(1965년)를 도입했다. 이와 같은 제도는 모두 작업의 양과 질을 기준으로 농장원 개인들의 노력을 정확히 평가하려는 시도의 일환이다. 즉 노동에 있어 무임승차자를 배제해 생산 의욕을 고취하려는 정책들로 결국 작업조직의 구성원 수를 점차적으로 축소하려는 조치들이다. 작업반우대제는 협동농장에서 일정한 우대기준을 설정해주고 초과한 부분에 대해서는 통상 150여 명 정도로 구성된 작업반 성원들이 나누어 가지도록 하는 보충적인 지불형태이다. 이 제도는 분조 단위에서 생산 결과를 토대로 노동량을 재평가하는 것을 제도화하지 않아, 분조원은 작업반의 계획과제를 초과 수행하는 것보다 자신의 노동일수를 늘리는 데만 관심을 가지게 된다. 또한 농업생산이 넓은 지역에서 분산되어 이루어지므로 책임단위를 명백히 할 수 없다는 한계가 있다.

이와 같은 작업반우대제의 취약점을 극복하기 위해 김일성은 1965년 5월 강원도 회양군 포천협동농장을 현지지도하면서 분조관리제를 도입했다. 분조관리제는 분조를 단위로 해서 모든 사업이 조직되고 생산과 생활이 진행된다.

---

33) 국정원, www.nis.go.kr(검색일: 2000.1.25).

그러므로 작업반장이나 관리일꾼들이 직접 분조에 들어가고 분조에 분조장을 비롯한 초급일꾼들이 고루 배치된다. 북한 농정당국은 분조관리제가 초기에는 성과를 거둔 것으로 평가했다.34)

분조관리제는 협동농장의 기본적인 생산조직인 작업반에 대해 실시한 노동일에 따른 기본분배 외에도 우대에 의한 보충분배형태인 작업반우대제의 문제점을 해결하기 위해 도입되었으나 시일이 지나면서 다음과 같은 문제점을 야기했다. 첫째, 작업단위인 분조가 이용하는 토지 외의 생산수단에 대한 책임소재가 불명확해서 효과적인 관리운용이 어렵다. 둘째, 작업반 내 분업과 협업이 진전됨에 따라 작업반에 대한 협동농장의 간부나 작업반장의 통제도 충분히 미치지 못해 작업반 성원들의 노동지출을 정확히 평가하기가 어렵다. 셋째, 작업반우대제하에서는 생산의 최종결과에 따라 노동일을 재평가하는 것이 제도화되어 있지 않아, 일부 작업반 성원들은 계획과제의 수행보다 그저 노동일수를 늘리는 데에만 관심을 가지는 부정적인 현상도 생겨났다.

이와 같은 결함을 극복하고 협동농장의 생산조직과 분배형태를 개선하기 위해서는 그 규모가 작업반보다 작은 단위를 기초로 해서 생산을 조직하고 분배를 실시할 필요가 있었다. 분조관리제는 1996년부터 농민들의 물질적 관심을 더욱 직접 자극하는 형태로 개선되어 시행되는 것으로 알려졌다. 새로운 분조관리제에서는 분조 규모를 7~8명으로 대폭 축소하고 분조 단위에서도 우대제를 적용하며, 생산계획을 하향조정하고 계획을 초과해 생산한 생산물에 대해서는 자유처분권을 허용했다. 그러나 새로운 분배관리제는 높은 목표량 등으로 인해 전국적으로 확대 시행되지 못했다.

---

34) 1967년 기준으로 20여 개 협동농장의 평균 가동률이 1965년에 비해 약 102.7%로 높아졌으며 황해남도 연안군 송호협동농장에서는 1967년에 70%의 분조가 지원 로력을 받지 않고 자체 힘으로 전년도보다 모내기를 훨씬 앞당겨 끝냈다. 회양군 포천협동농장에서는 분조관리제가 실시되면서부터 농장 살림살이에 대한 주인다운 기풍이 더욱 높아짐으로써 1966년에는 농기구 구입비가 1965년보다 18.4%나 줄었다[「농업근로자」(1968.2.18); 『조선농업사 4』(평양: 농업출판사, 1991), 59쪽].

6) 협동농장 운영과 농산물의 수매

북한은 농업생산 부문의 계획화와 함께 협동농장에서 생산된 농산물을 국가에서 계획적으로 전량 수매함을 원칙으로 하고 있다. 농산물 수매는 계획경제하의 농산물 유통체제이며, 농산물 수매가격은 협동농장 생산비에서 약간의 순이익을 보장하는 선에서 국가가 결정된다. 농산물 가격은 단일가 원칙을 적용하면서도 생산지와 소비지, 생산시기, 품종과 품질의 차이에 따라 약간의 탄력적 조정을 인정하고 있다.

농산물의 국가수매는 국가계획에 의한 자원배분과 관련이 있으며 다른 한편으로는 협동농장이 다음 생산을 위해 필요한 자금을 축적할 수 있도록 하는 역할도 담당한다. 국가는 계획수매를 통해 농산물을 계획적으로 동원해 도시근로자의 식량공급과 경공업 원료공급 등의 자원배분을 체계적으로 수행할 수 있다. 또한 국영상점망과 연결된 국가수매는 협동농장이 다음 생산을 위해 필요한 현금을 준비할 수 있는 공식적 유통체제이다.

북한에서 농산물에 대한 수매형태는 계획수매와 자유수매 두 가지로 대별되며 자유수매는 계획수매를 보완하는 기능을 한다. 계획수매는 국가가 식량작물에 대해 국가수매기관과 협동농장에 수매계획을 부여하고 국정수매가격을 적용해 실시한다. 자유수매는 계획수매가 끝난 이후에 실시함을 원칙으로 하며 계획수매와 달리 식료품, 농부산물, 부업생산물 등이 주요 대상이고 자유수매가격이 적용된다. 자유수매에는 교환수매, 계획수매, 이동수매, 위탁수매, 시장수매(농민시장) 등의 형태가 있다.

식량 부족 사태가 지속되는 북한에서 식량위기가 악화되지 않도록 중요한 창구 역할을 하는 것이 농민시장이다. 농민시장은 자유수매의 일종으로 북한 사회주의의 여러 상업형태 중 보조적이며 부차적인 의의를 가지는 상업형태이다. 2002년 7·1 조치 이후 국정가격이 농민시장과 비슷한 수준으로 현실화되면서 농민시장의 역할이 일시 축소되고 있으나 지속적인 농산물 공급이 여의치 못함에 따라 농민시장의 역할과 중요성은 계속 강조될 것으로 전망된다. 2003년 4월부터 농민시장이 종합시장으로 변화되면서 농산물뿐만 아니라 공산품까지 공급되어 시장의 역할이 더욱 확대될 것으로 전망되었다.

제5장

협동농장 운영체제와 규약의 변화 양상

1. 농업법 제정과 협동농장 운영체제 변화

북한은 1995년 이후 악화된 식량 생산 부족을 극복하기 위해 다양한 농업 정책을 내놓았다. 그 정책은 1999년 1월 농업법을 제정하고 주체농업을 탄력적으로 적용해 작목선택권을 농민들에게 되돌려주고[1] 각종 농업기술 및 농학적인 증산대책을 추진하는 것이었다.[2] 사실 협동농장 운용체제를 변화시키기

1) 북한은 1999년 2월 24일 평양에서 '북한 사회주의 농촌문제에 관한 논문' 발표 35주년 기념 중앙보고회를 개최했다. 홍성남 총리는 보고에서 "김정일은 최근 농업의 실태를 잘 파악하고 있으며 주체농업을 왜곡 집행해 농업생산을 저해해온 현상을 바로잡았다" 라고 발언했다[남성욱, 「북한농정 추진방향과 남북농업협력 추진방안」, 『북한농업연구』 (북한농업연구회, 2000.11), 7쪽].

2) 북한 평양방송은 2000년 3월 13일 장군님(김정일 총비서)은 나라의 먹는 문제 해결에 힘을 집중했다고 보도했다. 김 총비서가 먹는 문제 해결을 위해 △감자농사 혁명, △두벌농사 면적 확대, △복합미생물 사용 확대, △대규모 토지정리, △종자혁명, △초식 가

〈표 5-1〉 북한의 주요 수매형태

수매형태		주요 내용
계획수매		- 국가에서 수매가격에 따라 시행 - 국정 수매가격 책정
자유수매	교환수매	- 농가의 여유 농산물 수매를 위해 농가가 필요로 하는 방법
	계약수매	- 주식 이외의 특수채소, 과일, 약용작물 등에 대해 수매할 작물의 품종, 규격, 수량, 시기, 가격 등을 미리 예시하고 계약생산을 통해 수매
	이동수매	- 생산현장을 수매기관이 돌아다니면서 수매
	위탁수매	- 자연부락 단위로 수매원을 선정하고 수매원칙과 수매량을 제시하여 위탁수매인이 책임수매
	시장수매	- 농민의 부업생산물을 농민시장에서 수매하며 시장가격 적용 - 장날을 협동농장의 휴일과 일치시켜 운용

위해서는 헌법 개정이나 농업법의 제정 등에 총괄적인 변화 방향이 반영되어야 한다. 1998년 9월 개정헌법에는 경제 관련 조문들이 상당 부분 수정되었다. 이 중 농업관련해서는 협동단체의 소유범위를 제한하는 대신(22조)[3] 개인 소유의 범위를 확대했다(24조). 텃밭 경작에 있어서도 '협동농장원' 명시 부분을 삭제하고 일반근로자 · 노동자들의 텃밭 경작 가능성을 시사했다. 또한 농업의 현대화를 강조해 시대에 부합하는 농업제도의 도입 가능성을 제기했다.

농업법은 농민의 사적 소유범위 확대, '텃밭' 및 '뙈기밭' 경작에 대한 규제 완화 및 농업현대화가 필요한 상황하에서 농업 부문의 관리 · 운영 체계에서 요구되는 농장원들의 규범과 질서를 제시한 규제적 내용을 포괄하는 것으로 분석된다. 농업법 제정은 보다 '투명하고 예측 가능한' 농업정책을 펼 수 있는 기초를 마련했다고 볼 수 있으나 그 이후 협동농장의 운영 체계를 변화시킬 만한 정책을 내놓지 않고 있다.

축 및 양어 사업 확대 등을 '통이 크게' 벌일 것을 지시했다면서 특히 김정일 총비서가 농업생산성 증대와 관련해 갖고 있는 구상은 '북한을 가까운 앞날에 세계적인 감자단지로 전변시키는 것'이라고 소개했다(≪연합뉴스≫, 2000년 3월 23일 자).

3) 협동단체의 소유범위에서 '부림짐승, 건물' 등은 제외했다. 이는 가축, 주택 등의 사적 소유 및 거래 허용 가능성을 시사하는 것이기도 하다.

2. 국영농장의 신설 증가

북한은 2000년 10월 12일 황해남도 신원군에 축산종합기지인 국영계남농장을 새로 개설했다. 이 농장은 수십 채의 소·돼지·염소·토끼 및 꿩 등의 사육사와 창고 등 가공장, 중소형 발전소 등을 갖춰 연간 수백 톤의 고기를 생산한다고 한다. 전국 각지에 가금 목장, 닭공장, 돼지공장 등 가축의 사육과 가공을 하는 '축산기지' 건설에 주력하고 있다. 북한이 협동농장을 발전적으로 해체하기는커녕 국영농장을 신설하고 운영에 주력하는 것은 사회주의 소유를 강화하려는 다목적인 의미를 함축하고 있다.

북한의 국영농장은 국가에서 관리하고 운영하는 농장으로 협동농장에 비해 일반적으로 규모가 크고 기계화 수준이 높다. 북한은 축산업의 전문화가 실현됨에 따라 지난 1963년 11월 국영농·목장을 국영농장과 국영목장으로 분리했다. 국영계남농장 신설은 '협동적 소유의 전 인민적 소유구조로의 전환' 작업이 지속적으로 이루어지고 있음을 시사하는 것이다. 북한은 1998년 9월 개정헌법 23조에서 "협동농장에 들어 있는 전체 성원들의 자발적 의사에 따라 협동단체 소유를 점차 전 인민적 소유로 전환시킨다"라고 명시해 완전한 소유구조 개편을 최종목표로 내걸었다.[4] 초과 생산물에 대한 개인 처분권을 인정했던 '새로운 분조관리제' 등은 이 목표에 반하는 것 같지만 협동적 소유가 전 인민적 소유로 개편하는 과정에서 농민들의 근로의욕과 책임감을 고취시키기

---

4) 북한 농업 부문의 소유구조 전환작업은 지난 1994년 2월 김일성 주석이 "사회주의 농촌테제" 발표 30주년을 맞아 침체된 농업생산 분위기를 일신하기 위해 '전국농업대회' 참가자들에게 서한을 보내 "농촌의 협동적 소유를 전 인민적 소유로 전환하는 데 주력해야 한다"라고 강조한 후 본격적으로 시작했다. 즉 협동농장을 전 인민적 소유 형태인 농업연합기업소(또는 국영농장 경영위원회)로 점차 전환시키는 것이다. 김 주석의 서한을 계기로 1994년 12월 평양시 만경대 구역 협동농장과 평남 숙천군 내 20여 개 협동농장을 국영농장으로 전환하는 조치가 취해졌다. 국영농장 전환조치는 농민들의 '집단주의 사상'을 더욱 확고히 하는 것은 물론 △영농 전문 기술인력 양성, △농업의 공업화 및 현대화, △도시와 농촌, 노동계급과 농민 간의 계속적 차이를 없애는 농민의 노동계급화 차원에서 진행되었다.

위한 일종의 과도기적 수단이라고 할 수 있다.

3. 협동농장규약기준 적용의 이완

김일성은 1982년 1월 당 중앙위원회 정치국 확대회의를 개최해 최근 농업생산량이 증가되지 않는 원인으로 두 가지를 지적했다. 이 두 가지는 다음과 같다. 첫째, 정무원을 비롯한 농촌경리부문 지도기관들과 당조직들에서 농업부문에 대한 지도사업을 잘하지 않은 데 있다. 둘째, 협동농장들에서 협동농장규약을 철저히 지키지 않은 데 있다. 협동농장 관리일꾼들이 협동농장규약대로 일하지 않고 되는 대로 하고 있다는 것이다. 예를 들어 협동농장규약에는 한 해의 의무노력일을 관리위원장 80일, 작업반장 180일로 규정했으나 어떤 작업반장들은 18~20일밖에 하지 않고 노력일 평가사업도 제대로 하지 않는다는 것이다.

협동농장규약에 노력일에 따라 분배한다고 되어 있는데도 불구하고 일부 작업반장들이 의무노력일을 제대로 준수하지도 않고 분배는 분배대로 다 받는 것을 도와 군의 일꾼들이 모르고 있다는 데 김일성은 개탄한 바 있다. 또한 협동농장기준규약은 모든 협동농장들과 농장원들이 반드시 지켜야 할 사업규범과 준칙이라며 협동농장규약을 잘 지키지 않는 사례를 지적했다. 이는 일부 협동농장 관리일꾼들이 주관주의와 관료주의적으로 일하는가 하면 개인이기주의에 젖어 집단의 이익보다 자기의 이익을 위해 일한다는 것이다.

김일성은 협동농장들이 협동농장규약을 잘 지키지 않는 원인 중 하나가 농장원들이 협동농장기준규약이 있는 것조차 모르기 때문이라며 농장기준규약책을 다시 출판해 협동농장 관리일꾼들과 작업반장, 분조장 및 농장원들에게 배포할 것을 지시했다.[5] 그러나 이는 기본적으로 문제의 본질을 제대로 인식하지 못한 결과다. 농장원이나 관리일꾼들이 협동농장규약기준을 제대로 지키

5) 서관희, 『농업전선의 진두에 서시어』(평양: 조선로동당출판사, 1992), 310~314쪽.

지 않는 데는 두 가지의 원인이 있다.

첫째, 협동농장규약기준이 합리적으로 작성되지 않았기 때문에 지킬 경우 손해를 본다는 의식이 만연한 것이다. 둘째, 일부 관리일꾼이 관료주의적 입장을 보이며 농장원들의 노동에 편승해 무임승차자의 위치를 차지하려는 이기적인 자세를 보인 것이다. 결국 협동농장들이 창설 당시의 장점보다 농정당국의 무리한 목표량 부과로 인한 문제점들이 본격적으로 노출되기 시작했으나 김일성 등 지도층은 근본적인 대책을 강구하기보다 농장원들의 노력만을 강조하는 등 피상적인 대책만을 제시했다. 이러한 문제점은 최근 들어 더욱 고질화되는 양상이지만 협동농장 운영의 본질적 문제이기에 누구도 이의 제기[6]를 하지 않는 실정이다.

4. 협동농장 생산·분배 제도의 변화와 효과

농장구성원에 대한 분배는 기본분배와 보충분배로 이루어진다. 기본분배는 각 구성원들이 1년간 일한 노동일에 따라 분배하는 것이다. 그러나 이러한 기본분배량은 노동일에 의해서만 결정되기 때문에 농장원들은 협동농장 전체의 식량증산보다 농장원 개개인의 의무노동일을 채우는 것과 노동일을 확보하는

---

6) "북한 농업정책에 문제가 있으며 내 것이 될 수 없는 집단농업체계를 개혁하지 않는다면 식량난은 타개될 수 없다고 본 나는 1990년 5월 31일 '어버이 수령'이며 '인민의 수령'으로 믿어 의심치 않았던 김부자 앞으로 제의서 편지를 올렸다. 이러한 편지를 북한에서는 '중앙당 제1호 편지'라고 하는데 그 당시만 해도 나는 월북한다는 꿈조차 꾸지 않을 때였다. 그만큼 수령과 당·공화국을 위하는 마음이 간절했기 때문이었다. 두 달 만에 회답으로 중앙당 위임을 받은 과학원 과학기술국장이 내려왔다. 그를 통해 북한 내에서의 농업개혁(개인농화)이 불가능하다는 사실을 알게 되었다. 개인농화가 식량문제를 해결한다는 것을 몰라서 실시하지 않은 것이 아니며 그것은 권력유지를 위해서 불가하다고 했다. 나는 그때 처음으로 의심치 않았던 김일성·김정일이 인민의 수령이 아니라는 사실을 미력하게나마 깨닫게 되었다"[리민복, 「북식량난의 현주소와 극복방안」, ≪북한≫, 9월 호(1998), 150~159쪽].

데에만 관심을 두는 폐단이 발생하게 되었다.[7)]

북한 농정당국은 국가와 농장원 간에 분배와 관련된 갈등을 해결하기 위해 보충분배제도를 도입했다. 보충분배제도의 하나인 작업반우대제는 1960년 김일성의 청산리협동농장 현지지도에서 채택된 것이다. 또 다른 보충분배의 하나인 분조관리제는 1965년 5월 김일성의 강원도 회양군 포천협동농장을 현지지도하면서 채택된 제도이다. 이와 같은 제도는 모두 작업의 양과 질을 기준으로 농장원 개인들의 노력을 정확히 평가하려는 시도의 일환이다. 즉 노동의 무임승차자를 배제해 생산 의욕을 고취하려는 정책들이다. 이는 결국 작업조직의 구성원 수를 점차적으로 축소하려는 조치들이다.

앞서도 설명했지만 작업반우대제는 협동농장에서 일정한 우대기준을 설정해주고 초과한 부분에 대해 통상 150여 명 정도로 구성된 작업반 성원들이 나누어 가지도록 한 보충적인 지불형태이다. 그리고 분조 단위에서 생산 결과를 토대로 노동량을 재평가하는 것이 제도화되어 있지 않아, 분조원은 작업반의 계획과제를 초과 수행하는 것보다 자신의 노동일수를 늘리는 데만 관심을 가지게 되며 농업생산이 넓은 지역에서 분산되어 이루어지므로 책임단위를 명백히 할 수 없다는 한계가 있다.

김일성은 작업반우대제의 이러한 취약점을 극복하기 위해 분조관리제를 도입했으며, 분조관리제에서는 분조를 단위로 하여 모든 사업이 조직되고 생산되며 생활이 진행된다. 그러므로 작업반장이나 관리일꾼들이 직접 분조에 들어가고 분조장을 비롯한 초급일꾼들이 고루 배치되어 일한다. 북한 농정당국은 분조관리제가 초기에 성과를 거둔 것으로 평가했다.[8)] 분조관리제는 생산, 노동, 분배를 통합하는 소경영체, 즉 '가족적 협업농'의 성격을 갖게 되었다.

---

7) 김성훈 외, 『사회주의와 북한 농업』(비봉출판사, 2002), 326~327쪽.

8) "1967년 기준으로 20여 개 협동농장의 평균 가동률이 1965년에 비해 약 102.7%로 높아졌으며 황해남도 연안군 송호협동농장에서는 1967년에 70%의 분조가 지원 로력을 받지 않고 자체 힘으로 전년도보다 모내기를 훨씬 앞당겨 끝냈다. 회양군 포천협동농장에서는 분조관리제가 실시되면서부터 농장살림살이에 대한 주인다운 기풍이 더욱 높아짐으로써 1966년에 농기구 구입비가 1965년보다 18.4%나 줄었다"(≪농업근로자≫, 1968년 2월 18일 자).

따라서 분조관리제를 도입하게 됨에 따라 협동농장이 확립된 후 형식적으로만 남아 있던 가족농이 노동동원과 생산을 위한 단위로 활용되었다.[9] 그러나 시간이 갈수록 10~25명을 단위[10]로 하는 분조제 역시 작업반우대제와 같은 무임승차자가 발생했고, 비현실적인 생산량 목표로 인해 1970년대 들어 한계를 드러내기 시작했다. 분조관리제의 개선 방향은 생산목표량을 줄이고 분조원 수를 줄이는 것이다. 1996년 강원도 등 일부 지역에서 개선된 분조관리제[11]가 도입되었으며, 분조 규모를 축소하고 생산목표를 하향 조정하며[12] 잉여농산물의 경우 초과생산물은 현물로 농민에게 지급할 것을 정했고 농민시장에 자유처분하는 것을 허용했다. 1996년의 분조관리제는 분조 구성원칙을 가족·친척 단위로 전환한 것으로 향후 성과 여하에 따라 개인농으로 전환하기 위한 전조인 것으로 보인다.[13] 그러나 이 제도는 농민들의 근로참여 의욕을 높이고 결속력을 강화해 생산성을 향상시키려는 정책적 고려에서 비롯되었으나 농업생산에 필수적인 농자재 공급이 원활하지 못하고 목표량이 여전히 평균 생산량을 상회하는 상황에서 성과를 발휘하지 못하고 중단되었다.

---

9) 「북한의 협동농장과 운영 체계의 변화」, 『북한지역의 쌀 생산성 향상을 위한 기술대책: 한쌀회 총서 제7권』(한국쌀연구회, 1999.3), 17쪽.

10) 담배분조, 남새분조, 수산분조, 잠업분조, 트랙터분조, 운수분조, 수리분조, 보수분조 등으로 나뉜다. 분조의 구성인원은 농산분조의 경우 평야지대가 15~20명, 중간지대가 12~18명, 산간지대에는 8~12명으로 지대적 특성에 따라 구분하여 조직되었다.

11) 개선된 형태의 분조관리제는 북한의 협동농장체제의 한계를 노출하는 것으로 인식될 수 있고 전국적인 실시가 이루어지지 않은 만큼 북한에서 발행된 문헌이나 로동신문 등에서 언급되지 않고 있다. 일본 조총련 문헌을 통해 발표된 바 있다[김수대, 「共和国の農業協同経営における分組管理制とその展望」, 『月刊朝鮮資料』(東京: 朝鮮問題研究所, 1997.3); ≪조선신보≫, 1997년 7월 16일 자].

12) 기존 분조관리제는 생산목표 = (과거 3년간의 생산량 + 3년 중 최고생산량)/4, 개선된 분조관리제는 생산목표 = (과거 3년간 생산량 + 10년간 평균생산량)/4

13) 부경생 외, 『북한의 농업: 실상과 발전방향』(서울대학교출판부, 2001), 81~83쪽.

5. 1996년 분조관리제와 농장원의 영농행태

북한은 지난 1990년 초 이래로 경제난이 심화되면서 원유 도입 부진으로 인해 비료 생산량이 감소한 상태다. 탈북자들은 비료 및 농자재 공급량이 줄어들자 북한의 농정당국이 생산목표 달성에 대한 책임을 덜기 위해 새로운 형태의 분조관리제를 도입했다고 주장한다. ≪조선신보≫는 1996년 분조관리제가 주로 친척과 가족으로 구성된다고 보도했으나 실제로 한 분조에 같은 가족이 소속되는 경우는 드물다고 한다.[14)]

계획량은 과거보다 낮아졌다. 계획을 달성하고 남은 잉여분을 분조가 자유롭게 처리할 수 있는 권한을 준 것이나 실제로는 국가가 잉여분을 다 회수해 갔다고 한다. 도시에서는 인민들이 굶고 있는데 너희들만 잘 먹고 있을 수 있는가 하면서 거둬갔고, 또 군인들을 위한다는 명목으로도 거둬갔다고 한다. 결국 농장원들은 열심히 일해도 자신의 몫이 적다 보니 의욕을 상실할 수밖에 없었다.

북한 농민들이 협동농장제도에 대해 부정적 태도를 보이는 또 다른 이유 중 하나는 '간부들에 대한 불만'이다. 협동농장은 간부를 공짜로 먹이는 제도에 지나지 않는다고 인식하는 것이다. 1개리, 1개의 협동농장에 1000명 규모의 농장원이 있으며 이 중에서 간부들은 100여 명이나 된다고 한다. 10명의 농장원마다 한 명의 간부가 있는 셈이다. 이들은 모두 유급직 간부들로서 육체노동을 하지 않는다. 북한농민들은 이들 수가 너무 많고 작업지시나 해줄 뿐 하는 일이 없다고 지적한다.[15)]

---

14) 농사를 짓는 데 있어 분조장의 역할은 매우 크다. 작업반장들 그리고 각 분조의 분조장들은 수확기에 몰래 일정 정도의 식량을 비축한다. 이러다 걸리면 국가재산절취혐의로 처벌을 받게 된다. 하지만 국가에서 비료나 자재를 공급해주지 않으면서 계획량이 부과되다 보니 분조장들이 자구책으로 내년 농사를 생각해서 일정 정도의 식량을 비축해 놨다가 이것을 갖고 비료나 자재를 사오는 것이다. 분조원들도 사정을 잘 알고 있기 때문에 조금씩 식량을 분담하여 사오는 것이다. 그러나 비료생산이 거의 안 되니까 이것도 쉽지 않다. 그래서 능력 없는 분조장은 비료를 구하지 못해 농사를 망치게 된다[최은실, 「탈북자 대담: 북한의 농장실태와 농민생활」, ≪통일한국≫, 9월 호(1999)].

분배원칙이 바뀌지 않으니 열심히 일할 필요가 없다. 부지런히 일하는 사람이든 결근을 많이 한 힘 있는 사람이든 모두 300킬로그램의 옥수수를 받으니 모순이다. 특히 비옥도를 비롯해 특성이 완전히 다른 토지를 경작하는 농장원들에게 같은 분배기준을 적용하는 것은 농장원들의 심한 불만을 야기하고 있다. 성분과 가정환경이 좋은 사람은 좋은 땅을 받고 그렇지 못한 농장원은 돌밭이나 다름없는 땅이나 가뭄을 잘 타는 메마른 땅을 관리해야만 한다.[16] 따라서 기초 여건이 상이한 상태에서 동일한 결과를 요구하고 불평등한 상황에서 평등을 강요하는 행태로 인해 출발부터 인간의 기본적인 근로의욕이 상실되게 되었다.

6. 1996년 분조관리제의 문제점과 향후 전망

분조관리제가 실시되자 사실 초기 농장원들은 "일한 만큼 더 많은 양을 분배받을 수 있다"라는 생각에서 매우 긍정적인 반응을 보였다고 한다. 그러나 탈북자들의 증언에 따르면 1996년 분조관리제는 원래의 취지대로 운영되지 않았고, 오히려 부정적 현상들이 표출되면서 농장원들의 불만을 유발한 것으로 드러났다. 예를 들어 1996년에 분조관리제가 실시되기 이전에는 농장원이 기본적인 분배량을 초과해서 분배하는 일까지는 불가능하더라도 그 가족에게 일정한 분배량을 지급해 최소한의 생계를 유지할 수 있었다.

그러나 분조관리제가 실시된 이후에는 농장원 가족에게 기본적으로 보장해 주었던 분배량을 없애, 농장원이 일하지 않으면 가족의 식량을 분배받지 못하게 되었다. 특히 국가정량을 초과한 수확분을 분배할 때 농장관리위원회는 초과분에 대한 식량을 공급하지 않고 불필요한 상품구매권을 주었다. 상품구매권이란 어떤 상품을 살 수 있다는 승인표지와 같은 것으로 구매권에 명기된

15) 서재진, 「북한 농민들의 의식변화」, 『한국농촌사회학회 2002년도 학술대회 및 정기총회논문집』, 137쪽.

16) 황만유, 『숨겨진 비밀 속의 북한 사회와 정치: 반역자의 땅』(삶과꿈, 2002), 193쪽.

명품을 사려면 구매권과 함께 물건을 지불해야 한다.

결과적으로 농장원들은 일한 대가만큼 필요한 식량을 더 받지 못하게 되었을 뿐만 아니라 개인 돈을 들여 필요 없는 물건을 강제 구입해야만 하는 억울한 실정에 놓인 것이다. 분조관리제가 생산 의욕을 높이고 물질적 이득을 가져오기는커녕 오히려 피해만 주는 결과를 가져오자 농장원들은 '분조관리제 무용론'을 노골적으로 주장했다. 농장원들은 "분배량은 달라지지 않고 쓰지도 못할 물건만 하나 더 생기는 것뿐이다"라고 불평불만을 토로하고 있다. 리당과 농장관리위원회 간부들이 사상학습 강연회 등 각종 기회를 통해 수시로 교양을 하고 있으나 이미 수십 년 동안 쓴맛을 보아온 농장원들에게는 '소귀에 경 읽기'일 뿐이다.[17]

한편 협동농장 운영에서도 앞서 김일성이 지적한 협동농장 관리일꾼들의 자의와 횡포가 심각하게 나타나기 시작했다. 예를 들어 1999년 자강도 동신군 원흥리와 석포리의 경우 리(里)당비서의 횡포[18]가 거의 통제 불능 사태에 이른 것은 북측 협동농장의 운영체제를 정치적·사상적으로 전면 개혁하지 않으면 정상적인 작동이 어렵다는 것을 시사한다. 이러한 부정과 부패는 전국 협동농장에 확산되고 있는 현상으로 협동농장의 생산을 정상화하는 데 심각한 걸림돌로 작용하고 있다.

새로운 분조관리제는 협동농장개혁의 시발이라는 기대를 모았으나 생산 목표량에서 절대량이 부족함에 따라 당초 약속한 초과생산의 자유처분 대신에 물건을 구매할 수 있는 쿠폰을 배포함으로써 농민들을 실망시켰고 전국적으로 확대 시행되지도 못했다. 그러나 새로운 분조관리제는 북한 협동농장의 개혁방향을 제시한 것으로 북한의 농업생산량이 최소한이라도 정상화될 경우

---

17) 「실익없는 분조관리제에 불만」, ≪월간 동화≫, 5월 호(1999), 123~124쪽.

18) 당비서 및 리당비서의 경우 농사일은 하나도 하지 않고 당사업만 하면서 농사일하는 일꾼보다 몇백 배나 잘살고 있다. 내가 직접 보고 들은 이 현실에 대해서만 쓰고 있을 뿐이지만 이북의 전 지역 농장에서 이와 같은 방법으로 농장원들의 피와 땀을 짜내며 착취하는 리당비서들과 관리위원장들이 상당수가 있다[황만유, 앞의 책(2002), 194~195쪽)].

조만간 도입될 것으로 예상되는 등 의의가 크다.

새로운 분조관리제가 확산되고 정착되기 위해서는 도입 초기단계에서부터 생산성이 향상되고 이에 따라 농민의 소득이 실질적으로 증대되는 사례가 많이 나타나야 한다. 즉, 협동농장의 작업분조에서 목표계획치를 초과하는 생산량을 달성하고 작업분조원들이 초과 생산분에 해당되는 양만큼 추가적으로 분배받으며, 분조원들이 추가분배분을 인근의 농민시장에서 팔아 분조원 모두 높은 소득을 얻게 되면, 새로운 분조관리제 분배제도의 동기유발효과가 구현될 것이다. 그뿐만 아니라 작업분조가 독자적으로 투자를 확대할 수 있는 재원이 확보되어 차기의 농업생산 증대로 이어질 수 있게 되는 것이다.[19]

7. 생산성 증대 목적의 제도

앞서 말했듯이 식량 부족이 위기상황에까지 치달았던 북한은 1996년에 농민들의 생산 의욕을 자극해 농업생산을 증대시키기 위해 새로운 분조관리제[20]를 도입했다. 조총련 기관지인 ≪조선신보≫는 "분조관리제 도입 30돌"이라는 제하의 해설기사에서 "분조관리제의 생활력을 보다 높이기 위한 새로운 조치가 올해부터 취하여졌다"라고 보도하기도 했다.[21] ≪조선신보≫에 따르면 "이상기후 현상과 큰물피해로 농업생산이 커다란 타격을 받고 있는 현실을 반영하여 분조관리제의 생활력을 높이기 위한 새로운 조치가 올해부터 취해졌으며" 그 내용은 다음과 같다. 첫째, 분조의 규모를 이전의 10~25명에서

19) 김성훈 외, 앞의 책(2002), 333~334쪽.

20) 새로운 분조관리제를 '분조계약제'라고 명명하는 경우도 있으나[이영일 외, 『통일북한 핸드북』(한국방송프로듀서연합회 · 평화문제연구소, 1997), 150쪽], 분조관리제 개선에 대해 처음 언급한 ≪조선신보≫(1996년 10월 24일 자)에서도 "분조관리제의 생활력을 보다 높이기 위한 새로운 조치가 올해부터 취하여졌다"라고 표현되어 있으므로 이 글에서는 1996년 이후 시행되고 있는 분조관리제를 '새로운 분조관리제' 혹은 '최근의 분조관리제' 등으로 표현하려 한다.

21) 1996년 10월 24일 자.

7~8명으로 줄이고 '우대제'를 적용하며, 둘째, 농민들이 정상적으로 영농을 추진하면 초과 달성할 수 있게끔 분조 단위의 생산계획을 낮게 설정했다. 즉 1996년의 경우 생산목표량은 1993~1995년 3년간 평균 수확고와 1993년 이전 10년간 평균 수확고를 합하여 나눈 평균치[22]로 정했다. 셋째, 초과한 몫에 대해서는 분조성원들이 직접 나누거나 팔거나 자유로이 처분할 수 있도록 했다.

이러한 새로운 분조관리제에서 가장 주목해야 할 내용은 다음과 같다. 첫째, 분조의 규모를 축소, 세분한다는 것은 노력일을 좀 더 정확하고 직접적으로 계산할 수 있도록 함으로써 분조성원의 책임감을 명확히 하여 성원 간의 통제와 독려를 가능하게 한 것이다. 또한 작업반우대제를 세분화된 분조 단위에 직접 적용함으로써 물질적 욕구를 더욱 직접적으로 자극해 인센티브 제도의 효과를 극대화하려고 노력했다. 둘째, 생산목표를 낮게 설정해 생산목표의 초과 달성 가능성을 제고함으로써 성원의 생산 의욕을 자극하려 했다. 셋째, 초과 생산분에 대해 정부수매를 강제하지 않고 분조의 자유권을 허용했다는 점이다. 특히 초과 생산분에 대한 처분권을 종래의 작업반단위에서 분조 단위로 바꾸고 분조원 서로 간에 처분할 수도 있도록 함으로써 개인 거래가 활성화되는 길이 열렸다는 점이 중요하다.

하지만 새로운 분조관리제가 도입되어 실효를 거두기 위해서는 여러 가지 여건이 갖추어져 있어야 한다. 여건의 상당 부분이 충족되지 않는다면 새로운 분조관리제가 인센티브 제도로서 갖는 실효성이 없어질 수도 있기 때문이다. 북한 농업에서 그 여건으로 볼 수 있는 것을 들면 다음과 같다.

첫째, 목표생산량 책정수준이 현실적으로 이루어져야 한다. 이는 현재 상황의 목표 달성 가능성과 관련된 여건이다. 현재 북한의 식량생산량은 잠재생산능력을 훨씬 밑돈다. 이러한 상황에서 북한 정부가 생산목표치를 현재의 식량생산량 수준으로 낮출 것이라고 보기는 어렵다. 더구나 북한의 과거 통계상의 생산량이 과대평가되어 현실과 괴리가 크다는 점에서 생산기준량 산출과정에서 문제가 나타날 수 있다.[23]

---

22) 이러한 평균치보다 약간 낮게(통상 10% 정도) 1996년 생산계획을 책정했다는 주장도 있다[유영구, 앞의 책(1998), 27~28쪽].

둘째, 물적 토대가 충분히 구축되어 있어야 한다. 작업분조에게 할당된 목표 생산량이 비록 높은 수준으로 책정되어 있더라도 비료, 종자, 에너지 등 농업생산요소가 적기에, 물적 토대가 충분히 공급되고 농업생산기반이 확충된다면 목표생산량을 초과해 생산하는 일이 가능해진다. 그러나 현재 북한은 어려운 경제사정으로 인해 이러한 물적 뒷받침이 극도로 취약해진 상태이다. 셋째, 안정적인 자유시장이 존재해야 한다. 어느 한 작업분조가 목표생산량을 초과 달성했다면 분조구성원은 초과 생산물을 지급받게 될 것이다. 이 분배물을 자유롭게 처분할 수 있는 자유시장이 합법적인 형태로 존재한다면 국정수매가격과 시장판매가격의 차이가 농민에게 확실한 인센티브를 보장하게 될 것이다.

중국이 농촌개혁을 실시하고 난 후 농업생산성과 소득의 변화를 살펴보면 작물의 다각화(상업작물의 재배)와 정부수매가격의 인상이 농업생산 체제의 변화에 의해 나타난 생산성의 변화보다 농업생산성의 향상을 더욱 높여준 것으로 나타난다. 북한은 1950년대부터 공식적으로 운영되고 있는 농민시장 외에도 식량난이 가중되고 난 이후 일종의 암시장인 장마당을 묵인하고 있다. 이 장마당을 통해 매매되는 쌀가격은 시기별 · 장소별로 차이가 있으나 대략 킬로그램당 70원~120원 정도[『북한 사람이 말하는 북한이야기』(좋은 벗들, 2000)의 탈북자 증언 참조]이기 때문에 정부수매가인 60전에 비하면 많게는 200배나 높은 값을 받을 수 있다. 따라서 자유처분권의 실행이 제대로 담보된다면 새로운 분조관리제는 생산력 증대에 큰 기여를 할 수 있을 것이다.

농민시장의 경우 합법적인 시장이기는 하지만 원래 "북한의 농촌에 거주하는 농민들이 텃밭에서 가꾼 채소나 과일, 그리고 손쉽게 만든 수공예품, 소농기구, 산열매 그리고 집에서 키운 개나 염소, 토끼, 닭 등을 팔아서 그들의 생활에 보탬이 되게 하려고 개설"한 것으로 그 규모도 500~1000평으로 소규모이고 10일에 한 번씩 개설된다. 식량난으로 인해 농민시장이나 장마당이 활성

---

23) 북한의 1984년도 1헥타르당 수확량은 벼 7.6톤, 옥수수 6.5톤이라고 발표(제2차 7개년 계획 총화)되었으며, 현재에도 홍수 피해 규모 산출 등에서 1헥타르당 쌀 · 옥수수 모두 6톤을 기준으로 적용되고 있다(≪주간 북한동향≫, 제303호, 10쪽).

화되어 사적 거래가 이루어지고 있기는 하나 여전히 불법적인 형태로 존재한다. 북한 당국은 식량 부족이 매우 심각하기 때문에 단지 이것들을 소극적으로 묵인하고 있을 뿐이다. 자유처분권의 보장을 확실히 하기 위해서는 잉여생산물의 유통구조 개선이 동시에 이루어져야 하지만, 북한이 새로운 분조관리제를 시행하면서 이러한 파격적인 제도적 개선을 시행할 가능성은 현재로서는 미지수다.

제6장

북한의 주체농법과 협동농장 운영체제

1. 주체농법의 의의

1) 주체농법 도입의 배경

김정일 국방위원장은 "나라가 부강하고 흥성거리게 하자면 먹을 것이 넉넉하여야 합니다. 농사를 잘 지어 먹을 것이 넉넉하여야 인민들에게 풍족한 생활을 마련해줄 수 있으며 사회주의 성과를 건설할 수 있습니다"라고 농업에 대한 자신의 견해를 밝힌 바 있다. 이와 같이 독재국가이든 민주국가이든 어느 지도자도 국민의 식량을 확보하는 데 의도적으로 소홀하지는 않는다. 오히려 식량을 확보하는 데 총력을 기울인다는 표현이 적당할 것이다. 북한 역시 1948년 정권 창설 이래로 최고 지도자가 부족한 식량을 확보하기 위해 각종 정책을 추진하는 등 최선을 다했다고 볼 수 있다.

과거 박정희 대통령이 식량 부족을 해결하기 위해 각종 쌀 증산대책을 세운 것과 마찬가지로 북한도 식량증산을 위해 최고 지도자가 직접 나섰다. 1946

년 3월 토지개혁, 1950년 1월 '토지행정에 대하여', 1953~1957년의 농업집단화, 1964년 "우리나라 사회주의농촌문제에 관한 테제", 1976년 자연개조 5대 방침, 1970년대 중반 이후 등장한 주체농법 등이 북한이 식량문제를 해결하기 위한 농정이었다. 이러한 정책들은 추진 당시의 절박한 필요성에 의해 제기되었다. 즉 당시에 발생한 농업생산의 문제점을 반영한 것이다. 따라서 어느 정책은 시간이 지나면서 정책의 의무를 다하고 무용지물이 되기도 하고 어느 정책은 좋은 의도에도 불구하고 비료 등 농자재가 제대로 투입되지 못해 효과를 발휘하지 못하기도 했다. 특히 농경방식, 생산수단, 경영의 생산방향, 경영규모 등으로 구성된 농법을 제대로 설정해야만 농업생산력이 향상될 수 있는데 북한은 농법[1]을 제대로 설정하지 못하고 있다.

북한 농업의 주요 정책은 주체농법이라고 할 수 있다. 모든 협동농장들은 중앙집권적인 통일적 지도하에 주체농법에 따라 농사를 지어야 한다. 주체농법은 김일성 교시에 의한 생산방식으로 북한의 지역특성과 자연조건에 따라 적합한 농작물을 선택해 적기에 재배하도록 개발한 농법이다. 그러나 1995년 이후 계속된 흉작으로 식량난이 가중되면서 그 원인 중 하나가 주체농법이라는 비판이 제기되었다. 따라서 남한에서 북한 농업을 연구하는 학자 및 전문가들은 주체농법의 근본적인 내용 파악보다 주체농업을 식량부족의 주범으로 봄으로써 모든 내용이 현실에 맞지 않는 탁상공론을 폐기해야 한다는 주장을 제기했다. 그러나 어느 시대, 어느 국가의 농정도 전적으로 문제점만 있는 것은 아니다. 농정 추진에 필요한 각종 여건이 조성되지 않아 정책이 실현되지 않을 수 있다는 측면을 간과하고 농정 자체만 탓하는 것은 과학적인 학문 탐구의 태도라고 볼 수 없다. 비판에 앞서 좀 더 정확한 내용 분석이 이루어져야 할 것이다. 이는 향후 효율적인 남북한의 농업통합방안을 마련하는 데 필수적이기 때문이다. 이와 같은 시각에서 주체농법의 내용과 철학을 살펴보고

---

1) 북한은 '농법'의 정의를 '토양비옥도의 지속적 유지와 농작물의 생산증대라는 두 가지 요인을 중심으로 이것을 달성하기 위해 적용되는 기술적 · 조직적 · 경제적 제 대책의 총체'라고 내렸다[사회과학원경제연구소, 『경제사전 I』(평양: 사회과학원경제연구소, 1970), 414쪽].

현실과 어떠한 점이 다른지를 파악해본다. 그리고 북한이 최근에 어떤 요소를 보완해 주체농법을 추진하고 있는지 파악한다. 이러한 시도는 주체농법이 북한에서 주장된 정책인 만큼 객관성을 유지하기 위해 북한 자료를 중심으로 분석하려 한다.

2. 주체농법 대두의 시대적 배경

1) 경제적 배경

1946년 토지개혁을 성공적으로 완수한 북한은 각종 농업정책을 비교적 성공적으로 수행하면서 식량자급 달성에 주력했다. 북한 농업 역사에서 1961년부터 1970년까지는 '사회주의 농업의 전면적 건설의 시기'로 명명된다. 이 기간에 북한 농업의 중요한 정책인 "우리나라 사회주의농촌문제에 관한 테제"가 발표되고 이를 현실에 적용하면서 상당한 성과를 거두었다. 즉 1962년에 최초로 알곡 500만 톤을 달성했다고 한다.[2] 이는 제1차 7개년 계획의 첫해인 1961년에 생산된 483만 톤보다 17만 톤이나 증산된 양이다. 특히 예년에 보기 드문 불리한 일기조건을 극복하고 달성한 예로서 북한 농정의 중요한 획을 긋는 사건이었다. 김일성은 "다음해에 알곡 500만 톤 고지를 점령하기 위한 전투는 매우 중요한 전투이며 어떤 일이 있더라도 이 고지에 승리의 깃발이 휘날리도록 하여야 합니다"[3]라고 언급하는 등 500만 톤 달성에 총력을 기울였고 실제로 일부 성과를 거두기도 했다.

그러나 1963년, 1964년에 각각 500만 톤을 기록한 이후 1965년에 452만 톤으로 감소했다. 이후 1970년대 들어서는 계획경제의 모순이 나오면서 350만 톤에서 600만 톤을 오락가락했다. 특히 식량 생산이 불안한 1970년대 중반부터는 정확한 통계를 발표하지 않았다. 1960년대의 북한의 식량 사정을

---

2) 김일남 · 김세국 · 김융언, 『조선농업사 4』(평양: 농업출판사, 1991), 76~77쪽.

3) 김일성, 『김일성 저작집』 제15권(평양: 사회과학출판사, 1962), 394~395쪽.

1967년 김일성의 발언을 통해 파악해보면 다음과 같다. 김일성은 1967년 2월에 개최된 전국농업일꾼대회에서 경제건설도 잘하고 국방건설도 잘하기 위해 "1961년에 우리의 농업 부문 일꾼들과 전체 협동농장원들이 알곡 100만 톤을 더 내기 위한 투쟁에 떨쳐나서 커다란 성과를 거두었던 것처럼 올해에도 우리는 다시 한 번 알곡 100만톤 증산운동을 벌려 농업생산에서 새로운 전변을 이룩합시다. …… 우리는 금년에 최소한 100만 톤의 식량을 증산해야 합니다. 100만 톤을 증산하면 수입하던 50만 톤을 안 해도 되고 50만 톤을 외국에 수출할 수 있습니다"[4]라고 강조했으나, 결과적으로 1966년보다 16% 증가해 511만 톤을 달성했다고 발표했다.[5] 이러한 발언을 분석해보면 1967년 인구 1200만여 명 선에서 식량을 50만 톤 수입했다는 사실을 알 수 있다. 북한이 식량을 자급하지 못하고 있다는 사실이 드러난 것이다.[6]

1970년대 들어 세계 각국에서 이상기후 현상이 나타나면서 식량 부족 현상이 자주 나타났다. 일본은 1975년에 홍수, 영국은 1976년에 '250년만의 최악의 가뭄', 미국은 1976년에 '125년만의 가장 심한 가뭄' 등을 겪었다. 이상기후 현상은 북한 내부에도 영향을 끼쳤다. 1977년 7~8월 강수량이 평년에 비해 평양 지방에서는 40%, 안주 지방에서는 25%, 사리원 지방에서는 26%밖에 되지 않았다. 이러한 기상이변에서 북한의 식량 생산은 2~3%의 높은 인구증가율을 따라갈 수 없었다. 이에 따라 식량을 증가시킬 수 있는 획기적인 새로운 농정이 필요했다. 이러한 때에 발표된 것이 바로 주체농법이다.

2) 주체농법의 도입 시점

주체농법의 도입 시점은 다소 논란이 있을 수 있다. 왜냐하면 주체농법이라는 용어는 1970년대 중반 이후에 제시되었으나 내용은 1964년 2월 25일 조선

---

4) 김일성, 『김일성 저작집』 제21권(평양: 사회과학출판사, 1968), 128쪽.

5) 김일남 · 김세국 · 김융언, 앞의 책, 80쪽.

6) 남성욱, 「북한의 식량난과 인구변화 추이, 1967~1998」, ≪현대북한연구≫, 2권 1호(1999), 256~257쪽.

노동당 중앙위원회 제4기 8차 전원회의에서 김일성이 행한 "우리나라 사회주의농촌문제에 관한 테제"에 몇 가지를 추가한 것으로 해석할 시에는 발생시점을 1964년으로 볼 수도 있다. 그러나 북한 농정의 흐름으로 볼 때 새로운 농정의 필요성이 대두된 1970년대 중반에 주체농법이 발생했다고 평가하는 것이 타당하다. 그 논거 중 하나는 북한의 다른 정책과 마찬가지로 주체농법도 김일성의 현지지도의 산물이라고 강조했다는 것이다. 주체농법과 관련한 현지지도는 1973년에 이루어졌다. 김정일은 "수령님께서 창시하신 주체농법도 몸소 수많은 농촌을 현지지도하시면서 농민들과 무릎을 마주하시고 그들의 경험을 집대성하여 내놓으신 것입니다"[7]라고 주장했다. 현지지도는 1973년 1월 3~5일 평안북도 녕변군 오봉협동농장, 문덕군 협동농장, 개천시 보부협동농장을 통해 이루어졌다.

김일성은 이러한 현지지도에서 파악한 농촌의 실태에 기초해 1973년 1월 8~9일간 당 중앙위원회 정치위원회를 소집하고 농촌경리를 더욱 강화 발전시킬 과업을 제시했다. 또한 1973년 1월 17일부터 현지지도를 계속하면서 작물재배방법을 연구했다고 한다. 따라서 구체적인 주체농법은 1973년에 제기되었다고 볼 수 있다. 이후 1975년 전국농업대회에서는 주체농법의 포기농사를 강냉이 농사에서 관철하기 위해 400억 포기 심기 과업이 제시되었다. 1976년 9월 11일에는 평안남도 평원군 삼봉협동농장에 대한 김일성의 현지지도에서 평당 벼포기 수를 늘릴 것을 지시했다.[8] 1978년 1월 21일 전국농업대회에서는 김일성이 "주체농법을 철저히 관철하여 농업생산에서 새로운 앙양을 일으키자"라고 발표해 주체농법이 공식화되면서 적극적인 추진이 강조되었다.

---

7) 김정일, 『인민대중중심의 우리식 사회주의는 필승불패이다』(평양: 사회과학출판사, 1992), 41쪽.

8) 박영호, 『농촌테제의 광휘로운 빛발아래 이룩된 위대한 전변』(평양: 농업출판사, 1994), 210~214쪽.

3. 주체농법의 철학

앞에서 언급한 바와 같이 주체농법이 창조된 것은 무엇보다 북한에서 급속하게 늘어가는 농업생산물에 대한 수요를 원만히 충족시키기 위한 절실한 요구에서 비롯되었다. 즉 사회주의 공업화가 빠른 속도로 진행됨에 따라 인민들의 식생활에 대한 개선 요구와 매년 인구가 급증하는 현실이 농업생산물에 대한 수요를 더욱 높였다. 이러한 상황에서 식량증산은 두 가지 방법으로 이루어질 수 있다. 하나는 단위면적당 생산성을 높이는 것이고 다른 하나는 농지를 확장하는 것이다.

후자의 경우 1958년 10월의 100만 정보 관개면적 확장령, 1976년 10월 자연개조 5대 방침 결정, 제2차 7개년 계획기간(1977~1986) 동안 15만 정보의 다락밭 건설, 제3차 7개년 계획 기간(1987~1993) 동안의 30만 정보 간척지 개간 · 20만 정보 새땅찾기 등의 정책이 추진되었으나 당초 의도대로 새로운 농지가 급속하게 증가되지는 않았다. 경작 가능한 토지는 제조물품처럼 쉽게 만들어지지 않기 때문에 '뙈기밭'이라 불리는 미허가 경작지를 개발해 식량난을 해결하려 했다. 그러나 30만 정보의 신규 농지 개간목표는 실제 6~7만 정보의 실적밖에 올리지 못했다.[9] 오히려 무리한 개간과 다락밭 건설로 토사가 농지로 유출되고 산사태가 나는 등 부작용이 심해 1995~1998년 동안 자연재해가 발생했을 때 심각한 문제점으로 대두되기도 했다.

따라서 첫 번째 방법으로 생산성을 높이는 방안이 강구되어야 했다. 즉 부침땅 면적이 제한된 북한에서는 농업증산을 위해서 단위면적당 소출을 획기적으로 높이는 방법으로서 농사를 과학기술적이고 집약적으로 지을 수 있는 새로운 농법의 마련이 절실했다. 이러한 요구를 반영한 농법이 바로 주체농법이다. 김일성은 주체농법을 다음과 같이 정의했다. "주체농법은 우리나라의 기후 풍토와 농작물의 생물학적 특성에 맞게 농사를 과학기술적으로 짓는 과학농법이며 현대과학기술에 기초하여 농업생산을 고도로 집약화하는 집약농

---

9) 권태진, 「북한의 농업실태와 농업발전 전략」, 『북한의 경제개혁에 따른 국제사회의 대북 농업협력 방향』(한국농촌경제연구원, 2003), 29쪽.

법입니다."[10] "생물학적 특성을 파악하고 불리한 기후 조건에서도 안정된 농사를 지을 수 있는 농법을 모색하여 김일성 주체사상을 농업분야에 구현시킨 독창적이고 새로운 농사방법이다."[11] 즉 주체농법이란 북한의 기후 풍토와 농작물의 생물학적 특성에 맞게 농사를 과학기술적으로 짓는 과학농법이며 현대과학기술에 기초해 농업생산을 고도로 집약화하는 집약농법이라는 것이다.

이를 구체적으로 살펴보면 일반적으로 토양과 기상기후 조건이 영농방법에 영향을 주는 근본요소의 하나인 만큼 영농방법은 반드시 해당 지역의 토양조건과 기후 조건 등 구체적인 자연환경에 맞게 개발되어야 한다는 것이다. 그렇게 해야 농작물의 객관적 생물법칙의 요구를 정확히 충족시킬 수 있으며 해당 자연환경에서 많은 소출을 낼 수 있다는 내용이다. 이는 기본적으로 상이한 기후 풍토 조건을 가진 자연환경과 농작물의 생물학적 특성을 이용한 농업의 과학성에 바탕을 둔 것이다.[12]

이와 같은 주체농법은 구체적으로 세 가지 기본철학을 토대로 한다. 첫째, 국토는 크지 않지만 기후와 풍토 조건이 매우 다양하다는 북한의 특성을 농사 짓는 데 고려해야 한다는 것이다. 북한은 산이 많고 삼면이 바다로 둘러싸여 있어서 기후와 풍토 조건의 지대적 차이가 매우 심할 뿐 아니라 한 골짜기 안에서도 남쪽과 북쪽, 산 밑과 산마루, 심지어 필지마다 차이가 있다. 더욱이 봄과 가을에 가뭄이 심하고 농작물 재배기간이 짧으며 장마 및 태풍이 교대로 발생한다는 것을 인정해야 한다. 이러한 조건에서 기상기후에 대한 정확한 판단과 복잡한 지형에 대한 올바른 진단 없이는 농작물을 과학적 이치에 맞게 재배할 수 없다는 인식이 주체농법의 기반이다. 주체농법에서 북한 특유의 기후와 풍토 조건을 중시하는 것은 주체농법이 동아시아의 전통농법을 존중하는 시각에 기초해 정립된 것이기 때문이다. 김일성은 "윤작법이라는 것은 밭을 엇바꾸어가면서 한 해씩 묵혔다가 농사를 짓는 방법인데 소련과 같이 경작지가 많은 나라에서는 그런 방법으로 농사를 짓는 것이 좋을 수 있습니다. 그

10) 김일성, 『김일성 저작집』 제36권(평양: 사회과학출판사, 1983), 227쪽.
11) 김승준, 『우리나라 농촌문제 해결의 빛나는 경험』(평양: 농업출판사, 1992), 136~137쪽.
12) 김일남 · 김세국 · 김융언, 앞의 책, 115~125쪽.

러나 경작지가 제한되어 있는 우리나라에서는 그런 방법으로 농사를 지을 수 없습니다. …… 지력을 높이기 위해서는 논밭 깊이갈이를 해야 합니다. 유기질비료를 많이 내고 흙깔이를 하며 논밭 깊이갈이를 하는 것, 이것이 논밭의 지력을 높이는 데서 틀어쥐고 나가야 할 세 가지 과업입니다"[13]라고 하며 전통적인 북한의 기후 풍토 고려의 중요성을 언급한 바 있다.

둘째, 다른 철학적 기반은 농사는 농작물의 생물학적 특성을 정확히 인식하고 그에 맞게 생육조건을 갖추어주는 것이 중요하다는 것이다. 각 농작물의 생물학적 특성을 정확히 파악하고 그의 생산잠재력을 충분히 발현시키기 위한 조건을 보장하는 것이 증산에 필수적이다. 그래서 농작물의 생육시기별 영양물질에 대한 요구, 흡수된 각각 영양원소들이 수확물 형성에서 맡는 영양생리적 역할, 토양의 물리화학적 성질 등 농작물의 생물학적 특성과 재배환경에 대한 전면적인 분석에 기초해 농작물의 생물학적 본성과 그 요구를 충분히 보장하는 것이 중요하다는 이론이다.

셋째, 주체농법은 현대 과학기술에 기초해 농업생산을 고도로 집약화하는 농법이라는 것이다. 즉 생산성이 낮은 토지들을 개량하고 여러 가지 비료들을 투입함으로써 지력을 높이며 포기농사를 하고 남새 밭에 사이그루를 심는 등 경종방법을 통해 단위당 소출을 제고한다는 이론이다. 이를 위해 모든 영농작업은 현대적인 기계수단과 화학수단들을 제철에 이용할 경우 생산성을 높일 수 있다는 것이다.

4. 주체농법의 내용과 협동농장 운영

주체농업이 역사적으로나 내용적으로 독자적인 평가가 가능할 정도의 정연한 이론체계나 내용을 갖추고 있다고 평가하기는 어렵다. 오히려 북한 사회주의의 구성원리인 주체사상을 농업 부문에 구현한다는 의미가 강하다고 볼 수

---

13) 김일성, 『김일성 저작집』 제42권(평양: 조선로동당출판사, 1995), 225~226쪽.

있다.[14] 특히 자주적 입장을 견지한다든지 인민대중에 의거하고 현지 실정에 맞는 농업방식을 채용하는 등 창조적인 방법을 구현한다든지, 사상을 기본으로 틀어쥐어야 한다든지 등의 주체사상 지도원칙을 농업에 구현하고 있다.[15]

주체농법은 협동농장을 중심으로 세 가지 원칙하에 추진되었다. 첫째, 농촌에서 기술 · 사상 · 문화혁명을 철저히 수행해야 한다. 도시와 농촌 간의 차이가 있고 노동계급과 농민 간의 계급적인 차이가 존재한다는 사실 자체가 농촌의 계속적인 혁명을 필요로 한다고 간주했고 기술, 사상, 문화 혁명 중에서도 사상혁명을 가장 중요한 과제로 삼았다.

둘째, 농민에 대한 노동계급의 지도, 농업에 대한 공업의 협조, 농촌에 대한 도시의 지원을 강화해야 한다. 셋째, 농촌경리에 대한 지도와 권리를 공업의 선진적인 기업관리 수준에 끊임없이 접근시키며, 전 인민적 소유와 협동적 소유의 연계를 강화하고 협동적 소유를 전 인민적 소유에 부단히 접근시켜야 한다. 이러한 원칙은 무엇보다 협동농장의 집단영농을 기본전제로 하고 있기 때문에 주체농법과 협동농장은 불가분의 관계를 갖고 있다. 주체농법은 농업의 생산성을 높이기 위한 기술적 측면을 강조하고 농업의 집단주의 성향을 강화하려는 의도가 있기에 협동농장의 운영과 깊은 상관관계를 보인다. 특히 농민들의 사상적 무장을 제고하려는 의도는 협동농장 운영체제의 비효율성을 제거하려는 시도와 맞물려 있다고 할 수 있다.

주체농업은 세 가지 원칙하에서 추진되는데 순수한 농법에 관한 협의의 주체농법과 농사 외에 사상과 기술에 관한 전반적인 사항을 포함하는 광의의 주체농법으로 구분할 수 있다. 우선 광의의 주체농법은 기술혁명의 일환으로 수리화 · 전기화 · 기계화 · 화학화 등이 포함된다.[16] 또한 농민들의 사상무장 등

---

14) 이일영, 「북한농법의 전개와 개혁의 전망」, 제4회 북한 농업 기반 국제세미나(농어촌진흥공사, 1998), 104쪽.

15) 이일영, 「북한의 농법」, 김성훈 · 심의섭 편저, 『사회주의와 북한의 농업』(비봉출판사, 2002), 229쪽.

16) 이 부문에 대한 분석은 북한 문헌은 이철희, 『식량문제 해결경험』(평양: 사회과학출판사, 1992), 국내 문헌은 Nam Sung Wook, "Prospects of Grain Production, Consumption and Trade in North Korea," Ph.D Dissertation, University of Missouri-Columbia

도 포함된다. 그러나 이 장에서는 농사에 직결되는 협의의 주체농법에 국한시키기로 한다. 왜냐하면 광의의 주체농법은 비농업적인 요소들이 상당한 비중을 차지해 순수한 농업분석이 이루어지기 어렵기 때문이다. 주체농법은 과학기술적으로 농사를 짓는 것을 강조한다. "농업생산을 높이는 기본방도는 주체농법의 요구대로 농사를 과학기술적으로 짓는 것입니다. 농촌경리부문에서는 모든 농사일을 제철에 질적으로 하며 농작물의 재배관리를 과학기술적 리치에 맞게 잘하여야 하겠습니다."[17] 이러한 과학기술적 농사에는 다음과 같은 내용이 포함된다.

1) 적지적작(適地適作), 적기적작(適期適作)

이는 해당 지역의 토양과 기상기후 조건에 맞게 작물을 배치하고 모든 농사일을 제철에 질적으로 수행한다는 것이다. 북한의 협동농장에서는 협동농장의 계획을 작성할 때, 기초자료로서 '땅의 리력서'라고 불리는 '토양분석표'[18]를 마련한다. 토양분석표는 해마다 진행한 토양조사자료에 기초해 작성되는데 어느 땅이 어느 정도 산성화되었고 어떤 성분이 얼마나 부족한가를 상세하게 분석해 기록한 것이다. 이러한 토양분석표에 따라 종자를 심고 비료 보충계획을 세운다. 또한 협동농장들은 '토지등급'[19] 규정에도 신경을 쓴다. 각 협동농장은 토지등급을 통해 수확계획과 노동일수 투입계획을 정확히 세우고 있다.

또한 농작물의 품종을 정확히 배치하는 것을 중요시한다. 품종으로는 국가적으로 등록되고 파악된 것을 선택한다. 이를 위해서는 작물배치를 작은 지역단위별로 배치함을 원칙으로 한다. 작물의 배치를 고도별 지대구분과 적산온도에 근거해 배치하던 체계에서 국지기상을 고려한 좀 더 세분화되고 지역적

(1998); "Discussion on Input Factors of Grain Production and Consumption in North Korea," *Journal of Rural Development*, 22(1999).

17) 1980년 김일성 신년사, 11~12쪽.

18) 오대호, 『협동농장관리운영경험』(평양: 사회과학출판사, 1989), 55쪽.

19) 오대호, 앞의 책, 56쪽.

인 배치로 전환한다.[20] 정무원 농업위원회에서는 김정일의 지시에 따라 정무원 결정 제70호(1976.1.7)와 농업위원회명령 제15호(1972.4.17), 농업위원회지시 제15호(1978.3.20)를 통해 벼, 강냉이, 콩 품종의 지대별·도별 배치를 정확히 하도록 조치를 취했다.

이러한 조치에 따라 강냉이 배치에서 획기적인 전환이 일어났는데 1975년에는 옥수수밭이 감자 등 기타 작물로 전환되었다. 2002년에는 감자농사혁명을 추진하기 위한 시범농장으로 지정된 양강도 대홍단군종합농장과 삼지연군 포태종합농장을 중심으로 지력 향상을 위한 유기질 거름생산 및 운반, 농기계와 중소 농기구 준비, 이모작 앞그루 감자 심기 등에 중점을 두었다. 감자 생산증대를 위해 감자밭 가꾸기와 감자역병 방지대책을 세웠고 노동지원을 독려해 내각, 성, 중앙기관이 감자농사를 지원하고 있다.[21] 최근에는 농업생산의 다각화가 추진되고 있고 협동농장에서는 알곡 생산을 위주로 하면서 공예작물 재배, 남새생산, 축산업, 과수업, 잠업, 과일을 결합해 생산하고 있다.

2) 밀식재배와 연작(連作)

밀식재배는 포기농사를 의미하며 이는 단위면적당 작물 재배 포기 수를 높이고 경지의 모든 공간을 효과적으로 활용할 수 있게 하는 농사방법이다. 포기농사는 "작물을 배게 심고, 포기의 생산능력을 최대한 나타낼 수 있도록 가꾸어 포기마다 옹근 소출을 내게 하는 농사방법"이라고 정의된다.[22] 협동농장들은 제한된 땅에서 농산물에 대한 수요를 충족시키기 위해 농작물별 포기 수, 포기의 배치형식, 포기별 비료주기와 농작물가꾸기, 물대기를 비롯한 포기농사에서 제기되는 문제들을 해결하고자 노력하고 있다.[23] 포기농사를 잘하

---

20) 임상철 외, 「북한 주체농법의 실상과 농업생산의 기술적 특성」, ≪북한농업연구≫, 제3권(1996), 61쪽.

21) 『북한농업 및 농정동향 분석』(한국농촌경제연구원, 2002), 63쪽.

22) 『백과전서』(평양: 과학백과사전출판사, 1983), 662쪽.

23) 오대호, 앞의 책, 63쪽.

기 위해서 단위면적당 투자를 늘리는 방법을 주로 사용하는 것이다. 일부에서는 "북한 농업에서 밀식재배만 계속하고 있는 것에 대하여 북측관계자는 지력이 낮아 평당 유효경수 120주 이상을 확보하기 위해 밀식을 추천하고 있으며, 남쪽처럼 지력이 높으면 북쪽도 당연히 평당 80~90주의 재식 밀도를 추천한다"[24]라고 지적하기도 한다. 연작은 동일한 토지에서 돌려짓기나 휴경 없이 동일한 작물을 연속적으로 재배하는 것이다. 주체농사에 중요한 영농원칙은 포기농사 원칙이다. 포기농사는 주어진 품종과 품질기술수단이 허용하는 정도에서 작물을 최대한 밀접하게 심고, 포기를 대상으로 비배관리를 과학기술적으로 하여 포기마다 최대한 소출을 내게 함으로써 높은 수준의 수확을 추진하는 것이다.

3) 시비체계의 과학화

김일성은 "과학적인 시비체계를 세우고 생물학적 특성에 맞게 비료를 주어야 벼의 생육을 왕성하게 할 수 있습니다. 도들에서는 올해에 얻은 시비경험을 구체적으로 총화하고 자기 도 실정에 맞는 시비체계를 세움으로써 시비혁명을 일으켜야 하겠습니다"라고 화학비료 살포의 중요성을 강조했다.

경작지의 필지단위로 시비량과 시비방법을 규정해놓고 벼의 경우 이랑 사이에 시비기계를 두고 생육기별로 철저히 시비한다. 화학비료와 함께 부식토 및 거름을 배합해 시비하도록 지도하고 있다. 화학비료를 주어야 할 시기에 여러 가지 비료가 적절히 공급되지 않는다면 농업생산의 역효과가 나타날 수 있기 때문에 시비체계의 과학화는 중요하다. 이는 영농물자가 얼마나 보장되는가와 관련 있다. 북한은 영농물자의 보장을 "농업생산을 계획적으로 진행하기 위해 가장 중요한 조직사업의 하나"[25]로 본다. 영농물자가 원만히 보장되지 못하면 적기적작의 원칙이 진행되지 않고 생산성이 향상될 수 없으며 협동

---

24) 김운근, 「북한 농업의 최근 동향과 2001년 작황」, 『KREI 북한 농업동향』(한국농촌경제연구원, 2001), 7쪽.

25) 오대호, 앞의 책, 63~74쪽.

농장이 합리적으로 운영되지 않기 때문이다.

4) 다락밭 건설

북한 농정당국은 농경지 부족을 해결하기 위해 전국의 모든 지역을 알곡 생산기지화한다는 목표를 정했다. 경사도가 15~30도 정도 되는 산간지역을 다락밭으로 만들고 지력 향상을 위해 유기물과 비료 운반용 삭도까지 설치하고 전국을 알곡 생산기지화했다. 이렇듯 다락밭 건설은 새땅찾기운동의 일환으로 추진되었다.

〈표 6-1〉과 같이 경사도별 밭면적 현황을 시도별로 살펴보면 5도 이하의 밭은 평북에 15.7%, 황남에 13.8%, 황북에 12.8%, 평남에 11.8%가 분포되어 있다. 16도 이상 급경사 밭면적이 가장 많은 지역은 황북으로 13.8%가 분포되어 있으며, 다음은 자강 13.0%, 평남 12.9%, 강원 11.8% 순으로 나타났다. 북한 지역의 다락밭을 보면 전체 밭면적의 14.1%에 해당하는 11만 6000헥타르의 급경사지 밭 중 약 10.4%인 1만 2000헥타르만 다락밭으로 개조한 것으로 나타난다.

북한 지역 밭면적 중 약 2분의 1이 6도 이상의 경사지에 위치하고 있는데도 불구하고 다락밭 면적은 북한 지역 전체 밭면적의 약 1.5%에 불과한 면적으로 조사된다. 이는 급경사지에 위치한 밭면적 중 대부분이 다락밭을 만들기에 부적합한 급경사지이거나 다락밭으로 개조하는 데 많은 노력과 비용이 소요되기 때문에 경사지를 그대로 이용하는 것으로 추정된다.

한편 〈표 6-2〉와 같이 다락밭 면적의 시도별 분포를 보면 양강도가 2402헥타르로 가장 많고 그다음이 평남 2061헥타르, 함북 1682헥타르, 평북 1676헥타르 순으로 대체로 16도 이상 경사지 면적에 비례해 분포하는 것으로 나타난다.[26] 북한 지역 경사지 밭면적을 분석해볼 때, 다락밭을 제외한 16도 이상의 급경사지 밭면적과 약 28만 6000헥타르에 해당하는 6~15도 경사지 밭면적 중

---

26) 김병철, 「북한의 농업생산기반 현황과 과제」, 『한국농촌사회학회 2002년도 학술대회 및 정기총회 자료집』, 75쪽.

〈표 6-1〉 경사도별 밭면적 분포 현황

(단위: 헥타르, %)

시도별	5° 이하	6~15°	16° 이상	계
평양시	22,085 (66.88)	7,348 (22.26)	3,587 (10.86)	33,020 (100.00)
평 남	50,084 (52.90)	29,603 (31.27)	14,997 (15.83)	94,684 (100.00)
평 북	66,430 (54.46)	44,557 (36.53)	11,003 (9.01)	121,990 (100.00)
자 강	18,394 (32.53)	23,041 (40.74)	15,118 (26.73)	56,553 (100.00)
황 남	58,456 (54.94)	39,097 (36.75)	8,846 (8.31)	106,399 (100.00)
황 북	54,393 (51.61)	34,883 (33.10)	16,114 (15.29)	105,390 (100.00)
강 원	32,369 (48.45)	20,638 (30.90)	13,791 (20.65)	66,798 (100.00)
함 남	40,234 (50.80)	28,662 (36.19)	10,305 (13.01)	79,201 (100.00)
함 북	48,826 (55.25)	28,579 (32.34)	10,971 (12.41)	88,376 (100.00)
양 강	23,550 (44.83)	19,883 (37.84)	9,103 (17.33)	52,536 (100.00)
개성시	3,906 (36.66)	5,248 (49.26)	1,500 (14.08)	10,654 (100.00)
남포시	5,066 (46.86)	4,597 (42.52)	1,148 (10.62)	10,811 (100.00)
계	423,793 (51.28)	286,136 (34.62)	116,483 (14.10)	826,412 (100.00)

자료: 김병철, 「북한의 농업생산기반 현황과 과제」, 한국농촌사회학회 2002년도 학술대회 및 정기총회 자료집, 75쪽.

상당 부분은 토양침식 방지시설을 갖추지 못해 유실의 우려가 있는 상태로 방치되는 것으로 추정된다.[27]

---

27) 농업기반공사 · 농어촌연구원, 『북한의 동해안지역 농업용수체계 현황 및 개선방안 연구』(농림부, 2002), 56쪽.

〈표 6-2〉 다락밭 분포 현황

시도별	16° 이상 면적(ha)	다락밭 비율(%)	다락밭 면적(ha)
평양시	3,587	4.02	144
평 남	14,997	13.74	2,061
평 북	11,003	15.23	1,676
자 강	15,118	15.89	2,402
황 남	8,846	2.21	195
황 북	16,114	8.78	1,415
강 원	13,791	6.77	934
함 남	10,305	14.10	1,453
함 북	10,971	15.33	1,682
양 강	9,103	0.49	45
개성시	1,500	3.31	50
남포시	1,148	0.13	1
계	116,483	10.35	12,057

자료: 김병철, 「북한의 농업생산기반 현황과 과제」, 『한국농촌사회학회 2002년도 학술대회 및 정기총회 자료집』, 75쪽.

5. 주체농법의 문제점과 향후 방향

1) 주체농법의 문제점

주체농법은 급증하는 인구증가에 맞추어 제한된 토지에서 식량을 적기에 공급하려는 북한 농정의 절박한 몸부림이다. 국토의 70% 이상이 산지이고 시베리아 북서풍의 영향을 받는 기상기후 조건하에서 식량을 매년 증산하는 것은 용이한 일이 아니다. 북한 농업의 품종, 재배기술 등 시험장에서의 농업기술 개발수준은 중진국 수준이지만 주체농법에 얽매여 있어 생산현지에서 제 기능을 발휘하지 못하고 있다.[28] 주체농법은 제3국에서 보면 불합리한 면이 많지만 북한의 입장에서 보면 불가피한 선택이었다. 1970~1980년대에는 일정 부문 성과를 내기도 했다. 그러나 1990년대 들어 주체농법의 문제점이 대두되기 시작했다. 농법 자체의 문제점도 있지만 농법을 유지할 여건도 미흡했

28) 권태진, 앞의 책, 30쪽.

다. 일단 주체농법의 문제점을 항목별로 살펴보고 대안을 모색해보기로 한다.

첫째, 밀식재배의 문제다. 유기질 비료와 화학비료의 시비량이 충분할 경우 밀식재배는 어느 정도 증산의 성과를 거둘 수 있다. 그러나 시비량이 충분하지 못할 경우 밀식재배는 토양의 지력을 급속하게 떨어뜨린다.[29] 비료 부족으로 시비량이 충분하지 못한 가운데 밀식재배를 강조함으로써 토양을 산성화시켰다. 밀식재배에서 작물 간격이 좁아지면서 통풍이 저해되었고 병충해가 빈번히 발생하게 되었다. 일본의 농업전문가인 일본농업경영자연맹 회장 이나가키 쓰네오(稲垣恒夫)는 논문 「북조선 농민과의 대화」[30]에서 "일본은 벼를 1제곱미터당 18~20주를 심지만, 북한은 60주를 심고 수확량 증가에 밀식은 금기다. 옥수수는 지력을 크게 떨어뜨려 농업에서 필요악이다. 중국 황허중류 산둥 성 등지에서는 옥수수 연작방법을 사용하기도 하는데 이 지역은 북한과는 비교가 안 될 정도로 기름진 땅이다. 이곳은 세계적으로 특별한 지역인데 북한이 이 농법을 도입한 것은 비극이다"라고 주장했다.

그간 북한에서는 국제사회의 권고를 감안해 옥수수의 밀식을 어느 정도 조정하려는 움직임도 있었으나 기본적으로 옥수수의 밀식은 그대로 유지되고 있다. 옥수수 외 다른 작물도 다른 나라에 비하면 여전히 밀식이라고밖에 볼 수 없다. 집약적 생산의 지향은 주체농법을 구성하는 핵심 내용이므로 당분간 근본적으로 변화하기는 어려울 것이다. 다만 극심한 식량위기를 맞이해 과학기술을 중시함으로써 종전의 사상중시 유형으로부터 기술 중시 유형을 일부 결합하는 방향을 추구하는 것으로 평가된다.[31]

둘째, 산지의 무분별한 다락밭 개간으로 토사가 유출되어 1995~1996년 대홍수가 났을 때 피해가 컸다. 특히 다락밭에서 뿌리가 깊지 않은 1년생 옥수수를 주로 재배해서 토사가 유출되면서 산사태가 났다. 농경지의 유실, 매몰과 하천의 하상이 높아지는 등 문제가 극심했다.[32] 셋째, 집중적인 시비량으

29) 유종열, 「북한의 식량문제 해결방안」, 『1997년도 제3회 북한농업기반 국제세미나자료집』, 164쪽.
30) 『This is 讀賣』(도쿄: 요미우리 신문사, 1997).
31) 양문수, 「김정일 시대 북한의 경제운용과 과학기술중시정책」, ≪통일문제연구≫, 통권 35호(평화문제연구소, 2001), 194쪽.

로 수질오염 등 환경오염이 발생하고 토양 산성화가 촉진되었다. 물론 비료 자체가 부족해 시비량이 감소했으나 여전히 토양 산성화는 심각한 문제다.

2) 주체농법의 향후 방향

북한은 지난 1999년 2월 24일 평양에서 개최된 사회주의 농촌테제[33] 발표 35주년 기념 중앙보고 대회에서 조심스럽게 주체농법을 김정일 시대에 맞게 재해석하고 있다. 홍성남 내각총리는 "김정일 동지는 비범한 예지와 통찰력으로 최근년간 우리나라 농업의 실체를 깊이 헤아리고 주체농법은 농민들의 의사와 자체 실정에 맞게 농사짓는 과학농업이라고 그 본질을 밝혔다"라고 보고하고, "주체농업을 왜곡 집행해 농업생산을 저해해온 현상은 바로잡았다"[34]라고 밝혔다. 과거에 경직적으로 적용되던 주체농법이 식량난을 겪으면서 지역에 따라 탄력적으로 적용되는 것을 허용한 것으로 농업정책의 변화 방향을 예측할 수 있게 해준다.

즉 과거와 같은 경직된 작부계획을 대신해 작물의 다각화, 감자농사 혁명, 이모작 사업, 종자개량 등을 추진함으로써 생산력 회복을 도모하기 시작했다. 윤작을 장려하거나 지력증진, 유기질 비료의 증산, 녹비작물의 재배 확대, 생물농약의 사용 등 바람직한 기술을 적용하려고 노력하고 있다.[35] 또한 북한은 농업 부문에 대한 투자확대도 계획하고 있다. 지난 1999년 4월 7일 개최된 최고인민회의 제10기 2차 회의에서 농업 부문의 올해 국가예산을 전년 대비

---

32) 남성욱, 「남북농업생산의 교류와 협력방안」, 한국농업경제학회 하계학술회의 발표자료(2000.7).

33) 1964년 2월 24일 김일성은 1958년 집단농장제도 실시 이후, 농업생산성 증가에 대한 한계를 인식했으며 농업문제 해결의 장기적 해결 방안으로 농촌의 사상 · 기술 · 문화혁명 추진, 농업에 대한 공업의 협조 및 농촌에 대한 도시의 지원 강화, 협동적 소유를 전 인민적 소유로 유도하기 등을 제시했다.

34) 남성욱, 「북한농정 추진방향과 남북농업협력 추진방안」, 북한농업연구회, 『북한농업연구』(2000), 7쪽.

35) 권태진, 앞의 책, 49쪽.

11% 늘려 편성했다.

한편 1999년 2월 4월에 걸쳐 「농업법」, 「인민경제계획법」[36] 등 경제 관련 법을 연속적으로 제정 발표했다. 이는 식량난 지속에 따른 경제질서의 붕괴를 다시 정비하고 농민시장 등 일부 현실적으로 진행되는 시장경제를 일정 부분 인정하면서 주민들의 체제 일탈을 방지하기 위한 것으로 풀이된다. 특히 농업법은 농업의 경리형태, 농업생산성 제고 대책과 함께 작업반우대제와 분조관리제를 통해 성과급제를 강화함으로써 주목받고 있다.

앞서 언급했다시피 작업반우대제와 분조관리제는 일종의 집단적 상금제[37]로서, 기준 이상의 성과분을 생산자에게 제공해 개인 또는 소집단 간의 경쟁 여건을 만들어 생산의 효율성을 극대화하는 것이다. 북한에서는 상금제를 "그 단위 또는 해당한 사람들이 사회를 위하여 더 낸 순소득의 일정 부분을 그들의 소득으로 주는 것이다"라고 규정하고 있다.[38] 특히 협동농장 작업반우대제는 "생산을 높이기 위해 창발성을 내도록 자극하는 데서 어느 상금제보다도 더욱 강하다"[39]라고 말한다. 왜냐하면 작업반우대제는 우대기준을 넘어서는 생산물을 해당 작업반원들에게 모두 나누어 주는 상금제 중에서도 특수한 상금제이기 때문이다.

그러나 조직 간의 경쟁에 의해 경영효율화를 촉진시킬 구조적 여건이 아직 마련되지 않아 협동농장 개별노동에 대한 동기유발이 협동농장 전체에 대한

---

36) 1999년 2월에 발표된 「농업법」은 6장 78조로 구성된다. 1999년 4월 9일 최고인민회의 제10기 제2차 회의에서 채택된 「인민경제계획법」은 6장 48조로 이루어졌다.

37) 김일성은 농업에 있어 상금제에 대해 다음과 같이 말한 바 있다. "우리는 사회주의분배원칙에 튼튼히 의거하면서 조합원들의 생산 의욕을 더 북돋아주기 위한 적극적인 대책을 세워야 하겠습니다. 생산계획을 초과 완수하였을 때에는 특별한 상금을 주는 제도를 생각해볼 필요가 있습니다."[김일성, 『김일성저작집』 제14권(평양: 조선로동당출판사, 1981), 69쪽]; "웬만큼 노력하면 할 수 있는 계획을 주고 그것을 넘쳐하려는 농민들의 의욕을 북돋아주며 넘쳐 수행한 데 대한 상금이 실지로 차례지도록 하여야 합니다" [김일성, 『김일정저작집』 제14권(평양: 조선로동당출판사, 1981), 158쪽].

38) 리진규, 『위대한 수령 김일성동지께서 밝히신 사회주의적농업로동보수제에 관한 리론』(평양: 과학백과사전출판사, 1986), 296쪽.

39) 리진규, 앞의 책, 296쪽.

경영 및 생산 효율화로 연결되지 못하고 있다. 결론적으로 북한은 과거 농정의 핵심지주였던 주체농법의 의미를 재해석하면서까지 식량난 극복에 주력하고 있다. 향후 각종 농자재를 충분히 공급하고 각 지역에 맞게, 즉 농민에게 작물선택권을 돌려주어 본래의 적지적작 원칙을 고수한다면 주체농법의 장점이 발휘되어 식량증산에 기여할 것이다.

6 · 15 정상회담을 계기로 남북한 간의 농업교류가 활발해지고 있다. 교류초기에는 여전히 남측의 지원이 필요할 것이다. 남북한의 경제적 차이가 1990년 당시의 동서독보다 더 심하기 때문이다. 초기에는 식량 및 농자재 지원에서, 그리고 시간이 지나면서는 남북한 간의 상호 보완적인 농업협력이 이루어질 수 있을 것이다. 남측은 북측이 필요로 하는 농자재를 지원하고 북측은 한국이 중국 등에서 수입하는 작물의 일부를 제공할 수 있을 것이다. 그러기 위해서는 우선 북한의 농법과 농사 실태를 알아야 한다. 비판에 앞서 북한의 주체농법이 갖는 장단점을 정확하게 파악하는 것이 필요하다.

물론 식량난의 주범이 무슨 장점이 있겠냐는 반론도 있을 수 있지만 주체농법은 북한의 현실이기 때문에 우리의 연구 대상이 되어야 한다. 북한의 주체농법은 상대적으로 견고하고 안정적인 체계를 갖고 있다. 흔히 아는 것처럼 자의성 · 비합리성으로 가득 찬 허구적 존재가 아니며 북한에 고유한 여러 조건과 상호 보완적으로 결합된 집약농법이자 대농장체제이기 때문이다.[40]

---

40) 이일영, 앞의 책(2002), 236쪽.

제7장

협동농장 운영과 곡물생산함수 분석

1. 북한 식량난 원인 분석과 기존 연구 검토

최근 북한의 식량난이 지속되면서 식량난의 원인과 대책에 관한 다양한 전망이 대두되고 있다. 일부에서는 북한의 식량난이 수년간 지속되자 북한의 식량 부족 문제가 점차 만성화되고 구조화된 문제가 아닌가 하는 예측이 나오고 있다. 이러한 전망 외에 지난 1995년, 1996년의 대홍수와 1997년의 극심한 가뭄, 1998년의 일부 서해안 곡창지대의 호우 등 자연재해로 인해 북한의 식량 생산이 일시적으로 감소되었다는 분석도 있다.

또한 1990년대 초 이래로 러시아, 중국 등 전통 우방국가들의 경제적 지원이 감소하면서 심화된 경제난이 농업생산에 부정적인 영향을 미쳤다는 평가도 있다. 1960년대부터 집중 투자된 중공업 부문에 필요한 원료 도입과 유류를 구하기 어려울 만큼 경제사정이 나빠져 북한의 산업가동률이 저하되고 농업 부문 관련 산업들이 침체되어 식량난이 더욱 가중되고 있다는 것이다.[1)]

한편 개인의 생산 인센티브가 결여된 집단농장제도가 농업생산성을 떨어뜨리고 있다는 주장도 있다. 집단농장체제하의 노동능률 저하가 농업생산성에 영향을 미친다는 점은 북한 정부가 허용한 개인 처분이 가능한 텃밭의 단위당 수량이 집단농장의 두세 배에 달한다는 사실에서 입증된다. 북한 주민의 주식인 쌀, 옥수수 육종 수준이 중진국 이상이면서 생산성이 낮은 것은 집단농장 체제에 따른 능률 저하에 기인하는 바가 크다.[2)]

이러한 다양한 원인 분석에 대해 각각의 대책이 제시될 수 있다. 날씨와 같은 기상이변이 식량 생산을 감소시켰다는 분석에 따르면 날씨가 정상화될 경우 식량 생산도 정상화될 것이다. 또한 경제난에 따른 영농자재 공급부족을 원인으로 본 분석에서는 비료 농약 등 자재가 충분히 공급될 경우 생산량이 회복될 것이라고 본다. 그리고 집단농장제도의 문제점을 제기하는 연구들은 공동생산제도를 개인생산제도로 전환시킨 1978년 중국의 농업개혁을 문제 해결의 대안으로 제시한다.

그러나 북한 식량난에 대한 이러한 다양한 관측에도 불구하고 과연 식량난의 원인이 무엇인지에 대한 경제적·농학적 분석은 지금까지 이루어지지 않고 있다. 오히려 식량난에 대한 섣부른 정치사회적 분석이 주류를 이루고 있다. 이는 북한이라는 폐쇄사회의 특수성 때문에 어느 정도 불가피한 것이기도 했다. 특히 농업 및 산업 생산에 관한 각종 통계가 부족한 것은 이러한 불가피성을 일정 부분 합리화시켰다. 한편 글로벌 경제시대의 상호의존 현상은 통제사회인 북한에도 영향을 미치기 시작했다.

1990년대 들어 북한 경제에 대한 각종 현황 및 자료공개가 이러한 한계를 극복할 수 있는 여건을 마련해주고 있다. 특히 북한이 각종 원조를 받기 위해 국제식량농업기구(FAO), 세계은행(IBRD) 및 국제통화기금(IMF) 등 수십 년에 걸쳐 국제기구에 일관성 있는 시계열 자료를 제출하면서 북한의 식량문제를 경제학적으로 분석하는 것이 부분적으로 가능하게 되었다. 국제기구는 북한이 제출한 자료를 현실 여건에 맞는지 여부를 재추정하는 작업을 통해 비교적 정

---

1) 권태진, 「북한의 농업실태와 농업발전 전략」, 한국농촌경제연구원, 『북한의 경제개혁에 따른 국제사회의 대북 농업협력 방향』(2003), 31쪽.

2) 권태진, 앞의 책(2003), 32쪽.

밀화된 자료를 재생산하기 시작했다. 이러한 통계와 간헐적으로 북한이 발표한 자료를 바탕으로 북한 식량 생산의 투입에 따른 산출분석을 시도할 수 있게 되었다. 이러한 산출분석을 근거로 식량난에 대한 해결대책을 제시할 수 있다.

따라서 본 연구는 북한 곡물생산에 사용된 모든 투입 요소를 고려해 곡물생산함수를 구성하고 북한 곡물생산의 문제점을 분석해서 대응방안을 찾아내는 데 있다. 구체적으로 본 연구는 다음과 같은 목적을 갖는다. 첫째, 북한 곡물생산함수를 구성하는 데 있다. 생산함수는 투입 요소와 산출량과의 인과관계를 설명한다. 즉 곡물생산에 투입된 수많은 요소들 중 어떤 변수가 생산량에 어느 정도 영향을 주었는가를 분석한다. 둘째, 투입 요소의 생산함수 기여도를 통해 곡물생산 부진의 문제점을 발견하여 증산을 위한 대책방안을 강구한다. 그동안 국내외적으로 북한 식량문제에 대한 연구가 진행된 만큼 이에 대한 문헌연구를 한다. 생산함수 구성에 이용된 변수들의 시계열 통계에 대한 출처와 신뢰성 문제를 살펴본다. 그다음 곡물생산에 투입된 다양한 변수들을 고려해 생산함수를 구성한다. 회귀분석을 통해 투입된 생산요소들의 통계적 유의성을 검증하고 곡물증산을 위한 대책을 제시한다. 그리고 마지막으로 회귀분석에 대한 결론을 제시한다.

초창기 북한의 식량 생산에 대한 연구는 여타 북한분야 연구와 같이 남한의 국력이 북한의 국력보다 우위에 있음을 과시하기 위해 시작되었다. 그래서 과거 북한 농업에 대한 연구는 사실상 대북정책을 관장하는 정책부서에서 주로 시작되었다. 이는 각종 자료와 북한 실상에 대한 접근 곤란 때문에 불가피했다. 1993년 문민정부 출범 이전의 통일부·국가정보원 등 대북 관련 부서에서는 북한의 국력을 평가하는 측면에서 주로 식량생산량 파악에 중점을 두었다. 그리고 지난 1970~1980년대에는 냉전적 관점에서 남한의 우위성을 과시하기 위해 북한 농업의 문제점을 제시하는 데 주력했다.[3]

3) 이광운, 「북한농업의 현황과 그 전망」, ≪국제문제≫(극동연구소, 1972); 홍기창, 『북괴의 농업과 농업정책에 관한 연구』(국토통일원, 1972); 이호, 「농업생산량과 그 문제점」, ≪국제문제≫(극동연구소, 1974); 김태서, 「북한농업의 현황과 문제점」, ≪자유≫(북한연구소,

북한 농업연구에 대한 최초의 체계적인 연구는 과거 중앙정보부의 자료 지원으로 한국농촌경제연구원과 농진청에서 이루어졌다. 김성호 · 김운근(1983)이 작성한 『북한의 농업생산 능력평가』는 북한 농지면적과 농업생산성, 작목 등을 분석해 북한의 농업생산능력을 최초로 평가한 역작이었다.[4] 이 연구의 목적은 북한 농업의 정확한 실상, 즉 생산능력을 파악하는 데 있었다. 정확한 농업생산능력을 파악하기 위해 회귀분석 방법, 휴전선 등 남한 측 변경 지역의 생산량을 원용하는 방법이 사용되었으며 소비 수준을 이용해 역산하는 방법 등도 사용되었다. 이 중에서 처음 방법은 이 책과 밀접한 연계가 있으므로 검토할 것이다. 북한 당국이 매년 규칙적으로 정확한 통계를 발표하지 않은 연도나 불분명한 해는 보간법을 사용해 자료를 보안했으며 식량생산량을 회귀분석해 추정했다.[5]

농촌진흥청은 북한의 농지, 농업기술 등을 정리해 「북한농업현황」(1990)을 발간했다. 농진청의 연구는 통일원 및 국가안전기획부 등 정부 측 자료를 농업전문가들이 정리한 것으로 종자현황 등 농학적인 분석이 특징이다. 1990년대 북한 농업에 대한 새로운 연구는 두 가지 측면에서 시도되었다. 첫째 북한을 직접 방문해 현장 경험을 토대로 한 연구가 진행되었다. 대표적인 예는 1991~1994년 북한의 유일한 국립농업대학인 원산농업대학에서 4년간 과수재배를 연구한 재일동포 이우홍의 연구이다.[6] 그는 직접 북한 농업의 현장을 체

1975); 박석균, 「북괴 알곡 생산고의 실상」, ≪국제문제≫(극동연구소, 1975); 오기완, 「북한 농업의 실태와 문제점」, ≪자유공론≫(한국자유총연맹, 1976).

4) 국립농업경제연구소(현 농촌경제연구원)는 1976년 중앙정보부의 연구 위촉으로 북한의 농업을 연구한 바 있으나 연구결과는 발표되지 않았다.

5) $Q = a + bT + \varepsilon$

Q: 추정되어야 할 경제변수, T: 시간변수, ε: 확률적 오차항, a, b: 추정계수

1946~1962년의 ≪조선중앙연감≫ 자료와 1963~1984년의 국토통일원 자료를 이용해 2002년까지의 생산량을 추정했다. 추정결과는 총생산량이 1989년에 236만 톤, 1992년에 252만 7000톤으로 실제 생산량보다 40% 이상 과소추정되었다. 과소추정의 원인은 자료의 불충분과 북한 농업의 잠재력을 과소평가하고 국력평가의 우위를 유지하려는 비경제적 측면이 작용한 것으로 분석된다.

6) 이우홍, 『원산 농업대학 강사가 본 가난의 공화국』(통일일보사, 1990).

험하고 문제점을 지적했는데, 그간 북한 농업연구가 자료와 문헌 중심으로 이루어졌던 것의 한계를 탈피할 수 있는 수작이었다.

또 다른 측면은 식량 부족 비율이 소요량 대비 40%를 초과하면서 대량기아 발생으로 북한의 식량생산량 부족문제가 국제문제화된 것이다. 북한은 1995년 국제식량농업기구(FAO)과 유엔세계식량계획(WFP) 등 국제기구의 원조를 받는 조건으로 국제기구의 북한 방문을 최초로 허용했다. 직접 방문한 것을 매년 보고서로 발표하면서 북한 농업의 실체가 좀 더 구체적으로 드러났다.[7] 1990년대 국내에서 진행된 연구는 대부분 국제식량농업기구(FAO)의 보고서를 토대로 식량수급상황을 제시하고 투입 요소를 평가한 것이다.[8] 일부 연구는 북한의 원전을 문헌 분석해 북한 농업의 문제점과 대책을 제시하기도 했다.[9] 북한의 식량문제가 국제적인 관심사가 되면서 국제학회지에 논문[10]이 실리기도 하고 학위 논문[11]으로도 발표되었다.

그러나 이들 대부분의 연구는 북한 농업연구의 큰 기여에도 불구하고 경제학적 분야에 필요한 통계부족으로 불가피하게 서술적인 연구에 그쳤다. 특히 장기적으로 시계열적인 데이터가 부족한 것은 북한 농업의 역사적인 흐름을 파악하지 못하게 했고 계량분석에 의한 북한 농업연구를 어렵게 했다. 대다수 연구가 매년 식량수급을 예측하는 데 주력해 식량 부족의 세부적인 원인 분석

---

7) FAO/WFP, "Special Report: Crop and Food Supply Assessment Mission to the Democratic People's Republic of Korea"(1995.12, 1996.12, 1997.9, 1997.11, 1998.11, 1999.11, 2003.10).

8) 김무환, 「북한의 식량문제와 농업정책」, 한국개발연구원, 『북한 경제동향-1997년도』(1998), 36~57쪽.

9) 최수영, 「북한 경제난의 실상과 전망」, 민족통일연구원, 『북한 경제난의 현황과 전망』(1997), 1~34쪽.

10) Kim Woon-Keun, "Food Crisis in North Korea," *East Asian Economic Review*, Vol.8(1994), pp.57~73; Kim Woon-Keun · Lee Hyunok · Summer Daniel A. "Assessing the food situation in North Korea," *Economic Development and Cultural Change*, Vol.46, No.3(1998), pp.519~535.

11) Nam Sung Wook, "Prospects of Grain Production, Consumption and Trade in North Korea," Ph.D Dissertation(University of Missouri-Columbia, 1998).

이 미흡했다. 특히 농촌경제연구원은 매년 식량생산량을 추정할 때 휴전선 및 압록강 등 변경지 생산성을 원용하는 방법을 사용함으로써 정확성이 결여된다는 문제점이 있다.

강원도 휴전선 부근과 두만강 압록강 인근의 날씨와 생산성을 유추·적용해 북한의 생산성을 추정하는 방법은 현장 접근이 어렵기 때문에 불가피하지만 농업생산 체제가 다른 국가의 농업을 비교하는 방식은 납득하기 곤란하다. 따라서 이 책에서 처음으로 곡물생산함수를 구성하고 투입 요소와 산출량과의 회귀분석을 시도해 더욱 과학적으로 북한 농업생산을 분석해보려 한다.

2. 곡물생산함수를 통한 회귀분석

1) 데이터 출처

북한 경제 연구에서 자료 이용에 제약이 있는 것은 주지의 사실이다. 사회주의 국가에서 인구, 경제력, 군사력 등 국가 구성의 기본요소는 국가기밀로 분류되기 때문이다. 이는 경쟁관계에 있는 자본주의 국가와 비교되는 것을 기피하기 때문이다. 특히 경제 관련 통계는 데이터 출처에 따라 차이가 나기도 하고 시계열상 일관성이 부족하기도 하다. 경제성과가 자본주의 체제에 대한 사회주의 체제의 우위성을 입증하는 기준이 되기 때문이다. 따라서 성과 여부에 따라 통계를 발표하기도 하고 유보하기도 한다. 북한은 1960년대 중반까지 한국의 통계청에 해당하는 조선중앙통계국(North Korean Central Bureau of Statistics)을 통해 경제통계를 발표했다. 그 뒤로는 북한이 남한의 경제력 등 각종 국가 성장지표에서 비교되는 것을 기피해 정치적 이해관계에 의해 통계 수치를 발표하기도 했고 때로는 단지 연초 목표를 달성했다고만 발표했다.

다행히 북한은 1990년대 들어 원조를 받는 조건으로 국제식량농업기구(FAO), IBRD 및 UN 등 국제기구에 규칙적이고 일관성 있는 자료를 제출했고 일부 기관들은 제출된 자료들을 정밀 조사해 재평가된 데이터를 발표했다. 이 당시 제출되었던 통계들은 북한이 국제통계 작성기준에 맞추어 데이터를 작성한 1961년 이후의 연간 시계열 자료였다. 특히 1995년 대흉작 이후 입국이 허용된 FAO · WFP 조사단의 실사로 인해 북한 경제 관련 통계가 제한적이나마 현장에서 확인될 수 있었다.

이 책에 사용된 각종 통계는 연구의 객관성을 유지하기 위해 불가피한 경우를 제외하고는 통일부 등 한국 정부에서 발표된 자료를 사용하지 않고 국제기구와 미국 정부에서 발표한 자료나 북한 자료 등을 주로 이용했다.[12] 주로 사용된 통계는 국제식량농업기구(FAO), 미국 농무성(USDA), 중앙정보국(CIA), 세계은행(World Bank) 자료이며 또는 북한이 국제기구에 발표하거나 ≪조선중앙연감≫에서 제시한 자료 등 1961~2002년의 연간 통계를 사용했다.[13]

2) 곡물생산함수의 구성

곡물생산과정은 다양한 생산요소가 투입되는 복합과정이며 신기술이 출현함에 따라 계속적으로 변화한다. 그간 과학기술의 발전은 새로운 품종, 종자, 기술, 비료 등 투입 요소뿐만 아니라 이러한 투입 요소의 사용 비율과 정도에 영향을 주었다. 그래서 투입-산출의 관계는 동태적이다. 생산함수는 투입 요소와 산출량 간에 함수적 관계를 나타내며, 한편으로는 투입된 자원이 산출물로 전환되는 비율을 나타낸다. 곡물생산에는 다양한 투입-산출의 관계가 존재한다. 왜냐하면 투입 요소가 산출물로 전환되는 비율은 토양의 성질, 영농기술, 강수량, 비료, 날씨 등 매우 다양한 요소에 따라 다르기 때문이다. 또한

12) 과거 국내에서 발표된 북한 관련 통계를 보면 남북한 국력경쟁 측면에서 북한의 실상을 과소평가한 측면이 있다는 것을 부인하기 힘들다. 특히 1980년대 이전에는 이러한 현상이 심했다. 한국 정부의 통계가 비교적 객관적이기 시작한 것은 1990년대 중반 이후라고 생각된다.

13) 북한통계에 관해서는 『북한 경제 통계자료집 1946 · 1947 · 1948년도』(강원: 한림대학교 아시아 문화연구소, 1994); 『인민경제에 관한 보고집: 1947년, 1948년 및 1949~1950년』(평양: 국가계획위원회, 1949); 『1946~1960 조선민주주의인민공화국 인민경제발전 통계집』(평양: 국립출판사, 1961). EUI-GAK HWANG, *The North Korean Economy*(CLARENDON PRESS · OXFORD, 1993 등을 참고.

주어진 투입-산출관계는 특정 산출물을 생산하기 위해 필요한 요소들의 질과 양을 정해주기도 한다.

생산함수는 다양한 방식으로 표시될 수 있는데 일반적인 기술형태는 Yt = f(Xt, ut, Tt)이다. Yt는 물리적 산출물(혹은 산출물 가치)을 나타내고 Xt는 보통 노동이나 자본과 같은 측정할 수 있는 투입 요소들의 집합이다. ut는 곡물생산에서의 날씨 또는 산업생산에서의 실업과 같은 임의적이거나 단기의 주기적 변수를 의미한다. Tt는 기술수준을 나타내며 자명한 것으로 간주되어 관찰되지 않은 잠재변수로서 보통 데이터에서 잔여의 형태로 유추될 수 있다. 함수 f(.)는 투입 요소가 산출물로 전환되는 관계를 의미한다.[14] 따라서 생산함수에 대한 일반적인 회귀분석 모델은 다음과 같다.

① Yt = f(X1t, X2t, X3t, ... Xnt)

여기서 Yt 는 종속변수이고 X1t, X2t, X3t, ...Xnt 등은 노동력, 날씨, 비료, 농업정책 등 독립변수를 나타낸다. 곡물생산함수는 실험을 통해 정해지거나 농업경영(farm business)의 기록을 통해 정해진다. 대다수 농부들은 생산함수라는 이름을 사용하지 않지만 영농에 대한 무형의 생산함수를 머릿속에 갖고 있다. 농부들의 생산함수에 대한 지식은 수년간에 걸친 실무적인 경험의 산물이다.

북한의 곡물생산에는 많은 요소들이 관련되어 있다. 북한의 곡물생산함수 역시 실험적으로 결정되기도 하고 농업경영의 기록에 대한 연구로부터 결정되기도 한다. 곡물생산함수의 투입 요소들은 다음과 같은 과정을 통해서 선정되었다.

첫째, 북한 곡물생산에 투입되었다고 판단되는 모든 요소들을 북한의 농업과 산업에 관한 문헌조사를 통해 정리했다. 북한은 농가의 개인생산에 의하지 않고 협동농장에서 집단영농 방식으로 곡물을 생산한다. 따라서 집단영농에

14) Griliches, Zvi, "The Source of Measured Productivity Growth: United States Agriculture, 1940~1960," *Journal of Political Economy*, 71, July, 1963, p.1.

관한 변수들을 조사했다. 북한 농정의 특징을 결정한 주요 농정은 토지개혁(1946)과 협동농장제도(1954~1958)이다. 1960년에 "농업관리의 청산리정신"과 1964년의 "우리나라 사회주의농촌문제에 관한 테제"는 집단농정의 비효율성을 극복하기 위한 정책들이다. 또한 북한 농업기술의 4대 정책이 화학화 · 전기화 · 수리화 · 기계화이니만큼 이러한 정책에 관련된 변수를 선정했다. 토지이용능력, 농업노동력의 질 · 양과 화학과 유기질 비료의 사용량, 관개시설, 우수한 종자의 개발능력, 연간 기온과 강수량, 연중 서리가 내리지 않는 무상기간(無霜期間), 농업연구능력, 첨단농업기술, 집단농장제도 등과 농기계 및 에너지를 제공할 수 있는 산업생산능력 등을 투입 요소로 분류했다.

둘째, 자료의 이용 가능성을 점검했다. 아무리 변수가 중요하더라도 데이터 없는 자료는 고려할 수 없었다. 이러한 원칙의 예외로서 중요한 변수일 경우, 특성을 대변하는 한계 내에서 원래변수 대신에 대리변수(proxy variables)를 사용했다. 예를 들어 연간시간변수(yearly time trend)는 양적 기준에 의해 측정하기 어려운 여러 가지 요소를 나타내는 대리변수로 사용되었다. 또한 1헥타르당 트랙터 수는 자본화율 변수로 사용했다. 셋째, 데이터 이용이 가능한 변수는 최종적으로 SAS 통계프로그램의 전방위 절차(forward stepwise procedures)를 사용했다. 이 방식은 변수를 추가해서 결정계수(R^2)와 F 검정통계량이 증가하면 독립변수로 추가시키는 방식이다. 가장 좋은 다중회귀 분석모델을 선정하기 위해서 조정된 결정계수(R^2)와 평균오차자승합(Mean Square Error: MSE) 등을 고려했다.[15] 일반적으로 다중회귀분석의 경우 결정계수의 값은 독립변수의 수가 많아짐에 따라 증가하는 경향이 있다. 즉, 회귀모형에 독립변수의 수가 많이 포함될수록 표준회귀오차가 감소한다.

그러나 결정계수는 단순히 전체 변동량과 회귀선에 의해 설명되는 변동량을 비교하는 데 그쳤고 각 변동량이 가지는 자유도를 전혀 고려하지 않았다. 따라서 독립변수의 추가 도입에 따라 일방적으로 증가되는 R^2의 값을 회귀선에 대한 좀 더 적절한 기준으로 채택하려면 자유도를 동시에 고려하는 적합도

15) 조정된 결정계수는 R^2= 〔(n-1)R^2+ (1-k)〕 / (n-k)이다. Elliott Rebecca J, Learning SAS In The Computer Lab(Duxbury Press, 1995).

판정방안이 강구되어야 한다. 또한 t 검정이 개별 독립변수들이 종속변수를 설명하는 데 유용한지 여부를 확인할 수 있었다. 이제 모든 독립변수집단 전체가 총체적으로 종속변수를 설명할 수 있는 능력이 있다고 볼 수 있는지 여부를 판단하는 기준이 필요하다. 그래서 모든 회귀계수들이 동시에 0이 된다는, 즉 귀무가설을 설정하고 이를 기각할 수 있는지 여부를 판단했다.16) 이를 위해 F 검정을 적용한 결과 F 검정통계량의 값이 α = 1%와 α = 5%일 때 값보다 큰 값에 머무르므로 귀무가설은 기각된다. 결과적으로 모든 독립변수집단 전체가 총체적으로 종속변수를 설명할 수 있는 능력이 있다고 볼 수 있다.

본 모델에서는 이러한 절차를 통해 30개의 표본규모 중 유사한 성격의 변수를 대표변수로 선정하는 등의 절차를 거쳐 최종적으로 다음과 같은 일곱 가지 요소들을 독립변수로 선정했다. 그것은 ① 토지면적, ② 농업노동력, ③ 화학비료 사용량, ④ 기계류 사용량, ⑤ 수리관개화 비율, ⑥ 날씨, ⑦ 시간변수 등이다.

다음은 이러한 변수들의 곡물생산함수에서 독립변수로서 채택한 이유를 분석한다. 곡물생산수준에 영향을 주는 가장 기본적인 요소 중 하나는 경작이 가능한 비옥한 토지의 이용이다. 북한은 산악 지역이 전체 면적의 80%를 차지하고 있어 실제 경지면적은 15% 정도인 199만 2000헥타르이며, 실제 곡물 재배면적은 146만 6000헥타르(73.5%)이다.17) 이 중 160만 정보가 수도작과 밭작물 재배에 이용되고 있다. 나머지 40만 정보는 과수 양잠 등에 이용된다. 평균 1인당 경지면적은 0.17헥타르로서 불가리아의 0.71헥타르, 헝가리의 0.68헥타르 등 과거 동구 사회주의 국가와 비교해도 적은 수준이다. 북한은

16) 평균오차자승합 = 오차자승의 합 / 자유도(= 표본규모- 독립변수 - 1)
평균회귀자승합 = 회귀분석의 의해 설명되는 변동량의 제곱을 합한 값 / 독립변수
F (독립변수, 표본규모 - 독립변수 - 1) = 평균오차자승합 / 평균회귀자승합
만일 평균회귀자승합 값이 평균오차자승합 값보다 상대적으로 크다면 이는 종속변수의 총변동량 중 표본회귀선에 의해 설명되는 비율이 높다는 것을 의미해 귀무가설을 기각할 수 있다. 본 모형은 이 경우에 해당되어 귀무가설을 기각했다.

17) 히라타 류타로(平田 隆太郎), 「북한 농업실상과 농업생산통계의 제 문제」, 농어촌진흥공사, 북한 농업기반 국제세미나 발표자료(1998), 69쪽.

1948년 공화국 수립 이래로 식량을 자급하지 못했다. 기본적으로 식량 생산 기반이 부족한 상태에서 높은 인구증가율로 인해 식량수급이 계속 불안했다.[18] 그래서 북한은 정책적으로 토지이용 면적을 늘리기 위해 적극적으로 노력했다. 부족한 경지면적 확보를 위해 자연개조 5대 방침(1976년)과 4대 자연개조사업(1981년) 등 대규모 국토확장을 추진했다.[19] 최근에는 산간지역 개간을 위해 무리하게 산림을 훼손함으로써 홍수 등 자연재해에 취약한 면을 드러내는 등 부작용이 나타나기도 했다.

과거 북한의 농업생산성 증가는 노동력의 집약적 사용에 주로 의존한 것이었기에 노동력은 중요한 변수였다. '노동력의 질'은 농업생산성의 차이를 설명하는 데 '노동력의 양'만큼 중요했다. 과거부터 '인간자본의 투자'는 혁신과 기술진보 같은 요인과 함께 농업생산성을 증가시키는 변수로 가정되었다. 그러나 북한에서 노동력의 문자해득률과 같은 요인은 자본주의 국가에서만큼 중요하지 않다. 왜냐하면 북한은 집단농장제도를 채택하고 있어서 개인의 창의력에 한계가 있기 때문이다.[20] 제2차 세계대전 이래로 화학비료의 사용은 전 세계적으로 농업생산량을 급속하게 증가시킨 원인 중 하나였다. 화학비료는 북한의 곡물생산성 차이를 설명할 수 있는 가장 중요한 자본재적 성격을 띤 투입 요소이다. 기계화(1헥타르당 트랙터 수)는 선진국에서 농업노동의 대체재이고 효율적인 농업생산을 가능하게 하는 독립변수로서 채택되었다. 이는 사

---

18) 김일성은 1967년 2월 2일 농민들과의 접촉 시 다음과 같이 언급했다. "우리는 금년에 최소한 100만 톤의 식량을 증산해야 한다. 100만 톤을 증산하면 수입하던 50만 톤을 안 해도 되고 50만 톤을 외국에 수출할 수 있다." 이것은 1960년에 인구 1100만 명 선에서 식량을 50만 톤 수입했다는 사실을 알게 한다.

19) 1976년 10월 북한 노동당 중앙위원회 제5기 제12차 전원회의에서 "알곡 1000만 톤 고지를 점령하기 위해" 채택된 5대 자연개조사업은 40만 정보에 달하는 밭관개의 완성, 15~20만 정보의 다락밭 건설, 토지정리와 토지개량사업, 간석지 개간, 치산치수 사업이다. 또한 북한은 1981년 10월 노동당 제6기 제4차 전원회의에서 부족한 농경지 확보를 위해 기존의 자연개조 5대 사업을 더욱 구체화하고 현실화한 4대 자연개조사업을 제시했다. 30만 정보의 간석지 개발, 20만 정보의 새땅찾기, 서해갑문 건설을 주요 내용으로 한다.

20) 북한 노동자의 문자해독률은 99%를 넘는다.

실상 산업화의 지표로서 고품종 종자와 농약 등 산업생산물과 깊이 연계되어 있다. 대체적으로 기계화가 진행되는 기술개발과 자원은 농약 등 여타 농자재 생산을 가능하게 하기 때문이다. 따라서 기계화 정도는 이러한 변수를 대변한다고 할 수 있다.

북한의 식량 부족은 농부들의 생산 의욕을 감퇴시키는 집단농장제도 자체에서 비롯되었다는 주장이 있다.[21] 북한은 1948년 정권 창설 이래로 수년에 걸쳐 농업과학원 등 연구기관이 곡물생산기술 및 종자 등을 개발해 큰 성과를 거두었다. 그러나 시간이 지나면서 집단농장제도의 생산성이 하락하고 있다. 사회주의 계획경제 국가의 농업생산량은 투입 요소의 사용량을 줄이지 않더라도 시간이 지나면서 감소하는 경향이 있는데, 이는 광의로는 농업정책, 협의로는 생산과 분배 체계에 문제가 있기 때문이다. 즉 농업생산투입 요소의 단위당 한계생산량이 감소하기 때문이다.[22]

북한은 집단농장의 공동생산에 따른 농민들의 생산 의욕 감퇴를 막기 위해 1960년대에 작업반우대제와 분조관리제(1965)를 도입했다. 이러한 제도들은 협동농장에서 생산단위를 축소해 개인의 생산 의욕을 높이기 위한 것들이다.

---

21) Lee Min-Pok, *Cause and Status of North Korea's Food Shortage*(Seoul: National Unification Board, 1997), p.1.

22) 1978년 중국은 농업생산제도를 집단생산에서 개인생산제도로 전환한 뒤 실질적인 농업생산량 증가가 있었다는 연구가 있다[Fan, Shenggen, "Effects of Technological Change and Institutional Reform on Production Growth in Chinese Agriculture," *American Journal of Agricultural Economics*, 73(1991), pp.266~275]. 그러나 생산시스템의 개혁이 어느 정도의 생산량 증가를 가져왔냐는 데에서는 학자에 따라 의견이 다르다(Scott Rozell and Richard N. Boisvert, "Grain Policy in Chinese Villages: Yield Response to Pricing, Procurement and Loan Policies," *American Journal of Agricultural Economics,* 75, May 1993, pp.339~349). 중국의 농업개혁 이후 20% 정도 생산성이 증가했다는 연구[John Mcmillan, "The Impact of China's Economic Reforms on Agricultural Productivity Growth," *Journal of Political Economy,* 97 (1989), pp.781~807]와 40% 증가를 주장하는 연구가 있다[Justin Yifu Lin, "The Household Responsibility system Reform in China: A Peasant's Institutional Choice," *American Journal of Agricultural Economics*, 69(1992), pp.410~415].

1996년에는 새로운 분조관리제를 도입하고 생산단위를 종전의 10~25명에서 7~10명까지 축소했다. 새로운 분조관리제를 통해 작업단위인 분조의 규모를 축소하고 국가 공출분 이외의 생산물에 대한 처분권을 허용했다. 따라서 시간변수를 집단농장제도의 비효율성을 나타내는 대리변수로 간주했다.

물을 안정적으로 공급하는 능력은 농업생산에서 중요한 요소다. 북한은 1년 전체 강수량의 70~80%가 7~8월에 집중된다. 그래서 물을 효율적으로 관리하지 않으면 물 부족으로 농사에 차질이 초래된다. 1995년, 1996년, 그리고 1997년의 흉작의 원인에는 사실상 홍수와 가뭄도 상당 부분을 차지한다. 물의 효율적이고 인위적인 관리가 이루어지지 않았기 때문이다. 한국, 중국, 일본과 같은 인근 국가도 과거에 유사한 홍수와 가뭄을 겪었지만 심한 타격을 입지는 않았다. 이러한 사실은 북한의 수리관개체계에 문제가 있다는 사실을 나타내기도 한다.

날씨는 중요한 설명변수 중 하나이다. 1995년 이후 북한의 곡물생산량이 감소한 것에는 부분적으로 가뭄과 홍수 등 나쁜 날씨도 원인이 있다. 따라서 곡물생산에 날씨를 고려하는 것은 필수적이다. 곡물생산함수에 날씨를 고려하는 방법은 두 가지가 있다. 하나는 주요 곡창지대에 실제 강수량과 기온을 측정해 사용하는 것이고 다른 하나는 이른바 '분류별 날씨지표(categorical weather indexes)'를 사용하는 것이다. 전자의 방법은 실제 전 지역의 기후를 고려한다는 측면에서 정확성이 높은 반면, 넓은 지역일 경우 인력과 시간이 많이 필요하다. 특히 중국이나 미국과 같이 광대한 농업지대를 가진 국가나 또는 한국과 같이 지역이 넓지 않더라도 지역에 따른 기후변화가 심한 경우, 실제 기후를 측정하기가 상당히 어려워진다는 문제점이 있다.

후자는 다소 전자에 비해 정확성이 떨어지나 전자의 문제점을 보완하기 위해서 차선책으로 채택되는 방법이다. 이는 특정 지역의 주요한 날씨 변화를 측정하는 데 광범위하게 사용되는 방법이다. 분류별 날씨지표는 날씨를 몇 개의 카테고리로 분류한다. 즉 정상 이상, 정상, 정상 이하의 세 단계로 넓게 나누어 특정 연도의 날씨를 이 범주의 하나에 속하게 한다.[23] 본 모델에서는 북한의 농업지대가 산맥에 걸쳐 형성되어 기후가 다양하고, 수십 년간의 실제 기후통계를 얻기가 곤란하기에 후자의 방법인 분류별 날씨지표를 사용했다.

〈표 7-1〉 날씨지표 방법에 의한 북한의 1961~2003년간 날씨변수의 도출

연도	정상 이상	정상	정상 이하
1961		×	
1962		×	
1963		×	
1964		×	
1965			×
1966	×		
1967		×	
1968			×
1969	×		
1970		×	
1971		×	
1972			×
1973	×		
1974		×	
1975		×	
1976		×	
1977	×		
1978		×	
1979	×		
1980			×
1981	×		
1982		×	
1983		×	
1984	×		
1985		×	
1986	×		
1987		×	
1988		×	
1989	×		
1990		×	
1991			×
1992		×	
1993			×
1994		×	
1995			×
1996			×
1997			×
1998		×	
1999		×	
2000		×	
2001			×
2002		×	
2003	×		

분류별 날씨지표방법에서는 질적인 변수를 양적 변수로 처리하기 위해 세 개의 더미변수(dummy variables)를 도입한다. 북한 주요 지역의 연간 평균 강수량 및 기온 등을 기준으로 분류된 지표는 〈표 7-1〉에 나타나 있다.

이러한 평균 강수량과 기온을 사용한 방법의 취약성을 보완하기 위해 다음과 같은 방법을 병행 사용했다. 왜냐하면 주요 곡창지대의 실제적인 기온과 강수량만을 사용해 당해 연도의 날씨를 분류하기에는 표본지대가 너무 적기 때문이다. 1961~2002년에 걸친 단위면적당 평균생산성의 기준선을 회귀분석으로 정하고 이 기준선의 일정 범위보다 위에 있으면 정상 이상, 일정 범위 내에 있으면 정상, 일정 범위보다 낮으면 정상 이하 날씨로 재분류했다. 날씨변수를 도출하는 과정을 살펴보면 다음과 같다. 매년 시간변수에 대해 1헥타르당 곡물생산성을 회귀분석하면 다음과 같은 방정식을 제시할 수 있다.

② 곡물 평균 생산성[1ha당 산출량(kg)]= 2669.78 + 27.55 T

(7.782) (1.939)

R^2 = 0.811, DW = 1.896

여기서 T는 연간시간변수이고 가로 안의 수치는 t값이다. 이 식에서 시간에 대한 산출량 회귀방정식을 직선으로 나타낼 수 있다. 또한 실제값(actual values)과 예측값(predicted values)을 함께 표시할 수 있다. 이 그림에서 기준선을 중심으로 일정 범위를 정할 수 있다. 이 일정 범위 내에 위치하는 관측치는 정상이며 일정 범위 이상은 정상 이상이고 일정 범위 이하는 정상 이하의 날씨를 나타낸다. 전체적으로 41개 연도 날씨 중 22년이 정상이고 9년이 정상 이상, 10년이 정상 이하로 나타났다. 이러한 방법은 중국처럼 땅면적이 넓고 기후가 다양한 나라의 날씨변수를 처리할 때 주로 사용된다.

따라서 최종적인 생산함수의 독립변수는 ① 경작 가능 토지의 면적, ② 농업노동력, ③ 화학비료 사용량, ④ 기계류의 사용도, ⑤ 관개(irrigation) 가능

---

23) Y. Y. Kueh, *Agricultural Instability in China, 1931~1991*(Oxford: Clarendeon Press, 1995), p.268.

면적 비율, ⑥ 날씨지표, ⑦ 시간변수 등이다. 곡물생산함수는 다음과 같다.

③ PROD = f (LAND, AGRI, FERT, MACH, IRRI, WEAT, T)
단 PROD = 생산량, 전체 곡물생산량(1000MT),
LAND = 경지면적, 경작가능토지(1000ha),
AGRI = 노동력, 농업노동력(농업생산에 참여하고 있는 인구),
FERT = 비료, 화학비료 사용량[헥타르당 비료사용량(Kg)],
MACH = 기계화, 헥타르당 트랙터 수,
IRRI = 관계화, 전체 경작 면적 중 관개 가능면적의 비율(%),
T = 시간추세(Time Trend),
WEAT = 날씨 상태에 대한 세 가지 더미변수, D1 = 정상 날씨면 1, 그렇지 않으면 0, D2 = 정상 이상 날씨면 1, 그렇지 않으면 0, D3 = 정상 이하 날씨면 1, 그렇지 않으면 0이다.

1990년대 이후부터 북한의 곡물생산은 날씨에 의해 심각한 영향을 받고 있기 때문에 날씨에 대한 설명을 추가하는 것이 북한 곡물생산함수를 이해하는 데 필요할 것 같다. 북한은 1960~1970년대에도 악천후 때문에 곡물생산이 타격을 받았다. 특히 최근 몇 년간 날씨변수가 곡물생산에 영향을 많이 주는 것으로 나타났다. 1994년에는 황해도 서해안의 곡창지대에 쏟아진 우박을 동반한 폭풍으로 곡물 102만 톤의 감수 피해를 입었다. 1995년에는 100년 만에 닥친 홍수로 주요 곡창지대가 물에 잠겨 곡물생산량이 300만 톤 감소했다. 또한 1996년 여름에도 광범위한 지역에 걸쳐 홍수 피해가 발생했다. 1997년에는 60년 만에 닥친 가뭄과 해일로 큰 피해를 입었다.[24] 이러한 열악한 날씨로 인한 피해는 인위적인 노력으로 최소화할 수 있다. 그러나 북한의 경우 이러한 자연재해에 대처하는 시스템이 정상적으로 작동하지 않았던 것도 한 원인으로 작용했다.

---

24) 북한 농업성 부대표는 조총련 일간지 ≪조선신보≫와의 인터뷰에서 곡물 170만 톤 감소의 피해를 입었다고 밝혔다.

일반적으로 언급할 때 가격은 생산수준을 결정하는 중요한 요소이다. 그러나 사회주의 계획경제 체제하에서 가격은 당국에 의해 통제되고 시장의 수요와 공급에 의해 움직이지 않는다. 이러한 사실을 반영하고 내생변수(endogenous variable) 문제를 피하기 위해 가격은 곡물생산함수 모델에서 독립변수로서 제외되었다.

3. 곡물생산함수에 대한 회귀분석 결과

이 장에서는 생산함수에서 투입과 산출 변수 간의 관계에 관한 회귀분석의 결과를 제시한다. 곡물생산함수는 최소자승법(ordinary least squares)에 의해 추정된다. 글리저(Glejser) 통계 검정치는 5% 수준에서 자기상관(autocorrelation)의 존재를 나타냈다. 따라서 생산함수는 1961~2002년에 교란항에 AR(1) 자기상관을 포함한 최우추정방법(maximum likelihood estimation)을 사용했다.[25] 함수의 적합도는 R^2와 F 검정 통계치로 측정했다. 독립변수들의 유의성 수준은 T값(values)으로 추정했다. 독립변수들의 T의 절댓값이 2보다 크면 변수가 유의한 것으로 간주되어 함수에 포함되었다. 그러나 t의 절댓값이 2보다 적더라도 다중공선성(multicollinearity) 때문에 인위적으로 t값이 줄어드는 경우에는 예외적으로 해당 독립변수를 함수에 포함시켰다. 선형회귀분석 모델의 오차항은 흔히 계열상관(serial correlations) 현상이 나타난다. 이러한 계열상관의 존재를 반영하기 위해 최우추정방법을 사용했다.

선형 또는 모수 회귀모형은 독립변수와 종속변수 간에 기본적인 함수관계가 알려지지 않은 매개변수들에서 선형이라는 것을 가정한다. 독립변수와 종속변수 간의 관계식을 일반적인 코브-더글러스(Cobb-Douglas) 생산함수로 표현할 수 있다고 가정한다면 다음과 같이 표기할 수 있다.

---

25) AR(2) 항도 포함해 추정해보았으나 통계적으로 유의하지 않아 포함시키지 않았다.

〈표 7-2〉 북한 식량 생산에 대한 최우추정방법에 의한 회귀분석 결과(1961~2002)

변수	계수	T 통계치	P-값
종속변수(1): Log 생산량			
독립변수:			
절편	-9.51	-3.83	0.0007
Log 연간시간	-0.05	-1.19	0.2411
Log 노동력	0.02	0.08	0.9352
Log 경지면적	2.39	6.52	0.0001
Log 비료	0.05	0.43	0.6686
Log 기계화	0.24	3.93	0.0005
Log 관개화	0.02	0.22	0.8243
정상 이상 날씨	0.09	3.06	0.0050
정상 날씨	0.05	2.35	0.0264
AR(1)	0.12	0.61	0.5463

④ $Y_t = e^{\beta_0} X_{1t}^{\beta_1} X_{2t}^{\beta_2} - - - X_{nt}^{\beta_n} e^{u_t}$

이러한 형태의 동력함수(power function)가 곡선일지라도 그 함수가 다음과 같은 형태로 변환될 수 있다면 최소 다중회귀분석을 적용할 수 있다.

⑤ $\text{Log } Y_t = \beta_0 + \beta_1 \log X_{1t} + \beta_2 \log X_{2t} + - - - + \beta_n \log X_{nt} + u_t$

따라서 변수들의 함수적 변형이 회귀방정식을 선형적으로 표현할 수 있도록 한다면 변수 측정에 대한 재래적인 최소자승방법을 적용할 수 있다. 이 책에서는 이와 같은 로그 형태의 함수를 추정해 그 결과를 제시한다.

〈표 7-2〉는 곡물생산함수에서 설명변수에 대한 회귀분석의 결과를 보여준다. 결과는 로그 형태의 식을 추정한 것이고 모든 설명변수들의 계수들은 가설화된 부호를 가지고 있다. 시간추세변수(time trend), 노동력, 비료와 관개시설을 제외하고는 5% 수준에서 통계적으로 유의하다. 농지면적, 농업노동력, 비료, 기계화 정도 등은 연간 곡물생산을 설명하는 데 유의한 변수들이다. 그러나 높은 결정계수와 낮은 T값은 특히 비료, 수리관개화 정도, 시간추세 변수와 기계화변수 간에 다중공선성이 존재한다는 것을 암시한다. 이와 같이 높은 결정계수들과 낮은 T값들의 병존은 전형적인 다중공선성의 경우이다. 다

중공선성이 발생하는 요인은 두 가지 요인에 기인한다고 볼 수 있다.

첫째, 우리가 사용하는 자료는 대부분 시계열 자료이며 이 자료들은 시간이 경과함에 따라 점증(또는 점감)하는 추세를 보이기 때문에 밀접한 연관이 있는 것으로 보이는 형태로 집계되는 것이 일반적이다. 둘째, 주요 경제지표와 같은 거시경제변수들은 간혹 지수형태로 발표되기도 하는데, 이러한 유형의 자료를 사용할 경우에는 원자료를 사용할 때에 비해 다중공선성 문제가 발생할 가능성이 높아진다.[26] 이 책의 생산함수의 독립변수 간에 발생하는 다중공선성은 전자의 요인에 기인한다. 즉 시간적으로 독립변수의 추세가 비슷하다고 볼 수 있다. 이러한 다중공선성은 설명변수들의 종속변수 생산량에 대한 개별적인 영향을 구분할 수 없게 만든다.

다중공선성 문제는 총생산함수방법(the aggregate production approach)을 사용할 때 흔히 발생하는 문제이다. 그러나 독립변수 간에 상관관계가 존재하는 정도는 회귀분석의 결과가 함수적 해석이 가능한지 여부를 결정한다. 이러한 문제는 비료, 기계화 정도, 시간추세와 수리관개화 정도가 장기적으로 유사한 경향을 보일 때 나타난다. 연간시간 다중공선성의 영향이 심각한 정도를 판정하는 가장 손쉬운 방법은 각 설명변수 간의 상관계수 값을 활용하는 것이다. 상관계수 활용법을 적용해 이를 판별한 결과가 〈표 7-2〉에 나타나 있다. 이러한 변수들은 〈표 7-2〉의 상관관계 매트릭스에서 보듯이 서로 밀접하게 연관되어 있다.[27]

Log(비료)와 Log(기계화) 사이에 0.94의 상관관계가 존재하나 〈표 7-2〉의 T 통계치를 보면 Log(기계화)는 3.93으로 통계적으로 유의한 데 비해 Log(비료)의 T 통계치는 0.43으로 유의하지 않다. 이것의 주된 이유는 Log(비료)와 Log(기계화) 사이에 존재하는 다중공선성 때문에 Log(비료)의 T 통계치가 작

26) 이종원, 『계량경제학』(박영사, 1995), 395쪽.

27) 다중공선성 여부가 극심할 경우 Var(βi)값이 아주 커져서 추정치에 대한 의미가 없게 된다. 그러나 rij = (Xi, Xj) 값이 어느 정도일 때 문제가 되는지 기준을 정하기 어렵고 설명변수가 세 개 이상일 때 rij값만으로 다중공선성 여부를 판정하는 것은 한계성이 크다(이종원, 앞의 책, 318쪽).

〈표 7-3〉 축소된 생산함수를 이용한 북한 식량생산량에 대한 최우추정방법에 의한 분석 결과

구분	Log 시간변수	Log 노동력	Log 면적	Log 비료	Log 기계화	Log 관개화
Log 시간변수	1.00 0.0					
Log 노동력	-0.08 0.0	1.00 0.0				
Log 면적	0.35 0.03	-0.23 0.17	1.0 0.0			
Log 비료	0.95 0.0001	-0.14 0.39	0.53 0.0007	1.0 0.0		
Log 기계화	0.94 0.0001	-0.002 0.98	0.31 0.06	0.94 0.0001	1.0 0.0	
Log 관개화	0.93 0.0001	-0.07 0.65	0.41 0.01	0.96 0.0001	0.96 0.0001	1.0 0.0

게 나왔다. Log(관개화)가 0.22인 것도 같은 이유로 짐작할 수 있다. 이런 다중공선성의 문제는 다른 형태의 모형설정을 통해서 확인할 수 있다. 설명변수의 수가 비료, 시간경향 그리고 수리관개화 변수로 줄어들 때는 이들 변수가 5% 수준에서 통계적으로 유의하다. 예를 들어 축소된 네 개 변수의 회귀방정식에서는 비료와 관개화 정도 변수 모두 5% 수준에서 통계적으로 유의하다. 〈표 7-3〉에 있는 모형들은 이러한 결과를 보여준다. 따라서 이런 변수들의 t 값들이 5% 수준에서 통계적으로 유의하지 않더라도 이러한 변수들은 곡물생산함수에 포함되었다. 앞에서 언급했듯이 글리저(Glejser) 통계치는 모든 방정식에서 5% 수준에서 자기상관이 있다는 것을 암시했다. 그래서 잔차항에 제1차 자기상관과정을 설정하고 최우추정방법을 사용했다.[28]

〈표 7-2〉에서 보는 바와 같이 정상 날씨와 정상 이상의 날씨를 나타내는 두 개의 독립변수는 각각 가설화된 양의 부호(+)를 갖고 있고 5% 수준에서 통계적으로 유의하다. 또한 절편은 정상 이하의 날씨를 나타내는 변수로 음(-)의 부호를 가지며 5% 수준에서 통계적으로 유의하다. 잘 알려져 있는 바와

28) 제2차 자기상관계수 AR(2)도 포함해 추정해보았으나 통계적으로 유의하지 않은 것으로 밝혀졌다.

〈표 7-4〉 북한 식량 생산함수의 독립변수 간 상관관계

변수	계수	T 통계치	P-값
종속변수(1): Log 생산량			
독립변수:			
절편	-0.82	-2.34	0.0260
Log 경지면적	2.14	4.42	0.0001
Log 비료	0.14	2.99	0.0057
Log 노동력	0.10	0.41	0.6816
정상 이상 날씨	0.09	3.06	0.0050
정상 날씨	0.05	2.35	0.0243
AR(1)	0.05	2.52	0.0173
종속변수(1): Log 생산량			
독립변수:			
절편	-9.33	-3.06	0.0460
Log 경지면적	2.32	5.51	0.0001
Log 노동력	0.11	0.43	0.6674
Log 관개화	0.19	3.49	0.0015
정상 이상 날씨	0.08	2.97	0.0478
정상 날씨	0.04	2.19	0.0364
AR(1)	0.47	2.39	0.0236

주: AR(1)은 제1차 자기상관을 표시했다.

같이 정상 날씨 더미변수의 계수는 정상 이하 날씨계수와 상대적인 차이를 보인다.[29] 이러한 사실은 북한 곡물생산에 날씨가 유의하게 영향을 미친다는 것을 암시한다.

결과적으로 1961~2002년에 걸쳐 곡물생산 변동의 원인을 분석해볼 때 개별 투입 요소의 시계열 통계와 모순되지 않는다고 말할 수 있다. 곡물생산은 농지면적, 기계화 정도, 비료, 수리관개, 그리고 정상과 정상 이상의 날씨에서 증가된다고 볼 수 있다. 날씨변수는 여타 변수와 비교해볼 때 곡물생산에 비교적 큰 영향을 미쳤다고 볼 수 있다. 현실적으로 보면 최근 1994년 이래 4년 연속 안 좋은 날씨가 계속되어 곡물생산에 상당히 부정적인 영향을 미쳤다고

29) 더미변수 간의 관계는 J. Johnston, *Eonometric Methods*(New York: McGraw-hill company, 1984), p.226.

볼 수 있다. 노동력 변수가 통계적으로 유의하지 않게 나타난 이유는 집단농장제도의 비효율성과 과대한 단위당 노동력 때문으로 보인다. 노동력은 북한과 같은 저개발국가의 농업생산에서 가장 중요한 투입 요소 중 하나이나, 농업생산량이 노동력의 투입량에 거의 영향을 받지 않는다는 사실은 인센티브의 부재에 의한 농업생산의 비효율을 나타내는 증거라고 봐야 할 것이다. 이윤동기의 부재는 결과적으로 노동력 변수가 집단영농의 문제점을 함의하고 있다고 판단된다. 또한 산업생산과 연관된 기계화의 부진과 비료 부족, 농지면적 감소 등도 식량 생산 감소에 영향을 주었다고 볼 수 있다.

각 항 위에 표시된 숫자는 상관관계 계수이며 아래에 표기된 숫자는 상관관계 계수가 0이라는 귀무가설을 검증할 때 P-값이다. 1961~2002년간 곡물생산의 회귀방정식에서 토지면적과 기계류에 대한 생산탄력성은 〈표 7-4〉에서 본 바와 같이 각각 2.39와 0.24이다. 즉, 이 기간에 다른 투입 요소들이 같은 상황에서 가용농지면적이 1% 증가하면 곡물생산은 2.39% 증가한다는 것이다. 같은 방식으로 다른 투입 요소들이 일정한 상황에서 1%의 기계류와 농약 등 농자재의 증가는 0.24%의 곡물생산 증가를 발생시킨다.

4. 협동농장체제와 개별 투입 요소에 대한 논의

〈표 7-2〉의 곡물생산함수 회귀분석 결과 비료 투입량의 T 통계치가 너무 낮아 통계적으로 5% 수준에서 유의하지 못한 것으로 나타났다. 즉 비료가 곡물생산을 증가시키는 데 중요한 역할을 하지 못했다는 의미이다. 그러나 이러한 결과는 심도 있는 논의를 필요로 한다. 이러한 결과에 대해 다음과 같이 추론할 수 있다.

앞에서 언급한 대로 독립변수들 간에 다중공선성 문제가 존재한다는 것이다. 비료와 트랙터 등 기계류는 유사한 산업생산 재화로서 시계열적 특성이 비슷한 것이 당연하다고 볼 수 있다. 수리관개화도 비슷한 추세를 보일 것으로 판단할 수 있다. 수리관개화를 완성하는 것은 자연상태에 있는 물을 인위적으로 통제·관리해 가뭄과 홍수로 인한 피해를 최소화시키는 것이다. 이를 위해서는 산업생산 체계의 구축이 필요하다. 따라서 수리관개화 변수 역시 비료와 기계류 생산과 유사한 시계열적 특성을 가진다고 볼 수 있다. 〈표 7-3〉의 상관관계 매트릭스에서 비료와 시간 변수, 기계류 그리고 수리관개화 변수들과의 상관계수는 각각 0.95. 0.94 그리고 0.97이다. 다중공선성으로 인한 T 통계치의 하락 가능성을 검토하기 위해 기계화변수와 관개화 변수를 제거하고 추정한 결과, 〈표 7-4〉에 제시된 결과가 나왔다. 비료의 중요성이 다중공선성에 의해 인위적으로 상당히 감소되었다는 사실을 주지할 필요가 있다.

북한 농업의 특징 중 하나는 1980년대 초까지 화학비료를 남한보다 많이 사용했다는 것이다. 1988년 헥타르당 비료사용량은 408킬로그램이다. 같은 해 한국이 373킬로그램, 일본이 415킬로그램인 것과 비교해볼 때 북한의 비료 사용량은 비교적 높은 수치이다. 물론 이러한 비교는 질소, 인산 등 종류별 구성요소가 고려되지 않은 총량 통계를 사용한 것이기에 현실을 정확하게 반영하는 데 어느 정도 한계는 있다. 또한 과거에 과도하게 비료를 사용하면서 휴경과 돌려짓기 없이 단일 작물을 계속 경작해 유기질이 고갈되고 토양이 산성화되었다. 특히 이러한 토양의 산성화는 농지의 물 흡수 능력을 감소시켜 농지의 홍수 및 가뭄 대처능력을 미흡하게 만들었다. 따라서 토양의 산성화를 막는 일이 생산성 회복에서 중요한 과제가 되었다. 최근 북한은 화학비료의 공급 부족을 보완하는 한편 토양 개량을 위해 자연 유기질 비료 사용을 권장하고 있다. 토양의 산성화는 한편으로 비료 단위당 사용에 대한 한계생산력을 하락시키고 있다.

최근 들어서는 경제난으로 비료 사용이 현저히 줄고 있고 1992년 이래로 비료 생산량과 공급량이 감소하고 있다. 비료의 부족은 북한 농업에서 가장 시급히 해결해야 할 문제가 되었다. 북한의 화학비료 전체 필요량은 1997년에 69만 8000톤이다. 그러나 생산량은 40만 톤 미만이며 요소비료의 경우 필요량은 35만 톤이나 생산량은 8만 1000톤에 불과하다. 암모니아, 나프타, 석탄과 석유의 부족으로 화학비료공장의 가동률은 1999년 현재 30% 수준이다.[30] 북한도 이러한 비료 부족에 대처하기 위해 비료 소요량이 적은 종자를 개발하는 등 증산 노력을 기울이고 있다. 또한 북한은 1998년 봄에 전례 없이 남한 측에 정치적 협상의 조건으로 비료 50만 톤을 요청했으며, 1999년 봄에는 베이징 차관급 회담 시 20만 톤의 비료 지원을 요청했다. 2003년에도 한국은 북한의 요구를 수용해 20만 톤의 비료를 지원했다.

인센티브가 결여된 집단농장제도의 비효율성은 노동력 투입변수가 통계적으로 유의하지 않다는 데서 찾을 수 있다. 부록에 제시된 농업노동력의 시계열 자료를 보면 노동 투입량이 시간에 따라 감소하고 있는 것을 알 수 있다. 그러므로 노동의 투입량은 생산량 증가와 직접 상관이 없다는 것으로 앞서 언급한 대로 집단영농의 문제점이 나타났다. 일부 농업정책 등 농업생산에 영향을 나타내는 여러 요소를 대변하는 시간 변수의 T 통계치는 -1.19로 통계적으로 유의하지 못하다. 수리관개화 변수는 가정한 대로 양의 부호를 갖고 있다. 그러나 T 통계치(0.22)는 2보다 적고 5% 수준에서 통계적으로 유의하지 못하다. 수리관개화는 기계화 변수 등과 밀접하게 연계되어 있다. 왜냐하면 양수기·관정 등 인위적으로 물을 통제할 수 있는 양수시설이 산업 생산과 밀접하게 연계되어 있기 때문이다. 이러한 변수들은 서로 긴밀한 관계를 갖기 때문에 다중공선성 문제를 발생시킨다.

농업노동력 변수의 T 통계치는 2보다 작다. 이는 북한에서 농업 노동력이 농업생산수준에 절대적인 영향을 미치지 못한다는 것을 뜻한다. 농업노동력은 한계생산력이 낮다. 〈표 7-4〉의 상호연관 매트릭스에서 보듯이 노동력 변수와 다른 변수사이에는 상관관계가 거의 없다. 따라서 유의하지 못한 결과에 대한 설명이 필요하다. 전체 인구 중 농업인구의 비중은 곡물생산에 관계없이 1961년 이래 매년 0.86%씩 계속적으로 감소해왔다. 그러나 경작면적 헥타르당 농업인구 수는 처음에 감소하다가 1994년 이후 수해 등 자연재해로 경작면적이 급격하게 감소하면서 늘어났다. 그러므로 최근 몇 년간 경작면적 1헥타르당 농업노동 인구가 증가하기는 했으나 1980년 중반 이래 곡물생산량이 감소했기 때문에 노동인구가 곡물생산과 밀접한 양의 상관관계를 갖지 않는다. 이것은 부족한 경지에 너무 많은 사람이 일을 해서 1단위의 노동력 증가

---

30) 2003년 북한은 성분량 기준으로 3만 2000톤의 비료를 생산하는 데 그쳤다. 상업적으로 수입된 비료의 양은 성분량 기준으로 3만 7700톤이다. 총비료 사용량 가운데 68%는 질소질비료이고 대부분은 요소비료 형태로 공급된다[FAO, "Special Report"(2003.10)].

가 곡물생산에 큰 기여를 하지 못한다는 것을 의미한다. 또한 농업 노동력이 농업생산에 기여하지 못하는 이유는 집단농장제도 때문이기도 하다. 북한은 기계화가 정착되지 않아 씨뿌리기 타작 등 대부분의 농사일을 기계 없이 수작업으로 한다. 따라서 농업노동력의 농업생산성은 매우 낮다고 판단된다.

북한의 전체 경제활동인구 중 농업인구의 비율은 30%이며 전체 인구로 보면 17% 정도이다. 이러한 비율은 식량을 자급하지 못하는 국가 기준으로 볼 때 매우 높은 것이다. 1996년의 경우, 205만 헥타르의 농지에서 376만 2000명이 일했다. 농부 한 명당 평균 경지면적은 0.54헥타르이다. 특히 이러한 면적은 아무리 집단영농 방식을 채택하고 있더라도 규모의 경제를 달성하기에는 적은 규모다. 이 책의 바탕이 된 연구를 진행할 당시에는 필요 이상의 노동력이 농업에 투입된 상태였기 때문에 노동력 증감이 농업생산량에 영향을 미치지 못한다는 결과가 나오는 것이 당연하다. 이러한 상태에서는 노동력이 감소해도 생산성이 하락하지 않는다고 할 수 있다.

중국의 경우에도 1978년 농업개혁 전에는 이와 같은 문제가 존재했다. 중국의 정책 결정자들과 연구자들은 농지의 생산성이 노동의 생산성보다 빠르게 증가했음을 발견했다. 왜냐하면 풍부하고 높은 노동력 증가율과 부족한 경지면적이 중국 농업의 특징 중 하나였기 때문이다. 따라서 생산 인센티브가 부족한 집단농장제도하에서는 생산성 증가를 이룰 수 없다는 결론에 도달했다. 농업개혁은 노동력과 농지, 그리고 전체 생산에 큰 영향을 미쳤다. 한편으로 개혁은 농업생산에 참여하는 노동력을 감소시켰고, 또 다른 한편으로 개별 농가청부 책임생산제로 인해 전체 농업생산성이 빠르게 증가했다. 이로써 중국의 식량 부족 문제가 해결되기 시작했다.[31] 농업개혁 후에 농업노동력이 감소했는데도 농업생산량은 감소하지 않았고 오히려 농민 1인당 평균 생산량이 증가했다. 일부 한계농민들은 농업에서 도시의 산업생산으로 전직했지만 남아 있는 농민들은 생산 인센티브로 인해 소득이 증가했다. 이러한 사례는 미국 농업에서도 나타났다. 기계화가 진행되면서 영농규모가 커졌고 이로 인해 농

31) Fan Shenggen, *Regional Productivity Growth in China's Agriculture*(Oxford Westview Press, 1990), p.103.

민인구가 감소했으나 생산량은 오히려 증가했다.

5. 곡물생산함수 분석과 식량증산을 위한 대책

다음은 상기의 분석을 토대로 북한의 식량 생산을 증가시키기 위한 대책을 모색해본다. 우선 통계적으로 유의한 결과가 나타난 변수부터 살펴볼 것이다. 첫째, 경작 가능 토지의 면적을 증가시키는 방법이다. 지난 1990년 이래로 자연재해 및 관리부실로 식량작물 재배면적이 173만 4000헥타르에서 1998년에 149만 9000헥타르로 감소했다. 그러므로 작물 재배면적을 증가시킬 필요가 있다. 북한은 현재 경지이용률을 늘리기 위해 토지정리사업과 이모작을 시행하고 있다.

북한은 강원도를 시작으로 1998년 10월부터 북한 전역에서 토지정리사업을 추진했다. 그 결과 북한은 강원도와 황해남도에서 6500여 정보의 토지를 정리하고 1만 7000여 정보의 경작지를 개량했다.[32] 또한 토지를 보호하기 위해 우선 토양침식의 위험성이 큰 경사도 16도 이상의 토지에 풀로 다락밭 둑을 조성해야 한다고 독려하고 있다. 장마철에는 논과 밭머리 둑이 물에 패여 떨어져 나가지 않도록 물길 정리, 강바닥 파기, 둑쌓기, 물살막이 설치, 나무 심기 등을 해야 한다고 농민들에게 지시하고 있다.[33]

북한은 경작지 이용을 배가시키기 위해 이모작을 확대하고 있다. 경지면적이 부족한 만큼 이모작은 추수가 끝난 논에 밀, 보리, 감자 등을 파종해 생산성을 높이는 방안이다. 즉, 한정된 경지의 이용률을 높이는 것이다. 북한은 지난 1996년부터 UN의 지원 아래 이모작을 시작했으며 1998년에는 이모작을 통해 밀과 보리 37만 5000톤을 생산한 것으로 알려지고 있다. 특히 유엔세계

---

32) 김정일 총비서는 토지정리사업에 각별한 관심을 나타내면서 1999년 2월과 3월 두 차례에 걸쳐 현장을 방문해 "농업생산을 늘리는 중요한 방도 중 하나는 토지정리를 잘하는 것"이라고 말했다. 또한 각 도·시·군에서 강원도 토지정리사업을 따라 배울 것을 촉구했다.

33) ≪천리마≫(평양: 천리마편집위원회, 2000.3).

식량계획(WFP)과 국제식량농업기구(FAO)에 따르면 1998년에 7만 헥타르에 불과했던 이모작 경작지가 1999년에 13만 헥타르로 확대될 계획이었다.[34]

북한이 경지면적 증가를 통해 식량증산을 시도하는 것은 바람직한 방향이다. 이모작 확대와 같은 토지이용률의 확대방안 외에도 자연재해 등으로 붕괴된 20만 정보의 경지를 회복할 필요가 있다. 20만 정보의 경지는 전체 경지면적의 7% 이상을 차지하는 큰 면적이다. 또한 산간 지역에 조성된 뙈기밭의 관리실태를 점검하는 것도 중요하다. 일정 시간 집중호우가 계속해서 발생할 경우 토사유출로 인해 이 지역은 물론 평야지대의 경지까지 큰 피해를 줄 우려가 크다. 경사지의 무분별한 개발을 지양하고 급경사지는 산림으로 환원함으로써 토사의 유출과 자연재해의 피해를 예방해야 할 것이다.

둘째, 기계화 정도는 식량 생산에 큰 영향을 미치는 것으로 볼 수 있다. 영농의 기계화 정도에서 북한의 농장당(100헥타르 기준) 트랙터 보유대수는 6~7대 수준이나, 유류난 및 부품 조달의 어려움 등으로 인해 2~3대 정도가 가동되는 수준에 머무르는 것으로 알려졌다. 최근 소량의 트랙터를 외국에서 수입하고 있으나 그 양은 많지 않으며 에너지 부족이 계속되는 한 농기계 이용을 증대시키기 어려울 것이다.[35] 기계화 정도는 산업 생산 능력과 밀접한 연관이 있기 때문에 일반 산업생산의 회복에 달려 있다고 볼 수 있다. 단 북한의 물자들이 군수산업에 집중 투입되고 있으므로 군수산업의 비중을 축소해 일반 산업생산을 늘릴 필요가 있다. 북한의 군사비는 연 56억 달러 수준으로 국민총생산(GNP)의 26%이며 선전비로 연 9억 달러를 사용한다.

셋째, 열악한 날씨는 식량 생산에 매우 부정적인 영향을 미치므로 이러한 피해를 최소화시키는 대책이 필요하다. 홍수의 경우 물을 통제할 수 있는 댐, 저수지, 양수장 등을 건설하고 배수로를 정비해야 한다. 2003년 10월 완공된 개천-태성호 물길공사의 완료로 서부곡창지대의 관개시설이 개선될 것으로 예상되었다. 유사한 자연재해가 한국·일본·중국 등 인접국가에서 발생해도 유독 북한만 피해를 입는 것은, 이러한 자연재해에 대처하는 방어체제 구축

34) ≪연합뉴스≫, 1999년 4월 28일 자.

35) 권태진, 앞의 책, 30쪽.

능력이 미흡하기 때문이다. 경사도를 무시한 무리한 다락밭 건설과[36] 그로 인한 산림훼손으로 토사가 강으로 흘러내리고 있다. 토사침적은 강의 하상을 높여 집중호우 시 홍수를 유발한다. 또한 토사의 침식으로 배수로가 제대로 기능을 하지 못하고 있다.[37] 토사유출을 막기 위해서는 산에 체계적인 조림사업을 실시해야 한다. 토지정리사업은 감자 재배면적을 확대하기 위한 대책으로서 특히 강원도에서의 경험이 전국의 모델이 되고 있다.[38] 부족한 연료를 보충하기 위해 무분별한 남벌을 실시한 결과 농업이 심각한 피해를 입었다. 사실상 농업과 임업의 병행적인 복구가 절실하다.

물론 조림사업에는 막대한 예산이 들기에 당장에 전면적으로 실시하기는 어려우나 유엔개발계획(UNDP), 세계은행((International Bank for Reconstruction and Development: IBRD), 국제통화기금(IMF), 아세아개발은행(Asian Development Bank: ADB), 국제농업개발기금(International Fund for Agricultural Development: IFAD) 등 국제기구나 남한의 농협[39] 등으로부터 장기 저리자금을 지원받아 시행하는 방안도 검토하는 것이 필요하다. 또 강 및 배수로를 준설해 물길을 관리해야 한다. 곡창지대인 서해안 지역에 무리하게 조성된 간척사

---

36) 다락밭은 비탈밭을 계단모양으로 조성한 것을 말하며, 북한은 1976년 10월 노동당 중앙위원회 회의에서 5대 자연개조사업의 하나로 다락밭 조성을 추진했다. 다락밭 조성 대상지는 밭의 경사가 16도(28.7%) 이상 되는 모든 비탈밭이 해당된다. 다락밭을 만든 목적은 토립자와 식물영양소의 유실량 억제 기계화 작업가능, 관개효과 상승, 일조, 통풍 등의 증가로 작물 재배환경 개선 등의 장점을 살려 밭작물의 증산을 도모함에 있다[최진욱, 「북한농업생산기반 현황과 남북한 협력방안」, 북한농업기반 국제세미나 발표자료(농어촌진흥공사, 1998), 137쪽].

37) 김성필, 「북한의 식량 생산화 대북 농업 협력 방안」, 2000년 북한농업연구회 추계 학술발표회(2000.11.4), 75쪽.

38) 김성필, 앞의 책, 72쪽.

39) 남한의 농협이 장기 저리를 통해 농업금융협력을 할 때에 실제로는 거의 주는 것과 다름없는 조건이 될 때도 있고 상환이 불가능한 경우도 있게 되는데, 이 경우까지 미리 감안해 농협이 부담능력의 한계 내에서 금융협력을 해야 할 것이다[장원석, 「남북화해협력시대 농협의 역할」, 남북 화해협력시대 협동조합의 역할에 관한 국제포럼(농협중앙회, 2000), 181쪽].

업으로 육지로 물이 역류해 침수피해가 컸던 만큼 대비가 절실하다.

넷째, 비료 등 영농자재 공급을 늘려야 한다. 북한은 과거에 적극적인 화학화 정책으로 토양을 산성화시킬 정도로 화학비료를 사용했으나 최근에는 생산량 감소로 투입량이 급감했다. 필요한 자재로는 균형을 갖춘 비료, 병행퇴치제제, 트랙터 타이어, 비닐 박막, 연료, 가축용 사료 및 수의 약품, 그리고 잠업을 위한 비료와 식재 도구 등이다.[40]

비료의 연간 소요량은 69만 8000톤(1997년 기준)이나 1998년에 북한이 자체 생산한 것은 17만 톤에 불과했다. 그중 26만 톤은 외국에서 도입한 것이다. 1999년에는 남한 측으로부터 16만 톤의 비료를 지원받아 비료부족사태가 일부 해결되기도 했다. 화학비료 생산량 증가를 원료를 수입하고 가공할 수 있는 능력에 의존하고 있기 때문에 산업생산능력의 개선이 필요하다. 또한 화학비료 투입과 함께 산성화된 토양을 개량하는 유기질 비료의 투입도 필요하다. 1995년 이후 유기질 미생물을 생산하는 복합미생물공장이 조총련의 지원으로 60개가 건설되고 있다.[41] 한편 국제농업개발기금(IFAD)은 1998년 4월에서 5월 초에 걸쳐 3개 도 30개 군내의 585개 협동농장에 농자재를 분배했다.[42]

북한의 종자생산기술과 종자보급체계는 비교적 잘 갖추어져 있다. 그러나 종자의 질이 낮은 것은 생산성을 떨어뜨리는 하나의 원인이 되었다.[43] 이 때문에 북한은 농업생산 증대를 위해 '종자혁명'을 추진한 바 있다.[44] 2002년의

---

40) 프랑 로이, 「IFAD의 대북지원사업을 통해 본 북한 협동농장의 역할」, 남북 화해협력시대 협동조합의 역할에 관한 국제포럼(농협중앙회, 2000), 117쪽.

41) 이 방법은 EM균으로 불리는 미생물의 효용을 토지개량에 활용하는 것으로 일본에서 개발된 것이나 그 효과는 보편적이지 않다. 사례에 의하면 그 결과에 큰 차이가 있으며 안정된 평가가 이뤄지지 않고 있다[히라타 류타로(平田隆太郞), 「북한 농업실상과 농업생산통계의 제문제」, 북한농업기반 국제세미나(농어촌진흥공사, 1998), 81쪽].

42) 당시의 농자재 분배에 대해 IFAD 아태지역국장 프랑 로이는 농자재 분배의 기록, 회계, 감독 및 보고 등의 과정도 만족스러웠다고 언급한 바 있다(프랑 로이, 앞의 책, 111쪽).

43) 권태진, 앞의 책, 30쪽.

44) 종자혁명은 알곡생산 부문에만 국한된 문제가 아니라 축산, 남새, 과수, 잠업을 비롯한 농업 부문의 모든 분야를 포괄하는 중대한 문제로 내세우고 있다고 한다[남성욱, 「최근 북한농정추진방향과 남북농업협력 추진방안」, 2000년 북한농업연구회 추계 학술발표

주작인 감자 생산량이 2001년에 비해 감소한 것도 우량 씨감자의 공급이 원활하지 못했기 때문이다. 무병의 질 높은 씨감자를 확보하는 것은 감자생산에서 매우 중요하다.[45] 종자의 종류 면에서도 옥수수의 비중을 줄이고 콩, 채소 등 국민들에게 부족한 영양소를 공급할 수 있도록 작물다양화를 추진해야 할 것이다.

사실 비료 등 영농자재는 일반 산업생산과 깊이 연계되어 있어 경제회복이 필요하다. 특히 부족한 원유 등 에너지원을 정상적으로 조달하는 능력을 회복해야 한다. 북한은 홀로 농자재와 연료를 확보하지 못하고 있다. 현재처럼 국제사회가 지원하는 농자재에 전적으로 의존하는 것은 바람직하지 않다. 과거 중국이나 러시아에서 국제우호 가격으로 수입되던 원유, 코크스탄 등이 1990년대 중반 이후부터 제대로 공급되지 않고 있다. 원조 대신에 정상적으로 수입할 수 있는 외화 조달이 필요하다. 외화를 조달하기 위해서는 마그네사이트 · 경공업 · 임산물 등 수출품을 정상적으로 생산해야 한다. 특히 군사비의 비중을 축소해 산업생산에 투자하는 것은 매우 중요하며 정부예산 지출 비중에서 국방 부문이 12% 이상을 차지하고 있는 것은 과도해 보인다. 그러나 아이러니컬하게도 북한은 국방예산 지출로 군수산업을 활성화해 이라크, 파키스탄 등 중동국가에 무기를 수출해 외화를 벌어들이고 있다. 자원투입 면에서 군수경제가 일반 산업경제보다 우선권이 있다고 볼 수 있다.[46]

회(2000.11.14), 36쪽].

45) 질 좋은 씨감자를 확보하는 일뿐만 아니라 생산된 씨감자의 품질을 떨어뜨리지 않고 보관하는 일도 매우 중요하다. 최근 북한에서는 씨감자를 저장할 수 있는 현대적 저장고를 확보하고자 노력하고 있다. 황해북도의 경우 2002년도에 770여 동의 감자종자저장고 건설을 목표로 9월 말까지 330여 동의 저장고 건설을 완료했다고 한다[한국농촌경제연구원, 『북한 농업 및 농정 동향 분석』(2002), 65~66쪽].

46) 이와 관련해 일본의 북한 전문가 에야 오사무(惠谷治)는 북한 경제를 4중경제로 파악했다. 정무원의 경제 관련 부서가 담당하는 제1경제는 일반적인 국가의 산업경제활동을 지칭한다. 제2경제는 거대한 군수경제체계를 의미한다. 제3경제는 김정일 등 당 지도부의 경제활동을 담당하는 부문이다. 일반 주민생활과는 완전히 다른 세계를 지탱하는 당 경제를 말한다. 제4경제는 농민시장 등 암시장 경제로서 일반 주민들이 배급 부족으로 인한 부족한 식량과 생품을 조달하는 창구다. 경제난 속에서도 정부를 대신하

또한 북한은 기본적으로 사회주의 경제건설을 위해 중공업을 바탕으로 한 자립적 민족경제 건설 노선을 지향함으로써 경제발전에 한계를 갖고 있다. 부족한 물자를 조달하기 위해 외국과의 교역은 필수적이다. 이러한 노력 없이 경제발전은 북한의 자본과 기술·자원 여건으로 볼 때 현재로서 제한적일 수밖에 없다.

마지막으로 집단농장제도의 비효율성을 개선하는 노력이 필요하다. 공동생산된 농산물 중에서 일정 부분 이상을 자유롭게 처분하는 초과처분권을 인정하지 않으면 생산성을 증가시키는 데 한계가 있다. 1996년 극심한 흉작하에서도 생산 인센티브를 부여하기 위해 분조의 규모를 10~25명에서 7~8명으로 축소했다. 또 영농 실적에 대한 책임소재를 분명히 함으로써 통제와 독려를 가능하게 했다. 그러나 목표량이 실제 생산량을 상회하고 국가 전체적으로 식량 생산이 부족해서 자유처분량이 부족하다. 또한 최근 초과 생산량에 대해 일반 물품을 구매할 자격이 있는 쿠폰을 분배하기도 하는 등 당초 취지대로 운영되지 않고 있다. 1999년 제정된 농업법은 농업의 경리형태, 농업생산성 제고 대책, 농경지 확충방안, 작업반우대제와 분조관리제 등의 내용을 담고 있다. 이 법은 성과급제를 강화한다는 측면에서 주목을 받고 있으나 실제 실행 여부는 미지수다.

1996년에 추진되었던 새로운 분조관리제를 현실에 맞게 좀 더 탄력적으로 도입할 필요가 있으며 협동농장에 작물의 선택권과 농장의 계획, 운영에 관한 체계와 관리방법을 개선할 필요가 있다. 협동농장 내 작업반 구성에서 20~25명의 노동력을 5~6명, 또는 이보다 더 적은 노동력으로 생산량을 청부하는 제도가 성공 가능성이 큰 것으로 보인다.[47] 분조관리제를 통한 농업생산을 증대시키기 위해서는 구성원들에게 실질적인 물질적 자극이 주어져야 하는데 이는 생산목표의 하향조정, 초과생산물의 자유처분권 완전보장과 함께 농민시장

여 필요한 물품을 유통시키는 창구 역할을 하고 있다[에야 오사무, 『김정일의 북한, 내일은 있는가』(청정원, 1999)].

47) 농업기반공사, 『제8회 북한농업생산기반 세미나』(농업기반공사 농어촌연구원, 2002), 50쪽.

의 활성화가 전제되어야 가능하다.[48)]

북한 식량난을 분석하기 위해 북한 곡물생산함수를 구성하고 분석했다. 곡물생산이라는 종속변수에 영향을 미치는 것으로 일곱 가지 변수를 파악할 수 있었는데 ① 경작 가능 토지의 면적, ② 농업노동력, ③ 화학비료의 사용량, ④ 기계류의 사용도, ⑤ 관개 가능 면적의 비율, ⑥ 날씨지표, ⑦ 시간변수이다. 추정 결과 이 변수들 중 경지면적, 화학비료 사용량, 기계류 및 날씨변수 등이 통계적으로 5% 수준에서 유의한 것으로 나타났다. 수리관개화 변수는 비료변수, 기계화변수와 다중공선성 문제가 발생해 유의하지 못한 결과를 보였다. 그러나 비료변수, 기계화변수가 제외된 단축된 모델에서는 5% 수준에서 통계적으로 유의한 것으로 나타났다.

이러한 분석결과로 볼 때 북한의 곡물생산이 부진한 것은 여러 복합적 요인에 기인한다고 할 수 있다. 인센티브가 결여된 집단농장제에 의한 비효율적인 생산구조 때문에 농업노동력의 투입량과 농업생산량 간에 통계적으로 유의한 관계가 존재하지 않는다. 투입된 노동력의 양과 질에 의하지 않는 획일적 분배정책은 농업노동력의 생산성 향상을 가로막는다.

북한은 새로운 분조관리제(1996) 등 영농의욕을 제고시키는 각종 제도를 실시하고 있지만 효과는 미흡하다. 노동력이 부족한 상황에서 옥수수의 영양단지 재배, 포기농사 등 많은 노동력을 요하는 주체농법이 탄력적으로 운용되지 못하고 있다. 농촌 인력난을 해소하기 위해서는 현재 보유하고 있는 농업인력을 최대한 활용할 필요가 있다. 또한 장비의 보강뿐만 아니라 인력개발을 통한 노동의 질적 향상에도 많은 관심을 기울일 필요가 있다. 과거 중국의 농업개혁 사례에서 보듯이 개인농가 책임생산제 도입만이 노동력의 농업생산성을 향상시키는 방안일 것이다.

최근 수년간에 걸친 자연재해로 손실된 농지를 회복하는 것도 중요하다. 20만 정보 이상의 농지는 북한 필요 식량의 5~10%를 생산할 수 있는 면적이다. 부족한 농지는 식량생산량 감소로 직결된다. 비료 · 농기계 · 농약 · 우수종자

48) 권태진, 앞의 책, 58쪽.

개발 등 각종 영농자재는 단위면적당 생산성을 증대시킬 수 있는 요소들이다. 특히 화학비료의 투입은 토양을 산성화시킬지라도 가장 빠르게 식량을 증산시킬 수 있는 방법 중 하나이다. 이러한 요소들은 일반 산업생산과 연계되어 있고 거시적으로는 일반경제의 회복에도 달려 있다. 농업도 산업의 일부분인 만큼 일반 경제 여건이 부진한 상황에서 농업만 제대로 성장하기는 무리다. 계속된 자연재해, 특히 가뭄과 홍수를 불완전하나마 통제할 수 있는 수리시설을 부분적으로라도 설치하고 과거 건설된 시설을 정상적으로 재건하며, 자연재해에 대처하는 능력을 키우는 것이 필요하다. 물론 이런 사업은 막대한 예산이 소요되는 만큼 외국 자본을 도입할 필요가 있다. 개인의 수작업 영농은 이미 한계에 온 만큼 가능한 기계화를 도입하는 것이 필요하다.

최근 계속된 곡물 흉작에 날씨가 심각한 영향을 미친 것으로 분석되나 전적인 책임이 있는 것은 아닌 것으로 나타났다. 자연재해를 극복하는 수리관개화 시스템이 정상적으로 가동되었다면 피해를 줄일 수 있었을 것이다. 따라서 최근의 식량 생산 부진 원인을 날씨에 전가시키는 북한의 주장은 타당하지 않다. 오히려 비료, 농기계 등 농자재의 부족과 인센티브가 결여된 집단영농 방식에 더 큰 원인이 있다. 이러한 원인 등이 해결되었을 때 식량증산은 가능할 것이다.

제8장

협동농장 개편 방향과 가족농의 역할 증대

1. 북한의 협동농장 개편 가능성

북한의 농업생산이 부진한 이유로는 농업 내부의 원인과 농업 외부의 비농업적 원인이 있다. 비농업적 원인은 일반 경제와 연관된 문제로서 경제성장이 이루어져 원유와 원자재 생산 및 도입이 증가해 비료, 농기계, 농약 등 농자재의 정상적인 공급이 가능해지면 자연스럽게 해결될 문제이다. 따라서 농업정책으로 해결하기 어려운 문제다. 농업 내부의 원인을 해결하는 방법으로는 영농시스템을 개편하는 방안과 농업기술을 개선하는 방안이 있다. 후자는 옥수수를 축소하고 감자농사를 장려하며 이모작을 강조한다. 또 주체농법을 탄력적으로 적용하며 작목선택권을 농민들에게 되돌려주고 작부체계를 개편하는 등 농업기술의 개선과 관련된 사항이다. 반면에 전자는 협동농장의 운영과 관련된 사항이다.

북한의 곡물생산 부진을 해결하기 위해서는 곡물생산의 90%를 담당하는 주 생산단위인 협동농장의 운영상 변화를 논하지 않을 수 없다. 과연 현실적으로 북한의 농정당국이 협동농장의 영농구조를 완전히 개편할 가능성이 있을까? 이러한 질문에 대한 답은 일단 북한의 현 정세로 판단해볼 때 회의적이다. 협동농장의 전면적인 개편은 북한 경제의 기본을 해체하는 충격요법에 해당할 것이다. 사회주의 정권은 소련, 베트남, 중국 및 동구 사회주의국가에서 보았듯이 농업의 협동화를 국가의 기본 생산 체제로 간주한다.[1] 따라서 사회주의 농업을 포기하고 농지를 사유화하고 가족농 체제로 전환하는 근본개혁을 추진하지 않는 한, 협동농장에 대한 전면적인 변화는 시도하기 어렵다.

물론 1996년의 분조관리제를 집단농장의 생산물 분배형식 측면에서 본다면 도급제의 요소를 종전보다 훨씬 더 강화한 것이라고 볼 수 있다. 도급제[2]는 생산물의 양과 질에 따라 보수를 주는 형태이다.[3] 생산물의 자유시장, 즉 농민시장이 존재하는 상태에서 협동농장의 도급제 생산은 농업 부문의 시장경제적 개혁을 의미하는 것이라는 견해도 있다.[4] 그러나 이러한 평가를 내리기에는 다소 부족하다. 제도의 실시가 전면적이지 않기 때문이다. 제도 도입의 성패를 가늠하기 위해서는 최소 3년 동안 북한 전역에서 실험이 실시되어야 한다. 이러한 실험이 수행되지 않은 상태에서 섣부른 평가를 내리는 것은 사회과학적으로 합리적이지 못하다. 결국 북한 농업의 근간을 흔드는 협동농장에 대한 전면적인 개혁은 현 북한 통치체제하에서는 단기간에 이루어지기 어렵다. 협동농장체제를 전면 개편하기 위해서는 1998년에 개정한 북한 헌법을 바꿔야 한다. 그러나 이는 노동당의 규약을 개정하는 것만큼이나 어려운 것이

---

1) Janos Kornai, *The Socialist System: The Political Economy of Communism*(Princeton: Princeton University Press, 1992), pp.76~83.

2) 도급제에 관해 김일성은 "특히 모든 부문에서 도급제와 상금제를 옳게 실시하여 로동자들의 생산 의욕을 더욱 높이는 것과 함께 그들의 자각적 열성을 높이 불러일으켜야 하겠습니다"라고 말한 바 있다[김일성, 『김일성 전집』 제5권(평양: 조선로동당출판사, 1992), 38쪽].

3) 리진규, 『위대한 수령 김일성동지께서 밝히신 사회주의적 농업로동 보수제에 관한 리론』(평양: 과학백과사전출판사, 1986), 131쪽.

4) 김영훈, 「북한농업의 생산 침체 실태와 그 요인」, 한국농촌사회학회 2002년 학술대회(2002.2), 106쪽.

다. 1978년 중국이 개혁할 당시의 덩샤오핑처럼 최고 지도자의 과감한 조치가 필요하다. 북한의 현 통치체제 특성상 중국 농업개혁과 같은 개인농 시스템 도입은 시기상조다. 오히려 국영농장 설립을 강화하고 있는 추세로서 협동농장의 해체 논의는 북한 통치체제를 정확히 이해하지 못한 결과다. 그렇다면 농장해체 등 전면 개혁보다 운영체제를 개선하는 등 부분 개편을 모색해야 할 것이다.

특히 남북한이 통일되더라도 북한의 농장구조를 즉각 해체하는 등 급진적인 통합을 추진하기보다 시장경제체제에 적응하는 것이 중요하다. 결국 북한 농업개혁은 점차 개별 가구에 더 많은 토지가 분배되도록 점진적으로 추진해 나가야 한다.[5)]

2. 현행 협동농장 운용체제의 한계와 개선 방향

북한은 국가 차원에서 일관된 단일체계에 따라 생산 및 분배 체계를 통제하기 때문에, 북한의 협동농장은 독자적으로 품목 및 생산량을 결정하거나 유통 등을 할 수 없는 실정이다. 또한 생산량과 작업량을 작업반과 분조 단위로 하달하기 때문에 비효율성이 발생한다. 이러한 북한 협동농장의 운용상 문제점들을 요약하면 다음과 같다.

첫째, 중앙집권적 관리와 비민주성을 들 수 있다.[6)] 북한이 농업생산에서 협동농장체제를 고수하는 것은 체제의 특성상 경제적 의미 못지않게 정치적 의

---

5) Arkeel Voltz, 「북한의 농업개발 전략수립을 위한 외국의 경험과 시사점」, 『한국농촌경제연구원 국제워크숍자료집』(2003.12.17).

6) 협동농장의 관리 · 운영은 형식적으로 중앙집권적 일원화체계 원칙이 구현되며 형식적으로 협동농장관리위원회의 자율적 결정에 의해 운영된다. 그러나 북한은 당위원회의 정치사업을 통해 농업위원회 → 도 농촌경리위원회 → 군 협동농장경영위원회 → 협동농장으로 형성되는 중앙집권적 관리 체계를 형성하고 있다. 또한 각 구성원의 자율적인 의사에 의한 경작이 아닌 군 협동농장경영위원회의 획일적인 지시하에 생산 및 분배가 이루어지고 있다.

미가 크다고 할 수 있다. 마르크스-레닌주의의 농업사상을 독특하게 변형한 사회주의 국가를 건설하는 데 있어 거의 모든 농민들을 협동농장에 소속시켜 중앙집권적 계획과 경영시스템에 따라 운영하고 있다. 즉, 북한에서는 모든 기관이나 조직의 궁극적인 목적을 사회주의적 국가 건설을 위한 전제조건을 마련하는 데 두고 있으며 협동농장의 기본적인 성격도 여기에서 벗어나지 않는 것이다.

또한 협동농장규약은 농촌의 사회주의화를 추진하기 위한 전진기지인 동시에 중앙집권적인 사회주의 계획경제의 한 단위조직으로서, 상급 기관의 지도와 통제하에서 그 지시를 무조건적으로 수행해야만 하는 것으로 규정하고 있다. 일상업무를 감시하는 농업성의 지도로 영농이 조직적으로 이루어진다.[7] 그러나 협동농장의 민주주의 원칙이 상부(당)의 지시를 완수하기 위한 실무적 방법론을 농장원들이 논의한다는 정도의 의미로 왜곡되고 있다.

북한 당국은 저렴한 농산물 가격에 의한 농업 부분에서의 잉여와 저임금에 따른 도시노동자들로부터의 잉여를 가지고 경제발전을 수행해오고 있다. 그러나 농민과 도시노동자 양측을 희생시키면서 유지되어온 이러한 성장전략은 처음부터 문제를 내포하고 있었으며, 인구증가로 인해 총생산물 가운데 차지하는 초과 소비분이 계속 증가했다. 농업생산의 침체와 중공업정책 위주의 왜곡된 투자구조 및 기업관리체제의 비효율성은 북한의 계획경제 순환구조를 기본부터 뒤흔들기 시작했고, 급기야 1980년대 후반부터 순환구조 그 자체를 마비시키는 상태로까지 발전했다. 토지의 소유권이 협동적 소유 또는 국가소유이므로 토질 향상에 대한 농민들의 무관심과 의욕 상실 등은 농산물 생산량을 매년 감소시켰다. 집단생산의 비효율성이나 비능률성은 농업 분야에만 국한되어 있다기보다 산업 전반에 걸친 공통적인 현상이라는 점이라는 데 심각성이 있다.

둘째, 일률적인 지도체계에 의해 협동농장의 조직 및 운영이 전반적으로 매우 경직되어 있다. 이러한 경직성은 협동농장의 탄력적인 운영을 방해할 뿐만

---

7) 프랑 로이, 「IFAD의 대북지원사업을 통해 본 북한 협동농장의 역할」, 남북 화해협력시대 협동조합의 역할에 관한 국제포럼(농협중앙회, 2000), 109쪽.

아니라 생산성을 저하시키는 요소로 작용하고 있다. 북한 사회주의 경제계획의 특징은 일원화와 세부화이며 일원화란 일체의 계획지표가 전부 국가의 동일계획 내에 포괄되어야 하고 각 개별 경제단위의 계획을 모두 국가계획위원회의 동일요구와 표준에 근거하여 제정해야 한다는 것이다. 이는 경제체제의 중앙집권적 특성을 의미한다. 일원화와 세부화는 경제계획 작성에만 국한된 것은 아니고 북한 경제체제의 운영에서 일관된 원칙이라고 할 수 있다. 협동농장의 운영에서도 조직운영 및 분배 등에 관해서 극히 세부적으로 규정되어 있으며 협동농장 자체에서 자율적으로 의사 결정을 할 수 있는 선택의 폭은 매우 제한되어 있다. 이로 인해 자연조건 및 경영환경의 변화에 적응하지 못한다는 농업경영체제의 특성이 북한 농업생산성을 불안하게 만드는 가장 큰 요인 중 하나라고 할 수 있다.

셋째, 협동농장의 소유와 분배 측면에서 정책적인 이중성을 들 수 있다. 1964년의 "사회주의농촌문제에 관한 테제" 이래로, 북한은 협동농장의 협동적 소유에서 전 인민적 소유(국유)로의 전환을 농촌에서의 사회주의 완성에 필수적인 최종목표로 삼고 그 실현을 위해 할 수 있는 소위 택지부속지(텃밭)도 감소시켜왔다. 그러나 30년이 지났어도 협동농장이 실질적으로 전 인민적 소유에 접근하고 있다는 징조는 찾아볼 수 없었다. 또한 소유관계에서의 전 인민적 소유로의 전환 노력과는 반대로, 그 후의 생산관리 및 분배 면에서 분조관리제의 채택과 작업우대제의 실시에 의해 경쟁과 능력에 따른 성과급을 도입함으로써 개별노동에 대한 동기를 유발하고 있다. 이러한 상반된 정책 방향은 북한의 사회주의 이념과 생산력 향상에 대한 현실적 요구 간의 딜레마에 의한 것이며 협동농장의 정체를 초래해온 한 요인이 되고 있다.

넷째, 농자재 및 에너지 부족에 따른 생산물 감소가 매우 심각한 상태이다. 비료, 농약, 농기계 등의 농자재 부족은 매우 심각한 실정이다. '중공업 우선주의'에 입각해 모든 자원을 중공업에 우선적으로 지원함으로써 북한의 생활용품이나 농자재 부족이 초래되고 있다. 비료의 경우도 농약의 경우와 마찬가지로 외화의 부족으로 인해 구입이 어려운 상태이다. 현재 북한 지역에서는 매년 퇴비를 의무적[8]으로 만들도록 되어 있으나 실적을 허위보고하는 실정이다. 곡물생산이 하락하기 전인 1989년의 경우, 경작지 1헥타르당 1톤의 비료가 투하되었으나 1994년에는 1헥타르당 750킬로그램, 1995년에는 500킬로그램으로 감소한 것으로 보고되었다.[9] 2000년의 경우 비료가 8만 8000톤으로 수요량의 45%가 공급되었으며 농약은 2700톤으로 소요량 1만 3000톤에 비해 20.7% 수준에 불과했다.[10] 1999년의 경우 비닐이 1.05만 톤(1억 제곱미터)이 부족한 것으로 추정된다.[11] 농기계의 보급을 보아도 양적으로는 많은 양의 농기계가 보급되어 있으나 부품의 부족과 노후화, 유류난 등으로 인해 제 기능을 발휘하지 못하고 있는 실정이다.

다섯째, 열악한 노동자원에 의한 낮은 노동생산성을 들 수 있다. 북한의 농업은 모든 생산수단의 국유화에 의한 국가경영으로 운영된다. 이 때문에 농민들의 새로운 기술과 창의력을 도입할 수 있는 기회가 없으며 농민의 능력과 사업발전을 위한 새로운 영역 확장 등 투자의 증액이나 감축에 신축적인 대응을 할 수 있는 길이 없다. 이는 사유재산을 부인하는 데서 오는 필연적인 결과인 노동의 무책임성과 노동의욕 상실, 생산성 저하, 비능률 등의 역기능을 초래했다.

또한 여성이 북한 농업노동력의 대부분을 차지하며 남성들은 대규모 건설사업이나 군사력 증강에 많은 노동력을 소모하고 있다. 농사의 대부분이 여성들에 의해 행해지고 있으며 협동농장의 분조장들 대다수가 여성들인 점을 보아도 여성의 노동참여 정도를 알 수 있다. 북한의 주식인 쌀, 옥수수의 육종수준이 세계적인 수준이면서도 생산량이 많지 않은 것은 개인이나 가족농이 아닌 집단영농체제에 따른 낮은 노동생산성 때문이다. 그러나 이른바 텃밭으로 불리는 개인농지에서 재배되는 작물은 대부분 소출이 많이 나는 옥수수나 완두콩 등을 집약재배하기 때문에 집단농장에 비해 그 생산량이 3~6배[12] 이

---

8) 북한은 주체농법에 따라 매년 헥타르당 퇴비 10톤을 의무적으로 투여하게 되어 있으나 탈북자들의 면담 결과 대부분 허위로 보고되고 있는 것으로 알려졌다.

9) FAO/WFP, "Special Report"(1995.12).

10) 부경생 외, 『북한의 농업: 실상과 발전방향』(서울대학교출판부, 2001), 21쪽.

11) 장원석, 「남북화해협력시대 농협의 역할」, 남북 화해협력시대 협동조합의 역할에 관한 국제포럼(농협중앙회, 2000), 179쪽.

12) 탈북자들의 진술에 의하면 텃밭의 생산성은 협동농장보다 월등히 높으며 농민들은 협

〈표 8-1〉 협동농장 운용상의 문제점

문제점	발생 이유
중앙집권적 관리 및 비민주성	- 정치적 논리에 따른 협동농장을 운영 - 협동농장 규약의 문제: 의사 결정구조의 비민주성
협동농장 조직 및 운영의 경직성	- 경제체제의 중앙집권성 - 경제의 일원화, 세부화: 자유적 의사 결정 선택구조 부족
소유와 분배의 이중성	- 공식적으로는 전 인민적 소유이나 개별 동기를 부여하기 위해 성과급제 도입
생산성 저하	- 비료, 농약, 기계, 에너지 부족에 따른 생산성 저하
낮은 노동생산성	- 열악한 노동자원에 따른 낮은 노동생산성
협동농장의 기능 약화	- 작업별 · 품목별 분조에 따라 생산하여 생산성 약화 - 식량난에 따라 개인식량 확보에 전념하여 노동 생산성 감소 - 수해 지역 등 농자재 지원 방치

상 되는 것으로 알려졌다.

여섯째, 협동농장의 기능 약화를 들 수 있다. 북한의 협동농장은 작업별(농기계, 수리시설 등), 품목별(벼, 야채, 과수)로 분조 운영을 구분해 생산하기 때문에 생산성 향상에 제약[13]을 가져온다. 협동농장의 배급능력 저하에 따라 농민들이 필요한 만큼만 농업에 종사하고 나머지 시간은 텃밭이나 뙈기밭에 노동을 투입함으로써 개인의 식량 확보에 전념하고 있어 협동농장의 노동생산성이 급속히 감소하고 있다. 또한 수해 지역[14] 등에서는 농자재 지원 없이 방치됨으로써 협동농장체제의 운영마저 중단되는 사례가 발생하고 있다. 황해도 벽성, 삼천군에서는 중앙정부가 홍수 피해 해결을 포기하고 협동농장에 일임

동농장의 농자재 및 농약이나 비료 등을 훔쳐서 텃밭생산에 열중하고 있는 것으로 알려졌다. 또한 산비탈 등 무허가 밭이나 뙈기밭의 생산성도 매우 높은 것으로 알려졌으며 농민들은 텃밭이나 뙈기밭에서 나오는 대부분의 농산물을 농민시장 등에서 자유판매하고 있다.

13) 북한의 협동농장은 각 작업별로 전문화되어 있어서 다른 작업반에서 남는 인력을 지원받아도 작업의 미숙함 등으로 인해 노동생산성이 극히 낮은 것으로 알려졌다. 또한 노동지원에 따른 인센티브가 거의 없어서 노동생산성이 더욱 낮아진다.

14) 1995년 대홍수로 인해 약 520만 명의 이재민이 발생했고 산업기반인 300여 곳의 도로 · 철도 · 터널 등이 파괴되었으며 곡창지대인 황해도, 평안남북도에 2년 연속 홍수 피해가 발생해 약 30만 헥타르의 농경지가 침수되거나 유실 또는 매몰된 것으로 알려졌다.

했으며 토지를 농민들에게 분배해 홍수 피해를 복구하고 생산성이 향상되기를 기대하고 있다고 한다.[15] 지금까지 언급한 협동농장 운용상의 문제점을 정리하면 〈표 8-1〉과 같다.

농번기에는 군대와 학생이 동원되어 농사일을 돕는데, 이들이 농촌에 와서 일을 해줄 동안 농민들은 이들의 먹는 문제를 해결해주어야 한다. 분조가 나름대로 식량을 비축해놓는 이유 중 하나는 바로 농번기에 군대나 학생들을 대접하기 위함이다. 보통 개나 염소를 잡아 수고했다고 대접하며 군인에게는 돼지를 잡아 대접한다. 학생들은 최소 한 달 정도 머물면서 일을 해준다. 군인들은 인접지역 부대에서 파견되어 나오기 때문에 낮에 일하고 밤에 부대로 귀대하며 농사가 끝날 때까지 계속 동원되어서 일을 도와준다.

결국 농장원들은 적게나마 개인적인 이익을 낼 수 있는 뙈기밭이나 텃밭을 경작하는 데 주력하게 된다. 물론 뙈기밭에서 나온 생산물이 전적으로 개인소유가 되지는 못한다. 농장원들은 텃밭 외에 집 근처 야산에서 밭을 일구어 경작하며 국가는 이것을 내버려두었다가 '뙈기밭검열그루빠'를 통해 그 뙈기밭의 수확량을 계산한다. 그리고 가을철 협동농장에서 배분할 때 그 양만큼을 제하고 준다. 사실 야산을 개간해 일군 땅에서 나온 수확량이 일반적인 경작지에서 나온 수확량보다 많을 수는 없다. 그러나 획일적으로 적용하다 보니 농민 개인에게는 손해이며 불만을 유발하는 요인으로 작용하고 있다.

3. 가족농의 역할

사회주의 경제에서 계획경제 외의 부문으로 국가 통제를 벗어난 경제활동을 '비공식부문'과 '제2경제'라고 한다. 비공식부문이란 국가가 공식적으로 인정한 부문을 제외한 부문을 말하며, 제2경제는 비공식적인 사적 영역, 소규모의 가족경영, 그리고 공식적으로 허용된 사적 영역으로 구성된 경제를 지칭한

15) 김경량, 『남북한 농업통합에 대비한 협동조합의 역할』(농협중앙회, 1997), 109쪽.

다. 이는 사회주의 체제의 공식적인 이데올로기에 의해 규율되는 영역, 즉 국가 또는 협동조합 소유의 영역을 포괄하는 제1경제에 대비되는 개념이라고 할 수 있다.[16] 북한 농업에서 제2경제의 일종인 소규모 가족농에 주목할 필요가 있다.

사회주의에서 가족은 혁명의 최소단위이자 생존단위이다. 국가는 가족을 보호하고 강화해야 할 의무가 있고, 가족은 사회주의 건설과 사회재생산을 담당해야 할 의무가 있다. 고전적 사회주의 국가는 '온정적 가부장제(paternal patriarchy)'에 의해 국가주도의 가족정책을 추진하며[17] '가부장적 온정주의(paternalism)'[18]적 성격을 띤다. 성숙한 관료제를 통해 돌봐주어야 할 대상인 인민들의 생활과 복지를 책임진다는 논리이다. 지배와 피지배자는 보살피고 돌봄을 받는 관계로 설정되며 이 관료제의 정점에는 최고 지도자가 있다. 북한은 개인주의가 아닌 집단주의를, 다원주의가 아닌 집단의 단일화를 지향하며 사회 전체를 공산주의적 가족, 즉 '사회주의 대가정' 구성을 목적으로 한다. 인민들은 김일성을 '아버지 수령'으로 간주하는데 이것이 국가의 가족화를 증진시켰다.[19] 따라서 사회에서 가족의 역할은 크지 않으며 농업단위도 가족농 중심이 아니라 협동농장 중심으로 구성된다.

이러한 북한에서 최근 가족농이 나타난 것은 심각한 경제위기 상황에 대응해 국가가 담당해야 할 가족재생산의 책임이 가족에게 전가되고 있는 상황과 관련이 있다. 식량난 이후 텃밭 경작과 부업 등을 허용해 가족에게 생산을 맡기는 것이다. 이는 가족이 경제사회적 상황 변화에 대응해 독립된 행위자로서 전략을 구사함으로써 스스로 재생산을 보장하고 있음을 의미한다.[20]

---

16) 남성욱 · 문성민, 「북한의 시장 경제 부문 추정에 관한 연구: 1998년을 중심으로」, ≪현대북한연구≫, 제3권 1호(경남대학교 북한대학원, 2000), 155쪽.

17) Dolling, "Between hope and helpless Woman in the GDR after the 'Turning Point'," *Feminist Review*, No.39, Winter 1991, p.8.

18) Kornai, *The Socialist System: The Political Economy of Communism*(Princeton University Press, 1992), pp.55~56.

19) 헬렌 루이스 헌터, 『CIA 북한보고서』, 남성욱 외 옮김(한송출판사, 2001), 69쪽.

20) 박현선, 『현대 북한사회와 가족』(한울, 2003), 21쪽.

중국의 덩샤오핑은 중국을 시장경제로 전환하면서 1차적으로 집단농업부터 폐지하고 중국 농민이 가족단위로 농사를 지을 수 있게 해주어 농민들로부터 전폭적인 지지를 받았다. 중국은 개혁·개방 이전인 1973~1977년 동안 농업 총생산액 증가율이 연평균 3.2%였으나 개혁 초기 인민공사제를 폐지하고 가족청부제를 도입한 결과 1979~1983년 동안 농업 총생산액이 연평균 15.8% 증가했다.[21] 한편 베트남은 1986년 시장경제로 전환하기 위한 개혁·개방조치들을 취하면서 집단농업부터 폐지하고 베트남 농민들이 가족단위로 자기 농사를 지을 수 있게 했다. 이에 따라 베트남 농민들의 증산 의욕이 높아졌고 베트남은 태국 다음으로 쌀을 많이 수출하는 나라가 되었다.[22]

한편 북한의 농업위원회는 협동농장 농가의 소득증대를 위한 '부업' 개발을 점진적으로 추진한 바 있다. 협동농장이 개별농가 내 소비나 시장에서의 판매를 위해 식량, 가축, 가금 등을 생산하는 개별농가의 부업생산이 증대되도록 지원하는 것이다. 협동농장 조합원들이 개별농가 내 소비나 부수입을 위해 부업을 해온 것은 어제오늘만의 일이 아니지만, 식량 부족과 농업성의 확실한 지원에 따라 조합원들의 개별농가별 생산수준이 향상되었다. 부업생산의 증가와 함께 '비공식시장'의 중요성도 증가하고 있다.[23]

이러한 가족농의 대두는 북한 식량난 해소에 긍정적인 영향을 미칠 것이다. 단기적으로 북한 경제를 안정시킬 것이며 부실화된 공식 부문의 공급체계를 보완하는 역할을 할 것이다. 그러나 가족농을 통한 북한의 식량난 해소는 중장기적으로 북한 사회의 변화를 압박할 수 있다. 그 가능성은 다음과 같다.

---

21) 중국이 농업개혁기 동안 농업생산성을 빨리 증대할 수 있었던 것은 농업생산기반, 농기계, 농자재 공급 등 물적 토대가 비교적 잘 갖추어져 있었기 때문이다. 또한 농민들이 취득한 초과생산물을 적절한 가격으로 자유롭게 처분할 수 있는 시장이 있었기에 가능했다. 반면 북한은 경제개선관리조치를 통해 사회주의 유통체계 확립을 강조하고 있으나 생산성 향상을 위한 근본적 처방이 되지 못하고 있다. 정부의 물자공급능력이 충분해야만 북한의 조치가 실효성을 가지게 될 것이다.

22) 박진환, 「극심한 물자부족에서 벗어나지 못하고 있는 북한사회」, 『한국농촌사회학회 2002년도 학술대회 및 정기총회 자료집』(2002.2.21), 48쪽.

23) 프랑 로이, 앞의 책, 109쪽.

첫째, 물질적 동기를 자본주의적인 것으로 비판하면서 사상교양사업의 선차성을 강조하던 기존의 노선에서 물질적 자극을 허용하는 방향으로 전환할 것이라는 점이다. 둘째, 공식 부문을 보완하는 비공식 부문의 시장적 기제가 중장기적으로 사회주의 계획경제의 작동기제를 무력화할 수 있다.

북한이 1996년 새로운 분조관리제에서 주로 가족, 친척 단위로 분조를 새로이 구성한 것에 주목해야 한다. 분조구성 원칙을 가족, 친척 단위로 전환한 것은 앞으로 그 성과 여하에 따라 개인농으로 전환하는 전조로 볼 수 있다.[24] 북한은 이러한 가능성과 관련해 2002년 7월 1일의 경제관리개선조치를 통해 전자는 물질적 자극을 허용하는 인센티브제의 도입으로 실현하고, 후자는 비공식부문의 시장적 기제를 국영상점으로 흡수하는 물가인상을 통해 차단하고자 하고 있다.[25] 비공식 부문을 공식 부문으로 흡수하려는 북한 당국의 의지에 따라 비공식 경작지의 개발과 이용을 강력하게 억제할 것으로 예상된다. 최근 소식에 의하면 함경북도 회령과 무산 지방을 중심으로 개인의 텃밭 면적을 종전의 30평에서 400평으로 확대했다고 한다.[26] 텃밭은 뙈기밭과는 달리 북한 당국이 공식적으로 인정하는 영농형태이다. 그러나 텃밭 경작면적이 확대된다면 이는 개인영농을 인정하는 것과 마찬가지의 효과를 가져오기 때문에 이를 장려하기는 곤란할 것이다.

북한은 협동농장에서 텃밭의 확대와는 다른 형태로 개인경작에 성공한 사례를 소개하고 있다.[27] 개인경작의 모범사례로 황해남도 몽금포협동농장에서는 고정포전(개인경작지) 관리방식을 든다. 이 방식을 시행한 결과 이곳의 거름 생산량이 크게 증가했고, 옥토를 배정해 경쟁을 유도함으로써 가족들이 동원되어 객토를 하는 등 생산성 증대를 위해 노력하는 광경을 쉽게 목격할 수 있다고 한다. 이는 일종의 가족농 시스템이 성공적으로 적용된 사례다.

---

24) 부경생 외, 앞의 책, 83쪽.

25) 박현선, 앞의 책, 371쪽.

26) 남성욱, 「북한 7·1 경제개선관리조치와 농업개혁」, 『북한의 개혁과 개방 100일: 현황과 전망』(중앙대민족통일연구소, 2002.10.11).

27) ≪연합뉴스≫, 2002년 9월 25일 자.

개별영농에 의한 농업생산성이 협동영농에 비해 두세 배 높다는 것은 이미 알려진 사실이다. 생산수단의 소유화는 현 단계에서 크게 중요하지 않다. 가족농이 농업생산성 향상을 목표로 한 제도로서 실효를 거두기 위해서는 참여 농가에 확실한 인센티브를 제공해야 한다. 또 참여 농가에는 초과생산물을 생산하고 이를 처분할 수 있는 시장이 존재해야 하며[28] 단순히 실험하는 데 그치지 말고 가족영농제를 정책화하는 등 과감한 조치가 필요하다. 이렇듯 가족농의 역할 변화는 북한 농업의 변화를 전망하는 데 중요한 역할을 할 것이다.

---

28) 권태진, 「북한의 농업실태와 농업발전전략」, 『북한의 경제개혁에 따른 국제사회의 대북 농업협력 방향』(한국농촌경제연구원, 2003), 34쪽.

제9장

북한 협동농장과 중국 및 구소련 협동농장 비교분석

1. 중국 인민공사의 운영 형태와 개혁 내용

1) 사회주의혁명과 토지개혁

사회주의혁명 이전의 중국 경제에서는 농업·농촌이 압도적인 비중을 차지했다. 에릭 스타인(Stein, 1977)에 의하면 중일전쟁 발발(1937) 이전에는 농업 부문이 중국 국내총생산액의 60%을 차지한 데 비해, 공업 부문은 20%에 불과했을 뿐만 아니라 공업 부문 중에서도 전근대적인 수공업이 대부분을 차지했고 단지 3~7%만 근대적인 공업형태를 갖추고 있었다. 또한 중국에서는 심각한 인구증가 압력이 경제발전전략에서 필수적인 고려 사항이었다. 1368년 명나라 건국 이후 600년 동안 인구는 8~10배 증가했으나 경지는 네 배 증가하는 데 그쳤다. 따라서 중국은 사회주의혁명 이후 막대한 인구를 부양하기 위해 획기적으로 농업생산성을 증대시키는 방안을 강구해야 했다.[1)]

이에 중국의 토지개혁은 농업·농촌·농민의 잠재력을 확대하는 방향으로 시행되었다. 중국은 1947년부터 공산당이 장악한 지역을 시작으로 토지개혁을 실시했으며, 1949년 새로운 사회주의국가 건국 이후에 사회적으로 민주적 개혁을 단행하면서 농업 부문에서 토지개혁이 가장 핵심적인 개혁으로 전국에 걸쳐 시행되었다. 중국은 토지개혁(1949~1952)을 통해 지주의 토지를 무상으로 몰수해 농민에게 소유권을 분배했다. 토지개혁 이전에는 중국의 5억 농민 가운데 3억 명이 토지를 소유하지 못했고 대부분 지주에게 토지를 빌려 경작하면서 높은 소작료를 지불했다. 그러나 토지개혁으로 3억 명의 빈농과 소작농에게 약 4600만 헥타르의 토지를 포함해 가축과 농기구가 분배되었다.

중국은 토지개혁을 통해 지주로부터 몰수한 토지의 소유권을 농민에게 분배함으로써 지주를 중심으로 한 토지의 봉건적 소유가 농민적 소유 형태로 전환되었다. 그리고 농촌의 착취계급이었던 지주층을 소멸시켰으며 지주층에 집중된 국부가 해외로 유출되는 것을 차단했다. 지주를 중심으로 한 부농계층은 토지개혁을 통해 심각한 타격을 받았을 뿐만 아니라 확대재생산의 기반도 현저히 약화되었다. 이처럼 중국은 한편으로는 토지개혁으로 지주와 부농을 소멸·억제하는 정책을 시행하면서도 다른 한편으로는 이들을 축출하거나 배제하지 않고 뒤에서 언급하는 합작회사에 참여시켜 개조하는 정책을 펼쳤다. 이는 중국 고유의 심각한 인구증가 압력에 따른 식량 부족 문제를 해소하기 위해 지주와 부농을 완전히 축출·배제하기보다 개조를 통해 농업생산에 참여시키는 유화정책을 시행할 필요가 있었기 때문인 것으로 추정된다. 한편 농민의 입장에서는 소작료, 고리대, 조세, 협상가격 차(농공 간 교역 조건) 등 각종 부담이 대폭 경감되었고 지주의 소비생활을 지탱하기 위해 투입되었던 부역도 폐지되었다. 이에 따라 빈농과 소작농의 토지소유 및 생산수단이 증대되어 중농층이 증가하는 현상이 발생하기도 했다. 그럼에도 불구하고 절대 다수의 농민은 여전히 빈농을 중심으로 한 영세소농 경영에서 벗어나지 못했다. 1헥

---

1) 중국 농업개혁에 대해서는 Gordon White, *Riding the Tiger: The Politics of Economic Reform in Post-MAO China*, Stanford(California: Stanford University Press, 1993); Barry Naughton, *Growing out of Plan: Chinese Economic Reform 1978~1993* (Cambridge: Cambridge University Press, 1995), pp.137~168를 참조하라.

타르 규모의 영세농가를 가진 가구가 약 1억 2000만에 달했으며 가축은 두 가구당 1마리, 쟁기도 두 가구당 1대, 양수기는 10가구당 1대를 갖춘 정도에 지나지 않았다.

중국의 사회주의혁명 이후 두 가지 측면에서 농업집단화의 필요성이 대두되었다. 첫째, 공업화를 위한 자본축적의 필요성이다. 역사적 경험에서 알 수 있듯이 대부분의 사회주의국가는 혁명 이후 공업화를 수행하기 위한 축적의 기반을 농촌에서 마련하는 제도를 만들었다. 소위 사회주의 건설의 원시적 축적으로 불리는 이 과정을 수행하기 위해서는 공업화의 기반인 도시의 노동자를 부양하는 데 필요한 식량을 확보해야 하고 공업화에 필요한 자원을 농업 부문으로 조달해야 한다. 중국 역시 공업화를 추진하는 데 당시 경제규모의 약 60%를 차지하던 농업 부문이 축적의 기반이 될 수밖에 없는 상황이었다. 사회주의 공업화에 필요한 축적을 효과적으로 수행하기 위해서는 국가가 직접 관리하는 계획경제를 도입할 수밖에 없는데, 이를 뒷받침하는 양대축이 생산의 집단화 및 국가의 유통관리이다. 생산의 집단화를 실현하는 방법이 바로 농업집단화이다. 다만 중국의 경우 심각한 인구증가 압력에 따른 식량문제 역시 국가적으로 해결해야 할 중요한 과제의 하나였기 때문에 소련과 같은 일방적인 농업생산량 수탈보다 농업생산 진흥의 측면도 중요하게 고려되었다. 농업집단화 역시 농민의 생산성 저하를 초래할 수 있는 급격한 방식보다는 점진적이고 온건한 방식이 강조되었다.

둘째, 농업생산성 증대를 위한 규모화의 필요성이다. 토지개혁을 통해 농민적 소유가 확립되고 농민의 영농규모가 증대했다. 이에 따라 전반적으로 농업생산이 증대하고 부분적으로 중농층이 증가하는 현상이 발생했다. 그러나 여전히 절대 다수의 농민이 영세소농 경영에서 벗어나지 못한 상태에 있었기 때문에 규모화를 통한 농업생산성 증대의 필요성이 강조되었다. 사회주의적 대농경영은 소규모의 사적 소유를 사회적 소유·협동적 소유 또는 전 인민적 소유로 전환해 대규모의 토지와 생산수단을 공유함으로써 소농 경영의 비효율적 측면을 해소하고 규모화에 의한 농업생산성 증대를 꾀하는 것이다. 중국 역시 영세소농 경영 중심의 농업구조하에서는 절대적인 식량 부족 문제를 해결할 수 없었기 때문에 사회주의적 대농경영으로 전환할 필요성이 제기된 것이다. 토지와 생산수단의 사회적 소유를 통한 사회주의적 대농경영을 실현하기 위해 농업집단화가 도입되기 시작했다.

2) 농업집단화와 인민공사의 형성

중국은 가족농 단위의 농민적 토지소유를 확립하는 토지개혁을 전국적으로 시행할 동안에도 농업집단화의 필요성에 따라 각 지구별로 초보적인 수준의 집단화를 부분적으로 병행했다. 토지개혁 이전에 공산당의 통제하에 있던 구(舊)해방구에서는 농업생산 호조조(互助組)가 광범위하게 확산되어 있었으며 토지개혁이 진행되던 시기에 신(新)해방구에서는 중국 공산당 중앙위원회의 '농업생산 호조합작(互助合作)에 관한 결의'(1951.12)에 따라 호조조(互助組)가 조직화되기 시작했다. 호조조는 가장 초보적이고 간단한 규약의 계절적 · 임시적 호조조와 더욱 고급의 내용을 갖춘 상설적 호조조로 구분되었다. 1952년까지 약 40%의 농가가 호조조에 참가했는데, 그 가운데 약 4분의 3 이상이 임시적 호조조에 가입되어 있었다. 호조조는 토지와 생산수단에 대한 농민의 사적 소유와 개별경영의 토대 위에서 집단적으로 농업노동을 수행하는 매우 단순한 형태의 협동노동에 불과했다. 따라서 집단적인 계획경영을 수행하는 데 뚜렷한 한계가 있었으며, 중농과 빈농이 상호 원조하는 농업노동을 통해 중농에게 더 많은 수익이 발생하는 문제점도 안고 있었다. 이에 호조조를 보다 높은 수준의 협동조직으로 전환해야 할 필요성이 제기되었다.

중국 전역에서 토지개혁이 대부분 완료된 1953년 12월 공산당 중앙위원회는 '농업생산합작사를 발전시키는 데 대한 결의'를 채택하고 기존의 호조조를 좀 더 높은 수준의 협동조직으로서 합작사로 전환시키기로 의결했다. 이에 따르면 농민(농가)을 대상으로 임시적 · 계절적 호조조에서 시작해 상설적 호조조를 거쳐 농업생산합작사로 편입시키는 것으로 되어 있었다. 여기서 농업생산합작사는 토지, 가축, 대형농기구 등에 대한 사원(농민)의 사적 소유가 여전히 존재하지만 그것의 경영과 이용에 관한 사항은 모두 합작사로 통일되고 사원(농민)의 노동은 개인적 성격이 아니라 사회적 성격으로 전환하는 것으로 규정되었다. 사원(농민)은 자신 소유의 토지 가운데 90% 이상을 합작사에 출자하고 합작사의 농업생산에 자신의 노동을 제공해야 했다. 그 결과 사원(농민)은 자신이 출자한 토지에 대한 보수와 자신이 제공한 노동에 대한 보수를 동시에 분배받았다. 1953년 당시에는 합작사가 약 1만 5000개에 불과했으나 1954년에는 전 농가의 호조조 참여율이 96.7%에 달했고 약 10만 개의 합작사가 결성되는 등 매우 빠른 속도로 집단화가 진행되었다. 1954년 10월 공산당 중앙위원회의 결의를 통해 중국의 농업집단화는 더욱 가속화되어 경이적인 속도로 진행되었고, 1955년에는 전국적으로 약 60만 개의 합작사가 결성되기에 이르렀다. 그러나 이 시기에 급속히 확산되었던 합작사는 토지 및 생산수단에 대한 사적 소유와 함께 공동경영이 병존했으며, 노동에 대한 보수뿐만 아니라 토지에 대한 보수까지 지불하는 '반(半)사회주의적 성격'을 띠는 초급형 농업생산합작사가 대부분을 차지했다.

'반(半)사회주의적 성격'의 초급형 농업생산합작사가 광범위하게 확산되는 가운데 일부에서는 좀 더 높은 집단화 수준의 고급형 농업생산합작사가 결성되기 시작했다. 초급형 합작사는 자연촌락 단위로 평균 20~30호의 농가로 구성되었으며, 토지 · 가축 · 농기구 등 주요 생산수단은 사적 소유의 기초 위에서 합작사 단위로 공동경영 및 공동노동이 이루어졌다. 그 결과 합작사의 농업생산물은 각 사원(농민)에게 토지에 대한 보수와 노동에 대한 보수로 분배되었다. 이에 반해 고급형 합작사는 행정촌락 단위로 약 200~300호의 농가로 구성되었으며 토지 · 가축 · 농기구 등 주요 생산수단을 합작사가 매입해 집단적으로 소유했고, 합작사 단위의 집단경영 및 집단노동의 결과에 따라 수확물은 노동에 대한 보수만 사원(농민)에게 분배되었다. 고급형 합작사는 초급형 합작사에 비해 집단화의 수준이 높았고 사회주의적 집단농업체제에 훨씬 더 부합하는 성격을 갖고 있었다. 그러나 고급형 합작사에서도 채소밭, 가금류, 소농기구, 가정부업도구 등은 농가의 사적 소유를 그대로 인정했다. 1955년 7월 마오쩌둥이 「농업협동화문제에 관하여」라는 보고를 통해 고급형 합작사로의 전환이 더욱 강력하게 촉구되었다. 이에 따라 1956년 말에는 전체 농가의 88%(약 1억 호 이상)가 고급형 합작사에 가입했고 8%가 초급형 합작사에 가입하는 상황으로 바뀌었다. 이에 따라 일부 변경 지역을 제외한 전국 대부분의 지역에서 사회주의적 농업집단화가 이루어진 것으로 평가된다.

앞에서 보듯이 중국의 농업집단화는 토지개혁이 완료된 이후 1954~1956년 사이에 매우 급격하게 진행되었다. 1953년 12월 공산당 중앙위원회는 '농업생산합작사를 발전시키는 데 대한 결의'를 통해 가장 초보적인 수준의 임시적·계절적 호조조에서 시작해 상설적 호조조, 초급형 농업생산합작사, 고급형 농업생산합작사에 이르기까지의 기본경로를 제시했다. 그러나 이와 같은 기본경로가 모든 지역에 걸쳐 획일적으로 진행된 것은 아니었다. 낮은 수준의 집단화에서 높은 수준의 집단화로 전환하는 것은 공통된 특징이었지만 지역별 특성에 따라 그 경로는 다양했다. 1955년 10월 중국 공산당 중앙위원회의 '농업협동화의 속도에 관한 결의'에도 나타나 있지만 호조조의 선진지역에서는 1957년 봄 이전에 70~80%를 합작사로 전환하고, 다른 대다수 지역에서는 1958년 봄 이전에 기본적인 합작사로 전환하며, 소수민족 중심의 변경 지역에서는 가장 완만한 정책을 취하고 경우에 따라서 전환 기간을 상당히 길게 잡도록 하는 것 등의 내용이 담겨 있다.

이처럼 중국의 농업집단화가 비교적 빠른 속도로 진행된 가운데 1957년 10월부터 수리시설을 중심으로 한 대규모 농업건설사업이 합작사를 토대로 전개되었다. 대규모 농업건설사업의 추진에 따라 합작사 간의 대규모 합병으로 합작사의 외형이 거대화되었고 합작사 내부적으로는 노동조직, 분배 체계, 공공시설운영 등의 측면에서 질적인 변화가 발생하기 시작했다. 고급형 농업생산합작사로의 전환이 대부분 완료된 1958년부터는 합작사 간의 합병이 본격화되면서 향(鄕) 단위가 하나의 합작사가 되는 경우가 나타났다. 일부 합작사에서는 적극적으로 공업을 일으키고 복지제도를 정비했으며 나아가 자류지(自留地)까지도 공유화했다. 이것이 인민공사의 원형이다.

이처럼 자생적으로 발생하고 있던 인민공사의 원형에 대해 1958년 8월 공산당은 정치국 확대회의 결의를 통해 '인민공사화 운동'을 정식으로 승인하고 본격적으로 추진했다. 이에 따라 불과 1개월 만에 전 농가의 98.2%가 2만 3630개의 인민공사에 참여해 티베트를 제외한 모든 지역에서 인민공사화가 완료되었다. 이 당시의 인민공사는 소수의 가축을 제외한 모든 일체의 생산수단이 인민공사의 소유로 전환된 형태였다. 더욱이 인민공사는 농업·공업·상업·교육·군사 등에 관한 일체의 행위를 통일적으로 계획하고 집행했다.

인민공사하에서는 작업량에 의해 소득이 분배되지 않았고 무상노동이 행해졌다. 인민공사는 전 사원(농민)에게 일정의 식품소비량을 무상으로 공급하고, 일부 잔여 부분에 대해서만 노동일을 기준으로 분배했다. 당시 인민공사는 향(鄉)정부와 기존의 합작사가 상호 융합해 국가권력기관을 조직 면에서 일체화시킨 '정사합일체(政社合一體)'로서 단순한 경제협동체에 머물고 있던 기존의 농업생산합작사와 질적으로 구분되었다.

3) 인민공사의 성장

1958년 제2차 5개년 계획에서 제안된 대약진운동 및 인민공사화운동에 따라 불과 5개월 사이에 전 농가의 98.2%를 2만 3630개의 인민공사로 조직화하는 대변동이 일어났다. 대약진운동에 따라 기존의 합작사를 합병한 거대 규모의 인민공사가 설립되었는데, 〈표 9-1〉에서 보듯이 1958년의 경우 인민공사 한 개에 포함된 농가 수가 평균 5443호이고 농가인구는 2만 3706명에 달했다. 거대규모 인민공사가 위로부터의 조직화과정을 거쳐 짧은 기간 내에 급격하게 형성된 결과 자연조건이 서로 상이한 촌락이 함께 포괄되거나, 부유한 촌락과 빈곤한 촌락이 함께 포괄됨으로써 상호 불만이 발생하거나, 거대규모의 공사운영에 대한 시행착오 등으로 농민의 생산 의욕이 저하되는 등의 부작용이 발생했다. 게다가 1959~1960년 자연재해까지 겹쳐 중국의 농업생산은 극히 부진한 상태에 빠지게 되었다. 이에 따라 거대규모의 인민공사에 대한 조정작업이 불가피했다. 인민공사에 대한 조정작업의 핵심은 적정 규모로의 축소와 기본채산단위 아래로의 이동이었다.

인민공사화운동의 초기에는 '일대이공(一大二公)', 즉 규모를 크게 하고 공유화의 정도를 높인다는 슬로건이 맹목적으로 시행되었으며 협동경영체의 수지결산을 행하는 단위인 기본채산단위 역시 인민공사에 두었다. 거대규모의 인민공사에 대한 조정과정에서 1960년 11월의 '인민공사 정돈 12조'를 통해 생산대대를 기본채산단위로 규정했다. 그러나 이를 통해서도 인민공사의 기능이 제대로 발휘되지 않자 1962년 중국 공산당 제8기 10중전회 결정에서는 '농촌인민공사공작조례 수정초안'(소위 농업60조)에 기초해 생산대를 기본채산단위

<표 9-1> 중국의 인민공사 성장과정

구분		1958	1965	1970	1975	1978	1980
인민공사 (人民公社)	조직 수	23,630	74,755	51,478	52,615	52,781	54,183
	농가 수	5,443	1,810	2,948	3,126	3,287	3,262
	인구 수	23,706	7,909	13,595	14,770	15,218	14,967
생산대대 (生産大隊)	조직 수		648,000	643,000	677,000	690,000	710,000
	농가 수		208.8	236.0	243.0	251.4	248.9
	인구 수		912.4	1,088.4	1,147.9	1,164.1	1,142.2
생산대 (生産隊)	조직 수		412,000	564,000	4,826,000	4,816,000	5,662,000
	농가 수		25.0	33.3	34.1	36.0	31.2
	인구 수		109.2	153.3	161.0	166.8	143.2

자료: 「國家統計局農村經濟社會統計司」, 『中國農村統計年鑑』(1990).

로 하기로 했으며, 이 재산제도를 30년간 변경하지 않는다고 규정했다. 이 같은 일련의 조정과정을 거쳐 평균 30호 정도의 농가가 생산대 한 개를 구성해 집단경영하고, 5~6개의 생산대가 모여 약 150~180호의 농가로 1개 생산대대를 조직하며, 10개 생산대대가 연합해 평균 1600호의 농가로 이루어진 인민공사가 형성되었다. 바로 이와 같이 생산대를 기본채산단위로 하여 생산대 – 생산대대 – 인민공사로 이어지는 삼급소유제 형태의 인민공사가 우리에게 일반적으로 알려진 인민공사이다. 인민공사 가운데는 생산대대가 없고 공사와 생산대의 이급소유제로 된 것도 있고, 하나의 인민공사하에서 일부 생산대대가 기본채산단위로 되어 있는 형태도 있었다.

〈표 9-1〉에서 나타나듯이 인민공사화 운동의 초기인 1958년에는 전국적으로 98.2%의 농가가 참여해 2만 3630개의 인민공사가 조직화되었는데, 인민공사 한 개에 포함된 농가 수는 평균 5443호였으며 농가인구는 평균 2만 3706명이었다. 이 같은 거대규모의 인민공사가 기본채산단위로 규정되었으나 앞서 언급한 여러 문제점이 노출되면서 공사규모의 축소 및 기본채산단위의 하부이양을 기본으로 하는 조정과정을 거치게 된 것이다. 소위 농업60조로 불리는 1962년의 조정을 통해 인민공사의 일반적인 형태가 완성되었다고 볼 수 있다. 1965년의 경우 인민공사의 수가 7만 4755개로 약 3.2배 증가했는데, 이는 거꾸로 말하면 초창기에 형성되었던 인민공사 1개의 규모가 약 3분의 1 수준으로 축소된 것으로 이해할 수 있다. 당시 1개 인민공사에 포함된 농가의 수는

평균 1810호였으며 농가인구는 7909명이었다. 1개 인민공사에 포함되는 농가 수와 농가인구 역시 초창기 인민공사의 규모에 비해 약 3분의 1 수준으로 축소된 것을 알 수 있다.

1960년대 중반 이후에는 인민공사에 대한 부분적인 조정이 발생했는데, 이를 통해 1970년 이후에는 인민공사의 수가 약 5만 2000개에서 5만 5000개 수준을 안정적으로 유지했다. 이것은 당시 중국의 행정단위인 향(鄕)단위와 거의 일치하는 것으로 1향(鄕)1사(社)가 인민공사의 일반적인 규모였다고 할 수 있다. 이 시기에 1개의 인민공사에 포함된 농가의 수는 약 3000~3300호였으며 농가인구는 약 1만 4000명~1만 5000명 수준이었다.

한편 농업60조에 의해 삼급소유제가 인민공사의 일반적인 형태로 정착되면서 생산대와 생산대대가 조직화되었다. 생산대대는 1960년대 중반 이후 거의 65~70만 개의 수준을 안정적으로 유지했으며, 1개 생산대대에 포함된 농가 수는 약 200~250호였고 농가인구는 900~1200명 수준이었다. 생산대가 없는 인민공사의 경우에는 생산대대가 기본채산단위로 기능하기도 했다. 인민공사의 기본채산단위인 생산대의 경우 1970년대 초반까지 그다지 활성화되지 않았으나 1970년대 중반 이후 급격히 활성화되었다. 1975년 이후 생산대 수는 전국적으로 약 480~570만 개로 파악되며, 1개 생산대에 약 30~36호의 농가가 포함되었고 약 140~170명의 농가인구가 포함되었다.

2. 인민공사의 운영 형태

1) 관리 체계

앞에서 살펴본 바와 같이 중국의 전통적 계획경제체제를 유지하는 농업 부문의 두 축은 생산의 집단화와 유통의 국가관리다. 생산의 집단화 측면에서는 인민공사가, 유통의 국가관리 측면에서 농산물의 국가계획관리가 핵심적인 기능을 수행했다. 따라서 국가계획관리와 인민공사는 상호불가분의 관계에 놓여 있었다.

인민공사의 가장 중요한 특징 가운데 하나는 정사합일체(政社合一體)이다. 인민공사는 말단 행정기관이었던 향(鄕)정부와 경제협동체였던 합작사가 상호 융합하여 일체화된 것이다. 농업60조에는 "인민공사는 행정기관과 합작사가 하나로 된 조직이고 사회주의사회의 농촌 말단 단위이며 사회주의 권력의 농촌 말단 단위"라고 규정되어 있다. 이에 따라 인민공사는 중앙정부 및 각 성(省)정부, 지구 · 시 · 현 등으로 이어지는 각급 계통의 말단 단위로서 기능과 역할을 수행했다. 또한 인민공사는 각급 계통의 말단 단위로서 상업 · 교육 · 군사 · 복지 · 위생 등과 같은 사업 분야를 담당하는 사회체계인 동시에 농업생산을 중심으로 임업 · 축산 · 어업 · 공업까지 협동경영을 수행하는 경영체이기도 하다.

앞의 표에서 보듯이 각급 계통의 말단 단위로서 인민공사 – 생산대대 – 생산대로 이어지는 관리 체계는 각급별로 권력기관으로서의 인민대표회의와 관리기관(행정기구)으로서의 관리위원회를 별도로 구성하고 있다. 권력기관인 인민대표회의는 각급별로 구성원의 무기명투표에 의해 선거로 선출되는 인민대표로 구성되었는데, 실질적으로는 각급 공산당의 영향력 아래 있다고 보아야 할 것이다. 행정기구 기능을 수행한 관리기관으로서 관리위원회 역시 각급별로 구성원에 의해 선출되는 위원으로 구성되었으나 실질적으로는 공산당의 지도하에 놓여 있었다. 인민공사체계에서 지도 · 관리의 핵심적 기능을 수행하는 중추기관인 각급 인민대표회의와 관리위원회가 사실상 공산당의 각급 하부조직과 상호 조응하는 단계별 구조를 갖고 있었기 때문에 사실상 공산당의 지도와 관리를 받았다.

2) 생산조직

앞에서도 언급했듯이 인민공사체제는 1960년에 마련된 농업60조에 의해 기본적으로 인민공사 – 생산대대 – 생산대로 이어지는 계층적 구조에 의해 '삼급소유제'를 기초로 각 단위별 독립채산제방식으로 운영되었다. 〈그림 9-1〉에서 보듯이 공사는 생산대대 및 생산대의 계획관리를 조정하고 지도하는 등 인민공사 전체의 관리기능을 수행하는 중추기관이었다. 공사는 대형 농기계를

〈그림 9-1〉 인민공사의 관리 체계

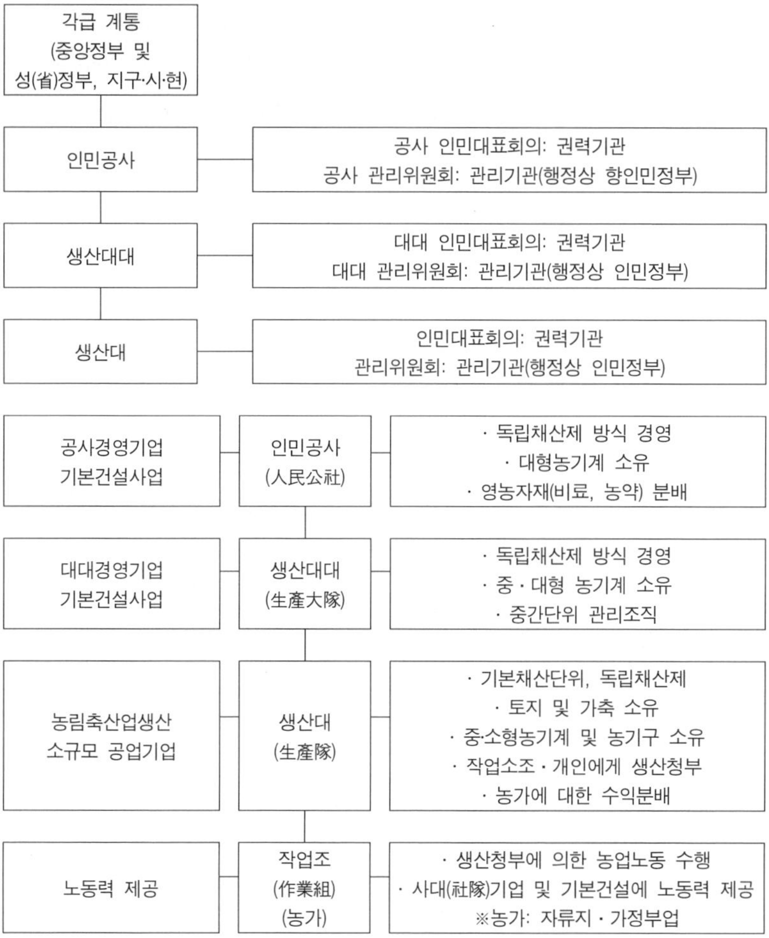

비롯한 대규모 농업자본재를 소유하고, 여러 가지 공업기업[사대(社隊)기업: 농기계수리공장, 농산물 가공공장 등]과 종축장, 병원 등을 소유·경영했다. 또한 대규모 수리공사, 댐·도로공사, 기타 농업기본건설 등에 관한 계획수립·사업집행·관리 등도 담당했다. 이 같은 사업에 필요한 자금·자재·노동력은 모두 생산대대 및 생산대대로부터 조달했으며, 조달된 노동력에 대한 보수는 계약에 의해 노동력을 동원한 생산대에 지불하는 것으로 되어 있었다. 또한 공업기업에서 얻은 수입은 농업투자 및 국가축적에 이용되었다.

생산대대는 일반적으로 약 200~300호의 농가로 구성되었는데 대형 · 중형 농기계를 비롯한 중간규모의 농업자본재를 소유하고 공업기업, 학교, 진료소 등의 경영을 담당하는 등 비록 사업규모는 작지만 공사와 유사한 기능을 수행했기 때문에 공사와 유사한 경영방식을 취하는 것이 일반적이었다. 인민공사의 규모가 비교적 작은 곳에서는 생산대가 조직되지 않고 생산대대가 기본채산단위로 되어 있는 곳도 있었다. 이러한 경우에는 생산대대가 공사와 유사한 기능을 수행하기는 했지만 그 규모가 매우 작았기 때문에 사실상 생산대의 기능을 수행하는 데 많은 비중이 두어졌다.

생산대는 기본채산단위로서 독자적으로 회계를 수행하고 이윤과 손실에 대해 스스로 책임졌으며 생산을 조직하고 수익을 분배하는 기능을 수행했다. 생산대는 일반적으로 자연촌락을 단위로 하여 약 30~40호의 농가로 구성되었다. 농업생산의 기본단위로서 토지에 대한 소유권을 갖고 있었으며 농업생산에 필요한 가축과 중 · 소농기구를 비롯해 소규모의 농업자본재를 소유했다. 또한 생산대는 농업생산 등에서 비롯되는 수익분배권을 갖고 있었다. 농업생산과 관련해 공사-생산대대를 거쳐 생산대의 경작계획, 노동력 배치, 노동이용계획 등이 하달될 경우 생산대에서 이를 검토해 의견을 제시할 수 있도록 규정되어 있었으나 실질적으로는 공사가 화학비료와 농약 등 주요 농자재의 분배권한을 갖고 있었기 때문에 농업생산계획에서 생산대는 상부로부터의 계획관리를 거의 대부분 수용할 수밖에 없었다. 생산대 입장에서는 생산계획의 수립 측면보다 작업계획, 노동력관리 등 계획을 매일 집행하고 진행상황을 관리하는 것이 주된 임무였다. 그러나 시간이 경과함에 따라 점차적으로 농업생산의 계획관리에 관한 권한이 하부로 이양되면서 생산대와 생산소조의 계획관리 및 수익분배에 관한 권한이 점차적으로 확대되는 추세를 보였다. 한편 농업60조에 의하면 생산대의 자주권이 강조되었다. 생산대는 기본채산단위로서 생산의 경영관리 및 수익배분에서 자주권을 가지며 생산대 범위 내의 노동력 · 가축 · 농기구 · 저축 · 식량 · 자금 등은 공사 및 생산대대가 마음대로 조달할 수 없도록 보장되었다. 공사 및 생산대대가 경영하는 사대기업 혹은 기본건설사업에 대해 생산대가 자금, 원자재, 노동력 등을 공급할 경우 계약에 의해 공사 및 생산대대로부터 노동력 공급에 대한 대가를 지불받았다.

한편 실질적인 생산에 필요한 노동력의 조직화는 생산대의 기본임무에 해당되었는데, 생산대 관리위원회는 사원(농가)을 각각의 작업소조로 분류하고 생산청부제를 통해 각 소조 및 개인에게 생산활동(노동력 투입)을 부과했다. 생산대는 노동에 따른 분배를 엄격히 관리하기 위해 노동의 질과 양에 따른 평공기분[評工記分: 노동평가 · 노동점수 기록] 방식을 채택했고 생산활동을 장려하기 위해 평균주의를 배격하고 많이 노동하면 많이 받을 수 있는 분배제도를 채택했다.

개별농가 입장에서는 생산대로부터 청부받은 노동의무를 수행하기 위해 노동력을 제공하는 것 외에 자류지를 경작하거나 가정부업을 통해 별도의 수익을 획득할 수 있었다. 중국 정부 역시 가정부업 · 자류지 · 농촌시장 등에 대해서 사회주의경제의 필요 · 보충 부분으로 인정해 집단경제의 기본 원칙이 훼손되지 않는 범위 내에서 보호받을 수 있도록 허용하는 유연성을 발휘했다. 중앙정부의 이 같은 방침에 따라 부분적으로 자류지가 확대되기도 했으며 일부 지역에서는 생산책임제가 발생하기도 했다. 첸과 리들리(Chen and Riddly, 1969)에 의하면 1960년대 말에 자류지(自留地), 책임전(責任田), 개간지 등을 합해 사적으로 경작되는 자유소토지(small freedom lands)가 전체 경지의 3분의 1에 해당하는 것으로 파악될 정도로 확대되었다.

이처럼 중국에서 직접적으로 집단농업구조에 포함되지 않고 사적으로 경작되는 토지가 매우 광범위하게 확산된 가장 큰 이유는 농업기계화의 부족이다. 사회주의혁명 이후의 토지개혁과 인민공사화운동의 초창기부터 1970년대 후반에 이르기까지 중국의 농업기계화는 매우 낮은 수준이었다. 광대한 토지와 막대한 인구에 충분히 농기계가 보급될 수 있을 만큼 중국의 산업생산력이 높지 못했기 때문에 기계화율은 매우 저조했다. 사회주의적 대농경영으로서 농업집단화는 규모화 · 분업화 · 전문화를 통한 생산성의 증대를 추구하는 것인데, 이때 분업화 및 전문화가 더욱 효율적으로 발휘되기 위해서는 농업기계화가 필수적이었다. 결국 기계화가 수반되지 않은 상태에서의 농업집단화는 분업화 및 전문화의 효율성 측면보다 비효율성 측면을 부각시켰고, 이 문제에 대한 대처방안으로서 막대한 노동력에 직접적으로 의존하는 가족단위의 소규모 자류지가 더욱 효과적인 농업생산 증대 방안으로 수용되었던 것이다.

3) 분배 체계

인민공사체제의 분배 체계를 파악하기 위해서는 생산대의 분배 체계를 파악하는 것이 가장 핵심으로 보인다. 왜냐하면 생산대가 기본 채산단위로서 농업생산 및 집단노동에 대한 대가로서 농가단위에 대한 수익 배분이 이루어지는 단위이기 때문이며, 인민공사의 가장 기본적인 분배방식으로서 노동일을 근거로 한 분배가 실질적으로 이루어지는 단위이기 때문이다.

〈그림 9-2〉에 나타난 바와 같이 생산대는 집단농업생산과 집단부업생산을 통해 생산대의 총수입을 획득한다. 집단농업생산은 상급 기관으로부터 부여된 계획관리를 시행하기 위해 생산대가 소유하고 있는 토지, 가축, 농기구 등을 이용해 생산대에 소속된 농가들이 집단노동을 수행하여 이루어진 농업생산의 결과이며, 집단부업생산은 생산대가 자체적으로 경영하는 소규모의 농업기업의 생산 결과 및 상급조직의 사대기업에 생산대의 노동력 등을 제공한 대가로 받는 보수를 의미한다.

이처럼 생산대 구성원 농가의 집단노동을 통해 획득된 생산대의 집단총수입은 제세금(농업세 · 상공세)과 국가의 가격정책에 의한 협상가격차 등을 우선적으로 고려한 후에 총분배액, 공익금, 공공적립금 등으로 분배된다. 총분배액은 생산 내 내부에 분배되는 것이며 공익금은 생산대의 사회보장 및 복리사업 등에 관련된 비용으로 분배되고, 공공적립금은 생산대의 고정자산의 구입 및 수리비용 그리고 농업기본건설 등에 대한 지출에 사용되는 기금으로 분배된다. 총분배액, 공익금, 공공적립금 등에 분배금액과 분배비율은 공사 및 생산대대의 지도하에서 생산대 자체적으로 수익배분이 결정되었다.

생산대 내부적으로 분배되는 총분배액은 생산대의 자체적인 결정에 따라 공공분배와 사원분배로 구분되어 분배되었다. 이 가운데 공공분배는 생산기금, 비축식량기금, 생활비축금 등으로 구성되었는데, 생산기금은 생산대의 농업생산활동에 필요한 종자 · 화학비료 · 농약 · 사료 등 생산과정에 소요되는 영농자재 등의 구입에 사용되는 것이며, 비축식량기금은 전시 또는 재해 등에 대비한 국가 방침에 따라 생산대가 자체적으로 비축해야 하는 식량이다. 생활비축금은 자연재해 등의 경우에 생산대가 인민대표회의의 의결을 통해 독자

〈그림 9-2〉 인민공사(생산대)의 분배 체계

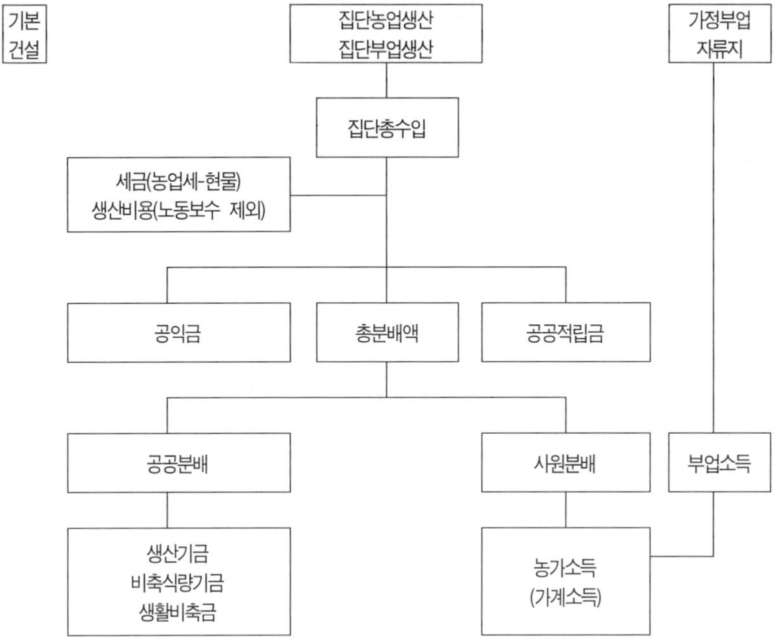

적으로 사용할 수 있는 기금이다. 한편 사원분배는 생산대에 소속된 사원(농가)에게 분배되었다. 농가(가계)는 사원분배를 통해 분배받은 소득과 가정부업·자류지 경작 등을 통해 획득한 부업소득을 합해 자신의 총소득을 획득하는 것이다.

농업60조에 의하면 생산(노동력)의 조직화 방법으로서 "생산대를 작업소조로 구분하고 소조 및 개인에게 부과하는 생산청부제를 채택하되, 노동의 양과 질에 따른 분배를 명확히 하기 위해 노동평가·노동점수기록(評工記分) 방식을 시행"하도록 했다. 또한 노동에 대한 분배는 "평균주의를 배제하고 많이 노동하면 많이 얻을 수 있는 노동에 따른 분배제를 채택해 노동을 장려하는 제도를 시행"하도록 했다. 이 같은 기본 원칙에 따라 생산대의 사원분배는 기본적으로 노동에 따른 현금 혹은 현물분배가 이루어졌다. 노동평가의 기준은 일반적으로 노동일 1일당 10점을 표준노동으로 하고 노동의 질(남녀노소별, 노동강도별, 실질 노동시간별)을 고려해 차이를 두며, 분배분을 총노동점수로 나누어서

1점의 노동단위를 산출하고 이것을 각 개인의 총점수에 곱해 산출한 수치가 개인의 집단노동에 대한 연간보수로 결정되는 방식이었다.

그러나 현실적으로 생산대의 분배방식은 다양하게 이루어진 것으로 파악된다. 그중 가장 보편적으로 시행되었던 분배방식은 크게 정액기공(定額記工), 포공도조(包工到組), 안시가평의(按時加評議) 등과 같은 세 가지 유형이다. 정액기공(定額記工)은 위에서 언급한 노동평가 및 노동점수 기록방식에 의해 노동점수에 따른 분배방식이며, 포공도조(包工到組)는 작업소조 등에 생산청부의 대가로 생산액을 지불함과 동시에 초과생산의 경우 장려금을 지불하는 분배방식이다. 또한 안시가평의(按時加評議)는 기본적으로 노동점수에 따른 분배방식이지만 시간에 상응하는 노동점수에 평가를 가하여 총노동점수를 가감하는 것이 부가된 분배방식이다.

한편 개인부업 소득과 자류지 수입으로 구성되는 부업소득은 인민공사의 빈부격차에 따라 그 의미가 다르게 나타났다. 상대적으로 빈곤한 지역의 인민공사에서 부업소득은 집단노동에서 획득되는 소득의 부족을 보충한다는 의미가 강조된 반면, 상대적으로 선진적인 지역의 인민공사에서 부업소득은 집단경영의 여유(혹은 유휴노동력)를 효과적으로 활용하기 위한 측면이 더욱 강조되었다. 이에 따라 인민공사 간에 구성원들의 평균 총농가소득의 격차가 점차 확대되는 경향이 나타나기도 했다.

한편 생산대는 인민공사 차원에서 시행하는 기본건설(대규모 수리시설, 댐·도로공사 등)에도 자금과 노동력을 제공해야 했다. 그러나 사대기업을 포함한 생산대의 집단부업노동과 달리 기본건설에 투입되는 자금, 노동력 등에 대한 보수는 지급되지 않았다. 기본건설의 결과에 따른 수익은 국가 혹은 인민공사의 자본축적으로 귀결되었으며, 이렇게 축적된 자본은 농업에 투자되거나 농업생산에 활용되는 것으로 환원되었다. 생산대가 기본건설사업에 제공하는 자금은 〈그림 9-2〉의 공공적립금을 원천으로 했으며 노동력은 생산대의 계획관리하에 있는 집단노동의 일부를 원천으로 했다.

3. 인민공사의 개혁 내용

1) 개혁 배경

공산당의 통제하에 있던 구(舊)해방구와 국민당의 통제하에 있던 신(新)해방구는 서로 다른 경제적 토대를 갖고 있었기 때문에 중국 공산당의 사회주의혁명 승리 이후에 진행되었던 토지개혁 및 농업집단화의 진행과정과 진행속도에 차이점이 존재했다. 또한 사회주의혁명의 거점지역과 비거점지역 사이, 대도시·지역거점도시 주변지역과 전형적인 농촌지역 사이, 중국대륙의 중심지역과 변경 지역 사이에서도 인식수준의 차이와 생활문화수준 차이 등으로 인해 토지개혁 및 농업집단화의 진행과정과 진행속도가 조금씩 다르게 진행되었다. 그럼에도 불구하고 중국에서는 1950년대 초반까지 전국적으로 토지개혁이 완료되었으며 1950년대 중반부터 농업집단화가 본격적으로 추진되었고, 1958년 '대약진·인민공사화운동' 및 1962년의 '농업60조' 제정 등의 과정을 거쳐 1960년대 초반에 인민공사로 대표되는 농업집단화가 완료되었다.

사회주의적 대농경영을 실현함으로써 농업·식량 생산성을 증대시키려는 것이 농업집단화의 경제적 목적이었으며 그것의 구체적 실현형태가 인민공사 체제였다. 동시에 국가의 계획관리 필요성에 의해 농업 부문의 자원을 조달하여 사회주의 공업화를 비롯한 국가 차원의 본원적 축적을 이루기 위한 목적도 있었다. 국가적 축적을 위해 인민공사체제는 기본건설에 필요한 자금과 노동력을 제공해야 했으며 농가는 농산물을 상대적으로 낮은 가격에 판매하고 상대적으로 높은 가격에 공산품(영농자재 및 소비재 등)을 구매해야 했다. 그러나 인민공사체제하에서 중국의 농업·식량 생산은 공업화를 비롯한 국가적 차원의 축적을 충분히 조달할 수 있을 만큼의 높은 생산력을 보유하지 못했다. 결국 낮은 생산력에도 불구하고 국가적 차원의 축적을 위해 농업 부문이 감당할 수 있는 수준을 넘어서는 자원조달이 국가의 계획관리하에서 강제되었으며, 인민공사체제는 경제적 협동경영체로서의 기능에 비해 이러한 국가의 계획관리를 수행하는 말단 단위로서의 기능에 더욱 충실할 수밖에 없었다. 생산성 수준에 비해 과도한 자원조달이 지속되는 상황은 인민공사의 확대재생산을 위한 내부 축적의 기반을 약화시키는 결과를 초래했으며, 이는 농업·식량 생산의 기반을 약화시키는 요인으로 작용했다.

이에 따라 인민공사의 농업·식량 생산성을 증대시키기 위한 제도적 개선이 하부단위에서 자연발생적으로 나타났는데 그 흐름은 크게 두 가지로 구분될 수 있다. 첫째는 생산대의 하부조직인 생산소조 및 개별농가에 노동성과에 따른 분배를 확대해 농가의 생산 의욕을 증대시키는 것과 생산과 관련된 권한을 상부에서 하부로 옮기려는 경향이 있었다. 둘째는 기존 인민공사의 범위를 넘어서는 작업을 증대시키거나 생산대보다 규모가 큰 생산대대를 기본채산단위로 변경하는 것 등과 같이 생산과 관련된 권한을 하부에서 상부로 옮기려는 경향이 있었다.

기존 인민공사체제에 대한 이 같은 변화의 흐름은 하부단위에서 자연발생적으로 나타났으나 일정한 연계체계를 갖지 못하고 개별 지역에서 분산적으로 시행하는 시험사업의 성격이 강했다. 두 가지 흐름 가운데 국가에 의해 우선적으로 채택된 것은 두 번째 방식이었다. 문화대혁명의 영향으로 국가 및 공산당의 좌편향이 나타났던 시기적 배경에 의해 집단화의 규모를 확대하고 생산과 관련된 권한을 좀 더 상부로 옮기려는 흐름이 수용되었던 것이다. 1975년 '대한(大寒)에게 배우는 전국농업회의'의 기본방침은 △농업기본건설, 농업기계화, 과학적 농법의 가속화, △인민공사의 범위를 넘어서는 작업의 증대, △기존 향(鄕)단위 인민공사규모를 점진적으로 현(縣)단위 규모로 확대 추진, △대한현(大寒縣)모범의 전국적 확산 등이었다. 여기서 대한현모범이란 생산대대를 기본채산단위로 하고 자류지(自留地)를 모두 폐지해 공유화하며, 노동의 양과 질뿐만 아니라 정치적 태도까지 반영해 노동점수를 평가하여 이를 근거로 분배가 이루어지는 것이었다. 게다가 중국은 1975년 헌법 및 법령개정을 통해 인민공사 혁명위원회의 위상을 크게 강화하고 인민공사의 경영자주권을 제한하며 사원(농민)의 가입·탈퇴의 자유를 철폐했다. 인민공사 혁명위원회는 문화대혁명 이후 기존의 관리기관이었던 인민공사 관리위원회를 대체해 형성된 기관이었으며, 법률적으로는 인민공사 인민대표회의가 최고 권력기관의 위상을 여전히 유지했지만 실질적으로 그 기능이 사실상 정지되거나 크게 약화된 가운데 인민공사의 상설집행기관으로 혁명위원회가 생산·건설·재정·식량·상업·문화·교육·위생·치안 등 인민공사 내부의 모든 행정업무를 집행했다.

이와 같이 중국의 모든 부문에서 좌편향이 강하게 나타났던 문화대혁명의 영향력하에서 인민공사체제 역시 1970년대 중반 커다란 변화를 겪게 되었다. 비록 1975년 전국농업회의 및 대한현(大寒縣) 모범 배우기 등이 전국적으로 완전히 정착되지는 못했지만 그로 인한 폐해는 광범위하게 나타났다. 인민공사와 관련한 각종 권한이 하부에서 상부로 옮겨가는 과정에서 인민공사 내부에 관료주의적 경향과 좌편향이 심화되었다. 일부 지역에서는 생산대를 기본채산단위로 하는 원칙이 파괴되었으며 생산대의 토지, 생산수단, 노동력이 상급단위의 일방적 지시에 의해 무상으로 조달되는 경향이 확산되었고, 각급 단위의 실정을 무시한 계획관리가 상부로부터 일방적으로 하달되는 경향도 강화되었다. 또한 개별농가의 자류지와 개인부업을 자본주의적 잔재로 낮게 평가할 뿐만 아니라 일부 지역에서는 대한현(大寒縣)처럼 자류지를 공유화하거나 개인부업을 제한하는 조치를 취하기도 했다. 집단노동의 성과에 대한 분배 측면에서도 노동성과에 따른 분배를 장려하는 경향이 약화되고 평균주의적 분배 경향이 부분적으로 강화되기도 했다. 1970년 중반의 사회 전반 그리고 인민공사 자체의 이러한 좌편향은 농가의 생산 의욕을 약화시키는 직접적인 계기로 작용했다. 농업기계화의 수준이 낮았던 중국의 농업·식량 생산은 대부분 농가의 노동력에 크게 의존할 수밖에 없었기 때문에 농가의 생산 의욕 저하는 농업·식량 생산의 위기를 초래하게 되었다.

문화대혁명의 폐해에 대한 반성이 사회 전반적으로 확산되면서 1970년대 후반부터 기존의 좌편향적 정책노선에 대한 시정조치가 시행되기 시작했으며, 특히 1978년 이후 실리추구를 위주로 하는 덩샤오핑식 경제노선이 전국적으로 시행되면서 중국 농업, 특히 인민공사에 대한 본격적인 개혁조치가 시행되었다. 소위 말하는 중국 농업의 개혁이 본격적으로 시작된 것이다.

2) 제1단계 개혁: 생산책임제 도입과 인민공사 해체

중국은 1978년 12월 중국 공산당은 제11기 3중전회에서 △인민공사의 자

〈표 9-2〉 중국 농업의 생산책임제 주요 유형

유형	주요 내용
포공도조 (包工到組)	· 생산대가 특정 농작업[包工]의 일부를 생산조에 청부 · 정액포공(定額包工): 특정 농작업에 대한 정액보수 지급
포공도호 (包工到戶)	· 생산대가 특정 농작업[包工]의 일부를 개별농가에 청부 · 정액포공(定額包工): 특정 농작업에 대한 정액보수 지급
포공도로 (包工到勞)	· 생산대가 특정 농작업[包工]의 일부를 개별농민에 청부 · 정액포공(定額包工): 특정 농작업에 대한 정액보수 지급
연산도조 (聯產到組)	· 생산대가 생산량을 생산조에 청부 · 생산량에 연동되어 그 성과에 따라 추가노동점수 부여
연산도로 (聯產到勞)	· 생산대가 생산량을 개별농민에 청부 · 생산량에 연동되어 그 성과에 따라 추가노동점수 부여
포산도호 (包產到戶)	· 호별 생산청부제: 생산대의 통일적 경영하에서 개별농가에 토지를 분배하고 생산량·생산비를 청부 · 생산량·생산비 성과에 따라 노동점수를 부여하고 초과달성의 경우 추가점수 부여(배분 확대), 책임 미달의 경우 농가가 손실을 변상
포간도호 (包幹到戶)	· 호별 경영청부제: 생산대가 개별농가에 토지를 분배하고 해당 토지에 대한 경영까지도 완전히 청부 · 생산 결과 중에서 사전계약에 의해 결정된 정액을 국가 및 생산대에 납부하고 나머지 잉여는 개별농가가 수취

주권 존중, △자류지와 개인부업의 허용, △식량수매가격의 인상 등과 같은 개혁조치를 결정했는데 기본적으로는 인민공사체제의 틀 내에서 농업·식량 생산의 획기적인 증대를 위해 생산대의 자주권을 확대하고 농가를 비롯한 하부단위의 생산 의욕을 높이기 위한 것이었다. 이 같은 방침은 문화대혁명의 좌편향에 대한 반성에서 출발해 그 이전에 일부 지역에서 자연발생적으로 발생했던 경향을 수용하겠다는 원칙을 정립했다는 측면에서 중국의 농업개혁 및 인민공사체제 개혁의 본격적인 출발로 평가된다. 그 후 1979년 중국 공산당은 각종 형태의 생산책임제를 도입하고 변경 지역의 호별청부제 실시도 가능하도록 했으며, 자류지·가정부업·농민시장을 사회주의의 보완물로 인정하는 조치를 발표했다.

생산책임제란 생산대의 생산과정을 분할해 생산조[到組], 개별농가[到戶], 개인노동[到勞] 등에 청부하는 제도를 일컫는 것이다. 여기서 청부란 기능적으로 자본주의하의 '임대'와 유사한 개념이지만 사적 소유가 없다는 점에서 '임대'와는 질적으로 구분된다. 생산책임제는 여러 가지 유형으로 구분될 수 있는데 그 가운데 주요한 유형은 〈표 9-2〉와 같다. 생산대가 청부하는 대상에 따라 도조(到組: 생산조에 청부), 도호(到戶: 개별농가에 청부), 도로(到勞: 개인노동에 청부) 등으로 구분되며, 청부작업의 성격 및 수익배분 방식에 따라 포공(包工), 연산(聯産), 포산(包産), 포간(包幹) 등으로 구분된다.

포공은 특정 농작업의 일부를 생산조·개별농가·개인노동 등에 청부하고 사전에 정해진 노동점수[定額包工]를 보수로 지급하는 것이다. 정액포공방식은 기존 인민공사체제하에서 생산을 장려하기 위해 부분적으로 시행되었던 제도로 문화대혁명의 영향을 받아 인민공사의 계획관리 및 운영방식이 좌편향을 보이던 시기에 크게 위축되었던 방식이었다. 생산조·개별농가·농민 등은 생산대로부터 청부받은 특정 농작업을 수행할 경우 사전에 정해진 기준을 근거로 그 성과에 따라 노동점수를 보수로 받았다. 이 노동점수에 근거해 생산조·개별농가·농민 등에 대한 생산대의 수익배분이 이루어졌다. 생산대가 생산조에 청부했을 때에는 개별농가·농민이 생산조에 지급된 소득을 다시 배분해 수취했다.

연산은 생산조·개인노동 등에 목표생산량을 청부하고 생산량에 연동해 노동점수를 부여했다. 이 방식에 의하면 생산조·개인노동이 생산대로부터 생산량을 청부받아 작업을 수행하고 생산 결과에 따라 성과를 분배받았는데, 생산조·개인노동 등은 생산대로부터 기존 인민공사의 분배방식이었던 '노동평가·노동점수기록[評工記分] 방식'에 의한 노동점수 이외에 생산량에 연동해 추가적인 노동점수를 획득할 수 있었다. 만약 목표생산량을 초과할 경우 추가노동점수에 의한 성과를 배분받았으며 생산조가 획득한 추가노동점수는 개별농가·농민에게 다시 배분되었다. 연산은 생산조와 개인노동에 대해 청부하는 것이었는데, 이것이 가족단위의 개별농가에 청부하는 방식으로 발전된 것이 포산 및 포간이다.

포산도호는 호별 생산청부제로서 생산대가 개별농가에 생산량·생산비를 청부하는 것이다. 생산대의 통일적 경영하에서 개별농가에 토지를 분배하고 목표생산량·생산비를 청부하는 것으로 생산량·생산비 성과에 따라 노동점수를 보수로 지급하는데, 초과달성의 경우 추가점수를 부여하고 책임 미달의 경우 농가가 손실을 변상하도록 했다. 포간도호는 호별 경영청부제로서 생산대가 개별농가에 일정 토지에 대한 경영자체를 청부하는 것이다. 생산대가 개별농가에 토지를 분배할 뿐만 아니라 해당 토지에 대한 경영까지도 완전히 청부하는 것으로 생산결과 중에서 사전계약에 의해 결정된 정액을 국가 및 생산대에 납부하고 나머지 잉여는 개별농가가 수취하는 것이다. 물론 생산결과가 나빠서 국가 및 생산대에 납부해야 할 정액에 미치지 못할 경우 해당 농가가 그 책임과 손실을 부담해야 했다. 이는 토지 및 생산수단의 소유관계 측면을 제외하고는 정액소작제 · 정액임대차와 유사한 방식이다. 포산도호의 경우 가족단위 책임생산제이며 포간도호의 가족단위 책임경영제라고 할 수 있다.

중국 농업 및 인민공사 개혁의 출발점이라고 할 수 있는 생산책임제는 처음부터 여러 가지 형태가 동시다발적으로 발생한 것이 아니라 개혁의 진척 상황에 따라 초보적인 수준에서 점차 높은 수준으로 발전해나갔다. 하부단위에 농업 · 식량 생산에 대한 인센티브를 부여함으로써 물질적 욕구를 자극하고 나아가 생산성의 증대를 이루려는 것이 생산책임제 도입의 목적이라고 할 수 있다. 따라서 생산조 및 개별농가 등 하부단위에 부여하는 물질적 인센티브가 확대되고 제도적으로 정착되는 과정이 생산책임제의 발전과정이라고 할 수 있다.

생산책임제를 최초로 공식화한 1978년 중국공산당 제11기 3중전회에서는 정액포공(定額包工)과 연산도조(聯産到組)만을 허용했으며 1979년 4중전회에서 변경 지역에 한해 개별농가를 대상으로 하는 호별청부제를 인정했다. 그러나 이미 공산당 중앙이 생산책임제를 공식화할 당시부터 지방에서는 자생적으로 호별청부제(포산도호 및 포간도호)가 시행되기 시작했고, 이와 같은 상황에서 1980년 공산당 중앙은 "생산대의 영도하에 시행되는 호별청부제는 사회주의 경제에 의존하며 사회주의 궤도를 이탈할 수 없고 자본주의의 위험이 부활할 위험도 없으므로 이를 두려워할 필요가 없다"라고 지적하면서 사실상 중앙정부의 묵인하에 자생적으로 급속히 확산되어나갔다. 마침내 호별청부제의 비율이 전국적으로 40%에 이르자 중앙정부는 1982년 4월 호별 생산청부제[包産到戶]와 호별 경영청부제[包幹到戶]를 사회주의 집단경제의 책임제 형식으로 공식 인정했다.

〈표 9-3〉 중국의 생산책임제 확산 경향

(단위: %)

구분	1979	1980	1981	1982	1983	1984
집단농장에 의한 경영	83.7	75.9	49.0	24.7		
· 작업청부에 대한 보수	55.7	39.0	16.5	5.1		
· 특정 농작업의 청부[定額包工]	24.9	4.7	5.9	4.9		
· 생산조에 생산 청부[聯產到組]	3.1	23.6	10.8	2.1		
· 농가에 생산청부[聯產到戶]	-	8.6	15.8	12.6		
개별농가에 의한 경영	1.1	14.9	48.8	74.1	98.3	99.1
· 농가에 일부생산 청부	0.1	0.5	3.7	2.2		
· 농가에 생산청부[包產到戶]	1.0	9.4	7.1	4.9		
· 농가에 경영청부[包幹到戶]	-	5.0	38.0	67.0	98.3	99.1

주: 단위는 전국 기본채산단위 중에서 해당 방식을 취하는 기본채산단위의 비율.
자료: 川村嘉夫, 「家族經營の發展と當面の課題」, 『中國農村の改革』(アジア經濟硏究所, 1989).

〈표 9-3〉에서 보듯이 1978년 생산책임제를 공식화한 이후에 전국의 모든 기본채산단위 가운데 생산책임제를 시행하는 곳이 1980년에 90.8%에 이를 정도로 급속히 확산되었고 1984년에는 99.1%에 이르러 거의 모든 곳에서 생산책임제가 시행된 것으로 나타났다. 이와 같은 생산책임제의 양적인 확대와 더불어 질적인 발전도 동시에 진행되었다. 1980년까지만 하더라도 정액포공 혹은 연산도조 등과 같이 집단농장의 경영하에서 이루어지는 생산책임제가 절대적인 비중을 차지했지만 1981년에는 호별청부제(포산도호 및 포간도호)의 비중이 집단농장경영하의 생산책임제와 비슷한 비중을 차지했다. 1982년 중국 중앙정부가 호별청부제를 공식적으로 인정함에 따라 호별청부제가 생산책임제의 절대적인 유형으로 정착하게 되었고, 특히 농가에 경영일체를 청부하는 포간도호방식이 전국적으로 급속히 확산되었다. 1983년 이후 거의 모든 기본채산단위가 포간도호방식을 시행했던 것으로 나타났다.

포산도호(包産到戶)의 경우 생산대가 농가별 인구[人口分地], 농가별 노동력[勞動分地], 인구 · 노동력 비율에 따라 집단소유의 토지를 농가에 분배한 후에 개별농가와 생산량 및 생산비에 관해 청부계약을 체결했다. 청부계약에 의해 개별농가는 일정 생산비 범위 내에서 생산임무를 수행하고 노동점수[工分]를 취득했다. 개별농가가 생산책임을 초과해 생산한 부분에 대해서는 추가적인 노동점수를 주어 더 많은 배분을 받도록 했으며, 생산책임에 미달한 경우에는 반대로 손실에 대한 불이익을 받았다. 생산대는 개별농가로부터 수입한 총생산물 가운데 농업세와 집단보유분 등을 공제하고 나머지를 개별농가의 노동점수에 따라 분배했다. 개별농가는 경상투입재를 스스로 공급했으나 생산경작계획, 수리관개, 농기계 및 가축 등의 이용은 생산대가 통제했다. 또한 노동점수의 단위당 가치는 생산대의 총생산량에 의해 결정되었다. 『중국농업백과전서』(1991)에 외하면 포산도호방식은 인민공사 형성의 초창기인 1956~1957년에 저장 성(浙江省) 등에서 약 1000개의 농업생산합작사에서 시행된 바 있으나 대약진운동 · 인민공사화운동을 거치면서 '우경적 오류'라는 엄격한 비판을 받고 중단되었다가 1978년 생산책임제의 공식화와 더불어 안후이 성(安徽省)에서 다시 발생했다. 1981년 6월 기준으로 전국 기본채산단위의 약 19.9%가 포산도호방식을 시행했으나 포간도호방식이 급격히 확대됨에 따라 점차적으로 줄어들었다. 1983년 이후부터는 포간도호방식이 중국 농업의 지배적인 경영 형태로 정착되었다.

포간도호(包幹到戶)는 집단소유의 토지를 개별농가에 분배하고 해당 토지에서 나온 수입을 청부계약에 따라 국가세수와 집단보유분을 제외한 뒤 전부 개별농가에 되돌려주는 방식이다. 토지분배는 농가별 인구[人口分地], 농가별 노동력[勞動分地], 인구 · 노동력 비율, 노동력의 강약 및 기술수준의 차이를 기준으로 이루어졌는데 생산대의 필요에 따라 기준이 다양하게 적용되었다. 청부기간은 일반적으로 15년 이상이었으며 생산주기가 장기인 과수원, 임야, 황무지 등은 청부기간을 더 연장할 수 있도록 했다. 생산대와 개별농가는 국가에 대한 농업세의 납부, 집체에 대한 축적기금 및 기타 유보임부 계약을 체결하고 임무를 완수한 이후에 발생하는 잉여의 전부를 개별농가가 수취할 수 있도록 했다. 개별농가는 생산대로부터 토지에 대한 사용권을 분배받지만 생산자재 및 가축에 대해서는 소유권까지 분배받았다. 이에 따라 개별농가는 노동력을 스스로 평가하고 경작계획과 생산 · 투자까지 스스로 결정해 행하는 등 매우 독립적인 경영권을 행사했다.

포간도호방식은 포산도호에서 발전한 것으로 양자의 차이점은 노동성과의 분배방법에 있다. 포산도호방식이 생산대 전체의 총생산량을 기준으로 결정된 단위당 노동점수를 기준으로 개별농가에 성과를 분배하는 데 반해, 포간도호

방식은 개별농가의 생산량을 기준으로 청부계약에 의한 납부의무를 초과하는 잉여분을 모두 개별농가에 분배한다. 따라서 포간도호방식이 개별농가의 경영에 더 많은 자주권을 부여하고 개별농가의 경영성과에 따른 물질적 분배를 좀 더 명확하게 하는 등 포산도호에 비해 인센티브를 강화한 방식이라고 할 수 있다.

한편 인민공사는 원래 향 단위 행정기관과 경제협동체로서의 농업생산합작사를 융합시켜 만든 정사합일(政社合一)의 조직으로서 각급 계통조직의 농촌 말단 단위의 성격을 갖고 있었다. 즉 농업·식량 생산을 중심으로 각종 사회·경제·정치·행정·문화 등과 같은 농촌단위 모든 사업부문을 총괄했던 것이다. 그런데 1978년부터 생산책임제를 핵심으로 하는 개혁조치가 시행됨에 따라 경제적 측면에서 인민공사의 관리·운영방식이 집단 위주의 경영방식에서 개별농가 위주의 경영방식으로 전환하는 획기적인 변화가 발생했다. 인민공사의 물질적 토대를 담당하던 농업·식량 생산을 포함한 경제적 측면의 개혁조치는 정사합일 조직이었던 인민공사의 성격과 기능에 근본적인 변화를 초래했다. 1982년 중국은 헌법을 개정해 정사합일(政社合一)에서 정사분리(政社分離)로의 전환을 공식적으로 천명했다. 개정헌법에서는 '인민공사에 통합되어 있던 경제조직과 국가기관의 기능을 분리하여 향(鄕)·진(鎭) 단위 인민정부와 촌락단위 촌민위원회를 설치'하도록 규정함으로써 인민공사의 해체를 제도화했다.

인민공사가 담당하던 국가기관으로서의 기능은 향·진 단위 인민정부와 촌락단위 촌민위원회 등과 같이 새롭게 설치된 각급 행정기관으로 이관되었다. 그리고 인민공사가 담당하던 경제조직으로서의 기능은 합작사(합작사) 혹은 연합공사로 재편성되었다. 고지마 레이이쓰(小島麗逸)·스즈키 요시쓰구(鈴木義嗣)(1988)에 의하면 인민공사의 해체는 크게 두 가지 방식으로 진행되었다. 첫째, 인민공사는 향(鄕)·진(鎭) 단위 인민정부, 생산대대는 촌민위원회로 전환하고 생산대는 농업생산합작사로 재편성되는 경우가 있었다. 둘째, 인민공사가 야채·축산·공업 등과 같은 전문공사들로 구성된 농공상연합공사로 전환해 순수한 경제조직으로 남게 되는 경우가 있었다. 헌법 개정에 따라 인민공사의 해체가 빠르게 진행되었는데, 1982년 헌법 개정 후 1983~1984년에 걸

〈표 9-4〉 인민공사 해체 상황

(단위: 개)

구분	정사미분리(政社未分離)		정사분리(政社分離)	
	인민공사	생산대대	향진(鄕鎭)정부	촌민(村民)위원회
1982	54,352	719,000	0	0
1983	40,079	550,484	16,252	199,657
1984	249	7,046	91,171	926,439
1985	0	0	91,138	940,617

자료: 國家統計局, 『中國統計年鑑』(1983~1986).

쳐 인민공사의 해체가 완료되었다. 〈표 9-4〉에 의하면 1982년 5만 4352개였던 인민공사가 1985년 8만 3182개의 향(鄕)단위 인민정부와 7956개의 진(鎭)단위 인민정부로 개편되었으며 1982년 71만 9000개였던 생산대대가 1985년 94만 617개의 촌민(村民)위원회로 개편되었다.

생산책임제의 도입과 인민공사의 해체로 대표되는 중국농업의 제1단계 개혁은 농민의 생산 의욕을 자극해 농업생산의 급격한 증대를 유도했다. 〈표 9-5〉에서 보듯이 문화대혁명의 영향으로 인민공사의 좌편향이 강조되었던 1975~1978년의 경우 농업총생산의 연평균 증가율은 2.4%에 불과했다. 특히 식량을 담당하는 경종작물의 경우 연평균 2%의 낮은 증가율을 기록할 정도로 농업·식량 생산의 정체 현상이 심각했다. 이 시기에는 부업생산이 연평균 7.8%로 비교적 높은 성장률을 기록했다. 그러나 생산책임제가 공식적으로 도입되고 인민공사가 해체되는 등 제1단계 개혁조치가 시행되었던 1979~1984년에는 농업·식량 생산이 급격히 증가했다. 이 기간에 농업총생산은 연평균 16.9%라는 기록적인 성장률을 보였으며 식량 생산 역시 연평균 14.1%의 높은 성장률을 보였다. 게다가 개혁조치로 인해 생산자의 작목선택권이 확대되면서 축산업, 부업생산, 수산업이 폭발적인 증가율을 보였고 이로 인해 작목구성이 다양해졌다.

이 기간 동안의 생산증대가 전적으로 생산책임제의 도입에 따른 효과만은 아닐 것이다. 이 같은 제도적 요인 이외에 수매가격의 인상과 같은 정책적 요인을 비롯해 기상조건 및 자연조건, 기술진보의 요인, 수요증대의 요인이 복합적으로 작용했을 것이다. 특히 가격·유통제도의 개혁은 농민의 생산 의욕을 자극해 농업생산을 증대시키는 데 큰 역할을 담당했다. 1980~1984년에 중

〈표 9-5〉 중국 농업생산의 연평균 증가율(1975~1989)

(단위: 연평균 증가율, %)

구분	총생산	경종작물	임업	축산업	부업생산	수산업
1975~1978	2.4	2.0	6.6	2.5	7.8	2.1
1979~1984	16.9	14.1	30.8	21.2	43.4	26.6
1985~1989	4.2	1.2	0.6	10.3	19.8	41.1

자료: 國家統計局, 『中國統計年鑑』, 1975~1989의 총생산액을 증가율로 전환해 표시.

국 정부는 농산물에 대한 수매가격을 인상해 생산자의 수익을 증대시킬 수 있는 가격조건을 마련해주었으며, 국가에 의한 일괄 수매제도의 대상이 되는 품목과 수량을 완화해 자유시장에서 거래될 수 있도록 허용하는 개혁조치를 시행했다. 따라서 1978년 생산책임제의 도입과 1980년대 초반의 가격 · 유통제도 개혁이 중국의 농업 · 식량 생산성 증대의 가장 중요한 요인이라는 점에서는 별다른 이견이 없다.

1984년까지 농업 · 식량 생산량은 기록적인 증가율을 보였으나 1985~1989년에는 증가율이 둔화되거나 정체되는 현상이 나타났다. 이 기간에 농업총생산의 연평균 증가율은 4.2%에 불과했고, 그중 식량 생산은 연평균 1.2%의 증가율을 기록해 더욱 심각한 정체 현상을 보였다. 다만 축산업과 부업생산 등은 여전히 높은 성장률을 보여주었다.

1980년대 중반 이후에 농업 · 식량 생산의 부진현상이 발생한 원인은 크게 세 가지 측면에서 분석할 수 있다. 첫 번째로 농업개혁의 핵심인 생산책임제의 제도적 불안정성을 지적할 수 있다. 생산책임제하에서 토지분배에 관한 원칙은 '집단소유권은 그대로 존속시키고 사용권만을 개별농가에 분배한다'는 것이었다. 그러나 이와 같은 원칙을 뒷받침할 법률적 규정이 제대로 마련되지 않아 토지의 소유권, 사용권, 양도권 등에 관한 구체적인 규정이 미비했으며 토지의 불법점유 문제가 자주 발생했다. 1982~1986년에는 토지의 불법점유 및 사용에 관한 분쟁 건수가 전국적으로 약 1000만 건에 달할 정도로 심각했다(≪광명일보(光明日報)≫, 1988.12.28). 게다가 토지사용권의 분배에 관한 행정적 권한을 가진 농촌지역의 당 · 정 및 집단경제조직 간부의 부정도 횡행했다. 개별농가 입장에서는 토지제도의 불안정으로 인해 토지에 대한 권리가 불확실하기 때문에 장기적 투자보다 단기적 '약탈경영'을 선호하게 되었고 이는 토지자원의 파괴와 낭비를 초래했다. 이것이 식량 생산 부진현상의 한 원인이 되었다.

두 번째로 비농업 부문으로의 자원이전을 지적할 수 있다. 인민공사 개혁과정에서 농촌지역 내 비농업 부문이 급속하게 발전했고, 과거 농업 부문에 투하되었던 자원이 비농업 부문으로 대거 흡수되면서 농업·식량 생산에 타격을 주었다. 농촌지역의 공업은 인민공사 내부에서 사대기업 형태로 존재하다가 개혁 이후에 향진기업이라는 형태로 발전해 1980년대 후반에는 농촌지역 총생산액의 약 2분의 1 이상, 농촌지역 고용노동의 약 4분의 1 이상을 차지할 정도로 비약적으로 성장했다. 향진기업에 의한 농촌지역 고용노동의 증가는 농업노동의 대량 유출로 이어졌는데, 농가의 입장에서는 농촌공업 부문에 취업할 경우 기존 경작지를 부업으로 경작하는 것이 일반적인 현상이었으며 심각한 경우에는 경작하지 않고 방기되는 경우도 있었다. 이처럼 농업노동력이 농촌공업 부문으로 대량 유출되면서 경작지가 부업으로 경작되거나 방기되는 등 경작면적이 감소했고 이는 농업·식량 생산의 부진현상이 초래되는 원인으로 작용했다.

토지제도의 불안정과 농촌공업의 발전도 주요한 원인으로 작용했지만, 마지막으로 1980년대 중반 이후 농업·식량 생산 부진 현상의 가장 중요한 원인은 영세소농 경영의 한계다. 1980년대까지 중국의 농업기계화 및 영농자재산업 발달수준이 매우 낮았기 때문에 토지는 농업생산의 가장 핵심적인 요소였고 농민의 생활을 유지하는 기본수단이었다. 그렇기 때문에 토지분배에 대한 농민의 요구는 당연히 높을 수밖에 없는 상황이었다. 인민공사에 소속되어 있던 막대한 농촌인구에 토지사용권을 균등하게 분배하다 보니 개별농가당 토지분배규모가 영세할 수밖에 없었다. 1984~1985년 전국 농촌사회경제전형 조사에 의하면 토지분배를 받은 농가의 경지규모는 호당 평균 8.35무(畝)(1무 ≒ 200m^2 ≒60평)에 불과했고, 이 경지가 평균 9.7개 장소에 분산되어 1개소당 경지면적은 0.86무에 불과한 것으로 조사되었다. 이와 같이 토지를 균등분배해 단기적으로는 개별농가의 적극적인 경영을 유도함으로써 생산성이 크게 증대되었으나, 장기적으로는 영세소농 경영으로 인해 생산성의 정체를 초래했던 것이다. 영세소농 경영은 토지의 합리적 구획과 기계경작, 관개, 병충해 방제, 우량품종 채용 등에서 규모의 경제를 실현할 수 없었기 때문에 생산 의욕 증대에 따른 생산성 증대효과가 시간의 경과에 따라 점차 소멸되면서 농업·식량 생산의 부진현상을 초래한 것으로 평가된다.

더욱이 수리관개시설의 관리책임을 맡고 있던 인민공사가 해체됨에 따라 수리권을 둘러싼 분규가 빈발했으며 수리시설의 인위적인 파괴도 성행했다. 결국 수리관개시설의 관리·운영 부재 상태가 물 분쟁과 수리관개시설의 약화를 초래했다. 스톤(Stone, 1985)에 의하면 수리관개면적은 생산책임제의 도입 이후 1985년까지 약 10만 헥타르가 감소한 것으로 조사되었다. 그뿐만 아니라 인민공사의 해체는 농업기계화 및 생산기반정비 사업의 퇴보를 초래했다. 농업기계화 및 생산기반정비를 포함한 농업기본건설의 담당자인 인민공사가 해체되고 영세규모의 토지가 개별농가에 분배됨에 따라 진행되고 있던 기계화 및 생산기반에 대한 투자가 대부분 중단되는 상황이 발생했다. 인민공사 해체에 따른 수리관개시설의 약화와 농업기계화의 정체 현상이 영세소농 경영과 맞물려 농업·식량 생산의 부진현상을 초래한 것이다.

3) 제2단계 개혁: 토지제도 개혁과 경영규모 확대

이상과 같은 여러 이유로 1980년대 중반부터 농업·식량 생산의 부진현상이 발생하자 중국은 제2단계 농업개혁을 시도했다. 1단계 개혁이 생산책임제 도입 및 인민공사 해체를 통해 집단위주의 농업경영 형태에서 가족단위 개별농가 위주의 농업경영 형태로 전환하는 것이었다면, 2단계 개혁은 생산책임제의 변화를 통해 영세소농 경영의 문제점을 해소하는 데 초점을 맞추었다. 따라서 2단계 개혁의 핵심은 토지제도의 개혁과 경영규모의 확대에 놓여졌다.

토지제도의 개혁방향을 놓고 1980년대 중반 이후 '토지국유화론'과 '토지사유화론'이 대립하면서 분명한 방향이 설정되지 못했으나 1989년 톈안먼사태 이후 '토지의 집단소유를 기본적으로 유지하면서 경영규모를 확대하는 방향'으로 수렴되었다. 이에 따라 토지제도 개혁의 기본방향이 다음과 같이 설정되었다. 첫째, 토지경영규모의 세분화를 방지한다. 둘째, 집단의 통일적 관리하에 토지의 합리적 유동화를 촉진한다. 셋째, 토지사용권 임대차를 공식화하고 규범을 제정한다. 넷째, 토지의 매매 · 임대차 · 분할 · 저당에 대한 집단의 처분권 및 권리행사의 규칙을 확대하고 규범화한다. 다섯째, 다양한 형태의 전업 · 협동조직을 육성해 쌍층경영(雙層經營)을 기본경영체계로 완성한다.

이 같은 토지개혁의 기본 방향하에 농업경영규모를 확대하기 위한 구체적인 제도개혁이 전포제도(轉包制度), 양전제도(兩田制度), 새로운 경제합작사[經濟合作(聯合)社] 설립 등의 형태로 나타났다. 전포제도란 토지사용권의 임대차를 의미한다. 토지를 집중시키고 경영규모를 확대하기 위해 토지의 재청부, 즉 토지사용권의 대여를 허용함에 따라 청부권의 양도라는 형태로 개별농가 사이에 토지사용권에 대한 임대차 관계가 발생했는데, 이를 전포라고 칭했다. 공산당 중앙의 1986년 1호 문건에서 "농민이 비농업에 이출함에 따라 경지를 경영능력이 있는 자에게 집중시키는 것을 장려하여 적정 규모의 전업농을 발전시킨다"라고 언급하면서 전포제도를 통한 경영규모 확대를 적극적으로 추진하고자 했다. 그러나 중국 정부의 적극적인 추진에도 불구하고 전포는 매우 완만하게 진행되었다. 농민이 비농업 부문에 취업한 경우에도 불안정한 미래에 대비하는 차원에서 분배받은 토지사용권을 포기하려 하지 않았기 때문이다. 중국 농업부의 조사자료에 의하면 1990년 전포에 참여한 농가 수는 약 209만 호로 전체 농가의 1%에 불과했으며 전포면적은 약 43만 헥타르로 전체 경지면적의 0.44%에 지나지 않았고, 농가당 평균 전포면적은 약 0.2헥타르에 불과했다. 1992년에는 전포에 참여한 농가가 약 473발호, 전포면적은 약 77만헥타르로 1990년에 비해 증가한 것으로 나타났다. 그러나 여전히 전체 농가 및 경지면적에서 차지하는 전포의 비중이 극히 미미했으며, 특히 농가당 평균 전포면적은 0.16헥타르로 오히려 감소했다. 결국 전포를 통한 농업경영규모 확대는 중국 정부의 기대와는 달리 매우 완만하게 진행되었다.

새로운 경제합작사의 설립은 두 가지 필요성에 의해 추진되었다. 하나는 인민공사체제가 해체된 이후 과거의 인민공사, 생산대대, 생산대가 수행했던 경제적 기능을 대행할 수 있는 집단경제조직의 필요성이다. 인민공사 해체 이후 집단경제조직은 거의 마비상태에 빠져 있었고, 가족단위 영세소농 경영으로서는 수행할 수 없는 농업 부문의 사업기능을 수행할 집단경제조직을 새롭게 재구성해야 했다. 또 다른 하나는 가족단위 영세소농 경영 차원에서 시행할 수 없는 규모화된 대농경영을 실현하기 위해 집단경영방식을 통해 경영규모를 확대할 필요가 있었다. 인민공사체제가 해체된 이후 1980년대 후반까지 집단경제조직이 거의 마비상태에 빠지게 되자 중국 공산당 제13기 8중전회는 '농업 · 농촌공작을 한층 더 강화하는 것에 관한 결정'을 채택하고 집단경제조직을 재구성하는 방침을 결정했다. 이에 따라 명맥만 유지하고 있던 기존의 집단경제조직을 개편해 경제합작사(經濟合作社)로 새롭게 조직화하고 새로운 경제합작사를 설립하기 시작했다. 새로운 집단경제조직으로서 경제합작사는 크게 지역합작(地域合作)과 전업합작(專業合作)으로 구분할 수 있다. 지역합작은 촌락을 기준으로 하는 지역단위 경제합작사이며, 전업합작은 농업생산과 관련된 각종 기능을 기준으로 하는 전문단위 경제합작사이다.

지역단위 경제합작사는 향(鄕) · 진(鎭) · 촌(村) 단위로 조직된 경제조직으로 일반적으로 생산의 조직화, 관리와 조정, 협동자산의 축적, 자원개발 등의 기능을 수행했는데 각 지역별 특성에 따라 그 기능에 조금씩 차이가 있었다. 고지마 레이이쓰(小島麗逸, 1992)에 의하면 전업농가가 많은 지역에서는 주로 청부토지의 관리, 수리시설 관리, 작물보호, 영농기술 보급, 영농자재 공급 등의 기능을 수행했다. 반면 겸업농가가 많은 지역에서는 협동경영 사업, 기업경영, 전포토지 관리, 공공축적의 진행 및 자금관리 등의 기능이 강조되었다. 그리고 향진기업이 발전해 비농업 부문으로의 노동력 유출이 많은 지역에서는 농업의 집약적 전업화를 촉진하거나 집단청부제를 실시했다. 과거 인민공사체제하에서는 집단조직이 노동력을 배치하고 노동점수를 기록해 통일분배를 시행함으로써 농가의 지위가 단순노동자에 불과했으나, 새로운 지역합작하에서는 대다수 농가가 토지 이외의 생산수단을 소유하면서 자주적으로 경영하는 독립된 상품생산자의 지위를 갖고 있었다. 그러나 인민공사체제의 영향이 완전히 사라진 것은 아니었다. 당조직과 행정조직 그리고 경제합작사의 관계에서 여전히 당조직이 큰 영향력을 행사하는 가운데 수직적인 상하관계가 강하게 남아 있었다. 시간의 경과에 따라 이러한 수직적 상하관계가 조금씩 완화되기는 했으나 여전히 경제합작사에 대한 당조직과 행정조직의 수직적 영향력은 여전히 남아 있다. 〈표 9-6〉에 의하면 지역단위 경제합작사는 1990년에 전국적으로 약 189만 3000개가 조직되었고 1992년에는 약 205만 개로 증가했다.

〈표 9-6〉 새로운 경제합작사 현황

(단위: 만 개)

구분		1990년	1992년
지역 단위 경제합작사	村(생산대대) 단위	40.1	66.6
	組(생산대) 단위	139.9	128.6
	자연촌 단위	9.3	9.8
	합계	189.3	205.0
전문 단위 경제합작사	생산경영형	74.0	82.1
	생산복무형	41.4	51.7
	전업협회	7.7	9.3
	합계	123.1	143.2

자료: 農業部, 「農村合作經濟研究課題」(1993).

또한 조단위 경제합작사가 감소한 데 비해 촌 단위 경제합작사는 증가한 것으로 나타났다. 이는 경제합작사에 대한 요구수준이 높아짐에 따라 경제합작사의 규모와 범위가 확대되었기 때문이다.

전문단위 경제합작사는 '두 개 또는 두 개 이상의 개인이나 단위가 공동의 이익을 목적으로 자원호리(自願互利)의 원칙에 따라 자신의 노동·기술·생산 자재를 가지고 연합해 생산·경영·자문·지원을 행하는 경제조직'을 의미한다. 전문단위 경제합작사는 그 형태와 기능에 따라 생산경영형(生産經營型), 생산복무형(生産服務型), 전업협회(專業協會) 등으로 구분된다. 생산경영형은 농업·식량 생산을 전문으로 하는 경제합작사로서 1992년 현재 약 82.1만 개가 조직화되었다. 생산복무형은 수리관개, 경작시설, 작물보호 등 농업 관련 부문의 기능을 담당하는 경제합작사로서 1992년 현재 약 51만 7000개가 조직화되었다. 전업협회는 행정구역의 제한이 없는 조직으로서 대부분 기술적 성격이 비교적 강한 과수, 채소, 축산 등의 품목별로 발달했다. 〈표 9-6〉에서 보듯이 전문단위 경제합작사는 생산경영형이 주도적 위치를 차지하는 가운데 생산복무형의 비중이 증가했다. 생산복무형은 개별농가의 힘만으로는 행할 수 없는 생산·교환·분배소비 등의 경제행위와 관련된 서비스를 제공하는 조직으로서 농가의 시장진입 수준을 높이고 분산경영의 단점을 보완하는 측면에서 큰 기대를 받았다.

지역단위 또는 전문단위 경제합작사의 조직화에 따라 영세소농 경영의 단점을 보완하는 성과가 발생한 것으로 평가되었다. 중국 농업부 자료에 의하면

경제합작사의 조직화로 인해 가축방역을 제외한 기경(起耕), 수리관개, 작물보호, 종자, 화학비료, 기술보급 분야에서 일정한 성과를 거둔 것으로 조사되었다. 그러나 경제합작사가 영세소농 경영의 한계를 극복하기 위해서는 여러 가지 보완해야 할 부분도 많이 남아 있다. 아직도 공동경영의 원칙에 대해 구두로만 결정되었을 뿐 문서화된 규약이 존재하지 않는 경제합작사가 남아 있고, 경영능력과 기술을 지닌 지도자가 부족해 합작경영의 효율성을 제대로 발휘하지 못하고 있다. 또 관리 · 운영의 민주성과 수익금의 공정한 배분 등의 측면에서 해결해야 할 문제점들이 여전히 남아 있는 상태이다.

2단계 개혁의 결과를 농업 · 식량 생산의 측면에서 본다면 2단계 개혁은 토지제도의 개혁과 경영규모의 확대에 초점을 맞출 수 있으며, 이 같은 생산 측면의 개혁에 조응해 가격 · 유통제도의 개혁이 병행됨으로써 중국 농업에 시장경제적 요소가 더욱 확대되었다. 이 시기 농산물 가격 · 유통제도 개혁의 핵심내용은 계획가격을 시장가격으로 대체하고 국가에 의한 일괄수매제도를 사실상 철폐한 것으로 요약된다. 1단계 개혁을 통해 일괄수매의 대상이 되는 농산물의 품목과 수량을 부분적으로 완화했으나 국가에 의해 일괄수매되는 농산물의 가격은 여전히 계획가격에 의해 결정되었다. 그러나 2단계 개혁을 통해 1985년 이후에는 극히 일부 품목을 제외하고는 일괄수매제도를 폐지했다. 그 대신 국가는 농가를 대상으로 계약수매 및 시장수매를 실시했다. 계약수매 대상 농산물은 국가에 의해 통일가격이 적용되었으나 계약수매에서 제외된 품목의 농산물과 계약수매 대상 품목이지만 계약수매에서 제외된 물량은 각각 협의가격과 시장조절가격이 적용되었다. 그뿐만 아니라 가격관리에 대한 권한도 지방정부로 대폭 이양되었고, 일부 특정 품목에 대한 가격결정권은 지방정부에 귀속되기도 했다. 게다가 생산자인 농업기업과 농가도 가격결정에 참여할 수 있도록 보장되었다.

이처럼 생산자가 생산한 농산물의 판매경로에서 국가에 의한 수매의 비중이 감소되고 자유시장에 의한 처분의 비중이 증가되었으며, 판매가격 역시 국가에 의한 계획가격 · 통일가격의 적용이 감소하고 협의가격 및 시장가격의 적용이 증대되는 등 시장경제적 요소가 대폭 확대되었다. 그뿐만 아니라 생산자가 생산과정에 투입하는 각종 생산수단 및 영농자재의 구입경로 면에서도

〈표 9-7〉 중국 농업생산의 연평균 증가율(1990~1999)

(단위: 연평균 증가율, %)

구분	식량작물	경제작물	과일류	축산업	수산업
1990~1994	1.0	18.4	24.9	14.4	20.7
1995~1999	2.8	5.1	7.3	6.4	15.9

자료: 國家統計局, 『中國統計年鑑』(1990~1999)의 총생산액을 증가율로 전환해 표시함.

국가에 의한 보급이 대폭 축소되었고 기업이 생산·공급한 것을 구입하는 비중이 대부분을 차지하게 되었다. 구입가격 역시 국가에 의한 가격결정의 비중이 대폭 축소되고 협의가격 및 시장가격에 의한 가격결정이 대부분을 차지하게 되었다. 생산수단 및 영농자재 구입 측면의 이러한 가격변화는 1980년대 중반 이후 중국의 전반적인 가격·유통제도 개혁과 연계되어 있다. 1984~1988년에는 계획가격 적용 대상 상품의 종류가 크게 축소되고 일부 상품의 불합리한 가격이 상향조정되었으며, 1989~1997에는 불합리한 상품가격체계를 대폭 조정하면서 일부 상품의 불합리한 판매가격을 대폭 인상하고 판매가격 자유화 품목을 크게 확대했을 뿐만 아니라 22개 품목에 대한 가격결정권을 지방정부에 이양했다. 이 같은 경제 전반의 가격제도 개혁으로 인해 많은 상품이 시장수급 상황에 의해 거래가격이 형성되기 시작했고 시장에 의한 수급조절 기능이 발생하기 시작했다.

앞의 〈표 9-6〉에서 언급한 바와 같이 1980년대 중반 이후 중국의 농업·식량 생산이 일시적으로 부진한 현상을 보였으나 2단계 개혁을 시행하면서 중국의 농업·식량 생산이 다시 증가하는 현상이 나타났다. 〈표 9-7〉에서 보듯이 1990~1994년에 식량작물을 제외한 경제작물, 과일류, 축산업, 수산업 등은 연평균 생산증가율이 각각 18.4%, 24.9%, 14.4%, 20.7%에 이를 정도로 급격한 증가율을 보였다. 상대적으로 식량작물의 증가율이 부진한 것은 시장경제적 요소가 경제 전반으로 확산되면서 수익성이 높은 분야로 농업생산이 이동했기 때문이다. 그러나 2단계 개혁에 의해 1990~1994년에 기록적인 성장을 보였던 농업·식량 생산은 1990년대 중반 이후 점차 증가율이 둔화되는 경향을 보였으며, 식량작물과 수산업을 제외한 각 분야별 평균생산 증가율이 약 5~7%를 기록했다. 이 같은 현상이 나타난 것은 1990년대 중반까지 수익성과 안정성을 기준으로 각 분야별 자원분배가 조정되는 기간을 거치면서 그 후 각 분야별 자원배분이 고르게 이루어졌고 분야별 생산증가율이 안정화되었기 때문으로 추정된다.

이상과 같이 중국은 1978년 생산책임제의 도입 이후 인민공사 해체 및 경제합작사로의 전환, 토지제도 개혁, 가격·유통제도 개혁 등과 같은 농업개혁을 지속적으로 추진한 결과 농업·식량 생산이 급격히 증대되고 농가의 소득·생활수준이 크게 향상되었다. 또한 수리관개시설의 확충, 비료·농약 등 영농자재 공급의 확대, 경지정리 및 농업기계화의 진전, 영농기술 개발 및 보급 등의 측면에서 농업경영의 커다란 발전을 이루었다. 그러나 이 같은 기록적인 성장에도 불구하고 현재 중국 농업은 그동안의 지속적인 농업투자에도 불구하고 여전히 농업기계화 및 생산기반정비의 수준이 낮은 상태이며, 영세소농 경영의 구조적 한계를 벗어나지 못하고 있다. 이에 따라 농업·식량 생산의 정체 현상, 공업화에 따른 농지 및 농업노동력 감소, 도농 간 소득격차 및 빈부갈등의 심화 등과 같은 문제점이 심각하게 대두되고 있다. 현재 중국에서는 추가적인 농업개혁의 과제로서 농업 부문의 구조조정을 더욱 강력하게 추진해야 한다는 지적이 제기되고 있다. 이와 병행해 지역 간, 계층 간, 도농 간 소득격차 및 빈부갈등 문제를 해결해야 한다는 것도 제기되고 있다.

4. 소련 콜호스의 운영 형태와 개혁 내용

1) 콜호스의 성장과정: 사회주의혁명과 토지개혁

1861년 봉건적인 농노제도가 폐지되고 농노해방이 추진된 이후 구(舊)러시아에서는 사적 소유에 기초한 농민적 토지소유가 이루어지지 못하고 농민들이 농촌공동체(미르, mir)의 강력한 영향력하에 놓이게 되었다. 농촌공동체는 농노해방의 제 규정에 따라 과거 농노제가 갖고 있던 토지에 대한 권리를 그대로 이양받아 공동체 내부의 농민들에게 가족단위로 토지사용권을 분배했다. 또한 국가는 공동체 단위로 세금을 부과했고, 공동체는 그 구성원들의 무제한적인 책임원리에 기초해 각 농가에게 세금을 할당하고 징수했다. 공동체의 구성원으로서 농민들은 각 농가에 부여된 채무(세금)를 제대로 이행하지 않을 경우 토지사용권의 재분배 등에서 불이익을 농촌공동체로부터 받게 되었다. 이 시기의 농민들은 비록 봉건적인 농노의 신분에서 해방되기는 했으나 농촌공동체라는 봉건적 잔재를 지닌 촌락 집단에 예속된 채무노예적 성격이 강했으며 농민적 토지소유에 기초한 가족농업의 경영단위로서 농민 혹은 농가의 개념이 아직 형성되지 않고 있었다. 과거의 농노제하에서 지배계급이었던 봉건적 대지주들이 농노해방 이후에도 자신들의 기득권을 유지하기 위해 농촌공동체를 도입·강화·확대했으며 농촌공동체는 봉건적 토지소유의 변형된 모습을 보였다. 한편 농노해방 이후에도 봉건적 지주세력은 여전히 구(舊)러시아의 지배계급의 일원으로서 세력이 현저히 약화되기는 했으나 토지와 가축, 농기구 등을 대량으로 보유하고 있었다.

1905년 스톨리핀 개혁에 따라 근대적인 토지소유제도가 도입되기 시작했고 이에 따라 과거 농노제의 유물을 이어받은 집단적 토지소유 및 토지사용권의 분배에 기초한 전근대적인 농촌공동체의 영향력이 급격히 약화되면서 점차적으로 해체되기 시작했다. 이 시기부터 점차적으로 대토지와 가축 및 농기구 등을 대량으로 보유하고 소작농이나 농업노동자 등을 고용해 농장을 경영하는 부농경영이 성장하기 시작했다. 이러한 부농경영의 중추세력은 쿨라크(kylak)라 불리는 지주경영이었다. 쿨라크는 봉건적 토지소유의 상속자로서 근대적 토지소유로 전환한 대지주인 동시에 대규모의 생산수단을 보유하고 있던 부농의 성격을 복합적으로 갖고 있었다. 그러나 사회주의혁명 이전까지 구(舊)러시아의 농업은 봉건적 토지소유와 근대적 토지소유가 혼재하고 쿨라크를 중심으로 한 부농경영과 봉건적 대지주, 가족단위 영세자작농, 소작농, 농촌공동체 등이 혼재되어 매우 혼란스러운 상태였다.

1917년 10월 사회주의혁명 직후 소련은 1917년 11월부터 1918년 중반까지 공포된 일련의 토지관련 법령을 통해 '일체의 사적소유 토지제도를 폐지하고 모든 시민에게 평등하게 토지사용권을 분배한다'는 기본 원칙하에 모든 토지를 국유화하고 근로농민에게 토지사용권을 분배하는 토지개혁을 단행했다. 소련은 이 토지개혁을 통해 당시까지 남아 있던 대지주 소유토지와 농촌공동체 소유토지를 철저하게 몰수해 개별 근로농민에게 토지사용권을 재분배하는 방식으로 토지를 분배했다. 비록 토지소유가 국유화되기는 했지만 개별농민에게 토지사용권을 분배함으로써 토지사용권에 기초한 가족단위 농업경영의 제도적 기반이 완성되었다. 빈농, 소농, 중농에 대해서는 국가에서 몰수한 국유토지의 사용권을 분배해 가족농업의 기반을 마련했고, 부농의 성장을 정책적·제도적으로 제한하기는 했으나 그 존재 자체는 제도적으로 인정되었다. 또한 혁명 직후 전시공산주의(1918~1920) 시기에는 곡물을 포함해 토지, 농기구, 가축, 노동력 등의 시장거래를 전면적으로 금지했다. 곡물수확량의 전량을 국가에서 수매하거나 세금의 형태로 징수했으며 농가단위의 자유처분은 허용되지 않았다. 이는 빈농, 소농, 중농에 비해 부농에게 훨씬 더 심각한 타격을 주었으며 국가 전체적으로 농업생산과 곡물수확량이 크게 감소하는 결과로 나타났다.

혁명기를 전후한 제1차 세계대전, 1917년 2월 혁명과 10월 혁명, 10월 혁명 이후 적백(赤白)내전의 혼란기에서 경작지와 수확량이 급격하게 감소했는데 볼린(Volin, 1962)에 의하면 1913년을 기준으로 할 때 1921년의 경작면적은 70.2%, 곡물수확량은 43.9% 수준으로 축소되었다. 이에 따라 1921년 3월 소련 제10차 당대회는 국가경제 전체의 생산회복을 목적으로 신경제계획(NEP, 1921~1928)을 채택했다. 식량세에 관한 새로운 포고를 통해 할당된 식량세를 현물로 납부할 수 있도록 하고 종자를 제외한 모든 수확물에 대해 농민이 자유롭게 처분할 수 있도록 했으며, 전시공산주의(1918~1920) 기간에 완전히 금지시켰던 자유시장을 부분적으로 허용했다. 그 결과 농업생산과 곡물수확이 급격하게 회복되었다. 도브(M. Dobb, 1989)에 의하면 1926~1927년에는 곡물수확량이 제1차 세계대전 발발 이전인 1913년에 비해 124.5% 수준으로 증대하는 등 농업생산과 곡물수확이 완전하게 회복된 것으로 나타났다.

신경제계획 기간에 농업생산과 곡물수확이 급격히 회복되었지만 다른 한편으로는 국가에서 수매하는 곡물가격과 시장에서 형성되는 곡물가격의 차이가 증대하면서 농민들로 하여금 국가에 수매하는 곡물의 양을 줄이고 사적으로 형성되는 자유시장에 좀 더 많은 곡물이 공급되도록 만들었다. 특히 곡물의 사적 시장이 성장하는 데 있어서 처분해야 할 잉여곡물을 상대적으로 더 많이 생산했던 부농이 크게 기여하게 되었다. 신경제계획 기간에 국가는 과세, 공정가격에 의한 수매, 고용노동의 제한 등과 같은 경제적 수단을 통해 부농의 성장을 제한하려 했으나 빈농, 소농, 중농 등의 성장속도보다 훨씬 더 빠르게 부농의 성장이 진행되었다. 부농의 급격한 성장을 바탕으로 한 곡물의 사적 시장 확대는 1928년 국가의 곡물조달에 위기상황을 초래했다. 도브(M. Dobb, 1989)에 의하면 1928년 국가의 곡물조달물량이 전년도에 비해 14% 감소했고, 국가의 곡물비축량은 전년도에 비해 약 3분의 1 수준으로 줄었으며, 1928년에 약 1200만 톤의 곡물을 수입하는 상황이 발생했다.

1928년의 곡물위기가 직접적인 계기가 되어 1928년 말부터 소련은 농업집단화를 전면적으로 확대 · 시행했다. 그 이전까지는 주로 빈농과 소농 중심으로 콜호스 등 집단농장을 건설해왔으나 1928년 곡물위기를 기점으로 하여 중농층까지 포함하는 전면적인 농업집단화가 전국으로 확대되었다. 이 같은 농업집단화의 과정은 부농을 철저하게 배제하는 과정이었다. 단순히 경제적 수단에 의해 부농의 성장을 제한하던 신경제정책 시기와는 달리 부농이 소유하고 있던 모든 자산일체를 완전히 몰수해 콜호스에 귀속시키고 지방행정기관에 부농을 이주시키는 권한을 부여했으며, 부농의 선거권을 박탈하는 등 부농에 대한 철저한 박탈과 이주를 통해 농업집단화를 진행시켜나갔다. 이에 대해 부농과 일부 중농층이 농업집단화에 반발하며 격렬한 저항을 시도했고, 특히 개인적으로 보유하고 있던 가축을 콜호스 등에 귀속시키기보다 차라리 도살시키는 방법으로 저항했다. 이 과정에서 주요 가축의 약 절반가량이 부농과 일부 중농에 의해 도살된 것으로 알려진다. 그러나 이 같은 저항은 농업집단화가 전면적으로 확대된 제1차 5개년 계획(1928~1932)을 거치면서 급격히 약화되고 그 후 소련의 농업집단화가 급속도로 확대되었다.

2) 농업집단화와 콜호스의 형성

소련에서 사회주의혁명은 도시의 공장노동자와 병사들에 의해 일어났기 때문에 농민에게 있어서 혁명은 외생적 사건이었다. 또한 소자산계급(프티부르주아)으로서 농민의 혁명성을 의심하는 전통적인 마르크스 이념의 영향력이 남아 있었기 때문에 노동자국가의 물적 기초를 확대하기 위해서는 노동계급을 시급히 육성해야 한다는 것이 당시 지배적인 분위기였다. 또한 선진 자본주의 국가에 비해 상대적으로 낙후된 생산력을 비약적으로 발전시키기 위해서는 사회주의 공업화를 우선적으로 추진해야 하며, 이를 뒷받침하기 위해 공업화에 필요한 자원을 국가가 직접 조달 · 분배 · 관리하는 기능을 담당해야 했다. 이에 필요한 것이 바로 생산의 집단화와 유통의 국가관리였다. 이처럼 농업집단화는 사회주의 공업화에 필요한 물적 토대를 효과적으로 구축하기 위한 필수과제로 제기되었다.

콜호스를 중심으로 한 소련의 농업집단화가 국가 차원에서 전면적으로 확대된 것은 1928년으로, 곡물위기가 직접적인 계기가 되어 제1차 5개년 계획에서부터 본격화되었지만 집단농장의 초기형태는 사회주의혁명 직후부터 형성되었다. 앞에서 언급한 대로 1917년 11월부터 토지개혁이 시행되면서 대지주와 농촌공동체가 소유하고 있던 토지가 국유화되면서 토지사용권이 농민에게 분배되었다. 이 가운데 일부 토지를 근거로 초기형태의 집단농장, 예를 들어 농업공동체(kommuna), 토지공동경작조합(TOZ), 농업협동조합(Artel) 등이 부분적으로 형성되었다. 알렉산드르 바이코프(Baykov, 1950)에 의하면 1924년에 이 같은 집단농장 수가 약 5100개였으며 1928년에 약 2만 3500개로 증가한 것으로 나타났다. 1928년 당시 약 2560개에 달하는 소련의 전체 농장과 비교할 때 집단농장의 수는 극히 일부분에 지나지 않았으며, 1927년 당시 약 11만 개에 달하는 쿨라크 농장과 비교해보아도 집단농장의 비중은 극히 미약한 수준이었다.

농업공동체(kommuna)는 주로 빈농을 중심으로 농촌과 도시의 고용노동자 및 전직 서비스직 노동자 등이 참여해 형성되었는데 토지개혁이 시행된 초기에 가장 활발하게 형성되었던 집단농장의 형태였다. 농업공동체는 모든 생산수단뿐만 아니라 구성원의 개인재산까지도 공유했으며, 공동체 구성원들이 필요로 하는 모든 물자와 비용이 공동재산으로 충당되었고 공동체 구성원들에게 모든 물자가 균등분배되었다. 그러나 '각자의 능력에 따른 분배로부터 각자의 필요에 따른 분배로 이행한다'는 과도한 분배원칙이 강조되기 시작하면서 농업공동체는 서서히 활력을 잃기 시작했고 농업집단화가 본격적으로 추진된 1930년대에는 완전히 소멸되고 말았다. 바이코프(Baykov, 1950)에 의하면 필요에 따른 분배는 생산력이 고도로 발달된 공산주의적 단계에서 시행가능한 분배원칙인데, 생산력이 극히 낮은 수준에 머물러 있던 초기 사회주의 단계에서 과도하게 이 원칙을 강조함으로써 생산성의 저하를 초래할 수밖에 없었으며, 결국 구성원들에 대한 분배규모가 상대적으로 적게 이루어지게 되었고 내부적인 활력을 상실하게 되었다는 것이다.

토지공동경작조합(TOZ)은 토지만을 공동으로 소유하면서 개별 구성원이 각종 생산수단, 가축 및 건물 등을 사적으로 소유하도록 했다. 단지 공동소유 토지에서 이루어지는 영농과정에서 농민 자신의 노동력과 함께 생산수단, 가축, 건물 등을 공동으로 사용했다. 1917년 10월 혁명 이후의 토지개혁 관련 법령을 통해 모든 토지의 국유화가 선포된 상황에서 가장 손쉽게 진행될 수 있는 집단농장의 단순형태였으며, 전면적인 농업집단화가 추진되기 이전까지 가장 활발하게 추진되었던 집단농장의 형태였다. 토지공동경작조합에서는 수행된 노동의 양과 질뿐만 아니라 각 구성원이 조합에 제공한 생산수단의 몫과 가치 등을 평가해 소득을 분배했다.

농업협동조합(Artel)은 토지와 주요 생산수단인 대가축, 농기계, 대형 농기구, 농업용 건물 등을 공동으로 소유했으며 각 구성원은 보조적인 생산수단 일부와 가옥, 건물, 소가축 등을 사적으로 소유할 수 있었다. 또 약 600~2500평 규모의 개인 텃밭을 경작할 수 있도록 허용했다. 개별 농민이 소유할 수 있는 생산수단의 허용 범위는 법령에 의해 규정되었다. 바이코프(Baykov, 1950)에 의하면 초창기 낮은 단계의 생산력 수준으로는 개별 구성원의 물질적 욕구를 충분히 만족시킬 만한 소득분배를 이룰 수 없었기 때문에 개별 농민의 부족한 물질적 욕구를 보완하기 위한 장치로서 개인 텃밭과 보조 생산수단의 사적 소유를 허용한 것이다. 농업협동조합의 소득분배는 구성원 각자가 수행한 노동의 양과 질, 즉 노동일을 기준으로 이루어졌다.

1917년 10월 혁명 이후 토지개혁이 진행되면서 소련의 중앙정부는 사회주의적 농업의 기반을 강화하기 위해 쿨라크와 같은 대규모 농장경영을 억제했으며, 가족단위의 소규모 개별영농보다는 토지 및 생산의 공동소유에 기반을 둔 집단농장을 선호했다. 그러나 집단농장에 대한 중앙정부의 이념적 선호에도 불구하고 내전시기의 전시공산주의(1918~1920)와 경제회복 및 생산력 증대를 위한 신경제계획(1921~1928) 기간에는 농업집단화 및 집단농장 창설을 전면적으로 추진할 수 없는 현실적 어려움이 존재하고 있었다. 그럼에도 불구하고 중앙정부의 일정한 관심과 배려 속에서 혁명의 주체세력이었던 도시 노동자 및 병사, 혁명에 적극적으로 가담했던 농촌의 빈농계층 등을 중심으로 세 가지 형태의 초기 집단농장이 형성·확산되었다. 비록 전체 농업생산에서 차지하는 비중이 미약하기는 했지만 토지개혁 직후인 1918년부터 형성되기 시작해 1928년에는 전국적으로 약 2만 3500개의 집단농장이 창설되어 전체 농업생산의 약 4% 정도를 담당했다.

번스타인(Bernstein, 1967)에 의하면 세 가지의 초기 집단농장 형태 가운데 가장 활성화되었던 것은 토지공동경작조합(TOZ)이었다. 토지개혁 직후 소련의 중앙정부와 혁명의 주체세력은 이념적으로 농업공동체(kommuna)를 가장 선호했다. 이에 따라 1919년에는 전체 집단농장 가운데 농업공동체가 절반 이상을 차지했으며 토지공동경작조합은 약 10%에 불과했다. 그러나 농업공동체는 과도한 분배원칙으로 인해 활력을 상실하게 되고 신경제계획 기간에 그 성장속도가 크게 둔화되기에 이르렀다. 농업공동체의 확산 속도가 둔화되면서 상대적으로 토지공동경작조합과 농업협동조합(Artel)의 성장이 활성화되고 빠르게 확산되어나갔다. 특히 토지공동경작조합의 성장 및 확산 속도가 두드러지게 나타났다. 1927년에는 전체 집단농장 가운데 토지공동경작조합이 약 42%, 농업협동조합이 약 20%로 그 비중이 높아졌으며 농업공동체는 약 28%로 비중이 감소되었다. 본격적인 농업집단화가 전면적으로 확대되기 직전인 1928년 말에는 토지공동경작조합의 비중이 약 60%로 크게 증대했으며 농업협동조합이 약 30%, 농업공동체가 약 10%의 비중을 차지하고 있었다.

그러나 1928년의 곡물위기를 계기로 국가 주도의 전면적인 농업집단화가 추진되면서 집단농장의 형태 및 비중에 급격한 변화가 초래되었다. 제1차 5개년 계획(1928~1932)을 기점으로 본격적으로 농업집단화가 진행되었고 농업협동조합(Artel)이 집단농장의 대표적인 형태로 자리 잡게 되었다. 낮은 수준의 생산력 단계에 있던 소련은 당시 고도로 발달한 생산력 수준에서나 실현 가능한 분배원칙을 갖고 있던 농업공동체(Kommuna)를 집단농장의 대표적인 형태로 추진할 수는 없었을 것이다. 또한 단순히 토지만 공유하고 모든 생산수단이 사적으로 소유되는 토지공동경작조합(TOZ)은 사회주의적 대농경영의 기본 이념과 운영원리에 부합하지 않는 점이 많았기 때문에 그 또한 집단농장의 대표적인 형태로 국가에 의해 채택되기 어려웠을 것이다. 이 같은 이유로 토지와 주요 생산수단의 공유가 이루어지고 보조 생산수단의 사적 소유와 개인 텃밭의 경작이 허용되는 농업협동조합(Artel)이 당시 소련 상황에서 대표적인 집단농장의 형태로서 국가에 의해 채택된 것으로 보인다. 이에 따라 1930년에는 농업협동조합이 전체 집단농장의 76.9%를 차지했으며, 토지공동경작조합은 14.1%, 농업공동체는 9.0%를 차지하는 변화가 발생했다.

1930년대 이후에는 농업협동조합의 비중이 더욱 증대되면서 집단농장의 지배적인 형태로 완전히 정착하게 되었다. 그 후 소련은 1935년 법령 개정을 통해 농업협동조합(Atrel)이라는 명칭 대신 콜호스(kolhoze: 협동농장)라는 명칭을 사용하도록 했다. 이와 동시에 사회주의혁명 직후의 토지개혁을 통해 이미 모든 토지가 국유화되어 있는 상태에서 콜호스는 법률에 의해 국가로부터 토지를 무기한 영구 사용할 수 있는 권한을 부여받았고, 콜호스 내부에서는 소속된 모든 농민이 주요한 생산수단을 공동으로 소유하며, 이러한 생산수단은 영구히 콜호스에 귀속되는 것으로 제도화되었다. 콜호스에 소속된 농민만이 약간의 보조 생산수단을 사적으로 소유할 수 있었으며 콜호스의 토지 일부에 대해 소규모의 개인 텃밭을 경작할 수 있는 것이 허용되었다. 이 같은 제도적 정비를 통해 1930년대 중반부터 콜호스는 소련 집단농업구조의 중추적 기능과 역할을 수행했던 소련형 협동농장의 대명사로 등장하게 되었다.

3) 콜호스와 집단농장의 성장

위와 같은 과정을 거쳐 형성된 콜호스는 중앙정부 차원의 전면적인 농업집단화 정책이 시작된 제1차 5개년 계획(1928~1932)을 기점으로 급속하게 확산되어나갔다. 〈표 9-8〉에는 소련의 대표적인 집단농장으로서 콜호스와 소프호스 그리고 대규모 농장 간 기업 및 조직, 개인 부문 등의 성장 및 변화 과정이 잘 나타나 있다. 1930년대 초반까지는 소련 내부의 통계가 정확하게 일치하지 않았기 때문에 인용자료에 따라 조금씩 차이가 있지만 그 차이에 큰 의미

〈표 9-8〉 소련의 집단농장 성장과정

	1928	1932	1940	1953	1957	1960	1965	1970	1978	1983
· 콜호스 수 (1000개)	33.3	211.7	236.9	97.0	78.2	44.9	36.9	33.6	26.7	25.0
· 총파종면적 중 비중(%)	1.2	70.5	78.3	83.9	68.4	60.6	50.2	47.9	44.2	43.7
· 단위당 면적 (에이커)	237	2,218	3,530	10,374		16,302	15,067	15,067	16,549	16,055
· 소프호스 수 (1000개)	1.4	4.3	4.2	4.9	5.9	7.4	11.7	15.0	20.1	22.3
· 총파종 면적 중 비중(%)	1.5	-	7.7	9.6	25.7	33.1	42.6	44.4	51.2	53.4
· 단위당 면적 (에이커)			30,134	32,357	60,021	64,714	60,762	51,376	43,472	41,002
· 농장 간 기업 및 조직 수 (1000개)							3.4	4.6	8.9	9.9
· 개인 부문 총파종면적 중 비중(%)	97.3	-	13.0	4.4	3.8	3.3	3.2	3.2	3.0	2.9

자료: Paul R. Gregory and Robert C. Stuart, *Soviet Economic Structure and Performance*, 3rd edition(New York: Harper & Row, 1986).

는 없다.

〈표 9-8〉에 의하면 전면적인 농업집단화가 시작되기 직전인 1928년에는 콜호스가 전국적으로 약 3만 3300개 있었다. 그러나 총파종면적의 약 1.2%만 담당할 정도로 전체 농업생산에서 차지하는 비중이 극히 미약했을 뿐만 아니라, 콜호스의 평균 규모 역시 237에이커에 불과할 정도로 소규모에 지나지 않았다. 그러나 제1차 5개년 계획의 마지막 해인 1932년에는 전국적으로 약 21만 1700개의 콜호스가 형성되었고 이들이 전체 파종면적의 70.5%를 담당할 정도로 소련 전체 농업생산의 절대적인 비중을 담당하게 되었다. 또한 콜호스의 평균 규모 역시 2218에이커로 좀 더 규모화되었던 것으로 나타난다. 콜호스는 1950년대 중반까지 규모 및 전체 비중 측면에서 지속적인 성장을 거듭한 것으로 나타나는데, 1953년의 경우 비록 콜호스의 개수는 약 9만 7000개로 그전에 비해 훨씬 더 감소했으나 단위당 평균 규모가 1만 374에이커에 이

를 정도로 집단화 및 규모화의 수준이 더욱 증대되었다. 그 결과 1953년 소련 전체 파종면적 가운데 콜호스가 83.9%를 차지함으로써 소련 농업생산에서 콜호스가 차지하는 비중이 절대적이었다.

1950년대 중반까지 콜호스가 비약적으로 성장할 수 있었던 배경에는 중앙정부 차원에서 농업집단화를 국가적으로 전면화한 정책을 시행한 데 있다. 이 같은 콜호스의 비약적 성장과 극명하게 대비되는 것이 농업생산에서 개인부문의 급격한 몰락이다. 〈표 9-8〉에 표시된 개인부분은 콜호스 내부에 있는 농민의 개인보유지(텃밭), 공업 및 기타 국영조직 노동자의 개인보유지, 전통적인 개별경영을 포함한다. 전면적인 농업집단화 정책이 강력히 추진되자 전통적인 개별경영은 급격히 소멸되었고 콜호스와 같은 집단농장이 그 부분을 대체했다. 1928년에 전체 파종면적의 97.3%를 차지할 정도로 농업생산의 절대적인 비중을 차지했던 개인부분은 1940년에 이르러 전체 파종면적의 13.0%에 불과할 정도로 그 비중과 영향력이 급속도로 감소되었고, 콜호스의 전성기인 1950년대 중반에는 4.4%에 불과할 정도로 감소했다. 전통적인 개별경영은 전면적인 농업집단화 이후에 대부분 소멸되었고 농업집단화 이후에 잔존하고 있는 개인부분은 콜호스 내부에 있는 농민의 개인보유지(텃밭)와 공업 및 기타 국영조직 노동자의 개인보유지로서 1980년대 초반까지 전체 파종면적의 3~4% 수준을 유지했으나, 전체 농업생산에서 차지하는 비중과 영향력은 극히 미미했다.

콜호스의 전성기라고 할 수 있는 1950년대 중반 이후 소련 농업생산에서 콜호스가 차지하는 비중이 점차 감소하기 시작했다. 〈표 9-8〉에 나타난 바와 같이 1950년대 후반 이후 개별 콜호스의 평균 규모가 1만 5000에이커에서 1만 6500에이커의 수준을 유지할 정도로 규모화·집단화가 진전되기는 했으나, 콜호스 개수가 지속적으로 감소하는 현상이 나타났고, 전체 파종면적에서 콜호스가 차지하는 비중도 지속적으로 감소한 것으로 나타났다. 1950년대 중반에 총파종면적 가운데 83.9%의 비중을 콜호스가 담당했으나 이후 점차적으로 그 비중이 감소하면서 1970년대 이후에 50% 이하로 낮아지게 되었다. 1950년대 이후 콜호스 개수가 감소한 첫 번째 이유는 사회주의적 대농경영의 수준을 높이기 위해 콜호스 간 합병 및 통합함으로써 규모화를 추진한 것이며, 두 번째 중요한 이유는 소프호스(국영농장)가 성장하면서 점차적으로 소프호스가 콜호스를 대체해나간 것이다. 1950년대까지는 콜호스 간의 합병 및 통합을 통한 규모화가 콜호스 개수의 감소에 일정한 영향을 미쳤으나, 1960년대 이후에는 사실상 소프호스가 콜호스를 대체하면서 전반적으로 소련 농업생산에서 콜호스의 영향력이 감소했다. 또한 그 부분을 소프호스가 대체한 것으로 이해된다.

소프호스는 콜호스와 더불어 소련의 집단농업구조를 구성하는 양대축이었다. 소련에서는 완전한 국가소유(또는 전 인민적 소유)에 기초한 소프호스를 콜호스보다 이념적 측면에서 선호하는 경향이 강했다. 마치 토지개혁 직후에 사적 소유가 부분적으로 허용되었던 농업협동조합(Artel)보다 사적 소유를 철폐하고 완전한 집단적 소유를 지향했던 농업공동체(kommuna)를 이념적으로 선호한 것과 같다. 농업집단화의 시작단계에서는 전 인민적 소유형태의 소프호스보다 협동적 소유형태의 콜호스가 현실에 적합했기에 콜호스를 중심으로 집단화가 추진되었으나, 소련의 집단농업구조가 정착단계에 접어들고 전통적인 개별경영이 완전히 소멸된 이후에는 집단화의 무게중심이 콜호스에서 소프호스로 이행했다. 1950년대 중반 이후 소프호스가 콜호스를 대체하면서 급격하게 성장하기 시작했다. 1953년의 전체 파종면적 가운데 9.6%를 담당했던 소프호스가 1957년에는 25.7%를 차지할 정도로 급격히 성장했다. 〈표 9-8〉에서 나타나듯이 1960년대 이후 콜호스의 비중은 지속적으로 감소하는 대신 소프호스의 비중이 지속적으로 증가했으며, 1970년대 후반에 이르러 소프호스의 비중이 50% 이상을 차지하면서 소련의 집단농업구조에서 소프호스의 비중이 콜호스보다 더욱 높게 나타나기 시작했다. 또한 소프호스는 콜호스에 비해 훨씬 더 대규모의 농장을 운영했기 때문에 사회주의적 대농경영에 훨씬 더 어울리는 형태를 갖고 있었다. 1960년대 콜호스의 농장규모가 평균적으로 1만 5000~1만 6500에이커인 데 비해 소프호스는 6만~6만 5000에이커로 약 4~5배 정도 규모가 큰 농장을 운영했다. 1970년대에는 소프호스의 규모가 조금 감소하기는 했으나 여전히 4만 3000~5만 에이커에 달하는 대규모 농장을 운영했다. 한편 1960년대부터는 사회주의적 대농경영을 더욱 규모화하기 위해 콜호스나 소프호스보다 통합의 범위가 훨씬 더 큰 농장 간 기업 및 조직이 출현하게 되었고 1965년 3400여 개에서 1983년에 9900여 개로 증가했다.

4) 콜호스의 운영 형태

앞에서 살펴본 바와 같이 소련의 전통적 계획경제체제를 유지하는 농업 부문의 두 축은 생산의 집단화와 유통의 국가관리다. 생산의 집단화 측면에서는 콜호스가, 유통의 국가관리 측면에서는 농산물의 국가계획관리가 핵심적인 기능을 수행했다. 따라서 국가계획관리와 콜호스는 상호불가분의 관계에 놓여 있었다.

5) 협동농장의 생산 체계

콜호스에 국가계획위원회로부터 라이온 협동농장위원회에 이르기까지 할당된 계획이 배정되면, 콜호스는 소속된 농민조합원(농장원)의 총회를 개최해 상부로부터 배정받은 계획을 승인하는 절차를 밟는다. 동시에 콜호스는 산하의 각 지부별로 계획을 수립·할당하며, 이는 다시 작업반(브리가다, brigada), 특정 농장(피에르마, pierma), 분조(즈베노, zveno) 등의 하위체계로 내려가면서 구체적인 생산계획이 수립·할당된다.

농장운영 및 생산작업 전반을 관리하는 책임과 권한을 지니고 있는 콜호스 위원장은 형식적으로는 3년마다 농민조합원(농장원) 총회에서 선출하도록 규정되어 있으나 실질적으로는 지방의 공산당 조직에서 지명하는 사람이 대부분 총회의 승인받아 임명되는 것으로 볼 수 있다. 실제로 콜호스 위원장은 소련 공산당의 하부 관직임명표에 기재되어 있다. 위원장과 함께 콜호스의 집행부를 구성하는 핵심 전문가집단으로서 4~8인의 상임집행부 역시 형식적으로는 총회의 선거를 통해 구성되지만, 대부분 공산당이 지명하는 위원장과 지방 공산당의 서기가 강력한 영향력을 행사한 것으로 이해된다. 콜호스 위원장은 라이온 협동농장위원회로부터 국가계획을 통보받은 후 총회를 소집하여 콜호스 전체 계획을 승인받는 한편, 각 지부별 계획을 수립하고 보고해 승인받도록 되어 있다. 총회에서 결정된 각 지부별 계획은 지부 주임으로 구성되는 농장원위원회를 통해 각 지부에 통보되며, 각 지부 주임은 해당 계획에 근거해 작업반장 및 특정 농장장이 참여하는 지부위원회를 통해 각 작업반과 특정농장별 계획을 수립하고 결정한다. 그리고 작업반장은 분조장으로 구성되는 작업반위원회를 통해 지부로부터 결정된 각 분조별 계획을 수립하고 결정하는 일을 한다.

6) 분배 체계

1935년 당시 소련은 '콜호스는 자신들의 생산기금과 예비기금 그리고 사회문화기금의 지속적인 증가 없이는 발전할 수 없다'고 강조하면서 콜호스의 정관 및 예산 관련 법령을 제정했다. 동 법령에 의한 콜호스의 일반적인 분배체계는 다음과 같다. 콜호스의 총수입(현금)은 총생산(현물)과 기타 현금 수입으로 구성된다. 총생산은 생산물의 판매를 통한 현금 수입 및 현물로 남아 있는 생산물의 현금가치 전환 등에 의해 총수입에 포함되고, 기타 현금 수입은 예금이자 등을 포함한 별도의 현금 수입이 총수입에 포함된다. 콜호스의 예산 관련 법령에 의하면 총수입 가운데 우선적으로 법에 의해 정해진 세금 및 예비비를 납부하고 다음으로 생산비를 보충하도록 되어 있다. 이 부분은 보상기금에 해당하는 것으로 총수입에서 보상기금을 제외한 것이 총소득에 해당한다. 관련 법령은 또한 총소득 가운데 농장원이 공동으로 부담하는 사회기금과 사회주의에 필요한 예비기금 등을 우선적으로 충당한 후에 농민조합원(농장원)에 대한 노동수당 지급기금을 주도록 규정하고 있다.

노동수당 지급기금에서 농민조합원(농장원)에게 지급되는 보수는 농장원이 수행한 노동의 양과 질을 근거로 하여 노동일수를 기초로 계산된다. 노동일에 따른 분배제도는 콜호스를 비롯한 동유럽 국가의 집단농장에서 공통적으로 시행되었던 것으로 분배제도의 가장 특징적 형태였다. 농민조합원(농장원)이 특정 분야의 노동행위를 연간에 걸쳐 수행한 노동일수를 기준으로 하여 노동점수를 부여하고 그 점수를 근거로 분배하는 방식이었다. 그러나 농민조합원(농장원)이 의무적으로 수행해야 할 노동일수는 별도로 규정되어 있었다. 1939년부터 시행된 의무노동일제는 한편으로는 농민조합원(농장원)에게 연간 노동일의 최소 의무를 부여하는 측면도 있었지만, 또 다른 한편으로는 의무노동일 수를 통해 농민조합원(농장원)에게 연간 최소한의 소득을 보장하는 '보장임금제'의 성격도 지니고 있었다.

콜호스의 총소득 중에서 사회기금(농장원의 공동부담기금), 사회주의 예비기금, 노동수당 지급기금 등을 순차적으로 지급하고 남은 것이 순수입이다. 콜호스는 순수입에 따라 소득세를 납부하고 난 뒤에 남은 수입을 축적기금과 소비기금으로 사용한다. 축적기금은 고정자본기금, 유동자본기금, 예비기금, 전년도 수입에 의해 보상되지 않는 비용 등을 충당하는 데 사용되고, 소비기금은 콜호스 구성원에 대한 노력보수로 지급되는 것이 아니라 콜호스 전체의 공동소비에 필요한 기금으로 사용된다.

7) 콜호스의 개혁 내용

(1) 개혁의 배경

주지하다시피 소련에서의 농업집단화는 사회주의적 대농경영이라는 목적뿐만 아니라 사회주의적 공업화에 필요한 자원을 농업 부문으로부터 용이하게 조달하기 위한 목적으로 국가적으로 추진되었다. 국가의 직접적인 계획·관리·통제하에 농업 부문의 잉여생산물을 공업 부문으로 유출시키기 위해 생산을 집단화하고 국가관리하에서 유통을 통제한 것이다. 이처럼 사회주의적 공업화를 위한 농업 부문의 잉여가치 유출은 두 가지 측면에서 콜호스의 성장 및 발전을 저해하는 구조적 요인으로 작용했다.

첫째, 콜호스의 확대재생산에 필요한 자본축적을 저해했다. 전면적인 농업집단화의 초장기인 1930년대부터 시행된 현물할당제(delivery-quoter)는 콜호스의 총수입 및 총소득의 규모 자체를 감소시키는 수단으로 작용했다. 즉 국가에 의해서 콜호스의 총수입 및 총소득 가운데 일부분이 강제적으로 콜호스 외부로 유출됨으로써 콜호스의 확대재생산을 위해 축적되어야 할 자본의 절대적인 규모를 감소시킨 것이다. 또한 1927~1928년의 곡물위기를 초래했던 열악한 농가교역조건이 지속되면서 콜호스의 잉여가치가 외부로 유출되었다. 1928~1952년의 소련 가격 자료에 의하면 동 기간 동안 소련 내 모든 상품의 평균 소매가격이 약 10.3배가량 상승한 반면 주요 농산물에 해당하는 소맥은 약 1.2배, 감자는 약 1.5배, 소고기는 약 2.1배, 돼지고기는 약 1.7배, 우유는 약 4배 등으로 상대적으로 낮은 인상률을 기록한 것으로 나타났다. 이처럼 국가에 의해 강제적으로 콜호스가 생산한 농산물의 판매가격이 낮은 수준에서 억제되고, 콜호스가 구매하는 공산품의 가격이 높은 수준에서 유지되는 정책이 지속되면서 콜호스의 교역조건이 악화되었다. 콜호스가 생산한 잉여가치가 국가에 의해 정당한 교환 없이 강제적으로 공업 부문으로 유출된 것이다. 콜호스의 교역조건 악화는 콜호스의 확대재생산에 필요한 자본축적의 절대적인 규모를 감소시켰다. 현물할당제와 교역조건의 악화는 콜호스의 확대재생산에 필요한 자본축적을 저해함으로써 콜호스의 자생적인 성장·발전을 억제하는 구조적 요인으로 작용했다.

둘째, 콜호스 내부의 생산성을 약화시켰다. 1935년부터 시행된 콜호스의 예산 관련 법령에 의하면 농민조합원이 받는 소득, 즉 노동수당 지급기금은 법령에 규정된 각종 세금 및 예비비, 생산비, 사회기금, 예비기금 등을 우선적으로 보전한 후에 지급되도록 되어 있다. 따라서 국가에 의한 세금 및 기금의 수탈이 높으면 높을수록 노동수당 지급기금은 낮을 수밖에 없다. 노동수당 지급기금이 높아지면 콜호스의 순수입이 낮아지게 되고, 이는 콜호스의 운영에 필요한 축적기금 및 소비기금의 감소를 초래해 장기적으로 콜호스의 생산력을 약화시키는 결과로 이어진다. 국가에 의한 세금 및 각종 기금의 수탈이 높은 체제하에서 콜호스의 재생산을 안정적으로 유지하기 위해서는 결국 농민조합원에 대한 수탈을 강제할 수밖에 없게 된다. 현물할당제 및 교역조건의 악화로 인해 콜호스에서 생산된 잉여가치가 국가에 의해 정당한 교환 없이 공업 부문으로 강제로 유출되면서, 콜호스 내부적으로 콜호스의 안정적 재생산 및 정상적인 기금축적을 위해 농민조합원에 분배되는 노동수당 지급기금의 규모를 축소해야 하는 상황이 초래되었다. 이에 따라 콜호스 내부에서는 인센티브(물질적 동기 부여)가 점차적으로 소멸되고 생산성·수익성은 저하되는 반면, 생산비는 증가하는 악순환이 발생하게 되었다.

스탈린 사후에 흐루쇼프 시대(1953~1964)가 되면서 종전의 농업정책에 대한 부분적인 개선이 이루어지게 되었다. 스탈린이 사회주의 공업화를 위해 농업

부문의 수탈을 강화한 것이 결국 농업 부문의 생산성 저하를 초래해 도시민에게 안정적이고 품질이 좋은 식료품을 공급하는 데 차질을 초래했다는 비판이 제기된 것이다. 이에 따라 흐루쇼프 시기에는 농업진흥을 위해 처녀지를 개발해 토지를 외연적으로 확대하는 동시에 농산물의 판매가격을 대폭 인상하는 조치를 시행했다. 농산물의 판매가격을 대폭 인상함에 따라 콜호스의 생산성이 향상되고 생산량이 증대되었으며 확대재생산을 위한 자본축적의 조건이 상대적으로 개선되었다.

그러나 농산물의 판매가격 인상에 따른 콜호스의 교역조건 개선에도 불구하고 여전히 농공 간 교역조건의 차이가 완전히 해소되지 않은 상태로 존재하고 있었기 때문에 콜호스의 생산성 증대에는 분명한 한계가 있었다. 게다가 농산물의 판매가격 인상으로 도시민에게 공급되는 식료품의 가격이 상승해 도시민의 불만을 초래함에 따라 또다시 농산물의 판매가격을 억제하는 정책이 도입되었으며, 이로 인해 콜호스의 교역조건은 또다시 악화되고 생산성 저하 및 생산량 감소가 나타나게 되었다. 1965~1982년 동안 소련의 모든 상품의 평균 소매가격은 약 2.5배 상승했으나, 농산물의 판매가격은 거의 변동이 없었던 것으로 나타나 콜호스의 교역조건이 흐루쇼프 이전의 상황으로 악화되었다. 게다가 브레주네프 시대(1964~1982)의 초창기인 1965년에는 계획지표의 개선, 경영의 자주성 확대, 가격제도의 개선 등을 지향하는 코시킨의 개혁이 시도되었으나 가격제도의 불합리성으로 인해 개혁이 무산되면서 콜호스를 포함한 농업 부문이 장기적인 침체 국면에 접어들게 되었다. 코시킨의 개혁이 무산된 이후 소련에서는 경영의 자주성 확대에 대한 문제가 거의 언급되지 않았으며, 그 대신 생산의 수평적 통합이나 수직적 통합을 통한 대규모화로 생산성 증대를 추구하려는 정책이 강조되었다. 또한 이 시기에 콜호스나 소프호스의 범위를 넘어서는 대규모의 농장 간 기업 및 조직의 형태가 활발하게 추진되었다.

1965년 코시킨의 개혁이 실패한 이후 콜호스의 교역조건이 지속적으로 악화되는 가운데 콜호스의 생산성 향상을 위한 개혁조치가 부진했고, 콜호스를 비롯한 농업 부문이 장기적인 침체국면에 빠지게 되었다. 이에 대해 소련은 사회주의적 대농경영의 실현이라는 원칙 속에서 대규모 집단화를 강화해 생산성 증대를 시도했다. 그러나 농공 간 교역조건의 악화, 콜호스를 비롯한 농업 부문의 자본축적 저해, 콜호스를 비롯한 집단농장 구성원의 인센티브 소멸 등과 같은 구조적인 문제점이 해결되지 않은 상황에서 규모화 일변도의 생산성 증대 추구는 실현 불가능했다. 게다가 이미 소련은 고도로 기계화된 집단농업구조를 실현한 상태였기 때문에 더 큰 규모로의 집단화를 통해서 생산성을 증대시키기 위해서는 기술혁신을 통한 기계화 수준을 더욱 높여야 했다. 그러나 기술수준이 한계점에 달한 당시 상황에서 추가적인 기술혁신은 거의 불가능했기 때문에 콜호스 및 소프호스의 범위를 넘어서는 규모화 및 집단화로 생산성을 증대시키기는 어려웠을 것이다. 그렇기 때문에 농장 간 기업 및 조직이라는 형태로 규모화·집단화됨에도 불구하고 콜호스를 포함한 소련의 농업 부문은 장기적인 침체국면에서 헤어날 수 없었다.

(2) 제1단계 개혁: 청부제의 도입

가. 집단청부제 도입

소련의 집단농업구조하에서 콜호스는 관료주의적 관리 체계에 깊숙히 편입되었다. 이는 콜호스의 자주성을 상실하게 만들었고 결국 콜호스 구성원들로 하여금 노동 결과에 대한 관심을 약화시키고 노동의욕을 유도할 수 있는 인센티브를 상실하게 만들어, 1960년대 후반부터 콜호스는 장기적인 침체 상태에 빠져들었다. 콜호스의 침체 및 경영 상태 악화는 소프호스의 침체와 함께 소련 농업의 장기적인 침체를 초래했다. 이에 따라 소련은 농민에게 생산 의욕을 부여함으로써 콜호스의 성장뿐만 아니라 농업생산의 증대를 도모하고자 1979년부터 집단청부제를 허용했다.

집단청부제는 콜호스가 브리가다 및 즈베노 등에게 일정한 생산과제를 청부하는 제도이다. 콜호스는 브라가다 및 즈베노 등과 같은 기본적 노동집단에 특정의 토지와 가축, 기계를 할당하고 '협정'을 체결해 일정한 생산과제를 청부했다. 그리고 청부집단은 상부로부터의 명령에 상관없이 스스로 작업을 수행해 생산 결과에 따라 획득한 집단임금을 자주적으로 분배했다. 이 같은 청부방식은 중국의 생산책임제 유형 가운데 포산도조(包産到組)와 유사하다. 이는 콜호스보다 규모가 작은 노동집단의 자주관리를 통해 생산과정에 대한 책임과 관심을 높인다는 취지하에서 도입되었는데, 1982년경부터 전국적으로 확산되기 시작해 5~6년 사이에 급속하게 확대되었다. 특히 1986년 3월 소련공산당 중앙의 결정에 따라 모든 토지에 대해 청부제를 도입하게 되었다. 그 결과 집단청부제는 1986년에 전체 경지면적의 78.8%, 농장 근로자 수의 52%에 보급되었으며, 1980년대 후반에는 전체 콜호스의 80~90%가 집단청부제를 도입했다. 청부를 받은 노동집단(브리가다 및 즈베노 등)은 1986년 현재 평균적으로 상용근로자 22.4명, 경지면적 419헥타르를 포괄했다. 즉 경지면적은 1940년대 농업집단화 초창기 콜호스의 경지규모와 비슷했으나 농업노동력은 초창기 콜호스의 4분의 1 내지 3분의 1 규모에 지나지 않았다. 브리가다 청부의 경우는 북아메리카의 대규모 농장에 비교될 수 있는 규모였으며 즈베노 청부는 서유럽의 가족농에 비견할 수 있는 규모였다.

그러나 야마무라 리히토(山村理人, 1991)에 의하면 집단청부제도는 몇 가지 문제점 때문에 그 기능을 충분히 발휘할 수 없었다. 첫째로 노동지불제도의 문제가 있었다. 집단청부에는 '협정=프리미엄 제도' 즉 '최종 성과에 연결된 임금'이 노동보수제도로 적용되었다. 이 방식에 따르면 우선적으로 생산물 1단위당 임금이 청부단가로 협정에 의해 결정되고 생산 종료 이전에 매월 전불(前拂)이 청부집단에 지불되며, 생산 종료 이후에 지불총액(청부단가×생산량)에서 전불총액을 제외한 보수가 청부집단에 지불되는데, 청부집단 내부의 분배는 각 집단에서 자체적으로 정한 원칙에 따라 분배되었다. 그런데 생산이 종료되기 이전에 지불되는 전불총액이 지불총액의 약 90% 이상을 차지했기 때문에 실질적으로 농가에는 기존의 보장임금제도와 유사한 것으로 인식되어져 농가의 노동의욕을 증대시킬 수 있는 인센티브 측면이 매우 취약했다. 그렇기 때문에 집단청부에 따른 생산증대 효과가 매우 미약했다.

둘째, 청부집단이 1984년경부터 대형화했다는 문제가 있었다. 청부집단이 즈베노일 경우, 즈베노가 자력으로 작업을 수행할 수 있는 비율이 40~50%에 불과해 피에르마 혹은 RTS와 같은 특정 노동집단의 연계작업이 있어야만 청부를 수행할 수 있었다. 그래서 조직의 자립성이 매우 낮았다. 게다가 즈베노는 매년 생산작업이 종료된 이후에 청부집단을 해산했기 때문에 조직의 안정성도 매우 낮았다. 이에 따라 1~2개 작목을 담당하는 즈베노에게 청부하기보다 하나의 윤작단위를 담당하는 브리가다에게 청부하는 비율이 증가할 수밖에 없었다. 청부집단이 브리가다로 대형화되면서 조직의 결속도가 약화되었을 뿐만 아니라 노동보수와 작업배분을 둘러싼 조직내부의 갈등이 즈베노 청부에 비해 증폭되었다. 즈베노의 경우 5~12명으로 구성되어 구성원의 동질성이 매우 높지만 브리가다의 경우 20~100명으로 구성되어 분업과 전문화가 상당히 진전된 상태였기 때문에 구성원의 동질성이 상대적으로 낮았다. 결과적으로 청부집단이 즈베노에서 브리가다로 전환되는 비율이 증가하면서 청부집단의 결속력 약화 및 내부갈등 심화로 노동의욕 증대효과가 크게 약화되어 생산증대 효과가 상쇄되는 결과가 나타났다.

셋째, 자주관리의 문제이다. 집단청부제의 도입에서 강조되었던 것은 농민을 수동적인 존재에서 능동적인 토지의 주인으로 변화시킨다는 점이었다. 그러나 실제로 청부집단에 이관된 관리기능은 극히 제한적인 것에 불과했다. 청부집단의 관리기능은 구성원에 대한 장려와 제재, 작업의 배분과 기계의 배치에 국한되었다. 반면에 여전히 콜호스 집행부가 계획관리의 수립, 노동조건의 유지, 노동집단 활동의 조정, 영농자재 및 장비의 공급, 국가에 대한 조달의무의 수행, 연간 생산 결과 및 인센티브에 대한 지불규모 결정 등과 같은 주요 기능을 장악하고 있었다. 그렇기 때문에 청부집단의 자주관리가 강조되었음에도 불구하고 실제적으로는 콜호스 집행부가 여전히 청부집단에 대해 일방적인 하향전달체계를 유지했다. 따라서 청부집단의 자주성을 높여 인센티브를 부여하려는 집단청부제는 콜호스 집행부의 관료주의로 인해 여전히 제약을 받았다.

나. 가족청부제와 키트의 도입

이러한 집단청부의 문제점이 드러남에 따라 소련 중앙정부는 1984~1986년에 가족청부와 키트(집약적 노동집단)의 도입을 시도했다. 가족청부는 두 가지 형태가 있었는데 하나는 콜호스 구성원으로서의 기본노동과 별도로 시간외 노동이나 가족 내의 잉여노동을 활용하는 부업적 가족청부이며, 또 다른 하나는 청부가족이 콜호스의 구성원으로서 콜호스의 생산수단을 이용해 본업적으로 생산하고, 그 노동을 사회화부문의 노동으로 간주하며 노동보수를 콜호스에서 임금의 형태로 지급하는 집단청부의 한 형태로서의 가족청부가 있었다. 두 번째 형태의 가족청부는 중국의 생산책임제 유형 가운데 연산도호(聯產到戶)와 유사하다.

가족청부는 1986년 제27회 소련 공산당대회 이후에 공식적으로 장려되어 1988년까지 약 200만 호에 걸쳐 시행된 것으로 알려져 있다. 그러나 가족청부의 실제 보급률은 경종 부문에서 약 1%, 축산부문에서 약 2%로 그다지 활성화되지 않았으며 콜호스 생산의 보완적 혹은 주변적 의미밖에 지니지 못했다. 경종 부문의 경우는 야채와 담배, 사료, 포도 등 노동력이 많이 투입되는 작목에 적용되거나 인구가 비교적 조밀한 지역에서 부업으로 운영되었다. 축산부문의 경우 대형 농기계의 이용이 곤란한 산악지대와 이용률이 낮은 경지를 대상으로 전업적으로 운영되었다. 이는 콜호스의 입장에서 볼 때 효율성이 낮고 이용률이 낮은 지역과 품목을 대상으로 가족청부를 적용한 것으로 볼 수 있다. 게다가 가족청부 역시 콜호스 제도의 틀 내에서 이루어졌다. 농가는 생산물을 자유롭게 처분할 수 없고 콜호스에 인도해야 했으며, 토지 · 기계 · 시설을 콜호스로부터 일시적으로 할당받고 사료 · 자재 · 영농서비스를 콜호스에 의존해야 했다.

한편 육체노동 중심의 축산과 노동집약적 작목에 가족청부가 적용된 데 비해, 1985년 이후 기계화된 곡물생산 분야에서는 키트라고 불리는 집약적 노동집단이 등장했다. 키트는 3~5인의 기계작업인력으로 구성되는 소집단으로서 1000~1500헥타르의 토지에 필요한 기계 · 자재 등을 콜호스로부터 할당받아 경영하는 단위였다. 이는 1인당 생산면적의 증대를 통해 노동생산성을 증가시키고 심리적으로 조화를 이루기 쉬운 소집단을 통해 노동규율과 노동의 질을 향상시킨다는 목적으로 추진되었다. 그러나 키트 역시 가족청부와 같이 집단청부의 한 형태로 도입된 방식에 불과했다. 키트는 생산물을 자유로이 처분하지 못하고 콜호스에 인도해야 했고, 노동점수의 기록 · 평가에 따라 소득을 분배받았으며 경작면적 · 기계 · 자재 등에서 콜호스의 결정에 의존해야 했다.

집단청부의 문제점을 극복하기 위해 도입된 가족청부와 키트는 집단청부의 틀을 넘어서지 못하고 결국 집단청부의 한 형태로만 존재했다. 가족청부와 키트가 생산자에 의한 자주관리의 확대를 지향하고 있음에도 불구하고 콜호스로부터 초래되는 제약조건을 극복하지 못했기 때문에 청부집단의 자주성을 높여 인센티브를 부여하려는 청부제의 효과가 크게 제약되었다.

다. 아렌다의 도입

집단청부, 가족청부, 키트가 갖는 한계 때문에 인센티브 부여 및 노동의욕 증대를 통해 생산성 증대를 꾀했던 소련의 농업개혁 성과는 매우 미미하게 나타났다. 이에 따라 소련 중앙정부는 노동집단의 자주성을 더욱 확대한다는 의도에서 1987~1988년부터 아렌다(Arenda)를 적극적으로 도입하려 했다. 개혁론자들은 1980년대 중반부터 농민이 토지소유로부터 소외되고 콜호스에 소속되어 농업노동자로 전락한 것이 농업 정체의 근본 원인이라는 인식하에, 농민이 토지의 진정한 주인이 되도록 만드는 가장 중요한 수단으로 토지에 아렌다를 도입할 것을 적극 주장했다. 미하일 고르바초프(Mikhail Gorbachev)의 페레스트로이카(Perestroyka) 이후 개혁론자들의 주장이 더욱 적극적으로 수용되면서 콜호스에 대한 좀 더 혁신적인 개혁조치로서 아렌다가 도입되었다.

아렌다는 다음과 같이 운영되었다. 생산물 · 영농자재 · 영농서비스 등에 대해서 노동집단과 콜호스가 매매협정을 체결했다. 노동집단은 협정가격에 의해 콜호스로부터 영농자재 · 영농서비스 등을 구매하고 협정가격에 따라 콜호스에 생산물을 판매했다. 종전의 계획할당 및 노동점수제 등은 매매협정에 의해 대체되었으며, 노동집단은 매매협정을 초과하는 생산물에 대해서 자유롭게 처분할 수 있었다. 그리고 토지 · 기계 · 가축 등에 대해서 매매협정과 별도로 노동집단과 콜호스 사이에 임대차 관계가 성립되었다. 노동집단은 약 10~15년 동안 콜호스로부터 토지 · 기계 · 가축 등을 임차하는 대신 그 대가로 콜호스에 임차료를 지불해야 했다. 이는 중국의 생산책임제 유형 가운데 포간도호(包幹到戶) 방식과 유사한 것이다. 다만 포간도호 방식은 개별농가를 청부 대상으로 하는 데 비해 아렌다는 노동집단을 청부 대상으로 한다는 점에서 차이가 있다.

아렌다 방식에 의해 콜호스와 매매협정 및 임대차 관계를 체결한 노동집단은 초과생산물을 자유롭게 판매할 수 있고, 농번기에 외부 노동력을 고용할 수 있다는 점에서 기존 청부제와 질적으로 구분되었다. 기존 청부제하에서는 노동집단이 콜호스로부터 노동보수의 대가로 임금을 받는 조직에 불과했으나, 아렌다에 의한 노동집단은 이윤의 일부까지 수취할 수 있는 자립적인 농업경영체의 성격을 갖고 있었다. 다만 노동집단이 콜호스에 대해 토지 · 기계 · 가축 등의 임차료를 지불하도록 한 것은 콜호스가 소경영집단의 자주성을 제약하는 마지막 수단의 성격을 갖는 것으로 볼 수 있다. 이는 소련이 여전히 콜호스 제도를 기본체제로 유지하는 바탕 위에서 콜호스에 대한 개혁을 시도하는 방식을 선호한 것으로 이해할 수 있다.

아렌다는 1987년 카자흐 지방의 어느 만성적 적자공장에서 최초로 실시되어 예상 밖의 성과를 거둔 이후 급속히 보급되기 시작했다. 불과 1년 사이에 소련 전역의 약 5만여 개의 농장 가운데 약 3분의 1에 해당하는 농장에서 실시되었으며, 1989년 8월까지 약 3만 개의 농장에 도입되었다. 그러나 경영 상태가 상대적으로 양호한 콜호스일수록 아렌다를 도입하는 비율이 낮았다. 노동의 양과 질에 크게 상관없이 일정 임금을 보장하는 소련 사회의 분위기 속에서 상대적으로 경영 상태가 양호한 콜호스의 경우, 내부의 혁신적인 변화를 초래할 만한 개혁을 추진하는 데 소극적이었기 때문이다.

아렌다는 자립적인 농업경영체로서 소경영집단이 자생적으로 발전해나갈 수 있는 방식이라는 점에서 혁신적인 개혁조치로 인식되었으며, 실제로 아렌다가 도입된 콜호스의 경우 생산성이 증대되고 경영 상태가 호전되는 효과를 낳았다. 그러나 아렌다의 발전을 제약하는 기존의 제도가 여전히 잔존해 있는 상황에서 아렌다의 발전을 뒷받침할 수 있는 새로운 제도적 장치가 정비되지 않았기 때문에 아렌다가 발전하는 데 한계가 있었다. 토지를 임차한 경우에도 고성능의 농기계는 임차할 수 없는 경우가 대부분이었고 비료 · 농약 · 농기계 등 생산재시장이 정비되지 않았다. 또 토지의 임대차계약이 체결되는 경우에도 콜호스 등으로부터 임차인의 권리를 보호하는 경제적 · 법적 여건이 마련되지 않았다. 콜호스는 일방적인 절차에 따라 노동집단과 계약조건을 결정했는데, 콜호스가 계약을 위반할 경우에는 경제적 책임을 지지 않은 반면 노동집단이 계약을 위반할 경우에는 일방적으로 계약이 파기되었다. 이와 같은 제약 요인으로 인해 아렌다를 도입함으로써 생산성 증대 효과가 감소하는 결과가 초래되었다.

라. 독립농민경영의 등장

콜호스 내부에서 아렌다가 도입되는 것과 유사한 시기에 콜호스 외부에서는 독립적인 가족단위 농민경영이 출현하기 시작했고, 이들의 자발적인 협동조합이 형성되기 시작했다. 독립농민경영은 특수한 조건하에 있던 발트 해 지역과 비흑토지대에서 주로 보급되었다. 발트 해 지역에서는 1949~1953년에 진행된 농업집단화로 인해 수십만 헥타르에 달하는 토지가 방치되어 있는 상황이었다. 1987년경부터 방치되어 있던 토지와 축사를 장기간 임차해 경영하는 농민이 생겨나기 시작했고 발트 해 지역의 공화국정부는 독립농민경영을 육성하기 위해 1990년 「농민경영법」을 마련해 토지를 개인에게 무기한 임대해서 가족단위 독립농장을 적극적으로 지원했다. 독립농민경영은 콜호스·소프호스 등에 소속되어 있지 않기 때문에 생산물을 인도할 의무가 없었으며, 생산물의 자유로운 처분을 보장받아 대부분의 생산물을 국영기업 등에 직접 판매했다. 한편 러시아 중앙부의 비흑토지대에서는 급속한 이농으로 인해 대규모의 휴경이 발생하게 되었고, 휴경지를 장기간 임차해 독립적으로 경영하는 농가가 출현했다.

이와 같이 독립농민경영은 발트 해 지역과 러시아 중앙부의 비흑토지대에서 부분적으로 발생했으며, 발트 해 지역에서는 독립농민경영에 대한 거부감이 상대적으로 약했기 때문에 공화국정부 차원에서 농민경영법을 제정해 권장하는 상황이었으나 러시아 중앙부의 비흑토지대에서는 독립농민경영에 대한 거부감이 강해서 제대로 성장하지 못했다. 특히 독립농민경영은 소련 전역에 걸쳐 출현한 것이 아니라 장기간 방치되어 있던 대규모의 토지가 존재하던 특수한 지역에서 부분적으로 출현한 것이었다. 그렇기 때문에 소련의 농업 및 콜호스의 개혁과정에서 독립농민경영이 차지하는 비중이나 중요성은 매우 미약할 수밖에 없었다. 콜호스 내부의 노동집단을 대상으로 도입된 아렌다가 농업개혁 및 콜호스 개혁조치로서 소련 전역에 걸쳐 광범위하게 확산된 것에 비해 독립농민경영은 대규모 휴경지를 보유하고 있던 일부 지역에 국한되어 실시되었다.

마. 농공통합의 확대

1980년대에 소련 농업과 콜호스의 개혁조치로서 도입되었던 집단청부제·가족청부제·키트·아렌다 등은 콜호스 내부의 운영 체계, 생산조직, 수익분배 등과 관련된 제도적 변화였다. 콜호스는 이 같은 내부적인 변화와 더불어 콜호스를 관리하는 국가정책의 변화에 의해 외부적인 측면에서의 변화도 동시에 경험했다. 외부 변화 가운데 가장 대표적인 것이 농공통합의 새로운 확대·발전이라고 할 수 있다. 소련은 1982년 5월 '식량프로그램'을 결정하면서 식량문제의 해결을 위해 농공통합의 발전을 최우선의 과제로 제시했다. 이는 전통적으로 농업정책의 주요대상이었던 농업·식량 생산분야뿐만 아니라 농업생산수단을 생산하는 부문과 농산물의 조달·가공·저장·운송·판매를 담당하는 부문을 모두 포괄하는 전체 시스템이 농업·식량정책의 주요 대상으로 새롭게 설정되었음을 의미한다.

1985년 11월 기존 중앙부처 가운데 다섯 개부(농업부·과실야채부·식육유업부·식품공업부·농촌건설부)와 국가농업생산기술 보증위원회 등 여섯 개 기구를 통합해 새로운 단일 관리기구로서 국가농공위원회(Gosagroprom)를 설치했다. 이에 따라 전국 3000여 개의 행정지구에 콜호스·소프호스를 포함해 가공공장, 영농자재 및 농기계 배급조직, 건설 및 수송, 기계수리 및 영농서비스 조직 등 해당 지구 내에 있는 농업관련 기업·조직을 총괄적으로 관리하는 라포(RAPO)가 새롭게 설치되었다. 종전까지는 개별 기업·농장·조직까지 국가의 계획관리목표가 하달되었으나 라포의 설립 이후 국가농공위원회는 라포에게만 국가의 계획관리목표를 지시하고 개별 기업·농장·조직에 대해서는 라포가 국가계획관리목표에 대해 자체적으로 계획관리를 시행하도록 함으로써 산하 개별 기업·농장·조직 등 하부단위의 자율성과 책임성이 강화되는 제도적 장치가 마련되었다. 이 같은 방식에 의하면 콜호스는 라포가 지정하는 국가계획관리 목표물량에 대해서만 의무를 이행하고, 나머지 부문의 경영에 관해서는 콜호스 자체적으로 계획·생산·판매할 수 있는 자율성을 부여받게 되었다. 1988년 1월까지 전국의 모든 기업·농장·조직의 약 60%가 라포에 소속된 것으로 볼 때 농공통합이 급속히 확대된 것을 알 수 있다.

이와 같이 국가농공위원회 및 라포 시스템은 국가기구에 의한 일방적 계획관리를 배제하고 하부단위의 자율성과 책임성을 강화하는 관리방식으로 전환하려는 시도로 이해할 수 있다. 그러나 실제로는 기존 관리체제에 별도의 관료기구가 하나 더 추가되는 결과를 낳았다. 개별 기업 · 농장 · 조직에 있어서 여전히 국가의 계획관리목표가 의무적인 것으로 수용되었고, 연방정부 및 공화국정부에의 기금납입의무가 여전히 존속되어서 콜호스를 포함한 개별 기업 · 농장 · 조직이 발휘할 수 있는 자율성의 범위가 매우 제한적이었기 때문이다. 국가농공위원회 및 라포가 개혁 취지와 목표에 부합하는 기능을 수행하지 못하게 됨에 따라 1989년 4월 소련은 국가농공위원회를 폐지하고 식량매입위원회를 신설하기로 결정했다. 이와 함께 기존 라포가 담당하던 관리기능이 각 공화국정부에 이양되었다.

국가농공위원회 및 라포를 통한 농공통합이 짧은 기간의 실험 끝에 실패로 끝나면서 농공통합은 농공콤비나트(agro-kombinat)라는 새로운 실험으로 전환되게 된다. 농공콤비나트는 1986~1987년경에 일부 지역에서 자생적으로 조직되기 시작해 1989년에 전국적으로 약 130개 정도로 확대되었다. 농공콤비나트는 콜호스를 포함해 각종 농업기업과 가공 · 저장 · 상업 부문의 기업이 상호 결합해 조직한 생산 · 경영복합체로서 종전의 라포 시스템과 비교해서 경영상에서 거의 완전한 자주권을 행사했다. 농공콤비나트는 국가에 대한 일정의 납입의무만 수행하고, 나머지 생산물의 가격 및 처분방법 결정, 수익금 배분 및 잉여자금의 운용 등에 대해서는 완전히 자체적으로 결정했다. 그러나 농공콤비나트는 국가로부터 경영상의 자주권을 거의 완전하게 획득했지만, 콤비나트에 소속된 콜호스 등의 자주권은 여전히 라포 시스템에 비해 나아진 것이 없었다. 콤비나트 체제하에서도 콜호스는 여전히 국가의 자원할당 및 조달제도에 편입된 상태였으며 라포에 의한 관리통제가 콤비나트에 의한 관리통제로 대체되었을 뿐 콜호스 자체의 경영상 자주권이 확대된 측면은 발견되지 않았다.

이처럼 농공통합이 라포와 콤비나트 등 콜호스의 상위조직체계에 대해서는 자주권을 대폭 확대하는 방향으로 추진되었지만 그것이 곧바로 콜호스의 경영자주권 확대와 연결되지는 않았다. 주요 식량과 농산물의 공급기능을 담당하는 콜호스의 기능적 특성 때문에 국가에 의한 자원할당 및 조달제도와 같은 계획관리가 여전히 콜호스에 대해 적용되었고, 국가에 의한 직접적인 관리통제방식에서 라포 및 콤비나트에 의한 관리통제방식으로 관리통제기구가 바뀌었을 뿐 콜호스에 대한 제약조건에는 별다른 변화가 발생하지 않았다. 게다가 콜호스의 관리운영을 책임지는 집행부 차원에서는 공산당과 소비에트의 영향력이 여전히 크게 작용하고 있었기 때문에, 콜호스가 외부 환경의 변화에 적극적으로 대응해 적극적으로 개혁에 나서지 않았다는 점도 콜호스의 종속상태를 개선시키지 못한 요인으로 작용했다.

5. 제2단계 개혁: 시장경제로의 체제전환

1) 1단계 개혁의 실패

소련이 농업개혁을 위해 1980년대에 도입한 집단청부제, 가족청부제, 키트, 아렌다 등 콜호스의 개혁조치는 별다른 성과를 거두지 못한 것으로 평가된다. 개혁을 위한 제도는 광범위하게 확산되었으나 개혁의 성과는 극히 미약했다. 콜호스에 대한 제도적 개혁이 도입된 1980년대 이후 소련의 농업성장률은 1970년대와 비교해 뚜렷한 차이점이 나타나지 않았다. 1970~1990년에 소련의 경지면적은 약 5억 5000만에서 5억 8000만 헥타르로 거의 일정한 수준을 유지했으며, 농가인구 역시 연평균 0.5~0.6%의 감소율을 기록해 상대적으로 농가인구 수준을 안정적인 수준으로 유지했다. 이 같은 상황에서 1980년대 전반기의 농업성장률은 오히려 1970년대에 비해 더욱 둔화되거나 플러스 성장률을 기록하는 등 농업생산이 거의 정체상태에 빠진 것으로 나타났고, 1980년대 후반기에 겨우 농업성장률이 다소 회복되는 것으로 나타났다. 따라서 집단청부제, 가족청부제, 키트, 아렌다 등과 같은 제도적 개혁조치가 소련의 농업생산 증대에 미친 효과는 극히 미미했다. 콜호스 내부의 관리 체계 · 생산조직 · 수익분배 등에서 많은 변화가 발생했으나 실질적으로 콜호스가 중심이 되는 집단농업구조가 여전히 존재하고 있었다. 이 같은 점에서 소련이 1980년대에 시행한 1단계 농업개혁은 실패한 것으로 평가된다. 이와 같이 소련에

〈표 9-9〉 소련 농업성장률 현황(1971~1990)

(단위 : 연평균 증가율, %)

	농업총생산	경종생산	축산생산	과일생산	농가인구
1971~1975	2.04	3.42	2.34	4.40	- 0.54
1976~1980	1.01	1.60	0.64	2.99	- 0.55
1981~1985	0.48	- 0.08	1.18	2.75	- 0.59
1986~1990	2.30	4.92	2.50	- 0.23	- 0.61

자료: www.apps.fao.org(검색일: 2002.9.30).

서의 청부제 도입은 중국과 달리 생산증대 효과를 거두지 못하고 사실상 실패했다. 소련에서 청부제 도입이 생산증대로 이어지지 못한 원인을 다음과 같이 지적할 수 있다.

첫째, 콜호스에 대한 상부기관의 계획관리가 여전히 견고했다. 콜호스 국가 계획관리 체계의 하부단위로서 각급 상부기관의 계획관리 통제하에 놓여 있었다. 이들 상부기관의 관료체제는 농업집단화 이후로 꾸준히 확대 발전되어 왔는데, 중앙으로부터 개혁의 필요성이 급박하게 제기되었음에도 불구하고 지방의 관료체제는 자신의 권한을 여전히 행사했으며 불확실한 결과 때문에 개혁에 소극적으로 대응했다. 공산당·소비에트와 같은 지방의 관료체제, 라포 및 콤비나트와 같은 농공통합체제하에서 콜호스는 여전히 경영상의 자율성과 자주권을 제약당하고 있었다. 둘째, 콜호스의 관료기구가 매우 강력했다. 콜호스의 집행부는 노동점수의 기록·평가, 각종 계획관리 및 자원분배의 강력한 권한을 장악하고 청부 대상인 노동집단을 강력하게 통제했다. 그뿐만 아니라 콜호스 집행부가 청부 대상과 계약을 체결함에 있어서 일방적인 조건을 제시하는 등 권한 남용 사례가 많았다. 이 때문에 노동집단이 경영상의 자주권을 행사하는 데 큰 제약을 받았다. 셋째, 청부집단이 경영단위로서 기능을 수행할 수 없었다. 소련은 농업집단화 이후에 농업생산의 기계화·분업화·전문화가 매우 진전된 상태였다. 따라서 소규모 노동집단이 생산과 관련된 일련의 과정을 자체적으로 수행할 수 있는 능력이 매우 제한적이었으며, 생산과정을 자체적으로 수행하기 위해 농기계를 비롯한 생산수단을 조달하기 위해서 큰 비용을 감수해야만 했다. 따라서 콜호스로부터 청부를 받은 노동집단이 독립적인 경영단위로서 기능을 제대로 수행할 수 없었기 때문에 청부제의 인센티브 효과가 제한적으로 발휘되었다.

2) 농업체제 전환: 토지개혁과 농민경영 창설

각종 농업개혁조치에도 불구하고 개혁의 성과가 미미하자 1989~1991년 동안 소련에서는 더욱 근본적인 개혁을 요구하는 주장이 확대되었다. 근본적인 개혁의 핵심내용은 토지제도 개혁을 통해 집단농장체제의 해체 및 가족농 체제로의 전환을 요구하는 것이었다. 이는 토지에 대한 협동적 소유 혹은 전 인민적 소유를 철폐해 토지의 사적 소유를 허용함으로써 토지소유에 기반을 둔 가족농을 창설하라는 것이었다.

그러나 토지소유에 관한 개혁여부를 놓고 논쟁이 진행되는 과정에서 1991년 8월에 소련이 해체되는 대사건이 발생했다. 소련의 해체는 계획경제체제의 해체와 시장경제체제로의 전환을 의미했다. 이에 따라 토지소유에 관한 격렬한 논쟁은 내부적인 합의에 의해서가 아니라 외부적인 상황변화에 의해 쉽게 종결되었다. 새로운 시장경제체제로의 전환은 토지의 완전한 사적 소유를 허용하는 것이었으며 콜호스·소프호스와 같은 집단농장을 해체하거나 사유화하는 것이었다. 이는 체제 내에서의 농업개혁이라기보다 체제전환에 따른 새로운 농업구조 창설로 이해하는 것이 더욱 정확할 것이다.

러시아는 1991년 12월 토지관계의 개선, 토지의 사유화, 농가에 대한 토지분배 등의 목적과 내용을 담은 「토지개혁실시에 관한 대통령령」을 발표했는데 그 주요 내용은 다음과 같다. 첫째, 토지의 사유화 및 경영의 개편을 위해 콜호스와 소프호스 내부에 위원회를 설치하도록 했다. 그리고 콜호스와 소프호스는 1993년 1월 1일까지 「기업 및 기업활동에 관한 법률」에 따라 정해진 절차에 의거 재등록하도록 했다. 둘째, 콜호스·소프호스는 자신을 기반으로 새롭게 조직된 주식회사에 토지를 무료로 인도하고 남은 구획은 토지재분배 기금에 포함시키도록 했다. 또한 콜호스·소프호스에서 탈퇴한 농장원(농민)이 토지지분과 재산지분을 교환할 권리 혹은 그것을 임대할 수 있는 권리를 보장하고 임대 시에는 우선권을 주도록 했다. 셋째, 콜호스·소프호스의 고정자산·유통자산은 연금생활자를 포함한 각 구성원이 지분을 분배해 소유하는 공동소유로 하도록 했다. 넷째, 토지를 은행에서 저당할 수 있는 권리를 농가에 부여하며 토지지분 또는 토지주식을 가진 농업기업의 근로자에게는 그것을 경영하거나 근로자 또는 경영자에게 자유가격으로 매각할 수 있도록 했다.

또한 이 법률에 의하면 콜호스·소프호스의 개편과 국영농기업의 사유화(민영화)는 다음과 같이 시행하도록 했다. 첫째, 콜호스·소프호스의 개편과 국영농기업의 사유화에서 해당 조직의 구성원 및 노동집단의 희망에 따라 유한회사, 주식회사, 농업생산협동조합, 농민경영 및 그 협동경영체를 설립할 수 있도록 했다. 둘째, 콜호스·소프호스의 총회에서 현행 경영 형태를 유지하는 경우에도 법률에 따라 재등록해야 했다. 그리고 이때 농장원(농가)이 노동집단이나 관리집행부의 동의 없이 독립적인 농업경영을 위해 토지지분과 재산지분을 갖고 탈퇴한 경우에도 무조건적으로 권리를 보장하도록 했다. 셋째, 재산지분과 토지지분은 독립적인 농민경영의 창설, 회사설립, 주식회사 및 협동조합에의 출자, 매각, 임대, 상속 등에 이용될 수 있도록 했다. 그리고 재산지분과 토지지분의 소유자는 자유롭게 상호 교환하거나 매매할 수 있도록 허용했다. 넷째, 국영농기업의 사유화와 관련해 기업의 자기자금으로 형성된 재산을 노동집단에게 무상으로 인도하도록 했다. 그리고 주식의 국가지분은 경영개편에 따라 형성되는 농민경영에게 잔존가액으로 3년 이내에 연불 구매할 수 있는 권리를 부여하도록 했다.

3) 농업체제 전환의 실태

러시아는 1991년부터 토지개혁법률에 따라 독립적인 농민경영(가족경영, 개인경영)을 합법적으로 허용했으며, 농민경영의 적극적인 육성을 위해 '토지개혁 및 가족농장 지원을 위한 국가위원회'를 설립해 토지를 농민에게 재분배했다. 그러나 토지개혁 및 농민경영 창설이라는 러시아의 농업개혁은 현재까지 실질적인 성과를 거두지 못하고 있는 것으로 평가된다.

러시아의 토지개혁 및 기업개혁에 의해 이전까지 전체 농지를 독점적으로 소유·경영하고 있던 콜호스·소프호스의 거의 대부분이 유한회사, 주식회사, 협동조합 등의 기업형태로 재편성되었다. 또한 이렇게 재편성된 기업은 모두

〈표 9-10〉 러시아 농업성장률 현황(1991~2000)

(단위: 연평균 증가율, %)

	농업총생산	경종생산	축산생산	과일생산
1991~1995	- 5.32	- 5.42	- 6.67	- 6.68
1996~2000	- 0.38	2.10	- 2.18	6.71

자료: www.apps.fao.org(검색일: 2002.9.30).

해당 농장원(농민)이 법률로 부여받은 토지지분을 기반으로 하여 공동소유하는 방식을 채택했다. 그러나 기존의 콜호스·소프호스는 외형적으로 보면 유한회사, 주식회사, 협동조합 등 공동 농업기업 형태로 개편되었지만, 심재성(2000)에 의하면 새롭게 개편된 공동 농업기업이 기존의 콜호스·소프호스와 같은 집단농장의 운영방식이나 경영 형태와 비교해 진전된 모습을 보이지 못하는 것으로 평가된다.

한편 콜호스·소프호스가 기존의 집단농장체제에서 새로운 기업형태로 재편성된 것은 러시아 농업개혁의 성과라고 할 수 있으나, 농업개혁의 가장 핵심이라 할 수 있는 독립적인 가족단위 농민경영(가족농)의 창설은 극히 부진했다. 콜호스·소프호스의 구성원 가운데 자신에게 부여된 토지지분 및 재산지분을 바탕으로 가족농으로 독립해나간 농가는 극소수에 지나지 않았다. 고재남(1995)에 의하면 1994년까지 가족농은 전국적으로 약 27만여 호에 불과했으며, 이들이 경작하는 농지는 전체 농지면적의 약 5%에도 미치지 못한 것으로 나타났다. 1995년 약 2만여 호의 가족농이 경영악화로 도산하는 등 기존의 가족농이 도산하는 상황이 발생하는 와중에서도 현재까지 가족농의 비율이 조금씩 증가하는 추세에 있다. 그러나 가족농의 증가율이 극히 낮아서 가족농 창설이 매우 부진한 상태에 있는 것으로 평가된다. 이에 따라 주요 농업·식량 생산 및 유통량의 절대적인 부분을 국가 및 공동 농업기업이 담당하는 상황이다.

소련의 해체 이후 러시아는 시장경제체제로 전환하고 농업의 체제전환을 이룬 1991년 이후부터 극심한 농업쇠퇴를 겪은 것으로 나타났다. 이는 러시아뿐만 아니라 과거 소련의 범위 내에 있던 모든 지역에서 공통적으로 나타난 현상이었다. 1991~1995년에 러시아의 농업총생산은 연평균 약 5.32% 감소하

〈표 9-11〉 구소련 지역 농업성장률 현황(1991~2000)

(단위: 연평균 증가율, %)

	농업총생산	경종생산	축산생산	과일생산
1991~1995	- 7.38	- 11.02	- 7.98	- 9.33
1996~2000	- 0.98	0.88	- 2.14	6.24

자료: www.apps.fao.org(검색일: 2002.9.30).

는 (-)성장을 기록했으며, 1996~2000년에는 감소율이 조금 둔화되어 약 0.38% 감소한 것으로 나타났다. 다행히 2000년부터 농업총생산이 (+)성장률을 기록하면서 조금씩 회복되고 있으나 아직도 체제전환 이전인 1989~1990년의 약 70% 수준밖에 회복하지 못했다. 과거 구소련지역의 농업성장률 역시 1991~1995년에 연평균 약 7.38%의 (-)성장률을 기록하며 극심한 농업피폐를 경험했다. 1990년대 후반부터 조금씩 회복되고 있으나 여전히 체제전환 이전인 1989~1990년의 약 65~70% 수준에 머물러 있다.

농업의 체제전환 이후 러시아를 비롯해 구소련의 각 공화국들이 한결같이 체제전환 이전인 1989~1990년에 비해 농업총생산이 약 50~60% 수준으로 급격하게 하락하는 등 극심한 농업의 쇠퇴현상을 보인 것은 체제이행기의 혼란에 따른 것이다. 기존 체제가 급격하게 붕괴되었으나 새로운 체제는 아직 제대로 정립되지 못한 극도의 불안정기에 영농자재 및 영농서비스의 공급불안, 생산된 농산물·식량의 판매불안, 체제전환에 따른 농공간 가격차이의 확대, 높은 인플레이션을 따라가지 못하는 농산물가격, 농가소득의 급격한 하락 등이 초래되면서 농업·식량 생산이 크게 위축되었기 때문이다. 물론 여기에는 수리관개시설 및 대형 농기계 등 집단농업체제를 뒷받침했던 농업기반시설·장비 등이 체제전환기에 대규모로 파손되면서 농업·식량 생산에 악영향을 미친 것도 작용했다.

어쨌든 1991년 농업의 체제전환이라는 러시아를 비롯한 국가들의 실험은 현재까지 실패한 개혁으로 평가된다. 비록 최근 농업생산이 회복되고 있기는 하지만 지난 10년간 농업총생산이 체제전환 이전인 1989~1990년의 50~70%에 머물고 있는 것은 체제전환에 의해 극심한 농업쇠퇴가 이어져 초래된 것이다. 집단농장을 해체하고 가족농을 창설한다는 개혁목표는 아직도 미미한 수준에 머물고 있다. 콜호스 · 소프호스와 같은 집단농장은 외형상으로는 새로 개편되었으나 내용적으로는 운영방식과 경영 형태 측면에서 과거의 집단농장의 잔재가 여전히 강하게 남아 있다. 가족농은 러시아 정부의 강력한 지원에도 불구하고 체제전환기의 극심한 경제적 불안정 때문에 그 성장속도가 매우 느리며 여전히 러시아 농업에서 가족농이 차지하는 비율은 극소수에 불과하다. 또한 콜호스 · 소프호스를 개편한 공동 농업기업이 절대적인 비중을 차지하고 있다.

2000년 이후 러시아 경제가 상대적으로 안정을 회복하면서 국민경제 각 부문에서 회복되는 속도가 빨라지고 있으며, 농업 · 식량 부문 역시 회복되는 추세가 가속화되고 있다. 그 결과에 대해서는 좀 더 시간의 경과에 따른 추이를 두고 지켜보아야 할 것이다.

6. 북한 협동농장과 중국 · 소련의 비교

1) 집단농장 개혁 유형

지금까지 중국의 인민공사 및 소련의 콜호스를 중심으로 집단농업구조의 전개과정과 운영 형태 및 개혁 내용 등을 살펴보았다. 과거 사회주의국가의 전통적인 계획경제체제는 농업 부문의 사회주의화를 달성하기 위해 농업집단화를 공통적으로 추진했다. 소련은 1917년 10월 혁명 이후 토지개혁을 통해 지주와 부농을 해체시키고 1920년대 말부터 콜호스와 같은 집단농장중심의 농업집단화를 추진해나갔다. 선발 사회주의국가인 소련의 절대적인 영향력하에서 후발 사회주의국가였던 동유럽과 아시아의 사회주의국가들 역시 사회주의 이행과정에서 공통적으로 집단농업구조를 형성 · 확대 · 정착시켜나갔다. 북한의 협동농장과 중국의 인민공사는 소련의 콜호스와 마찬가지로 농업집단화의 결과물이며 집단농업구조에서 핵심적인 기능과 역할을 수행했다.

이와 같이 북한 · 중국 · 소련은 모두 농업집단화를 통해 농업 부문의 사회주의화를 달성하고자 시도했으며, 집단농업구조는 전통적 계획경제체제의 핵

〈표 9-12〉 소련의 집단농업 개혁 결과

소련	개혁 전	개혁 후
경영관리	· 콜호스 - 브리가다 - 즈베노 · 콜호스 집행부에 권한이 집중 · 기계화중심의 집단적 경영	· 소집단을 단위로 청부제 실시 · 콜호스 체제가 기본적으로 유지 · 가족농업 창설이 부진
토지소유	· 콜호스 소유와 국가 소유의 병존 · 국가 소유가 지속적으로 강화	· 1990년대 토지소유권 분배 · 급속한 변동으로 혼란 야기

자료: 이일영, 「사회주의 집단농업의 구조와 제도개혁에 관한 비교연구」(1994).

심을 이루는 구성요소였다. 자본주의국가에 비해 상대적으로 낙후되었던 사회주의국가들은 생산력을 단기간에 비약적으로 발전시키기 위해 사회주의 공업화를 전략적으로 추진했다. 이를 위해 가격과 시장기능에 의한 자원조달 방식이 아니라 비가격·비시장적 수단을 통해 국가가 직접 필요한 자원의 조달·분배·관리기능을 수행하고자 계획경제방식을 도입했다. 전통적 계획경제체제를 유지하는 농업 부문의 두 축은 생산의 집단화와 유통의 국가관리이다. 집단농업구조는 생산의 집단화를 실현하는 것으로 집단농장이 중추적인 기능과 역할을 수행했다. 농산물의 국가계획관리는 유통의 국가관리를 실현하는 것으로, 국가에 의한 주요 농산물의 배급제가 중요한 기능과 역할을 담당했다. 이 같은 국가의 계획적인 농업자원 관리·통제·계획하에서 농업생산량은 증대했으나 생산비용의 증가로 인해 효율성과 수익성이 약화되는 결과가 초래되었다.

중국의 실용주의 노선 추구(1970년대 후반)와 소련·동유럽 사회주의국가의 붕괴(1989~1991년) 이후 전통적인 계획경제는 시장경제로 전환되고 있다. 이 과정에서 여타 부문과 비교해 상대적으로 사회화 수준이 낮은 단계에 있던 농업 부문의 개혁이 시장경제로의 전환에서 우선적인 과제로 대두되었다. 전통적인 계획경제의 성립·유지·발전이 집단농장중심의 농업집단화를 근간으로 하고 있기 때문에 시장경제로의 전환과정에서도 집단농장체제에 대한 개혁이 핵심적인 과제로 제기되었던 것이다.

전통적인 계획경제가 시장경제로 전환되는 유형은 크게 보아 소련(러시아)·동유럽의 급진적(big-bang) 방식과 중국·헝가리의 점진적(step-by-step) 방식의 두 가지로 구분된다. 급진형의 경우 대체적으로 1989~1991년 사이에 가격 · 무역의 자유화, 통화가치의 대폭적 인하, 적자기업에 대한 보조금 삭감, 재정적자 축소 등과 같은 '쇼크 요법'을 통해 시장경제로의 전환을 시도했다. 반면 중국의 경우 1978년 이후 생산책임제 도입, 농산물 수매가격 인상 등의 조치를 취하고 1980년대 후반부터 부분적인 가격 · 유통개혁, 기업개혁 등을 시행하는 점진적인 방식을 취했다. 헝가리 역시 1968년 이래 지속적으로 시장경제기반을 정비하면서 1980년대 이후 사적 부문을 점차적으로 확대하는 점진적 개혁방식을 나타냈다.

급진형의 방식을 선택한 소련(러시아)의 경우 토지소유권의 분배를 통해 집단농업에서 가족농업으로 전환하고자 시도했으나 급진적 방식에 따른 토지소유의 혼란이 야기되면서 가족농의 창설이 부진하게 되었고 콜호스와 같은 집단농장이 기본적으로 유지되는 현상이 나타났다.

반면 점진형의 방식을 선택한 중국의 경우, 가족경영을 단위로 한 생산책임제 도입과 토지사용권의 분배를 통해 집단농업에서 가족농업으로의 전환을 시도했으며, 현재까지 토지의 집단적 소유가 그대로 유지되는 가운데 가족농업이 성장하면서 인민공사와 같은 집단농장이 해체되는 결과로 나타났다.

이렇게 서로 상이한 결과를 초래한 중국과 소련의 농업개혁이 북한에 어떤 시사점을 주는지 검토할 필요가 있다. 앞에서 살펴본 바와 같이 중국 · 소련의 농업개혁에서 핵심이 되는 것은 집단농업체제에 대한 개혁이었고, 그것은 인민공사 · 콜호스로 대표되는 집단농장구조에 대한 개혁이었다. 따라서 중국의 인민공사 및 소련의 콜호스와 북한의 협동농장을 비교함으로써 향후 북한 협동농장의 개혁에 필요한 중요한 시사점을 발견할 수 있을 것이다.

2) 농업집단화의 비교

북한과 중국 · 소련의 농업집단화 과정을 살펴보면 중요한 차이점을 발견할 수 있다. 사회주의 농업화를 위한 농업집단화라는 기본적인 공통점에도 불구하고 각국의 집단화 수준에서 약간의 차이를 발견할 수 있는데, 이 같은 집단화 수준의 차이는 중국 및 소련의 농업개혁 결과를 서로 다르게 만드는 요인으로 작용했다.

〈표 9-13〉 중국의 집단농업 개혁 결과

중국	개혁 전	개혁 후
경영관리	· 인민공사(人民公社) 생산대대(生產大隊) - 생산대(生產隊) · 생산대를 기본 회계단위로 함 · 수리건설 중심의 집단적 경영	· 가족경영을 단위로 청부제 실시 · 인민공사체제가 전면적으로 해체 · 영세가족농체제의 성립
토지소유	· 생산대(生產隊)에 기초한 삼급소유제 · 위기마다 자유지(自留地), 책임전(責任田) 부각	· 1980년대 초 토지사용권 분배 · 집단소유 유지하며 안정을 도모

자료: 이일영, 「사회주의 집단농업의 구조와 제도개혁에 관한 비교연구」(1994).

소련은 선발 사회주의국가로서 사회주의 농업화를 위한 농업집단화의 선례를 제시했다. 사회주의혁명 직후에 1단계로 토지개혁을 실시해 지주와 부농계층을 해체시키고, 2단계로 사회주의 대농경영을 위해 농업집단화를 추진한 것이다. 이러한 기본적 과정은 중국과 북한에서도 그대로 적용되어 나타났다. 그러나 사회주의혁명 직후의 토지개혁에서 소련과 중국, 북한은 두 가지 중요한 차이점을 보였다. 하나는 토지소유권에 관한 차이점이다. 소련은 토지개혁을 통해 모든 토지를 국유화했으며 소농·빈농·중농에 대해 토지사용권을 분배했다. 이에 반해 중국·북한은 농민에게 토지소유권을 분배함으로써 농민적 토지소유를 확립했다. 또 다른 하나는 지주와 부농에 대한 처리방안의 차이점이다. 소련은 쿨라크로 대표되는 지주와 부농계층에 대해 철저한 억압과 배제정책을 취했다. 반면 중국·북한은 지주와 부농계층에 대한 개조정책을 병행해 선별적으로 지주와 부농계층에 대해서도 포섭하려 했다. 소련은 토지개혁에서부터 모든 토지를 국유화하고 지주와 부농계층에 대해 철저한 배제정책을 취함으로써 국가에 의한 집중수준을 매우 높게 유지했다. 반면 중국과 북한은 우선적으로 농민적 토지소유를 확립하는 데 주력했을 뿐만 아니라 지주와 부농계층에 대해서도 선별적으로 포섭하는 유화정책을 병행해서 국가에 의한 집중도가 소련에 비해 상대적으로 낮은 수준이었다. 다만 북한이 중국에 비해서 상대적으로 지주와 부농계층에 대해 조금 더 강경한 정책을 시행한 것으로 평가된다. 이처럼 토지개혁 과정에서 나타난 국가에의 집중도 차이는 이후 사회주의 집단화의 수준 차이로 이어졌다.

토지개혁뿐만 아니라 사회주의 농업화를 위한 농업집단화의 전개 과정에서

〈표 9-14〉 북한 · 중국 · 소련의 농업집단화 수준 차이

토지개혁	· 소련: 국유화 및 토지사용권 분배, 지주 · 부농의 철저한 배제 · 중국: 농민적 토지소유, 지부 · 부농의 개조 및 포섭 병행 · 북한: 농민적 토지소유, 지주 · 부농의 선별적 포섭
농업집단화	· 소련: 콜호스(협동적 소유) 외에 소프호스(전 인민적 소유)도 강조 · 중국: 인민공사(협동적 소유) 중심, 국영농장은 극히 미미 · 북한: 협동농장(협동적 소유) 중심, 전 인민적 소유의 점진적 강화
집단화 수준	· 소련 ≫ 북한 > 중국

소련과 중국 · 북한은 상대적으로 집단화 수준의 차이점을 보였다. 소련은 협동적 소유형태의 콜호스 외에도 전 인민적 소유형태의 소프호스를 매우 강조했다. 소프호스는 콜호스에 비해 국가적 소유개념이 더욱 강했고 국가에 의한 관리통제가 더욱 효과적인 체제였다. 반면에 중국에서는 협동적 소유 형태인 인민공사가 집단농장의 거의 대부분을 차지했으며, 전 인민적 소유 형태의 국영농장의 비중은 극히 미미했다. 농업집단화의 수준에서 소련이 중국에 비해 상대적으로 높은 수준의 집단화를 이룬 것으로 평가된다. 북한의 경우 협동적 소유 형태의 협동농장이 농업집단화의 절대적인 비중을 차지한 것은 중국의 인민공사와 유사한 것으로 볼 수 있다. 그러나 농업집단화 이후에 지속적으로 전 인민적 소유로의 전환을 정책적으로 강조했고 그 결과 협동농장의 고정기금 가운데 국가소유(전 인민적 소유)의 비중이 상당한 수준에 이르렀다. 따라서 북한의 경우 소련의 소프호스와 같은 국영농장이 전면적으로 강조되지는 않았지만 중국에 비해 상대적으로 국영농장의 비중이 높았고, 협동농장 내부의 소유 규모 가운데 국가소유 규모가 상당 수준에 이르는 등 중국에 비해서 상대적으로 집단화의 수준이 높았으며, 소련에 비해서는 상대적으로 집단화의 수준이 낮은 것으로 평가된다.

이 같은 집단화 수준의 차이가 중국과 소련의 농업개혁 결과에 영향을 주었다. 소련과 중국은 공통적으로 농업의 사회주의화과정에서 농업집단화를 추진했으나 상대적으로 소련의 집단화 수준이 중국에 비해 더욱 강력했다. 따라서 상대적으로 집단화 수준이 낮았던 중국에서 집단농업구조 및 집단농장체제의 해체가 비교적 용이하게 이루어질 수 있었기 때문에 인민공사의 해체와 가족농업의 창설이 비교적 순탄하게 진행되었고 점진적인 방식의 전환에 따라 혼

란과 폐해를 최소화할 수 있었다. 반면 상대적으로 집단화 수준이 높았던 소련의 경우, 콜호스의 해체와 가족농업의 창설이 순조롭게 진행되지 못하고 급진적인 방식의 전환에 따른 상당기간의 혼란과 폐해가 발생했다. 소련과 중국에서 집단농업 개혁의 기본방향은 기본적으로 '생산자(농민)의 자주권을 확대하는 것'이었으나, 개혁의 속도와 결과가 상이하게 나타났다. 소련의 1980년대 개혁은 기본적으로 국가계획에 의한 조달제도와 콜호스제도의 범위 내에서 추구되었으나 1990년대 이후 매우 급진적인 방식으로 전면적인 체제전환을 추구했다. 그러나 가족농의 창설은 부진했으며 독점적인 민간유통 체제의 폐해는 심각했다. 반면 중국의 경우, 1978년 이후 빠른 시간 내에 인민공사체제가 해체되고 계획수매제도가 철폐되었다. 1980년대 후반 이후에 개혁정책의 문제점이 표출되면서 소련과는 반대로 개혁의 속도를 늦추는 정책을 실시하게 되었다.

개혁 이전에 소련과 중국이 절감했던 농업개혁의 필요성, 즉 집단농업의 효율성을 제고하는 문제에 대해서는 북한도 중요한 과제로 인식한 것으로 보인다. 1996년의 분조관리제도 개선, 2002년의 7 · 1 경제관리개선조치 등에서도 나타나듯 북한은 기존 집단농업의 체제를 유지하는 범위 내에서 '생산자의 자주권을 확대하는 방향'으로 농업개혁을 시도하고 있는 것으로 평가된다. 그러나 북한의 농업집단화 수준이 소련에 비해 낮지만 중국에 비해서는 높기 때문에 '분권화 = 생산자 자주권의 확대'에 의한 개혁의 성과가 소련에 비해서는 상대적으로 높게, 중국에 비해서는 상대적으로 낮게 나타날 것으로 예측할 수 있다.

3) 관리 체계의 비교

북한 · 중국 · 소련의 전통적 계획경제체제를 유지하는 농업 부문의 두 축은 생산의 집단화와 유통의 국가관리다. 생산의 집단화 측면에서는 콜호스 · 소프호스(소련), 인민공사(중국), 협동농장(북한) 등이 핵심적인 기능을 수행했고 유통의 국가관리 측면에서는 농산물에 대한 국가의 계획관리가 핵심적인 기능을 담당했다. 따라서 국가계획관리와 콜호스 · 인민공사 · 협동농장은 상호 불가분의 관계에 놓여 있다고 봐야 하며, 이들 집단농장은 국가의 관료기구에 의해 직간접적으로 통제되는 상황에 놓여 있었다.

소련 국가계획관리의 최상층부는 국가계획위원회(고스플란, Gosplan)이며, 국가계획위원회에서 결정된 국가계획관리가 각 단계별 협동농장위원회를 거쳐 행정기관의 최하층부인 라이온 협동농장위원회에 통보되고, 라이온 협동농장위원회가 해당 행정구역에 소재하는 콜호스에 대한 계획관리를 통보한다. 이렇게 상부로부터 하달된 콜호스의 계획관리는 콜호스 내부의 브리가다, 피에르마, 즈베노 등의 하위체계로 내려가면서 구체적인 생산계획으로 수립 · 할당된다. 콜호스에 대한 소련의 관리 체계는 북한의 협동농장 관리 체계와 매우 유사하다. 북한의 경우 국가계획위원회에서 결정된 연간 계획관리 목표가 도 농촌경리위원회, 시 · 군 협동농장경영위원회, 리 협동농장관리위원회를 통해 협동농장에 하달되고 이렇게 상부로부터 통보받은 협동농장의 계획관리는 작업반, 분조 등의 하위체계로 내려가면서 구체적인 생산계획이 할당된다. 소련이 국가행정기구 각급별로 협동농장 관리위원회를 별도로 조직해 콜호스에 대한 관리 체계를 특화시켰듯이, 북한 역시 국가행정기구의 각급별로 협동농장에 대한 별도의 관리위원회를 조직해 협동농장에 대한 관리 체계를 특화시킨 것에서 소련의 콜호스와 북한 협동농장 관리 체계가 매우 높은 유사성을 가진 것으로 보인다. 반면 중국의 경우 인민공사에 대한 관리 체계가 국가행정기구에서 별도로 특화되어 있지 않고, 중앙정부 및 각 성(省)정부, 지구 · 시 · 현 등으로 이어지는 각급 계통의 말단 단위로서 인민공사가 배치되었다. 이렇게 볼 때 북한과 소련은 별도의 특화된 관리기구를 조직함으로써 협동농장과 콜호스에 대한 국가의 관리통제가 중국의 인민공사에 비해 상대적으로 강했다고 볼 수 있다.

그리고 북한 · 중국 · 소련의 집단농장에 대한 국가계획관리의 내용도 상부와 하부 간의 의사소통에 의한 쌍방향이 아니라 상부로부터 일방적으로 하부로 통보되는 하향일변도의 지시방식이라는 점은 협동농장과 콜호스 및 인민공사에서 공통적으로 나타나는 사항이었다. 집단농장의 관리운영을 책임지는 집행기관으로서 콜호스 · 인민공사 · 협동농장의 집행부는 대부분 공산당 조직의 직접적인 통제와 영향력하에 놓여 있었으며 공산당과 행정기관 및 집단농장 집행부는 상호 간 수직적 위계질서에 기초한 연계체계를 갖고 있었던 것으로 평가된다. 다만 북한의 경우 소위 '청산리방식'이라는 최고 지도자에 의한 현장지도 방식이 1960년 이후 도입되면서 하향 일변도의 지시방식의 문제점을 극복하기 위한 노력이 지속적으로 시행되어왔다는 점에서 소련의 콜호스 관리 체계와 차이점이 있다. 이러한 차이점이 집단농장에 대한 관료주의적 통제 수준의 차이를 가져왔다고 볼 수 있다. 따라서 북한의 협동농장과 소련의 콜호스에 대한 관료주의적 통제가 중국의 인민공사에 비해 상대적으로 강했으며 청산리방식을 도입한 북한이 소련에 비해 관료주의적 통제의 문제점을 부분적으로 해소하기 위해 노력한 것으로 이해할 수 있다.

한편 중국의 인민공사는 말단 행정기관이었던 향정부와 경제협동체였던 합작사가 상호 융합해 일체화된 것으로서 정사합일(政社合一)의 조직이었다. 인민공사는 농업생산을 중심으로 임업·축산·어업·공업을 협동경영을 수행하는 협동경영체인 동시에 자체적으로 상업·교육·군사·복지·위생 등과 같은 사업 분야를 담당하는 사회체계의 성격을 동시에 지니고 있었다. 북한의 협동농장 역시 중국의 인민공사와 유사하게 정사합일의 농촌관리 체계 성격을 갖고 있었다. 1952년 행정구역 개편을 통해 면 단위를 폐지하고 리 단위의 규모를 확대해 리 단위 협동농장을 기본으로 하는 북한의 협동농장체계는 협동농장 내부의 협동경영체인 동시에 상업·복지·위생·공업 등의 사회사업을 담당하는 사회체계로서의 성격도 갖고 있었다. 이에 반해 소련의 콜호스는 비록 농업·식량 생산 이외에 상업과 공업 등의 생산활동도 병행했지만 사회체계로서의 기능은 극히 미미한 수준이었으며 협동경영체로서의 기능에 충실했기 때문에 정사합일의 조직으로 평가할 수 없다.

이와 같이 집단농장에 대한 관료주의적 통제 수준의 차이가 중국과 소련의 농업개혁 결과에 영향을 주었다. 소련과 중국은 공통적으로 집단농장에 대한 관료주의적 통제체계를 갖고 있었으나 상대적으로 소련의 관료주의적 통제수준이 중국에 비해 더욱 강력했다. 따라서 관료주의적 통제수준이 비교적 낮았던 중국이 소련에 비해 청부제 도입의 성과를 거둘 수 있었다. 생산자의 자주권 확대를 기본 방향으로 하는 각종 형태의 청부제 도입이 성공하기 위해서는 기존 관료주의적 통제기구의 권한을 약화시킬 수밖에 없었다. 중국 인민공사

〈표 9-15〉 북한 · 중국 · 소련의 집단농장에 대한 관료주의적 통제수준 차이

집단농장 관리기구	· 소련: 각급(중앙-공화국-주-시-군 등) 협동농장관리위원회 · 중국: 중앙 및 省정부, 지구 · 시 · 현 등의 농촌말단 단위 · 북한: 각급(중앙-도-시-군 등) 협동농장관리위원회
집단농장 집 행 부	· 소련: 공산당 및 소비에트의 하위관료로 인식 · 중국: 공산당 및 국가행정기구의 하위관료로 인식 · 북한: 노동당 및 국가행정기구의 하위관료로 인식
집단농장 성 격	· 소련: 콜호스 - 협동경영체로서의 성격이 절대적 · 중국: 인민공사 - 협동경영체 + 사회사업체계 = 정사합일체 · 북한: 협동농장 - 협동경영체 중심, 사회사업체계 일부 결합
관료주의 통제수준	· 소련 > 북한 ≫ 중국

의 경우 상대적으로 통제수준이 낮았기 때문에 소련에 비해 비교적 청부제 도입이 성공했다. 반면 관료주의적 통제가 매우 강했던 소련 콜호스의 경우 개혁에 관한 관료기구의 무관심이나 반발로 청부제를 포함한 각종 개혁조치의 성과가 매우 제한적으로 나타났다.

북한의 경우 협동농장에 대한 관료주의적 통제수준은 소련과 비슷한 수준이며 중국에 비해 상대적으로 강력한 통제수준을 유지해왔다. 그렇기 때문에 북한 역시 관료주의의 문제점과 폐해를 인식하고 관료주의를 극복하기 위해 많은 노력을 기울여왔던 것이다. 1960년 이후 소위 '청산리방식'을 도입한 것 역시 관료주의의 문제점을 개혁하기 위한 것이다. 그러나 청산리방식을 도입한 직후 1961년 군 단위 협동농장경영위원회를 신설해 소련과 같이 협동농장에 대한 별도의 관리기구를 조직화해서 상부로부터 관리통제기능을 강화하는 방향을 동시에 추진했다. 이에 따라 최고 지도자의 현장지도를 통한 관료주의 문제점을 극복하려는 노력과 별도의 협동농장 관리기구에 의한 관리통제기능의 강화가 상호 충돌하면서 협동농장에 대한 관료주의적 관리통제가 지속적으로 유지되기에 이르렀다. 이에 따라 1966년 분조관리제의 도입 및 1996년의 분조관리제 개선 등 그동안 극히 제한적으로 도입되어 시행되어왔던 몇 가지 개선조치들이 관료주의적 통제기구의 문제점을 극복하지 못하고 기대한 만큼의 성과를 거두지 못했다. 앞으로 북한이 생산자의 자주권을 확대하는 방향으로 농업에 대한 개혁조치를 시행하려 할 경우, 협동농장에 대한 관료주의

적 통제라는 장애요소를 얼마나 극복할 수 있는가에 따라 그 성과의 기대치가 달라질 것이다.

4) 생산조직의 비교

북한 · 소련 · 중국의 집단농장은 기본적으로 세 단계의 생산조직체계를 유지하면서도 동시에 생산조직체계가 집단농장의 계획관리 체계와 일치한다는 공통점을 갖는다. 소련의 경우 콜호스 – 브리가다 – 즈베노로 이어지는 조직체계를 갖고 있었는데 콜호스는 약 300~500호의 농가로 구성되었고 브리가다는 약 20~50호의 농가로 구성되었으며 즈베노는 5~12명으로 구성되었다. 중국은 인민공사 – 생산대대 – 생산대로 이어지는 조직체계를 갖고 있었는데 인민공사는 약 3000~3300호의 농가로 구성되었고 생산대대는 200~300호의 농가로 구성되었으며 생산대는 약 30~40호의 농가로 구성되었다. 북한은 협동농장 – 작업반 – 분조로 이어지는 조직체계를 갖고 있었는데 협동농장은 200~300호의 농가로 구성되었고 작업반은 약 50~100명으로 구성되었으며 분조는 10~25명으로 구성되었다. 이 같은 각각의 생산조직체계는 각 집단농장 내부의 계획관리 체계와 일치하면서 상급조직이 하급조직을 관리 · 지도 · 통제하는 기능을 수행했다. 다만 인민공사의 경우 생산대가 하나의 노동작업단위가 되기에는 농가 수가 많았기 때문에 실질적인 노동작업단위는 생산대보다 작은 규모의 작업소조가 담당했다. 그러나 이 같은 기본적인 공통점에도 불구하고 북한과 소련 및 중국의 집단농장은 생산조직의 운영 측면에서 부분적으로 차이점을 보여주고 있다. 이러한 차이점은 소련과 중국의 농업개혁 결과에서 서로 다른 결과를 발생시킨 요인으로 평가받고 있기 때문에 생산조직체계의 차이점을 비교할 필요가 있다.

우선적으로 가장 크게 드러나는 차이점은 기본채산단위가 서로 다르다는 점이다. 소련의 콜호스 체제는 집단화의 수준이 가장 높았기 때문에 콜호스를 기본채산단위로 했다. 북한 역시 소련과 유사하게 협동농장을 기본채산단위로 했다. 이에 반해 중국의 인민공사체제에서는 생산대가 기본채산단위로 인정받았으며 상급조직인 인민공사 및 생산대대 역시 독립채산제 방식으로 운영되었다. 상급조직을 기본채산단위로 할수록 하급조직의 자율성과 책임성이 낮게 인정되는 반면 하급조직을 기본채산단위로 할수록 직접적으로 생산활동에 종사하는 하급조직의 자율성과 책임성이 상대적으로 높게 인정되었다. 집단농장에 대한 관료주의적 통제라는 공통점에도 불구하고 상대적으로 하급조직의 자율성·책임성을 상대적으로 인정하면서 집단농장체제를 운영했던 중국의 경험이 청부제도의 도입과 같은 농업개혁조치에 더욱 효과적으로 적응할 수 있었던 요인이다. 따라서 북한이 1996년의 분조관리제도 개선 등과 같은 조치를 통해 청부제의 맹아형태를 시행했지만 개선조치의 효과가 기대에 미치지 못한 것은 협동농장을 기본채산단위로 했기 때문이다. 즉 그만큼 하급조직인 작업반 및 분조가 자율성과 책임성을 갖고 운영했던 경험이 상대적으로 부족했던 것도 다양한 원인 중 하나다.

그리고 소련의 콜호스 체제하에서 콜호스가 국가로부터 토지를 무상으로 분배받아 협동적 소유형태를 취한 상태에서 브리가다는 토지와 기술장비, 생산수단을 거의 항구적으로 보유했으나, 즈베노는 브리가다로부터 토지를 비롯한 주요 기술장비 및 생산수단 등을 재분배받거나 조정받아야 했다. 따라서 콜호스 체제에서 농업·식량 생산과 관련된 직접적인 활동의 주요한 기능은 대부분 브리가다를 중심으로 진행되었다. 북한의 협동농장체제 역시 소련의 콜호스체제와 유사하게 협동농장에 의한 토지의 협동적 소유형태를 취하고 있었으나 농기계를 비롯한 주요 생산수단의 활용이 작업반보다 상급조직인 협동농장에 의해 직접적으로 계획되고 관리되었다는 측면에서 작업반의 자율성과 책임성이 소련의 브리가다에 비해 오히려 상대적으로 낮은 것으로 보인다. 이에 반해 중국의 인민공사체제에서는 인민공사 – 생산대대 – 생산대가 토지 및 주요 생산수단에 대한 삼급소유제를 유지하면서 각급 조직의 규모와 수준에 맞는 토지 및 생산수단을 보유할 수 있었으며 자체적으로 보유한 토지 및 생산수단에 대한 계획관리를 스스로 행했다. 이는 북한과 소련에 비해 중국의 생산대대 및 생산대가 상대적으로 더 많은 자율성과 책임성을 부여받았다는 것을 보여준다. 이것 역시 중국의 농업개혁이 소련에 비해 더욱 큰 효과를 발생시킬 수 있었던 요인의 하나로 평가할 수 있다.

또 다른 중요한 차이점은 노동집단의 전문화 및 분업화 수준으로, 이는 각국의 농업기계화의 수준과 밀접한 관계가 있다. 소련의 콜호스는 약 300~500호의 농가로 구성되어 평균적으로 약 6000~7000헥타르의 토지규모를 보유했다. 이에 비해 중국의 인민공사는 약 3000~3300호의 농가로 구성되었으나 보유하고 있는 토지규모는 콜호스에 비해 훨씬 더 적었다. 이처럼 농가당 토지보유규모에서 콜호스가 인민공사에 비해 훨씬 더 규모화가 진전되어 있었다. 이 같은 차이점이 발생한 근본적인 원인은 소련과 중국의 농업기계화 수준이 서로 달랐기 때문이다.

소련의 경우 사회주의혁명 이전부터 후발 공업국가로서 상당한 수준의 공업화를 이루었으며 농업기계화의 수준도 기초부터 상당했다. 게다가 사회주의 공업화의 적극적인 추진으로 소련의 농업기계화는 농업집단화 초창기에 매우 빠른 속도로 성장했다. 따라서 비교적 높은 수준의 기계화를 이루고 있었기에 상대적으로 적은 농가가 토지를 대규모 보유하는 것이 가능했다. 또한 농업기계화의 진전은 콜호스 내부의 노동과정의 분업화를 촉진시키고 노동집단의 전문화를 촉진시켰다. 브리가다의 경우에도 복합작업반, 부분별 작업반, 전문작업반 등으로 분업화·전문화가 진전되어 있었으며 즈베노의 경우에도 가축력과 수작업에 의존하는 분조, 농기계와 가축력·수작업을 병행하는 복합분조, 기계를 전문적으로 사용하는 기계화된 분조 등으로 전문화가 빠르게 진전되었다. 게다가 브리가다의 하급조직으로 즈베노와 구별되는 전문노동작업을 수행하는 피에르마가 조직되어 전문화의 수준을 더욱 높였으며, 대규모 농작업의 경우 대형 농기계를 보유한 별도의 기계작업집단이 농작업을 전문적으로 수행했다. MTS(Machine Tractor Station)와 RTS(Repair Technology Station)에서 볼 수 있듯이 이들 기계작업집단의 기능과 역할이 매우 중요했다.

이에 반해 중국의 농업기계화 수준은 극히 미미한 수준이었다. 막대한 규모의 농가인구와 제한된 토지면적으로 인해 중국은 농업기계화보다 수리관개시설에 대한 투자에 집중했다. 원래 공업화 수준이 낮았던 중국은 사회주의 공업화 과정에서도 기계화보다 수리관개시설에 집중적으로 투자했기에 농업기계화 수준이 낮을 수밖에 없었다. 따라서 농업·식량 생산에서 토지와 노동력이 더욱 중요한 비중을 차지했으며 농기계 및 가축력 등의 비중이 상대적으로 낮을 수밖에 없었다. 이에 따라 인민공사의 노동과정의 분업화도 매우 느린

〈표 9-16〉 북한 · 중국 · 소련의 집단농장 생산조직 차이

생산조직체계	· 소련: 콜호스(300~500호) - 브라가다(20~50호) - 즈베노(5~12명) · 중국: 인민공사(3000~3300호) - 생산대대(200~300호) - 생산대(30~40호) · 북한: 협동농장(200~300호) - 작업반(50~100명) - 분조(10~25명)
기본채산단위	· 소련: 콜호스 · 중국: 생산대, 삼급소유제에 기초한 독립채산제 · 북한: 협동농장
농업기계화	· 소련: 기계화 수준이 매우 높다 · 중국: 기계화 수준이 매우 낮다 · 북한: 기계화 수준이 상당히 높았으나 1990년대 이후 기계화 수준 급락
노동분업화	· 소련: 노동집단의 전문화 · 분업화가 매우 높은 수준 · 중국: 노동집단의 전문화 · 분업화가 매우 낮은 수준 · 북한: 전문화 · 분업화가 상당히 진전되었으나 1990년대 이후 급격히 후퇴

속도로 진행되었으며 노동집단의 전문화도 낮은 수준을 유지했다. 대형 농기계를 비롯한 주요 생산설비는 인민공사와 생산대대가 보유했으나 농업 · 식량 생산에서 농기계의 기여도는 낮은 편이었고 대부분의 농작업은 노동력에 의한 수작업에 의존했다.

이와 같이 소련과 중국의 농업기계화 차이는 농업개혁의 결과가 서로 다르게 나타나는 원인의 하나로 작용했다. 농업개혁이 시도된 1980년대 초의 소련경제는 양적 팽창에 근거한 외연적 발전의 가능성이 한계에 부닥치면서 기술혁신을 통한 질적 성장의 필요성에 직면해 있었다. 그러나 더 이상의 기술혁신이 진행되지 않는 가운데 소련 경제가 세계경제의 변방으로 내몰리게 되었고 경제위기가 현실적인 상황으로 나타났다. 이러한 위기를 타개하기 위해 개혁이 시도되었으나 기술적 한계 때문에 개혁의 성과가 단기간에 가시화되기 어려웠다.

반면 중국의 경우에는 당시까지 양적 팽창을 통한 외연적 발전의 가능성이 많이 남아 있는 수준이었다. 이 때문에 중국에서는 기술체계의 혁신 없이 탈집단화의 제도적 개혁만으로도 농업생산성을 획기적으로 증가시킬 수 있었다. 이러한 소련과 중국의 기술수준의 차이는 사회주의혁명 이전부터 존재해왔던 것이다. 상대적으로 공업화 및 농업기계화의 수준이 낮았던 중국에서 기술혁신 없이도 탈집단화의 개혁만으로 농업생산성을 획기적인 증대를 가져올 수 있었기 때문에, 집단농장의 해체와 가족농업의 창설이 농업생산성의 증대로

이어지면서 비교적 순조롭게 진행될 수 있었다.

북한의 경우 소련보다 낮은 수준이었지만 중국에 비해서는 상대적으로 높은 수준의 공업화를 사회주의혁명 이전부터 이루고 있었다. 또한 나중에 농공병행정책으로 전환되기는 했지만 농업집단화 초창기에 중공업 우선정책을 시행해 농업기계화를 매우 빠르게 진전시켰다. 이에 따라 북한은 중국에 비해 상대적으로 고도화된 산업구조를 가질 수 있게 되었고 농업기계화의 수준도 매우 높았다. 농업기계화의 진전에 따라 노동과정의 분업화 및 노동집단의 전문화도 상당한 진전을 거두었다.

그러나 1989~1991년의 동구 사회주의권 붕괴와 경제적 봉쇄로 인해 에너지 위기가 발생함에 따라 농업기계화가 급격히 퇴보하기 시작했다. 이에 따라 농업기계화율이 급격히 감소했고 노동과정의 분업화 및 노동집단의 분업화도 심각한 퇴보현상을 보였다. 현재 북한의 농업기계화 및 노동집단의 전문화 수준은 농업개혁 조치가 시도되었던 1980년대 소련의 농업기계화에 비하면 턱없이 부족한 수준이었으며 농작업을 대부분 노동력에 의존하던 중국의 농업기계화 수준과 유사한 것으로 평가된다. 이처럼 북한의 농업기계화가 낮은 수준으로 퇴보한 것은 중국의 경험에서 보듯이 탈집단화를 위한 제도적인 개혁이 생산성증대에 미치는 효과를 더욱 크게 가져올 수 있다는 점에서 매우 시사적이다. 농업기계화의 수준이 높았던 소련의 경우 제도적 개혁의 효과가 상대적으로 미미하게 나타난 반면, 농업기계화의 수준이 낮았던 중국에서는 제도적 개혁의 효과가 상대적으로 크게 나타났다는 선험적 사례는 북한의 협동농장에 대한 제도개혁에 시사점을 던져준다.

5) 분배 체계의 비교

북한 · 중국 · 소련의 집단농장체제에서 농가에 대한 수익분배는 국가에 대한 제세금과 각종 공공기금을 우선적으로 배분한 이후 남는 수익금에 기초해 이루어졌다는 공통점을 갖는다. 소련의 경우 콜호스의 총수입 가운데 제 세금과 생산비, 그리고 각종 사회기금을 우선적으로 충당한 이후에 콜호스의 수익금 몫을 결정했으며 이 수익금 가운데 일부를 콜호스의 공공목적에 필요한 기금으로 축적하고 나머지를 노동보수기금으로 하여 농가에 직접 분배했다. 이 같은 노동보수기금의 결정방식은 중국의 인민공사와 북한의 협동농장에서도 공통적으로 채택되었다. 또한 노동보수기금을 농가에 배분하는 원칙에 있어서 협동농장과 인민공사 그리고 콜호스 모두 노르마 방식에 의한 노동점수를 기준으로 수익을 분배하는 것을 가장 기본 원칙으로 삼았다는 점에서 공통점이 있었다. 한편 개별농가의 부업생산을 보장하는 차원에서 일정 규모의 텃밭 혹은 자류지(自留地)를 부분적으로 허용했다는 점도 공통점이었다. 그러나 이처럼 각국의 수익분배 체계가 많은 공통점과 유사성을 보여주는데도 불구하고 그 구체적인 내용 면에서 몇 가지 차이점을 보인다. 중국과 소련의 수익분배 체계의 차이는 농업개혁 결과의 차이를 낳게 만들었던 요인 가운데 하나라는 점에서 그 차이점을 비교하는 것이 필요하다.

북한·중국·소련의 집단농장은 노르마 방식에 의한 노동점수를 노동수익 분배의 기준으로 삼았다는 점에서 공통점이 있다. 노르마 방식이란 노동시간과 같은 양적인 측면뿐만 아니라 작업의 강도 및 전문성과 같은 질적인 측면을 함께 고려해 노동점수를 부여하는 방식이다.

이 방식은 소련의 콜호스에서 처음으로 도입·시행되었으며 중국 인민공사의 정액기공(定額記工) 방식과 북한 협동농장의 노력일 평가 방식도 기본적으로 노르마 방식에 해당한다. 그러나 소련 콜호스와 북한 협동농장에서 노르마 방식이 수익분배의 지배적인 원칙으로 적용되었던 것에 반해, 중국 인민공사는 노르마 방식을 기본으로 하면서도 포공도조(包工到組) 및 안시가평의(按時加評議) 등과 같은 청부제분배방식을 광범위하게 도입했다. 포공도조는 작업소조 등에 생산청부의 대가로 생산액을 지불함과 동시에 초과생산의 경우에는 장려금을 지불하는 분배방식이다. 안시가평의는 기본적으로 노동점수에 따른 분배방식이지만 시간에 상응하는 노동점수에 평가를 가해 총노동점수를 가감하는 것이 부가된 분배방식이다. 중국은 북한 및 소련에 비해 노동수익분배의 기준을 더욱 다양하게 적용했을 뿐만 아니라 초과생산에 따른 대가를 지불하는 청부제 방식도 광범위하게 도입했다.

그리고 북한·중국·소련의 집단농장은 초과생산에 대한 장려금을 지급하는 등 인센티브를 도입하는 공통점이 있었으며 그 내용상에서 차이점도 있었다. 일반적으로 집단농장체제하의 농민들 사이에서는 평균주의적 분배방식 때문에 물질적 성취욕구와 노동의욕이 저하되는 문제점이 발생했으며, 이로 인해 집단농장의 효율성이 떨어지고 수익성이 악화되는 결과가 초래되었다. 그래서 소련은 농업집단화 초창기에 농장원의 노동의욕 저하를 방지하기 위해 브리가다의 하위조직으로서 즈베노를 조직화해 물질적 인센티브를 부여하고 초과생산에 대한 장려금을 지급하는 조치를 취했던 것이다. 또한 농장원에 대한 안정적인 소득수준을 보장하기 위해 1950년대 중반부터 의무노동일수를 기초한 보장임금제를 실시했다. 하지만 보장임금제는 시간의 경과에 따라 점차적으로 인센티브로서의 기능을 상실하고 안정적 소득을 보장하는 측면을 강조하게 되었다.

평균주의를 배제하고 초과생산에 대한 장려금을 지급하는 방식은 중국과 북한에도 광범위하게 도입되었다. 중국은 초과노동 장려금에 더해 생산소조에 대한 청부제를 광범위하게 도입해서 농가의 물질적 욕구를 자극하려 했다. 농업기계화 수준이 낮고 제한된 토지에 막대한 농가인구가 집중되어 있는 중국 농촌의 상황에서 생산소조를 대상으로 한 청부제의 광범위한 도입은 농업·식량 생산 증대를 도모할 수 있는 유력한 수단이었기 때문이다. 게다가 소련과 달리 농가의 안정적 소득을 지원하는 보장임금제를 도입할 수 없는 중국의 상황에서 비록 비공식적인 방법이기는 하지만 소규모 생산소조에 대한 청부제의 도입은 넓게 확산될 수밖에 없었다. 초과노동 장려금은 북한의 협동농장에도 초창기부터 도입되었다. 1960년부터 작업반에 대한 우대제를 도입하고 노르마 방식에 의한 기본분배에 추가해 생산실적이 우수한 작업반에 보충분배를 더했다. 이후 1966년부터는 10~25명 규모의 분조를 조직화해 분조관리제를 도입하고 종전의 작업반우대제를 분조우대제로 개편했다. 상대적으로 규모가 큰 작업반에 비해 규모가 작은 분조를 대상으로 우대제를 시행하는 것이 좀 더 효과적인 인센티브 부여 방안이었기 때문이다. 분조관리제에서 1996년부터 분조 규모를 7~10명으로 더욱 축소하는 개선조치가 시행되었으며, 초과생산물의 자유처분권도 분조에 부여했다. 이 같은 분조관리제 개선조치는 중국에서 시행했던 생산소조에 대한 청부제와 유사하다.

집단농장체제하에서 농업·식량 생산 증대의 목적을 위해 자주 도입되는

〈표 9-17〉 북한 · 중국 · 소련의 집단농장 분배 체계 차이

분배기준	· 소련: 콜호스 - 노르마 방식 · 중국: 인민공사 - 노르마 방식이 기본, 비공식적으로 청부제 방식 시행 · 북한: 협동농장 - 노르마 방식
인센티브	· 소련: 보장임금제 + 초과노동장려금 · 중국: 초과노동장려금, 생산소조청부제 · 북한: 초과노동장려금, 분조관리제
텃밭	· 소련: 부분적 인정(전체 경지면적의 3~4% 유지) · 중국: 소규모 자유지 확대(1960년대 말부터 경지면적의 3분의 1 수준 유지) · 북한: 농가당 50평(1953) → 20평(1977) → 400평(2002)
인센티브 수준	· 중국 ≫ 북한 ≒ 소련

것이 개별농가에 의해 경작되는 텃밭 또는 자류지 등으로 불리는 것으로 소규모 자유경작지라고 할 수 있다. 중국의 경우 막대한 인구증가 압력에 의한 식량문제를 해결하는 것이 중요한 국가적 과제였기 때문에 인민공사 보유토지에 비해 상대적으로 생산성이 현저하게 높은 소규모 자유경작지가 공식적 혹은 비공식적 경로를 통해 광범위하게 확산되었다. 1960년대 말부터 개별농가가 직접 경작하는 소규모 자유경작지가 전체 경지면적의 약 3분의 1에 해당하는 수준을 유지할 정도로 자유경작지가 매우 활성화되어 있었다. 반면 소련의 경우에는 농업집단화 이후에 심각한 식량위기를 경험하지 않았기 때문에 소규모 자유경작지가 국가에 의해 통제되었으며 그 규모 역시 상대적으로 매우 적었다. 개별농가의 텃밭으로 경작되는 자유경작지의 규모는 1960년대 이후 전체 경지면적의 약 3~4%에 불과했다. 한편 북한 역시 중국에 비해 자유경작지가 활성화되지 않았으며 국가에 의해 통제를 받았다. 한국전쟁 직후 복구기에 개별농가당 50평 규모의 텃밭이 허용되었으나 농업 · 식량 생산이 상당한 수준에 도달한 이후 1977년부터는 개인 텃밭 규모를 20평 이하로 축소하는 정책이 시행되었다. 개인 텃밭 경작에 대해 북한은 국가적으로 통제정책을 유지해오다가 1990년대 중반 이후 심각한 식량위기 상황을 겪으면서 2002년 7 · 1 경제관리개선조치를 발표해 텃밭규모를 400평까지 확대하도록 허용했다. 협동농장 보유토지에 비해 상대적으로 생산성이 현저히 높은 개인 텃밭의 규모를 확대해 농업 · 식량 생산의 증대를 꾀하려는 것이다.

중국 인민공사와 소련의 콜호스 사이에 나타나는 집단농장의 수익분배 및

인센티브 제도의 차이점은 농업개혁의 결과가 서로 다르게 나타나도록 만드는 원인의 하나로 작용했다. 상대적으로 중국은 소련에 비해 초과노동에 대한 수익배분을 장려하고 생산소조에 대한 청부제를 활성화시켰으며 자류지로 불리는 소규모 자유경작지가 광범위하게 확산되는 것을 허용했다. 중국의 노동 인센티브는 소련에 비해 훨씬 더 적극적인 방식이었다. 이에 따라 중국의 농민들은 소련의 농민들에 비해 물질적 욕구를 자극하는 인센티브 및 초과노동에 대한 경험이 훨씬 더 풍부했다. 그렇기 때문에 중국이 소련보다 생산책임제 혹은 생산청부제의 도입과 같은 농업개혁 조치에 상대적으로 훨씬 더 탄력적으로 반응했으며, 그 성과 역시 소련에 비해 중국에서 더욱 크게 나타났다. 이처럼 중국이 소련에 비해 상대적으로 초과노동 및 인센티브를 활성화시켰던 데에는 막대한 인구증가 압력에서 초래되는 만성적인 식량문제가 큰 배경으로 작용했다. 소련의 경우 농업집단화가 이루어진 후에 장기적으로 심각한 식량위기 상황을 겪지 않았고 식량의 생산·공급물량이 나름대로 안정수준을 유지했기 때문에, 초과노동 및 인센티브의 필요성을 절감하는 수준이 중국에 비해 낮을 수밖에 없었다. 이 같은 점은 북한의 농업개혁에 큰 시사점을 던져준다. 북한의 경우 초과노동 및 인센티브에 대한 경험의 수준이 소련과 유사해서 중국에 비해 인센티브의 선험적 사례가 풍부하지 않다. 반면 1990년대 중반 이후 대규모 식량 부족사태를 경험한 북한은 식량위기 상황을 극복하기 위해 초과노동 및 인센티브의 필요성을 크게 절감하고 있다. 1996년 분조관리제의 개선과 2002년의 7·1 경제관리개선조치는 바로 이와 같은 필요성에서 나온 조치다.

6) 역사적 경험의 비교

중국과 소련의 농업개혁 및 집단농장개혁이 서로 다른 결과로 나타났던 원인 중에는 집단농장체제의 구조적 차이점도 존재하지만 양국의 역사적 경험의 차이점도 있다. 우선, 소련과 중국 간에는 농업문제의 중요성에 대한 차이가 존재하고 있었다. 중국의 경우 막대한 인구를 부양하기 위해서는 절대적인 식량 부족 문제를 해결하고 농업생산성을 획기적으로 증가시키는 농업문제가 매우 중요했다. 그러나 소련의 경우에는 절대적인 식량 부족의 문제보다 더욱 더 개선된 수준의 영양을 요구하는 도시인구에 식품을 공급하는 것이 중요한 농업문제였다.

또한 중국의 경우 농촌의 절대적인 과잉인구가 중요한 문제점이었으나 소련의 경우에는 오히려 이농에 의한 농촌인구의 감소가 중요한 문제로 대두되었다. 이처럼 농업·농촌문제의 중요성이 소련과 중국에서 각각 서로 다르게 제기되었는데, 집단농업의 개혁을 통한 농업생산성 증대가 소련보다 중국에서 훨씬 더 절박한 문제로 대두되고 있었다는 차이점이 있었다. 또한 역사적으로 보더라도 중국 사회주의혁명의 원동력은 농촌·농민에 있었으나 소련의 경우 도시의 노동자와 병사가 혁명의 주체였다는 점에서 역사적 경험의 차이가 있었으며, 특히 사회주의 공업화 과정에서 소련은 농업 부문에 대한 수탈을 통해 공업화에 필요한 자원을 우선적으로 조달하는 중공업우선 일변도의 정책을 도입했으나 중국은 상대적으로 농업우선정책이 강조되었다는 차이점이 있었다.

따라서 상대적으로 농업·농촌·농민 문제가 더 중요하고 절박하게 대두되었던 중국에서 소련보다 먼저 집단농업에 대한 개혁이 시도될 수 있었고, 장기간에 걸쳐 농촌이 도시를 포위하는 방식으로 점진적인 개혁이 추진될 수 있었던 것이다.

북한의 경우 공업화의 초기 조건이 중국에 비해 우월한 수준이었고 사회주의혁명 과정에서 농민혁명을 경험하지 않았으며 중국에 비해 훨씬 더 도시화·공업화된 산업구조를 갖고 있었다. 이런 측면에서 본다면 북한의 농업문제가 중국보다는 소련에 좀 더 가까운 성격을 가지는 것으로 이해될 수 있을 것이다. 그러나 이 같은 해석은 1990년대 이전의 북한 상황에서는 타당할지 몰라도 현재의 북한 농업문제에서는 더 이상 타당하지 않은 해석이다. 왜냐하면 1990년대 중반 이후부터 북한은 유례없는 대규모의 식량 부족사태를 경험했고 현재까지 이 같은 식량위기 상황이 크게 개선되지 않고 있기 때문이다. 따라서 1990년대 중반 이후 북한에서 식량문제의 해결은 더 이상 농업문제에 국한되지 않고 국가적인 제일 과제로 대두되었다. 따라서 현재 북한의 농업문제의 중요성은 과거 중국이 막대한 인구증가 압력에 따른 식량문제를 해결하는 것과 같은 수준이거나 또는 그 이상의 수준으로 인식되고 있다.

다음으로 소련과 중국에서 가족단위 소농 경영의 역사적 경험의 차이가 존재하고 있었다. 전제정권 시대의 구러시아에서 농노해방을 추진했으나 대다수의 농민은 채무노예적 성격을 벗어나지 못했고 농촌공동체인 미르(mir)의 영향력이 매우 강력했다. 구러시아에서는 1905년의 스톨리핀 개혁에 의해 비로소 부농이 성장하기 시작했으며 농민적 토지소유에 의한 가족농업 체제는 1917년 10월 혁명 이후 토지개혁을 통해 겨우 성립되기 시작했다. 그러나 이 같은 가족농업의 경험은 1920년대 농업집단화의 추진에 따라 또다시 붕괴하고 말았다. 역사적으로 소련에서는 가족단위의 경영에 대한 경험이 많지 않았기 때문에 가족농업의 창출을 위한 개혁에도 불구하고 가족경영에 종사할 수 있는 농민층의 기반이 취약했다고 볼 수 있다. 반면 중국의 경우 소농제도가 유구한 역사적 전통을 가지고 있으며 사회주의혁명 이전에도 가족단위의 소농 경영이 광범위하게 이루어지고 있었다. 이 같은 역사적 경험의 차이로 인해 가족농업의 경험이 상대적으로 풍부한 중국에서 가족농업의 창출이 좀 더 성공적으로 이루어지게 되었고, 탈집단화 및 가족농업에 의한 농업생산성의 증대가 더욱 적극적으로 가능했던 것이다.

이런 측면에서 보면 가족단위 소농 경영에 대한 북한의 역사적 경험은 중국과 거의 유사한 것으로 이해할 수 있다. 북한도 중국과 마찬가지로 가족단위 소농 경영이 유구한 역사적 전통을 갖고 있으며, 사회주의혁명 이전에도 소작을 포함해 가족단위 소농 경영이 농업경영의 지배적인 형태를 이루었다. 토지개혁 직후에는 농민적 토지소유에 기반한 소농 경영이 농업경영의 지배적 형태를 이루었다. 가족농업에 대한 북한의 역사적 경험은 탈집단화 및 가족농의 창출 측면에서 소련의 사례를 따르기보다 중국의 선험적 사례를 따라갈 가능성이 크다. 그러나 정치개혁과 연계된 중국의 개혁을 답습하기 위해서는 지도자의 정치적 결단이 필수적이기 때문에 시간이 필요할 것으로 판단된다.

제10장

북한 협동농장체제의 개혁 방향과 대응 방안

1. 향후 협동농장 개혁 여건과 방향

통일과정 및 통일 이후 북한 지역 협동농장의 개혁은 매우 중요한 과제이며 특히 농지의 사유화와 개인농 도입문제는 여타 산업의 사유화와는 다른 의미를 지닌다. 농지사유화의 대상 선정이 통일국가의 주체를 선정하는 작업으로 연계될 수 있기 때문이다. 현재 북한 농지면적의 약 90%를 차지하고 있는 협동농장 개편은 이러한 의미에서 단순히 협동농장에 국한된 개편이 아닌 북한 농업의 전체적인 개혁이라고 할 수 있다.

협동농장의 구조를 개혁하는 데 수많은 제약과 조건이 뒤따를 것이다. 남북한 통일 시 농업 부분만이 아닌 북한 전체에 대한 통일정책과 농업 부분에서의 정책이 서로 연관성 있게 진행되어야 함은 물론이거니와 농지사유화에서도 기타 산업 부문의 사유화 형태와 속도에 따라 전체적인 맥락 속에서 농지사유화와 개인영농체계가 도입되어야 할 것이다. 우리 민족은 전통적으로 토지소유에 대한 강한 의욕과 욕구를 가지고 있으며 특히 북한에서의 농지사유화는 재산가치뿐만 아니라 마지막 생존수단으로의 의미가 매우 강하다고 할 수 있다. 구동독의 경우 협동농장의 토지사유화는 협동화 시기에 각자가 출자했던 토지나 자산을 되돌려 받거나 현재의 협동농장 종사자가 유리한 조건으로 구매할 수 있게 하는 방안으로 사유화를 진행했다. 그러나 북한의 경우 토지의 사유화는 구동독에서와 같은 풍부한 식량으로 인해 의식주의 해결하에서 진행되었던 사유화하고는 성격이 다르며, 극심한 식량난하에서 생존을 위한 사유화라는 측면에서 차이가 있다. 따라서 먼저 북한 협동농장이 가지고 있는 초기 여건들을 살펴보고 북한 협동농장개혁의 초기 여건과 현 북한 협동농장의 문제점 등을 고려해 종합적인 개편 방안을 제시하고자 한다.

현재 북한의 협동농장개혁은 다음과 같은 상황을 고려해야 한다. 첫째, 북한 협동농장원들이 농지에 대한 개인소유의 역사적 경험이 있는가이다. 북한의 농지는 해방 이후 협동화가 완료된 1958년까지 개인소유하에 있었으며 현재도 개인 텃밭이나 다락밭 등은 완전한 개인소유의 형태는 아니더라도 개인소유의 형태를 인정하고 있어 농지에 대한 개인소유권의 경험이 있다고 할 수 있다.

둘째, 북한 협동농장 집단화 이전의 농업경영구조의 형태가 대규모인가 영세농인가의 문제이다. 1946년 토지개혁 이전에는 주로 대지주의 농지로 구성된 몰수 농지가 전체 농지의 55.7%를 차지하고 있었으며 자작지는 44.3%를 구성하고 있었다. 그러나 자작지도 매우 영세한 규모로 경영되고 있었고 대지주의 몰수농지도 대부분 영세 규모로 소작되고 있었다. 따라서 집단화 이전 북한의 농업경영구조는 전형적인 영세농 구조를 띠고 있었다.

셋째, 협동농장 개별 구성원이 종합적인 영농경영에 참여한 경험이 있는가이다. 북한에서 농산물의 생산계획 및 시장에의 참여 경험은 50년 이상 사회주의 농업하에서 전무할 수밖에 없으며 이러한 현상은 모든 사회주의국가에서 공통적인 현상이다. 그러나 농업생산활동에 대한 총괄적인 경험에는 차이가 있다. 구소련 및 동구권의 농업생산활동은 제조업에서와 같이 철저한 분업이 일반적이기 때문에 개별농가의 생산활동에 대한 경험은 극히 전문화되어 있었다. 그러나 북한은 초기부터 협동농장 내에 생산단위인 작업반과 분조를 설치하고 분배형태로서 작업반우대제, 분조도급제를 도입하면서 각각 작업반 및 분조 단위로 독립된 생산활동을 수행하고 있다. 따라서 북한의 개별농가는 종합적인 경영 경험을 습득한 것으로 평가할 수 있다. 그러나 농자재의 구매 능력이나 판매는 협동농장에서 종합적으로 관리하기 때문에 이에 대한 경험 능력은 거의 없는 것으로 파악된다.

넷째, 북한의 농업인구가 북한 전체 경제에서 차지하는 비중과 남북한 통일 시 북한 주민들 특히, 농민의 남한으로의 이주나 이농 여건이다. 통일과 함께 북한의 비효율적인 기업은 남한 및 외국 기업과의 경쟁에 노출되어 대량 도산이 불가피한 상태다. 산업 부문의 이농인구 흡수 여력은 희박하며 산업 부문이 일정 수준 이상으로 성장할 때까지 많은 인구가 농업 부문에 남아 있어야 한다. 이는 통일 시 탈농으로 인해 일시적으로 대규모 인구가 남한으로 이주하거나 북한의 기타 산업의 고용능력이 제대로 갖추어져 있지 않은 상태에서 이농을 한다면 남한이나 북한 경제회생에 극심한 부정적 영향을 미칠 것이다.

다섯째, 통일 시 현재 농민들의 토지 사유화에 대한 높은 요구이다. 현재 북한에서 개인 텃밭의 생산성은 협동농장의 생산성보다 매우 높게 나타나고 있다. 토지사유화 및 생산물에 대한 소유권을 인정하는 것은 농업생산성을 증가시키는 결정적인 역할을 할 것이며 통일에 대한 기대감을 일정 수준 충족시켜줄 것이다.

2. 협동농장 개편의 기본 원칙

58년 동안 남한 농업과의 단절에 의한 연계성 부족과 북한 농업의 낙후성으로 인해 북한 협동농장의 개편은 일시적인 개편 방안으로 시행되어 단기적인 효과만을 기대할 수밖에 없다. 통일 시 남북한 간의 농업발전 차이와 함께 국제시장에서의 경쟁력 회복을 위해서는 단기적 계획과 중·장기적 계획으로 분리하여 개편계획을 수립하는 것이 바람직하다. 단기적인 계획으로는 현 농업기반을 바탕으로 한 생산성 증대 방안과 산업화로 발전할 수 있는 비농업적 기반을 조성해야 할 것이다. 동구권 체제전환 국가들의 경우 통일 초기에 농지의 사유화 및 영농구조 개편의 실패로 농업생산성이 급속히 감소했으며 일부 국가들은 지금까지도 체제전환 전의 생산성을 회복하지 못하고 있는 실정이다. 이는 단기적 세부계획과 중장기적인 비전의 부족에서 발생했다. 따라서 통일 초기에는 현 농업기반을 최대로 활용하고 남한의 자본과 기술을 접목시키는 개편이 이루어져야 할 것이다. 중·장기적인 계획으로는 북한의 농업이 산업화로 발전해 국제경쟁력을 확보하는 방안을 추진해야 한다. 북한 지역의 특수성을 고려한 품목개발과 영농구조 개편 등을 통해 남북한 농산물의 균형적인 발전을 도모하고 북한 지역경제의 기반으로 발전하는 방안을 계획해야 한다.

북한의 협동농장 개편에서 북한의 농업을 산업측면에서 보는 관점과 사회적인 측면에서 보는 관점, 정치적·제도적인 측면에서 보는 관점으로 크게 분류할 수 있다. 현재 남한에서의 농업은 해방 이후 영세소농구조에서 세계 농산물 시장에서 경쟁력을 갖추기 위한 산업적인 측면으로 발전하고 있다. 단순한 자급자족의 시대를 벗어나 영농의 규모화와 농업구조 개편 등의 시행을 통해 하나의 산업으로 발전하고 있는 과정이다. 그러나 북한의 농업은 통일 후 단시일 내에 산업 측면에서의 개편을 추구하기에는 여러 가지 기반시설이나 현 농민들의 시장경제체제에 대한 의식 결여 등 여러 가지 문제점들을 내포하고 있다. 따라서 통일과정 및 이후 일정 기간 동안 북한지역의 사회안정과 산업화로 가기 위한 과도기적인 준비 단계가 필요하다. 이러한 단기적인 협동농장 개편의 기본 원칙에서 산업적인 측면보다는 사회안정과 현 주민의 생활보장이라는 측면이 우선되어야 할 것이다.

왜냐하면 첫째, 동서독의 통일 과정에서 보았듯이 구서독이 거대한 자본과 기술을 갖추고 세계금융시장의 중심적인 역할을 하고 있었음에도 불구하고 동서독 통일 시 구동독에 대한 급격한 변화는 예상되었던 통일비용을 초과했다. 이로 인해 구서독 주민들의 부담이 증가해 통일에 대한 부정적인 측면을 증가시켰다. 통일 전 구공산주의국가 중에서도 구동독은 사회보장이 잘되어 있고 농업생산성이 앞서가던 국가임에도 불구하고, 통일 이후 농산물가격의 급격한 하락과 함께 협동농장의 해체로 실업자가 증가하고 국민들의 통일에 대한 반감 등이 증가하면서 사회적 문제들이 발생하고 있다. 따라서 현재 남한이 구서독과 같은 경제력이 부족한 실정에서 북한과 통일을 시도하면서 급격한 산업 측면적 개편을 실시할 경우, 통일비용의 증가와 함께 기존의 식량 부족 사태를 더욱 증가시킬 가능성이 있다. 이는 곧 통일에 대한 사회적인 반감으로 작용할 가능성이 높다.

둘째, 현재 북한의 식량난은 정권 존립을 위협할 정도로 매우 심각한 상태이다. 통일 과정에서 북한 주민들은 많은 양의 식량을 요구할 것이며 이 경우 남한으로의 이주 등 대규모 인구이동이 불가피할 것이다. 따라서 농업에서 노동생산성을 급격하게 향상시키기 위해 탈농 등을 유도하기보다 현 생산 체계를 최대로 활용해 단기적인 농업생산 증대 방안을 적용함으로써 농업에서의 안정과 사회적인 안정을 유지해야 한다. 셋째, 현재의 농민들을 일정 기간에 농업 부문에 종사하도록 해서 남한으로의 이주를 방지하고 여타 산업의 발전을 통해 농업에서의 과잉노동력을 흡수할 수 있는 기반을 마련해야 할 것이다. 통일 초기 농업에서 남한과 같은 경쟁력 있는 규모를 확보하기 위해서는 현재 과잉 투입되고 있는 노동력을 다른 산업으로 흡수하든지 아니면 남한으로 이주시키는 방법을 써야 한다.

그러나 남한으로의 이주는 실업자의 증가와 함께 사회적 범죄 발생 등 많은 문제점들을 내포하고 있으며 통일 비용 중 많은 부분을 담당해야 될 남한 국민들이 통일에 대한 반감 등을 갖게 될 것이다. 또한 통일 시 국제경쟁력이 거의 없는 북한의 산업 부문에서 노동력을 흡수할 수 있는 여력이 충분하지 않기 때문에 많은 주민들이 실업자가 되기 쉬울 뿐만 아니라 사회적인 낙오자가 될 가능성이 높다. 따라서 일정 기간 북한의 농업에서 많은 노동력을 흡수해야 하며 이 기간에 기타 산업 부문을 활성화해 과잉 노동력을 흡수하는 방법을 선택해야 한다. 이러한 측면을 우선적으로 고려한 협동농장 개편의 기본 원칙은 다음과 같다.

1) 농장원의 자원성 원칙 보장

남북한 통합과정에서 북한 협동농장에 대한 개혁은 남한이나 외부의 인위적인 계획에 의해서가 아니라 현 농업 종사자들에 의해서 자주적으로 선택되어져야 한다. 남한이나 외부의 획일적인 계획에 의한 개혁은 단시일 내에 구조 개편은 이루어질 수 있으나 이에 따르는 농민들의 반발이나 생산성 악화 등 부정적인 측면도 발생할 수 있다. 다만 통일 초기에는 남한의 농업 관련 기관과 생산자단체 등의 전문가들이 북한의 각 지역을 담당해 농업구조 개편과 시장경제체제에 대한 교육 등을 통해 더욱 효율적인 형태로 협동농장이 개혁되도록 유도해야 한다.

2) 형평성 원칙에 의한 생존권 보장

협동농장 개혁에서 현 북한 농민에 대한 형평성 유지 및 생존권 보장이 우선되어야 하며 북한에 있는 재산의 형성에 대한 북한 주민의 기여를 인정해야 한다. 북한에서 농민은 전체 인구의 약 23.5%를 차지하며 농업인구는 30.7%를 차지해 공업인구 다음으로 많은 부분을 차지한다. 따라서 농업에 종사하는 농민에 대한 생존권 보장이 우선되어야 하며 이와 함께 자산 분배 시 형평성을 최대로 유지하는 방안을 강구해야 한다. 그러나 현행 북한의 농업인구는 식량자급이 이루어지지 않는 상황에서 과잉이라고 볼 수밖에 없다. 농업인구는 기계화를 도입할 경우 신속하게 축소될 것이다. 농업에 대한 공업의 지원을 유도하기 위해서는 농업노동력이 공업으로 이동해야 한다.

3) 효율성 원칙에 의한 농업생산구조 유도

북한 협동농장의 개혁은 단순히 북한 지역에 국한된 것이 아니라 통일 한반도 전체의 농업 문제로서 '통일농정'의 개념이 도입되어야 한다. 따라서 북한의 협동농장 개혁이 지향하는 최종 형태는 남한과 상호 보완관계를 유지하는 형태로 생산구조를 변화시켜야 하며, 또한 현재 남한에서 실시하고 있는 농업구조 개편사업과 연계된 선진화된 농업으로 개혁을 추진해야 할 것이다.

현재 북한 협동농장은 인센티브의 결여 및 사유재산제도의 불안정 등 구조적인 문제점으로 인해 생산성이 매우 낮은 상태이다. 우선적으로 협동농장의 구조를 변화시키는 정책이 추진되어야 한다. 중국의 경우 인민공사의 해체 이후 농가생산책임제로 전환하면서 농지를 개별 생산농가에 분배했으며 이로 인해 추가적인 비료나 농약의 투입 없이 농민들의 생산 의욕 증대로 인해 생산성이 약 30% 정도 증가했다. 따라서 북한도 농지 분배를 통해 생산성 향상을 먼저 유도해야 하며 협동농장의 자산에 대해서는 각 구성원의 의견을 바탕으로 하여 경쟁력 있는 규모화를 추진해야 한다.

4) 여타 산업 부문과 연계된 개혁 방향 유도

북한 협동농장 개혁은 앞에서도 언급했듯이 통일국가의 농업주체를 선정하는 중요한 작업이라고 할 수 있다. 또한 농업비중이 큰 북한에서 협동농장의 개혁은 타 산업의 개혁과 밀접한 연관성을 가질 수밖에 없다. 따라서 협동농장 개혁은 농업 부문만의 개편이 아닌 북한 전체 산업의 개혁과 맥락을 같이 하는 범위 내에서 이루어져야 할 것이다. 물론 농업 부문을 특수한 산업으로 처리하여 사유화 시 기타 다른 산업과 차별화된 정책을 수행하는 것도 예상할 수 있으나, 기본적인 개혁 형태나 속도 등은 북한 경제개혁의 전체적인 계획에 맞추어 진행되어져야 할 것이다.

3. 협동농장의 개혁 방향

협동농장의 개혁은 구조적 측면과 행위적 측면에서 논의의 초점을 맞추어야 한다. 구조개편은 농장의 생산단위규모를 개혁하는 것과 생산목표량을 축소하는 것 등 당국의 거시적인 농업 기본정책과 맞물려 있다. 행위적 측면은 업무에 적극성을 느낄 수 없는 농장원들의 행태를 바꾸고 리당비서 등 협동농장 관리인력들의 바른 업무자세를 확립하는 것이다.

1) 거시적 개혁 방향

현재 북한 협동농장의 가장 큰 문제점 중 하나는 분배제도의 기준이 잘못된 것보다 생산목표량이 생산능력을 훨씬 상회한다는 것이다. 분배 방법이 아무리 과학적으로 규정되어 있다 하더라도 기본적인 생산량이 목표량에 미달한 상황에서 분배제도의 합리성이 의의를 갖기는 어렵다. 물론 높은 생산목표량은 북한 전체의 곡물생산량이 소요량을 맞추지 못함에 따라 식량수급을 담당하고 있는 국가계획위원회, 농업성 및 노동당 입장에서 책임량을 생산능력에 관계없이 부과할 수밖에 없는 불가피한 측면이 있다. 근본적으로 협동농장의 생산능력이 비료, 농약, 농기계 및 비닐 등 농자재의 공급량이 급격히 축소된 상태에서 배정된 목표량을 완수하기는 사실상 어렵다.

물론 협동농장의 설립 초기인 1960년대에는 목표배정량제도가 업무 수행에 조직적인 측면이 강조됨으로써 효율성을 보이기도 했다. 이러한 효율성은 농자재 투입이 농업성의 지시에 의해 전력성 및 경공업성 등 여타 부서에서 전기 및 농자재 공급이 기관이기주의를 극복하고 비교적 원만하게 이루어졌고 합리적인 계획이 입안한 데 기인했다. 그러나 기관의 협조는 1990년대 들어 경제난으로 인한 물자부족으로 더 이상 작동되지 않는 상태다.

'1965년 분조관리제'는 생산목표량(과거 3년간의 생산량 + 3년 중 최고생산량)을 4로 나누는 데 반해 '1996년 분조관리제'는 과거 3년간 생산량 + 1993년 이전 10년간 평균생산량을 4로 나눔으로써 외형상으로 보면 목표량이 다소간 하향 조정된 셈이다. 1965년 제도는 3년 중 최고생산량을 기준으로 했으며 1996년 제도는 1993년 이전 10년간 평균 생산량을 기준으로 했다. 그러나 1993년 이전 10년간 평균 생산량을 엄밀히 분석해보면 생산목표량이 하향 조정된 것이 다른 의미를 갖는다고 볼 수 있다. 왜냐하면 1993년 이전 10년간(1982~1992)은 북한의 식량 생산 체제가 미흡하나마 정상적인 궤도를 그렸기 때문에 곡물생산량이 400만 톤을 상회했다. 결과적으로 이 시기를 기준으로 정한 10년 동안 평균 생산량을 곡물생산 기반이 무너진 2000년대에 적용할 때 목표량을 하향 조정했다고 단정하기는 어렵다.

따라서 생산목표량 기준을 다시 결정할 필요가 있다. 1995년 가뭄과 홍수 및 농자재 공급 부진 등에 의한 흉작 이후 농업생산기반이 무너져 있는 상태로서 기준량을 1993년 이후 5년간으로 정하는 것이 합리적이다. 이 경우 1995년 이후 흉작과 이전에 평년작을 함께 고려함으로써 협동농장의 평균 생산능력(production capacity)을 비교적 정확히 결정할 수 있다. 따라서 이상적

〈표 10-1〉 분조관리제의 개혁 방향

구분	변화 내용	변화 전 기준	바람직한 기준
작업분조 규모	분조 규모 축소	10~25명 (연령층 배합)	7~8명 (가족, 친지 단위)
생산목표량	하향 조정	(과거 3년간의 생산량+3년 중 최고 생산량 / 4	(과거 3년간 생산량 + 1993년 이전 10년간 평균 생산량) / 4
인센티브	분조원에 대한 인센티브 강화	초과생산물은 국가가 수매	초과생산물은 현물로 분조원에게 지급되고 농민시장에서 자유처분

인 기준은 과거 3년간의 생산량 + 1993년 이후 5년간 생산량이 될 것이다.

두 번째 구조적 문제점의 해결책은 영농생산단위인 분조의 규모를 효율적으로 개편하는 것이다. 현재 '1996년 분조관리제'가 북한 전역에서 시행되고 있는지 확인되지 않고 있다. 1996년 이후 현재까지 북한 농정당국도 이를 공식화하고 있지 않다. 따라서 생산단위인 분조의 규모를 2가구 기준 평균 4~5명으로 줄이고 분조의 자율성을 최대한 보장하는 것이 필요하다. 이는 협동농장의 전체 틀을 유지하면서 책임범위를 명확히 해 독려와 자극을 유도하는 차원에서 의의가 있다. 최종적으로 중국의 인민공사가 폐지되고 개별농가가 생산의 주체가 되는 농업생산책임제(家庭聯産承包)로 전환하는 사전단계로 인식할 수 있다. 분조의 규모를 가족농 수준으로 최소화하지 않는다면 어떠한 합리적인 분배기준도 인간의 이기적인 발전 욕구를 자극할 수 없을 것이다.

세 번째 구조적 문제점의 해결은 협동농장 전체 규모를 변경하는 방안과 관련되어 있다. 협동농장의 규모를 경영의 효율성을 창출해낼 수 있는 규모로 개편해야 할 것이다. 앞서 살펴본 바와 같이 농장당 평균 호수는 297.4호이며 평균 경지규모는 466.7정보, 농가호당 평균 규모는 1.6정보다. 협동농장당 실제 조합원수는 평균 700명에서 900명 선이다. 협동농장의 경영규모 개편을 생산시설규모와 노동단위로 이원화해 추진하는 것이 필요하다. 생산시설규모의 농기계 및 각종 하부시설을 대형 규모로 개편하는 반면, 영농 노동력을 단위로 한 협동농장은 소규모로 운용하는 것이 필요하다. 즉 하나의 집단농장을 수십 개의 소규모 협동농장들로 분할해 운영하면서 책임을 강화한다. 이에 대해 다시 상위의 협동조합을 구성해 집단농장이 갖고 있던 생산시설, 사회 하부시설, 농기계 등을 그대로 이용할 수 있도록 하는 것이다. 하부 구조는 공유하면서 미시적 행태는 가족농의 영농개념을 도입하는 것이다.

2) 미시적 개혁 방향

리당비서 및 당비서 등 주민에 대한 사회주의 수령체제의 이념 교육을 담당하면서 실제 농업생산에는 참가하지 않는 계층에 대한 대대적인 교육이 필요하다. 북한의 노동당원이 전체 인구 중에서 차지하는 비율은 12.2%로서 사회주의국가 중에서 높은 편이다. 이들 계층은 협동농장을 관리한다는 명목하에 무노동으로 일관하면서 농자재를 독점함으로써 농장원들의 영농의욕을 약화시킨다. 관리계층의 도덕적 해이(moral hazard)는 협동농장을 정상화시키는 데 커다란 걸림돌이 되고 있다.

협동농장의 생산경영활동을 실질적으로 통합·집행하기 위해 15~25명의 위원으로 구성된 관리위원회가 있다. 관리위원장은 임기 1~2년으로 선출되도록 되어 있으나 대개 당에서 임명한다. 총회 또는 대표자회의는 월 1회 이상 관리위원회를 소집하며 농장원 총수의 3분의 1 이상의 요구가 있을 때 총회 또는 대표자회의를 소집할 수 있도록 규정하고 있다. 형식상 민주적 절차를 표방하고 있으나 의사결정 과정에서 농장원의 의사가 모두 반영되지는 않는다. 협동농장의 운영은 철저하게 당에서부터 규정 및 하달된다. 향후 협동농장의 정상적인 가동을 위해서는 관리계층의 철저한 자아비판과 반성이 필요하다. 김일성도 일찍이 이러한 문제점을 인식해 관리계층의 무노동을 지적한 바 있다.

식량위기에 대해 가장 혁신적인 조치로 신속한 회복을 보이는 부분은 협동농장 전체나 분조·작업반 차원이 아닌 가족농인 듯하다. 이들 가계의 식량난 극복방법에는 텃밭에서의 집약적인 식량 생산, 토끼 돼지 염소 닭 등의 가축 사육, 시장에서의 물품구입 및 교환, 연안지역의 어획, 야산 임산물의 채집, 대체식량의 소비, 해외친척으로부터의 송금 및 기존 식량할당량의 비축 등 다양한 방법이 동원되고 있다.

가족농들의 위기대처능력은 북한 사회가 곡물부족으로 인한 한계상황에서도 붕괴되지 않고 유지될 수 있는 돌파구를 제공하고 있다. 독일 등 동구권 국가의 빅뱅(Big-Bang)하에서 농민들은 생산의 주체가 되기보다 변화의 대상이었다. 그러나 북한의 경우 가족농들이 미미하나마 협동농장 생산 체제 내부에서 농업생산과 가계유지를 위해 의사결정 능력을 높이고 있다. 물론 가족농의 대응책 강구가 적극적인 증산 노력이라기보다 협동농장의 생산부족을 보충하는 수준에서 역할을 하고 있다. 가족농들은 식량난 속에서 생존을 위해 최소한의 행위만 함으로써 협동농장의 구조를 변화시키는 데 기여하지 못하고 있다. 그러나 중장기적으로 협동농장은 가족농의 역할을 강화함으로써 효율성을 증대시킬 수 있다. 따라서 협동농장을 고수하는 농정당국은 가족농의 역할을 억제하는 데 주력할 수밖에 없다. 결국 가족농의 역할 증대를 협동농장체제 안에서 어떻게 달성할 수 있을 것인가가 협동농장 개편의 중심 방향이 될 것이다.

4. 북한 농업개혁과 남북 농업협력

과거 협동농장을 중심으로 북한 농촌지역 공업화가 추진되었고 1984년에 알곡을 700만 톤 생산해내는 데 협동농장이 주도적인 역할을 했다. 그러나 북한의 협동농장 생산 체제는 농업생산 및 농촌유지를 위해 군과 리 단위에서 국가가 전면적으로 지원하는 '국가 가부장적'인 성격이 강한 특성을 갖고 있다. 잘 짜인 시방서와 같은 계획적인 농업생산 체제에서는 국가기구에 의한 영농자재와 생활물자 등의 원만한 공급이 전제되어야만 농업생산 및 재생산이 유지될 수 있다.

현행 협동농장 생산 체계에서는 가족농의 자율적인 생산관리능력이 없기에 국가의 계획적인 자원배분에 문제가 있을 때 협동농장의 작업반 및 분조 등 생산단위에서 탄력적으로 대응할 수 있는 능력이 떨어진다. 이는 결과적으로 농업생산의 급격한 감소로 직결된다. 따라서 비료 등 농자재 공급이 정상적으로 공급되지 못하는 상황이라면 오히려 운영상의 유연성과 독립성을 보장해주는 것이 필요하다.

현재 북한의 농업은 구조적인 문제에 직면했음에도 불구하고 해결책을 발견하지 못하고 있다. 농자재 공급은 일반 산업경제의 회복과 맞물려 있어 즉각적인 해결이 어려운 문제다. 결국 단기간 내 가능한 해결 방안은 북한 식량 생산의 90%를 담당하는 협동농장의 작동체계를 개인의 이기심을 자극하고 독려하는 방향으로 가동시키는 것이다. 그러나 협동농장 개편문제는 북한 정권의 존립기반인 만큼 북한 내부에서 논의조차 되기 어렵다.

미국의 한반도 전문가인 셀리그 해리슨(Selig S. Harrison)은 자신의 저서에서 북한이 가까운 시일 내에 붕괴되지 않고 향후 20~30년 더 존립할 것이라고 전망했다.[1] 북한은 김정일의 실각 여부에 관계없이 군부가 정권을 완전히 장악하고 있기 때문에 정권이 유지될 것이라는 분석이다. 북한 정권이 장기간 현행 통치방식을 유지할 가능성을 엿볼 수 있는 전망이다. 따라서 현행 경착륙에 의한 북한 붕괴론에 근거해 협동농장의 전면 개편 같은 방안은 현실성이 없다고 볼 수 있다.

남한 측 입장에서 북한 정권이 수용할 만한 협동농장 개편 방안을 비료 등 농자재 지원과 함께 제시하는 것이 효율적인 남북 농업협력 방안이 될 것이다. 북한의 군 단위 협동농장을 남한의 군 단위 농촌행정기관과 연계시켜 민간차원에서 접근하는 방안도 추진되어야 한다. 농자재 지원이 군의 협동농장 운영에 어떤 효과를 주는지 알아보고 농자재 지원을 통해 가족단위의 소규모 분조의 역할을 강화하는 대책도 모색해야 한다. 농업협력은 비료지원과 같이 대규모로 정부 차원에서 이루어지기보다 소규모로 북측의 협동농장과 남측의 지역단위 민관합동기관이 참여하는 방식으로 추진되어야 할 것이다.

최근 북한 경제변화에 대한 추측이 난무하고 있다. 시장경제의 본격적인 시동이라든가 중국 개혁을 답습한다든가 하는 여러 전망이 나오고 있다. 심지어 북한 경제체제의 근본적인 변화가 오는 것이 아니냐는 관측도 나오고 있다. 결론부터 말하면 금번 북한 경제의 변화는 적극적인 개혁조치라기보다 심각한 식량난에서 비롯된 불가피한 조치들이다. 북한의 식량 사정을 조금만 주의깊게 파악하면 결론을 정확하게 도출할 수 있다.

---

1) Selig S. Harrison, *Korean End Game*(Princeton: A Century Foundation Book, 2002).

2003년 국제식량농업기구(FAO)의 현지조사 결과 북한이 416만 톤의 곡물을 생산한 것으로 추정되었다. 북한의 최소 식량소비량인 550만 톤에서 140만여 톤이나 부족하다. 부족량은 외국으로부터 상업적 수입과 인도주의적 지원에 의존할 수밖에 없는데, 북한의 외화 부족으로 인해 상업적 수입이 여의치 않다. 태국에서 쌀 수입협상이 진행되었으나 과거 외상값의 미해결로 확정되지 않고 있다. 국제사회는 부시 행정부의 출범과 대북 식량지원에 대한 회의감 만연으로 피로감을 보이고 있다. 북한은 아프가니스탄이나 아프리카 국가들보다 식량지원 순위에서 뒤로 밀리고 있다. 한국 정부의 쌀지원도 한계가 있다. 재고미로 대북 지원방안을 검토했던 일본도 북핵위기로 미국과 보조를 맞추어 뒷짐을 지고 있다. 오직 중국과 베트남만이 일부 식량지원을 약속한 실정이다.

유엔세계식량계획(WFP)은 2003년에 북한에 60만여 톤의 식량지원을 추진 중이었으나 회원국의 참여가 저조해 목표량을 채우기 어려웠다. 식량재고는 2003년 2월 말부터 바닥나기 시작했고 2003년 7월부터 전국 각지에서 식량배급이 중단될 상황이었으나, 남한 측에서 40만 톤의 식량을 지원함으로써 최악의 상황을 모면할 수 있었다. 북한은 2003년 3월까지 매일 국제기준 최소 식량(500그램)에 훨씬 못 미치는 400그램의 배급을 주었는데 5월부터는 300그램선으로 축소되었다. 국제기구는 다섯 살 이하의 어린이 중 절반이 영양실조 상태라고 보고했으며 최소 100만 톤 이상의 식량이 모자라는 상태다.

2003년도 곡물연도(2002년 11월~2003년 10월) 기간 중 북측 도시지역 성인(1500만 명) 기준으로 하루 공식 곡물배급량은 292그램으로 최소 권장 열량치의 50%에 미치지 못한다. 도시지역보다 상황이 나은 농촌지역의 협동농장 농장원들은 가족 1인당 전년보다 9킬로그램 증가한 연간 219킬로그램을 배당받은 것으로 조사되고 있다. 금년도 식량 생산 사정 역시 상황이 개선되지 않고 있다. 국제식량농업기구(FAO)와 유엔세계식량계획(WFP)이 2003년 10월 발표한 북한 지역의 식량특별보고서(www.fao.org/WACIENT)에 따르면 2003년 예상 수확량은 416만 톤으로 추정된다. 상업적 수입량이 10만 톤이고 국제사회의 지원이 81만 9000톤임을 전제로 할 때 최소 소요량에 비해 40만 톤 이상 부족하나 북핵위기로 국제사회의 지원이 제대로 이루어지지 않았다.

이제 일반 인민을 상대로 한 배급제는 물리적으로 더 이상 유지될 수 없다. 정부 양곡창고에 쌀이 없는데 어떻게 배급제를 유지할 수 있겠는가. 다만 당원이나 국가기관 근무자들에 대해서는 체제유지 차원에서 배급제를 유지할 것이다. 정부가 인위적으로 배급제를 앞장서서 폐지하는 일은 결코 없을 것이다. 쌀배급제는 사회주의 경제체제의 기본이며 북한이 과거 남측보다 먹는 문제를 쉽게 해결하던 시절 북측 체제의 우월성을 선전할 때 주로 사용하던 '주요 메뉴'였던 만큼 폐지를 공식화할 수 없다. 배급제 폐지에 대한 정치적 부담은 북한체제의 존립기반을 위협할 정도로 강력할 것이다. 일반 주민들은 더 이상 당국에 의존할 수 없게 되었다. 개인이 스스로 책임질 수밖에 없다. 따라서 최근의 현실적 조치들은 북한 사회에 다음과 같은 영향을 줄 것이다.

첫째, 수요와 공급의 원리가 적용되는 농민시장이 주민들의 진정한 삶의 현장이 되어가고 있고 정부도 이를 묵인할 수밖에 없을 것이다. 과거 북한 당국은 시장경제의 발흥을 두려워해 농민시장이 활성화되는 것을 주기적으로 단속했으나 일반적으로 가을 추수기인 10월까지는 농민시장이 활발하게 가동될 것이다. 그러나 농민시장의 번창으로 국가계획경제의 근본이 흔들린다고 판단될 경우 언제든지 규제조치를 취할 것이다. 체제를 위협하는 수준까지 사경제를 방치하지는 않을 것이다.

둘째, 부수적으로 물가, 환율 및 임금 인상 등 사경제와 계획경제의 격차를 메우는 각종 정책들이 묵시적으로 도입될 것이다. 2002년 7월 1일부터 원화의 달러 환율을 기존 2.15원에서 151원으로 평가절하하고 임금을 대폭 인상했다. 2002년 7월 1일부터 시행된 물가인상 조치는 인상폭이 훨씬 크다. 농민시장의 수요초과는 필연적으로 물가상승을 유발하고 배급제 중단에 따른 화폐임금의 인상 또한 불가피하다. 임금과 화폐 인상은 개혁적 성격이라기보다 현실을 반영한 조치들에 불과하다. 암시장을 움직이는 이차경제에 대한 의존도가 높아지면서 농민시장가격과 국정가격을 일치시키는 조치들을 취하는 것이 불가피해졌다.

셋째, 농민시장이 활성화되고 배급제가 폐지되었다고 식량난이 해결되는 것은 아니다. 공급되는 식량은 일부 개인 텃밭 생산량이나 중국 국경무역으로 들어오는 정도에 불과하다. 필자는 식량난이 최악이었던 지난 1998년의 북한 사경제 규모를 추정한 결과 전체 경제 중 27%를 차지했던 것을 분석한 바 있다.[2] 이 정도 비중의 식량이 농민시장을 통해 주민들에게 공급될 것으로 전망된다. 최소 소요량을 맞추기에도 턱없이 부족한 양이다. 앞으로 능력 있는 주민들은 수단 방법을 가리지 않고 식량을 조달할 수 있으나 노약자 등 사회적 취약계층들은 배급제라는 사회적 안전망 밖으로 내던져지게 되었다. 다시 한번 대규모 기근에 의한 아사자 발생이 우려되는 상황이다. 일반 주민들의 눈물겨운 식량조달 노력이 지난 1990년대 중반처럼 전개될 것이다.

마지막으로 북한이 취한 일련의 조치들은 극심한 식량 부족을 해결하기 위한 고육지책이다. 사회주의국가가 식량공급 여력이 있는데도 배급제를 폐지한다는 발상은 순진한 것이다. 시장경제개혁이라는 흥분보다 북한 식량난의 이면을 직시해야 할 것이다. 모든 경제개선조치를 평가하는 기준은 계획경제의 문제점을 지적하고 보완하는 차원에서 이해되어야지 시장경제의 도입이라는 시각을 강조할 경우 문제의 핵심을 정확하게 파악하기 어려울 것이다. 물론 북한의 최근 일부 변화조치가 중국의 개혁·개방 초기단계와 유사한 측면을 보이는 점도 있다. 중국의 가격체제개혁은 선별적 가격조정으로부터 시작해 점차 가격에 대한 정부통제를 완화하는 방향으로 진행되었다. 북한이 최근 시행한 생필품 가격 및 임금 인상 조치와 배급제 작동 축소 등은 이미 통제기능을 상실한 국정가격의 기능을 상당 부분 축소시키는 방향으로 나갈 것이다. 러시아의 이타르타스 통신이 2003년 7월 23일 "북한의 경제개혁은 그동안 국가가 무료로 제공하거나 저렴한 가격으로 제공해오던 재화와 용역 서비스의 종류를 최소화시키는 것을 골자로 한다"라고 지적한 것도 현실을 정확하게 반영한 것이다.

북한이 중국식 사회주의 시장경제로 전환될 수 있을 것이라는 전망은 다소 성급한 측면이 있다. 북한의 경제체제는 정치와 경제가 한꺼번에 맞물리는 '정치경제학(political economy)'을 기초로 운영되고 있다. 아무리 바람직한 경제개선조치도 정치적인 체제위협이나 사회주의의 근간을 흔들 우려가 있을

---

2) 남성욱·문성인, 「북한의 시장경제 추정에 관한 연구: 1998년을 중심으로」, 경남대학교 북한대학원, ≪현대북한연구≫, 3권 1호(2000), 149~215쪽.

경우에는 도입되지 않는다. 북한의 이데올로기 경직성은 여타 기존 사회주의 국가와는 다른 독특한 측면이 강하다. 1976년 마오쩌둥(毛澤東) 사망 이후 집권한 덩샤오핑이 마오쩌둥 이론을 근간으로 한 중국 체제의 변화를 쉽게 이끌어낼 수 있었던 것과는 근본적인 차이가 있다.

향후 북한의 지도부는 일부 분야에서 최소한의 시장경제조치들을 계획경제와 공존시킴으로써 경제구성원들의 근로의욕을 고취시키는 데 주력할 것이다. 사회주의경제 역시 자본주의경제처럼 심리적인 측면이 강해서 경제주체들의 참여의지가 중요하다. 그간 북한 경제는 지난 1990년 이래 마이너스 성장을 극복하고 1999년부터 플러스 성장으로 돌아섰으나, 2003년 경제규모는 지난 1993년경에 비해 60% 내외에 머무르고 있다. 자본재 부족이라는 구조적인 문제를 해결하기 위해서는 외부의 지원과 함께 근본적인 개혁조치가 필요하다.

이와 같은 여건을 기존 경제조치의 답습만으로 극복하는 데는 한계가 있다. 이것을 북한의 지도부가 인식하고 있는 것은 분명하지만 현실적인 조치를 취하는 것은 별개의 문제다. 일부 분야에서 부분적인 시장경제 도입을 통해 '유연한 계획경제'로 전환해 경제체질을 강화하는 정도는 수용할 수 있으나 '수령제 정권'을 위협하는 수준의 개혁적 조치를 기대하는 것은 북한체제의 경직성을 과소평가한 것이라고 볼 수 있다. 성급한 진단보다는 북한 경제의 실상을 정확하게 파악하는 것이 필요하다.

5. 협동조합 재건과 남북한 농업협력 방향

현재로서는 북한의 농업이 아무리 어려워도 효율적인 남북 농업협력 방안을 제시하기에는 북한의 수용 거부 등 여러 제약으로 용이하지 않다. 특히 매우 이상적인 방안이라도 북측이 체제유지에 해를 끼칠 우려가 있다면 수용하지 않는다. 예를 들어 북한의 협동조합을 해체하고 가족농 도입을 전제로 하는 남북한 협력은 북측의 거부로 수용될 수 없다. 또한 북측을 빈번하게 방문하는 협력 방안 역시 북측에서 수용하는 데 한계가 있다. 한편 남측 입장에서도 과도하게 예산을 소요하는 일방적인 지원은 곤란하다. 어느 정도 중장기적으로 상호 이익이 발생해야 한다. 단기에는 인도적 지원의 형식을 취하지만 지속하는 데 한계가 있는 만큼 상호 보완적인 협력 방안이 바람직하다.

이러한 여건하에서 첫째, 협동농장과의 계약재배 활성화, 둘째, 협동농장의 감자 증산에 참여 셋째, 국제기구의 협동농장 지원참여, 넷째, 특정 협동농장 대상 잠업협력 실시, 다섯째, 협동농장 지원을 위한 재원조달 방안으로 남북 농업채권 발행, 여섯째, 국내 과잉 수매 돈육 및 과잉 농작물 지원, 일곱째, 협동농장에 대한 각종 농자재 지원 등이 검토될 수 있다. 이러한 농업협력을 추진할 때 외국이나 국제기구의 지원조건과 같이 지원대가로서 해당 농업현황을 반드시 요구해 알아야 한다. 이러한 농업현황은 통일농정의 방향을 수립하고 북한 농정을 정확히 분석하는 데 필수적이기 때문이다.

1) 협동농장과 국내 농업주체 간 계약재배 방식의 활성화

계약재배는 남북농업협력을 실현하는 가장 현실적인 방안이라고 할 수 있다. 1990년대 초 백산실업 등 민간기업이 계약재배를 추진했으나 실패한 것은 계약재배 자체가 대북 농업협력 과제로 부적절해서가 아니라 계약재배를 추진하는 과정이 잘못되었기 때문이라고 할 수 있다. 계약재배 시 남한 측 기업이 직접 들어가서 북한 농민들을 고용해 작물을 재배하거나 직접 농장을 개척하는 것은 용이하지 않다. 특히 남한 주민이 장기간에 걸쳐 농지를 개간하면서 영농을 추진하는 것은 경제특구인 나진 · 선봉에서조차 제대로 이루어지지 않고 있다. 협동농장과 계약재배를 추진하되 영농 자체에 관해서는 남측이 가능한 관여하지 않는 것이 바람직하다. 체제가 다르고 사업방식이 다른데 우리의 사업방식만을 강요할 경우 결과적으로 실패할 가능성이 높다. 단 계약재배한 농산물만 반입하면 목적을 달성하는 것인 만큼 직접 북한 현지를 방문하는 것을 서두르지 않아도 된다. 두레마을의 합영사업이 실패한 이유는 이러한 원칙을 무시했기 때문이다. 두레마을은 1998년 5월 6일 북한의 라선경제협조회사 및 10만 평의 시범농장과 1000만 평 규모의 계약재배를 추진하기로 하고 계약을 체결했다. 양측은 시범농장의 경영을 합영형태로 하되 두레마을이 책임경영을 하기로 북측은 구두로 약속했다. 그러나 북한 측이 회사의 명칭을 변경하는 것을 비롯해 시범농장 경영 형태를 변경하고 선투자 등을 요구하면서 사업이 중단되었다.

일단 계약재배의 남측 주체로서는 현재 농수산물 수입을 대행하고 있는 농수산물 유통공사가 바람직하다. 북한 측의 협력상대로는 특정 지역 군(郡) 합영농장을 상대로 하되 실제 거래는 광명성총회사 등 대외무역기관 등을 경유하는 것이 중요하다. 군의 합영농장은 실제 거래권한이 없기 때문이다. 반입작물은 밭작물이 주종이 되겠으나 특용작물도 가능하다.

공급량이 부족해서 남한이 외국에서 도입하고 있는 콩나물콩, 밭, 녹두 등이 반입 대상이다. 물론 식량이 부족하고 사회주의 계획생산 체제에서 수출할 만한 잉여농산물을 기대하기 용이하지 않다. 그러나 농자재를 지불해 증산하고 반입가격을 국제가격보다 다소 높게 책정할 경우 반출이 불가능하다고만 할 수도 없다. 특히 우리의 농수산물 무역수지적자가 증가하고 있는 만큼 북한 측의 반입체계 구축은 통일 후 한반도 식량안보 확보에 기여할 것으로 예상된다. 교역 조건으로는 사전에 비료, 비닐, 농약 등 생산자재를 선도 및 중도금 형태로 지불하고 수확 후 물품 인수 시에 최종적으로 대금정산을 하도록 하며 반입가격은 국제가격 수준이 기준이 되나 내국 간 거래로 면세되는 관세 상당액 부문은 북한 측에 혜택이 돌아가도록 하는 것이 바람직하다. 남북한 간 계약재배가 원만히 추진될 경우 다음 단계로 반입하고 남은 일정 물량은 현지에서 저장하고 가공하는 방안을 검토해볼 수 있다. 남측에서 자본을 투자해 농산물 가공공장을 건설하고 물건을 생산할 경우 판매는 국내에서 이루어질 수도 있다.

2000년 3월 북한농업과학원이 월드비전과 공동으로 감자종자 생산기술에 관한 사업을 하는 것을 시작으로 평양 등 다섯 개 지역에 씨감자 생산사업장이 만들어졌다. 북측은 씨감자 생산사업장을 다섯 곳 가동해 연간 1000만 알 이상의 씨감자를 단계적으로 일반 농장에 보급하고, 2006년까지 20만 헥타르(연간 400만 톤 이상 생산 예상)의 면적에 감자를 재배해 주식문제를 해결하겠다고 구상했다.[3)]

2) 협동농장의 감자 증산정책에 참여

오늘날 세계의 감자생산량은 약 2.7억 톤으로 단위면적당 평균 생산량은 헥타르당 최고 44.3톤(네덜란드)에서부터 10톤 미만까지 지역별 · 국가별로 큰 차이를 보인다. 감자는 서늘한 기후 조건에서 잘 자라는 저온성 작물로서 여름철 온도가 높은 우리나라의 경우 고산지에서 재배하는 것이 효과적이다. 특히 산지가 많은 북한에 적합한 작물이다. 그간 김일성은 밀과 보리의 수확량이 헥타르당 3~4톤만 되면 감자를 심지 말고 밀과 보리를 심도록 지시했기 때문에 감자면적 확대가 사실상 불가능했다. 그러나 김일성이 사망하고 김정일이 옥수수 재배의 문제점을 인식하면서 1998년부터 감자 재배를 본격적으로 추진하고 있다.

이후 북한은 해외에서 다양한 품종의 씨감자를 도입해 양강도 대홍단군 등 산간지역에서 적응시험을 하고 있다. 그러나 북한의 감자품종은 옥수수와 달리 국내 품종보다 낙후된 것으로 알려졌다. 북한의 감자생산성이 떨어진 데에는 씨감자 채종체계와 채종기술이 제대로 확립되어 있지 않은 것이 가장 큰 이유였다.

최근 북한에 조직배양한 무병씨감자를 제공했던 중국 지린 성 농업과학원 연구원과 감자지원프로그램에 참여했던 방북자들의 결과보고를 종합해볼 때, 북한의 씨감자 생산기술은 낙후되어 있으며 종서(種薯)갱신 및 보급체계도 전근대적인 것으로 판단된다. 따라서 이러한 감자생산 여건으로 볼 때 북한의 가장 낙후한 분야인 씨감자 채종기술을 지원할 수 있다.

남한에서 생산한 무병 씨감자를 북한의 고지대에서 증식해 북한 지역에 증식하여 북한 지역에 확대 보급하는 채종체계를 구축해볼 수 있다. 또한 북한 지역의 재배환경을 모델로 하여 북한에 알맞은 품종 및 재배기술을 연구하고 씨감자생산을 일정량 확보해 필요할 때 지원하는 방안도 강구해야 한다.

---

3) 북한농업생물학연구소 강신호 소장, 「씨감자 · 과일 · 채소재배 기술의 남북교류와 협력 방안 마련을 위한 남북농업과학 심포지엄」, 남한 월드비전과 농촌진흥회, 북한농업과학원, 민족경제연합회 공동주최(중국 베이징, 2003.12.15).

3) 협동농장 지원 관련 국제사회와 연계 추진

북한 협동농장을 지원하고 관련 국제기구와 외국의 참여를 유도하는 것은 협동농장을 대상으로 한 농업협력사업의 안정성을 확보하는 데 있어서 중요하다. 북한은 국제적인 고립을 면하기 위해 한국보다 국제기구의 의견을 수용하는 경향이 있다. 사실 남북한 간 협력사업 추진 과정에서 북한이 일방적으로 사업을 중단할 경우 두레마을이나 대우 남포공단에서 보았듯이 해결책이 따로 없다. 그러나 국제기구가 참여할 경우 북한이 일방적으로 중단할 가능성은 적어진다고 할 수 있다. 또한 북한은 국제기구와 협력사업을 할 때 각종 농업 통계자료를 공개하는 경향이 있다. 국제기구는 협력사업 추진 시 제일 먼저 기본자료를 요구한다. 그러나 우리의 경우 지금까지 이러한 요구를 한 적도 없고 자료를 받은 적도 없다. 북한은 농촌인구 및 농지면적, 작물별 생산량 등 농업 기초통계를 모두 국제기구에 제시했다. 북한이 처음으로 각종 농업자료를 외부에 공개한 것도 1995년 자연재해에 의한 흉작 때 피해조사 차 북한 현지를 방문한 국제식량농업기구(FAO)에 의해서다.

한편 유엔세계식량계획(WFP)은 2000년부터 2년간 종전의 긴급식량지원과 함께 새로이 장기농촌재건복구계획(Protracted Relief and Recovery Operation: PRRO)을 이행했다. 또 1999년 10월 19일부터 22일까지 로마에서 열린 3차 집행위원회에서 2000년 1월 1일부터 2001년 12월 31일까지 3363만 2000달러의 예산을 투입해 북한의 농촌 재건과 복구를 지원한다는 계획을 승인했다. 장기농촌재건복구계획(PRRO)는 국제식량농업기구(FAO)의 기술적 지원을 받아 2년 동안 협동농장원 등 32만 2223명의 인력과 1196만 달러의 식량을 활용해 관개시설과 둑 복구, 종자 확보, 조림사업, 홍수조절 등을 지원할 예정이다. 그동안 긴급식량지원에 주력했던 유엔세계식량계획(WFP)가 북한 식량난이 완화되었다고 보고 이를 근원적으로 해결하기 위해 장기적인 관점에서 농업구조 개선을 권장하는 것은 북한 협동농장 개혁추진 측면에서 중요하다고 판단된다. 이러한 자금규모이면 그간의 대북지원규모로 볼 때 한국이 일정 부분 부담하고 참여하는 것도 필요하다. 지난 1999년 1년간 민간차원의 대북지원만도 1863만 달러(223억 5920만 원)에 달하면서 북한으로부터 전혀 반응이 없었던 만큼 국제기구의 사업참여는 효율적일 수 있다.

북한은 1997년부터 국제식량농업기구(FAO) 농업협력사업참여를 희망해왔고 1999년 5월 FAO의 사업계획 승인에 따라 1999년 하반기부터 북한 협동농장 두 곳에서 축산 및 채소류 사업을 진행하고 있다. 또한 국제농업개발기금(IFAD)도 북한의 작물 재배치, 잠업개발 등 농업구조개선 사업을 적극 지원할 계획이다. IFAD는 1570만 달러(연리 3.4%, 5년 거치 20년 상환) 규모의 잠업개발사업(1996.6~2002.6)에 400만 달러의 차관을 집행했고, 2890만 달러 규모의 농작물 및 가축 복구사업(1998.1~2003.12)과 관련 비료, 농약, 염소사육 등에 총 1740만 달러(무이자, 10년 거치 30년 상환)를 지원한 바 있다. IFAD의 대북 농업구조개선사업은 북한의 식량난을 완화하고 북한 농촌에 시장경제적 요소를 주입시키는 데 도움을 줄 것이므로 우리 측 누에고치 전문가 파견, 누에고치 계약생산 등도 고려해야 한다. 한편 IFAD는 2001년부터 북한의 전작 지대인 양강도와 황해북도의 총 45개 협동농장을 대상으로 6400만 달러 규모의 '중간산지 식량안보사업'을 시행하는 계획에 우리 측 참여를 요청했다.

4) 특정 협동농장 대상 잠업협력 적극 추진

북한은 김정일 국방위원장이 1999년 자강도 현지지도에서 잠업을 육성해야 한다고 밝힌 후부터 잠업에 적극적인 관심을 보이고 있다. 북한은 지난 1996년 생사 생산량이 774톤에 이르렀으나 이후 생산량이 감소했다. 그나마 잠업자재 부족, 종자개량 부진 등으로 누에고치 질이 나빠 기술개선이 시급한 실정이다. 우리나라는 1960년대 중반 양잠업이 연간 전체 수출액의 10.1%(1967년)에 달하는 등 양잠업이 주요한 외화 획득원이었으나 현재는 세계 생사생산량의 75%를 차지하는 중국에 밀려 사양 일로에 있다. 이러한 남북한 간의 양잠생산 여건하에서 북한이 보유하고 있는 양질의 노동력과 잠업기반에다 남한의 선진기술과 우량종자를 결합하면 국제시장 점유율을 회복할 수 있을 것이다. 또한 잠업은 단위면적당 수익이 옥수수보다 세 배 이상 되는 등 환금성이 뛰어난 고부가가치산업이므로 북한 경제 회복에도 기여할 것이다. 남한 측이 매년 3억 달러어치의 생사를 중국으로부터 수입하고 있는 만큼 수입선을 북한으로 바꾸면 저렴한 가격에 필요한 원료를 안정적으로 공급받을 수 있다. 한편 대한잠사회는 2001년 북측이 남북 잠업협력사업에 관심을 보이면서 당초 한 개군으로 예정되었던 잠업지원을 두 개 군으로 늘려줄 것을 요청해오는 관심을 보이고 있다고 밝힌 바 있다.

5) 협동농장 지원 관련 남북농업채권 발행

남북 농업협력자금 조달 방식으로 가칭 '남북농업채권'이 발행되는데, 민간기업이나 단체가 남북 농업협력사업을 추진할 경우는 물론이거니와 농수산물유통공사나 농협의 사업을 추진할 경우에도 자금조달이 간단치 않다. 이러한 자금부족을 해결하는 방안으로 채권을 발행하는 것이다. 특히 계약재배를 넘어 농업구조개선을 추진할 경우, 자금소요는 남북 농업협력 지원범위를 넘어선다. 채권의 원금 상환기한은 5년, 10년, 15년 및 20년으로 정하되 금리는 투자를 유도하기 위해 일반 채권보다 0.5~1% 정도 높게 하면 될 것이다. 금리차이는 남북협력기금에서 보전하는 방안도 고려해볼 수 있다. 또한 실향민들의 채권구입 가능성이 큰 만큼 장기채권 상환에서 통일 후 북한 토지구입의 우선적 권리를 인정하는 등 특혜를 제시하는 것도 필요하다. 채권판매로 조성된 자금은 철저히 상호 대가성 있는 현물지원에 사용되도록 한다. 비료, 농기계 등을 지원하고 가을에 수확한 농산물로 받거나 농산물이 부족하면 비농산품으로도 대신 받을 수 있다. 원금만 회수하면 되니 품목에 집착할 필요가 없다. 사업주체는 역시 정부나 공기업, 농협 등 전문기관이 시행하는 것이 신뢰성 및 전문성 확보차원에서 중요하다.

6) 협동농장 대상 과잉 농축산물 지원

국내산 마늘 생산량은 항상 수요를 웃돌고 있어 지원여력이 있다는 점과 마늘 수입 문제로 중국과 마찰을 빚고 있다는 점을 감안해 신선, 냉동 및 초산조제 마늘을 중국으로부터 구입해 지원하는 것도 검토할 필요가 있다. 지난 1992년 농수산물유통공사가 주관해 국내산 마늘 1000톤을 북한 측과 구상무역형태로 지원했으나 북한 측이 당초 약속한 팥, 메밀 등을 인도하지 않아 농안기금으로 손실 처리한 바 있다. 제주도는 매년 과잉으로 감귤과 당근을 북한에 지원함으로써 인도적 차원의 대북농업협력을 실천하는 한편, 국내 감귤과 당근 가격 조절에 적극 나서고 있다.

7) 각종 영농자재 지원

일단 소규모 영농자재 지원은 농업협력 초기에 어느 정도 불가피할 것으로 보여 다음과 같은 지원방안이 논의될 수 있다.

첫째 소형 양수기를 공급한다. 북한의 관개체제는 대부분 양수시스템에 의존하고 있으나 대다수 양수시설이 노후화되어 있다. 주요 농업지역의 관개체계 개선을 위해 지원할 경우, 가뭄과 같은 자연재해에 의한 피해를 최소화하여 지속적인 농업생산성 증대에 큰 기여를 할 수 있다. 단기적으로 적은 비용으로 북한이 필요로 하는 소형 이동식 간이 양수기를 지원할 필요가 있다. 그러나 전력 확보 문제가 해결되지 않아 양수기가 사용될지는 불투명하다.

둘째 최근 평양 인근에 발생한 솔잎혹파리 등 산림병해충 방제에 참여하는 방안도 고려해볼 수 있다. 추진방식도 민 · 관 협력방식으로 남측의 산림청과 북한의 임업성, 금강산관광총회사가 협의해 추진한다. 남측은 수간주사기술 및 방제기자재(동력 천공기) 등을, 북측은 방제인력을 동원해 업무분담한다.

셋째, 지난 1993년부터 발생하기 시작해 1995년 이후 피해가 증가하고 있는 벼물바구미 방제농약을 공급하는 것도 검토할 수 있다. 국내 벼물바구미용 농약은 금년 수요 예상량(3만 6000톤)의 140% 수준(5만 1000톤)이 이미 시중에 공급되고 있고 공장 재고량이 4000톤에 달해 지원 여력이 충분하다.

넷째, 비료 비닐 등 농자재 지원을 고려해볼 수 있다. 북한의 식량난을 보면서 북한의 농업문제가 더욱 구조적이고 만성적이어서 해결이 어렵다는 것을 다시 한 번 절감하게 된다. 지난 1999년 북한의 식량생산량은 400만 톤을 상회해 북측 표현대로 북한 식량문제 해결의 전도가 보인다고 주장한 지 1년도 안 되어, 또다시 350만 톤의 흉작을 기록해 국제사회의 식량원조를 받기 위해 사력을 다하는 모습을 보였다. 특히 2002년은 북측이 가장 중요한 생산

요소라고 인정한 비료를 30만 톤이나 지원받고서도 식량 생산이 부진한 것을 감안해볼 때, 단순 물품지원에 주력하고 있는 우리의 북한에 대한 농업협력 지원방안도 재고할 때가 온 것 같다. 사실 대부분의 북한 농업 전문가들은 북한에 비료를 지원할 때 북한 식량문제가 어느 정도 해결될 것으로 전망했다. 그러나 결과는 예상대로 이루어지지 않았다. 더 이상 물자제공만으로 북한 농업생산성을 향상시키는 것은 한계가 있다. 더욱 구조적이고 체계적인 협력 방안을 모색해야 할 때다. 단순히 북측의 요구로 비료 등 물자를 지원한다 해도 좀 더 근본적으로 토양, 종자, 농업기술, 관개체계, 농민들의 의욕 등에 대한 종합적인 검토가 제대로 이루어지지 않으면 성과가 미미할 수밖에 없다. 물론 농업도 주체적인 입장에서 이루어지기 때문에 남측의 간섭을 용인하지 않을 것이지만 어느 정도 북측 농업관계자에 대한 영농지도가 필요하다.

북한 경제시찰단이 2002년 10월에 남한을 방문해 포항제철, 남대문시장, SK텔레콤, 한국개발연구원 및 대덕 연구단지 등 20여 곳을 시찰했다. 앞으로 이러한 장소의 방문은 제고되어야 한다. 식량자급을 못하는 북한 측이 방문해야 할 곳은 김제평야로서 추수한 후에 미곡종합처리장에서 일괄로 처리되는 쌀 도정 및 포장 등의 생산시스템 등을 보여주어 북한으로 하여금 남한과의 농업협력을 시도하게 만들고 북측에 농업자립에 대한 비전을 제시해주어야 한다. 북한 경제 지도층에게 남한 농업의 강점과 약점을 설명해 북측이 나아가는 데 실질적인 도움을 주어야 한다. 사회주의국가인 북한이 아무리 첨단 자본주의 시설을 방문한들 수용하는 데에는 한계가 있다. 이러한 현장습득에 가장 효과적인 곳이 농촌지대라는 점을 고려해야 할 것이다.

마지막으로 남한도 잡곡까지 고려한다면 식량자급률은 30% 미만이다. 북한도 이러한 곡물작부체계를 탈피하기 어렵다. 즉 북한의 식량자급이 어려운 이상 모든 식량을 생산해 소비하는 자급자족보다 일부 주요 작목의 자립체계를 구축하는 것이 시급하다. 산지가 80%인 북한의 지형상 모든 작물을 자급한다는 것은 냉정하게 표현하면 불가능하다. 따라서 북한 당국은 농정의 목표를 정확하게 수립하는 것이 대량 감산으로 인한 기아 등 비극적인 사태를 예방하는 길이라는 것을 인식해야 한다. 무엇을 할 수 있고 무엇을 못하는지를 파악하는 것이 북한 농업 문제를 해결하는 첩경 중 하나이다.

제11장

7·1 경제관리개선조치와 농업개혁

1. 7·1 조치와 북한 경제

"공화국이 최근 추진하고 있는 경제개혁은 1945년 일제에서 해방된 후 고 김일성 주석이 이끈 토지개혁만큼 중대한 의미를 갖는다." 이러한 발언은 2002년 7월 30일 북한의 경제관리들이 평양 주재 외국 외교관들에게 2002년 7·1 경제관리개선조치의 중요성을 설명하는 과정에서 나왔다. 아마도 현재까지 이 발언처럼 경제관리개선조치에 대한 북한 당국의 입장이 명확하게 반영된 언급은 없을 것이다. 1946년 3월 토지개혁은 개인토지의 무상몰수와 무상재분배를 시행함으로써 현재 북한 사회주의의 기초를 마련한 역사적인 조치였다. 7·1 조치는 토지개혁에 비교될 만큼 북한체제에 사회적·경제적으로 다양한 영향을 미치고 있다.

북한 관리들은 최근의 경제개혁이 자본주의의 전환이 아니라 중앙통제식

경제를 더욱 효율적으로 추진하기 위한 조치라고 강조하고 있지만, 사회주의의 근간이라 할 배급제의 이완을 통해서 국가가 담당해야 하는 각종 지출을 축소해 국가의 재정을 건전하게 하는 조치라는 측면에서 계획경제의 이완이라고 볼 수 있다. 이러한 조치는 국가경제의 회복을 위해서 필수적이다. 경제관리의 개선 방향은 나라의 인적·물적 자원을 최대한 절약하고 효과적으로 이용해야 한다는 실리보장[1]과 일한 만큼 분배하는 '사회주의 분배원칙'을 적용하는 것으로, 이를 통해 국가 재정지출의 불합리 및 비합리성을 제거할 수 있을 것이다. 또한 당과 수령에 의존하던 인민들이 '돈'의 가치와 중요성을 새롭게 인식한 것은 북한 당국이 의도했든 원치 않았든 북한의 개혁·개방을 위해서 매우 바람직한 현상이다. 북한 당국이 이러한 대책 마련의 필요성을 느끼기 시작한 것은 제10기 최고인민회의에서 김정일을 국방위원장에 재추대한 1998년으로 거슬러 올라간다.[2] 1999년 발표된 인민경제계획법은 예산 분야에서 중앙정부의 지방통제를 완화해 예산의 분권화를 도입했다. 2000년 새로운 세기를 맞이하면서 새로운 사고를 강조하는 논조가 ≪로동신문≫ 등 기관지에 등장하기 시작한 것도 이런 흐름에 무관하지 않다. 북한 고위당국자는 7·1 조치가 즉흥적으로 시작된 것이 아니라 2년여의 치밀한 준비 끝에 실시하는 것으로서 준비과정에서 유럽 등 외국의 사례를 참고했다고 언급했다.[3] 그러나 북한은 사회주의 개혁·개방이 가져올 부작용을 우려해 여타 국가의 사례를 참고했으나 러시아 및 중국 등 체제전환국들과 달리 '사회주의 원칙'에 기초해 경제개혁을 추진했다고 주장해 기본적인 접근 방식에 차이가 있다는 것을 분명히 하고 있다.[4] 최근 들어 북한이 개선 대신 개혁이라는 용어를 공

---

1) "전력과 식량문제 등 경제건설과 인민생활에서 기초적인 문제들이 원만히 풀리지 않고 있는 조건에서 경제를 추켜 일으켜 세우자면 나라의 인적, 물적 자원을 최대로 아끼고 효율적으로 이용해야 한다"(≪조선신보≫, 2002년 7월 22일 자).

2) 김정일은 지난 1991년에도 7·1 조치와 유사한 '경제관리개선조치'라는 논문을 발표한 바 있다. 당시에는 자립적 경제, 중공업 우선 등의 주장이 대부분이었고 배급제 폐지나 가격 현실화 등의 언급은 없었다.

3) "경제관리개선 이제 시작이다", 김용술 북한 무역성 부상 일본 비공개세미나 강연전문, ≪민족 21≫, 10월 호(2002), 42~45쪽.

식적으로 사용하고 있는 것은 더욱 근본적인 변화를 모색하고 있다는 것을 시사한다.

이처럼 북한의 7 · 1 조치가 중요한 의미를 지님에도 불구하고 2003년 10월 북한 핵문제 발생으로 한반도에 긴장이 고조되면서 경제문제는 북한 연구에서 부차적인 연구 대상으로 전락했다. 이에 따라 경제개선조치가 시행된 지 1년이 지났어도 노동자, 농민 등 경제주체들의 근로의욕 제고와 생활개선 의지 향상 등 조치 진행과정상의 긍정적인 측면과 사회경제적 파급영향에 대한 효율적인 분석보다 물자공급 부족에 따른 초인플레이션(hyper-inflation) 등 부작용[5]과 향후 비관적인 전망에만 초점을 맞추고 있다. 대북정책 강경론자인 미국의 럼스펠드 국방장관조차 북한 경제에 시장경제요소를 도입하는 것이 최종 목적이라고 언급할 만큼 북한 경제의 변화는 체제유지에 중요한 의의를 내포하고 있다. 이 장에서는 경제관리개선조치 1년이 경과하면서 임금과 물가의 인상을 중심으로 북한 체제에 미치고 있는 경제주체들의 경제활동 양태 변화와 사회적 · 경제적 파급 영향을 분석하고 농업생산량 증가에 대한 향후 단기적인 전망을 시도하려 한다. 이 책에서는 핵문제나 북 · 일 수교 및 외자 도입 등 경제의 외생변수(exdogenous variable)는 논의 대상에서 제외하고 임금, 물

4) 김정일 위원장은 2002년 7월 28일 이바노프(Igor S. Ivanov) 러시아 외무장관과의 면담 시 최근 경제조치와 관련해 "경제관리 개선은 사회주의 원칙에 기초해 추진되고 있으며, 다른 나라의 모방이 아닌 독자적인 길을 가고 있다. 북한은 러시아와 중국 등의 경험을 참조했으나 이들 나라에서는 개혁을 실시하면서 오류를 범하거나 잘못된 일이 종종 있었다"라고 언급했다고 한다(≪조선신보≫, 2002년 7월 31일 자).

5) 인플레이션은 분명히 경제현상에서 부정적인 측면이 강하다. 그러나 사회주의를 개혁하는 과정에서 발생하는 인플레이션은 역설적으로 긍정적인 측면이 있다. 김일성은 1958년까지 화폐를 북한 경제에서 사실상 추방했다. 돈을 없앰으로써 자본주의와 개인재산을 북한에서 추방시켰다. 더욱 중요한 것은 그럼으로써 주민들에 대해 전적으로 통제할 수 있었다. 인플레이션이 발생하고 있다는 것은 가격의 변화를 통해 시장개혁이 일어나고 있음을 시사한다. 그런 측면에서 북한의 인플레이션은 경제주체들의 동학적인 측면에서 변화를 분석하는 것이 바람직하다. 결국 인플레이션 자체에 대한 부정적인 인식 외에 인플레이션의 작동배경, 경위와 진행경로 및 경제 파급영향 등을 파악하는 것이 중요하다.

가 및 소비와 생산자의 행태 등 내생변수(endogenous variable)만을 분석하기로 한다.

2. 물가인상: 국정가격과 농민시장 가격의 비교분석

1) 국정가격 제정의 기준과 원칙

"최근 수년간 우리는 가격사업을 올바르게 수행하지 못해 경제사업 전반에 중대한 나쁜 결과를 가져왔다"라는 자기비판과 함께 북한 당국은 7 · 1 조치를 통해 북한의 각종 물가를 원가에 맞추어 인상했다. '국가가격제정국'에서 책정한 국영상점의 가격은 종전에는 가격의 일원화 · 세부화 원칙에 의해 지역이나 품질에 관계없이 일률적으로 결정되었다. 이러한 획일적인 가격결정 방식에서 제품의 품질 확보는 물론이고 각 기업소에 필요한 양을 충분히 공급할 수 있는 물적 자극이 부족했다. 7 · 1 조치 입안자들은 국정가격이 농민시장 가격보다 낮아 개인들의 장사 행위가 성행하고 국가에 상품이 부족한 데도 민간에는 상품이 풍부하다고 개탄하면서 대책 마련을 절감했다. 낮게 책정된 국정가격과의 격차를 이용해 국가물자를 빼돌리고 농민시장에서 높은 가격으로 판매함으로써 생산은 국가가 하고 있는데, 상품과 돈의 대부분이 개인의 손에 들어가고 있다고 지적한 것은 국정가격 현실화의 불가피성을 지적한 것이다.[6] 국영상점에는 없는 쌀을 비롯해 식료품과 공산품 등 모든 품목이 농민시장에서 거래되고 있는 사실에 당국은 문제점을 개선해야 할 필요성을 절감할 수밖에 없었다. 당국에서는 국영물가와 농민시장 물가와의 가격차를 이용해 국가물자가 농민시장에서 거래되는 대다수 품목을 빼돌린 것으로 추정하고 있다. 생산은 국가가 하는데 상품이나 돈은 거의 다 개인의 주머니로 들어가

6) "가격과 생활비를 전반적으로 개정한 국가적 조치를 잘 알고 강성대국 건설을 힘 있게 앞당기자"(조선로동당출판사, 2002.7); ≪KDI 북한 경제 리뷰≫, 1월 호(2003), 39~45쪽. 원문은 www.bekkoame.ne.jp에 있음.

서 농민시장은 개개인이 국가 금고를 털어내는 공간으로 활용된 것이다. 이에 따라 당국은 개인들의 호주머니 속에 2년분의 국가예산이 있는 것으로 추정하고 있다.[7)]

결국 국가가 거의 무상으로 공급해오던 의식주는 국가의 재정적 보조에 의존하지 않고는 유지할 수 없는 연성예산제약 상태에 처하게 되었다.[8)] 이에 따라 국영상점에서 판매하는 제품의 가격을 원가와 농민시장 가격에 근거해 인상했다. 특히 국가는 재정원칙과 기준만 마련하고 지방공장에서 생산하는 상품가격을 해당 공장이 결정하도록 한 것은 중앙정부의 경제계획권한 이양과 맞물려 상당한 의미를 지닌다. 상품의 가치를 제대로 부여하고 노동자들의 인센티브를 실질적으로 보장하기 위해서는 해당 공장이 생산관리계획을 스스로 입안하는 것이 선결 과제가 될 수밖에 없다. 결국 7 · 1 조치에 따른 국정가격 결정기준은 원가에 근거한 농민시장 가격이고 원칙은 국가의 가격제정원칙 고수라고 볼 수 있다.

국가가격제정국은 모든 제품의 원가를 조사해 국정가격을 최소한 농민시장 가격 수준으로 인상했다. 이로써 가격의 단일화를 추구했고 농민시장 가격이 가격산정에 객관적인 기준으로서 역할을 했다. 그러나 제품의 원가를 정확히 반영하여 가격을 설정하고 상품유통과 화폐유통을 원만히 보장하기 위해 상품가격을 고정하지 않고 능동적으로 계속 조절할 것을 선언했지만, 국가의 가격제정원칙을 포기하지는 않았다. 북한가격제정국은 "앞으로 생산이 활성화되면 수요와 공급 상황을 고려해 가격을 다시 제정할 수 있지만 공급자가 제멋대로 할 수는 없다. 가격을 철저히 중앙과 지방행정 단위에서 조절하도록 하는 체계가 세워져 있다"라고 말하며 "시장의 원리가 그대로 가격에 반영되는 일은 없다[9)]"라고 밝힘으로써 국가의 가격제정원칙 고수를 언급했다. 이는 통상 사회주의 국가들이 체제전환을 시도할 때 '가격자유화(price reform)'가 핵

---

7) 북한 내부 자료, 「7 · 1 경제관리개선조치에 대하여」.

8) J. Kornai, *The Socialist System: The Political Economy of Communism*(New Jersey: Princeton University Press, 1992), pp.140~144.

9) ≪조선신보≫, 2002년 7월 26일 자.

심적인 개혁조치이나 북한은 국가가격제정 원칙을 견지함으로써 여타 동유럽 등 체제전환 국가들과 차이를 보이고 있다.[10)]

2) 국정가격 인상의 실태 분석

국가가격제정국은 전체 품목의 가격을 평균 25배 정도 인상했다. 당국은 우선 농업생산물의 가격을 조정했다. 7 · 1 조치 이전에 북한은 주로 석탄 가격과 전력요금 등 시초 연료의 가격을 가격 제정의 출발점으로 삼아왔다. 그러나 7 · 1 조치에서 인민들의 물질생활에서 기초를 이루는 식량가격을 모든 가격제정의 기준으로 정했다. 기준 물가를 위한 산정 품목이 석탄에서 식량으로 전환된 가장 큰 이유는, 북한의 전체 산업 중에서 번 수입으로 재생산을 하지 못하는 모순이 가장 두드러지게 나타난 부분이 바로 농업 부문이기 때문이다.

농산물의 수매가격과 판매가격 사이에 격차가 심한 것은 북한의 경제발전 전략과 깊은 연관성을 지닌다.[11)] 1950년대 북한의 사회주의 공업화를 위한 내부 축적의 가장 중요한 원천 중 하나는 농업이었다. 농업국가에서 공업화를 추진할 경우 주된 건설자금을 농업에서 구하지 않을 수 없다. 농산물 저가정책은 도시 근로자의 임금 수준을 낮추고 공업용 원자재 가격을 낮추는 동시에 공업생산물의 원가 저하를 통해 이윤 증대를 도모하는 중요한 수단이었다.[12)] 북한 당국이 농업분야에서 자금 조달을 추진한 경로는 두 가지였다. 첫째, 농업현물세 징수이다. 그렇지만 수확고의 평균 25%이던 농업현물세는 1964년부터 1966년까지 단계적으로 폐지되어 더 이상 공업건설자금의 창구 역할을 하지 못했다. 둘째, 자금조달 기능은 농산물과 공산물의 부등가교환에 의한

---

10) 박석삼, 『최근 북한 경제조치의 의미와 향후 전망』, 한국은행 조사국 북한 경제팀, (2002.8), 9쪽.

11) 이태섭, 「북한의 사회주의 공업화 전략: 제1차 5개년 계획(1957~1960)과 제1차 7개년 계획(1961~1970)」, ≪북한학연구≫, 제3집, 고려대 북한학연구소(2002.8.31), 42~45쪽.

12) "우리는 농업을 비롯하여 인민경제의 다른 부문에서 축적을 늘려 그것을 중공업 건설에 우선적으로 돌렸다"(김일성, 「사회주의 농촌문제 해결에서 나서는 몇 가지 문제에 대하여」 (1963.12.23), 『김일성 저작집 17』(평양: 노동당출판사, 1982), 527쪽.

'협상가격차'였다. 1957년 발표된 북한 경제학자의 논문에는 "현 단계에서 수매가격은 가치 이하로 제정되어 농민이 생산한 순소득의 일부가 공업 발전을 위해 끌어들여져야만 한다"라는 주장이 담겨 있다.[13] 이러한 농산물 저가격제가 유지될 수 있었던 것은 농산물에 대한 국가의 통일적 수매와 판매가 가능했기 때문이다. 1958년 완료된 농업협동화는 농산물에 대한 국가의 단일 수매와 판매를 가능하게 했다. 1960년 당시 북한 당국은 국가수매가격의 10분의 1 값으로 식량을 노동자, 사무원에게 공급하는 이중곡가제를 시행했다.[14] 이와 같은 농산물 저가격정책은 40년 이상 북한 당국의 핵심적인 경제관리방법이었다. 그러나 저가격정책은 공업발전에 기여도가 하락하면서 경제성장에 이바지하는 역할이 미흡함에 따라 정부의 양곡 적자 부담도 늘어갔다. 당국으로서는 농산물가격 현실화를 시행해 정부 재정을 건전하게 하는 것이 좀 더 효율적이라는 정책결정을 해야만 했다.

결국 이러한 경제상황에서 당국은 식량가격을 현실화해 알곡 판매가격을 1킬로그램당 8전에서 44원으로 550배 대폭 인상했다. 쌀의 농민수매가격은 토지, 물, 비료 및 농민들의 노동력 등 생산원가를 계산한 결과 킬로그램당 40원으로 종전의 킬로그램당 82전보다 50배 인상했다. 옥수수의 수매가는 킬로그램당 60전에서 20원으로 33배 인상되었고, 판매가는 킬로그램당 6전에서 24원으로 400배 인상되었다. 7 · 1 가격인상조치 이전에는 수매가와 판매가 간에 10배 차이가 났으나 인상 후에는 차이가 20% 미만이 되었다. 콩의 경우 킬로그램당 8전에서 40원으로 500배 인상했고, 밀가루는 킬로그램당 6전에서 24원으로 400배 인상했다. 대두는 1킬로그램당 8전에서 킬로그램당 40원으로 500배 인상했다. 북한 당국자들도 농산물가격 현실화 이후 농산물의 수매가격과 판매가격 간에 가격차가 5~10% 선에 그칠 것으로 전망하고 있다.[15] 이

---

13) 정태식, 「계획 가격 형성과 관련된 몇 가지 문제」, ≪경제건설≫, 10월 호(1957), 81쪽.

14) 국토통일원, 『북한 최고인민회의 자료집』 제2집(1988); 김일성, "시 · 군 인민위원회의 당면한 몇 가지 과업에 대하여", 『김일성 선집 6』(평양: 조선노동당출판사, 1960), 31쪽; 1958년 당시 국가는 농민들에게서 쌀 1킬로그램에 50원씩 주고 사서 노동자, 사무원들에게 5원에 배급해주었다.

〈표 11-1〉 7 · 1 조치 이후 농산물 수매 및 판매가격 변화동향

구분	인상 전		인상 후		인상폭
쌀	수매가	82전/kg	수매가	40원/kg	50배
	판매가	8전/kg	판매가	44원/kg	550배
옥수수	수매가	60전/kg	수매가	20원/kg	33배
	판매가	6전/kg	판매가	24원/kg	400배
콩	판매가	8전/kg	판매가	40원/kg	500배
밀가루	판매가	6전/kg	판매가	24원/kg	400배

자료: ≪조선신보≫, 2002년 7월 26일 자, 2002년 11월, 2003년 7월, 10월 북한현지 방문 조사 및 방북자 면접 조사.

상의 가격 변화동향을 정리하면 다음 〈표 11-1〉과 같다. 또한 돼지고기는 킬로그램당 10원에서 110원으로 110% 인상했다. 된장은 킬로그램당 20전에서 17원으로 85배 인상했고, 콩기름은 킬로그램당 4원에서 180원으로 45배 인상했다. 공산품의 경우 운동화는 3.5원에서 180원으로 51배 인상했고, 세숫비누는 2원에서 20원으로 10배 인상했다. 최고급 남자 양복의 경우 90원에서 6750원으로 75배 인상했다. 연료의 경우, 석탄은 톤당 34원에서 1500원으로 44배, 휘발유는 리터(*l*)당 40원에서 2800원으로 70배 인상했다. 전력의 경우는 거의 무상 수준이었던 1킬로와트(kw)당 3.5전에서 2.1원으로 60배 인상했다. 공공요금은 평양-청진 간 철도운임의 경우 17원에서 590원으로 36배, 시내버스와 지하철의 경우 10전에서 2원으로 각각 20배 인상했다.

2002년 7월부터 11월까지 4개월간 물가가 소폭 올랐지만 정부의 공산품 생산 회복과 가을 추곡생산, 부족물품에 대한 중국으로부터의 수입 등으로 장마당에 나가지 않더라도 거주지역별로 마련된 직매점이나 상점에서 장마당 가격으로 물자를 구입할 수 있었다. 물자구매의 편리성뿐만 아니라 제품도 믿을 만 하다는 신뢰가 형성되면서 주민들이 7 · 1 조치를 긍정적으로 평가했다. 국정가격의 인상은 장마당 가격을 현실화하는 것이지만 상품에 따라 인상폭의 차이가 있다. 쌀과 옥수수의 경우 수매가는 33~50배, 판매가는 400~550배 인

15) 김용술, 「북한 무역상 일본 강연전문」, ≪민족 21≫, 10월 호(2002), 42~44쪽.

〈표 11-2〉 7 · 1 조치 이후 국정가격의 인상률

상품종류	품목	단위	조치 이전 가격(A)	조치 이후 가격(B)	인상폭 (B/A배)	종별 변화
육어류	돼지고기	kg(생체)	10원	110원	11	12.2
		kg(지육)	17원	170원	10	
	닭고기	kg	18원	180원	10	
	청어	kg	10원	100원	10	
	말린 명태	마리	10전	2원	20	
양념류	된장	kg	20전	17원	85	67
	간장	kg	20전	16원	80	
	콩기름	kg	4원	180원	45	
	조미료	kg	5원	300원	60	
	고춧가루	kg	1.5원	100원	66	
주류	소주	1병	50전	43원	85	78
	맥주	병	50전	50원	100	
	설탕	병	2원	100원	50	
공산품	남자 운동화	켤레	3.5원	180원	51	33
	세숫비누	개	3원	20원	7	
	세탁비누	개	40전	15원	38	
	텔레비전	대	350원	6000원	17	
	페니실린	개	40전	20원	50	
연료	석탄	톤	34원	1500원	44	58
	전력	1kwh	3.5전	2.1원	60	
	디젤유	리터(*l*)	40원	2800원	70	
	휘발유	톤	922.86원	6만 4600원(옥탄가 95)	70	
		리터(*l*)	40원	2800	70	
공공요금	철도여객	운임	17원	590원(평양↔청진)	36	27
	침대열차	운임	50	3000 (평북 평성↔함북 남양)	60	
	시내버스	운임	10전	2원	20	
	지하철 요금	1구간	10전	2원	20	
	전차 요금	1회	10전	1원	10	
	유원지 입장료	1회	3원	50원	17	
의류	겨울내의	벌	25원	2000원	80	77
	남자양복	벌	90원	6750원(최상품)	75	
비식료품	월간잡지 (조선문학)	권	1원 20전	35원	29	
	탁아소 식비 유치원 식비	월액	100원 50원	500원 300원	5 6	재산정
	담배	갑	35전	2원	6	
	칫솔	개	1.5원	15원	10	

상품 종류	품목	단위	조치 이전 가격(A)	조치 이후 가격(B)	(B/A배)	종별 변화
비식료품	베어링	개	2~5원	20~100원	10~20	
	집세		수입의 0.03%	1m²당 월 2원		
				한 세대 60m² 78원		
	난방비	60m²		175원		
	전기등				45	
	강판				45	
	생고무				45	
	안경	1개	20원	600원	30	
	화장품	개	10원	750원	75	

주: 유치원과 탁아소의 식비가 과중하다는 부모들의 의견에 따라 가격제정국에 기관에 대한 비용 재산정을 지시.

자료: 북한 내부자료, 「노동자 생활비 표준표」, 2002년 10월 북한 현지조사.

상했다. 안경, 세숫비누 등 비식료품은 평균 25~30배, 연료는 평균 40배, 공공요금은 20~35배 각각 인상했다. 이상의 국정가격 인상 내용은 다음 〈표 11-2〉와 같다.

3) 농민시장 물가동향

현재 북한 전역의 군 소재지에는 농민시장이 한 곳 이상 있다. 농민시장의 가격도 도시와 지방 간에 차이가 난다. 농촌에서는 공산품 가격이 비싸지만 전체적인 물가가 도시보다 저렴한 편이다. 농민시장 거래품목에서 농산품은 주로 북한산이지만 공산품은 중국산이 많다. 농민시장의 물가는 해당 지역의 물자공급량과 주민들의 구매능력, 즉 화폐보유량 등에 좌우된다. 예를 들어 국영상점에 상품이 없어도 주민들에게 돈이 없을 경우에는 농민시장 가격이 하락하기도 한다. 농민시장이 과도하게 확대되어 국가계획경제를 위협할 때는 국가가 통제한다. 또한 해삼, 전복, 금은 제품 등 국가가 통제하는 품목의 거래는 엄격히 제한되기에 이러한 품목의 농민시장 가격은 높아질 수밖에 없다.

7·1 조치 이전 농민시장의 가격은 다음 〈표 11-3〉과 같이 비교적 안정세를 보였다. 의약품을 제외하고는 물가가 오르더라도 그 폭이 크지 않고 가격

〈표 11-3〉 7 · 1 조치 이전 농민시장 물가 인상동향

분류	품목	단위	1999년 가격	2000년 가격	2001년 가격	2002년 가격 (7월 이전)	2001년~2002년 변동률
곡물류	쌀	kg	64.0	46.6	49.5	46.57	-5.92
	강냉이알	kg	32.6	27.2	33.6	32.29	-3.91
	밀가루	kg	44.5	43.1	41.4	40.71	-1.66
육어류	돼지고기	kg	160.0	130.1	136.9	138.57	1.22
	계란	개	13.0	11.8	10.0	10.57	5.71
	명태	마리	40.9	35.0	85.8	32.14	-82.54
채소 및 과일류	배추	포기	20.0	24.6	11.4	18.0	57.89
	미역	kg	30.6	67.1	75.0	140.0	86.67
	사과	개	33.1	22.9	30.4	31.43	3.38
조미료	소금	kg	14.6	19.3	14.6	21.29	45.79
	콩기름	kg	163.1	194.6	209.1	108.57	-48.08
	고춧가루	kg	239.4	273.8	239.4	187.5	-21.68
간식 및 기호품	빵	개	15.0	11.7	17.1	18.75	9.65
	샘물	병	17.5	30.9	13.3	25.0	87.97
	맥주	병	68.2	52.5	35.0	51.43	48.84
기타 생필품	구두	켤레	900	1180	700	316.67	-54.76
	세숫비누	개	66.3	64.4	82.5	56.67	-31.31
	셔츠	벌	472.3	613.8	419.3	275.0	-34.41
전체 변동률							13.52

이 하락한 품목도 많아서 전체적으로 농민시장 물가는 보합세를 보였다. 2001년도 물가가 2000년에 비해 27% 하락한데다 2001년 대비 2002년 가격이 전체적으로 13.52% 상승했지만, 의약품 가격 상승률이 322%를 넘으면서 전체 변동률에 크게 영향을 미쳤기 때문에 실질적인 변동률은 의미가 크지 않다.

7 · 1 조치 이후에 농민시장의 전체 평균물가는 〈표 11-4〉와 같이 182.74% 상승했다. 과거 무상 수준이던 전기료와 수도료 등 공공요금 가격까지 포함한다면 200% 이상 상승한 것으로 보인다. 농민시장에서 쌀은 지난 2년간 킬로그램당 40원 수준이었는데 7 · 1 경제조치 이후 신의주 지역 등에서 80원까지 상승했다. 쌀가격 상승은 총체적인 식량 부족 사태로 쌀이 절대적으로 부족해 초과수요에 시달리고 있다는 것이고, 북한에서 7월은 춘궁기로서 햅쌀이 공급되지 않기 때문에 가격이 오른 것으로 추정된다.

곡류의 가격은 전체적으로 7월 이전보다 66.09% 상승했다. 육류와 어패류,

〈표 11-4〉 7·1 조치 이후 농민시장 물가동향: 2002년 7월 평균가격

상품 종류	품목	단위	7월 이전 평균가격	7월 평균가격	가격변화율(%)
곡류	쌀	kg	52.5	80	52.38
	강냉이알	kg	35	57.5	64.29
	밀가루	kg	47.5	75	57.89
육류	돼지고기	kg	165	290	75.76
	닭고기	1마리	200	400	100.00
유제품	계란	1개	10	15	50.00
어패류	명태	1마리	25	50	100.00
채소, 해초류	무	1개	25	50	100.00
	배추	포기	27.5	55	100.00
	미역	kg	200	300	75.00
과실류	사과	개	50	80	60.00
기름·조미료	식용유	500g	75	150	100.00
	콩기름	500g	100	275	175.00
	고춧가루	kg	190	290	52.63
튀김, 과자류	기름튀기	개	20	45	125.00
	만두	개	10	32.5	225.00
차와 음료	차	통	165	275	66.67
외식	냉면	그릇	50	150	200.00
전기료	전기료	월	6.5	50	669.23
수도료	수도세	월	2	15	650.00
기타 잡비	세탁비누	개	45	75	66.67
	세숫비누	개	60	100	66.67
이·미용료	이발료	1인	5	10	100.00
	미용료	1인	5	15	200.00

주: 평양과 신의주 지역 농민시장의 물가.
자료: 2002년 11월 북한 현지조사, 탈북자 면접조사.

채소류 역시 각각 84.7%, 98.46% 및 82%의 상승률을 보였다. 생활용품은 시장가격이 좀 오르기는 했으나 7월 1일 이전보다 크게 오른 편은 아니다. 시장에서 유통되는 공산품 중 상당수가 중국 상품인데 해당 가격이 오르지는 않았기 때문이다. 농민시장의 가격은 지역별·시기별로 차이가 있다. 우선 평양과 신의주를 비교했을 때 평양 농민시장의 물가가 신의주보다 5~10% 이상 높다. 강냉이알의 경우 킬로그램당 평양은 60원이나 신의주는 55원이다. 감자는 킬로그램당 평양이 25원이나 신의주는 20원이다. 밀가루도 킬로그램당 평양은 80원이나 신의주는 70원이다. 평양의 돼지고기는 킬로그램당 300원이나 신의

주는 280원에 거래된다. 세탁비누도 평양은 개당 80원이나 신의주는 70원이다. 평양의 농민시장 물가가 신의주보다 높은 것은 평양의 물자공급이 신의주보다 여의치 못하다는 것을 반영한다. 신의주는 중국과의 접경지역으로, 보따리상들에 의한 중국 밀무역 등으로 인한 물자공급이 상대적으로 원활하기 때문이다. 또한 북한의 무역회사들이 중국 상품을 단둥 세관을 통해 대량으로 수입해서 신의주 시장과 국영 상점에 물자가 풍부해진 것도 한 이유이다.

4) 최근 농민시장 물가동향: 초인플레이션 만연

2003년 연초 들어 농민시장의 물가가 가파르게 오르고 있다. 2002년 12월 들어 북한 핵문제가 부상하면서 북한의 경제난이 심각해진 결과다. 미국의 대북 중유공급 중단에 따라 공장의 가동률이 하락하고 동절기 물자의 이동이 어려워지면서 평양을 비롯한 전 지역의 농민시장 물가가 상승했다. 특히 2002년 10월에서 11월 동안에는 중국에서 2억 달러 상당의 공산품이 수입되어 물가가 진정되었으나, 12월 들어 물자공급이 감소되면서 전국적으로 물가가 오르기 시작했다. 쌀은 2002년 2월의 킬로그램당 48~55원선에서 130~150원선으로 2.7배 인상되었다. 옥수수는 킬로그램당 20~32원에서 75~85원으로 3.2배 인상되었다. 돼지고기는 킬로그램당 160~180원에서 360~380원으로 2.2배 인상되었다. 설탕은 킬로그램당 130~150원에서 400~420원으로 2.9배 인상되었다. 〈표 11-5〉와 같이 비누(450g)는 60~70원에서 165~175원으로 2.6배 상승하는 등 평균 2.5배 올랐다.

최근 북한을 탈출한 탈북자들에 따르면 지난 2월 130~150원 하던 킬로그램당 쌀가격이 5월에는 185~195원으로 지난해 7월 경제관리개선조치 당시의 48~55원에 비해 네 배 이상 올랐다고 한다. 그러나 이는 7·1 조치에 따른 특별한 부작용은 아니고 기본적인 북한의 곡물생산량 부족 때문에 발생한 현상이다. 북한의 식량생산량은 2002년에 384만 톤에 그침으로써 수요량에 비해 150만 톤 이상이 부족했다. 그러나 북핵 문제로 국제사회의 지원이 미흡함에 따라 식량 수급이 원활치 못해 곡물가격이 상승했다. 특히 접경지역이나 교통이 불편한 동해안 지역에서 쌀과 옥수수 등 곡물가격이 급등했다. 곡물가

〈표 11-5〉 평양 농민시장 물가 비교: 2002년 2월과 2003년 2월

구분	2002년 2월	2003년 2월	비고(상승폭= 배)
쌀(1kg)	48~55원	130~150원	2.7
옥수수(1kg)	20~32원	75~85원	3.2
두부콩(1kg)	60~70원	180~190원	3
식용유(1kg)	160~200원	600~650원	4.1
계란(1알)	10~13원	22~25원	2
명태(1마리)	100원	300~400원	3
돼지고기(1kg)	160~180원	360~380원	2.2
미원(453g)	180~190원	420~430원	2.9
설탕(1kg)	130~150원	400~420원	2.9
휘발유(1kg)	130~150원	330~350원	2.4
경유(1kg)	80~100원	280~300원	3.2
비누(450g)	60~70원	165~175원	2.6
담배류(외국산)	100~110원	230~240원	2.3
담배류(국산)	45~50원	70~80원	1.6
이발 비용	5~10원	15~20원	2.5
환율(1달러)	220원	670원	3

자료: 탈북자동지회, ≪탈북자들≫, 3월 호(2003), 2003년 6월 탈북자 면접조사.

격은 한국의 대북식량지원(40만 톤) 물량이 6월 하순부터 1차분 선적이 이루어짐에 따라 점차 급등세가 진정되었다.

3. 임금 인상의 원칙과 목적: 직종별 차별화와 근로의욕 제고

1) 임금 인상의 원칙과 목적

북한은 7·1 조치를 통해 임금을 대폭 인상했다. 임금 인상은 노동자 생활비 조사를 기초로 하여 결정되었다. 임금 인상의 목적과 원칙은 네 가지로 분석된다. 첫째, 물가인상에 따른 생활비 보전이다. 품목별로 물가가 평균 18~25배 인상되었기 때문에 임금이 오르지 않으면 생활비를 조달할 수 없다. 둘째, 임금을 차등 인상함으로써 분배의 평균주의 원칙에 따른 모순을 제거하기 위한 것이다. 사회주의 본래의 건전한 노동생활 기풍을 확립해 '건달을

부리거나' 놀고먹는 사람이 없도록 해야 한다는 것이다. 물질적 평가에 정치적 평가를 잘 결합시켜 노동의 양과 질이 높은 사람은 경제적 · 정치적으로 응당 평가를 받게 하며 분배에서의 평균주의를 철저히 배제하는 데 임금 인상 의도가 있다.[16] 그간 북한 근로자들 간에는 평균적 분배주의가 팽배해 '일한 만큼 분배를 받는다'는 사회주의 분배원칙이 유명무실했다. 7 · 1 조치 이후 각 공장 · 기업소의 실적 평가는 '벌어들인 수입'을 기준으로 실시되었다. 수익성이 양호한 공장 · 기업소들에 더 많은 수익을 분배해 노동자에게 추가노임(상여금)을 지급하도록 함으로써 능력급을 강화했다.

셋째, 식량 및 소비품 가격과 집세 등을 인상해 배급제도를 사실상 폐지하고 이를 보상하는 차원에서 임금을 인상함으로써 가계의 경제적 자립을 유도하기 위한 것이다.[17] 의식주의 국가배급제 체제하에서는 국가는 식량, 주택 등을 거의 무상으로 제공했으나 7 · 1 조치 이후 식량 및 집세와 공공요금을 대폭 인상함으로써 배급제가 사실상 무용화되었다고 볼 수 있다. 물론 북한은 공식적으로 배급제나 사회보장제의 축소나 폐지가 아니라고 주장하고 있으나 국가의 역할이 축소되는 경향은 분명하다. 7 · 1 조치 이전에는 쌀가격이 노동자와 사무원의 실질 생계비에서 차지하는 몫이 불과 3.5%에 지나지 않았다. 이에 따라 국가는 주민들의 식량공급을 보조하는 데만 1년에 수십억 원 이상 지출했다.[18] 국가는 가격인상을 통해 주민들의 의식주 공급의 책임자라는 부담에서 어느 정도 벗어날 수 있게 되었다.

넷째, 임금의 인상은 국가와 가계 및 기업소 간의 경제관계를 더욱 독립적으로 유도하여 국가재정을 건전화하는 목적을 가지고 있다. 국가가 더 이상 가계와 기업소를 책임지지 않아도 되는 상황은 국가가 종래의 정부보조정책

---

16) 2002년 10월 3일 김정일 노작, 「현실발전의 요구에 맞게 사회주의 경제관리 체계를 개선할 데 대하여」.

17) 북한의 가격제정국 관계자는 "자기가 받은 노임으로 살림살이의 모든 문제를 풀지 않으면 안 되게 되니 누구나 실리라는 문제를 자기 생활과 결부하여 생각하게 되었다"(≪조선신보≫, 2002년 7월 26일 자).

18) 북한 내부 자료, 「7 · 1 경제관리개선조치에 대하여」.

에서 탈피해 국고를 경제건설 등 생산 측면에 투입함으로써 재생산을 유도할 수 있다. 결국 이러한 조치는 자본주의국가의 정부역할 축소를 강조하는 '작은 정부론'과 유사하다고 할 수 있다.

2) 계층별 임금 인상의 비교: 선군정치와 직업별 차별화

북한은 7 · 1 조치를 통해 모든 근로자들의 최저생계비를 타산하고 임금(생활비)을 평균 18~25배 정도 인상했다. 일부 품목과 직업의 물가인상폭과 생활비 인상폭이 다소 다르나 전반적으로 비슷한 수준이라고 볼 수 있다. 가구당 부부가 일하는 것으로 가정하고 노동자와 사무원의 월 생활비는 평균 2000원 정도로 기준을 정했다. 이 생활비를 기준으로 직종별로 임금을 차등 인상했다. 차별화된 임금 인상의 특징을 제시하면 다음 네 가지이다.

임금 인상은 첫째, 제조업 분야의 임금을 사무원보다 우대해 인상 비율이 높다는 전통적인 마르크스-레닌의 노동력 분류 평가에 근거한다. 7 · 1 조치 결과 노동자를 제외한 당 · 정 기관, 사무원 등의 임금 인상 내역은 〈표 11-6〉과 같다.

둘째, 군인들의 월급은 최소 25배에서 최고 31배 인상되어 교원(15배), 공무원(20배) 및 일반노동자(18배)들보다 많이 올랐다. 이는 강성대국 건설과정에서 군을 권력의 핵심으로 간주하는 선군정치와 관련이 있으며 실생활에서 식량을 구입하기가 어려운 직업적 상황을 고려한 조치다. 북한 정권은 군인들을 어려운 경제 사정에서도 가장 우대함으로써 체제보전의 선두에 서게 하고 충성심을 강화하는 등 총대에게 정권의 마지막 보루 역할을 맡기려는 의도를 보였다.[19] 군의 임금 인상 내역 중 소위에서 대좌(대령)까지의 영관급은 평균 25~31배로서 전체 군인 평균인 18%를 훨씬 상회함으로써 고위직과 중간 간부직에 대한 배려가 뚜렷하다.

---

19) "모든 군인들은 가격과 생활비를 새로 제정한 국가적 조치에 대한 옳은 인식을 가지고 고마운 사회주의 제도를 목숨 바쳐 지키기 위해 군사복무를 더욱 충실해야 한다"(북한 내부 자료 「7 · 1 경제관리개선조치에 대하여」).

〈표 11-6〉 7 · 1 조치 이후 계층별 임금 인상 내역

구분		월 임금 지급액		인상 폭 (B/A, 배)
		인상 전(A)	인상 후(B)	
당 · 정기관	당 · 정무원성상(省相)	300~350원	4000~4500원	13
	정무원 부부장	250~300원	3500~4000원	14
	도인민위원회 부원장, 군인민위원회 위원장	170~200원	2800~3000원	16
	당지도원	150~200원	2500~3000원	15
	중간관리자	120원	2400원	12
공장 · 기업소	특급기업소 지배인	250~300원	3500~4000원	14
	1~2급 기업소 지배인	150~200원	2500~3000원	15
	사무원	140원	1200원	9
외화벌이 사업소	금강산 관광 총회사 직원	150원	2500원	17
	총지배인	300원	4500원	15
대외무역	과장급	150원	3000원	20
교원	대학교수	270원	4000원	15
	대학강사	200~250원	3500원	16
	일반 교원	80원	2400원	30
	유치원 보모	135원	2400원	15
의사	평양산원(10년 경력)	120~250원	2500~3000원	12
서비스 분야 종사자	여관, 이발소, 식당 등 편의시설 종사자	20~60원	1000~1500원	25
	보통강호텔 10년 경력 환전상	120원	2500원	21
	호텔 10년 경력 의례원	100원	2000원	20
연예인	인민배우	200원	4000원	20
	공훈배우	500원	6000원	12
군인	소 장	247원	6670원	27
	대 좌	219원	5830원	27
	상 좌	197원	5270원	27
	중 좌	185원	4610원	25
	소 좌	163원	4130원	25
	대 위	149원	3780원	27
	중 위	107원	3240원	30
	소 위	95원	2970원	31

자료: 북한 내부 자료, 2002년 11월 북한 현지 조사, 2003년 6월 탈북자 면접조사.

대학교수의 경우 7 · 1 조치 이전에 270원을 받았으나 조치 이후에는 4000원으로 오른 데 그쳤다. 반면 대좌는 219원을 받았다가 조치 이후 5830원을 받아 군인의 우대가 여타 계층과 비교해 두드러졌다. 7 · 1 조치 전에는 군관 복무기간에 따른 가급금으로 3~30%를 주던 것을 군사복무연한 가급금을 1년당 40원씩 최고 40년까지 주는 체제로 조정했다. 새로 개정한 군인 생활비는 직무생활비, 군사복무연한 가급금 및 군사칭호비를 전체 합한 것이며 군인 임금으로 소위의 경우 2970원을 받는다.[20] 사병의 경우 1일 600그램씩의 식량과 한 달에 담배 10갑, 군복 매년 두 벌과 함께 매달 소액의 급여(200~300원)를 지급받는다.[21] 군인들에 대한 이러한 대폭적인 월급인상은 군인들의 사기를 진작시켜 체제보전에는 도움이 되나 경제위기 극복에는 장애요인으로 작용할 것으로 전망된다. 또한 현재의 북한 경제위기를 극복하기 위해 국방비[22]를 축소해야 하는 상황에서 군인들의 월급을 올리면 국방비 투입이 증가할 소지가 큰 만큼 경제 부담 요인으로 작용할 가능성이 크다. 물론 일반 무기 구입 비용 등이 축소되어 인건비 증가와 상쇄될 경우에는 문제가 심각하지 않지만 선군정치 입장에서 그럴 가능성은 크지 않다.

셋째, 7 · 1 조치에서는 교원, 의사 등 1995~1998년 고난의 행군 시절에 가장 고통을 받았던 인텔리 계층[23]을 임금 인상을 통해 배려했다. 경제난 속에서 사회적 위치 때문에 임금이 지급되지 않아도 장사를 하거나 부업을 하지 못했던 인텔리들의 평균 임금 인상률(19배)을 일반 노동자 임금(18배)보다 우대한 것은 북한의 전통적인 인텔리 우대정책과도 관련이 있다.

끝으로 당지도원들의 임금 인상률은 크지 않다. 이들의 월급은 월 150~200

---

20) 군사 복무연한이 높아짐에 따라 임금이 인상된다.

21) 사병(전사와 상등병)과 하사관(하사, 중사, 상사 및 특무상사)의 급여는 많지 않아 군대생활에 필요한 생필품을 구입할 수 있는 정도이다[「북녘 사람들의 군대생활」, ≪민족21≫, 5월 호(2003), 58~61쪽].

22) 북한은 2003년 4월 2일 개최된 최고인민회의 제10기 6차 회의에서 2003년 예산을 전년보다 14.4% 증가시켰다. 전체 예산 중 국방비는 15.4%로 발표되었으나 실제로는 30%선으로 추정된다(≪연합뉴스≫, 2003년 3월 26일 자).

23) 박현선, 『현대 북한사회와 가족』(한울, 2002), 30~50쪽.

원에서 3500원으로 20배 인상되어 여타 직종에 비해 임금 인상률이 높지 않았다. 당지도원들의 임금이 높지 않은 것은 이 직업이 물자를 만드는 실용적이고 생산적인 측면이 강하지 않다는 사실을 반영한다. 현재로서는 경제의 효율성을 제고시키는 것이 중요한 만큼 이념적이고 현실 경제의 기여도가 높지 않은 당원들의 월급을 낮게 책정한 것은 당연한 측면이 있다. 결국 계층별로 차별화된 북한의 임금 인상은 생산성을 위해 사무원보다 노동자의 임금 인상폭을 높이면서도, 위기 시의 체제보존을 위해 군을 최우선하고, 고난의 행군 시기에 고생한 의사와 교원 등 인텔리 계층을 '보상'의 측면에서 배려함으로써 주민들에게 하나의 교훈이 되는 방향으로 진행되었다. 이러한 개선 노력을 통해 북한이 경제를 어떻게 개선해나가려 하고 주민통합을 이룩하려는가를 엿볼 수 있다.

3) 공업 부문별 임금 인상 비교

북한은 임금이라는 용어 대신 생활비라는 용어를 사용한다. 과거 '노동자 임금적용에 관한 규정'(1949.12.27) 등 북한 정권 출범 당시 법령에는 임금이란 단어를 사용했으나 임금은 자본에 의한 과잉노동의 착취수단이라는 마르크스 경제학에 따라 1978년 4월 18일 '사회주의노동법' 제정 당시부터 임금 대신 '생활비' 또는 '노동보수'라는 용어를 사용하고 있다.[24] 북한 노동자의 화폐수입에서 기본이 되는 것은 노동자와 사무원들의 생활비라고 할 수 있다. 사회주의 사회에서의 주민들에 대한 화폐수입은 주로 사회주의 노동보수제에 의해 얻어지는데, 생활비는 자본주의와 달리 사회주의 근로자들의 물질문화생활을 보장하기 위한 중요한 수단이 된다고 한다.[25] 따라서 북한은 각종 경제계획 문건에서 임금이라는 용어 대신에 생활비라는 용어를 사용하고 있다. 금

---

24) 곽정갑, 「소비품 수요의 발생과 장성에 작용하는 주요 요인」, ≪경제연구≫, 제1호(평양: 과학백과사전종합출판사, 1996.2), 31~35쪽.

25) H. Kim, "North Korea," *Social Welfare in Socialist Countries*, in J. Dixon and D. Marcarov(eds.)(New York: Routledge, 1992), pp.131~155.

번 7 · 1 조치에 따른 임금 인상 관련 내부문건도 제목이 '로동자생활비 기준표'로 표기하고 있다.

북한은 정권수립 직후 '노동자 임금적용에 관한 규정'(1949.12.27 내각결정 제196호)을 통해 임금등급표에 의한 노동자 임금지급을 규정한 바 있다. 이 규정에 따른 북한 생활비 지급제도의 특징은 다음과 같다.

첫째, 당국은 노동자 · 사무원과 농민의 생활수준을 높이는 원칙을 확고히 견지하면서도 노동 조건의 차이에 따른 임금차등화를 인정한다. 이에 따라 생활비 지불 방식에서도 노동을 기준으로 한 생활비 등급제를 실시하고 있으며 생활비는 노동자의 직종 및 정치적 지위나 등급에 따라 차이가 난다.[26]

둘째, 북한의 생활비는 정액지불제와 도급지불제 등 이원적인 방식으로 지급된다. 정액지불제는 노동정량을 정확히 계산할 수 없고 노동의 결과를 수치적으로 평가하기 힘든 부분의 근로자에게 적용되는 것으로 사무원 중 당관료나 행정기관의 사무직 근로자가 해당된다. 도급지불제는 작업이나 생산물의 양과 질에 따라 도급단가로 지불하는 제도로서 생산직 근로자들이 적용된다. 일반 노동자와 사무원들은 대부분 두 제도를 혼합적으로 적용받고 협동농장 농장원들의 경우에는 연말 결산분배에 의해 현물과 현금으로 지불받는다.

셋째, 추가적인 생활비 지급은 물질적 자극수단으로 가급금제(加給金制)와 상금제를 두고 있다. 가급금제는 주로 근무연한과 기술역량 및 학위 등을 고려하여 적용하고 있고, 상금제는 생산계획의 초과 완수, 품질향상, 원가절감, 노동생산 능률 및 기술수준을 제고할 목적으로 실시하고 있다. 북한은 7 · 1 조치에서 과거 20가지에 달하던 가급금을 대폭 정리했다.[27]

넷째, 경노동보다 중노동일수록 더 많은 임금을 받을 수 있도록 되어 있다. 북한은 여러 차례에 걸쳐 생활비 인상안[28]을 발표했으나 이 규정에 제시되어

---

26) 「사회주의노동법」 38조, 43조, 45조.

27) 북한 내부 자료, 「7 · 1 경제관리개선조치에 대하여」

28) 북한의 생활비 인상 사례는 다음과 같다. "국가 · 협동단체기관 · 기업소들의 노동자 · 기술자 · 사무원들의 기본임금을 1958년 1월 1일부터 평균 10% 인상한다"(노동자 · 기술자 · 사무원들의 임금 인상에 관하여, 1957.12.31 내각결정 제 128호); "1959년 1월

있는 임금지불의 원칙은 고수되고 있다고 볼 수 있다.[29]

4) 7 · 1 조치에 따른 임금 인상 내용

북한 당국은 7 · 1 조치에 따라 석탄공업, 광업, 지질탐사, 임업, 금속공업, 전력공업, 기계공업, 전자공업, 화학공업, 경공업, 농업, 건설 · 건재공업, 제약공업 및 의료기구 생산, 수산업, 철도운수, 자동차운수, 해운, 체신, 인쇄공업, 혁명사적, 문화, 양정(糧政), 도시경영, 국토, 상업, 급양, 편의부문 등 총 28개 부문 360개 직종으로 분류해 임금을 인상했다. 당국은 7 · 1 조치에서 생활비, 즉 임금을 평균 18배 인상했다. 일반적으로 노동자의 임금은 동일직종에서 세 단계로 구분되어 있다. 무기능(無技能), 기능, 고급기능으로 나뉜다. 기능 보유 간의 임금격차는 30% 선이다. 예를 들어 가장 높은 임금을 받는 굴진, 채탄노동자의 경우 무기능이 3140~3770원, 기능이 4400~5040원인 데 반해 고급기능은 5680~6000원에 달해 기능은 84%, 무기능 근로자의 월급은 고급기능근로자에 비해 63%에 그쳤다. 기능을 가지고 있는지 없는지에 따른 임금격차는 결코 적지 않다. 같은 탄광에 무기능 일반근로자의 월급이 2000원선에 그치는 것은 육체노동근로자 중에서도 단순노동자의 급여가 높지 않다는 것을 의미한다.

제절, 제강노동자의 월급이 무기능은 1560~2380원, 기능은 3200~4020원, 고급기능은 4840~5250원으로 최상급 수준이다. 전력공업 부문의 임금도 높은 수준이다. 화력발전소 보일러 운영노동자의 경우 무기능이 1800~2460원, 기능이 3120~3790원, 고급기능이 4450~4780원을 받는 것은 전력 부분의 어려

1일부터 국가 · 사회 · 협동단체기관 · 기업소들의 노동자 · 기술자 · 사무원들과 군무원 · 내무원들의 임금(1958년 3/4분기 실적에 의한 평균임금)을 평균 40% 인상한다" (노동자 · 기술자 · 사무원들의 임금을 평균 31.5% 올릴 것에 대하여, 1979.8.31 내각결정 제70호); "주민복지향상대책"(1992.2.13 중앙인민위원회 정령)은 1992년 3월 1일부터 생활비를 43.4% 인상한다고 발표했다.

29) 노용환 · 연하청, 『북한의 주민 생활보장정책 평가』, 한국보건사회연구원(1997), 47~51쪽.

운 사정을 반영한다고 할 수 있다. 화학공업 역시 핵심적인 산업이다. 카바이드 생산노동자의 경우 무기능이 1290~2100원, 기능이 2940~3760원, 고급기능이 4580~5000원을 받는 것은 카바이드 생산이 화학공업에서 차지하는 비중을 짐작할 수 있다. 이와 같은 임금체계는 국가 경제건설 과정에서 철강, 전력, 화학 분야의 중요성을 나타내는 것으로 임금수준은 국가정책의 비중을 판단하는 기준임을 알 수 있다.

한편 북한의 IT 발전전략에도 불구하고 전자공업 분야 근로자들의 임금이 평균 이하인 것도 특징이다. 전자, 반도체 재료 생산 노동자의 경우, 무기능이 1140~1400원, 기능이 1700~1970원, 고급기능이 2240~2400원에 그친다. 컴퓨터 운영 노동자는 무기능이 1140~1300원, 기능이 1450~1600원, 고급기능이 1760~1900원에 머문다. 이는 전자공업 부문의 기술이 아직 초보적인 단계에 그치며 경제활동에 대한 기여도가 그리 크지 않다는 것을 시사한다. 이는 또한 이들 직종의 근무로 인한 칼로리 소비가 그리 크지 않다는 것을 뜻하는 것이기도 하다. 경공업 부문의 월급이 중공업 부분보다 높지 않다는 것도 주목할 만한 사항이다. 편직물 생산노동자는 무기능이 1200~1380원, 고급기능이 1560~1740원이다. 빵, 국수 가공 노동자의 경우 무기능이 1100~1240원, 기능이 1380~1530원에 그친다. 신발 생산 노동자는 무기능이 1100~1300원, 기능이 1500~1700원, 고급기능이 1900~2000원이다. 중공업 우선주의 정책에 따라 경공업 생산에 대한 경시정책을 반영한 것이라고 판단된다. 농업 부문 일반노동자의 월급이 여타 산업보다 절대적으로 낮은 것은 아니지만 1100~1640원으로 크게 높지 않은 것은 식량난에도 불구하고 농업생산을 단순노동으로 간주한 것이라고 볼 수 있다. 농산물 생산노동자의 경우 무기능이 1320~1570원, 기능이 1830~2080원, 고급기능이 2340~2480원으로 농민 대부분이 2300원을 받도록 해 노동자 사무원들보다 더 높게 기준을 정했다. 집짐승이나 과일, 누에고치 등 농축산물 생산노동자는 이들보다 10% 정도 적다. 기본적으로 곡물가격을 550배 인상했지만 정부가 양곡 적자를 보전하는 데 주력하는 만큼 농업노동자들의 임금을 대폭 상승하기는 어려웠으나, 농업생산을 신속하게 증가시키기 위해 최소한 인상폭을 확대한 것으로 해석된다.

철도운수의 경우 북한에서 고임금 직종으로 볼 수 있다. 철도기관사의 임금

〈표 11-7〉 직업별 노동자 임금 인상 내역

분야별 노동자		임금 인상 이전	임금 인상 이후	인상률
굴진 · 채탄노동자	무(無)기능	160~200원	3140~3770원	18배
	기능	220~250원	4400~5040원	20배
	고급기능	270~300원	5680~6000원	20배
제철 · 제강노동자	무(無)기능	60~80원	1560~2380원	30배
	기능	160~200원	3200~4020원	20배
	고급기능	110~160원	4840~5250원	33배
화력발전소 보일러운영 노동자	무(無)기능		1800~2460원	
	기능		3120~3790원	
	고급기능		4450~4780원	
전자공업: 집적회로 생산	무(無)기능		1200~1460원	
	기능		1730~1460원	
	고급기능		2260~2400원	
농산물 생산 노동자	무(無)기능		1320~1570원	
	기능		1830~2080원	평균 2300원
	고급기능		2340~2480원	
자동차운수: 버스, 전차운전사	정원 25명		1360~1900원	
	정원 50명		1460~2010원	
	정원 100명		1730~2380원	
상업 부문	상품판매		1000~1360원	
	농민시장 관리		1000~1260원	
	일반 노동자		1000~1260원	
급양 부문	취사원		1000~1400원	
	요리사		1450~1600원	
	고급요리사		1650~1800원	
편의 부문	일반이발		1100~1400원	
	고급이발		1500~1980원	
	사진제작		1250~1380원	

자료: 북한 7 · 1 조치 관련 「노동자 생활비 기준표」; 2002년 11월 북한 현지 조사; 2003년 6월 탈북자 면접조사; 국가안전기획부, 『북한편람』(1990).

은 2500~4000원으로 상당히 높은 수준이며 사회적으로 선호 직업이라는 것을 짐작할 수 있다. 노선버스 운전사의 경우 평균 수준을 유지하고 있다. 혁명사적 부분의 관리자는 육체노동을 필요로 하지 않는 단순 업무로 분류하여 혁명열사릉 관리자가 1250~1800원을 받는다. 문화사업의 임금도 그리 높지 않다. 영화촬영장 관리노동자가 무기능이 1000~1180원, 기능이 1370~1540원에 머문다. 문화 부문의 일반 노동자들의 임금은 1000~1200원에 그치며 상업

부문도 상품판매, 출납노동자의 월급이 1000~1360원에 머무는 정도다.

남한의 서비스 업종인 편의 부분의 월급은 비교적 높은 것으로 나타났다. 이발, 미용 부문의 근로자가 일반은 1100~1400원, 고급은 1500~1980원으로 임금수준이 비교적 높았다. 급양 부문의 경우 취사원(조리사)은 1000~1400원, 요리사는 1450~1600원, 고급요리사는 1650~1800원이다. 전체적으로 광업 부분의 임금이 가장 높았고 지질, 금속, 화학공업 등이 상위의 순위를 보였다. 경공업보다는 중공업에 정책의 우선순위가 있다는 것이다. 이는 향후 북한의 경제정책 초점이 소비재산업 회복보다 중공업 육성에 맞추어진다는 것을 의미한다. 또한 농업 분야를 제외하고 어느 분야든 일반 단순노동자의 보수가 1500원 이하라는 사실은, 사회주의 노동이론에서도 단순노동의 노동보수가 약하다는 것을 의미하며 결국 사회주의 임금 책정도 물질생산 기여도에 달려 있다고 볼 수 있다. 그러나 사진부문이나 양정 · 도시경영 · 상업 부문의 임금이 높지 않은 것은 이들 계층이 임금 이외에 먹거리를 해결할 수 있거나 부수입이 생기는 것을 묵시적으로 인정하기 때문에 명목상의 임금 인상 폭을 높지 않게 책정한 측면도 있다.[30] 이상의 내용을 표로 정리하면 다음 〈표 11-7〉과 같다. 〈표 11-7〉은 임금 인상의 내역을 무기능, 기능 및 고급기능으로 분류했다.

4. 임금과 물가 인상에 따른 생산 · 소비 행태의 변화와 사회적 · 경제적 함의

1) 생산 · 소비 행태의 변화 양상

7 · 1 조치에 따른 국정가격 인상은 생산과 소비 행태의 상당한 변화를 가져오고 있다. 우선 배급제의 사실상 폐지가 공론화되고 있다. 식량, 소비재, 주택 등에 대해 제값을 지불하도록 조치함으로써 배급제는 유명무실해지고

---

30) 김광인, 「군인 · 중노동자 월급만으로는 살 수 없다」, 『한반도의 대전환』(조선일보사, 2003), 80~87쪽.

있다. 현재 평양 지역의 경우 재화의 배급카드 목록에는 큰 변화가 없으나 청진시 등 일부 지역에서는 배급제 폐지 및 시장가격제 도입 실험을 좀 더 광범위하게 진행하고 있다.[31] 군인이나 공안기관 근무자 등 특수계층들은 직업의 특성상 농민시장을 이용하는 데 어려움이 있고 농민시장의 물자구매에 어려움이 있는 만큼 배급제를 유지하고 있다. 그러나 그 외 인민들 시장이나 국영상점에서 물자를 구입하게 함으로써 국영상점과 농민시장의 병존을 정부가 공식적으로 인정하는 실정이다. 다만 당국은 쌀 절대 공급량이 부족함에 따라 쌀의 매점매석을 방지하고 전체 인민에게 골고루 나누기 위해 배급표를 발급한다고 지적했다.[32] 그러나 배급제가 무상이 아닌 만큼 과거의 경직적인 형태는 아니지만 식량 분배의 통제를 지속하겠다는 의도로 추정된다.[33]

둘째, 주민들의 경제생활방식과 가치관에 혼란이 가중될 수 있다. 의식주를 국가가 책임지지 않는 7·1 조치는 58년간 사회주의 경제체제를 경험한 주민들의 경제생활방식을 바꾸도록 요구하고 있다. 북한 주민들은 그간 정치논리만 학습할 때는 문제가 없었으나 실리라는 경제논리까지 습득해야 함에 따라 사고의 전환이 요구되고 있다. 사회주의 경제체제하에서 양적 노동투입에만 관심을 기울여온 주민들로서는 양적 노동과 동시에 질적 노동을 강요받는 것에 상당한 부담을 가질 수밖에 없다. 시간만 채우는 노동투입방식에 오랫동안 익숙한 근로자들이 근로시간 내내 일정한 노동 강도를 유지해야 하는 질적 투입방식은 노동자들의 고통을 유발할 것이다. 이러한 불만은 북한 내부에서도 일부 공론화되고 있다. 일부 주민들은 "지금 식량도 부족하고 상품도 없는데 물건값과 생활비를 개정한다고 경제문제가 풀리는가, 국가에서 값을 올리면 시장가격이 더 올라가지 않는가 하면서 반신반의하고 있다. 심지어 금액본위요, 무슨 방법이요 하는 현상까지 나타나고 있다". 북한 당국은 이러한 이의제

---

31) 성인 1인당 식량 배급량을 700그램으로 규정하고 있고, 취약 아동은 1일 300그램을 유지하고 있다["WFP Emergency Report," No.29(2002.7)].

32) ≪조선신보≫, 2002년 7월 26일 자.

33) 서재진, 「북한의 7·1 경제관리개선조치가 주민생활에 미칠 영향」, ≪통일정세분석≫, 2002-05(2002.8.23), 16쪽.

기가 7 · 1 조치의 깊은 의도를 파악하지 못하고 사회주의 경제 관리에 대한 인식이 부족한 데 그 원인이 있다며 내각과 위원회, 성, 중앙기관의 많은 일꾼들이 자기 분야의 문제점을 개선하기 위한 실무적인 대책들을 적극 수립해야 한다고 강조하고 있다. 셋째, 7 · 1 조치 이후 당국의 의도와 달리 개인들의 사경제 행위가 더욱 활발해질 것이다. 더 이상 국가가 개인들의 경제생활을 보장하지 못하는 상황에서 급등한 물가를 따라가야 하기에 직장의 급여 외에 부수입을 올리는 데 주력하지 않을 수 없다. 탄광근로자 등 일부 육체노동자들은 7 · 1 조치로 인해 그간 장마당에서 폭리를 취해온 사람들에게 타격을 줄 수 있어 진짜 사회주의를 실현할 수 있게 되었다며 긍정적인 평가를 내리고 있다. 그러나 실제 생활에서는 이윤추구를 위한 장사행위가 만연할 수 있다. 특히 물자공급이 여의치 않고 임금 지급이 제대로 이루어지지 않으면[34] 주민들의 사경제 행위가 더욱 증가할 가능성이 크다. 2002년 하반기 들어 일부 직장에서는 정해진 날짜에 월급 대신 현금증서를 발행하는 사례가 발생했다. 그간 근로능력이 있으나 집에서 가사일에 전념했던 많은 주부들이 이제 사경제 활동이나 직장을 찾아 나설 것이다.

2) 임금 · 물가 인상과 사회적 · 경제적 함의

7 · 1 조치는 다음과 같은 사회적 · 경제적 함의를 포함하고 있다. 첫째, 북한의 경제정책이 후진국형에서 개발도상국형으로 변하고 있다. 북한은 1946년 낮은 곡물가격을 채택해 농민들의 희생을 강요하면서 도시 노동자들에게 저렴하게 식량을 공급했다. 농민들은 토지를 국가에서 무상으로 수령한 대신 생산량의 25%를 국가에 납부했다. 낮은 곡물가격을 바탕으로 도시 사무원 및 공장 노동자들이 경제건설에 참여해 북한은 사실상 1980년대에 공업화를 완료했다.[35] 공업화가 진행되면서 노동력 구성도 변했고 도시 및 공장 근로자가

---

34) 7 · 1 조치로 인해 임금은 몇십 배 올랐으나 실제 임금이 제때 지급되지 못하고 있다. 7 · 1 조치로 세상이 크게 바뀌었는데 쌀값은 크게 오르고 각종 공과금은 늘어나 도저히 살 수가 없어 다시 중국과 밀거래에 나서고 있다(≪조선일보≫, 2003년 6월 11일 자).

전체 인구의 70% 이상을 차지하게 되었다. 노동자 수가 농민보다 많아지면서 정부가 노동자들에게 곡물가격 보조를 통해 지원하는 양곡재정 적자가 급증했다. 1990년대 들어 경제난이 심화되면서 북한 당국은 지난 1956년간 유지해온 이중곡가제(二重穀價制)를 폐지할 수밖에 없었다. 정부가 세금으로 거두어들인 경제건설자금을 비생산적인 가격지지에 사용하기에는 재정이 한계에 도달한 것이다. 따라서 실제가격과 판매가격의 차이를 국가재정에서 보전해주는 제도인 '가격편차금보상제'를 폐지했다.

둘째, 가격책정의 기준을 생산자가 아니라 소비자 위주로 전환함으로써 가격개혁(price reform)의 토대를 마련했다. 이로써 시장의 조직과 기능이 판매자가 가격의 범위와 제품 생산량에 대한 의사 결정권을 갖는 것이 아니라 구매자가 가격결정의 주도권을 행사하는 방향으로 전환되고 있다.[36] 이에 따라 북한 당국은 7 · 1 조치에 의한 가격 변화를 '인상'이라는 용어보다 '가격조정'이라고 표현했다. 모든 재화의 가격을 국가재정의 지출에 의거하지 않는 본래의 가격으로 환원한 것이라는 의미이다.[37] 결국 시장에서 형성되는 가격을 인정함으로써 국정가격과 농민시장 가격과의 격차를 제거하고 가격의 단일화를 추구했다고 볼 수 있다.

셋째, 가격과 비용, 원가 등에 대한 개념이 철저하게 도입된 것은 지배인 및 근로자들의 공장기업소에 대한 경영관리를 철저하게 만드는 계기를 제공했다. 각 기업소들이 "국가에 손을 내밀지 못하게 되었다"라는 표현처럼 기업소들은 지출을 수입의 범위 내에서 시행토록 하는 한편 과학적인 생산계획과 철저한 원가계산을 통해 제품의 비용, 품질 및 가격을 정확히 산정하는 노력을 경주했다. 그러나 기업이 실리를 추구한다고 해서 이윤을 많이 발생시키는 자본주의 기업을 벤치마킹한 것은 아니다. 기업소들이 독립채산제를 고수하라는 당국의 요구를 충족할 수 있게 나라에서 내려오는 생산계획지표를 하부단위에서 각 실정에 맞게 세분화할 수 있도록 재량권을 부여했지만 자유경제 기업과

35) 고승효, 『현대 북한경제입문』, 이태섭 옮김(대동, 1993).

36) Kornai J., op. cit., pp.245~251.

37) ≪민족 21≫, 10월 호(2002), 60~68쪽.

는 다르다. 수입으로 최종 평가를 하지만 나라가 인민들의 수요에 맞게 내린 현물지표를 달성하지 못하면 승진유보 등 신분상 불이익과 범칙금이 가해진다는 의미이다. 결국 북한 당국이 말하는 실리는 개별적 기업단위가 아니라 국가적 차원, 즉 집단주의 견지에서 추구해야 할 목표라고 정의하고 있다.[38]

5. 7 · 1 조치의 평가와 향후 개혁추진 전망

"지난 시기 경제관리 체계와 경제관리방법이 그때에는 옳고 좋은 것이었다 해도 오늘에는 맞지 않을 수 있다. 변화 발전하는 현실의 요구에 맞게 경제관리에서 고칠 것은 대담하게 고치고 새롭게 창조할 것은 적극 창조해야 한다"라는 김정일의 2001년 10월 3일 지시문은 금번 경제관리개선조치 방향을 정확하게 지적한 것이다. 그러나 경제관리개선조치의 목표가 시장자본주의 도입인 것은 아니라고 주장했다. 북한 당국자들은 7 · 1 조치가 '원에 의한 통제'를 강화해 평가기준을 정확히 함으로써 하부단위의 창의성과 적극성을 총동원하려는 방법론이라고 주장한다. 특히 창발성이 국가 전체적으로 이익이 되도록 통제하는 동시에 계획적으로 배치한다는 측면에서 시장경제와 분명히 다르다고 한다. 북측 경제계획자들은 "우리의 경제구조가 워낙 특수하기 때문에 경쟁과 효율로 무정부상태인 시장경제로는 못 살린다. 마르크스 레닌주의도 대안이 아니다. 밖에서 무엇이라고 하든 상관없다. 이번 경제관리개선방식도 철저히 우리식이다"라고 주장하고 있다.[39]

"자기 인민의 힘을 믿고 자기 인민의 힘을 발동하여 경제문제를 풀어나가자는 것이 그 어떤 개혁, 개방이나 자본주의적인 방법으로 될 수는 없다"라고 '우리식 방법론'을 분명히 하고 있다. 하지만 최근 들어 이러한 경제개혁의 방법과 형태에서 일부 변화가 나타나고 있다. 그간 거부감을 보였던 '개혁'이라

38) ≪민족21≫, 1월 호(2003), 67쪽.

39) 김지영 평양 특파원, "순천탄광사람들의 7 · 1 조치, 그 이후 90일", ≪조선신보≫, ≪민족 21≫, 10월 호(2002), 46~50쪽.

는 단어를 공식매체에서 사용하고 "시장운영이 처음인 만큼 다른 나라로부터 전문가 양성, 경험도입을 비롯한 협조를 가능한 받으려 하고 있다"[40]라며 새로운 움직임을 보이고 있다. 또한 농민시장에서 농민이라는 단어를 삭제함으로써 사적 시장의 거래품목을 농산품에서 공산품으로 확대하는 등 시장기능에 대한 관점을 전환해 농민시장을 양성화하는 의미를 부여하고 있다.[41]

북한의 7 · 1 조치의 평가와 향후 전망은 단기적 측면과 중기적 측면으로 나뉠 수 있다. 단기적으로 가격변동을 통해 수요 · 공급 간의 격차를 줄여가면서 생산증대와 국가재정의 개선에서 적지 않은 성과를 거두었다. 그러나 이러한 조치는 물가인상으로 화폐가치가 하락하는 등 인플레이션을 유발하고 있다. 근로자들의 근로의욕을 통한 생산성 향상은 자본유입이 동반되어야 가능하기 때문에 현재로서 성과를 발휘하는 데에는 한계가 있다. 외자도입이 봉쇄된 상태에서 노동투입량만 증가시켜 생산량을 증가시키는 방법은 효과가 그다지 크지 않다. 북한도 이러한 문제점을 인식하면서 '관련 일꾼'들의 나라경제를 책임지는 입장에서 사회주의 경제관리 문제를 대면할 것을 강조하고 있다.[42] 결국 인플레이션이라는 부정적 효과는 단기에 나타나지만 긍정적인 생산량 증대는 중기적인 현상을 보임에 따라, 현재로서는 긍정적인 평가를 하기에 시기상조이다. 북핵문제 해결 등 경제 외부 환경이 개선되어야 가능할 것으로 평가된다. 특히 일반적으로 사회주의 개혁과정에서 출현하는 가격개혁 다음에 나오는 사적 소유제를 인정하는 좀 더 광범위한 방향으로 경제개혁이 추진될 경우 북측이 주장하는 실리사회주의의 목적을 달성할 수 있을 것이다.

2003년 상반기가 지나자 핵문제와 달리 북한의 각종 경제조치가 신속하고 광범위하게 발표되었다. 핵문제로 대북압박이 심각해지는 가운데 인플레이션이 악화됨에 따라 당국의 대응기제도 활발해지고 있다. 회계법이 채택되고

---

40) ≪연합뉴스≫, 2003년 6월 10일 자.

41) ≪중앙일보≫, 2003년 4월 3일 자.

42) "일부 일꾼들이 생각하는 것처럼 경제관리방법이 달라진다고 하여 당장 경제사업이 쭉 펴이고 인민생활이 높아지는 것은 아니다. 문제는 더 많은 물질적 부가 창조되게 하는 것이다"(북한 내부 자료, 「7 · 1 경제관리개선조치에 대하여」).

2003년 10월부터 농민시장도 종합시장으로 전환되어 전국에 확산되고 있다.[43] 단순히 정부의 농민시장 규제완화 차원을 넘어 당국이 시장을 육성하는 수준까지 변화하고 있다. 국가가 급증하는 수요에 대한 공급책임을 시장에 전가하고 있는 것이다. 2003년 5월 1일부터는 인민생활공채 발행을 통해 경제개발계획에 필요한 북한 내 내부유보를 최대한 동원하려는 계획을 활발하게 추진하고 있다.

사실상 소유제(ownership)의 변화만을 제외하고는 경제전반을 변화시키는 경제개혁을 추진하고 있는 것이다. 다소 역설적인 사실은 북한이 이러한 개혁을 한국을 비롯한 자본주의국가에서 권유해 수용하기보다 자신들의 필요성에 의해 추진하고 있다는 것이다.

북한 핵문제로 외부의 지원이 중단되고 각종 대북경제제재가 수위를 높여가는 현실에서 생존을 위해 과거 자신들이 거부했던 국가들의 시장경제 요구를 스스로 수용하는 것은 흥미로운 현상이다. 시장경제의 수용동기가 무엇이든 결과는 유사할 것이다. 경제개혁은 다소간의 혼란이 수반되지만 결과적으로 북한의 경제난을 극복하는 데 크게 기여할 것이다. 경제회복은 외부자본이 도입될 경우 신속하게 진행될 것이지만 외부자본의 도입은 경제의 외생변수인 만큼 추가적인 논의가 필요할 것이다.

6. 7 · 1 경제관리개선조치와 농업개혁

1) 농업관리개선조치의 내용

(1) 농산물 가격인상

2002년 7월 경제관리개선조치 중에서 농업개혁은 지난 1996년의 실패를 거울삼아 더욱 파격적으로 시행되었다. 농업분야의 개혁은 소비와 생산의 양

43) ≪조선중앙통신≫, 2003년 6월 10일 자.

측면에서 시행되고 있다. 북한 당국은 농민들이 자신들이 재배한 농산물을 직접 내다 파는 소규모의 농민시장 가격으로 국영상점의 농산물 가격을 대폭 인상했다.[44] 북한 농민들은 1946년 3월 5일에서 21일까지 시행한 토지개혁의 결과에 따라 토지를 국가로부터 무상으로 받아서 곡물을 생산했다. 농민들은 보통 알곡 생산량의 25%를 국가에 납부하도록 되어 있다. 북한 당국은 이 알곡을 국가건설에 나선 일꾼들과 군대 및 공장노동자들에게 식량으로 공급함에 따라 쌀값을 상징적으로 저렴하게 책정했다. 북한 당국은 이러한 저렴한 농산물 가격을 바탕으로 단기간에 공업건설을 이루었다. 경제건설이 완료된 이후 북한 노동력에서 변화가 있었다. 농민의 수가 600만에 그치는 데 반해 비농업 분야에 종사하는 근로자의 수는 1000만 이상을 돌파해 북한은 노동력 구성 면에서 공업국가가 되었다. 그러나 농산물의 보조가 증가함에 따라 정부의 재정적자가 가중되기 시작했다. 국가가 농민으로부터 쌀 1킬로그램을 80전에 구입해서 8전에 근로자들에게 공급함에 따라 정부의 재정부담이 막중했다. 한국 정부가 경험한 양곡재정적자를 북한도 경험한 것이다.

56년 만에 조정한 새로운 쌀의 가격은 현실에 맞게 정했다고 한다. 북측 국가가격제정국은 물과 전기, 비료와 박막(못자리용 비닐) 등에 투입되는 자금을 계산해 생산원가를 도출했으며 국내에서 수요 공급과 국제시장 가격 등이 고려되었다고 한다. 북측은 쌀 판매가격을 1킬로그램당 44원으로 정하고 이 쌀 가격에 기초해 모든 상품가격과 생활비를 새로 정했다. 이 기초가격은 말 그대로 수요와 공급에 기초해서 생산자와 구매자, 기업과 기업이 독자적으로 가격을 설정하고 거래할 수 있도록 했다. 물론 북측은 이를 가격인상이라고 하지 않고 가치를 정확히 계산해 '본래 가격'으로 표시했을 뿐이라고 한다.[45]

쌀값이 인상되면서 농민들의 곡물증산 의지도 살아나고 있다. 쌀값인상은

---

44) 1킬로그램당 8전이었던 쌀가격을 550배 인상해 44원이 되었다. 이는 통일부가 발표한 농민시장 가격 49.5원과 근접한 수준이다. 옥수수는 1킬로그램당 6전에서 20원으로 330배 인상되어 2001년 농민시장 가격 31.8원에 70%까지 인상되었다. 돼지고기는 1킬로그램당 7원에서 170원으로 24배 인상되어 농민시장 가격 138.4원보다 높아졌다.

45) "북 경제관리 개선, 목표는 실리 사회주의", ≪민족 21≫, 9월 호(2002), 85쪽.

농부들의 소득을 증대시켜줄 것이기 때문이다. 농민들의 생활과 농업의 확대 재생산을 조건이 대담하게 개선된 것이다. 이에 따라 국가가 공급해주던 영농 자재의 공급도 종전처럼 "공짜"가 아니라 원가대로 계산될 전망이다. 또한 도시가 농촌을 도와주는 사업도 무상에서 유상으로 고쳤다. 이전에는 노동자, 사무원들이 무료로 농사일을 도와주게 되니 농민들이 일을 잘하지 않는 편향과 더불어 지원노력을 많이 요구하는 현상이 있었다. 과거 북한 농정당국은 농번기인 봄, 가을에는 모든 근로자들이 농촌 일을 도와야 한다며 기관, 기업소, 사무원 및 노동자와 심지어 군까지도 농촌에 동원했다. 그러나 이제는 공짜가 없어졌으니 농장에서 노력을 받으려면 노력비를 지불해야 했다. 이에 따라 향후 쌀을 생산하는 농민들은 자기 힘으로 농사를 짓고 노력일 공수를 많이 벌어서 살림살이를 개선했고 공짜노력이 없으니 무상으로 달라는 요구도 없어졌다고 한다.[46]

쌀 수매가격이 오르자 농민들은 농민시장에 쌀을 넘길 이유가 없어졌다. 주민들도 식량공급소에서 쌀을 충분히 살 수 있다면 굳이 농민시장까지 갈 필요가 없을 것이다. 물론 북측 당국은 쌀가격은 인상되었지만 식량을 전체 인민에게 고루 나누기 위해 배급표를 발급하고 쌀을 구입할 수 있도록 근로자의 노임을 보장한다고 소개해 쌀 배급제가 유지될 것임을 확인시켰다.

(2) 생산 곡물의 국가수매 축소 및 수매가 인상

농업개혁의 또 다른 부분은 생산된 곡물의 국가수매를 줄이고 협동농장의 자체 분배를 확대한 것이다. 농민들 입장에서는 낮은 가격의 국가수매보다 자체 처리가 더 유리하기 때문에 생산에 긍정적 효과를 미칠 것이다. 곡물의 공급량이 수요량보다 절대량이 부족하기 때문에 가격현실화에 의한 국가수매보다 농민시장 가격이 높아져서 농민들 입장에서는 국가수매보다 농민시장 등을 통한 사적 처분을 희망할 것이다. 그런 측면에서 국가수매량 축소는 농민들의 영농의욕을 제고시킬 것이다.

---

46) 김용술, 앞의 글, 45쪽.

〈표 11-8〉 북한의 식량 총생산 및 텃밭 생산규모

(단위: 만 톤)

		1996	1997	1998
북한 자료[1]	총생산량	200.2	214.8	-
	농민생산량	44	68.4	-
	농민생산비중	22.0%	31.8%	22.0~31.8%
추정	총생산량[2]	369.0	348.9	388.6
	농민생산량[3]	81.2	111.0	85.4~123.7

주: 1) 북한 농업위원회가 국제식량농업기구(FAO)에 제시한 양으로 정곡 기준.
2) 농촌진흥청 추정 자료.
3) 북한의 농민생산 비중을 곡물생산량 추정량에 적용하여 산출된 수치임.

자료: 「북한의 시장경제 규모 추정에 관한 연구」, ≪현대북한연구≫, 제3권 1호, 경남대 북한 대학원(2000), 149~215쪽.

또한 수매가격을 현실적으로 인상함으로써 곡물이 농민시장으로 유출되는 것에 주력했다. 과거 국정가격은 농민시장 가격보다 터무니없이 저렴했기 때문에 국영농장에서 농산물을 빼내 농민시장에서 거래하는 부당한 현상을 물리적으로 단속하기에는 한계가 있었다. 쌀 수매가격은 1킬로그램당 82전에서 1킬로그램당 40원으로 50배 인상했다. 옥수수도 1킬로그램당 60전에서 킬로그램당 20원으로 33배 인상했다. 수매가를 인상함으로써 쌀의 경우 킬로그램당 판매가(44원)와 수매가(40원) 간에 큰 차이가 없게 되었다. 옥수수도 킬로그램당 판매가(24원)와 수매가(20원) 간 격차가 줄었다. 7·1 가격 인상 조치 이전에는 수매가와 판매가 간에 10배의 차이가 났으나 인상 후에는 차이가 20% 미만이 되었다. 북한 당국자도 수매가격과 판매가격 간에 가격 차가 5~10% 선에 그칠 것으로 전망하고 있다.[47]

(3) 분조관리제의 전국단위의 도입

생산측면의 개혁은 협동농장의 분조 규모를 〈표 11-9〉과 같이 7~8명으로 축소하는 것이다. 종전의 작업반우대제, 분조관리제의 틀을 유지하는 가운데 분조의 기능과 역할을 높이는 조치이다. 협동농장의 최일선 경영단위는 여전히 작업반이라고 할 수 있다. 그러나 지금까지는 작업반별로 분배된 몫을

47) 김용술, 「북한 무역상 일본 강연전문」, ≪민족 21≫, 10월 호(2002), 42~44쪽.

〈표 11-9〉 2002년 7월 경제관리개선조치 농업분야 개혁조치

구분	내용	비고
소비	△ 농산물가격인상 △ 생산물의 국가수매 축소	△ 농가 수입 증가 △ 자체분배 확대
생산	△ 가족분조제(7~8명)의 실시 △ 텃밭규모 확대	△ 2003년 1월 전국적 도입 예고, 현재 미시행 △ 30평 ⇒ 400평
	△ 토지사용료의 제정	△ 현재 토지사용료 없음

15~20명으로 구성된 3~4개의 분조가 골고루 나눠가졌지만 이제는 각 분조별로 규모를 세분화하고 분조별로 실적이 계산되어 분배를 받게 되었다. 사회주의 분배원칙을 실감할 수 있는 조치이다. 1996년 강원도 등 일부 지역에서 시행되다 중단된 분조관리제를 더욱 전국적인 차원에서 다시 시행하는 것이다. 특히 분조구성원칙을 가족·친척 단위로 전환했는데 이러한 시도는 향후 성과 여하에 따라 개인농으로 전환하는 전조로 해석할 수 있다. 2002년 6월 1일 관련 기관에 하달된 내부 문건에 따르면, 2003년 1월부터 전국적인 시행을 예고했으나 2004년에는 시행되지 않았다. 이 제도가 종전의 문제점을 보완하면서 시행한다면 생산성 증가에 확실하게 기여할 것이다.

(4) 텃밭 면적의 확대

다른 개혁조치는 개인 텃밭의 확대다. 종전의 30평 규모에서 함경도 회령 및 무산 지방을 중심으로 400평까지 텃밭농사를 확대하고 있다. 고스란히 자신의 몫으로 돌아오는 텃밭농사에 농민들이 정성을 쏟는 것은 협동농장 농사와 달리 눈물겹다. 텃밭의 생산성이 협동농장에 비해 두세 배 달하는 것을 고려해볼 때 텃밭의 확대는 북한 곡물생산량을 증가시킬 것이 분명하다. 현재 북한의 농업개혁은 중국의 1978년 개인영농 개혁을 연상시키지만 개혁의 내용과 폭, 속도는 중국에 비해 상당히 제한적이다. 북한의 농업개혁이 성공하기 위해서는 제도의 변화에 따른 농자재 공급이 필요하다. 아마도 이러한 자재공급은 어느 정도 남측이 부담해야 할 것이다. 매년 쌀 지원 비용이면 농자재 공급이 가능하다. 북한의 금번 경제개선관리조치의 성패는 농업개혁의 성공 여부에 달려 있다고 볼 수 있다. 먹는 문제 해결 없이 개혁은 완성되지 않

기 때문이다.

북한의 식량난을 해소시키는 제도적 개선방안 중 하나는 현재 호당 30여 평(3인 가족 기준 25평)씩 인정하는 텃밭을 50~100여 평으로 확대해 식량 부족 사태를 상당 부분 해결하는 것이다.[48] 소채전이라 불리는 텃밭은 규모는 적지만 생산성이 높다. 전 북한 농업과학원 연구사 리민복에 따르면 개인농에 비해 집단농의 생산성이 30%에 그친다고 한다. 텃밭, 개인 뙈기밭의 생산성은 대체로 협동농장보다 3~5배 높다고 한다.[49]

텃밭의 생산량 비중은 지난 1996년에 81만 톤으로 전체 생산량의 22%였고 1997년에는 111만 톤으로 31.8%를 달성했다. 따라서 텃밭의 규모를 현재보다 두 배로 인정하면 지금보다 50~100만 톤 이상 증가될 것이다. 물론 상대적으로 집단농장의 규모가 축소되면서 비례적인 생산량 감소가 있을 것이나 증가분이 감소분을 훨씬 능가하면 전체적인 생산량 증가 규모도 50만 톤을 상회할 것이다. 하지만 북한이 집단농장제도의 약화를 가져올 텃밭의 확대를 조기에 허용하기는 어려울 것이다. 최악의 경우에 국가체제의 이완으로 집단영농제도 자체가 붕괴되는 경우에는 상상해볼 수 있을 것이다. 이와 같이 단순한 제도개선만을 통해서도 30% 정도의 곡물증산이 가능하다고 볼 수 있다.

2) 농업개혁 평가 및 향후 전망

(1) 평가

북한 가격당국은 사실 2년 전부터 모든 부문에 쌀가격을 기준으로 부문가격을 변화시키는 작업을 준비해 관련 준비 서적만도 몇십 권이나 되었다고 한다. 많은 준비를 했으나 실제 시행과정에서는 전혀 예상치 못한 결과 등이 발생함에 따라 다시 조정해야 했다고 한다. 특히 가격조정조치를 취하면서 무역

---

48) 북한 전체 농가(200만 호)가 소유한 텃밭 면적은 2만 헥타르가 될 것으로 추정된다 [FAO, "Special Report"(2003.10.30), p.10].

49) 『새 천년을 향한 남·북한 농업 협력』, 대산농촌문화재단 심포지엄 보고서(도서출판 백의, 1999), 100~102쪽.

대표단 등이 각국을 방문해 입수한 자료를 참고했다고 한다. 금번 생활비 및 전반 가격조정은 실제로 2002년 4분의 1분기부터 시행할 예정이었으나 실무 준비의 부족으로 늦어져 4분의 3분기로 연기되었다고 한다. 사실 북한의 국정 가격과 시장가격간 모순, 농산물 생산분배의 문제점에 대한 연구는 1995~1998년 동안 식량난을 겪으면서 심도 있게 진행되어오고 있으나 문제의 해답을 좀 더 포괄적으로 구해야 할 필요성을 인식했다고 한다. 즉 좁은 의미의 이중가격 문제 등을 해결하는 것이 아니라 더 큰 범주로 나아가야 한다고 한다. 이러한 취지를 총정리한 것이 김정일의 10·3 노작인 「현실발전의 요구에 맞게 사회주의 경제관리 개선체계를 개선할 데 대하여」이다. 평균주의를 배격한다는 금번 조치는 북한에서 '인민 전체를 일꾼으로 만드는 조치'이다. 이러한 조치가 농업분야에서 성공하기 위해서는 농민들의 영농의욕을 자극하는 세심한 후속대책이 필요하다.

중국 농업개혁 과정은 북한 농업개혁이 나아가야 할 길을 안내한다. 지난 1978년 개혁 전에 중국에서는 농민 2억 명의 식량공급량이 연간 1인당 150킬로그램에 불과해 반기아 상태였다. 당시 인민공사의 소유제와 분배제가 농민들의 영농의욕을 얼마나 상실하게 했는가를 정확하게 파악한다면 북한 농업의 개혁방향은 정해진 것이다. "백성들은 인민공사원이 된 후부터 이전보다 열심히 일하지 않게 되었다. 무엇보다 자기가 노력한 결과가 직접 바로 눈에 보이는 형태로 자기에게 돌아오지 않기 때문이다." "역시 인민공사가 되고 부터 백성들은 이전만큼 열심히 일하지 않는다. 그 증거로는 인민공사의 협동경작지의 작물은 손이 안가고 비료도 적고, 물도 부족하고 …… 등의 이유로 말라비틀어진 작물이 많은 반면에 자기 집 주변의 자류지(自留地)의 작물은 열심히 손을 보면서 재배한 탓인지 모두가 싱싱하다. 닭도 마찬가지다. 인민공사의 닭은 허약해서 금방 쓰러질 것 같은데 자기들이 개인적으로 사육한 닭은 포동포동 쌀이 찌어서 마당을 누비고 있다." "흉작이 아니다. 우리 마을 일대는 보리가 대풍작이었다. 그러나 수확과 운반을 못해서 전부 논에서 썩고 있다. 야채도 마찬가지다. 인민공사의 작물이라면 무언가 자기와는 관계없는 다른 사람의 일인 것 같은 기분이 들어 작물이 썩어 내버리는 상태가 되어도 무신경이 된다. 다른 사람의 일을 돕는 것 같은 기분으로 적당히 하고 만다."[50)]

이상의 예는 당시 인민공사제도가 내포한 소유제 · 분배제의 폐해를 적나라하게 묘사한 것이다. 중국이 1978년 개혁 이후 농촌개혁을 개혁의 시발로 삼은 것은 불가피했다.

북한의 협동농장 생산 체제는 농업생산 및 농촌유지를 위해 군과 리 단위에서 국가가 전면적으로 지원하는 '국가 가부장적'인 성격이 강한 특성을 갖고 있다. 잘 짜인 시방서와 같은 계획적인 농업생산 체제에서는 국가기구에 의한 영농자재와 생활물자 등의 원만한 공급이 전제되어야만 농업생산 및 재생산이 유지될 수 있다.[51] 현행 협동농장 생산 체계에서 가족농의 자율적인 생산관리능력은 소멸되었기에 국가의 계획적인 자원배분에 문제가 생겼을 때에는 협동농장의 작업반 및 분조 등 생산단위에서 탄력적인 위기대응능력을 발휘하지 못한다. 또 결과적으로 농업생산의 급격한 감소로 직결된다. 따라서 비료 등 농자재 공급이 정상적으로 공급되지 못하는 상황이라면 오히려 운영상의 유연성과 독립성을 보장해줄 필요가 있다.[52]

(2) 7 · 1 경제관리개선조치와 북한 식량증산

북한의 7 · 1 경제관리개선조치가 농업증산에 상당 부분 기여한 것으로 나타났다. 2003년도 북한의 식량생산량은 415만 6000톤으로 전년도와 비교해 약 8% 증가했으며 지난 9년 중 최고치를 기록했다. 양호한 날씨, 국제지원을 통한 비료 사용량 증가, 병해충 발생의 감소, 개천-태성호 물길공사 완공으로 인한 곡창지대 관개시설 개선, 전기공급의 증가로 인한 관개용 양수기 가동 증가, 연료 및 부품 공급증가에 따른 농기계 가동률 등이 곡물생산량 증가의 긍정적인 요인으로 분석되고 있다.[53] 그러나 이러한 하드웨어적 요소들이 상호 복합적인 시너지 효과를 내는 데 7 · 1 경제관리개선조치에 따른 농민들의

---

50) 박정동, 『현대중국경제론』(법문사, 1993), 66~67쪽.

51) 이실관, 앞의 책, 30쪽.

52) 남성욱, 「북한의 협동 · 국영농장의 생산성 한계와 농업구조 개혁 방향」, 『북한농업의 효율적인 재건방안』, 북한농업연구회 춘계학술 심포지엄 발표집(2001.5), 38쪽.

53) FAO, "Special Report," pp.1~2.

증산 의욕이 큰 역할을 한 것으로 판단된다.[54] 하드웨어적 요인이 직접적인 증산 요인임에는 분명하나 농민들의 입장에서 추가적 인센티브가 없고 과거와 같이 정해진 소득만 받는다면 이러한 외적인 긍정적 변수에도 불구하고 증산이 이루어지기 어려웠을 것이다.

1998년 이후 몇 년간 날씨도 양호했고 비료도 남측에서 2003년과 같은 양을 보냈어도 생산량이 증가하지 않은 많은 사례가 있었음을 고려해볼 때 중요한 것은 농민들의 증산 의지라고 볼 수 있다.[55] 비료, 농기계, 전력공급 증가 등 농업 외적인 플러스 요인도 농민들의 자발적인 영농의지와 맞물려야만 성과가 극대화될 수 있다고 판단된다. 따라서 북한이 7 · 1 경제개혁을 가속화해 농민들의 영농의욕을 자극하는 조치를 계속 취한다면, 내년도에도 5% 정도의 증산을 달성할 수 있을 것으로 전망된다. 물론 대폭적인 증산을 위해서는 1996년 일부 지역에 도입되었다가 전국적인 시행이 중단되었던 신분조관리제를 시행해야 할 것이다. 이는 협동농장체제에서 농민들의 영농을 자극할 수 있는 최선의 조치가 될 것이다.

공공양정배급소에서 분배하는 쌀과 옥수수의 수매가격이 2002년 7월 조치 이전에는 1킬로그램당 82전과 60전이었으나, 조치 이후에는 40원과 20원으로 각각 50배, 33배 인상되었다. 7 · 1 조치로 인해 전반적으로 물가가 평균 25배 인상된 것에 비하면 곡물가격이 많이 오른 것이다. 종자, 비료, 농약, 연료, 전기 등과 같은 농업 투입재 가격도 인상되었으나 전반적으로 곡물가격이 더욱 현실화됨으로써 농민들에 대한 경제적 인센티브가 대폭 증가되었다. 쌀과 옥수수의 수매가격이 대폭 인상되면서 농민들의 소득이 증가했고, 이는 농민들이 개인소득에 대한 인센티브가 부족한 집단농장체제에서도 종전보다 좀 더 열심히 일하게 되는 요인이 되었다.

---

54) "청산리를 비롯한 협동농장들에서도 정보당 67톤의 벼를 생산하던 논에서 100톤 이상을 생산 …… 농민들이 10만 원 수준의 분배수입을 실현한 사례도 있다"("높아가는 일욕심, 경제에 활력, '7 · 1 이후 일어난 변화'", ≪조선신보≫, 2003년 3월 14일 자).

55) 2003년 동안 성분량 기준으로 24만 4512톤의 비료를 사용해서 2002년의 18만 9000톤에 비해 5만 5512톤이 증가했다(FAO, "Special Report," p.11).

2003년 3월 농민시장이 종합시장으로 전환되어 정부가 공식적으로 육성하기 시작한 것도 농민들의 영농의욕을 자극하고 있다. 이러한 유통개혁은 농민들이 소득을 늘릴 수 있는 기회를 제공한다. 물론 공식적으로 종합시장에서 곡물을 직접 판매하는 것은 금지되고 있으나 전국적으로 식량이 부족한 상황에서 곡물판매가 완전히 근절될 수는 없는 것이 현실이다. 시장이 공식화되고 합법화됨에 따라 곡물의 판매 확대 가능성이 커져 농민들의 증산 의욕이 높아지고 있다. 앞으로 북한 당국이 농민시장에서 곡물의 판매를 공식적으로 허용할 경우, 농민들이 텃밭에서 소채류 대신에 곡물을 재배해 판매하는 경향이 증가하면서 개인들의 영농 인센티브가 크게 자극받아 증산에 기여할 수 있을 것이다.

농민들의 소득은 일반 노동자들보다 비교적 높게 오른 것으로 나타난다. 7 · 1 경제개혁 이후 농민의 경우 무기능 농민이 1320~1570원, 단순 기능보유 농민이 1830~2080원, 고급기능 보유 농민이 2340~2480원의 급여를 받고 있는 등 숙련된 농민 대부분이 2300원 이상을 받고 있어 일반 사무원들보다 소득수준이 높다고 볼 수 있다. 농민들은 그간 저가양곡정책으로 좋은 대우를 받지 못했으나 7 · 1 경제개혁 이후 대우가 개선되었다고 볼 수 있다.

7 · 1 조치는 사회주의 개혁단계 초기에 나타내는 가격개혁(price reform)의 일종이다. 사회주의 중앙계획경제의 기본 틀이 변하지 않은 상태에서 수요 공급의 원리를 일부 가격결정과정에 도입시켜 생산자와 소비자의 이득을 극대화시키자는 의미를 가지고 있다. 상품의 가격을 올려 생산자들의 생산 의욕을 높이고 수요자는 제품의 실질가치를 인식해 생산과 소비를 합리적으로 조정하는 것이다. 7 · 1 조치는 농산물의 가격을 올리고 농민들의 인센티브를 제공했다. 농민들은 과거보다 협동농장에서 영농의욕을 가질 수 있게 되었다. 이중곡가제를 폐지하고 수매가격과 판매가격을 축소함으로써 농민들이 국가수매나 시장판매에 관심을 가지게 되었다. 특히 종합시장이 양성되고 상점에서 실제로 거래될 때 국가가 정한 국정가격에서 130%까지 인상폭이 허용됨으로써 농민들은 과거보다 소득을 늘릴 수 있었다. 이에 따라 전년 대비 4.7%, 즉 28만 톤의 생산량 증가가 있었다. 이는 비료생산량 5만 5512톤이 증가해 생산에 기여한 것도 있으나 비료 1톤이 2톤의 식량증산 효과를 냈다는 분석을

가정할 때 전적으로 비료의 공급증가만이 원인인 것은 아니다. 농민들의 증산 의욕으로 각종 외부 자재와 날씨 등 긍정적인 요인들이 적절하게 생산으로 연결된 것이 가장 중요한 이유라고 분석된다.

그러나 이러한 조치만으로는 개인의 영농의욕을 자극하는 데 한계가 있다. 식량을 15% 이상 증산시키기 위해서는 근본적인 조치가 요망된다. 개인 텃밭의 면적을 확대하고 지난 1996년 시험적으로 실시하고 검토했던 새로운 분조관리제의 실시가 필수적이다. 이러한 조치는 농자재의 충분한 공급 없이 단기적인 노동력만 가지고도 증산을 이룰 수 있는 해결 방안이다. 전국적인 실시가 어려우면 일부 지역에서 시범적으로 실시해 단계적으로 확대해나가는 것이 필요하다. 특히 다음 해에 날씨와 외부의 비료지원 축소 등 외부 환경이 악화되었을 때 식량생산량을 최소 올해 수준으로 위해서는 생산량이 증가했을 때 노동력이 최대한 가동되는 실험과 정책을 적극적으로 추진하는 것이 바람직하다.

(3) 향후 전망

북한 내부에서는 1995년 이후 계속된 흉작으로 식량난이 심화되자 그 원인 중 하나로 주체농법이 제기되었다. 남측에서 북한 농업을 연구하는 전문가들은 주체농법의 근본적인 내용을 파악하기보다 식량 부족의 주범으로 주체농법을 꼽으면서 모든 내용이 현실에 맞지 않는 탁상공론은 폐기되어야 한다고 주장하는 경향이 있었다. 그러나 어느 시대, 어느 국가의 농정도 전적으로 문제점만 가지고 있는 것은 아니다. 주체농법의 적극적인 추진은 불가피한 측면이 있었다.[56] 사회주의 공업화가 빠른 속도로 진행됨에 따라 인민들의 식생활 개선에 대한 요구와 매년 인구가 급증하는 현실에서 농업생산물에 대한 수요를 안정적으로 확보해야 했다. 이러한 요구에 부응하려면 단위면적당 생산성을 높이거나 경지면적을 높이는 것이 필수적이었다. 1976년 10월의 자연개조 5대 방침, 제2차 7개년 계획기간(1977~1986) 동안 15만 정보 간척지 개간, 제3

---

56) 남성욱, 「북한 주체농법의 철학과 현실」, ≪농민과 사회≫, 여름 호(2000), 12~19쪽.

차 7개년 계획기간(1987~1993) 동안 30만 정보 간척지 개간, 20만 정보의 새 땅 확보를 추진했으나 당초 의도대로 새로운 농지는 급속하게 증가하지 않았다. 오히려 무리한 개간과 다락밭 건설로 토사가 유출되고 산사태가 발생하는 등 부작용이 심각해 1995~1998년에 자연재해 발생 시 심각한 문제점으로 대두되었다.

경지면적 증가가 한계에 부딪힘에 따라 생산성 증가를 위해 적지적작, 적기적작, 밀식재배, 연작 및 시비 체계의 과학화 등을 추진했으나 비료 농약 및 농기계 등 투입 요소가 뒷받침되지 않아 오히려 문제점만 표면화되었다. 이러한 현실에서 주체농법은 생산성 증가를 위한 고육지책이었다. 앞으로 농자재 여건이 정상화되면 연작은 지양하고 적기적작 · 적지적작 등은 살리면서 시비 체계를 과학화하는 등 장점을 활용하면 증산에 기여할 수 있을 것이다. 주체농법의 탄력적 적용은 지난 1995년 이후 작목 선택권을 농민들에게 돌려주고 있다는 측면에서 생산성 회복에 긍정적인 요인으로 작용할 것이다. 특히 최근 지역적 특성을 고려하지 않는 무리한 옥수수 재배를 지양하고 감자 재배를 장려하는 것이 바람직한 대책이다.

현재 북한의 농업은 구조적인 문제에 직면해 해결책을 발견하지 못하고 있다. 농자재 공급은 일반산업경제의 회복과 맞물려 있어 즉각적인 해결이 어려운 문제다. 결국 단기간 내의 해결 방안은 북한 식량 생산의 90%를 담당하는 협동농장의 작동 체계를 개인의 이기심을 자극하고 독려하는 방향으로 가동시켜야 한다. 그런 측면에서 7 · 1 조치의 성공적인 시행이 매우 중요하다. 협동농장 전면 개편 문제는 북한 정권의 존립 기반인 만큼 북한 내부에서 급진적으로 추진되기 어렵다.[57] 금번 7 · 1 조치들은 단계적인 시행을 통해 부작용을 최소화하면서 점차 전국적으로 시행이 확대되는 것이 바람직하다.

---

57) "농업개혁은 쉬운 것에서 어려운 것으로 순서대로 점진적으로 추진해야 하며 도약식의 모험을 해서는 안 된다. 새로운 경제관계가 아직 형성되기 전에 낡은 생산관계를 일시에 타파하면 혼란과 불균형을 가져온다"[장치(張琦) 중국 베이징스미경제연구소장, 「북한의 농업개발 전략 수립을 위한 외국의 경험과 시사점」, 한국농촌경제연구원 국제워크숍, 2003.12.17].

제12장

김정은 집권 이후 농정과 향후 전망

1. 김정은 집권 이후 농정의 내용과 식량수급 실태

1) 2000년대 이후 북한 경제 및 농업현황

한국은행 통계에 따르면 북한 경제는 1990년대 '고난의 행군' 당시부터 침체되기 시작해 1999년까지 하락과 침체를 보였다. 그리고 1999년부터 2005년까지 북한의 국민소득은 7년 연속 성장했으나 2006년 이후부터 북한 GDP는 등락을 거듭하며 대체적으로 정체된 모습을 보이고 있다.

북한 경제는 2006~2007년 2년 동안 마이너스 성장을 했으며 2008년에는 3.1%라는 비교적 높은 성장률을 기록했다. 2009년과 2010년에는 다시 후퇴했고 2011년부터 계속해서 약 1% 전후의 경제성장률을 유지하고 있다. 주요 산업별 특징을 보면 2011년 농림어업 부문과 건설업 부문에서 각각 5.3%와 3.9%의 성장률을 보이다가 다시 2014년 1%대로 하락한 것으로 추정된다. 전기 · 가스 · 수도의 경우 2011년 마이너스 4.7%였던 성장률이 그 후 2년 동안

〈표 12-1〉 북한 경제성장률과 산업별 성장률(1990~2014)

(단위: %)

구분	1990	1994	1998	2000	2004	2008	2010	2012	2014
농림어업	-10.50	2.80	4.40	-5.10	4.10	8.00	-2.10	3.90	1.20
광업	-5.60	-5.20	-5.40	5.80	2.50	2.40	-0.20	0.80	1.60
제조업	-3.20	-3.90	-2.60	1.40	0.30	2.60	-0.30	1.60	0.80
전기 가스 수도업	-3.80	4.40	-9.90	3.10	4.70	6.00	-0.80	1.60	-2.80
건설업	5.90	-26.90	-11.30	13.50	0.40	1.10	0.30	-1.60	1.40
서비스업	0.70	2.30	-0.50	1.10	1.30	0.70	0.20	0.10	1.30
국내 총생산	-4.30	-2.10	-0.90	0.40	2.10	3.10	-0.50	1.30	1.00

자료: 한국은행, 경제통계시스템.

〈그림 12-1〉 북한의 농림어업 성장률

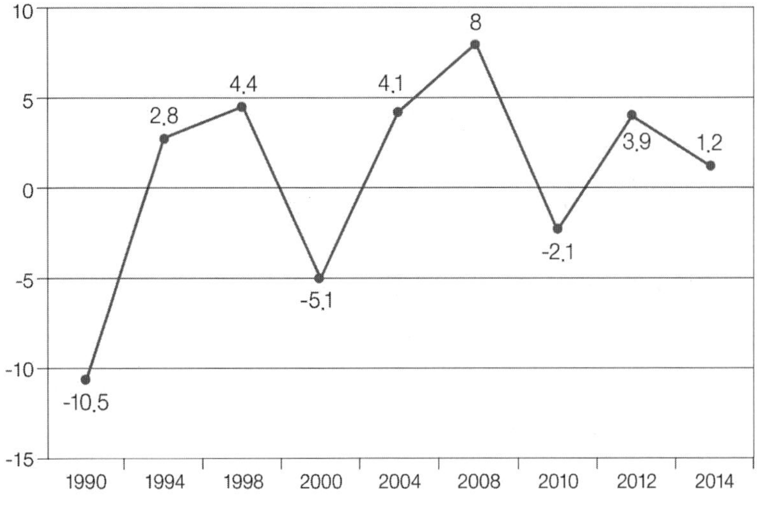

잠시 성장세를 보이다 2014년 다시 마이너스 2%대로 하락했다.

북한의 경제는 1990년대 이후 경제위기를 겪으며 2차 산업 위주에서 1차 산업 위주의 구조로 후퇴했다. 1990년 제조업 31.5%, 농림어업 27.4%의 구조에서 1994년 제조업 23.6%, 농림어업 25.5%로 농림어업이 제조업을 넘어

〈표 12-2〉 북한 산업구조 변동 추이(1990~2014)

(단위: %)

구분	1990	1994	1998	2000	2004	2008	2010	2012	2014
농림어업	27.40	29.50	29.60	30.40	26.70	21.60	20.80	23.40	21.80
광업	9.00	7.80	6.60	7.70	8.70	12.10	14.40	14.00	13.10
제조업	31.80	23.60	19.00	17.70	18.50	22.50	21.90	21.90	21.30
전기 가스 수도업	5.10	4.80	4.20	4.80	4.40	3.40	3.90	3.50	4.30
건설업	8.60	6.30	5.10	6.90	9.30	8.30	8.00	7.80	8.20
서비스업	18.00	27.90	35.60	32.50	32.30	32.20	31.00	29.40	31.30

자료: 한국은행, 경제통계시스템.

〈그림 12-2〉 북한 산업의 농림어업 비율

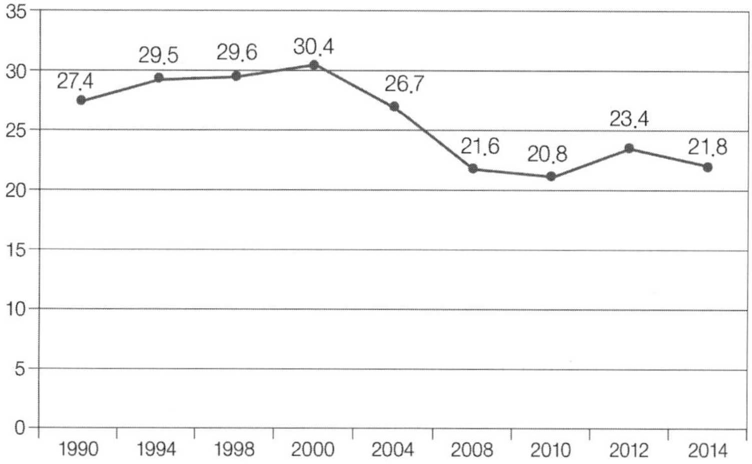

서게 되었다. 이후 2000년 농림어업과 제조업 간의 차이가 약 13%에 이르렀다가 다시 그 격차가 좁혀져 2008년 이후에는 2% 이내의 차이를 보이고 있다. 서비스업의 경우 1990년 18%에서 급격히 성장해 1998년부터 30% 이상의 비중을 유지하고 있다. 이러한 복합적인 추이는 북한이 전형적인 1차 산업 위주의 저소득 개발도상국형 산업구조는 아니지만 농림어업의 비중이 크게 변화하지 않는다는 것을 보여준다.

〈표 12-3〉 북한의 농업 부문 인구 변화(1985~2011)

구분	1985	1995	2000	2005	2010	2011
총인구	18,721	21,771	n.a	n.a	n.a	24,451
농가인구	7,930	8,922	n.a	n.a	n.a	9,700
농업인구	7,662	7,362	n.a	n.a	n.a	5,542
경제활동인구	8,203	10,426	n.a	n.a	n.a	13,361
경제활동인구 (농업 부문)	3,358	3,526	3,328	3,233	3,065	3,029

자료: 국제식량농업기구 통계.

〈표 12-4〉 남북한 농가인구 비교(1996~2013)

시점	남한		북한	
	농가인구(천 명)	농가인구 비율(%)	농가인구(천 명)	농가인구 비율(%)
1996	4,692	10.3	7,893	36.4
1997	4,468	9.7	8,048	36.9
1998	4,400	9.5	8,009	36.5
1999	4,210	9.0	8,104	36.7
2000	4,031	8.6	8,160	36.8
2001	3,933	8.3	8,189	36.8
2002	3,591	7.5	8,232	36.8
2003	3,530	7.4	8,288	36.8
2004	3,415	7.1	8,357	36.8
2005	3,434	7.1	8,460	36.9
2006	3,304	6.8	8,493	36.8
2007	3,274	6.7	8,538	36.8
2008	3,187	6.5	8,573	36.8
2009	3,117	6.3	-	-
2010	3,063	6.2	-	-
2011	2,962	6.0	-	-
2012	2,912	5.8	-	-
2013	2,847	5.7	-	-

자료: 통계청 국가통계포털(www.kosis.kr).

이는 농가인구 비율에서도 나타난다. 일반적으로 경제성장에 따라 일국의 농어촌 인구가 감소하지만 북한의 농가인구 비율의 경우 거의 변동이 없다. 북한의 농어촌 인구는 계속 유지되고 있는 것이다. 북한의 농어촌인구는 1985년 약 790만 명에서 2011년 970만 명으로 26년간 약 23% 증가했다. 반면 북한의 농업인구와 농업 부문 경제활동종사인구는 국제식량농업기구(FAO) 통계에서 보이는 바와 같이 감소하고 있다. 농업인구는 약 28%, 농업 부문의 경제활동 인구는 10% 정도 감소했다. 그럼에도 불구하고 2011년 북한의 농가인구와 농업인구는 각각 총인구의 40%, 23%를 차지해 매우 높다. 경제활동인구 역시 23%가 농업 부문에 종사하고 있어 비중이 여전히 높은 상태이다.

한국 통계청의 남북 농가인구 비율 비교를 보아도 지속적으로 감소하는 남한의 농가인구 비율과 대조적으로 북한의 농가인구 비율은 거의 변동이 없다. 이처럼 북한은 전체 인구 대비 3분의 1이 넘는 농가인구가 유지되고 있지만 열악한 농업생산 기반으로 인해 농업효율이 현저히 떨어진다. 비료 및 농약을 비롯해 종자, 농기계 에너지 등 주요 농업생산자재의 부족은 농업생산성을 크게 저해하며 농업정책의 실패, 산림 황폐 및 자연재해, 교통, 상하수도, 정보통신 낙후 등 취약한 농업 하부구조의 복합적인 요인들로 인해 만성적인 식량부족 문제에서 벗어나지 못하고 있다.

2) 김정은 집권 이후 농정 방향

2011년 12월 30일 김정은이 2대 지도자 김정일의 영결식을 마치고 북한의 3대 지도자로 등장했다. 3대 세습으로 30대 초반의 최고 지도자가 탄생했다. 그는 2016년 집권 5년차를 맞이해 각종 정책을 활발하게 추진하고 있다. 5월에는 7차 당대회를 36년 만에 개최하겠다고 발표하는 등 본격적인 통치에 나서고 있다. 지난 4년 동안 3대 통치 키워드는 숙청과 공포정치, 놀이공원과 위락시설 건설 및 핵과 경제의 병진 노선 등이다. 통치에 필요한 충분한 준비기간 없이 권좌에 오른 김정은 제1비서는 집권 초반 취약한 권력 기반을 강화하는 데 매진했다. 당과 군의 빈번한 인사 교체로 노회한 권력을 단계적으로 장악했다. 특히 고모부 장성택 노동당 행정부장을 전격 처형해 사회주의 권력

〈그림 12-3〉 북한의 5대 경제특구와 19개 개발구

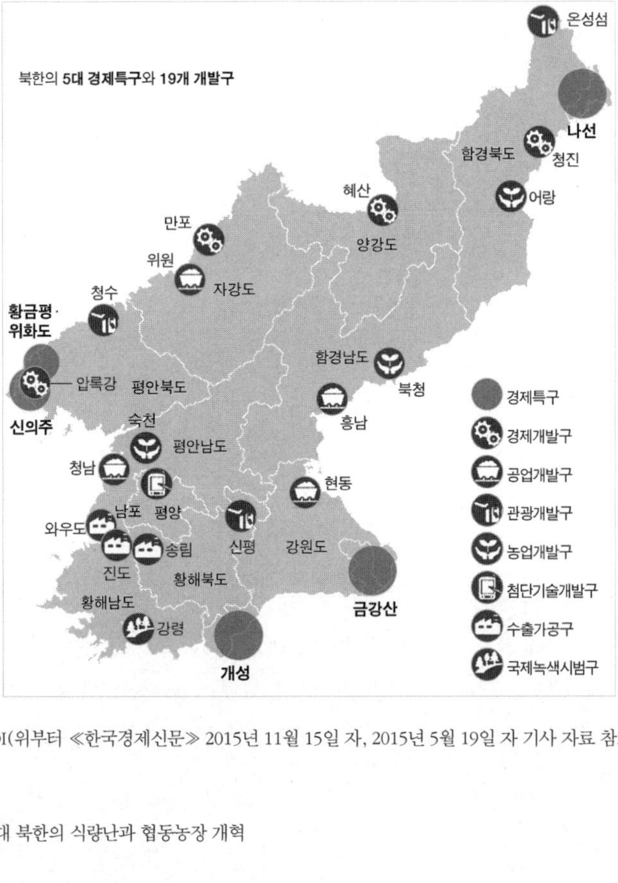

자료: KDI(위부터 ≪한국경제신문≫ 2015년 11월 15일 자, 2015년 5월 19일 자 기사 자료 참조).

에 2인자는 존재하지 않는다는 것을 과시했다.

김정은 경제정책의 핵심은 경제특구를 통한 외자 유치 정책에 있다. 북한은 1991년의 나선경제무역지대를 시작으로 개성공업지구(2002), 금강산관광특구(2002), 신의주특별행정구(2002), 황금평·위화도경제지대(2010) 등 다섯 개의 중앙급 경제특구를 지정했다. 이어 2013년 5월에는 북청농업개발구(함경남도 북청군), 어랑농업개발구(함경북도 어랑군), 혜산경제개발구(양강도 혜산시), 만포경제개발구(자강도 만포시), 청진경제개발구(함경북도 청진시), 압록강경제개발구(평안북도 신의주시), 위원공업개발구(자강도 위원군), 현동공업개발구(강원도 원산시), 홍남공업개발구(함경남도 함흥시), 신평관광개발구(황해북도 신평군), 온성섬관광개발구(함경북도 온성군), 송림수출개발구(황해북도 송림시), 와우도수출개발구(평안남도 남포시) 등 13개 중소규모의 지방급 경제개발구를 지정했다. 2014년 7월에는 '신의주특수경제지대'를 '신의주국제경제지대'로 명칭을 변경했다.[1)] 13개의 경제특구 중에서 북청 및 어랑지구 특구는 농업분야에 외자 유치를 제안하고 있다.

2014년 7월에는 은정첨단기술개발구(평양직할시), 진도수출가공구(평안남도 남포시), 강령국제녹색시범구(황해남도 강령군), 청남공업개발구(평안남도 청남구), 청수관광개발구(평안북도 삭주군) 및 숙천농업개발구(평안남도 숙천군) 등 여섯 개의 경제특구를 지정했다. 여섯 개의 경제특구 중에서 평안남도 숙천지역이 유제품 생산을 위한 농업특구를 제안하고 있다. 총 19개의 경제개발구가 발표된 것이다. 이로써 북한에는 5대 중앙급 경제특구와 19개의 지방급 경제개발구가 존재하게 되었다. 특구 정책의 핵심은 외자 유치를 통해 경제를 회복시키는 것이다. 특히 농업분야에서도 외자 유치를 통해 소득 증대와 생산량 확대를 모색하고 있다. 북한이 전통적인 자력갱생 분야인 농업 분야에서 외국자본의 유치를 시도하는 것은 이례적인 조치다. 1억 달러 내외의 투자를 요망하는 지방급 경제개발구의 개발을 위해 북한은 중국 등을 대상으로 투자설명회까지 개최하고 있으나 큰 성과를 거두지 못하고 있다.

---

1) '조선중앙통신'은 평안북도 신의주시 일부 지역에 있는 특수경제지대를 '신의주 국제경제지대'로 결정하는 최고인민회의 상임위원회 정령이 23일 발표되었다고 밝혔다.

김정일 시대(1994~2011)의 농정은 최종적으로 식량난을 해결하지 못하고 종료되었다. 김정은 시대(2012년~현재)의 농정도 김정일 시대와 크게 변화하지 않고 있다. 김정은 체제의 농정은 그가 발표한 신년사를 통해 추론해볼 수 있다. 2012년도는 김정은 제1비서 집권 첫해로서 신년사에서 구체적인 경제정책을 제시하지는 않았다. 3대 세습을 안착시켜야 하는 정치적 과제를 갖고 있어 공동사설의 대부분을 충성과 단결의 정치 부문에 역량을 집중했다. 2013년 들어 최초로 육성으로 신년사를 발표했고 경제 부문에서도 구체적인 정책을 발표하면서 농업과 경공업을 함께 주공전선으로 언급했다. 또한 농업생산의 과학화·집약화 수준을 높여 해당년도 알곡생산목표를 반드시 점령할 것을 강조했다. 축산과 수산, 과수 부문을 결정적으로 치켜세워 인민들의 식생활을 개선하고 더욱 풍족하게 생활할 수 있도록 지시했다. 이와 함께 축산업 발전대책으로서 강원도 세포군 축산기지 건설에 주력할 것을 역설했다. 김정은 시대 농정은 김정일 시대와 비교해 큰 차이는 없지만, 부족한 단백질 공급을 위한 세포 축산기지 건설과 수산물 생산을 강조해 축산업과 수산업의 발전정책을 구체적으로 제시했다는 점에서 의미가 있다.

2014년 신년사 중 농업정책은 농업을 주 타격방향으로 설정해 주민들의 먹는 문제 해결에 부심했다. 그리고 구체적인 역점사업으로 축산·남새온실·버섯재배 등을 제시했는데, 특히 과학적 영농방법을 적극 받아들이고 농사일을 책임감을 가지고 추진해 당이 제시한 알곡고지를 점령할 것을 강조했다. 그리고 구체적인 정책으로 2013년에 이어 강원도 세포지구 축산기지는 물론 고산과수농장, 간석지, 황해남도 물길공사 등을 건설 기일 내 완공할 것을 지시했다. 주목되는 부분은 단백질 공급원으로서 수산업을 강조한 것이다. 특히 남포 앞바다에서 군부대들이 물고기를 많이 잡은 것을 예로 들면서 물고기 생산을 배가시킬 것을 역설했다. 이에 따라 물고기 대풍을 마련한 인민군대 수산 부문의 모범사례를 본받아 고깃배와 어구를 현대화하고 과학적인 방법으로 물고기 잡이 전투를 전개하면서 바닷가 양식 확대를 강조했다. 2014년은 1964년 "우리나라 사회주의농촌문제에 관한 테제" 발표 50주년을 맞이하는 뜻깊은 해인 만큼 테제의 정신을 계승할 것을 역설했다.

2015년 1월 1일 김정은 제1비서는 신년사 발표를 통해 구체적인 농정 목표

〈그림 12-4〉 2014년 "우리나라 사회주의농촌문제에 관한 테제"
발표 50주년 기념우표

를 제시했다. 2015년 신년사는 조국 해방과 노동당 창건 70주년이라는 사실을 우선 지적했다. 농업 · 축산 · 수산업을 3대 축으로 하여 먹는 문제 해결을 강조했는데, 특히 2014년에 어려운 환경과 불리한 조건에서도 농업과 수산, 화학, 석탄전선을 비롯한 여러 부문에서 생산 증가가 있었다고 평가했다. 또한 김정은 제1비서는 신년사에서 가뭄이 심한 자연 환경을 고려해 농업 부문에서 물 절약형 농법을 비롯한 과학농법들을 적극 개발하자고 강조했을 뿐 아니라 영농물자를 원만히 보장하고 생산조직과 지도를 실정에 맞게 추진해 불리한 자연조건을 극복하고 알곡생산목표를 초과 달성할 것을 강조했다. 한편 전국 도처에 마련해놓은 축산기지와 양어기지, 온실과 버섯생산기지들에서 생산 정상화를 지시하는가 하면, 강원도 세포지구 축산기지 건설을 적극 추진해 축산물 생산의 증가를 역설했다.

한편 수산업 발전도 추가적으로 강조했는데 김정은 제1위원장은 2015년 기간 중 수산 관련 시설을 여러 차례 방문해 현지지도하기도 했다. 인민군 어구종합공장(3.18), 신포원양수산연합기업소(5.9), 안변양어장(5.11) 및 신창양어장(5.15) 등을 방문해 수산물을 통한 먹는 문제 해결을 강조했다.[2] 또한 5월

2) 김 제1위원장은 대동강자라공장을 찾아 2년 동안 양식장이 마련되지 않았다고 격노했다. 그는 "공장이 어떻게 되여 이런 한심한 지경에 이르렀는지 억이 막혀 말이 나가지 않는다. 종업원들이 생산에서 주인구실을 할 수 없다. 공장이 주저앉을 지경에까지 이

27일 수산사업소 건설장(3.14)이나 금산포젓갈가공공장 건설장(3.27)과 같이 생산량 증대를 위한 시설 마련에도 관심을 보이는 등 수산업을 경종농업 및 축산업과 함께 먹는 문제 해결을 위한 3대 분야로 선택했다.

2015년 신년사 중에서 농업정책 부문은 2014년과 크게 다르지 않다. 곡물 생산의 구조적인 문제가 해결되지 않았기 때문에 매년 신년사에서 강조하는 농업정책이 유사할 수밖에 없다. 매년 신년사에서 강조하는 핵심적인 농업정책 중 하나는 관개시설 구축에 의한 가뭄 예방이다. 불리한 자연조건을 현명하게 극복하는 것이 농업생산의 목표를 달성하는 길이라고 판단했다. 최근 들어 지구 온난화와 엘니뇨 등 이상기후 현상이 동북아에서 빈번하게 발생하고 있다. 남북한도 예외가 아니다. 40년 만에 극심한 가뭄에 시달리는 2015년 남한과 마찬가지로 북한 역시 가뭄에 대비하는 물 관리 정책이 핵심 과제로 부상했다. 이 외에도 비료, 농약, 농기계 등 농자재를 적기에 공급하는 것이 곡물 증산에 중요하다는 사실을 역설했다.

2016년 신년사에서는 7차 노동당대회 개최를 언급했다. 김정은 제1위원장은 새로운 '자강력 제일주의'라는 용어를 통해 자력갱생의 단계를 넘어 자립적인 발전 전략을 주장했는데 "나라의 경제발전과 인민생활 발전에 새로운 전환을 일으켜야 하겠다"라고 제안하는 등 '경제건설'과 '인민생활 향상' 등을 유난히 강조했다. 특히 인민생활문제를 천만 가지 국사 가운데 제일국사라고 주장했다. 구체적인 농업정책에서는 농산, 축산, 수산 부문에서 혁신을 일으켜 인민생활을 개선하자고 역설했다. 또한 농업 부문에서 우량품종과 과학농법을 적극 받아들이고 농촌경리의 종합적기계화를 다그치며 영농공정별 보장대책을 철저히 세워 알곡생산 계획을 반드시 수행할 것을 지시했다. 3년 전부터 추진 중인 축산과 수산부문에서 생산을 빨리 성장시키고 전국 도처에 건설한 양어장과 남새온실, 버섯생산기지들을 통해 인민의 식탁을 풍성하게 할 것을 강조했다. 특히 전당, 전군, 전민이 떨쳐나 산림복구 전투를 전개할 것을 지시하면서 마지막으로 농업근로자들은 사회주의수호전의 제1제대 제1선 참호에

르렀는데 놀라울 정도이다. 이런 단위는 처음 보았다"라고 질타했다. ≪노동신문≫, 2015년 5월 19일 자.

서 있다는 책임감을 가지고 분발해 농업생산에서 성과를 내어야 한다고 주장했다. 신년사는 전체적으로 2015년 신년사와 유사했으며 영농공정별 대책에 의한 과학영농으로 식량 생산목표를 달성할 것을 강조했다. 또한 김정은 집권 초기부터 추진 중인 축산과 수산, 양어장, 채소온실 및 버섯 생산기지들이 이제 성과를 거둘 것을 독려했다. 농업기반 정비보다 현재 건설한 생산시설들이 결실을 거두어야 한다는 점을 강조해 단기적인 정책 추진에 역점을 두고 있음을 시사했다.

한편 김정은 시대 농업정책의 핵심은 가뭄과 홍수 등 자연재해에 대비하는 농업 기반의 정비다. 농업 기반의 정비는 남한의 농어촌공사에서 추진하는 효율적인 관개시설의 구축을 의미한다. 추진된 주요 사업은 습지 개량사업, 간석지 사업 및 물길공사 등이다. 전국적으로 3만 정보 이상의 습지를 개량했고 산림녹화에도 관심을 보이고 있다. ≪로동신문≫의 보도 등에 따르면 곽산 간석지와 대계도 개량사업 등이 추진되고 있다. 또한 자연흐름식 관개체계인 '미루벌 물길' 공사를 완료했다고 한다. 이 외에 각 도에 여러 개의 중소물길을 완성했다고 한다. 이러한 정책들이 매년 반복적으로 강조되고 당국이 대책을 추진하고 있지만 큰 성과를 거두지는 못하고 있다. 농업 기반의 정비가 체계적으로 이뤄지고 예산을 집중투자하지 않는다면 단기간에 완성되기 힘들다.

향후 중국식의 농업개혁이 선행되지 않는다면 북한의 식량 생산 미래는 두 가지 변수에 달려 있을 것이다. 우선 날씨다. 기상 여건은 북한 농업생산의 결정적인 변수다. 선진국 농업은 자연재해의 피해를 최소화하는 시스템을 구축하는 데 주력하며, 특히 관개시설과 각종 수리시설 구축, 산림녹화를 통해 홍수와 가뭄에 대비한다. 그러나 북한은 이러한 농업생산 기반을 구축하는 데 미흡하다. '수리화 · 기계화 · 화학화 · 전기화'라는 4대 농업방침이 지난 '70년대에 제시되어 수십 년이 흘렀지만 경제난으로 현장에서 정상 작동되지 않는다. 남한의 경우 농어촌공사가 물 관리를 집중적으로 담당하는 등 농업생산 기반을 지속적으로 정비했으나 북한은 기반 정비가 불충분했다. 특히 4대 농업방침은 일반경제의 발전 수준에 따라 시행이 가능하기 때문에 단기간에 개선하기 어렵다. 따라서 식량생산량은 기상변수와 농업투입 요소 및 생산량에 따른 차등 소득을 거둘 수 있는 농민들의 인센티브 시스템에 의존하게 된다.

북한의 기상이변에 따른 농업재해는 평균 3~4년에 한 번씩 발생한다. 일부 재해는 곡물생산량의 10% 내외를 감소시킨다. 특히 7~8월 홍수와 가뭄은 심각한 피해를 야기한다. 지난 1991~2014년 동안 북한에 총 30회의 기상재해가 발생해 연평균 1.25회를 기록했다. 특히 7~8월에 홍수, 태풍, 가뭄에 의한 재해가 집중되었다. 총사망자는 1672명으로 연평균 56명 수준이다.[3] 총이재민은 1605만 4026명으로 연평균 53만 5134명이며 총피해액은 약 236억 달러로 연평균 8억 달러 수준이다. 기상재해로 인한 사회경제적 손실은 국민총생산(GDP)의 8% 수준에 달할 정도로 엄청난 수준이다.[4] 결국 안정적인 농업생산을 유지하기 위해서는 기상재해를 최소화하는 물 관리 체계의 구축이 선행되어야 한다.

한편 북한은 유기농업의 확대를 적극 추진하고 있는데 북한 당국은 원유와 전기 부족 및 공장 노후화로 화학비료 생산이 단기간에 증가하지 못함에 따라 유기질 비료 생산에 관심을 보이고 있다. 농업생산 증가를 위해서는 자연재해가 최소화된 상황에서 농업의 투입 요소를 원활하게 공급해야 한다. 질소, 인산, 칼륨 등 3대 화학비료 1톤은 평균적으로 작물을 1.2톤 증산시킨다. 화학비료는 가장 신속한 작물 증산 수단이다. 과거 1960~1970년대 남한 역시 각 도에 비료 공장을 집중적으로 건설해 곡물생산을 증가시키는 데 활용했다. 비

3) 〈표 12-5〉 최근 10년간(2003~2012) 북한의 기상재해 사망자 수

일시	재해	사망자 수(명)
2004년 7월 24일	집중호우	24명
2005년 6월 30일	집중호우	193명
2006년 7월 12일	집중호우	276명
2007년 8월 7일	집중호우	610명
2010년 9월 2일	태풍	20명
2011년 6월 23일	집중호우	30명
2012년 7월 18일	집중호우	88명
2012년 8월 28일	태풍	59명

자료: 세계재해정보센터(CRED, EM-DAT).

4) Lu Riyu, 『그린데탕트 기상분야 남북협력 방안 연구』, Institute of Atmospheric Physics, Chinese Academy of Science(서울 기상청, 2015).

〈표 12-6〉 최근 북한의 자연재해 실태(2010~2015)

연도	재해 내용	조선중앙통신 보도
2010	7월 홍수, 9월 곤파스 태풍 150mm 강수	3만 헥타르 면적의 작물 피해
2011	6월 태풍 메아리, 장마, 집중호우(6.23, 7.11), 태풍(8.7)	황해남북도, 평남, 함남 피해
2012	7월 가뭄, 집중호우(7.18), 태풍(8.28)	양강도, 자강도, 함경도 이재민 300만 명 발생
2013	4월 봄 가뭄, 초여름 가뭄	보리, 벼 작황에 부정적 영향
2014	5월 중순까지 봄 가뭄	수십 년 만에 가뭄
2015	7월 초순까지 봄 가뭄, 이후 가을 가뭄, 황해남도 집중호우(8.4~5)로 피해 발생 나선시 집중호우(8.22~23)	100년 만에 가뭄, 나선시 40여 명의 인명피해 발생

자료: 북한 ≪로동신문≫, 조선중앙통신, ≪조선신보≫.

료는 원유를 8단계 정제하는 다단계 공정을 거쳐 생산되기 때문에 원유 확보와 정제시설 등 화학공업과 전기공업의 발전이 필수적이다. 일제강점기에 동양 최대의 흥남비료공장이 건설되었지만 이제는 노후화되고 원료 및 전기 부족으로 제대로 가동되지 못하고 있다. 낙후된 북한 경제의 특성상 비료를 생산할 여건이 매우 미흡하다. 이에 따라 북한은 정책적 차원에서 유기농업을 강조하고 있다.[5] 북한 농업성은 평양에 유기질복합비료공장을 건설해 유기질

5) 북한은 화학비료 증산이 한계를 보임에 따라 자연스럽게 유기농에도 관심을 돌리고 있다. 지난 2013년 11월 ≪조선신보≫는 북한에서 유기농업이 적극 추진되고 있다고 보도했다. ≪조선신보≫는 북한 농업과학원 시험장에서 독일 유기농업연구소와 연계해 2010년부터 유기농 작물을 재배하고 면적도 늘어나고 있다고 전했다. 또한 조선유기농업개발협회, 농업과학원, 국토환경보호성과 평양원예지도국 등 전국의 여러 기관이 협동농장과 협력해 유기농업생산과 관련한 과학기술적 문제 해결에서 성과를 나타내고 있다고 덧붙였다.

이와 관련해 논벼와 강냉이를 비롯한 알곡작물에서 화학비료를 50% 이상, 감자 및 과일에서 30% 이상 사용량을 줄인 것으로 알려졌다. 또 잎채소 등에서는 화학 비료를 전혀 사용하지 않고도 생산량을 10% 이상 늘렸다. 북한에서는 지난 2003년 10월 조선유기농업개발협회가 창설된 데 이어 2005년 11월에 유기농업법이 채택되었다. 이를 바탕으로 2004~2010년 유기농업발전 7개년 계획을 수립해 유기생산 체계와 기술개발을 위한 시범단위가 설정되었다. ≪조선신보≫, 2013년 11월 20일 자; ≪서울신문≫, 2015년 5월 9일 자.

〈표 12-7〉 김정은 신년사를 통해 본 농업정책(2012~2016)

구분	내용	비고
2012년	- 강성국가 건설의 주공전선인 경공업 부문과 농업 부문에서 함남의 대혁신의 불길이 더욱 세차게 타오르게 하여야 한다 - 방법론으로 '함남의 불길' 강조	- 김정은 집권 첫해로서 신년공동사설로 발표 - 김일성 생일 100주년
2013년	- 농업·경공업을 함께 주공전선으로 언급 - 농업생산의 과학화, 집약화 수준을 높여 올해 알곡생산목표를 반드시 점령 - 축산과 수산, 과수 부문을 결정적으로 추켜세워 인민들의 식생활을 개선하고 더욱 풍족하게 하여야 함 - 세포 축산기지 건설에 주력	- 집권 이후 최초로 육성 신년사 발표
2014년	- 농업을 주 타격방향으로 설정, 주민들의 먹는 문제 해결에 부심, 축산·남새온실·버섯재배에 역점 - 과학적 영농방법을 시행, 농사일을 책임 있게 추진, 당이 제시한 알곡고지 점령 - 세포지구축산기지, 고산과수농장, 간석지, 황해남도 물길공사 건설기일 내 완공 - 물고기 대풍을 마련한 인민군대 수산 부문의 모범을 따라 고깃배와 어구를 현대화하고 과학적 방법으로 물고기 잡이 전투 전개, 바닷가 양식 확대	- 김일성 동지께서 "사회주의 농촌문제에 관한 테제"를 발표하신 50돌이 되는 뜻 깊은 해 - 조선중앙TV를 통해 육성으로 신년사를 발표
2015년	- 농업·축산·수산업을 3대 축으로 하여 먹는 문제 해결을 강조 - 비료, 농약, 농기계, 농자재 적기 공급 - 가뭄 극복을 위해 물 절약형 농법을 비롯한 과학농법들을 적극 개발 - 축산기지와 양어기지, 온실과 버섯생산기지들에서 생산을 정상화 - 강원도 세포지구 축산기지 발전 - 수산업 발전, 물고기 대풍	- 조국해방 70돌과 조선노동당 창건 70돌이 되는 매우 뜻 깊은 해 - 육성신년사 발표가 정례화
2016년	- 농산, 축산, 수산 부문에서 혁신을 일으켜 인민생활을 개선 - 농업 부문에서 우량품종과 과학농법, 농촌경리의 종합적기계화, 영농공정별 보장대책 추진으로 알곡생산 계획을 달성 - 축산과 수산 부문에서 생산을 빨리 성장, 전국 도처에 건설한 양어장과 남새온실, 버섯생산기지들이 성과 거양	- 농업근로자들은 농업생산에서 전변을 이루어야함 - 인민생활문제가 천만가지 국사가운데서 제일 국사 - 전당, 전군, 전민이 산림복구 전투를 본격적으로 전개 - 대기와 강하천, 바다오염을 막기 위한 대책 추진

비료를 대량으로 생산할 것을 제안했다.[6] 화학비료 공급의 단기간 개선은 어려운 실정이며 농약, 농기계 등 각종 농자재의 공급 여건도 유사하다. 농업생산 시스템은 여전히 적기, 적작, 밀식재배 등 이론적 측면에 치우친 주체농법을 고수하고 있어 획기적인 개선이 어렵다.

3) 김정은 시대 식량수급 실태

김정일 위원장은 1990년대 말에 식량 부족에 따른 고난의 행군을 마치고 난 뒤, 2000년 농업개혁을 통한 농업생산량 증가를 위해 인적 · 물적 자원의 투입을 극대화하는 것은 물론 급진적인 제도 개혁 등에 총력을 기울였다. 김정일 위원장은 2001년 10월 '강성대국 건설의 요구에 맞게 사회주의 경제관리를 개선할 데 대하여'라는 문건에서 "먹는 문제를 해결하면 경제개혁을 시작한다"라고 언급했다. 농업개혁이 사회주의 경제개혁의 필요충분조건임을 인식해 '농업개혁 없이 사회주의 경제개혁 없다'는 원칙을 고수하고 있는 것으로 보인다. 농업개혁을 우선하는 사고방식은 "포전담당제를 시범적으로 도입하고 있고 협동농장에 분조를 더 적은 단위로 나눌 수 있는 권한이 주어졌고 그 가운데 더 적은 인원으로 포전을 담당하는 포전담당제가 나왔다"라는 2004년 12월 북한 김용술 무역상의 발언에서도 파악할 수 있었다. 김정일 위원장은 농업생산량을 늘릴 수 있는 일이라면 사회주의의 근본 원칙을 훼손하지 않는 전제하에서 어떤 정책이라도 추진하겠다는 점을 시사해 기대감을 갖게 했지만 중국식의 혁명적인 변화는 그의 생전에 추진되지 않았다. 결국 김정일은 협동농장 체제의 골격을 유지하면서 미봉적인 대책으로 농정을 추진했고 마지막까지 식량 부족사태를 해결하지 못했다. 결국 북한체제는 김일성이 역설했던 '이밥에 고깃국과 비단옷, 기와집'이라는 기본적인 의식주를 2대에 걸쳐 해결하지 못한 것이다.

김정은 시대에 들어서도 북한의 식량난은 고질적이고 구조적인 미완의 문

---

6) 김영훈, "북한의 농업: 전망과 과제," ≪한반도포커스≫(경남대 극동문제연구소, 2015), 10쪽.

제다. 김정일 시대의 식량수급과 비교해 식량난은 특별히 개선되지 않고 있다. 연평균 15~20% 선에서 식량생산량이 전체 소요량에 미달하고 있다. 소요량에는 식용과 종자 및 가공용에 국한된다. 이 외에 축산을 위한 사료용까지 포함할 경우 부족 비율은 늘어갈 수밖에 없다. 최소의 소요량도 생산량을 충족시키지 못한다. 부족 비율에 따라 주민들의 식량 사정은 악화되기도 완화되기도 한다. 식량 생산이 소비를 충족시키지 못할 경우 수입에 의존할 수밖에 없다. 모든 국가가 식량을 자급하지는 못한다. 남한도 쌀을 제외하고 밀, 콩, 옥수수 등 여타 곡물은 수입으로 부족량을 해결한다. 반면 북한은 외화를 조달해 부족한 식량을 수입하는 등 식량안보를 지킬 경제적 능력이 부족하다.

한편 북한은 2006년 7월 4일 미사일을 발사했고 2006년, 2009년, 2013년 세 차례 핵실험을 실시했다. 북한의 핵실험은 국제사회의 대북제재를 초래함으로써 인도적 차원의 식량 원조가 중단되는 사태에 이르렀다. 이는 북한의 식량 조달에 부정적인 영향을 미쳐 향후 식량 생산이 부진할 경우 1995~1998년의 제1차 고난의 행군에 이어 제2차 고난의 행군이 전개될 가능성을 매우 높게 만들었다. 현재는 물론 향후에 생산량이 부진할 경우 북한의 식량 재고 부족으로 국가의 공공배급제(public distribution system)는 불가피하게 중단될 수밖에 없다. 주민들은 농민시장 등에서 자체적으로 식량을 조달하거나 중국 국경지대에 밀무역을 통해 해결할 수밖에 없다.

결국 농업 외적인 국제정치적 환경 악화에 따른 외부의 식량 지원 중단은 식량 부족을 심화시킬 수 있다. 식량 부족량의 증가는 역설적으로 인센티브를 바탕으로 한 식량 생산 체계의 위축을 가져올 수밖에 없다. 또한 사회주의 국가가 경험한 가격 자유화를 통한 시장기능 활성화는 유보될 수밖에 없다. '7 · 1 경제관리조치'가 시작된 2002년부터 2015년 말까지 홍수 피해가 발생한 2007년[7]을 제외하고는 북한의 농업생산력이 최소한 감소하지 않거나 정체상

---

7) 2007년 8월 중순의 호우와 9월 태풍으로 피해가 발생했다. 조선중앙통신은 주요 벼 생산지역에 위치한 96개 군이 피해를 보았으며 이 중 33개 군에서 760~840밀리미터라는 기록적인 폭우가 쏟아졌다고 발표했다. 또 해당 지역 벼 재배면적의 20%, 옥수수 재배면적의 15%가 침수되었다고 보도했다.

태 혹은 미세하게나마 증가되었다. 생산량이 최악의 수준으로 감소하지 않고 정체 및 증가된 배경은 세 가지로 구분된다.[8)]

우선 부분적으로 홍수와 가뭄이 있었지만 양호한 날씨와 이에 따른 낮은 병충해 발생, 석유수출기구(OPEC)가 자금을 지원한 개천-태성호 관개시설 공사의 완공 및 2000~2007년간 남한을 비롯한 국제사회의 적기 비료지원 등이 긍정적 요인으로서 소폭이나마 증산에 기여했다. 특히 2~3년에 걸친 연속적인 곡물생산량 감소가 발생하지 않았다. 매년 자연재해를 경험하지 않게 되면서 주기적으로 식량 배급량의 조절을 통해 심각한 식량난을 피할 수 있었다. 북한 당국은 예산과 인력 등 모든 국가의 역량을 농업 분야에 투입하겠다는 정책을 선언함으로써 주민들에게 국가가 '먹는 문제' 해결에 나서고 있다는 것을 대내외에 과시하고 있다.

북한의 식량 생산은 협동농장에 의한 공동생산 시스템이다. 반면 식량소비는 공공배급제(public distribution system)를 기본으로 한다. 이 두 가지 제도가 사회주의 농업생산과 소비의 기본적인 원칙이다. 협농농장 생산제도와 공공배급제는 북한 농업의 양대 축으로서 생산과 소비가 상하 10% 이내에서 조절된다면 계속 작동할 수 있다. 공급과 수요가 10% 상한과 하한선을 벗어난다면 식량 부족 심화에 따라 공공배급 이론대로 작동되지 못하고 제도가 붕괴될 수밖에 없다. 한편 북한 당국은 2002년 '7 · 1 경제관리개선조치' 이후 빈부 격차가 발생하고 일부 도시 빈민들의 식량 조달이 어려워지면서 과거보다 살기가 어려워졌다는 불만이 대두되었는데, 이 점을 해소하기 위해 공공배급제를 정책적으로 강화하고 있다. 특히 매년 연초 신년사설에서 경제건설의 주공전선을 농업 증산으로 내세운 만큼 공공배급제를 통해 식량 증산의 필요성을 주

8) 2015년 7월 27일 미국 의회조사국(CRS)이 발행한 『North Korea: 대미관계, 핵 외교, 내부 상황』 보고서는 "북한 산업과 농업에 시장원리를 적용하려는 개혁조치들이 각종 기회를 창출하고 있다"라며 "도시에선 관리자들이 봉급을 정하고 노동자의 고용과 해고를 할 수 있도록 허용해줬고 농촌에선 농부들이 수확의 많은 부분을 가져가고 인센티브를 늘리는 등 개혁조치가 이뤄지고 있다"라고 북한 경제의 회복을 지적했다. 또한 "북한에 약간의 경제성장이 있었다는 보고가 나오고 있다"라며 "2014년 발표된 일련의 임시 경제개혁이 일부 북한 주민들의 경제수준을 끌어올린 것으로 보인다"라고 밝혔다.

민들에게 강조하기 위한 목적도 있다. 국가가 공공배급제를 시행하기 위해서는 식량 공급에 최소한의 여유가 있어야 한다. 북한의 식량 공급량과 배급량의 격차가 10% 이상 되면 배급제 시행이 곤란해진다. 다만 남한과 중국의 식량지원으로 부족량이 전체 소요량의 5% 미만으로 축소될 경우 제도를 가동할 수 있다.

한 예로 2004년 11월 1일부터 2005년 10월 31일까지 양곡회계년도 기간에 북한은 423.5만 톤의 곡물을 생산했다. 최소 소요량은 510만 톤이었고 부족량은 90만 톤 규모였으며 한국이 50만 톤, 중국이 20만 톤의 식량을 지원했다. 또한 국제사회에서 상업적으로 10만 톤을 더 구입했다. 유엔세계식량계획(WFP) 등 국제기구의 인도적 지원량은 5만 톤 수준이다. 이에 따라 절대 부족량은 10만 톤 미만이다. 물론 최소 소요량을 550~600만 톤 수준으로 확대하면 부족량은 늘어나지만 가공용 · 사료용을 크게 고려하지 않는 북한의 평균적인 식량 소비 수준에서 일부 지나치게 높은 기준을 적용하는 데에는 한계가 있다.

북한은 2013년 11월 1일부터 2014년 10월 31까지 양곡 연도 기간에 503만 톤의 곡물을 생산했다. 총소요량은 537만 톤이었다. 국제식량농업기구(FAO)는 상업적 수입이 34만 톤이라면 부족량은 4만 톤 수준으로 추정된다고 추산하면서 최근 들어 가장 부족량이 적은 수준이라고 평가했다.[9] 결론적으로 북한 식량 부족 실태가 심각하지 않아 공공배급제를 가동하고 있는 수준이다. 또한 국제식량농업기구(FAO)는 2015년 10월 공개한 2015년도 '식량전망 보고서'에서 북한이 올해 쌀 150만 톤과 옥수수 220만 톤을 생산할 것으로 추정된다고 밝혔다. 이는 작년보다 쌀 20만 톤, 옥수수 40만 톤이 감소한 수치다. 쌀

9) FAO/WFP, "Crop and food security assessment mission to the Democratic People's Republic of Korea," "Special report," 28 November 2013. 세계식량농업기구 식량조사단(Crop and Food Security Assessment Mission: CFSAM)의 특별보고서(Reports & Special Alerts)는 2013년부터 2012, 2011, 2010, 2008, 2004, 2003, 2002, 2002, 2001, 2001, 2000, 2000, 2000, 1999, 1999, 1998, 1998, 1998, 1997, 1997, 1997, 1996, 1996, 1996, 1995년까지 총 24개 발표되었다.

〈표 12-8〉 국제식량농업기구(FAO) 발표 최근 6년간 북한의 식량수급현황

(단위: 만 톤)

구분	2010	2011	2012	2013	2014	2015
생산량 (양곡 연도 기준)	448	469	441	492	503	396.7*
외부 수입량	41	42	33	30	30	50(추정)
소요량	531	534	536	539	542	540
공급량	491	512	473	522	533	*
부족량	42	22	63	16	9	*

주: * 쌀+옥수수+감자+밀+보리를 합한 양을 말한다.
2015년 양곡 연도는 2014년 11월1일부터 2015년 10월 31일까지다.

과 옥수수의 총생산량은 지난해 430만 톤보다 60만 톤, 비율로는 14%가 줄어들었다. 감자 수확은 지난해 비해 20% 줄어든 23만 톤이며 밀과 보리 수확량은 32% 감소한 3만 6084톤으로 예상되었다. 또한 2015년 북한의 쌀 수확량 감소는 4월 가뭄 등 이상기후 때문으로 분석되었다. 국제식량농업기구(FAO)는 북한이 2015년도에 쌀 30만 톤, 옥수수 20만 톤을 각각 수입해 2015년 생산량 370만 톤까지 합쳐 모두 420만 톤의 식량을 확보할 계획이지만 북한의 연간 곡물 최소 소요량인 540만 톤보다 120만 톤가량 부족한 양이라고 지적했다. 2015년도 북한 주민 1인당 쌀 소비량은 67kg, 옥수수 소비량은 80kg으로 추정되었다. 북한 주민 한 명이 1년간 약 147kg의 쌀과 옥수수를 소비하는 셈인데, 이는 유엔 권장 소비량의 절반 수준이다. 그러니 소비량이 축소될 수밖에 없다.

2. 김정은 시대 농업개혁 평가: 6.28 조치와 5.30 조치

2011년 12월 김정은 체제가 출범한 이후, 당국은 6.28 조치, 5.30 조치와 같이 일부 지역을 중심으로 전형적인 집단생산에서 2~3가구 중심의 개인생산 형태로 영농 단위구조를 변화시키는 데 주력하고 있다. 이로 인해 '집단농의 형태를 띤 혼합개인농'이라는 변형된 영농구조가 일부 지역에서 부분적으로 시행될 것으로 예상된다. 다만 중앙정부 차원에서 사회주의의 특성상 개인농

구조를 전국 단위에서 선언하기는 어렵고 지방의 협동농장 차원에서 생산량을 증가시키는 행위를 중앙에서 부분적으로 묵인하는 행위가 증가할 것이다. 특정 협동농장의 생산량 부진 원인이 2~3가구 단위의 소규모 분조관리제를 시행하지 못하는 데 있다면 중앙정부도 이를 제재하는 데 한계가 있을 것이다. 김정은 체제하에서 전국의 협동농장들도 이러한 경향을 부분적으로 추종하고 있다고 판단된다. 다만 본격적인 개인영농제를 도입하는 것은 여전히 불투명하며 시범적 성격의 혼합농도 단순히 증산을 위한 잠정적인 개혁 조치로 이해된다. 노동당이 주도하는 농업개혁은 여전히 본질적 측면의 개인영농제를 도입하지 못하고 피상적이고 제한적인 증산실험에 골몰해 이뤄지고 있다. 개인의 영농의욕을 고취하는 각종 제도를 본격적으로 도입하지 못한다면 농업생산은 근본적으로 증가되기 어렵다.

한편 북한은 모든 물적 · 인적 투입 요소를 극대화한다는 방침하에서 예산투입을 확대하는 동시에 각 기관 및 기업소 등에서 농업과 농촌 지원에 나서고 있으며 도시와 농촌의 연계, 공장 및 기업소와 협동농장의 연계를 강화하고 있다. 공장 기업소의 일부를 토지세 및 비료 값 등의 명목으로 협동농장에 기부하게 만드는 한편 일부 노동력을 농번기에 협동농장의 영농 작업에 투입해 농촌 노동력의 부족을 완화시키려고 할 것으로 판단된다. 과거 종자혁명, 이모작, 감자농사 혁명, 콩농사에 주력해 단위면적(ha)당 생산성을 높이는 데 주력하는 한편, 지대별 실정에 맞는 다수확 품종을 대대적으로 심는 방식을 선택함으로써 종전의 경직적인 주체농법을 '적기적작'과 '적지적작' 원칙에 맞게 탄력적으로 적용하고 있다. 그러나 북한 당국의 다각적인 노력에도 불구하고 연평균 생산량의 15~20% 수준이 최소 소비량에 미달하고 있어 식량안보가 여전히 불안한 실정이다.

1) 6.28 조치와 5.30 조치의 내용과 평가

김정은 체제 출범(2011.12.30) 이후 북한 농업성은 2012년 6월 「우리식의 새로운 경제관리 체계를 확립할 데 대하여」라는 논문을 작성해 배포했다. 남측 언론에서 6월 28일 발표한 날짜를 감안해 '6.28 방침'이라고 지칭했다. 주요 내용은 △협동농장 분조 규모를 10~25명에서 4~6명으로 축소, △계획 생산물을 국가 대 농장원에게 7:3의 비율로 분배, △초과 생산량은 농장원 차지, △서비스 및 무역 분야에서 국가기관 및 협동기관 명의로 개인자본 투자합법화 등이다. 그러나 이와 같은 개혁적 조치들이 전국 단위에서 문자 그대로 전면 시행되고 있는지는 여전히 불투명하다. 일부 지역에서 시범적인 실시에 그치고 있는 것으로 판단된다. 일부는 2013년 자강도에서 시범적으로 실시되었던 새 농업정책이 일부 지역으로 확대된 것이 6.28 조치로 지칭되었다고 추정한다. 한편 2012년 극심한 봄 가뭄에도 불구하고 북한의 곡물생산량이 2013년과 큰 차이가 없었던 사실은 새 농업정책이 식량 생산에 일정 부분 기여했음을 의미한다. 다만 북한의 새 농업정책이 중국이나 베트남식 경제개혁 수준까지는 아직 이르지 못했다고 판단된다. 식량 보급에서 시장이 차지하는 역할이 커졌음을 북한 당국도 인정하고 있지만 여전히 목표 생산량이 할당되고 있고 농자재 공급도 국가에 의존하고 있다.[10] 특히 2015년 10월 기준으로 장마당 수준의 시장이 380개에 이르고 있고, 휴대전화를 사용하는 인구도 370만 명으로 정보가 활발히 유통되기 때문에 식량 생산, 유통 및 소비가 과거보다 원활하게 이루어지고 있다.[11]

당국의 의도가 과거의 개혁조치들처럼 농민들의 가용 노동력을 최대한 활용해 단순히 식량만을 증산하려는 것이라면 정책의 미래는 여전히 불투명하다. 1978년 중국식 농업개혁처럼 개인영농제를 통해 직접적으로 농민들에 대한 인센티브제도가 전국 단위에서 명백하게 제시되지 않는 한 이와 같은 조치들은 하나의 이론적인 논의에 그칠 수밖에 없다. 특히 중국의 덩샤오핑과 같

---

10) 미국의 소리(VOA) 방송, 2015년 8월 18일 자. 미국의 농업 전문가인 렌덜 아이어슨 박사는 미국 존스홉킨스 국제대학원의 북한 전문 웹사이트인 '38 노스'에 기고한 글에서 북한이 지난 2012년 농업생산성 향상을 목표로 한 이른바 '6.28 조치'를 확대 실시하고 있다고 평가했다. 1998년부터 2007년까지 퀘이커 구호단체인 '미국친우봉사회(American Friends Services Committee)' 소속 농업 전문가로 북한 농업 개발사업을 총괄했던 렌덜 아이어슨 박사는 농업생산의 자율성과 동기 부여가 북한의 새 농업정책에 반영되고 있다고 주장했다.

11) ≪연합뉴스≫, 2015년 10월 20일 자.

은 최고 지도자의 하향식(top-down) 지시에 의하지 않는 한 사회주의 농업개혁은 항상 실패로 귀결되었다는 사실은 역사적 교훈이다.

결국 6.28 방침을 사회주의 농업개혁으로 평가하는 것은 한계가 있다. 우선 비용의 국가 부담은 사회주의 경제관리체제의 전형이다. 국가가 생산비를 보장하겠다는 것은 사회주의 경제체제를 고수한다는 것이다. 둘째, 토지, 노동, 자본 등 농업생산의 3요소에서 토지와 노동력은 농민들의 기본적인 생산토대이며 국가가 협동농장에 공급할 수 있는 것은 자본재이다. 이 상황에서 국가의 몫이 70%나 되는 것은 과도하다. 셋째, 북한 산업부문의 공장 가동률은 30% 수준이다. 가장 중요한 생산요소인 비료의 공급도 필요량의 30%를 밑돌고 있다. 이 상황에서 국가가 초기비용을 보장할 수 있는 방법은 시장가격으로 지불하는 것뿐이다. 그러나 북한은 이미 초인플레이션(hyper-inflation)의 국면에 있기에 시장가격으로 농자재를 보장하는 것은 큰 의미가 없다. 넷째, 개인소유분의 처분을 자유화한다는 것은 곡물의 시장거래를 공식적으로 허용한다는 의미이다. 이미 거래되고 있는 것을 공식화하는 조치지만 이로 인해 시장으로 유출되는 곡물의 양은 더 많아질 것으로 예상된다. 그 경우 곡물의 국가 수매는 더 위축될 가능성이 있다. 마지막으로 작업분조의 규모 축소는 과거 '새로운 분조관리제'(1996)와 '7 · 1 경제관리개선조치'(2002)에서도 제시된 바 있으나 실제로 작업분조의 규모가 축소되었는지 확인되지 않고 있다.

이와 같이 6.28 조치를 개혁적인 조치로 해석하기에는 내용, 범위 및 속도 등이 충분하지 않다. 오히려 이 방침은 붕괴된 정부 수매 · 조달체계를 보완해 국가가 농장과 공장기업소의 생산물을 확보하기 위한 새로운 정책수단으로 보인다. 6.28 조치를 추진한 결과 단기적으로 정부재정이 확보된다고 하더라도 문제는 여전히 남는다. 6.28 조치의 내용대로 시행된다면 통화증발이 불가피하며 인플레이션은 더욱 심화될 가능성이 높다.

북한 당국은 2014년 2월 정권 수립 이래 최초로 개최된 '전국 농업 부문 분조장대회'에서 협동농장의 자력 경영, 작업분조의 역할 제고와 포전담당책임제를 통한 구성원 책임의 강화, 전형단위별 시범사업의 실시 및 경쟁의 강화 등의 내용을 통해 농업생산의 책임제를 명시적으로 강화하고 있으며 농업정책이 변화하고 있다고 주장했다.[12] 또한 5월 30일에는 「현실발전의 요구에

〈표 12-9〉 2012년 6.28 조치의 내용과 분석

핵심 내용	분석 및 평가
- 당국이 농사 비용을 농민들에게 현금으로 보상. 국가와 협동농장이 농산물을 7 : 3의 비율로 분배 - 농민 몫을 보장하는 생산물 분배 할당제 실시 - 기존의 10~25여 명의 규모인 분임조 규모를 축소 - 포전담당책임제 시범 실시	- 사회주의 체제의 전통적인 농업생산방식을 고수하며 생산자재 국가조달 책임을 사실상 포기 - 분조 규모 축소 주장은 1996년 이래 계속 반복된 현상, 현장에서 전면 실행되지 않고 있어 추가적인 관찰이 필요 - 일부 시범단위의 생산성 증대를 주장하나 농자재 추가 지원에 따른 특혜조치의 결과일 가능성이 큼

맞게 우리식경제관리방법을 확립할 데 대하여」라는 이른바 "5.30 노작"을 발표해 일부 협동농장과 기업소에서 자율경영제를 시범적으로 도입할 것을 지시했다. 2014년 12월 27일 로동신문도 평양시, 함경북도, 자강도의 농촌에서 분조관리제 안에서 포전담당책임제를 실시해 농업근로자의 생산 의욕을 높이고 생산에서 성과개선을 이루었다고 보도했다. '5.30 노작'은 재일본조선인총연합회 기관지 조선신보를 통해 공식 확인되었다. 조선신보는 2015년 1월 8일 평양발 기사에서 "김정은은 2014년 5월 우리식 경제관리방법의 확립에 대한 역사적인 노작을 발표하셨다"라며 "현재 역사적 노작에서 제시된 강령적 과업을 관철하기 위한 대책들이 세워져 집행되고 있다"라고 밝혔다. 그러나 동시에 "외부의 자의적 해석과 상반되는 변화들이 빠른 속도로 이루어지고 있다"라고 말하며 "김정은 시대의 경제관리 체계와 방법은 오늘의 현실에 대응하는 것"이라고 설명해 북한의 시장경제 확대 조치가 '개혁 · 개방'으로 해석되는 것을 경계하기도 했다.

'5.30 조치'는 김정은 제1비서가 당, 국가, 군대기관 책임일군(간부)들과 진행한 담화로서 제목은 「현실 발전의 요구에 맞게 우리식 경제관리방법을 확립할 데 대하여」이다. 주요 내용은 △협동농장과 기업소에서 자율경영제 도입, △협동농장 내 작업분조의 폐지와 가족 영농도입, △농장 노동력 1인당 농지 1000평 할당, △국가와 개인의 분배 몫을 4 대 6으로 제시 등이다. 특히

---

12) 김영훈, 「북한 농업평가와 2015년 전망」, ≪KDI 북한경제리뷰≫(KDI, 2015), 41~43쪽.

〈표 12-10〉 2014년 5.30 조치의 내용과 분석

핵심 내용	분석 및 평가
1. 농가단위 자율경영권 보장 - 2015년부터 모든 협동농장과 기업소의 자율경영 도입 - 협동농장의 자율분조 폐지 - 농가 단위 책임제 도입 2. 농가에 책임경영 농지 배분 - 노동력(1농가 기준) 1인당 0.3헥타르 3. 농가에 책임경영농지 배분 - 국가 수매 40%, 농가 소득 60%	- 중국의 생산책임제인 가정연산승포책임제(家庭聯算承包責任制)와 유사 - 1978년 중국 안후이 성에서 시작된 농업 부분 생산책임제도를 모방. 덩샤오핑 농업개혁의 시발점 - 농업에서 사적 경영을 허용하고 정부 설정 목표 초과생산분에 대해 자유처분을 허용한다는 내용이나 실제 이행여부는 여전히 불투명 - 일부 지역에서 시범적 실시로 추정

공장, 기업소들과 협동농장들에서는 직장과 작업반, 분조 단위에서 근로자들이 담당책임제를 실정에 맞게 제시해 기계설비와 토지, 시설물 등 국가적 · 협동적 소유의 재산을 관리 · 이용하도록 권장했다. 또한 "기업체들은 노동에 대한 평가와 분배방법을 사회주의 원칙대로하고 근로자들이 누구나가 일한 것만큼, 그리고 번 것만큼 보수를 공정하게 받도록 하여야 한다"라고 분배원칙을 명문화했다. 협동농장뿐만 아니라 기업소의 자주적인 관리를 위한 자율권을 제시한 것은 매우 개혁적인 조치라고 평가되고 있으나 역시 전면 시행 여부는 미지수이다.

2) 북한의 농업생산성 평가

미국 국제식량정책연구소(IFPRI)는 2015년 8월 공개한 「2015년 세계식량정책 보고서」에서 북한의 토지 생산성은 지난 2012년 1헥타르당 1450달러로 남한의 25% 수준에 머물렀다고 밝혔다. 북한의 토지 생산성은 1990년 1헥타르당 1532달러를 기록한 이후 지속적으로 감소했다. 아시아 국가 중에서 1990년 이후 토지 생산성이 감소 추세에 있는 국가는 북한이 유일하다. 농업 인구 1인당 노동 생산성에서도 남북한 격차가 크게 벌어졌다. 1961년 남북한의 노동 생산성은 모두 1인당 500달러 수준으로 비슷했지만, 2012년 북한의 노동 생산성은 남한(9063달러)의 7분의 1 수준에 불과한 1233달러였다. IFPRI는 보

고서에서 식량 문제를 겪는 지역들의 식량정책을 평가하고 식량문제을 해결하기 위해 쌀 생산성 증대, 곡물 유실방지, 수자원 확보 등의 대책이 필요하다고 조언했다.[13] 결국 북한이 해결해야 할 시급한 정책과제들이다.

북한의 식량난은 통일 이후 한국농업의 부담이 될 것이다. 우선 북한 주민들에게 긴급식량 지원을 해야 할 것이다. 한국식량안보재단은 2014년 3월 발행한 『선진국의 조건: 식량자급』에서 북한의 식량난에 대비해 120만 톤의 통일미를 상시 비축할 것을 제안했다.[14] 남한의 농정이 통일을 고려한다면 한반도 전체의 식량수급을 염두에 두어야 한다는 것은 매우 타당한 논의다. 농업 부문의 성장률이 올라가는 것은 빈곤을 감소시키는 데 있어 비농업 부문의 성장률을 올리는 것에 비해 두 배 이상 더 효과가 있다고 2008년 세계은행이 발표한 바 있다.[15] 북한의 경우에도 1990년대부터 지속되고 있는 만성적인 식량난을 해결하기 위해 당국이 농업 부문의 생산성 향상을 위한 다양한 시도들을 거듭 반복하고 있다. 남북한 협력사업 또한 북한의 높은 농업비중과 생산성 향상 의지 및 필요성, 그리고 소규모 시범사업부터 단계적으로 확대할 수 있는 농업분야 협력 등을 통해 정치적인 부담을 최소화하고 북한 주민들을 대상으로 직접적인 식량난을 해결하는 데 기여할 수 있다는 것에서 중요성이 대두된다. 북한 농업개발협력과 관련해 국제사회와 민간단체들은 이미 다양한 경험을 가지고 있으므로 이를 벤치마킹해 점차 발전시켜나갈 수 있다는 장점이 있다. 국제사회가 추진한 농업개발사업, 특히 국제농업개발기금(IFAD)의 곡물 및 축산복구 사업을 통해 대북 농업협력의 가능성을 가늠할 수도 있다.[16] 이처럼 농업 분야의 남북협력은 북한의 농업생산성 향상을 통해 식량난을 완화시킬 뿐만 아니라 다양한 교류·협력 분야 가운데서도 당장 실시하는

---

13) International Food Policy Research Institute(IFPRI), "2014~2015 Global Food Policy Report"(Washington, DC, 2015).

14) 이철호, 「흔들리는 식량안보, 자급률 OECD 최하위」, ≪자유마당≫(한국자유총연맹, 2015), 30~33쪽.

15) World Bank, *World Development Report 2008: Agriculture for Development* (Washington, DC, 2008).

16) 김정수 외, 『북한개발지원의 쟁점과 해결방안』(통일연구원, 2009), 115쪽.

데 정치적 부담이 적은 사업이다.

남북한 농업개발협력은 2000년 전후로 지방자치단체와 종교단체 등 민간단체들을 통해 이루어져왔다. 지자체와 민간단체의 남북협력사례는 다음과 같다. 국제기아대책기구는 함경북도 지역의 시범농장에 대한 유기질 비료 생산시설을 지원해 토질 개선 등을 추진하고 있으며, 국제옥수수재단은 북측 지역특성에 맞는 다수확 우량 옥수수 종자를 개발하기 위해 북한 농업과학원과 공동연구 및 시범재배를 통해 우수종자로 입증된 '수원 19호' 품종을 보급했다. (사)통일농수산사업단은 북한 금강산 지역 삼일포 협동농장에서 지난 2004년 60헥타르 규모의 협력 시범사업을 시작한 뒤 금천리 협동농장을 포함해 인근 11개 협동농장으로 사업대상을 늘렸다. 그 결과 대상 농지 면적도가 2005년 약 700헥타르에서 지난해에 1100헥타르로 넓어졌다. 농협중앙회는 1997년부터 영농자재 및 물자를 지원했다. 2005년부터는 독자적으로 개발지원을 시행해 특수 콩종자 지원, 양돈장 건립, 사료공장 건립 등의 사업을 추진했으나 성과는 미미했다.

민간단체와 별도로 지방자치단체의 농업협력도 진행되었다. 경기도는 2005년 개성인근 당곡리 협동농장을 대상으로 수도작 시범 재배를 거쳐 2006년에 종합적인 협동농장 개발 사업으로 확대했다. 경남도는 민간단체인 경남통일농업협력회와 협력해 2006년부터 장교리 협동농장을 대상으로 종합적인 개발을 시작했다. 전남도 역시 전남도민남북교류협회를 통해 대동군 농기계수리센터 건립, 청산리 협동농장 농민편의소 건립, 전남-평남 비닐온실 협력사업 등을 추진했다. 강원도에서도 북강원도와 솔잎혹파리 방제 사업, 연어부화장 설치, 우량씨감자 지원 등의 개발지원사업을 벌였다. 민간기업의 상업적 교류는 단순 매매거래, 농산물 위탁가공, 계약재배 등이 있으나 단순 매매거래에 의한 북한산 농림수산물의 반입이 주를 이루고 있으며 위탁가공이나 계약재배 등은 미미한 수준으로 나타났다. 국내 민간단체가 추진해온 농업개발협력은 식량 증대를 위한 농업생산 기술, 생산 설비 및 농자재 지원, 젖염소, 양계장 등 축산 지원, 유가공 설비 지원, 농기계수리공장 운영, 양묘장 설치, 채소온실 운영, 옥수수 및 감자 종자개량, 종자 생산 등이 있다. 하지만 각종 단체들의 대북지원은 인적교류나 기술이전 등의 지속가능한 농업개발협력으로 전환되

지 못하고 단순 농자재 지원에 머물렀다.[17)]

지난 2005년 8월 남북 당국은 개성에서 1차 남북농업협력위원회를 열어 △협동농장을 통한 육묘시설, 비료 등 영농기술 지원, △현대적 종자생산 및 가공, 보관, 처리시설 지원, △우량 유전자원 교환, 재배기술 개발 협력, 병해충 관리 체계 구축, △축산, 과수, 채소, 잠업 분야 협력, △공동 양묘장 조성과 산림병해충 방제 등의 기본 협력 방향 등에 합의했다. 그러나 남북농업협력위원회는 이후 현재까지 이를 실현하기 위한 실무 접촉이 이루어지지 않아 답보 상태에 머물러 있다.

한편 남북한 간 농업협력의 한계를 인지한 기존의 민간단체들이 긴급구호나 일회성 지원, 단순물품 지원 형식에서 벗어나 북한에 기술 전수나 자립, 자활 능력을 개선하는 개발협력사업으로 전환을 시도했다. 하지만 지난 2010년 천안함 사태로 인해 현재 대부분의 남북 협력사업이 사실상 중단된 상태이다. 이처럼 농업개발협력은 남북관계의 경색과 정치적 난관들을 극복하지 못하는 실정이다. 향후 북한 농업이 복구되는 과정에서 생산물을 판매해 경제적 수익을 실현하는 것은 중요한 남북농업 협력 과제이며 수익의 일부를 다시 생산과정에 투입해야 하기 때문에 상업적 교역과 농업투자협력도 매우 중요하다. 결국 농업개발협력 관련 사업들은 북한 주민들의 식량난을 완화시킬 수 있는 유일한 방안이므로 지속적으로 추진해나가야 할 분야이다.

3. 북한의 농업경제특구와 복합농촌단지 건설

2011년 김정은 정권에 들어서 북한 경제 발전전략의 가장 큰 특징은 특구 지정이다. 전면적인 개혁·개방을 추진할 수 없기에 경제특구를 계속적으로 발표하고 있다. 경제특구 중에서 지정된 농업특구는 세 곳이며, 북한은 외자를 유치해 이 지역의 농촌 농업을 발전시키고자 한다. 특히 농업특구는 박근

---

17) 김영훈, 「남북농업교류협력 10년, 현황과 방향」, 『남북농업교류협력 10년 성과와 과제』(한국농촌경제연구원, 2007), 48쪽.

〈표 12-11〉 북청농업개발구현황

구분	내용
목적	과수업과 과일종합가공업, 축산업을 기본으로 하는 고리형 순환생산 체계가 확립된 현대적인 농업개발구 건설
협력 방식	북한 측 기업과 외국투자자 사이의 합영개발기업 또는 외국투자자의 단독개발기업을 설립하고 개발하는 방식
협력 기간	50년
총투자액	약 1억 USD
북한 측 출자	토지이용권과 개발권
부지 위치	함경남도의 중부 동해안에 있는 북청군 문동리, 부동리, 종산리의 일부 지역(북위 약 40° 8′, 동경 약 128° 15′)
면적	3km^2
북한 정부 우대 조치	적극적인 장려 대상, 특수경제지대에 준하는 특혜(기업소득세 14%, 특혜관세 등)

자료: 「북한 지방급 경제특구 투자제안서」(평양: 2013).

혜 대통령이 2014년 독일 드레스덴 선언에서 강조한 민생협력 방안과 밀접하게 관련되어 있다. 농촌주거 환경을 개선하면서 농업소득을 증가시키는 것은 과거 남한 새마을운동의 기조를 복원하는 것과 같다. 이에 따라 지역 세 곳의 농업특구를 분석하고 복합농촌단지 건설 가능성을 제시하려 한다.

1) 북청농업개발구

북청농업개발구는 기본적으로 과수업과 과일종합가공업, 축산업을 기본으로 하는 고리형 순환생산 체계가 확립된 현대적인 농업개발구를 건설하는 것을 목적으로 한다. 북한 측은 북한 협동농장이나 국내기업과 외국투자자 사이의 합영개발기업, 외국투자자의 단독개발기업을 설립할 것을 목표로 하고 있다. 주변의 모든 과수농장들에서 생산되는 과일을 원료로 하는 생산 체계를 구축하며 구엽초, 당귀 등의 약초와 고사리, 도라지, 더덕, 송이버섯 등과 동해바다의 수산물을 이용한 가공업도 발전시키려 한다.

북청농업개발구는 바다와 인접한 지역으로 동해안의 큰 무역항인 홍남항까지 113킬로미터, 단천항까지 112킬로미터, 혜산비행장까지 224킬로미터, 선덕비행장까지 134킬로미터, 혜산국경까지 224킬로미터 거리에 위치하고 있

〈표 12-12〉 **북청농업개발구 사회간접자본**

사회간접자본 여건	특징
안곡1차변전소	허천강발전소에서 생산된 전력 이용(22만 킬로와트)
북청원예단과대학	과수기술자 등 전문기술 보급 유리
북청평야	일대에 13개 저수지와 82개 양수장 건설되어 있음
신북청역	평양~두만강 철도의 주요 역인 신북청역까지 11킬로미터
흥남항	함경남도 함흥시 흥남구역 흥남항까지 112킬로미터
혜산비행장	양강도 혜산시 혜산비행장까지 224킬로미터
덕선비행장	함경남도 함흥시 덕선비행장까지 134킬로미터

자료: 「북한 지방급 경제특구 투자제안서」(평양: 2013).

다. 가까운 거리에 있는 양화항과 신창항을 신설·확장하면 수상운수 조건이 매우 유리하다. 평양-혜산, 평양-청진 사이의 1급도로가 개발지역 내에 있고, 평양-두만강 사이 철도 노선의 주요역인 신북청역까지 11킬로미터이다.

북청농업개발구는 함경남도 북청군 문동리, 부동리, 종산리의 일부 지역 3제곱킬로미터를 개발 대상으로 하고 있다. 북청군은 함경남도 중부 동해안에 위치한 지역으로서 바다의 영향을 많이 받으며 10℃ 이상의 온도 지속일수가 170~180일, 하루 일조량이 7~8시간, 평균 해발고도 30~100미터 등이다. 지형상 주로 논과 밭으로 이루어져 있어 거의 평지이며 산기슭을 따라 약간의 구릉지대가 함께 조성되어 있다. 또한 북청 강이 있어 농업용수의 원천이 풍부하다.[18] 이처럼 기후와 지형, 풍토 조건이 과수재배에 알맞아 북한은 북청지역에 과수업, 과일종합가공업, 축산업을 결합한 순환형 과수생산 체계를 도입해 북청을 현대적인 농업기지 건설을 목표로 하고 있다. 개발구 내 과수가 공기지뿐만 아니라 인근 지역의 과수 관련 공장과 풍부한 노동력을 이용해 함경남도의 과수생산 체계를 확립하고 과일가공업을 발전시킬 수 있다. 북청군에서는 2011년 토지정리 및 국토관리사업에 따라 다리를 비롯한 구조물 공사를 진행해 북청-리원 간 도로를 정리하는 등 도로공사에 힘쓰고 있다. 수천 그루의 가로수를 심고 여러 개 구조물 공사를 진행하며 도로의 노반강도를 높이려 했다.[19]

---

18) 「북한 지방급 경제특구 투자제안서」(평양: 2013).

특히 김정일은 2011년 3월 "수확고가 높으면서도 우리나라의 기후 풍토에 맞는 품종들을 선택하고 과수원을 조성하여야 과일생산을 빨리 늘일 수 있습니다"[20]라고 언급했다. 북청 지역의 과수농장에서는 우량품종의 과일나무심기 준비사업을 갖추고 과일 생산의 과학화와 현대화를 위한 기본 작업을 시작했다. 구체적으로 농장에서는 키 작은 사과나무를 비롯한 우량 품종의 과일나무가 심겨졌고 농장의 노동자들은 토지정리, 구덩이 파기, 거름 실어내기, 과일나무모 확보 등을 실시했다.[21] 2011년 9월 23일 자 ≪로동신문≫은 북청군 용전과수농장의 사과 재배를 보도하고 있다. 특히 수백 정보의 과수원에 질 좋은 유기질 거름과 흙보산 비료를 사용해 지력을 높였으며, 함경남도당위원회와 북청군당위원회에서 과수작업의 종합적 기계화를 실현해 우량품종의 사과나무 재배 기술을 완성했다고 밝혔다.[22] 동년 11월 22일 자 ≪로동신문≫에서는 북청군에 현대적 과수원 건설이 시작되었다는 언급이 있었다. 과수연합총회사와 과수설계연구소를 비롯한 전문 설계가들을 활용해 방대한 건설의 전체 계획도를 짧은 기간에 완성했다고 언급했다. 이로써 북청군의 대규모 과일생산기지화를 위한 건설작업은 토지정리, 콘크리트 지대 세우기, 도로와 물길건설, 하천정리 등 여러 단계로 나누어 진행하고 있다. 국가계획위원회를 비롯한 성, 중앙기관에서 과수원 건설에 필요한 자재보장사업을 실시하고 있으며 군에서는 토지정리와 도로·물길 건설, 유기질 비료 공급, 키 낮은 사과나무 심기 등을 실행했다.[23] 키 낮은 사과나무의 경우 국가과학원 생물공학분원에서 배양된 것으로서 공업적 생산을 위해 생물공학분원 식물조직배양연구소에서 배양되고 과수묘목시험장에서 50센티미터~1미터 정도 자란 나무를 옮겨 심은 것이다. 사과나무의 조직배양법을 통한 접본생산의 공업화가 실현됨으로써 북한 사과 재배기술이 한 단계 진보했다.[24]

---

19) 한국농촌경제연구원, ≪북한농업동향≫, 제13권 제1호(2011), 75쪽.

20) ≪노동신문≫, 2011년 3월 16일 자.

21) 한국농촌경제연구원, ≪북한농업동향≫, 제13권 제1호(2011), 80쪽.

22) 한국농촌경제연구원, ≪북한농업동향≫, 제13권 제3호(2011), 134쪽.

23) 한국농촌경제연구원, ≪북한농업동향≫, 제13권 제4호(2012), 97쪽.

북청 인근 지역에는 하천과 발전소가 위치하고 있어 수자원과 전력자원을 충분히 공급받을 수 있을 것으로 전망된다. 북청 지역은 농업개발구를 설치해 과수업, 과일종합가공업, 축산업을 주도로 한 현대적인 농업을 육성하고 특히 북청사과의 품질을 고급화·브랜드화해 해외수출을 통한 고부가가치 창출을 견인할 수 있다. 특히 인접한 공항, 항만과 철도시설은 생산물 유통에 적합할 것으로 판단된다.[25] 이에 따라 북청농업개발구는 과수업, 과일종합가공업 육성에 유리하다. 인근 북청과일가공공장, 북청과수기계공장의 노동력을 이용해 과일가공업을 효과적으로 실행할 수 있다. 이 외에도 지형, 기후, 풍토 조건이 과수재배에 적합하며 과수업과 과일종합가공업의 현대농업기지로 발전 가능하다. 북청사과는 품질을 높여 브랜드화할 경우 해외수출로 고부가가치 창출을 꾀할 수 있다. 세계적 사과 생산국인 이탈리아는 중국에 비해 재배면적이 36분의 1임에도 불구하고 생산량은 13분의 1로, 재배면적당 생산량에서 엄청난 우위를 보인다. 이탈리아의 대표 브랜드인 멜린다조합[26]의 경우 생산기술 향상으로 1헥타르에서 57.6톤의 사과를 생산하고 있다. 이처럼 이탈리아 사과 산업의 단위면적당 생산량이 높은 이유는 '남티롤 생산시스템'에 있다. 남티롤은 이탈리아 북단에 위치한 세계 최고의 사과 주산지로 고밀식 체계를 재배의 기본으로 하고 있다. 밀식재배는 심은 지 5년 이후부터 최대 수확량을 보이는데 나무 한 그루당 두 박스 이상의 사과 수확이 가능하다. 생산성, 작업효율 외에도 나무 관리가 용이한 점 등이 밀색재배 체계의 장점이다. 또한 키 작은 사과나무(M9)를 재배해 사과 생산의 노동 효율성을 극대화하고 있다.[27] 북한 역시 2012년 국가과학원에서 키 작은 사과나무 묘목 배양을 위한 연구에 들어갔으며 배양된 묘목을 북청사과농장에 보급한 바 있다. 현재 북한이 가지고

24) 한국농촌경제연구원, ≪북한농업동향≫, 제14권 제4호(2013), 65쪽.

25) 고려대학교 대학원 북한학과 2014년 2학기 '북한관광연구' 수업 자료.

26) 1990년 설립된 멜린다는 4000여 명의 농민이 소속된 16개의 협동조합이 컨소시엄을 이뤄 설립한 사과 전문 판매조직이다. 길경민, "[기획] 유럽농업에서 배우자 3. 멜린다 - 조합간 컨소시엄", ≪농수축산신문≫, 2014년 11월 7일 자.

27) 사과 재배 방식과 세계 사과 생산현황에 대해서는 다음의 자료 참조. http://blog.naver.com/mentitas/220287403748(검색어: 남티롤 사과, 검색일: 2015.7.30).

〈그림 12-5〉 북한의 사과 생산량 추이(1993~2013)

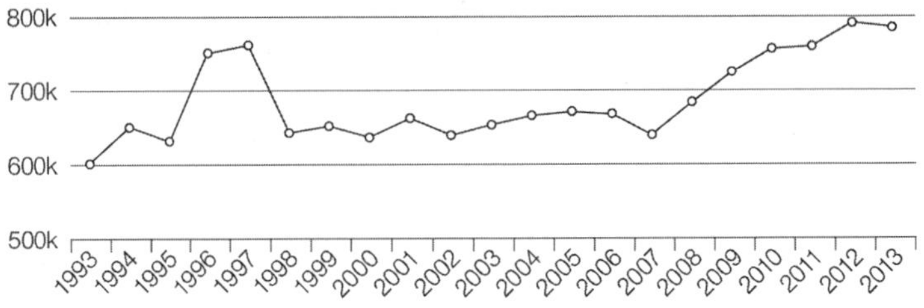

주: k= 1000톤.
자료: FAOSTAT, http://faostat3.fao.org/browse/Q/QC/E(검색일: 2015.8.20).

있는 과수 기술과 해외 선진 사례를 벤치마킹해 적절히 결합함으로써 북청사과의 해외수출을 꾀할 수 있다. 북청 지역의 기후 여건은 과수 농업에 매우 적합하다. 특히 함남 지역의 최대 산물인 사과의 경우 생육 기간(4~10월)의 평균기온이 13~21℃ 범위에 속해야 한다. 이탈리아 남티롤의 사과 생육기간의 평균기온은 17.4℃, 일본 나가노는 18.7℃ 수준이다.[28] 북청지역의 평균기온은 16.5℃ 수준으로[29] 사과를 대표적 농업생산물로 고려할 때 기후적 요건에 충족한다고 평가할 수 있다. 〈표 12-13〉을 토대로 남북한 사과 생산량의 추이를 비교할 수 있다. 특히 국제식량농업기구(FAO)의 가장 최근 자료인 2013년을 기준으로 보면 북한은 78만 톤, 남한은 49만 3701톤을 생산했다. 2013년 전 세계 사과 총생산량(production quantity)은 8082만 2521톤으로 북한은 약 0.97%를 점유하고 있으며 국가별 순위로는 10위에 해당한다. 남한이 약 0.61%로 14위에 해당하는 것에 비해 상당히 높은 수준이다.

세계적 브랜드의 농업생산물로 자리 잡을 수 있는 북청사과의 성장 가능성

28) 일교차가 클수록 사과 재배에 적합한 것으로 평가된다. 김선영 외, 「한국에서 기온상승이 사과 재배지역의 변화에 미치는 영향」, 한국지역지리학회, ≪한국지역지리학회지≫, 16권 3호(2010), 209~210쪽.

29) 신포지역의 월별 기온을 보면 생육 기간 중 가장 낮은 기온은 4월(8.8℃)이며 가장 높은 기온은 8월(22.8℃)로 나타났다. 북청 지역에 인접한 측정 지역은 함흥과 신포가 있으며 본 연구는 신포의 측정값을 기준으로 했다. 기상청, 『북한기상 30년보』(서울: 2011), 232쪽.

〈표 12-13〉 사과 생산 국가의 순위와 생산량(2013년 기준)

(단위: 톤)

순위	국가명	사과 생산량
1	중국(본토)	39,682,618
2	이탈리아	2,216,963
3	인도	1,915,000
4	프랑스	1,737,482
5	칠레	1,709,589
⋮	⋮	⋮
9	독일	803,784
10	**북한**	**780,000**
11	일본	741,700
12	헝가리	552,400
13	이집트	546,164
14	**남한**	**493,701**
15	알제리	455,937
16	캐나다	382,001

자료: FAOSTAT, http://faostat3.fao.org/download/Q/QC/E를 참고해 재작성함(검색일: 2015.9.21).

은 북한 전체의 농업구조에서도 재확인할 수 있다. 북한의 과수 생산은 여타 농업 분야에 비해 매우 월등하다. 1960년대까지만 해도 북한 전체 과일 재배면적은 2만 헥타르에 불과했으나 1970년대에 들어서면서 재배면적이 크게 확대되었다. 2008년의 과수 재배면적은 16만 8000헥타르이며 생산량은 137만 톤이다. 그중 사과의 재배면적은 전체의 40%를 넘는 7만 헥타르이다.[30] 북한의 과수업에서 사과가 차지하는 비중은 매우 크며 러시아로 수출되는 북청사과는 북한에서 중요한 위치를 선점하고 있다. 김정일은 2011년 10월 북청군 소재 용전과수농장을 현지지도하면서 "북한 과수업 발전에 있어 북청군 용전과수농장의 위치가 중요하다"라고 강조했다.[31] 2014년 6월과 8월, 두 차례에 걸쳐 김정은 제1위원장은 대동강과수농장을 방문해 "과일대풍을 마련하는 것은 수령님들의 권위를 보위하기 위한 대단히 중요한 사업이며, 정보당 50톤의

30) 과수 중 가장 재배면적이 넓은 작물은 사과로 7만 헥타르이다. 복숭아는 1만 6000헥타르, 배는 1만 4000헥타르, 기타 신선과일은 6만 8000헥타르이다.

31) "북 어랑 · 북청 · 숙천 농업개발구엔 … 정부, 새마을운동 경험 전수 검토," ≪중앙일보≫, 2015년 5월 19일 자.

과일을 생산하기 위한 목표를 내걸고 정보당 수확고를 결정적으로 높이기 위한 투쟁을 힘 있게 벌려야 한다"라고 지시했다. 이듬해 북한에는 예년에 없던 사과 풍년이 들어 1000여 정보에 달하는 농장에 한 그루당 60~70알의 사과가 열렸고 정보당 60~70톤의 수확이 이뤄졌다고 북한 사이트 '내나라'가 밝혔다.[32] 북한 당국은 농업생산 증대를 2014년의 주요 경제정책 목표로 설정했다. 2013년 가을에 지정된 13개 지방급 경제개발구 중 농업개발구 두 곳 중에 함경남도 북청군이 포함된 것에 유의할 필요가 있다. 북청은 사과뿐만 아니라 임산자원이 풍부한 데다 해안을 따라 평야지대를 끼고 있으며 양돈 등 목축업도 발달한 것으로 알려져 있어 입지 선정을 적극적으로 검토해볼 만하다.[33]

2) 어랑농업개발구

어랑농업개발구는 고리형 순환생산 체계를 도입한 농축산기지와 채종, 육종을 포함한 농업과학연구 개발기지를 양대 기본으로 하는 현대적이고 집약화된 농업개발구를 목적으로 지정되었다. 예로부터 동해안 일대는 농사가 잘되고 생산되는 쌀과 과일의 맛이 독특한 것으로 알려져 있다. 어랑군의 지리적 특성과 축산전통을 잘 결합해 농축산업을 위주로 하면서 1차적인 농산물가공 공업도 배치할 것으로 예상된다. 시범단계에서의 농업개발구 건설이 잘되면 주변 지역으로 확대해 이름 있는 배, 추리 등 과수재배업을 추가적으로 발전시키며 가까이에 있는 장연호(면적 7.73제곱킬로미터, 깊이 39미터)와 바다를 이용한 수산업도 발전시킬 것을 목표로 하고 있다. 향후 어랑비행장이 현대화되어 칠보산지구 관광이 활성화되면 개발구에서 생산된 자연산 농축산물과 과일 및 수산제품의 판매로 수익성이 높아질 가능성이 크다.

어랑농업개발구는 국경지역인 무산까지 160킬로미터, 두만강역까지 약 198킬로미터이며, 함흥-청진 간 1급도로가 직접 연결되어 있어 교통이 편리하다. 동해안에 위치하고 있어 70킬로미터 거리에 청진서항이 있고 10킬로미터 거

---

32) "北 대동강과수종합농장, 예년 없던 사과풍년," ≪통일신문≫, 2015년 9월 14일 자.

33) 통일연구원, 『제1차 KINU 통일포럼: 드레스덴 구상과 행복한 통일』(서울: 2014), 20쪽.

〈표 12-14〉 어랑농업개발구현황

구분	내용
목적	고리형순환 생산 체계를 도입한 농축산기지와 채종, 육종을 포함한 농업과학연구개발기지를 기본으로 하는 현대적이고 집약화된 농업개발구를 건설
협력 방식	북한 측 해당 기업과 외국투자자 사이의 합영개발기업 또는 외국투자자의 단독개발기업을 설립하고 개발하는 방식
협력 기간	50년
총투자액	약 7000만 달러
북한 측 출자	토지이용권과 개발권
부지 위치	함경북도의 어랑비행장과 가깝고 함흥-청진도로에서 멀지 않은 어랑군 룡전리 일부 지역(북위 약 41° 25′-41° 26′, 동경 약 129° 37′-129° 38′)
면적	$4km^2$
북한 정부 우대 조치	적극적인 장려 대상, 특수경제지대에 준하는 특혜(기업소득세 14%, 특혜관세 등)

자료: 「북한 지방급 경제특구 투자제안서」(평양: 2013).

리에 어대진항이 있다. 향후 어랑비행장이 현대화되면 비행기를 통한 화물수송이 가능하다. 어랑천을 끼고 있어 관개용수가 보장되며 지형은 해발고도가 평균 7미터, 경사도 1° 미만인 평지여서 농작물 생육조건이 좋다.

어랑농업개발구는 함경북도 어랑군 룡전리 일대 약 4제곱킬로미터 면적에 자리 잡고 있다. 룡전리는 어랑군의 동쪽에 있으며 농경지가 발달해 '긴 밭'이라고 부르다가 한자로 길 영(永) 밭 전(田)을 써서 '영전'이 되었고 나중에 룡전리로 이름이 바뀌었다. 룡전리 서부는 해발 300미터 안팎의 산지이며 동부는 평야, 남부에는 주남천, 북서부에는 소나무숲이 발달해 있다. 이름에서 유추할 수 있듯 예로부터 농업이 발달했다. 농경지 가운데 논이 58.4%, 밭이 34.7%, 과수밭이 3.3%를 차지하며 벼, 옥수수, 콩, 감자, 잎담배가 주로 생산된다. 북한은 어랑농업개발구를 농축산기지, 농업과학연구단지로 개발할 계획이며 7000만 달러 유치를 목표로 하고 있다. 어랑군에는 농업성 산하 농업과학원 어랑분원이 있어 이를 활용할 수 있으며 교통편도 전반적으로 편리한 편이다. 철도 교통으로 평라선(평양-라선)이 지나며 어랑역, 어대진역, 봉강역이 있고 도로 교통으로 원산-우암 간 1급도로가 있으며 어대진항을 통한 수상 교통도 있다. 또 인근에 어랑비행장이 있는데 순안공항과 함께 대형기의 이착륙이 가능한 주요 공항이다. 어랑 지역은 농업이 발달하고 교통이 편리하다는

〈표 12-15〉 어랑농업개발구 하부구조 조건

하부구조 조건	특징
어랑천발전소	신설된 발전소(2만 4000킬로와트)
도농업과학분원	청진시에 위치
농기계전문학교	8km 떨어진 어랑군에 위치
청진서항	청진서항까지 70km
어대진항	어대진항까지 10km
어랑역	평양-무산선, 평양-두만강선, 평양-온성섬과 연결된 어랑역까지 8km

자료: 「북한 지방급 경제특구 투자제안서」(평양: 2013).

것이 장점이다. 또한 북서부 산지의 소나무 숲에는 송이버섯이 많이 분포해 있어 특산물로 내세울 수 있다. 송이버섯은 북한의 주요 수출품 가운데 하나로 특히 함경북도 칠보산 송이버섯이 특유의 향과 맛 및 독특한 식감으로 유명하다. 칠보산은 룡전리에서 남쪽으로 약 50킬로미터 떨어진 곳에 있다.[34]

어랑군은 함경북도 내 주요 농업지역으로 꼽히며 쌀 생산량이 함경북도 내 다른 군들에 비해 많은 편이다. 특히 북한은 주력사업으로 농축산기지 및 농업과학연구단지 건설을 강조하며 7000만 달러의 투자 유치 계획을 제시했다.[35] 2012년 ≪로동신문≫은 기존의 정주시(평안북도), 동림군(평안북도), 평원군(평안남도), 덕천시(평안남도), 신양군(평안남도) 등에 추가해 어랑군을 비롯한 남포시(평안남도), 정평군(함경남도), 회령시(함경북도), 연사군(함경북도) 등 지역에 200여 동의 나무모온실이 건설되었다고 보도했다. 또한 북한은 나무모온실에서는 나무모 생산을 과학화·집약화해 짧은 기간에 많은 나무모를 생산할 수 있게 되었으며 나무모온실에서는 적은 종자와 토지, 노동력으로 생산원가를 낮추면서도 나무모 생산 기일을 앞당길 수 있다고 밝혔다.[36]

한편 농업 부문에서는 새해 농사를 성공시키기 위해 지난해 농사 경험을 분석하고 대안을 도출하는 작업을 실시하고 있다고 언급했다. 특히 어랑군 이향

34) ≪NK투데이≫, 2015년 7월 31일 자.

35) 이유진, 「북한의 농업개발구 선정원인과 성공요인 분석」, 북한연구학회, ≪북한연구학회보≫, 제19권 제1호(2015), 204쪽.

36) 한국농촌경제연구원, ≪북한농업동향≫, 제14권 제2호(2012), 93쪽.

협동농장의 근로자들은 토심이 얕은 농장의 조건에 따라 튼튼한 볏모의 중요성을 인식하고 모판 자재를 사전에 준비함으로써 농업생산량을 높이려 했다.[37] 2014년 2월 6일 '전국농업부문 분조장대회'에서 김정은은 농업과학 연구부문에서 종자문제, 영농기술문제, 새로운 농기계 개발문제를 비롯해 당의 농업정책 관철을 위해 과학기술적 문제를 성과적으로 푸는 데 연구 사업을 집중할 것을 제기했다.[38] 이처럼 북한은 평지가 적은 북한 지형의 특성에 따라 농업 부문의 과학화에 박차를 가하고 있으며 농업과학연구에 많은 투자를 할 것으로 보인다. 어랑농업개발구는 함경북도의 주요 농업지대로 화대군과 더불어 북한 내에서 쌀 생산량이 가장 많은 곳이다. 벼, 옥수수, 콩, 감자, 잎담배를 주로 재배한다. 북한은 어랑 농업개발구를 고급농법 연구와 현대식 농업에 목축과 양어를 결합한 농·축산 복합기지로 개발할 계획이라고 밝힌 바 있다.

13개 지방급 경제개발구 중 농업개발구 두 곳에 함경북도 어랑군이 포함된 것은 이 지역이 농축수산 복합기지라는 의미가 있다. 현재 양어장이 있는 어랑군 장연호 일대는 양어·수산물 가공기지로 발전시키는 것을 기본 방향으로 한다.[39] 또한 해당 개발구가 입지해 있는 룡전리의 산림자원을 이용해 산림 특산물을 상품화하도록 한다. 특히 송이버섯은 룡전리 북서부의 소나무 숲에서 다량 생산되었다. 북한산 송이버섯의 경우 2007년 서울 가락시장에서 상장 경매되는 등 남한에서도 인지도가 높다.[40] 당시 '칠보산 송이버섯'은 청진항을 떠나 속초항을 거쳐 반입된 것으로 총반입량은 3.3톤, 경매물량이 50킬로그램이었는데 등급에 따라 킬로그램당 최저 2만 1000원에서 최고 9만 6000원의 시세를 형성했다. 국내산 1등품이 20여 만 원을 호가하고 있는 것을 감안했을 때 칠보산 송이가 가격경쟁력을 갖추었다고 평가할 수 있다.

북한은 어랑 지역을 '고리형 순환생산 체계'를 도입한 현대식 농업과학연구개발기지로 성장시키려 한다. 고리형 순환생산 체계란 내부 부문 상호 간에

---

37) 한국농촌경제연구원, ≪북한농업동향≫, 제15권 제1호(2013), 59쪽.

38) ≪NK투데이≫, 2015년 7월 31일 자.

39) "北 신문, 中-러 접경 함경북도 개발 '청사진' 공개," ≪연합뉴스≫, 2014년 7월 13일 자.

40) "확 내린 전어 …… 껑충 뛴 대하," ≪한국경제≫, 2007년 10월 3일 자.

생산소비적 측면에서 밀접한 연관을 지닌 농업의 특성을 이용해 농업생산활동이 담긴 고리를 형성하도록 하는 생산 체계를 뜻한다. 즉 생산 및 생활에서 발생되는 모든 폐설물을 자원화해 생산에 재이용함으로써 생산활동이 자연환경에 미치는 부정적인 영향을 극소화하고 농업 생태계의 잠재력을 극대화하는 농업생산 체계인 것이다.[41] 어랑농업개발구는 쌀과 과일 등의 농산물과 축산물, 인근 동해와 장연호를 이용한 수산물, 산지에서 나온 송이버섯 등이 대표적인 생산물이다. 축산 배설물과 농업생산의 부산물을 유기질 비료로 활용해 토양의 지력을 높이고 생산량을 늘리는 데 기여할 수 있다는 점에서 고리형 순환 생산 체계에 적합하다. 이처럼 고리형 순환생산 체계는 다양한 농업생산물을 비롯해 축산물, 버섯, 물고기 등 부업생산물 생산에도 도움이 되며 토양 오염을 방지해 생산물의 질 또한 높일 수 있다.[42]

3) 숙천농업개발구

숙천군은 평양에서 북쪽으로 불과 50킬로미터 정도에 위치해 있으며 높은 품질의 쌀로 유명하다. 북한의 대표 농업지대인 평안남도의 중심이다. 숙천농업개발구에 속하는 운정리는 군의 남쪽에 위치해 있는데 동쪽은 홍오리, 북쪽은 검산리와 숙천읍, 서쪽은 평산리와 송덕리, 남쪽은 평원군 삼봉리와 어파로동자구와 접해 있다. 1952년 행정구역 개편에 따라 군 · 면 · 리를 통폐합해 평원군 조운면의 조운리, 재정리, 응암리를 병합해 숙천군을 신설했는데 조운리의 '운'과 재정리의 '정'을 따서 '운정(雲井)리'라고 했다. 이 지역은 열두삼천리벌에 위치해 있어 대부분이 벌로 되어 있다. 하천은 북쪽 경계로 해창강이

---

41) 한국농촌경제연구원, ≪북한농업동향≫, 제14권 제1호(2012), 116~117쪽.

42) 김정은은 2014년 6월 평양의 대동강과수종합농장과 대동강과일종합가공공장을 방문해 "과수와 축산, 축산과 과수의 고리형 순환생산 체계를 효과적으로 이용해 과수원의 지력을 끊임없이 높여야 하며 농장과 과수 연구 부문의 역할을 더욱 높여 과일 생산의 과학화 · 현대화 · 집약화를 높은 수준에서 실현해야 한다"라고 강조했다. "김정은, 부인 리설주와 과일농장 · 공장 시찰 '생산 늘려 김정일 업적 빛내길'," ≪노동신문≫, 2014년 6월 5일 자.

유입되어 있으며 평남관개수로가 통과한다. 리 전체 면적의 4%가 산림, 94%가 농경지이며 그중 논이 61%를 차지한다. 농산물은 벼, 옥수수, 수수, 콩, 감자, 무, 배추, 시금치 등이 있다. 과수업에서는 사과, 배, 복숭아 등이 주종을 이룬다. 공예작물로는 담배를 재배하고 있으며 양잠업도 행해진다. 축산업도 발달되어 있으며 주로 운정협동농장에서 생산한다. 교통은 동쪽으로 평의선이 있고 이와 병행해 평양과 신의주 간 1급도로가 통과하며 군 소재지인 순천읍까지 5킬로미터이다.[43]

숙천군은 평안남도를 비롯해 북한 전역을 통틀어 주요 농업지대로 손꼽힌다. 숙천군의 쌀 생산량은 북한 전체의 20%를 차지하며 단위당 수확고가 높고 강냉이 수확고도 높다. 개발구 인근의 약전리 협동농장은 북한 전체 협동농장 중 생산성 1위를 기록하기도 했다. 숙천은 남한 및 해외단체, 유엔개발계획(UNDP) 등의 농업교류협력을 수차례 진행해본 경험이 있어 북한 당국이 계획적으로 농업개발구로 선정한 것으로 분석된다. 특히 농업개발구가 들어선 평안남도 숙천군 운정리 지역은 염소, 돼지 등 축산업이 발달되어 있고 인근에 스위스, 프랑스의 지원으로 유제품 생산기지가 설립되어 치즈 등을 생산하고 있다. 또한 일부 지역에 양묘장도 크게 형성되어 있어 농업생산력을 향상시킬 수 있는 기반이 형성되어 있다. 북한은 최근 유제품 생산과 관련해 유기농법을 활용하고 있다. 2014년 5월에는 '평양 국제 새기술 경제정보 교류사'와 세계유기농업운동연맹(IFOAM)[44]의 공동주최로 국제유기농업강습회가 평양대외문화교류소에서 진행되었는데 국내외의 유기농업 전문가들이 참석했다. 해당 강습회에서는 유기농업의 세계적 추세와 원칙, 북한의 유기농업 발전을 위한 과학기술적 문제들이 논의되었으며 평안남도 숙천군 쌍운유기농업시험장에서 야외실습도 진행되었다.[45] 북한이 유기농 재배를 장려하는 것은 화학비

---

43) 평화문제연구소, 『조선향토대백과』(조선과학백과사전출판사, 2005), 212~215쪽.

44) 세계유기농업운동연맹(IFOAM)은 세계 116개국의 750여 개 가입단체로 구성된 세계 최대 규모의 유기농업운동단체로 1972년 프랑스에서 설립되어 현재 독일 본에 본부를 두고 있다.

45) 한국농촌경제연구원, ≪북한농업동향≫, 제16권 제3호(2014), 77쪽; 안윤석, "北, 국제

료와 농약, 원유 등의 구입비용을 절감하면서 농업생산성을 높이려는 것으로 분석된다.[46] 이처럼 북한이 세계유기농업운동연맹 대표단을 초청해 국제유기농업강습을 개최한 것은 2013년 5월에 이어 세 번째다. ≪로동신문≫ 2014년 3월 16일자 사설은 유기농법을 "화학비료와 화학농약을 쓰지 않고 농사를 지어 농산물의 질을 높이고 양을 늘리며 생태 환경을 보호하는 농법"이라며 적극 장려해야 한다고 강조한 바 있다.

김정일은 2011년 2월 "우리는 어떻게 해서든지 당의 두벌농사방침을 철저히 관철하여 농업생산을 획기적으로 늘여나가야 합니다"라고 언급한 바 있는데, 북한은 이에 따라 숙천군 약전농장에서 토지 특성에 맞는 우량품종의 종자를 확보하고 유기질비료 생산과 흙갈이 실적을 높이는 등 감자농사 준비에 힘쓰고 있다. 또한 품종배치와 재배방법의 문제를 중시해 두줄모아심기, 사이그루 등 새로운 재배방법의 기술을 연구하고 있다. 이처럼 숙천 지역 내 협동농장에서 생산을 비롯해 재배기술을 연구하고 인근에 관개체계를 정비하는 등 농업개발구로의 성장을 위해 박차를 가하고 있다. 숙천은 평양(320만 명)과 순천(29만 명), 평성(28만 명, 평안남도 도청 소재지) 등 대도시와 인접하다.[47] 인구 집중도가 높은 수도가 인근에 위치해 있기 때문에 생산한 농산물의 판로 확보에 유리하다는 장점을 지니고 있다. 지역 농산물의 대도시 판로 확보는 농산물 및 가공제품이 좋은 가격에 판매될 수 있는 기회를 선점할 수 있다는 점에서 매우 유리하다. 숙천에서 생산된 농산물, 특히 쌀은 평성 및 평양 등 인구가 많은 대도시로 공급될 가능성이 매우 높다. 또한 수도 평양에 거주하는 특권층의 유기농산물 수요에 대한 효율적인 공급 방안이 될 것으로 전망할 수 있다.

한편 한국 정부는 2015년 5월, 1970년대 범국민적 지역사회 개발운동인 새마을운동을 북한에 접목하는 방안을 제시한 바 있다. 새마을운동의 경험을 전

유기농업강습 개최… 농업생산성 향상 의도," ≪노컷뉴스≫, 2014년 7월 23일 자.

46) 한국농촌경제연구원, ≪북한농업동향≫, 제14권 제1호(2012), 115~116쪽.

47) 2008년 인구센서스 기준. 특히 순천시와 평성시는 각 인구 기준 북한 11, 12대 도시에 해당한다.

수해 북한을 개혁 · 개방으로 이끌어내려는 것이다. 특히 정부 관계자의 언급에 의하면 북측이 200가구 다섯 곳을 복합영농단지로 만들고 싶다는 뜻을 전해왔는데 북한 역시 새마을운동의 접목을 통한 농촌 개발을 원하는 것으로 분석할 수 있다.[48] 새마을운동 접목 후보지 중 하나가 숙천농업개발구이다. 숙천은 한국의 농촌개혁 모델인 새마을운동 후보지로 적합하다. 도시와 인접해 농산물 판로 확보가 가능하고 교통이 편리해 주민들의 의식개혁 변화를 추진하기 용이하다. 특히 도시의 유기농산물 수요 증대에 부응할 여건이 구비되어 있다. 이와 관련해 2014년 6월, 북한 농업전문가 여섯 명이 독일에서 유기농업 등 농업생산성 증대 관련 기술을 교육받았다고 미국의 소리(VOA) 방송이 보도한 바 있다. 이들 농업전문가는 유기농 연구로 유명한 카셀(Kassel) 대학과 유기농 농장, 기업 등을 방문해 독일 농업현황을 살펴보았다고 한다.[49] 독일 비정부기구인 '지속가능한 발전을 위한 사회(GNE)'는 유럽연합의 지원을 받아 2018년까지 북한 농업과학원과 함께 북한의 영농기술 개선사업을 전개할 계획이다. 앞서 유기농 전문가 초청은 해당 사업의 첫 단계로 이뤄진 것으로 향후 북한 유기농법 및 농업 기술 전반에 대한 발전 가능성이 엿보인다. 숙천농업개발구는 양묘장 구축 등 체계적인 국가지원과 국내외 단체들과의 농업교류협력 경험이 있다. 과거 국제협력 사업 추진의 경험이 있는 숙천은 농업개발구로서의 성공 가능성이 높다. 여타 지역에 비해 인프라 개발이 비교적 잘되어 있고 농번기 때 평양에서 대학생 등 인력이 숙천군으로 동원된다는 점에서 농업개발구로 발전하기에 유리하다. 그뿐만 아니라 농장책임자가 최고인민회의 대의원을 겸하는 등 국가적인 지원이 체계화되어 있다. 또한 대형 양묘장이 여러 곳에 구축되어 있으며 향후 복합농촌단지를 형성하면 조림사업 등 산림분야 협력을 진행할 수 있는 잠재력도 지니고 있다.

---

48) ≪중앙일보≫, 2015년 5월 19일 자.

49) "서울 & 평양 경제 리포트: 북한에 부는 농업개혁 바람," ≪서울신문≫, 2015년 5월 9일 자.

4) 농업개발구 파급효과와 남북농업협력

(1) 정치적 파급효과

북한 농업경제개발구에 대한 투자는 경제적 파급효과 외에도 남한은 물론 북한 사회에 문화적으로나 사회적으로 긍정적인 영향을 미칠 것이다. 농업은 인간의 기본적인 수요인 먹거리를 생산하는 생명 및 환경, 평화산업으로 인식되고 있다. 특히 식량 생산은 실제로 인간의 욕구를 충족시킴으로써 안전과 평화에 이바지한다고 볼 수 있다. 무엇보다 이해집단 간의 분쟁이 서로에 대한 오해와 불신에서 비롯된다는 점을 고려할 때 농업교류는 남북을 하나의 우호적인 공동체로 만드는 데 기여할 것이다. 궁극적으로 생명의 힘인 식량을 확보하는 것은 인간의 갈등을 줄이는 가장 기본적인 협력사업이다. 남북한 상호 간 인적·물적 교류를 통해 복합농촌단지를 조성하는 것은 남북한 주민 상호 간 이해를 증진시킬 수 있다. 또한 북한에 대해 가지고 있던 부정적 편견을 불식시키는 데 중요한 역할을 담당하게 된다.

농업은 기본적으로 농자재 투입과 인력으로 수행되는 만큼 인적교류에 바탕을 두며 이를 통해 서로 다른 지역 사람들에 대한 이해를 증진시킬 수 있다. 백문불여일견(百聞不如一見)이 뜻하는 바와 같이 삶의 현장에서 남북한이 식량 생산에 함께 손을 잡고 협력한다면 장기간의 분단에서 비롯된 오해가 해소될 수 있다. 따라서 남북한 협력 복합농촌단지 조성을 통해 남북한 농업주체들이 협력한다면 남북한 주민 간의 문화적 통합과 화합분위기 정착에 크게 기여할 것이다. 이처럼 농업은 서로를 이해하는 데 크게 기여한다. 과거 각종 NGO 단체에서 추진한 대북농업 지원에 국민들의 후원이 여타 분야보다 매우 높았던 사실에서 보듯이 농업협력이 남북한 화해협력에 긍정적으로 작용할 것이다. 특히 복합농촌단지 조성을 통해 남북한의 문화적 단절을 어느 정도 극복할 수 있다.

북한은 1946년 토지개혁과 1954~1958년간 진행된 협동화 체제로 인해 영농시스템의 남북한 이질화가 매우 심해졌다. 남북한 농업교류에 의해 북한농업에 대한 이해를 제고하고 통일 이후 구조조정과 재건을 시도해야 할 과제를 사전에 검토할 기회를 가져야 한다. 단기적으로 복합농촌단지 건설은 북한농업 개혁에 결정적인 영향을 미치는 데 한계가 있겠지만 장기적으로 북한의 농촌사회구조를 변화시키고 북한 농민의 생활태도를 변화시키는 데 파급효과가 클 것이다. 복합농촌단지의 건설은 과거 1970년대 한국농촌이 새마을운동을 통해 농민들의 의식을 개혁하고 농촌 생산구조의 조정을 통해 식량증산을 이루어내었던 남한의 성공 사례를 북한에 전수하는 통로가 될 것이다. 한편 복합농촌단지의 건설은 한반도에 긴장완화를 가져오고 화해협력의 분위기를 조성하여 군사적 충돌의 가능성을 낮출 것이다.

향후 남북 당국 간 회담에서 복합농촌단지사업이 논의되는 것이 추진 일정의 첫걸음이다. 북한은 박근혜 대통령의 드레스덴 선언을 매우 경계했다. 북한을 흡수통일하려는 불순한 의도라며 비난했다.[50] 따라서 복합농촌단지 협력사업을 시행하기 위해서는 북측에 관련 사업내용을 충분히 설명하고 관심을 이끌어내는 것이 중요하다. 또 남한에서 다른 사업과 달리 농업교류 협력의 특수성과 인도적 성격을 북한에게 진정성 있게 설명하는 것이 불가피하다.

복합농촌단지 사업의 중요성에도 불구하고 북한은 드레스덴 선언 자체를 비난하고 있어 여건이 마련되면 사업의 독립적 추진도 검토해야 한다. 남측에서는 북한 지역에 우선적으로 소수의 거점지역을 선정해 자원을 집중적으로 투입하는 형태로 진행하는 것이 검토되어야 한다. 동시에 농업, 축산, 산림을 단계적으로 함께 개발하는 '복합농촌단지' 조성이 필요하다는 점을 북측에 정확하게 이해시키는 것이 필요하다. 다음으로 남북이 상생하는 상호 보완적인 농업협력사업의 발굴이 필요하다. 한반도 지구온난화에 따른 기후변화로 온도에 민감한 작물의 생산기지를 북한 지역으로 넓혀가야 할 필요성도 있으며, 축분 자원화, 종자산업, 농기계 산업, 인삼 분야 등 남한 농업의 취약점이 북

---

50) 북한의 최고권력기구인 국방위원회는 2014년 4월 14일 담화를 통해 드레스덴 선언을 흡수통일 의도라며 세 가지 측면에서 비난했다. 첫째, 민족 내부 문제를 남의 나라 땅에까지 들고 다니며 비굴하게 놀아댄 민족반역자의 넋두리이다. 둘째, 북남관계의 현 상황에 대한 무지로부터 아무런 해결 방도 없이 위선과 기만으로 여론만 흐리게 한 반통일분자의 넋두리이다. 셋째, 나라와 민족의 이익은 덮어두고 몇 푼 값도 안 되는 자기의 몸값을 올려보려고 외친 반통일 넋두리이다. ≪노동신문≫, 2014년 4월 14일 자.

한과 협력함으로써 상호 보완적인 결과를 도출할 수 있다. 또한 남북 농업협력사업의 지속성과 안정성을 확보하기 위해 정치적·군사적 사안과 농업협력을 분리해 지속적으로 추진할 수 있도록 여건도 마련해야 한다. 한편 복합농촌단지 사업은 3억 달러에 달하는 예산이 투입되는 만큼 협력사업에 대한 남측의 일부 보수층의 부정적인 시각과 갈등도 불거지지 않도록 대국민 홍보와 설득이 필요하다. 사업이 단계적으로 진행되고 부분적 교역형으로 진행되어 단지에서 생산되는 농수축산물이 남측에 반입되는 측면도 강조해야 한다.

결론적으로 복합농촌단지 개발은 농업교류 협력으로 수익창출이라는 의미를 넘어 남북한의 신뢰와 상호협력을 증진케 함으로써 통일한국으로 한걸음 더 나아갈 수 있게 하는 민족적 사업이다. 따라서 복합농촌단지 개발사업의 성공적 수행을 통해 남북한은 상호 농업이익의 획득이라는 경제적 성과를 얻을 수 있으며 거시적으로는 한민족의 문화적인 통합과 상호신뢰를 통한 동북아정세의 안정과 인류의 평화공존이라는 파급효과를 가져다줄 것이다. 복합농촌단지는 식량 생산 구조를 개선하고 북한 주민의 삶의 질 향상을 위한 개발지원 등을 모두 포괄한다. 농업 교류협력과 지원은 분단된 한반도 현실에서 남북한의 주민 사이에 상호 이해와 신뢰를 형성하고 남북화해와 협력의 토대를 구축하며 한반도의 평화 형성에 기여하는 역할을 담당할 것이다. 복합농촌단지 건설은 인도주의 정신에 기초해 공정성·중립성·독립성·투명성을 핵심적 가치로 하여 진행한다. 또한 복합농촌단지 건설은 남북관계 관리 차원의 지원이다. 남한이 북한을 관리하고 남북관계를 증진시킨다는 특별한 목적을 위해 추진하는 것이다. 복합농촌단지 건설을 통한 남북농업교류협력은 중장기적으로 북한의 대외개방을 이끌어내고 남북의 인적·경제적·사회문화적 교류협력을 도모한다. 농업협력은 남북교류협력이라는 좀 더 광의적인 차원에서 통일정책의 일환으로서 기능주의 이론에 입각해 가장 단기간에 가시적인 효과를 드러낼 것이다.

농촌개발 협력은 해당 농업개발구 세 곳을 비롯해 중장기적으로 북한농업 전체의 대남의존도를 높여 북한 농촌의 변화를 촉진시킬 것이다. 복합농촌단지를 통해 남한 농민과 접촉하는 북한 농업인의 수가 급증하고 북한 농민 대상의 기술교육을 위해 북한 주민의 남한 파견 교육도 가능할 것이다. 상호 간의 인력 교환이 활발해지면 남북한 간의 긴장과 위기감이 해소되고 각각의 국민들의 안전을 위해서도 화해 분위기가 조성된다. 이러한 상호 인적·물적 교류의 증가와 농촌단지의 완성된 모습은 통일 한국의 모습을 보여주며 한반도 한민족이라는 이미지를 강하게 심어주어 통일에 대한 유리한 국제적 환경을 조성해줄 것이다. 이는 북한산 농산물과 남한 농자재의 남북한 간 무관세 반입·반출 등에서 유리한 정책을 펼칠 수 있도록 뒷받침할 것이다. 복합농촌단지의 추진으로 인한 파급효과는 정부 통일정책의 실천 방안을 수립하는 데에도 주요한 기준이 될 것이다. 남북한 협력사업에 대해 부정적인 입장을 견지한 국민의 공감대도 얻을 수 있을 것이다. 농업협력사업은 남북한 협력사업이 단순한 지원의 차원이 아니라 투자의 차원으로 넘어서고 있으며 그만큼 가치를 지닌다는 것을 보여줄 것이다. 따라서 향후 더욱 과감하고 적극적인 통일정책으로서 농업교류협력사업을 추진해야 한다.

(2) 경제적 파급효과

북한이 제시한 경제개발구 세 곳에 복합농업단지를 건설하는 것은 일차적으로 해당지역 인근 농촌에 긍정적인 영향을 줄 것이다. 해당 세 곳은 농촌지역에 위치하기 때문에 주변 농민들도 영향을 받을 수밖에 없다. 특히 선진농업기술을 전수받을 수 있는 직간접 기회를 가지게 될 것이다. 1차 연도 작물의 생산성이 20% 이상 증가한다면 해당 농업개발구는 주변 농민들의 선진농업 견학장소로도 활용될 수 있을 것이다. 복합농촌단지에 각종 현대화된 농업시설과 각종 농업기술들이 도입되고 과거 1970년대 새마을운동에 의한 생활환경 개선이 이루어지면, 중국농업개혁 당시에 전초기지와 같은 역할을 할 수 있을 것이다. 복합농촌단지는 북한 농촌지역에 자본주의 시범영농단지를 조성하는 것으로, 이를 기반으로 농자재 지원, 기술교류, 계약재배, 농산물 교역 등을 추진하는 종합적인 남북농업협력 프로그램이다. 이와 동시에 복합농촌단지는 △농축산 생산 증대, △산림녹화, △생활환경 개선, △보건의료 확충 등 네 분야가 서로 연계되어 식량 문제를 근본적으로 해결하는 '패키지형 개발협력 모델'인 만큼 주변 인근지역에 대한 파급효과는 상당할 것이다. 분야별 유기적 결합으로 의식주 생활 전반의 자생력을 회복해 북한 주민의 삶의 질을 높이는 마을공동체를 조성하는 만큼 해당지역이 개방과 개혁의 시범지역으로 부각될 수 있다.

이와 동시에 농업개발구 세 곳에서 생산되는 농산물이 인근 도시지역에 직접 공급됨으로써 농업소득 증가는 물론 농업개발구와 경제개발구가 상생하는 구조를 형성할 수 있을 것이다. 숙천농업개발구의 경우 평의선 등 철도와 신안주-남포, 평양-향산 고속도로 등 편리한 교통을 활용해 신선한 과일과 유기농 유제품을 인근 안주, 평성 시는 물론 평양시에도 공급함으로써 도시와 농촌을 직접 연계시키는 도농복합농촌단지으로 발전시킬 수 있다. 북청농업개발구의 경우 사과 등 과수, 북청평야에서 생산되는 경종농업생산물과 북청군 전체 면적 중 산림지역이 60%를 차지하는 지역적 특성을 고려해 소, 양 등 축산업에 의한 축산물을 주변지역인 홍남(112킬로미터), 함흥(134킬로미터) 등지로 배송해 판매처를 확보할 수 있다. 어랑지역은 적절한 기후와 온도로 농작물 생육조건이 양호하다. 지역에서 생산된 품질이 좋은 농축산물과 과일 및 수산물을 가공해 소득을 배가시킬 수 있다. 특히 낙지어장으로 유명한 어랑군에는 수산사업소 한 곳과 수산협동조합 다섯 곳이 수산물을 생산하는 만큼 복합농수축산단지를 건설할 경우 성과를 거둘 수 있다. 청진시까지 거리가 10킬로미터에 불과한 만큼 생산된 농축산물과 과일, 수산물 등이 청진시민들에게 판매될 수 있을 것이다.

북한 내부에도 농업개발을 위한 특별재원이 없는 상태에서 복합농촌단지 건설을 통해 효율적인 농업생산의 여건 조성이 가능해지고 남한으로부터 농업 투자를 연달아 받음으로써 실질적인 대남 우호 분위기가 주민들을 비롯해 전국적으로 확산될 것이다. 복합농촌단지 조성 3년간 세 단계 사업 중 후반부로 갈수록 농업 분야의 민간 및 외국자본의 유입이 활발해져 북한 농업은 더 이상 '자력갱생'이 아닌 세계 속에서 상생하는 복합농촌단지가 될 것이다. 남한에서도 북한과의 연대 강화와 교류 증대로 대북 농업투자가 증가하고 국민소득 3만 달러 시대를 열어나갈 것이다. 국내의 사양사업인 제조업과 인력난으로 어려워하던 중소농업 관련 기업들이 복합농촌단지에 투자하고 그 기업들이 뛰어난 매출실적을 거둘 경우 경제개발구 세 곳은 농업적으로 주요한 전초기지가 될 뿐만 아니라 인근 지역의 배후지에까지 영향을 미치는 도시가 된다. 또한 국제 농업비즈니스 시장에서도 주목받아 농업투자에 대한 관심을 불러일으키며 일반 경제개발구에 대한 투자러시가 발생할 수 있다.

북한이 남한의 투자로 복합농촌단지를 조성해 얻을 수 있는 수입금은 농업생산 증가와 이에 따른 소득증가다. 이러한 수입금은 북한 경제의 전체 산업영역에 파급되어 나타날 것이며 생산, 소득, 부가가치 등의 부문에도 연쇄적으로 긍정적인 영향을 미칠 것이다.[51] 복합농촌단지 건설이 북한 경제에 미치는 경제적 파급효과를 분석하기 위해 북한이 2013년 5월 발표한 13개 지방급 경제특구 투자제안서와 2014년 7월 지정한 여섯 개 경제개발구의 계획안을 검토했다. 본 연구의 분석 대상인 함경남도 북청군 북청농업개발구는 협력기간이 50년이며 북한이 요청한 총투자액은 1억 달러이다. 함경남도 어랑군 어랑농업개발구는 협력기간이 50년이며 총투자액은 7000만 달러이다. 어랑개발구는 북청개발구보다 투자액이 3000만 달러 적다. 어랑개발구는 고리형 순환생산 체계를 도입한 농축산기지와 채종, 육종을 포함한 농업과학연구개발기지를 건설하는 것을 주목적으로 한다. 반면 북청개발구는 과수업, 과일종합가공업, 축산업을 기본으로 하는 고리형 순환생산 체계를 구축하려는 목적을 갖고 있다. 북청개발구는 축산 과수 및 과일종합가공업 등으로 어랑개발구의 채종, 육종보다 투자 범위가 포괄적이다. 따라서 투자액이 증가된 것으로 추정된다. 평안남도 숙천농업개발구는 북한의 투자금액이 명시되어 있지 않다. 이에 따라 기존 농업개발구 두 곳과 비교해 투자금액을 확정하도록 한다.

숙천농업개발구는 평야지대로서 축산 및 유제품과 과일생산에 적지다. 특히 숙천의 약전리 협동농장은 북한의 전체 협동농장 가운데 생산성 1위를 차지할 정도로 농업생산 관련 하드웨어와 소프트웨어가 잘 구비되어 있다. 또한 스위스와 프랑스의 지원으로 유제품 생산기지가 설립되어 유제품 생산이 특화된 점을 고려해 유제품 분야의 개발협력사업이 추진될 수 있다. 특화된 유제품 생산에 유기농법을 결합해 국제적 유기농 유제품 생산기지로 거듭날 수 있다. 투자 여건이 기존 농업개발구 두 곳보다 양호하다는 판단이 가능하다.

---

51) 윤재창, 『인민경제계획 작성에서 부문사이 련계모형의 이용』(평양: 과학백과사전출판사, 1987).

따라서 북청농업개발구보다 20% 증가된 금액인 1억 2000만 달러를 투자금액으로 제안했다. 협력방식은 북한의 해당기업과 외국투자기업 사이의 합자개발기업 또는 외국투자가의 단독개발기업을 설립하는 방식을 제안했다. 북한은 토지의 이용권과 개발권을 출자한다. 각 투자기간은 3개년으로 구상했다. 1년 계약은 단기로서 7000만~1억 달러는 국내농업투자와 비교해 적지 않은 금액으로 사업여건이 불투명한 북한 지역에 대한 시행착오의 우려가 있다. 반면 3년 이상의 중기 계약은 연간 투자금액이 너무 적어 북한의 반발을 야기할 가능성이 크고 투자대비 효과를 산정하는 데도 한계가 있다.

따라서 북청은 1차 연도 3000만 달러, 2차 연도 3000만 달러, 3차 연도 4000만 달러로 각각 분산투자할 계획이다. 어랑의 경우 1차 연도 2000만 달러, 2차 연도 2000만 달러, 3차 연도 3000만 달러로 분산 투자할 계획이다. 숙천의 경우 1차 연도 4000만 달러, 2차 연도 4000만 달러, 3차 연도 4000만 달러로 분산 투자할 계획이다. 따라서 1차 연도에는 농업개발구 세 곳에 총 9000만 달러, 2차 연도에 9000만 달러, 3차 연도에 1억 1000만 달러가 각각 투자된다. 3년간 총 2억 9000만 달러가 투자된다. 이러한 가정하에서 북한이 획득할 것으로 예상되는 농업투자에 의한 연도별 파급효과 및 단계별 파급효과는 다음과 같이 추정된다.

2000년 산업연관표[52]를 기준으로 할 때 농업개발구 투자에 의한 북한의 경제적 파급효과의 세부 내용을 살펴보면 다음과 같다. Y1년부터 Y3년까지 3년간 3년간 생산유발효과는 39억 4893만 달러로 나타났고 소득유발효과는 7억 597만 6000달러, 부가가치유발효과는 29억 5994만 3000달러, 간접세유발효과는 13억 1737만 5000달러로 나타났다. 3년 동안 전체 투자효과는 89억 3222만 4000달러로 추정된다. 반면 2010년 산업연관표를 [53] 기준할 때 농업

52) 정봉렬, 「북한의 산업개발전략에 관한 연구」, 숭실대학교 대학원 박사 학위 청구논문 (2003).

53) 신동천 · 이석기, 『북한 산업구조와 대북 투자의 효과분석: 산업연관분석을 중심으로』 (산업연구원, 2014).
한국은행은 한국의 상품생산 체계 방식을 사용해 2010년도 북한의 국내총생산(GDP)

〈표 12-16〉 2000년과 2010년 산업연관분석 활용 농업투자 파급효과 비교

(단위: 만 달러)

구분	생산유발효과	소득유발효과	부가가치유발효과	간접세유발효과	계
2000년	39,489.3	7,059.76	29,599.43	13,173.75	89,322.2
2010년	37,766.7	6,730.9	29,313.2	11,445.3	80,173.7
감소액	1,722.6	328.86	286.23	1,728.45	9,148.5

〈그림 12-6〉 2000년, 2010년 산업연관분석 활용 농업투자 파급효과 비교

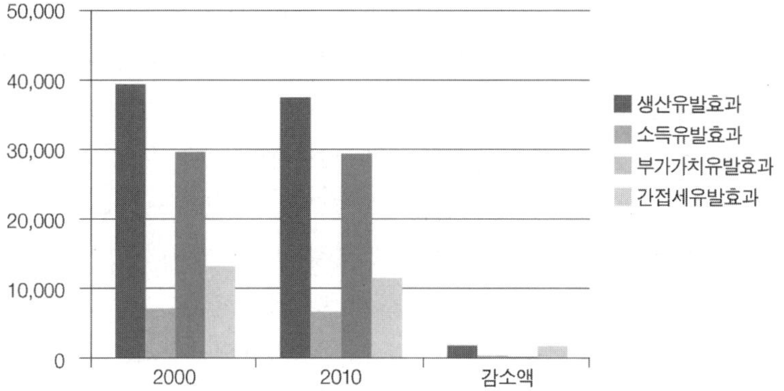

개발구 투자에 의한 북한의 경제적 파급효과의 세부 내용을 살펴보면 Y1년부터 Y3년까지 3년간 생산유발효과는 37억 7667만 달러로 나타났고 소득유발효과는 67억 309만 달러, 부가가치유발효과는 29억 3132만 달러, 간접세유발효과는 11억 4453만 달러로 나타났다. 3년간 전체 투자효과는 86억 1039만 달러로 추정된다. 따라서 2000년에 비해 2010년 산업연관표에서 생산은 1억 7226만 달러 감소했으며 소득은 3288만 6000달러, 부가가치유발액은 2862만 3000달러, 간접세유발은 1억 7284만 5000달러가 감소해 전체적으로 9억 1485만 달러가 감소했다. 2000년에 비해 2010년에는 시장화의 결과로 경공업

을 약 260억 달러로 추정했다. 산업별 부가가치는 농림어업 20.8%(54.08억 달러), 광업 14.4%(37.44억 달러), 제조업 21.9%(56.94억 달러), 전기 · 가스 · 수도 3.9 %(10.14억 달러), 건설 8%(20.8억 달러), 정부서비스 및 기타 31%(80.6억 달러)인 것으로 추정했다. 2000년 방식과는 주력산업의 선정 기준이 다소 상이했다. 한국은행, 「산업연관표」(2012); 한국은행, 「북한 국민소득 추계분석」(2014).

과 중공업의 비중이 약간 증가하고 농업의 비중이 일부 감소한 결과다.

(3) 사회문화적 파급효과

사회문화적 측면에서 복합농촌단지는 해당 지역의 농업과 생활여건을 개조함으로써 기존 협동농장에 의한 집단농업에 근본적인 변화를 가져올 수 있다. 북한은 1946년 3월 토지개혁과 1958년 협동화로 사회주의 농업의 근간을 완성했다. 그동안 협동농장의 문제점과 폐단을 제거하기 위해 분조관리제의 도입과 생산인센티브를 추가로 부가하는 6.28 조치 및 5.30 조치 등 농업생산성을 높이기 위한 각종 조치를 취했으나 실패했다. 이러한 농업생산의 문제점을 개선하는 데 복합농촌단지는 일종의 시범사업이 될 것이다. 특히 복합농촌단지의 성공은 한반도 통일시대 농촌문화의 새로운 장을 열게 될 것이다. 활발한 인적교류와 농촌의 상호이해 제고로 민족적 동질성을 확보해 남북한 이질감을 해소함으로써 세계적으로 통일한국의 조화를 과시하는 데 크게 이바지할 것이다. 단지 조성을 통해 분단된 한반도의 전통산업인 농업을 회생시키고 북한 농업의 자생력을 회복할 수 있는 기회를 제공할 것이다. 특히 숙천, 북청 및 어랑이라는 북한 산골마을에 들어가 농촌시설을 재건하고 비닐하우스 등에서 사계절 농사를 공동으로 체험하면서 상호에 대한 이해와 정을 키워갈 수 있다. 이러한 공동의 농업생산 과정에서 한민족의 전통민속놀이, 전통음식 만들기 등과 같은 다양한 우리 고유의 문화를 개발해 역사와 전통에 대한 이해를 높이고 한민족의 동류의식을 고양시킬 수 있다. 이러한 동질감 회복의 장으로서의 복합농촌단지는 생산증가로 인한 소득증대와 함께 협동농장 방식의 농업경영방식을 새롭게 변화시키는 북한농업의 허브(Hub) 지역이자 농업전략적 관문(strategic gateway)기능을 갖는 경제적 · 사회문화적 전진기지(outpost)로 기능할 수 있을 것이다.

복합농촌단지의 개발을 통해 북한 농촌지역의 생산 여건을 개선하며 남한과 북한의 국민소득 증가에 큰 도움을 줄 것이다. 북한농업을 개방화 · 국제화라는 21세기의 큰 흐름에 동참하도록 유도할 수 있다. 농촌단지의 지속적인 개발은 남북한 경제협력과 인적교류를 활성화해 남과 북을 경제적으로 상생하게 한다. 70년 분단에 따른 남북한의 문화적 이질감을 극복함으로써 상호이

〈표 12-17〉 복합농촌단지 조성 후 파급효과 전망

분야별 파급효과	10년 후 복합농업단지의 모습
정치적 측면	· 농업생산 단지의 조성은 북한의 대외 개방에 기여 · 남북한 인적·물적 교류의 활발화로 인해 체제통합에 적응할 기회 마련
경제적 측면	· 사양산업인 농업에 대한 체계적인 투자로 남북한 양측 국민소득 상승 · 남한 국민소득 3만 달러 시대 진입에 기여 · 복합단지 건설은 인근 배후도시와 연계한 도농복합형 생산기지 역할 · 협동농장 경영체제를 생산증가와 거주여건 개선 등 생활환경 변화
사회문화적 측면	· 남북한 농업의 활발한 교류로 이질감 해소, 한민족 실감 · 한반도의 농업허브 지역이자 농업전략적 관문 기능수행, 농촌지역에 경제적·사회문화적 전진기지로서 기능

해를 통한 남북한의 긴장을 완화시켜 한반도의 평화정착에 이바지할 것으로 보인다. 이는 더 나아가 한반도의 농업허브를 조성하고 단일 농업경제권 형성으로 나아가는 토대가 될 것이다. 이를 계기로 남북한의 농업은 물론 경제협력이 활성화되고 인적·물적 교류가 빈번해짐으로써 상호 간의 이해를 제고하고 신뢰를 두텁게 해 장차 통일한국으로 가는 활로를 개척해줄 것으로 보인다. 전통과 현재가 어우러진 복합농촌단지는 남북한의 두 체제가 화합하는 장이 되어 현재 세대뿐만 아니라 차세대가 모두 함께 즐기는 민족의 생산 및 문화적 중심지로 발돋움해 통일한국이 한데 어우러질 수 있는 중요한 역사적 생산 및 문화 공간이 될 것이다.

부록

1. 우리나라에서의 사회주의적 농업협동화의 승리와 농촌경리의 앞으로의 발전에 대하여
2. 분조관리제를 정확히 실시하며 농업생산에서 새로운 앙양을 일으킬 데 대하여
3. 농촌경리의 당면한 과업의 성과적 실행을 위하여
4. 우리나라 사회주의농촌문제에 관한 테제
5. 북한의 주요 농업 연표
6. 농업협동조합 기준규약(잠정)

1. 우리나라에서의 사회주의적 농업협동화의 승리와 농촌경리의 앞으로의 발전에 대하여

(전국 농업협동조합대회에서 한 보고 / 1959년 1월 5일)

동지들!

오늘 우리는 우리 조국과 우리 민족의 력사에서 전례없는 혁명적 앙양과 번영의 시기에 놓여있습니다. 우리 당의 령도밑에 우리 인민은 전후복구건설의 헤아릴 수 없는 난관을 이겨내고 자립적 경제토대를 쌓았으며 공화국북반부에서 사회주의혁명의 결정적 승리를 이룩하였습니다. 이 토대우에서 우리나라에서의 사회주의건설은 일대 고조기에 들어섰으며 전체 인민은 당의 부름에 따라 천리마를 탄 기세로 전진하고 있습니다. 사회주의건설의 모든 전선에서 매일과 같이 사람들을 놀래 우는 기적들이 창조되고 있으며 위대한 비약이 이루어지고 있습니다.

공업발전상

우리 로동계급의 영웅적 로동에 의하여 현대적 기술로 장비된 수많은 공장, 기업소들이 련이어 건설되고 있으며 공업생산력은 비약적으로 발전하고 있습니다. 우리나라의 공업생산은 1957년에 전해보다 44%나 늘었으며 1958년에는 또다시 40%나 늘었습니다. 지난해에 우리의 로동자들은 전쟁전 1949년에 비하여 3.7배에 맞먹는 공업제품을 만들어 내였습니다. 공업과 함께 농촌경리, 철도운수, 기본건설 등 인민경제의 모든 부문에서 커다란 성과들이 이루어졌습니다.

지난해 9월에 우리 당은 사회주의건설에서 이룩한 성과와 우리 근로자들의 앙양된 혁명적 열의에 기초하여 우리나라를 발전된 사회주의공업국가로 만들기 위한 웅대한 전망과업을 내놓았습니다.

1차 5개년 계획 조기완수

우리 당이 내세운 웅대한 전망과업은 우리 근로자들의 열렬한 지지를 받고 있으며 그들 속에서 더욱 높은 혁명적 열의를 불러일으켰습니다. 오늘 우리나라 근로자들은 공화국북반부에서의 사회주의건설을 더욱 촉진하기 위하여 당면한 제1차5개년 계획을 2년 앞당겨 완수하며 당이 내세운 전망과업을 성과적으로 실현할 결의밑에 무비의 로력적 열성과 무궁무진한 창조적 재능을 발휘하고 있습니다.

농촌경리의 역할

사회주의건설의 웅대한 강령을 실현하는데 있어서 농촌경리는 매우 중요한 역할을 맡고 있습니다. 농업생산력을 더욱 높은 수준에로 발전시키지 않고서는 근로자들에게 먹을 것을 넉넉하게 공급할 수 없으며 빨리 발전하는 공업에 충분한 원료림을 보장할 수 없습니다. 우리 당의 령도밑에 농민들은 이미 농업생산력의 복구와 발전에서 커다란 성과를 거두었으며 농촌경리의 사회주의적 협동화를 완성하였습니다. 오늘 우리 농민들은 농촌에서 기술혁명과 문화혁명을 실현하여 우리 농촌을 현대적 기술을 가진 부유하고 문화적인 사회주의농촌으로 만들기 위하여 투쟁하고 있습니다.

이러한 환경에서 열린 전국농업협동조합대회는 농민들뿐만 아니라 우리나라 전체 인민의 생활에서 력사적 의의를 가지고 있습니다. 이번 대회에서 우리는 당의 령도밑에 우리 농민들이 농촌경리의 사회주의적 개조에서 이룩한 위대한 승리를 총화하게 됩니다. 우리는 파괴된 농촌경리를 복구하고 농업생산력을 더욱 발전시키며 령락되었던 농민들의 생활을 빨리 높이기 위한 투쟁에서 우리가 이루어놓은 자랑찬 업적들을 총화하게 됩니다. 우리는 또한 농촌경리부문앞에 나서는 새로운 전투적 과업들을 전면적으로 토의함으로써 그 실현을 위하여 더욱 과감하게 전진할 것입니다. 동지들! 농업문제와 농민문제는 우리 혁명에서 가장 중요한 문제의 하나입니다. 우리 당은 이 문제의 해결에 시종일관 깊은 주의를 돌려왔습니다.

토지개혁의 성과

해방 후 우리 앞에는 농촌에서 토지문제를 해결하는 것이 가장 절박한 혁명과업으로 나섰습니다. 우리 농촌을 지배하고 있던 봉건적 토지소유관계는 수백만 농민들을 봉건적 착취와 예속에 얽어매고 농업생산력의 발전을 구속할 뿐 아니라 전반적인 사회적 진보를 장애하는 질곡으로 되어 있었습니다. 그러므로 토지문제의 해결은 반제반봉건적 민주혁명에서 기본내용을 이루고 있었습니다.

농민들의 적극적인 지지와 참가 밑에 우리 당과 인민정권이 수행한 력사적 토지개혁은 농촌에서의 이 고질을 없앰으로써 농민들을 봉건적 착취에서 해방하였으며 농업생산력의 발전을 위한 길을 열어놓았습니다. 토지개혁에 의하여 일제와 지주의 소유였던 100만정보 이상의 토지를 무상으로 몰수하여 토지가 없거나 적은 70여만 농호에 무상으로 나누어주었습니다. 지주토지 소유제가 청산되고 토지가 밭갈이하는 농민들의 소유로 됨으로써 농촌경리는 빨리 발전하였으며 농민들의 생활은 훨씬 높아졌습니다. 토지개혁은 도시와 농촌, 공업과 농업의 경제적 련계를 강화하였으며 로동계급과 농민의 동맹을 공고히 하였습니다. 이와 같이 우리나라에서 실시된 토지개혁은 커다란 정치경제적 의의를 가지는 심각한 혁명적 변혁이였습니다.

그러나 토지개혁은 농민문제를 종국적으로 해결하지는 못하였으며 농업생산력을 완전히 해방하지는 못하였습니다.

개인농민경리의 문제점

토지개혁이 실시된 결과 우리 농촌에서는 소상품 생산적 개인농민경리가 지배하게 되였습니다. 레닌이 말한바와 같이 소생산은 끊임없이, 날마다 시간마다 자연생장적으로 자본주의와 부르죠아지를 많이 낳는 것입니다. 물론 우리나라에서 주권이 로동계급을 핵심으로 하는 인민의 손에 쥐여졌고 기본생산수단이 국가에 집중되여 있으며 또한 토지개혁은 철저히 수행된 조건에서 농촌에서의 이러한 계급분화과정은 매우 제한되지 않을 수 없었습니다. 그러나 소상품 경리의 조건에서는 농민들의 생활을 근본적으로 개선할 수 없었으며 농촌에서 착취와 빈궁의 근원을 종국적으로 없앨 수 없었습니다.

소규모적으로 분산된 개인농민경리는 계획적으로 발전시킬 수 없으며 그 대부분은 확대재생산을 실현할 수 없습니다. 소농경리가 지배하는 한 우리의 농촌경리는 자기 발전에서 반드시 일정한 한계에 부닥치게 되리라는 것은 명백하였습니다. 이 반면에 국유화된 우리나라의 사회주의공업은 국가계획에 의하여 빠른 속도로 복구발전 되였으며 끊임없는 확대재생산을 실현하였습니다. 우리 인민정권은 이와 같이 서로 다른 두개의 경제적 기초, 다시 말하여 대규모적이고 집중된 사회주의적 공업과 령세하고 분산된 개인농민경리에 오래 동안 서있을 수는 없었습니다. 이 모순은 얼마 안가서 해결되지 않으면 안될 문제로서 계속 우리앞에 남아있게 되였습니다. 맑스-레닌주의가 가르치는바와 같이 또한 쏘련의 경험이 보여주는 바와 같이 오직 개인농민경리를 사회주의적 협동화의 길로 이끌어야만 농민문제를 해결할 수 있으며 농업생산력을 낡은 생산관계의 구속에서 완전히 해방할수 있는 것입니다.

정전 후 우리나라에 조성된 정세는 농업문제와 농민문제의 이러한 해결을 가장 절박한 과업으로 내세웠습니다. 3년 동안의 전쟁으로 우리나라 인민경제는 여지없이 파괴되고 도시와 농촌은 재더미로 되였습니다. 인민생활은 심히 령락되고 우리에게는 먹을 것과 입을 것도 매우 모자랐습니다. 우리는 짧은 시일내에 공업과 농촌경리를 복구하고 자립적 경제토대를 닦으며 령락된 인민생활을 개선하지 않으면 안되였습니다.

식량문제 해결의 중요성

여기에서 농촌경리를 빨리 복구 발전시키며 특히 주민들의 식량문제를 해결하는 것은 가장 중요한 문제의 하나로 나섰습니다. 전쟁으로 말미암아 농촌경리의 물질적 토대는 심히 파괴되고 농촌에서 로력과 축력은 매우 모자라게 되였습니다. 농민경리는 더욱 령세화 되였으며 그 경제적 토대는 더욱 약화 되였습니다.

이러한 조건에서 소상품 생산적 개인농민경리의 모든 제한성은 더욱더 뚜렷이 나타나게 되였습니다. 개인농민경리를 그대로 두고는 혹심하게 파괴된 농촌경리를 빨리 복구할 수 없었으며 전후에 매우 어렵게 된 식량문제를 해결할수 없었습니다. 이것은 공업을 빨리 복구 발전시키며 나아가서는 전반적 인민경제를 복구하는 사업에 커다란 지장을 주리라는 것이 명백하였습니다. 이리하여 사회주의공업과 개인농민경리사이의 모순은 전후 우리나라 형편에서 빨리 복구 발전되며 질적으로 변화되는 공업과 매우 더디게 복구되는 농촌경리사이의 심한 불균형으로서 나타날 위험성을 가지고 있었습니다. 또한 착취와 빈궁에 뿌리를 없앨수 없는 소농경리의 토대우에서는 령락된 우리 농민들의 생활을 빨리 개선할 수 없었으며 특히 전시에 많이 늘어난 빈농민 문제를 해결할수 없었습니다.

전후에 우리나라 농촌경리앞에 가로놓인 모든 난관을 이겨내기 위한 오직 하나의 길은 개인농민경리의 협동화였습니다. 농촌경리를 사회주의적으로 개조하여야만 파괴된 농업생산력을 빨리 복구하고 더욱 발전시킬 수 있었으며 따라서 공업과 농업의 균형적 발전을 보장할 수 있었습니다. 사회주의적 협동경리의 토대우에서만 령락된 농민생활을 빨리 안정시키며 나아가서는 농민들의 생활을 근본적으로 개선할 수 있었습니다.

농업협동화 시작

이로부터 우리 당은 정전직후 1953년 8월에 열리였던 당중앙위원회 제6차 전원회의에서 농업협동화의 임무를 내세웠습니다. 농촌경리의 협동화는 사회주의혁명에서 가장 어려운 과업의 하나입니다. 레닌은《소규모의 개인 농경리로부터 공동적토지 경작에로의 이행과 같은 생활과 풍습의 가장 깊은 토대와 관련되는, 수천만 사람들의 생활에서 일어나는 그러한 위대한 변혁은 오직 오랜 기간의 노력에 의해서만 이루어질 수 있으며 또 이러한 변혁은 일반적으로 필요성이 사람들로 하여금 자기의 생활을 개조하지 않을 수 없게 하는 그러한 때에 비로소 실현될 수 있다.》고 하였습니다. 우리나라에서의 농업협동화운동도 그 준비사업은 이미 전쟁전 시기부터 점차적으로 진행되여 왔으며 농민들의 생활에서 그것이 절실한 요구로 되였을 때에 비로소 당면한 임무로 나서게 되였습니다.

반제반봉건민주혁명을 수행하는 과정에서 지주, 예속자본가들을 없애고 기본생산수단을 국유화 한 것 은 앞으로 농촌경리의 사회주의적 개조를 위하여 중요한 전제조건을 마련하여 놓은 것으로 됩니다. 토지개혁을 실시하는데서 우리는 지주의 토지와 함께 자기가 부치지 않는 모든 토지를 몰수하였으며 토지개혁 후에는 토지의 매매, 저당, 소작 등을 엄격히 금지하였습니다. 토지개혁은 이와 같이 철저히 수행된 결과 비단 지주계급이 청산되였을 뿐 아니라 원래 우리나라에서 그 세력이 미약하던 부농들도 커다란 타격을 받았으며 부농의 장성이 몹시 제한되었습니다.

민주개혁을 완수한 토대우에서 우리 인민정권은 점차 자본주의로부터 사회주의에로 넘어가는 과도기의 임무를 수행하기 시작하였습니다. 당과 정부는 사회주의공업을 빨리 발전시키며 류통분야에서 국가 및 협동단체 상업을 늘이는 등으로 인민경제의 모든 부문에서 사회주의적 성분을 끊임없이 강화하는 한편 세금과 가격정책 등을 통하여 자본주의적 요소의 발전을 통제하고 제한하였습니다. 이와 함께 도시와 농촌, 사회주의공업과 개인농민경리 사이의 경제적 련계를 더욱 발전시켰으며 개인농민경리의 발전에 대한 계획적 조절사업을 강화하였습니다. 우리 당은 또한 이미 전쟁 전에 국영 농목장, 농기계임경소들을 조직하여 농민들에게 농업의 기계화와 대규모경리의 우월성을 보여주며 그들을 점차 사회주의의 길로 이끌기 위한 준비사업을 진행하였습니다.

품앗이 장려

특히 전쟁시기에 우리 당은 농촌사업에 주요한 힘을 기울이면서 국영농업을 훨씬 늘이는 한편 농촌에서의 로력, 축력, 농기구 등의 심한 부족을 타개하기 위하여 우리나라에서 오랜 전통을 가진 소겨리, 품앗이 등 협동적 로동형태를 농민들속에 널리 보급하고 발전시켰습니다. 이것은 우리 농민들속에서 서로 돕는 기풍과 협동경리에로의 지향을 더욱 높였습니다.

농업협동화 성과

동지들!

우리 당은 농업협동화운동을 매우 신중하게 그리고 정력적으로 지도하였습니다.

당은 농업협동화운동을 지도하는데서 레닌적 자원성의 원칙을 엄격히 지켰으며 실지 경험을 통하여 농민들에게 협동경리의 우월성을 알려주는 기초우에서 이 운동을 대중적으로 발전시키는 방침을 취하였습니다. 정전직후에 농촌에서 우리 당의 농업협동화방침을 가장 적극적으로 지지하고 접수한 것은 빈농민들 이였습니다. 이들은 자신의 어려운 처지로부터 또한 우리 당의 꾸준한 교양에 의하여 자기의 경리를 개조하지 않고서는 생활을 개선할 수 없으며 사회주의적 협동경리의 길만이 자기들에게 행복을 가져다준다는 것을 알게 되였습니다.

당은 이 빈농민들과 농촌에서의 우리 당의 적극분자들에게 튼튼히 의거하면서 먼저 그들을 동원하여 매개 군에 몇 개씩 농업협동조합을 조직하였습니다. 이것은 우리나라에서 농업협동화운동의 경험적 단계였습니다. 우리 당은 이 경험적 단계를 통하여 일꾼들로 하여금 협동경리조직에 대한 경험을 쌓게 하며 협동화운동의 승리에 대한 신심을 가지게 하는 한편 중요하게는 모든 농민들, 특히 중농들에게 협동경리의 우월성을 실물로 보여줌으로써 그들을 대중적으로 협동화운동에 끌어들일 것을 목적하였습니다. 가장 메마른 토지를 경작하며 누구보다도 부림소와 농기구가 모자라고 생활도 가장 어려운 빈농민들로만 조직된 농업협동조합들을 추켜세우며 개인경리에 비한 그 우월성을 보여준다는 것은 말할 수 없이 힘든 일이였습니다. 그러나 우리는 이것을 능히 할 수 있다는 것을 굳게 믿었습니다. 여기서 어떠한 사회제도든지 일정한 계급의 재정적 지원 밑에서만 발생하며 사회주의국가가 보통정도이상으로 지원하여야 할 제도는 협동조합제도라고 한 레닌의 말은 우리의 지침으로 되었습니다.

농업협동조합들의 관리운영 사업성과

당과 국가는 초기에 조직된 농업협동조합들의 관리운영 사업을 적극적으로 지도하며 그들에게 식량과 종곡을 꾸어주며 비료와 농기구를 우선적으로 공급하며 재정적융자를 실시하며 로력을 제공하여주는 등 모든 힘을 다하여 국가적 방조를 주었습니다. 이러한 국가적 방조와 조합원들의 헌신적 로동에 의하여 농업협동조합들은 점차 그 우월성을 보여주기 시작하였습니다. 벌써 1954년에 협동경리들에서 알곡의 단위당 수확고는 개인농민경리보다 10~50%나 더 높았으며 현금수입은 2~7배나 더 높았습니다. 이리하여 우리나라의 빈농민들은 당의 령도와 국가의 방조 밑에 모든 애로와 난관을 용감히 이겨 나아감으로써 농업협동화운동에서 영광스러운 선구자의 역할을 하였습니다. 그들이 조직한 농업협동조합들은 당시 농촌에서 지배적이던 개인농민경리에 비하면 보잘것없고 매우 미약한것 같이 보였지만 그것은 새로 자라나는 싹으로서 우리나라의 모든 농촌에 사회주의혁명의 불길을 일으키게 한 위대한 힘으로 되었습니다. 바로 이 협동조합들이 그 우월성을 뚜렷이 보여주었으며 또한 우리 당이 광범한 농민들 속에서 꾸준한 조직정치사업을 진행한 결과 빈농뿐만 아니라 중농들이 협동화운동에 인입되게 되여 우리나라에서의 농업협동화운동은 대중적 발전단계에 들어섰습니다. 농민들이 대중적으로 협동경리에 망라되게 됨에 따라 협동경리의 형태와 규모에 관한 문제가 매우 중요하게 나섰습니다.

협동경리의 형태

우리 당은 토지가 농민들의 사적소유로 되어 있으며 농민들의 경제형편과 준비정도가 서로 다르다는 사정을 고려하여 협동화운동을 내세운 시초부터 협동경리의 세 가지 형태를 규정하고 조합을 조직하는데서 구체적인 정형에 맞게 그 형태를 선정하도록 농민들을 지도하였습니다. 협동경리의 제1형태는 작업만을 공동으로 하는 고정적 로력협조반이며, 제2형태는 토지를 통합하고 공동경리를 운영하되 로동과 토지에 의하여 분배를 하는 반사회주의적 형태이며, 제3형태는 토지와 기본생산수단을 통합하고 로동에 의해서만 분배를 하는 완전한 사회주의적 형태입니다. 조합을 조직하는데서 우리는 조합원들의 부림소와 농기구 등은 기계적으로 통합하지 않고 그들의 희망에 따라 통합하든가 또는 일정한 시기까지 계속 사적소유로 남겨두면서 공동으로 리용하도록 하였으며 통합하는 경우에는 반드시 해당한 대가를 치르도록 하였습니다. 협동경리의 세 가지 형태와 생산수단의 이와 같은 통합방식은 중농들로 하여금 협동경리를 쉽게 받아들일 수 있게 하였으며 협동화과정에서 나타날 수 있는 이러저러한 폐단을 미리 막을 수 있게 하였습니다.

협동조합 규모

협동경리운영의 경험이 적고 관리간부들의 수준이 어리며 우리 농업의 기술수준이 낮은 조건에서 우리 당은 협동조합들의 규모를 비교적 작게 40~100호 정도로 조직하게 하였습니다. 협동조합들의 이러한 규모는 그때의 형편에서 적당한 것이였습니다.

농업협동화운동 진행양상

우리나라에서의 농업협동화운동은 협동경리의 량적 장성과 함께 그 질적 공고화가 병행되여 진행되였습니다. 당은 농민들의 열성이 높아짐에 따라 협동화운동을 적극적으로 추진시키는 한편 조직된 농업협동조합들을 정치경제적으로 공고히 하기 위하여 그에 대한 지도사업에 당과 국가의 힘을 집중하였습니다. 특히 우리가 1955년초부터 수천명의 중앙 및 지방 간부들을 동원하여 해마다 한두 차례씩 실시한 집중지도는 우리 라 농업협동화운동의 발전에서 중요한 역할을 하였습니다. 우리는 이러한 지도사업을 통하여 관리간부들을 옳게 선발배치하며 어린 협동조합들에서 사회주의적 질서와 제도를 세우며 조합원들 속에서 사회주의적 교양을 강화하며 생산을 빨리 높여 조합의 경제적 토대를 튼튼히 하고 조합원들의 생활을 짧은 시일내에 개선하는데서 커다란 성과를 거두었습니다. 농업협동조합들을 튼튼히 하는데서 로동계급의 국가적지원은 결정적 의의를 가지였습니다. 전후년간에 관개하천건설공사, 농기계임경소 망의 확장, 농업기술인재의 양성 등을 위하여 농촌경리부문에 총액 120억원의 국가자금을 투자하였습니다. 우리 당은 전후시기에 중공업을 우선적으로 발전시키면서 특히 농촌경리와 경공업의 발전에 긴급히 필요한 중공업 부문들에 힘을 집중하였습니다. 그리하여 국가는 농촌에 화학비료, 농기계, 건설자재와 여러 가지 소비품들을 많이 공급하였습니다.

이와 함께 전후에 경제토대가 약한 농업협동조합들과 빈농민들에게 국가적으로 30여만톤의 식량 및 종곡과 243억원 이상에 이르는 영농자금을 꾸어주었으며 16만톤이상의 현물세 및 대여곡 납부와 14억원이상의 대부금반환을 면제하여주었습니다. 또한 1956년부터는 농민들의 부담을 덜어주며 그들의 생산 의욕을 높이기 위하여 전반적으로 고정현물세제도를 실시하고 세률을 훨씬 낮추는 것과 함께 농업협동조합들에 대하여서는 현물세량의 5%를 더 낮추어주었습니다. 농촌에서의 심각한 로력부족을 풀기 위하여 우리 당은 전후기간에 수만명의 제대군인들과 많은 초고중 졸업생들을 농촌에 배치하였으며 매해 중요한 영농시기마다 사무원, 학생, 군인들을 동원하여 연 수백만공수에 이르는 로력적 방조를 주었습니다.

바로 이러한 우리 당의 정확한 지도와 국가의 커다란 방조에 의하여 그리고 이에 고무된 우리 농민들의 헌신적 로동에 의하여 우리는 전후의 그와 같이 어려운 조건에도 불구하고 또한 협동경리는 우리나라에서 처음 생겨난 제도로서 그에 대한 경험이 매우 적었음에도 불구하고 량적으로 빨리 자란 농업협동조합들을 짧은 시일내에 정치경제적으로 공고히 할수 있었으며 농업생산력을 계속적으로 발전시키고 농민생활을 빨리 개선할수 있었습니다. 조직된 농업협동조합들이 튼튼해지고 그 우월성이 더욱 뚜렷이 나타남에 따라 농업협동화운동의 발전은 더욱더 촉진 되였습니다.

농업협동화운동의 발전양상

농업협동화에서 이룩한 이와 같은 경험과 성과에 기초하여 우리 당 제3차대회는 제1차5개년계획기간에 농업협동화를 완성할데 대한 력사적 과업을 내세웠습니다. 우리 당은 제3차대회가 내세운 이 과업을 짧은 기간에 실현하기 위하여 협동화에서 이미 이룩한 승리를 튼튼히 하는 한편 협동화수준이 뒤떨어진 지방에 힘을 집중하였습니다. 이 시기에 아직 농업협동조합에 들어오지 않은 계층은 주로 부유한 농민들, 도시주변에서 농업과 함께 장사도 적지 않게 하는 농민들, 심히 널려있는 산간지대농민들 그리고 신해방지구 농민들이였습니다. 당은 이러한 농민들을 완전히 농업협동조합에 망라하는데 있어서도 자원성의 원칙을 지켰으며 이미 조직된 협동경리들을 계속 공고화하여 그들이 협동경리의 우월성과 유리성을 깨닫고 자진하여 들어오도록 하는 방침을 시종일관 견지하였습니다.

이리하여 1958년 8월말에 이르러 우리나라에서의 농업협동화운동은 승리적으로 완성되였습니다. 이것은 우리나라 농촌에서 일어난 위대한 혁명이였으며 우리 당 농업정책의 빛나는 승리였습니다. 우리의 농촌은 수천년동안 계속되여온 착취와 빈궁의 모든 근원을 종국적으로 없애고 근로농민들이 다같이 일하며 다같이 자유롭고 행복하게 살수 있는 사회주의적 농촌으로 개조되였습니다. 우리나라의 수백만 농민들은 한쪼각의 땅뙈기에 매여 달려 있던 어제날의 소소유자로부터 단합된 대규모적협동경리의 주인으로, 영광스러운 사회주의적 근로자로 되였습니다.

농업생산력은 낡은 생산관계의 온갖 구속에서 완전히 해방되였으며 그 발전에는 광활한 길이 열렸습니다. 농업협동화운동이 승리함으로써 로농동맹은 새로운 사회주의적 토대우에서 더욱더 공고화 되였습니다. 주권을 자기 손에 쥐고 있는 우리의 로동계급은 견결한 투지와 왕성한 혁명적 기개를 발휘하여 농민들에 대한 국가적 지원과 확고한 령도를 보장함으로써 농민대중에게 자기 위업의 정당성을 보여주었으며 그들을 자기의 편에 튼튼히 묶어세웠습니다. 농촌경리의 협동화는 또한 도시에서의 상공업의 사회주의적 개조를 촉진시켰습니다. 우리나라에서 상공업의 힘은 원래 미약하였으나 그것은 주로 농촌에서의 소상품생산에 기반을 두고 있었습니다. 개인농민경리가 협동화됨으로써 도시의 자본주의요소의 마지막기반이 무너졌습니다. 그리하여 우리나라에서 농촌경리의 협동화와 상공업의 사회주의적 개조는 병행하여 진행되였으며 거의 동시에 완성되였습니다. 우리는 이와 같이 위대하고 어려운 변혁을 전후 불과 4~5년 동안에 과오없이 매우 순조롭게 완성하였습니다.

동지들!

농업협동화 과정에서의 문제 극복요인과 성과

우리는 수백만 농민들의 모든 생활을 근본적으로 변혁하는 농업협동화와 같은 어려운 사업을 어떻게 이와 같이 순조롭게, 매우 짧은 기간에 완성할수 있었습니까? 그것은 우리 당이 맑스-레닌주의와 다른 나라들의 경험을 우리나라의 현실과 결부하여 우리나라에서의 농업협동화운동에 대한 정확한 로선을 내놓고 모든 난관과 장애를 이겨내면서 그것을 관철하기 위하여 동요없이 투쟁하였으며 우리 농민들이 당의 농업협동화정책을 적극 지지하고 이 운동에 열성적으로 참가하였기 때문입니다. 우리나라에서의 농업협동화운동도 계급투쟁을 통하여 실현되였습니다. 전복된 착취계급들이 낡은 제도를 회복하려는 망상을 버리지 않고 있으며 우리 조국이 갈라져있고 우리가 직접 적과 맞서있는 조건에서 우리는 협동화운동을 진행하는 과정에서 원쑤들의 파괴행위를 반대하여 투쟁하지 않으면 안되였습니다. 계급적 원쑤들은 당정책을 비방하며 농업협동화운동을 반대하는 반동적 요언들을 퍼뜨리며 공동재산을 해치고 생산을 파탄시키기 위한 해독행위를 하는 등 우리의 농업협동조합들을 내부와 외부로부터 마사버리려고 날뛰였습니다. 특히 농업협동화가 완성되여가고 도시와 농촌에서 사회주의의 승리가 확고하여짐에 따라 반혁명분자들의 준동과 파괴암해행위는 더욱 악랄하게 되였습니다.

우리 당은 농민대중 속에서 사회주의적의식과 혁명적경각성을 높이기 위한 정치사상사업을 강화하는 한편 반혁명과의 투쟁을 군중적 운동으로 조직 전개하였습니다. 그리하여 우리는 농촌에서 원쑤들의 온갖 책동을 걸음마다 폭로분쇄하고 협동화운동을 성과적으로 진행하였으며 사회주의의 전취물을 튼튼히 지켰습니다. 반혁명과의 투쟁을 강화하면서 동시에 우리 당은 농업협동화에서 농민문제에 대한 맑스-레닌주의적 원칙을 견지하였습니다. 농민문제는 로동계급의 동맹자에 관한 문제이며 농민의 각이한 계층들에 대한 로동계급과 그 당의 태도에 관한 문제입니다.

농촌 계급정책

빈농에 튼튼히 의거하여 중농과의 동맹을 강화하면서 부농을 제한하며 개조하는것, 이것은 농촌에서의 우리 당 계급정책의 기본이였습니다. 우리나라의 농촌에서 계급관계는 농업협동화운동에 결정적으로 유리하였습니다. 협동화를 시작하던 때의 우리 농촌의 계층별 구성을 보면 빈농은 약40%를 차지하고 있었으며 부농은 0.6%에 지나지 않았습니다. 중농가운데서는 토지개혁후 중농화된 농민들이 다수를 이루고 있었습니다. 빈농들은 당장 협동조합에 들어야 할 절박한 처지에 있었으며 새 중농의 대부분도 역시 처음부터 협동화를 지지하여 나섰습니다. 그러나 나머지 중농들은 동요하고 주저하면서 좀더 두고 보자는 태도였으며 부농들은 외면하거나 반대하는 립장에 있었습니다.

우리 당은 동요하는 중농층에 대하여서는 꾸준한 해설과 설복과 실물교양을 통하여 조합에 끌어들이도록 하였으며 부농층에 대하여서는 그들의 착취적 경향을 엄격히 제한하면서 성실하게 일하려는 자들은 조합에 받아들여 사회주의적 근로자로 개조하고 협동화운동을 방해하는 극소수분자들에게는 응당한 제재를 가하였습니다. 협동화운동이 완성단계에 들어서면서 농촌에서 착취의 대상이 없어지고 협동경리가 더욱더 공고화됨에 따라 부농들도 점차 자진하여 협동조합에 들어오게 되였습니다. 우리 당의 이러한 계급정책은 농업협동화운동을 견실한 토대우에서 발전하게 하였으며 중농과의 동맹을 강화하고 부농들의 사회주의적 개조를 보장하였습니다. 우리 당은 농업협동화과정에서 부분적으로 표현된 조급성과 보수주의를 이겨내지 않으면 안되였습니다. 당은 자원성의 원칙을 위반하고 행정적 방법으로 농민들을 협동경리에 끌어들이려는 경향을 엄격히 경계하였으며 협동조합을 조급하게 량적으로만 늘이려 하며 또한 무리하게 높은 형태와 큰 규모의 조합만을 조직하려는 경향을 제때에 바로잡았습니다.

이 반면에 협동화운동의 《시기상조론》을 들고 나오거나 우리나라에서의 농업협동화운동이 빨리 발전하는데 겁을 먹고 뒤걸음질하는 사람들도 있었습니다. 우리 당이 농업협동화의 방침을 내놓았을 때에 어떤 사람들은 《아직 남북이 통일되지 않았는데 어떻게 협동화를 하겠는가?》 또는《아직 기계도 아무것도 없는데 어떻게 협동화를 하겠는가?》 고 하면서 당의 농업협동화정책에 대하여 의심을 품었습니다. 이러한 사람들은 공화국북반부에서의 사회주의건설이 우리 조국의 평화적 통일을 이룩하는 결정적담보로 된다는 것을 모르고 있었습니다. 공화국북반부에서의 농촌경리의 협동화나 전반적 사회주의건설은 북반부의 사회경제발전의 필연적 요구에서 나온 것입니다. 남반부가 해방되지 않았다고 하여 우리는 남반부가 해방될 때까지 한자리에 머물러 있을수 없으며 북반부의 사회발전을 억제할 수 없습니다. 우리가 북반부에서 사회주의를 건설하지 않는다면 우리 혁명의 기지인 북반부를 정치경제적으로 튼튼히 할수 없으며 따라서 우리 조국의 평화적 통일을 앞당길 수 없다는 것은 두말할 필요도 없습니다.

레닌의 명제 실현

우리나라에서의 농업협동화는 농촌경리의 기술적개조가 거의 없이 진행되였습니다. 레닌은 일찍기 농민들의 토지와 농기구를 단순히 통합한 공동경리에서도 개별적소농경리에서는 이룩할수 없는 경리의 개선을 가져올수 있다는 것과 분산된 개인농 경리로부터 공동경리에로의 이행은 로동생산 능률을 2~3배로 높이며 인간 로동을 2~3배로 절약하게 하리라는 것을 지적하였습니다. 우리의 경험은 레닌의 명제의 정당성을 완전히 확증하였습니다.

우리나라 농업협동조합들은 수공업적기술에 토대하여 조직되였음에도 불구하고 개인농민경리에 비한 자기의 우월성을 충분히 보여주었으며 그것은 농촌경리에 현대적 과학과 기술의 성과를 널리 받아들일수 있는 조건을 지어놓았습니다. 또한 일부 사람들은 우리나라에서 농업협동화운동이 류례없이 빠른 속도로 발전하고 또 처음부터 제3형태가 압도적 우세를 차지하는데 대하여 어느 정도 겁을 먹고 주저하였습니다. 그러나 우리나라에서 토지개혁이 철저히 수행되였고 농촌에서 협동화운동을 반대하는 세력은 미약하였으며 반면에 농민들은 오랜 기간의 혁명투쟁과 특히 전쟁의 시련을 통하여 정치적으로 각성되고 더욱더 단련되였으며 또한 그들의 경리가 전반적으로 매우 령세한 조건에서 협동화운동의 이러한 발전과정은 완전히 합법칙적인 현상이였습니다.

우리 당은 이와 같은 모든 편향들을 극복하면서 농촌의 당 및 혁명 력량에 튼튼히 의거하고 농민들의 앙양된 열성을 동원하여 농업협동화운동을 대담하게 적극적으로 추진시켰습니다.

동지들!

농촌경리의 발전상

우리나라에서의 농업협동화의 커다란 성과와 맑스-레닌주의원칙에 선 우리 당 농업정책의 불패의 생활력은 전후 우리 농촌경리의 비약적인 발전에서 뚜렷이 나타났습니다. 전후시기에 농촌경리앞에 나선 가장 중요한 과업은 알곡생산을 빨리 높여 주민들의 식량문제를 해결하는 것이 였습니다. 우리 당은 알곡생산을 높이기 위하여 관개공사를 대대적으로 진행하며 농촌에 대한 화학비료와 농기계 및 농기구의 공급량을 빨리 늘이며 농촌경리에 여러 가지 선진영농기술을 널리 받아들이는 등 중요한 기술경제적 대책을 취하였습니다.

관개공사의 성과

관개하천건설공사는 정당 수확고를 높이며 알곡생산을 높이는데서 결정적 의의를 가지였습니다. 전후 5년 동안에 농촌경리부문에 대한 국가투자총액가운데서 57%는 관개하천건설공사에 돌려졌습니다. 국가투자에 의한 대규모관개공사와 함께 농업협동조합들의 자체력량에 의한 중소규모관개공사들이 널리 진행되였습니다. 이리하여 우리는 전후 5년동안에 논관개 몽리면적을 22만 7,000정보로부터 46만 3,000정보로 늘였습니다. 이것은 전체 논면적의 91%가 수리안전답으로 되였다는 것을 의미합니다. 관개면적의 확장과 함께 하천제방 및 사방 공사와 식수조림사업을 널리 진행함으로써 35만여 정보의 농경지를 큰물과 조수의 피해로부터 보호할 수 있게 하였습니다.

화학비료 공급량

1958년에 농촌에 대한 화학비료의 공급량은 1953년에 비하여 12배로 늘어났으며 농기계와 농기구의 공급량도 빨리 늘었습니다. 이와 함께 농기계임경소 망을 확장하고 뜨락또르의 대수를 4배(15마력으로 환산)로 증가시켜 뜨락또르에 의한 작업면적을 12배로 늘였습니다.

옥수수 생산량

협동경리의 조건에서 지난날 개인농 경리때에는 사실상 불가능하던 새로운 선진적영농방법이 널리 보급되였으며 적지적작의 원칙에서 작물배치가 더욱 개선되였습니다. 논벼에서 수모에 비하여 수확고를 훨씬 높일 수 있는 랭상모의 재배는 1958년에 전체 논면적의 50%에 이르렀으며 목화재배에서 영양단지가식법은 목화파종면적의 70%를 차지하게 되였습니다. 다수확작물인 강냉이의 재배면적은 1954년의 23만 6,000정보로부터 1958년에는 82만 6,000정보로 늘었으며 같은 기간에 토지의 리용률은 125%로부터 161%로 높아졌습니다. 협동경리의 우월성과 이 모든 기술적 대책과 또한 우리 농민들의 헌신적 로동에 의하여 우리나라에서 알곡생산은 계속 빨리 높아졌습니다.

알곡 생산량

벌써 1956년에는 알곡생산이 전쟁전 수준을 넘어 287만톤에 이르렀으며 1957년에는 320만톤, 1958년에는 370만톤에 이르렀습니다. 1958년의 알곡 총수확고는 해방직후인 1946년에 비하여 거의 2배에 맞먹는 것입니다. 이것은 우리의 선조들이 상상조차 할수 없었던 높은 수확입니다. 알곡생산의 이러한 장성은 혹심한 가물이 계속된 매우 불리한 기후조건에서 이루어졌다는 것을 지적하여야 하겠습니다.

정보당 벼 생산량

많은 선진적농업협동조합들에서는 더욱 놀랄만한 높은 수확을 내고 있습니다. 평안남도 강남군 두암농업협동조합에서는 지난해에 29정보의 논에서 정당 평균 7.5톤의 벼를 생산하였습니다. 순천군 삼룡농업협동조합에서는 422정보의 강냉이밭에서 정당 평균 3톤을 생산하였으며 황해남도 옹진군 원사농업협조합에서는 밀의 정당 수확고를 최고 4.5톤까지 높였습니다. 만일 우리가 농촌경리를 협동화하지 않았더라면 농업발전을 위한 여러 가지 기술적 대책을 성과적으로 집행할수 없었을 것이며 농민들의 생산열의를 높일수 없었을 것이며 따라서 우리나라 력사에서 일찍이 없던 오늘과 같은 높은 알곡수확을 이룩하지 못하였으리라는 것은 조금도 의심할바 없습니다. 우리는 어렵던 식량문제를 이미 해결하였습니다. 알곡생산이 늘어남과 함께 공예작물생산, 축산업, 잠업, 과수업 등 농촌경리의 다른 부문들도 빨리 발전하였습니다. 우리의 협동경리는 알곡생산을 높이는데서 그 우월성을 보여주었을 뿐 아니라 농촌경리를 다각적으로 발전시키는데서 결정적 역할을 하였습니다.

목화 수확량

1958년에 목화의 정당 수확고는 1953년에 비하여 2배로, 그 총수확고는 3배로 늘어났습니다. 황해남도 재령군 삼지강 농업협동조합에서는 120정보의 목화밭에서 정당 평균 2톤, 그 가운데서 5정보에서는 정당 4톤의 높은 수확을 내였습니다. 아마, 담배 그밖에 다른 공예작물의 생산에서도 커다란 성과를 거두었습니다.

축산업 성과

축산업에서는 1958년 9월 1일 현재로 1953년말에 비하여 소의 총두수는 1.3배로, 돼지는 2.8배로 각각 높아졌으며 고기의 생산량은 전후 5년 동안에 3.2배로 늘었습니다.

과수원

제1차5개년계획기간에 과수원 10만 정보를 더 늘이기 위한 전인민적투쟁에 의하여 이미 5만 3,000여 정보의 과수적지를 개간하는 사업이 진행되였습니다.

잠업

잠업부문에서는 1958년에 고치생산량이 전쟁전 최고수준의 1.6배인 8,700톤에 이르렀습니다. 이와 같이 사회주의가 승리가 우리나라 농촌경리에서는 최근 몇해 동안 알곡생산을 비롯한 모든 부문에서 전면적 앙양과 혁신이 일어나고 있습니다.

농업생산성장의 영향

농업생산의 급격한 장성은 농업협동조합들의 경제적 토대를 공고히 하였으며 조합원들의 생활을 빨리 높일수 있게 하였습니다. 협동조합들의 공동축적비률은 1956년까지는 순수입의 약 5%이던 것이 조합원들의 생활이 개선된 1957년에는 약 10%, 1958년에는 15%이상으로 높아졌습니다. 지난해에 우리나라 농업협동조합들의 공동재산총액은 약 686억원으로서 조합당 평균 515만원, 농가 1호당 평균 6만 5,000원에 이르렀습니다. 이것은 1955년에 비하여 1호당 평균 2.4배의 장성으로 됩니다. 이리하여 우리 농업협동조합들은 끊임없는 확대재생산을 보장할수 있는 튼튼한 토대를 가지게 되였습니다.

1호당 분배량

해마다 많은 공동축적을 마련하고 더 많은 종자 및 사료폰드와 비료교역곡 등을 내놓고도 조합원들의 분배몫은 다음과 같이 계통적으로 늘어났습니다. 협동조합농가 1호당 분배몫의 장성이 표에서 보는바와 같이 1958년에는 1955년에 비하여 농가 1호당 분배몫이 알곡은 1.5배, 감자류는 2.6배, 현금은 3.6배 이상으로 각각 늘어났습니다.

	1955년	1956년	1957년	1958년
알곡(키로그람)	1,250	1,616	1,742	1,826
감자류(키로그람)	193	357	434	501
현금(원)	5,605	9,542	13,703	20,350

절대빈곤 종식

정전직후에 전체 농가호수의 약 40나 되던 빈농민들은 이미 없어졌으며 우리나라 농민들의 생활은 전반적으로 중농의 수준에 올라섰습니다.

문화주택 건설

수 천년동안 쓰고 살던 오막살이들을 헐어버리고 오늘 우리 농촌은 깨끗하고 아름다운 사회주의적 문화농촌으로 빨리 전변되고 있습니다. 전후기간에 농촌에서는 아담하고 쓸모 있는 수많은 문화주택들이 건설되였습니다. 우리 농촌에서는 가는 곳마다 학교, 구락부, 탁아소, 유치원, 진료소들이 건설되고 목욕탕, 리발소, 세탁소 등이 설치되여 조합원들의 집단적 문화생활에 리용되고 있습니다. 전반적 초등 및 중등 의무교육이 실시되고 성인교육사업이 더욱 강화되여 농민들의 문화수준은 빨리 높아지고 있으며 그들 속에서 기술지식은 더욱더 널리 보급되고 있습니다.

농민 의식변화

농민들의 의식에도 커다란 변화가 일어나고 있습니다. 그들 속에서 낡은 봉건적 및 자본주의적 사상 잔재는 없어지고 있으며 그들의 의식은 사회주의적으로 고쳐지고 있습니다. 사회주의적 협동경리의 길에서 행복을 찾은 우리 농민들은 자기를 고귀한 전취물을 지키려는 굳은 결의에 가득차있습니다. 그들은 광명한 미래를 똑똑히 내다보면서 수 백배의 용기와 신심을 가지고 당의 부름에 따라 천리마를 탄 기세로 내달리고 있습니다. 생산력의 비약적 발전, 협동경리의 가일층의 공고화, 농민생활의 급속한 개선, 우리 농민들의 앙양된 혁명적 기세, 이것이 농업협동화의 승리가 우리 농촌에 가져온 결과이며 우리 당 농업정책의 승리가 우리 농촌에 가져온 결과입니다. 우리의 농민들은 당의 령도밑에 사회주의혁명과 사회주의건설에서 이룩한 위대한 승리와 업적들을 응당 자랑할수 있습니다.

동지들!

우리의 농업협동조합들은 전후의 아주 어려운 조건에서 조직되였으며 매우 청소하고 경험이 적었음에도 불구하고 자체의 커다란 우월성을 뚜렷이 시위하였습니다.

사회주의적 협동경리제도의 발전방향

그러나 사회주의적 협동경리제도도 한자리에 머물러 있을수 없으며 그것은 발전하며 더욱 공고화되여야 합니다. 농업생산력이 빨리 발전함에 따라 우리 농업협동조합들의 비교적 작은 규모는 생산력의 가일층의 발전에 적응할 수 없게 되였습니다. 그것은 토지의 합리적리용, 로력조직의 개선, 농촌경리의 다각적발전과 특히 농업의 기계화에 지장을 주게 되였으며 농촌에서 널리 전개되고 있는 건설사업에도 불합리성을 가져오게 되였습니다.

농업협동조합 통합 및 결과

농촌에서 당면한 기술혁명을 성과적으로 수행하며 농업생산력을 한 계단 더 발전시키기 위하여 농업협동조합들을 통합하고 그 규모를 크게 하여야 할 필요성이 제기되였습니다. 농업협동조합들이 정치경제적으로 공고화되고 관리간부들의 지도수준과 실무능력이 높아진 조건에서 이것은 성숙된 요구로 되였습니다. 우리의 농민들도 또한 소규모의 협동조합이 불합리하다는 것을 깨닫고 그 통합을 절실히 요구하였습니다. 이로부터 우리 당은 지난해 10월에 리행정구역을 단위로 하여 리내에 있는 농업협동조합들을 하나의 조합으로 통합하고 리인민위원장이 조합관리위원장을 겸임하게 할 것을 결정하였습니다. 협동조합들의 통합은 매우 복잡한 사업임에도 불구하고 농민들의 정치적열성이 앙양된 환경속에서 불과 한 두달동안에 순조롭게 끝났습니다. 그 결과 1만 3,309개의 농업협동조합들은 3,843개로 통합되였으며 조합들의 평균규모는 농호수에 있어서 80호로부터 약 300호로, 경지면적에 있어서는 130정보로부터 500정보로 늘어났습니다.

농업협동조합들을 이와 같이 통합함으로써 우리는 토지정리사업을 본격적으로 전개하고 현대적 농기계와 선진영농기술을 더욱 널리 받아들이며 자연경제적 조건을 더 합리적으로 리용하여 공동경리를 다각적으로 발전시키며 로력과 자재의 랑비를 없애고 방대한 농촌건설을 계획적으로 빨리 추진시킬수 있게 되었습니다.

동시에 리인민위원장이 관리위원장을 겸임하게 된 결과 지방정권 기관은 생산에 더욱 접근하게 되였으며 농촌에서의 경제문화건설에 대한 그 역할과 기능을 더욱 강화할 수 있게 되었습니다. 농업협동조합들을 통합하는 동시에 우리는 농촌소비협동조합상점과 신용협동조합을 농업협동조합에 넘겨주어 직접 경영하게 하였습니다. 이것은 농업협동조합들로 하여금 농업생산뿐만 아니라 류통과 신용사업에 대한 관심을 높이게 하여 조합원들의 생활상 복리를 더욱 높이며 농업협동조합들의 모든 경제활동을 전면적으로 계획화하며 조합들의 자주성과 창발성을 높이는데서 커다란 의의를 가집니다. 이것은 또한 도시와 농촌사이의 경제적 련계를 강화하며 로농동맹을 더욱 튼튼히 하는 중요한 조치로 되는 것입니다. 이리하여 우리는 전후 5년 동안에 우리나라에서 농업협동화의 승리를 보장하였을 뿐 아니라 농업협동조합들을 더욱 공고히 하고 그것을 새로운 단계에로 발전시켰습니다.

농업협동화의 경험과 교훈

이러한 투쟁을 통하여 우리 당과 우리의 농민들과 전체 인민은 귀중한 경험과 교훈을 얻었습니다.

첫째로, 우리의 경험을 우리가 택한 농업협동화의 길이 유일하게 옳은 길이였다는것을 뚜렷이 보여주고 있습니다. 우리는 맑스-레닌주의가 가리키는 대로 개인농민경리를 사회주의적 협동경리의 길로 이끌었기에 전후의 그와 같이 어려운 환경에서도 농촌경리를 빨리 복구 발전시키고 농민생활을 개선할수 있었으며 앞으로 우리 농촌을 현대적 기술을 가진 부유하고 문화적인 사회주의농촌으로 전변시킬수 있는 토대를 닦을수 있었습니다.

둘째로, 우리의 경험은 현대적 기계와 기술이 없고 농업에서 수공업적기술이 지배하는 조건에서도 농촌경리의 협동화를 실현할수 있으며 이러한 토대에서 조직된 농업협동경리도 개인농 경리에 비하여 결정적우월성을 가지고 있다는 것을 보여주었습니다. 우리는 농업을 협동화함으로써 농촌경리를 빨리 복구 발전시켰으며 그 기술적 개조를 더욱 촉진할 수 있게 되였습니다.

셋째로, 우리나라에서의 농업협동화운동의 승리는 당정책이 정확하며 대중속에서 당의 위신이 높고 대중이 또한 실지투쟁을 통하여 당정책의 정당성을 굳게 믿고 그것을 실현하기 위하여 한결같이 일떠설 때에는 이겨내지 못할 난관이 없으며 아무리 어렵고 복잡한 과업도 승리적으로 수행할수 있다는 것을 보여주었습니다. 우리 당의 확고부동한 령도, 당에 대한 대중의 무한한 신뢰, 대중의 높은 혁명적 열의, 이것이 농촌경리의 사회주의적 개조에서 승리의 결정적 담보로 되였으며 우리의 모든 승리의 결정적 담보로 되고 있습니다.

동지들!

우리나라의 농촌은 지난날의 빈궁하고 침체하고 뒤떨어졌던 처지에서 완전히 벗어나 새로운 사회주의적발전의 길에 확고히 들어섰습니다. 우리 당의 령도밑에 우리 농민들은 이미 농촌에서의 사회주의혁명수행에서 승리를 쟁취하였으며 사회주의건설도상에서 커다란 성과를 이룩하였습니다.

농촌경리의 향후 과업

그러나 우리는 이룩된 승리와 성과에 만족할 수 없으며 우리에게는 자만할 아무런 근거도 없습니다. 우리는 농촌경리를 새로운, 더욱 높은 단계에로 발전시키기 위한 토대를 닦아놓았을 뿐입니다. 문제는 이 토대우에서 농업생산력을 획기적으로 발전시키며 농민들의 생활을 더한층 개선하는데 있습니다.

농촌의 기술·문화혁명 실현

오늘 농촌경리 분야에서 우리의 기본과업은 가까운 몇 해 동안에 농촌에서 기술혁명과 문화혁명을 실현함으로써 사회주의적 협동경리를 정치경제적으로 더욱 튼튼히 하며 우리 농촌을 현대적 기술을 가진 부유하고 문화적인 사회주의농촌으로 만드는 것입니다. 농촌에서 사회주의를 건설하기 위하여서는 생산관계를 개조할뿐 아니라 또한 농촌경리의 기술적 개조를 실현하여야 하며 농민들의 의식을 개조하여야 합니다.

기술혁명은 오늘 우리나라 농촌경리앞에 나선 가장 절박하고 가장 중심적인 과업입니다. 농촌경리를 현대적 기술로 장비하지 않고서는 사회주의사회의 높은 생산력을 이룩할수 없습니다. 우리 농업의 장래발전은 결정적으로 기술적 개조에 달려있습니다.

우리는 우리의 농촌경리를 기술적으로 개조하여 농업생산을 획기적으로 높이며 일을 더 헐하게 하도록 하여야 하겠습니다. 우리의 목적은 공업을 더욱 발전시키며 농업도 공업과 같이 현대적 기술의 토대우에 올려 세움으로써 사회주의를 건설하고 나아가서는 공산주의를 건설하려는 것입니다. 농촌경리의 기술적개조는 공업과 농업, 도시와 농촌 사이의 차이를 점차 없애며 농민들의 기술수준을 빨리 높이고 그들의 사상의식의 개조를 촉진하게 될 것입니다.

기술혁명의 기본 내용

우리 당이 이미 제기한바와 같이 우리나라 농촌에서 기술혁명의 기본내용의 수리화, 기계화 및 전기화입니다. 우리는 논과 밭을 수리화하고 농촌의 전기화를 기본적으로 완성하며 농촌경리의 기계화를 실현하여야 하겠습니다. 오늘 우리에게는 이 방대한 과업을 수행할 수 있는 모든 가능성이 있습니다. 우리의 농촌경리는 협동화되고 농업협동조합들은 통합되여 규모가 확장되였으며 그 경제토대는 더욱 공고화 되였습니다. 우리는 자체의 강력한 중공업기지를 가지고 있습니다. 중공업을 우선적으로 발전시킬데 대한 우리 당의 정확한 경제정책과 우리 로동계급의 영웅적 로동에 의하여 우리의 공업은 앞으로 농촌에 철재와 건설재료, 뜨락또르와 화물자동차를 비롯한 여러 가지 선진적 농기계를 많이 공급할 수 있게 되였습니다. 문제는 우리 농민들의 앙양된 열성을 옳게 동원하여 이 모든 가능성을 현실로 만드는데 있습니다.

수리화의 내용

수리화는 우리나라 농촌경리의 기술적 개조에서 기본으로 됩니다. 경지면적이 적고 논벼생산이 가장 중요한 자리를 차지하며 해마다 심한 가물이 계속되고 여름철에는 또한 큰물이 자주 나는 우리나라의 조건에서 논과 밭이 관개체계를 세우고 큰물피해와 가물을 막는 것은 단위당 수확고를 높이며 농업생산을 높이는데서 결정적 의의를 가집니다. 관개면적을 늘이기 위한 우리 당의 일관한 대책에 의하여 논관개가 기본적으로 실현된 오늘 수리화의 중심과업은 밭관개체계를 빨리 세우는데 있습니다. 우리는 계속 논면적을 늘이는 동시에 밭관개를 대대적으로 전개하여야 하겠습니다. 이렇게 하여야만 경지면적의 3분의 2이상을 차지하는 밭에서 알곡수확을 빨리 높일 수 있으며 공예작물, 남새의 생산과 과수업도 더욱 발전시킬 수 있습니다.

지난해에 선진적인 농업협동조합들과 국영농목장들의 경험을 밭관개를 실시하면 정당 수확고를 강냉이와 밀에서는 2~3배, 목화는 3~4배, 과실은 2배로 더 높일 수 있다 것을 보여주었습니다. 또한 밭관개체계를 도입하면 토지 리용률을 훨씬 높이며 종합적 기계화의 발전에도 매우 유리합니다.

우리 당 중앙위원회 1958년 9월 전원회의는 앞으로 70만정보의 관개면적을 늘이고 30여만 정보의 수리안전답을 더 만들어 심한 경사지를 내놓고는 모든 경지면적에 전면적으로 관개체계를 세울데 대한 전투적 과업을 내놓았습니다. 이것은 우리 선조들이 수천년을 두고 꿈꾸어오던 절실한 념원을 우리 세대에 와서 실현하기 위한 위대한 자연개조계획입니다. 당의 결정에 무한히 고무된 우리 농민들은 이 계획을 실현하기 위하여 한결같이 떨쳐나섰습니다.

오늘 모든 농촌들과 농업협동조합들에서는 산을 가르고 바다를 막으며 우리나라의 산천을 개조하는 수많은 관개공사들이 벌어지고 있습니다. 이미 기양, 어지돈과 압록강지구의 대규모적인 국영관개공사를 비롯하여 1만여개 대상의 공사가 진행되고 있으며 그가운데서 올해에 조업할 관개몽리면적은 논 6만 5,000정보에 이릅니다. 이것은 우리 당이 내놓은 수리화의 력사적 위업이 성과적으로 진행되고 있다는 것을 말하여주는 것입니다. 관개공사와 함께 하천정리와 사방공사를 널리 실시하여 토지보호면적을 더욱 늘여야 하겠습니다. 아직도 우리나라에서는 치산치수사업이 잘되지 못한 탓으로 큰물에 경지를 잃어버리며 수확손실을 입는 일이 많습니다. 우리는 하천을 정리하고 제방을 쌓으며 보호림을 조성하며 사방공사를 널리 실시하여 큰물의 피해를 막아야 하겠습니다. 특히 큰물이 잦은 동해안지방에서는 치산치수사업을 위주로 하면서 관개공사를 이와 병행하도록 하여야 할 것입니다. 수리화는 자연을 개조하는 위대한 사업이며 국가와 사회의 항구적 리익을 위한 백년대계입니다. 그러므로 이 사업은 전인민적운동으로 실현하여야 합니다. 농민들뿐만 아니라 전체 인민이 이 사업에 동원되여야 합니다. 로동자들은 관개공사에 필요한 세멘트, 철재, 목재 그리고 여러 가지 전동기와 양수기 등을 제때에 생산 공급하여야 할 것입니다. 사무원, 학생, 군인들은 자기의 로력으로써 관개공사에 직접 참가하여야 할 것입니다. 우리의 사무원, 학생, 군인들과 전체 인민은 전후에 이미 관개공사에 동원되여 국가와 농민들에게 커다란 방조를 준 풍부한 경험을 가지고 있습니다. 우리는 앞으로도 계속 관개공사에 광범한 사회적 로력을 동원하여야 하겠습니다. 관개공사에서 무엇보다도 긴급한 문제는 공사장들에서 작업의 기계화수준을 결정적으로 높이는 것입니다. 작업을 기계화하지 않고서는 수억공수의 로력이 드는 이 방대한 공사를 해 낼수 없습니다.

우리는 기양, 어지돈을 비롯한 대규모의 국영관개공사에서는 이미 여러 가지 건설기계들을 차려놓고 대부분의 작업을 기계화하였으며 올해에 시작할 대규모공사들에도 엑스까와또르, 불도젤, 벨트콘베아와 같은 건설기계들을 많이 공급할 것입니다. 국가는 이러한 건설기계의 생산량을 빨리 늘여 관개공사의 기계화를 더욱 촉진할 것입니다.

그러나 만여개에 이르는 중소관개공사에까지 모두 한꺼번에 현대적 건설기계를 공급할수는 없습니다. 지난해에 평안남도에서는 땅을 파고 흙을 쌓는 작업과 운반작업에서 나무기중기, 밀차, 철근삭도 등 간단한 중소기계들을 도입한 결과 계획보다 4만 5,000공수의 로력을 절약하고도 올해에 조업할 공사들의 토량작업을 이미 지난해말까지 끝내였습니다. 모든 관개공사들에서는 간단히 할수 있는 중소기계화를 대대적으로 실시하여 한공수의 로력이라도 더 절약하며 일을 더 헐하게 하기 위하여 투쟁하여야 하겠습니다.

관개공사에서 로력과 자재를 절약하기 위하여서는 먼저 조사 설계사업을 철저히 하여야 합니다. 우리는 수력자원을 합리적으로, 종합적으로 리용하는 원칙에서 공사의 대상을 옳게 선정하고 여러개의 관개시설이 서로 련결된 하나의 체계를 이루게 하며 시공도중이나 완공된 다음에 구조물과 수로 등을 변경하게 되는 일이 없도록 하여야 하겠습니다. 이와 함께 공사의 질을 더욱 높이며 완공된 관개시설들을 최대한으로 리용하여야 할 것입니다.

기계화의 필요성

수리화와 함께 농촌기술혁명에서 중요한 것은 기계화입니다. 협동화이후 농촌경리의 다각적인 발전, 선진적 집약농법의 광범한 도입, 관개공사를 비롯한 방대한 농촌건설사업의 전개, 여러 가지 운반작업의 급격한 증대, 이 모든 것은 농촌에서 로력의 긴장성과 농기계 및 수송기재의 심각한 부족을 가져오고 있습니다. 기계화를 하지 않고서는 농촌에서 로력문제를 풀 수 없으며 우리 농업을 더 전진시킬수 없습니다. 농촌경리의 기계화는 로력을 절약할 뿐 아니라 농민들의 로동을 헐하게 하여주며 생산을 늘이며 농산물의 원가를 낮추는 중요한 방도로 됩니다. 우리나라에서 세기적으로 전하여오던 뒤떨어진 수공업적 농기구를 현대적 농기계로 바꾸어야 할 때는 왔습니다.

농업 기계화의 선행사업

농업의 기계화를 위하여 가장 중요한 것은 우리가 이미 대량생산에 착수한 뜨락또르와 화물자동차를 농촌에 공급하는 것입니다. 올해는 우리는 새로 5,000대의 뜨락또르와 2,500대의 화물자동차를 농촌에 보내게 될 것입니다. 우리 농촌에서 영농작업과 운반작업을 기계화하기 위하여서는 적도 3만대 내지 3만 5,000대의 뜨락또르와 2만 5,000대 내지 3만대의 화물자동차가 필요합니다. 우리는 뜨락또르와 화물자동차의 생산량을 끊임없이 늘여 4~5년안에 이 수요를 충족시킬 것이며 그밖에 다른 여러 가지 선진농기계들을 많이 생산하여 농촌에 공급할 것입니다. 그리하여 마당질, 양수와 같은 류동하지 않고 진행되는 작업은 완전히 기계화하고 운반, 밭갈이, 씨뿌리기, 가을걷이 등 류동작업도 적지 않게 기계화하게 될 것입니다. 우리나라의 농업기계화에서는 논농사가 큰 비중을 차지하며 산이 많고 땅이 고르지 못하며 간혼작, 이랑재배 등 고유한 경종체계가 있으며 또한 지방마다 자연경제적 조건에 심한 차이가 있다는 사정을 고려하지 않을 수 없습니다. 우리는 평지대에서 점차 산간지대로 기계화를 확대하며 가장 힘들고 품이 많이 드는 작업으로부터 시작하여 점차 종합적 기계화에로 넘어가며 대기계화 중소기계, 현대적기계화와 간단한 소기계화를 옳게 결합시키는 원칙을 견지하여야 할 것입니다.

우리나라 농업협동조합들은 국영농기계임경소를 통하여 현대적 농기계들을 리용하고 있습니다. 우리는 앞으로도 국영농기계임경소들을 계속 늘이여 농촌경리의 기계화를 힘있게 밀고나아가야 하겠습니다. 이와 함께 농업협동조합들에서는 뜨락또르와 화물자동차가 다니며 작업할수 있도록 포전을 정리하며 길을 닦고 다리를 놓으며 기계화작업반을 조직하여야 하겠습니다. 농기계 생산분야에서는 뜨락또르대수가 늘어남에 따라 여러 가지 뜨락또르의 능력에 맞는 여러 가지 련결농기계들과 부속품들을 많이 생산하며 그 질을 더욱 높여야 할 것입니다. 특히 우리 농촌에서 가장 절실하게 요구되는 모내는 기계의 연구사업을 빨리 완성하며 우리나라 농촌에 알맞는, 간편하고 튼튼하며 될수록 다양한 작업에 리용할 수 있는 여러 가지 농기계를 새로 만들어내야 하겠습니다.

전기화의 필요성

농촌에서 수리화와 기계화를 성과적으로 실현하기 위하여서는 전기화를 그에 앞세워야 합니다. 농촌을 전기화하지 않고는 수리화도 기계화도 할수 없으며 농촌문화도 발전시킬수 없습니다.

농촌의 전기화

우리는 농촌의 전기화에서 이미 상당한 성과를 거두었습니다. 오늘 우리나라에서는 전체 농촌리의 67%, 농가호수의 49%에 전기가 들어갔습니다. 그러나 농촌경리의 기술적 개조를 위하여 우리에게는 더 많은 전력이 요구됩니다. 이와 함께 모든 마을과 농가에서 전기불을 켜게 하며 유선방송을 들을수 있게 하여야 합니다. 이를 보장하기 위하여서는 전력생산을 빨리 늘여야 할 것입니다. 우리 당은 이미 나라의 전기화를 위한 기본방향을 똑똑히 내놓았습니다. 우리는 지금 독로강, 강계, 운봉 등에 대규모수력발전소를 건설하고 있습니다. 우리는 앞으로 대규모수력발전소의 건설을 계속 전개하면서 이와 병행하여 큰 화력발전소들도 건설할 것입니다.

중소형 발전소 건설 필요성

농촌 전기화를 위하여 가장 중요한 것은 온 나라의 방방곡곡에 중소형발전소들을 전인민적운동으로 건설하는 것입니다. 중소형발전소들은 별로 자금을 들이지 않고 간단하게 빨리 건설할 수 있으며 또한 모든 지방에서 건설할 수 있기 때문에 전선과 그밖에 다른 전기기자재들을 많이 절약할수 있습니다. 우리나라에는 가는 곳마다 수력을 비롯한 여러 가지 전력자원이 매우 풍부합니다. 전기화를 실현하기 위한 우리 근로자들의 로력적 열성과 창발성은 높이 앙양되였으며 지난해 9월부터 각지에서 소형발전소의 건설사업이 널리 진행되고 있습니다. 벌써 함남도에서는 165개소, 자강도에서는 163개소, 강원도에서는 75개소가 건설되여 이 도들에서는 매개 리에 전기가 다 들어갔습니다. 우리는 전력생산에서 신비주의를 깨뜨리고 수력, 화력, 풍력, 조수력 등 온갖 동력원천을 적극 리용하여 중소규모의 발전소들을 대대적으로 건설하여야 하겠습니다. 특히 농촌에서의 발전소건설을 관개하천건설공사와 밀접히 결부하여 진행함으로써 모든 저수지의 물이 전기를 생산한 다음에 논밭을 적시게 하며 한방울의 물도 헛되게 흘러가지 못하게 하여야 할 것입니다. 전기기계공장들에서는 중소형발전소건설에 필요한 발전기, 변압기,

전동기 등을 많이 생산 공급하여야 하겠습니다. 수리화, 기계화, 전기화, 이것은 서로 뗄 수 없는 통일적 과업이며 농촌기술혁명의 총로선입니다. 우리는 가까운 몇해 동안에 이 웅대한 과업을 수행함으로써 우리나라의 논밭을 생명수로 적시고 농촌경리를 현대적 기계와 기술로 장비하여 해마다 풍작을 이룩할 것이며 농민들의 로동을 헐하고 홍겨운 것으로 만들 것입니다. 동지들!

농업생산량 향상방안

농촌경리의 기술적 개조를 적극 추진시키는 토대우에서 우리는 농업생산을 획기적으로 높여야 하겠습니다. 지난날에 우리나라 농촌경리는 알곡생산 한 면에만 치우쳐있었으며 그것도 제대로 해결하지 못하는 뒤떨어진 경리였습니다. 우리는 농업의 이러한 락후성을 완전히 없애고 농촌경리를 다각적으로 발전시켜야 합니다. 알곡을 위주로 하면서 공예작물, 축산물, 잠업, 과수업, 담수양어 등 농촌경리의 다른 부문들을 동시에 발전시킬데 대한 우리 당의 농업정책을 계속 철저히 관철하여야 할 것입니다. 이리하여 우리의 농촌을 튼튼한 식량기지로 만들뿐 아니라 강력한 원료기지로 만들어야 하겠습니다. 알곡문제는 사회주의건설에서 가장 중요한 문제의 하나입니다. 알곡생산을 결정적으로 늘이지 않고서는 주민들에게 식량을 넉넉하게 공급할수 없으며 축산업을 비롯한 농촌경리의 다른 부문들을 발전시킬수 없습니다.

토지면적이 적은 우리나라에서 알곡을 비롯한 농작물의 생산을 늘이는 기본 고리는 집약적농법을 더욱 발전시켜 단위당 수확고를 높이는데 있습니다. 엥겔스는 《인류가 지배할수 있는 생산력은 무한하다. 토지의 수확률은 자본, 로동 및 과학을 적용함으로써 무한히 제고될 수 있다.》 고 하였습니다. 우리나라에는 경지면적이 적으며 그것도 매우 메마른 땅으로 알려져 있습니다. 그러나 우리가 농업기술을 개조하고 집약적 영농방법을 끊임없이 발전시킨다면 메마른 땅도 옥토로 만들수 있으며 적은 땅에서도 수확을 얼마든지 높일수 있는 것입니다. 농촌경리의 집약화, 바로 이것이 다수확의 기본이며 영농사업에서의 우리 당의 기본방침입니다.

우리의 농민들은 이미 이 분야에서 풍부한 경험을 쌓았으며 우리 선조들이 상상조차 할수 없었던 높은 수확을 거두었습니다. 우리는 단위당 수확고를 더욱 높이기 위하여 집약적 영농방법을 계속 발전시켜야 하겠습니다. 다수확의 가장 중요한 조건은 비료를 많이 주는 것입니다. 우리는 비료의 시비량을 결정적으로 늘여야 하며 토양의 성질과 매개 작물에 알맞는 과학적 시비체계에 따라 비료를 옳게 주도록 하여야 합니다. 농업협동조합에서는 모든 경지에 정당 평균 50톤이상의 자급비료를 주어야 할 것입니다. 그러기 위하여서는 전국적으로 매해 1억톤이상의 자급비료를 생산하여야 합니다. 농업협동조합들에서는 두엄, 퇴비, 니탄 등 모든 원천을 최대한으로 동원하여 자급비료의 생산량을 빨리 늘여야 할 것입니다. 이 사업은 일상적인 군중적 운동으로 전개하여야 합니다. 자급비료와 함께 화학비료도 더 많이 주어야 하겠습니다. 국가는 비료공업을 계속 발전시켜 농촌에 더 많은 화학비료를 공급하여 앞으로 정당 시비량을 800~1,000키로그람에 이르게 해야 할 것이며 특히 린비료와 카리비료의 비중을 훨씬 높여야 할 것입니다. 농업협동조합들에서도 소규모의 비료공장을 건설하여 린비료, 카리비료와 석회를 많이 생산하여야 하겠습니다. 이와 함께 지금 하고 있는 100만정보의 경지에 대한 토양조사사업을 빨리 끝내고 그에 기초하여 과학적 시비체계를 세워야 하겠습니다. 단위당 수확고를 높이는데 있어서 우량종자를 심으며 논밭을 잘 관리하며 병충해를 막는 것은 중요한 의의를 가집니다. 매개 농업협동조합들은 자체 채종포를 만들고 그 지방의 기후 풍토에 알맞는 다수확계통의 우량종자채종사업을 더욱 개선 강화하여야 하겠습니다. 꽃밭을 다루는 것과 같이 모든 논밭을 알뜰하게 가꾸며 농약의 리용과 그밖에 다른 여러 가지 방법으로 농작물에 대한 병충해를 결정적으로 막아야 하겠습니다. 경험에 의하여 이미 다수확농법으로 확증된 랭상모와 목화영양단지가식법을 널리 받아들이며 모든 농업과학기관들과 농업협동조합들에서 영농방법을 개선하기 위한 실험연구사업을 더욱 강화하며 특히 여기에서 농민들의 열성과 창발성을 적극 장려하여야 할 것입니다. 농업기술을 발전시키며 영농방법을 개선하는데서 보수주의를 반대하는 투쟁은 결정적 의의를 가집니다. 봉건시대로부터 물려받은 뒤떨어진 농법을 그대로 받아들이며 그것을 고집하여가지고는 농업이 발전할수 없습니다. 보수주의의 온갖 표현을 반대하여 투쟁하며 창발성을 발휘하며 선진영농기술을 대담하게 적극적으로 받아들여야 하겠습니다. 이리하여 농업과학에서 일대 변혁을 일으켜야 하며 단위당 수확고를 높이는데서 끊임없이 새로운 기록을 창조하여야 할 것입니다.

알곡 생산투쟁

우리의 모든 농업협동조합들과 조합원들은 가까운 앞날에 알곡의 정당 수확고를 논벼에서는 4.5~5톤, 강냉이는 3~3.5톤, 밀은 2.5~3톤으로 높이기 위하여 투쟁하여야 하겠습니다. 정당 수확고를 이와 같이 높인다면 600만톤 이상의 알곡을 생산할 수 있습니다. 이렇게 되면 우리는 전체 근로자들에게 입쌀만 공급할 수 있게 될 것이며 축산업을 새로운 수준에로 발전시킬수 있는 공고한 토대를 쌓게 될 것입니다.

이것은 물론 어려운 과업입니다. 그러나 그것은 결코 먼앞날의 리상이 아닙니다. 우리의 모든 농민들이 당의 농업정책을 높이 받들고 농업기술을 개조하며 영농방법을 개선하기 위한 이상의 대책을 성과적으로 수행한다면 이 전투적 과업을 능히 실현할수 있습니다.

공예작물과 남새 생산투쟁

알곡과 함께 공예작물과 남새 생산을 더욱 늘여야 하겠습니다. 공예작물에서는 목화를 비롯한 섬유작물과 여러 가지 유지작물을 재배하는데 중심을 두며 사탕무우, 담배, 인삼, 호프 등도 더 많이 생산하여야 할 것입니다.

섬유 원료 해결의 중요성

오늘 섬유원료림의 해결은 우리에게 있어서 매우 중요한 문제입니다. 지난날에 우리나라에서는 방직공업이 매우 뒤떨어져있었으며 섬유원료림도 자체로 해결할 수 없었습니다. 오늘 우리는 방직공업을 상당한 수준에 올려 세웠으며 화학섬유를 생산하여 점차 원료림 문제도 자체로 해결하려 하고 있습니다. 앞으로 우리는 방직공업을 더욱 발전시켜 6~7년안에 천생산량을 5억메터로 높이려고 합니다. 여기에 필요한 원료림를 보장하기 위하여서는 화학섬유뿐만 아니라 목화를 비롯한 자연섬유생산을 늘여야 합니다. 우리는 목화재배에서 정당 수확고를 더욱 높이여 목화생산량을 훨씬 높여야 할 것입니다. 이와 함께 량강도, 자강도 및 함북도의 산간지대들에서는 아마와 대마를 널리 재배하여야 하겠습니다. 근로자들에게 기름을 충분히 공급하기 위하여 농업협동조합들에서는 락화생, 해바라기, 참깨, 들깨 등 여러 가지 유지작물을 대대적으로 재배하여 가까운 몇해동안에 10만톤이상의 기름생산을 보장할수 있도록 하여야 하겠습니다. 도시 및 로동자지구 주변의 농업협동조합들은 로동자, 사무원들에게 여러 가지 신선한 남새를 정상적으로 공급하기 위하여 남새생산기지를 늘이며 단위당 수확고를 끊임없이 높여야 할 것입니다.

축산업 발전 투쟁

축산업을 빨리 발전시키는 것은 오늘 농촌경리 부문앞에 나선 가장 중요한 과업의 하나입니다. 조선사람들은 옛날부터 이밥에 고기국을 먹고 기와집에서 살면 부자라고 하였습니다. 우리는 지금 우리나라 모든 근로자들의 생활을 다같이 넉넉하게 하기 위하여 투쟁하고 있습니다. 그러자면 주민들에게 입쌀을 충분히 보장하는 동시에 고기를 많이 생산하여 공급하여야 합니다.

축산업 발전

오늘 고기를 비롯한 축산물에 대한 근로자들의 수요는 빨리 늘어나고 있습니다. 우리는 축산업을 빨리 발전시켜 이 수요를 충족시켜야 할 것입니다. 이를 위하여 농업협동조합들에서는 공동축산을 더욱 빨리 발전시키며 그것을 기본으로 하여 조합원들의 부업축산도 발전시켜야 할 것입니다.

돼지 생산

농업협동조합들은 경지 100정보당 고기생산량을 25톤 수준으로 높이기 위하여 생산속도가 빠른 돼지를 기르는데 중점을 두면서 소 닭, 오리 등을 더 많이 쳐야 할 것입니다. 축산업의 토대를 계속 강화하여 2~3년안에 가축두수를 소는 100만마리, 돼지는 400만마리, 면양과 산양은 60만마리 내지 70만마리로 늘여야 할 것입니다.

사료기지 조성

축산업의 발전에서 가장 중요한 것은 공고한 사료기지를 마련하는 문제입니다. 우리는 가까운 몇 해동안에 밀, 보리 후작면적가운데서 20만정보와 경사지 및 메마른 땅을 일부 사료전으로 만들며 방목지와 빈땅과 산기슭 등에 여러 가지 목초를 널리 재배하여야 하겠습니다.

집짐승먹이로서는 씰로쓰와 말린풀을 기본으로 하여야 합니다. 씰로쓰는 집짐승들이 잘먹으며 살도 잘 찌고 축산물의 원가도 다른 먹이보다 훨씬 낮출수 있습니다. 모든 농업협동조합들에서 씰로쓰생산을 대대적으로 하여야 하겠습니다. 특히 돼지먹이로서는 밀, 보리 후작으로 심은 강냉이를 다 익기전에 이삭과 함께 베여서 배합 씰로쓰를 많이 만들어 리용하도록 하여야 하겠습니다.

잠업 발전

집누에와 함께 최근 몇 해동안에 작잠 및 피마잠 사육에서 거둔 성과는 잠업발전에 커다란 전망을 열어주고 있습니다. 우리에게는 면직물만 필요한 것이 아니라 모직물도 필요하며 비단도 필요합니다. 비단을 더 많이 짜기 위하여서는 잠업을 발전시켜야 합니다.

과실 재배

우리나라에서는 어디서나 맛좋은 여러 가지 과실들이 매우 잘됩니다. 우리는 10만정보의 과수원개간사업을 2~3년안에 완수하며 앞으로 10년안에 과수원면적을 20만정보까지 늘여야 하겠습니다. 모든 야산들과 마을들을 과실나무로 뒤덮으며 길에도 과실나무를 심어야 하겠습니다. 이리하여 과실을 더 많이 생산할 뿐 아니라 우리의 강토를 더욱 아름답게 꾸려야 할 것입니다. 농업협동조합들은 선진적 과수관리방법을 널리 받아들이며 과실나무에 대한 시비량을 늘이고 관수를 보장하여 앞으로 몇 해동안에 과실의 정당 수확고를 20톤이상으로 높여야 하겠습니다.

양어 사업

농업협동조합들에서는 천해양식과 담수양어 사업을 대대적으로 발전시켜야 하겠습니다. 천해양식과 담수양어는 수산물의 자원을 확고히 조성하고 수산업의 계절성을 극복하여 높고 안전한 생산을 보장하며 수산물에 대한 수요를 더욱 원만히 충족시킬수 있게 합니다. 우리에게는 천해양식과 담수양어를 발전시킬수 있는 유리한 조건이 있습니다. 우리나라의 동서해안에는 넓은 천해와 간석지들이 있고 이르는 곳마다에 저수지와 호수가 많으며 하천이 흐르고 있습니다. 우리는 이 유리한 자연조건을 옳게 리용하여 양식, 양어를 빨리 발전시켜 앞으로 여기에서도 수산물의 생산량을 결정적으로 높여야 하겠습니다.

부업발전 투쟁

이밖에 꿀벌도 치며 산나물과 산열매도 따며 식료품가공사업도 하며 협동조합들의 자연경제적 조건에 따라 할수 있는 모든 부업을 발전시켜야 할 것입니다. 산을 낀 곳에서는 산을 옳게 리용하며 바다를 낀 곳에서는 바다를 옳게 리용하라는 우리 당의 구호를 계속 철저히 집행하여야 하겠습니다. 우리는 이와 같이 농촌경리를 다각적으로 발전시켜 농업협동조합들의 수익성을 빨리 높이며 그 경제토대를 더욱 튼튼히 하고 농민들의 생활을 넉넉하게 만들 것입니다. 우리는 알곡뿐 만아니라 여러 가지 농산물과 부업생산물을 많이 생산함으로써 우리의 농촌경리를 인민경제와 주민들의 수요를 충족시킬 수 있는 발전된 사회주의적 경리로 만들게 될 것입니다.

농촌 건설사업 필요성

농업협동조합들은 농업생산을 여러 방면에 걸쳐 전면적으로 발전시키는 동시에 농촌건설사업에 큰 힘을 돌려야 하겠습니다. 우리 당은 새로운 문화적 농촌건설을 중요한 과업으로 내세우고 있습니다. 우리의 농업협동조합들은 건설사업을 힘있게 전개하여 이미 커다란 성과를 이룩하였습니다. 그러나 우리는 아직도 수천년에 걸쳐 억압과 착취와 빈궁이 가져다준 낡은 농촌의 면모를 완전히 개변하지는 못하였습니다.

문화주택 건설

농업협동조합들은 생산건설을 위주로 하면서 새로운 문화주택들을 대대적으로 건설하며 교육, 문화, 보건 시설과 편의시설들을 더 많이 건설하여야 하겠습니다. 우리의 건설의 질을 결정적으로 높이기 위하여 투쟁하여야 합니다. 우리가 짓는 하나하나의 집과 시설은 우리 농민들의 행복한 사회주의생활에 알맞게 되여야 합니다. 그것은 마땅히 농민들에게 편리하고 아담하고 아름답고 튼튼한 것으로 되여야 할 것입니다. 국가는 앞으로도 계속 농촌건설을 위하여 필요한 자재를 공급할 것이며 농민들에게 기술적 방조를 줄 것입니다. 동시에 농업협동조합들은 농촌건설에 지방자재를 널리 동원 리용하며 건설자재들을 될수록 자체로 해결하기 위하여 노력하여야 할 것입니다. 이렇게 하면 건설원가가 낮아 질것이며 건설속도도 더욱 빠르게 될 것입니다. 새로 짓는 주택들과 문화후생시설들을 합리적으로 배치하며 길도 닦고 나무도 심어 우리의 마을들을 더욱 아름답게 꾸려야 하겠습니다. 이리하여 우리의 모든 농촌을 완전히 사회주의적 면모로 개변하여야 하겠습니다. 동지들!

농촌에서의 문화혁명 과업의 중요성

오늘 우리 농촌에서 문화혁명은 중요한 과업으로 나서고 있습니다. 문화혁명을 실현하지 않고는 농촌에서 기술혁명을 수행할 수 없으며 승리한 사회주의적 생산관계를 공고히 할 수 없습니다. 우리는 농촌에서 사회주의건설의 현실적 요구에 맞게 문화혁명을 더욱 적극적으로 추진시켜야 하겠습니다. 현시기에 농촌문화혁명에서 가장 중요한 과업은 모든 농민들의 일반지식수준과 기술수준을 높이는 것입니다. 우리는 이미 지난해 11월부터 중등의무교육제를 실시하고 있으며 몇해안으로 전반적 기술의무교육제를 실시하게 될 것입니다. 우리의 젊은 세대들은 모두가 다 중등교육을 받을 수 있게 되였으며 앞으로는 전반적으로 기술교육까지 받을수 있게 되였습니다. 국가는 또한 고등기술전문학교와 대학을 통하여 농업전문가와 기술자를 길러내는 사업을 더욱 강화 할 것입니다. 모든 학교들에서는 교육과 생산을 밀접히 결합시켜 새세대를 다방면적으로 발전된 유능한 사회주의건설자로 키워야 하겠습니다. 이와 함께 앞으로 몇 해동안에 모든 농업협동조합원들로 하여금 인민학교 또는 초중 졸업정도이상의 지식을 가지게 하며 그들이 모두 다 일정한 기술을 가지도록 하여야 하겠습니다. 그러기 위하여 우리 당은 농업협동조합들에서 근로자학교와 근로자중학교를 널리 설치 운영할 것을 내놓았습니다. 당의 방침에 따라 각지 농업협동조합들에는 근로자학교와 근로자중학교들이 설치되였으며 수많은 조합원들이 여기에 망라되여 공부를 하고 있습니다. 우리는 앞으로 이 사업을 더욱 강화하며 발전시켜야 하겠습니다. 이와 함께 조합원들을 통신교육망에 널리 끌어들이며 그들속에서 새로운 기술을 가지기 위한 군중적 운동을 전개하여야 하겠습니다.

이리하여 모든 농민들이 유식한 사람으로, 기술이 있고 농사를 잘할 수 있는 사람으로 되여야 합니다. 지식과 기술수준을 높이는 것과 함께 농민들의 모든 생활을 문명하게 꾸려야 합니다. 우리는 지금 선진적인 사회주의 제도하에서 살고 있습니다. 오늘 우리나라는 뒤떨어진 농업국가로부터 사회주의적 공업농업국가로 전변되였습니다. 사회가 진보하고 경제가 발전되였으니 사람도 역시 문명하게 살아야 합니다. 우리는 우리의 모든 생활을 문화적으로 개조하는 사업을 군중적 운동으로 전개하여야 하겠습니다. 온갖 비위생적이고 비문화적인 현상들을 없애며 뒤떨어진 생활양식과 관습들을 대담하게 마사버려야 할 것입니다.

농촌에서 보건위생사업을 더욱 개선 강화하여 지스토마를 비롯한 토질병과 전염병을 없애며 파리, 모기, 빈대, 쥐 등을 철저히 잡아 없애야 할 것입니다. 모든 농업협동조합원들은 자기의 가정과 마을을 더욱 깨끗하고 아름답게 거두며 아들딸들을 더 잘 기르며 생활을 알뜰하게 문화적으로 꾸려야 할 것입니다. 이와 함께 우리는 민주선전실의 운영을 개선하여 그것을 농민들의 학습과 교양의 장소로, 문화오락장으로 만들어야 하며 농촌에서 체육, 문학, 예술소조들의 사업을 대중적으로 발전시켜야 하겠습니다. 농업협동조합들을 정치적으로 더욱 공고히 하며 사회주의건설을 촉진하기 위하여서는 농민들 속에서 공산주의교양을 강화하여야 합니다. 우리 농촌에서 사회주의적 생산관계는 이미 승리하였습니다.

그러나 농민들은 아직도 낡은 사회에서 넘겨받은 봉건적 및 자본주의적 사상잔재를 완전히 없애지 못하고 있습니다. 농민들 속에서 온갖 낡은 사상 잔재를 없애고 그들의 사상의식을 개조하기 위한 공산주의교양사업을 힘차게 전개하여야 하겠습니다. 우리는 먼저 농민들에게 농촌에서 승리한 사회주의적 농업협동조합제도가 자본주의적 농업경리나 개인농민경리에 비하여 결정적으로 우월하다는 것을 철저히 알려주어야 할 것입니다. 그리하여 농민들로 하여금 이 제도를 옹호하며 착취제도를 복구하려는 자들을 반대하여 견결히 투쟁하며 사회주의 전취물을 원쑤들의 침해로부터 튼튼히 수호하게 하여야 하겠습니다.

개인 이기주의 배격

농민들에 대한 공산주의교양에서 가장 중요한 것은 그들에 남아있는 개인 리기주의와 소소유자적 근성을 없애는 것입니다. 개인 리기주의는 우리의 전진운동에 커다란 장애로 됩니다. 우리는 사회주의를 성과적으로 건설하기 위하여 농촌에서 사회주의적소유인 집단적 소유를 튼튼히 하여야 하며 더욱 발전시켜야 합니다. 또한 앞으로 공산주의를 건설하기 위하여서는 집단적 소유를 전인민적소유로 전변시켜야 합니다. 개인 리기주의를 없애지 않고는 이 모든 발전과정을 촉진할 수 없습니다. 전체 협동조합원들을 공동재산을 아끼고 사랑하며 국가와 사회의 리익을 존중히 하고 개인의 리익을 그에 복종시키며 집단속에서 동지적으로 서로 도와주는 정신으로 교양하여야 하겠습니다. 협동조합의 공동재산과 공동경리는 조합발전의 토대이며 조합원들의 생활을 높이는 원천입니다. 공동재산을 탐오, 랑비하며 략취하거나 공동경리에 불성실하게 참가하는 경향들은 반대하여 강하게 투쟁하여야 하겠습니다. 이와 함께 모든 조합원들을 로동을 사랑하는 정신으로 교양하여야 하겠습니다. 로동은 가장 고귀한 것이며 인간사회의 모든 부는 다 근로자들의 로동에 의하여 창조됩니다. 오늘 우리의 농민들은 지주나 자본가를 위하여 일하는 것이 아니라 자기 자신의 행복을 위하여, 나라와 사회의 리익을 위하여 일하고 있습니다. 우리 제도하에서 로동은 가장 영예로운 것이며 모든 사람의 신성한 의무입니다. 사회주의의 원칙은 일하지 않는 자는 먹지 말하는 것입니다. 로동을 싫어하며 건달을 부리며 남의 덕에 먹으려는 것은 가장 수치스러운 일입니다. 우리는 협동조합원들에게 로동에 대한 옳은 태도를 길러주어 그들로 하여금 로동을 즐기며 공동로동에 성실하게 참가하며 로동 규률을 자각적으로 지키게 하여야 하겠습니다. 우리는 또한 농민들을 사회주의적 애국주의와 프로레타리아 국제주의 사상으로 튼튼히 무장시켜야 하겠습니다.

사회주의적 애국주의의 출발

사회주의적 애국주의는 자기의 협동조합을 사랑하는 데로부터 출발하여야 합니다. 우리 농민들은 모두가 다 자기의 사회주의조국을 사랑하는 열렬한 애국자로 되여야 하겠습니다.

프롤레타리아 국제주의 강화

또한 농민들로 하여금 자기의 사회주의조국을 사랑하는 데로부터 출발하여 사회주의 진영을 옹호하고 이 진영 나라 인민들과 그리고 사회주의를 지향하는 세계의 모든 근로자들과의 친선과 단결을 강화하도록 그들 속에서 프로레타리아 국제주의교양을 더욱 강화하여야 하겠습니다. 사회주의건설을 성과적으로 보장하기 위하여서는 로농동맹을 더욱 튼튼히 하여야 합니다. 로농동맹은 전체 인민의 단결의 기초이며 혁명승리의 결정적 요인입니다. 우리나라에서 로농동맹은 전쟁의 가혹한 시련을 이겨내였으며 사회주의 혁명을 통하여 새로운 단계에로 발전하였습니다. 우리는 농촌에서의 기술혁명과 문화혁명의 수행에서 농민들에 대한 로동계급의 령도와 방조를 더욱 강화하며 농촌경리의 발전과 농민들의 의식개조를 촉진하여 로농동맹을 더욱더 튼튼히 하며 거기에서 로동계급의 지도적역할을 더욱 높여야 하겠습니다.

동지들!

농업협동조합들의 관리운영사업에 대한 당 및 국가적 지도와 방조 강화

농촌경리 분야에 나선 방대한 과업을 성과적으로 실현하며 협동경리를 정치경제적으로 튼튼히 하기 위하여서는 농업협동조합들의 관리운영사업을 개선하며 그에 대한 당 및 국가적 지도와 방조를 더욱 강화하여야 합니다.

새 농업협동조합 기준규약 채택

농촌경리의 협동화가 완성되고 농업협동조합들이 통합되여 새로운 발전단계에 들어섬에 따라 이 대회에서는 새 농업협동조합기준규약을 채택하게 될 것입니다. 새 기준규약초안의 기본내용은 우리의 모든 농업협동조합들과 조합원들로 하여금 로동계급의 령도밑에 농촌에서 이미 이룩한 사회주의의 승리를 공고히 하고 사회주의건설을 촉진하기 위하여 투쟁하도록 하는데 있습니다. 새 기준규약은 토지와 자유를 위한 우리 농민들의 장구한 투쟁의 열매이며 그들의 집단생활의 규범을 비쳐주는 거울이며 더욱 광명한 앞길을 가리키는 등대입니다. 우리는 통합된 농업협동조합들이 새 기준규약의 기본원칙에 따라 자기앞에 나선 방대한 과업들을 능숙하게 해결할수 있도록 그 관리운영사업을 더욱 개선하여야 할 것입니다. 조합원수가 갑자기 늘어나고 사업범위가 커진 조건에서 조합내 민주주의를 더욱 발양시키는 것은 조합을 튼튼히 하는 기본고리로 됩니다. 우리는 조합원대중을 조합의 관리운영에 널리 끌어들여 그들이 협동조합의 주인답게 서슴없이 의견을 내고 결함을 비판하며 한마음 한뜻으로 뭉쳐 모든 사업에서 더욱 적극성과 창발성을 내도록 하여야 하겠습니다. 일부 조합관리 일꾼들속에 아직도 남아있는 관료주의적 사업작풍을 철저히 없애며 그들로 하여금 대중에 의거하여 사업하며 대중속에 들어가서 배우고 가르쳐주는 혁명적 군중관점을 세우도록 하여야 하겠습니다. 총회 또는 대표자회와 관리위원회를 정상적으로 운영하여 모든 문제를 집체적으로 토의하고 결정하며 조합사업과 조합재산의 관리정형을 조합원들에게 제때에 알려주도록 하여야 하겠습니다. 우리의 경험이 보여주는 바와 같이 관리간부들의 정치실무수준을 높이는 것은 협동조합들을 튼튼히 하는데 있어서 매우 중요한 의의를 가집니다. 통합사업을 통하여 관리일꾼들의 대렬은 더욱 강화되였으나 방대한 과업의 요구에 비하면 그들의 수준은 아직도 낮습니다. 관리일꾼들, 특히 관리위원장들은 모두다 농업생산의 조직과 기술뿐 만아니라 상품류통, 신용, 교육, 문화, 보건 등 여러 부문에 대한 지식을 가지며 조합내부생활에 정통한 일꾼으로 되기 위하여 끊임없이 노력하여야 할 것입니다. 당과 정부는 관리일꾼들의 양성과 재교양사업을 더욱 강화하며 그들의 정치실무수준을 높이는데 계속 도움을 줄 것입니다. 우리의 농업협동조합들은 사회주의적대규모경리입니다. 이러한 경리는 계획없이 운영할수 없다는 것은 두말할 필요도 없습니다. 특히 조성된 새로운 환경에서 계획화의 의의는 비할바없이 커졌습니다. 생산뿐 만아니라 분배, 교환, 소비에 이르기까지 협동조합의 모든 경제활동을 계획화하여야 하며 교육, 문화,

보건사업도 계획적으로 발전시켜야 할 것입니다. 방대한 자연개조사업을 비롯한 농촌경리의 기술적 개조와 농촌건설사업을 성과적으로 보장하며 협동경리를 전망성있게 발전시키기 위하여 매개 농업협동조합들은 과학적 기초를 가진 전망계획사업에 특히 깊은 주의를 돌려야 하겠습니다.

농업협동조합들의 생산 및 건설 계획은 예비와 가능성을 최대한으로 찾아내여 적은 로력과 자재와 자금으로 가장 높은 성과를 이룩할 수 있도록 만들어져야 할 것입니다. 농업협동조합들은 끊임없는 확대재생산과 조합원들의 계통적인 생활향상을 보장하기 위하여 축적과 소비의 옳은 균형을 유지하는데 깊은 관심을 돌려야 할것입니다.

공동축적의 필요성

우리는 조합원들의 당면생활을 돌보지 않고 일방적으로 앞날을 위한 건설만 하려고 하거나 반대로 공동경리의 장래발전과 조합의 경제토대는 돌보지 않고 래일이야 어떻게 되든지 생기는 대로 때려먹고 보자는 경향들을 다같이 배격하여야 합니다. 여기에서 우리의 원칙은 축적과 소비에 다같이 고려을 돌리며 조합원들의 생활이 높아짐에 따라 점차적으로 축적을 더 늘이는 것입니다. 축적을 늘여야만 조합원들의 물질문화생활을 확고한 토대우에서 끊임없이 높일수 있습니다. 농촌에서 기술혁명을 수행하며 방대한 생산 및 문화 건설을 하기 위하여 농업협동조합들의 공동축적을 더욱 늘여야 하겠습니다. 매개 농업협동조합들은 자체의 구체적 실정을 고려하여 기준규약에 규정된 범위에서 매해 축적비률을 정하여야 할 것입니다.

공동축적폰드 사용방법

공동축적폰드는 농업협동조합들에서 생산의 확대를 위하여 현대적 기계를 사거나 생산 및 문화 시설들과 주택을 건설하는데 리용되며 조합의 공동재산을 늘이는 기본원천으로 됩니다. 앞으로 농업협동조합들의 성과는 조합원들에 대한 분배량에 의하여서뿐만아니라 공동축적의 크기와 기본건설의 규모에 따라서도 평가되여야 할 것입니다. 공동축적이 커짐과 함께 끊임없이 늘어나는 조합의 공동 재산을 잘 관리하며 공동경리의 발전과 조합원들의 복리를 높이기 위하여 그것을 더욱더 효과적으로 리용하여야 하겠습니다.

노동조직의 개선과 노력의 합리적 이용

로동조직의 개선과 로력의 합리적리용은 오늘 농업협동조합들에서 특히 중요한 문제로 나서고 있습니다. 매개 협동조합들에서는 새로운 실정에 알맞게 작업반들을 합리적으로 개편하고 모든 조합원들의 공동로동 참가률을 더욱 높여야 하겠습니다. 작업장소를 자주 옮기게 하거나 작업조건을 잘 보장하지 못하거나 또는 제때에 작업지시를 주지 않아서 로력을 랑비하는 현상들을 철저히 없애야 할 것입니다. 이와 함께 분조, 작업반 및 조합들 호상간에 사회주의적 경쟁운동을 활발히 전개하여 우수한 성과와 경험들을 널리 보급하며 경제 및 문화 건설에서 계속 새로운 혁신을 일으키도록 하여야 합니다. 농업협동조합들은 조합원들의 일상생활에 대하여 깊은 관심을 돌려야 합니다. 조합원들의 수입이 빨리 늘어남에 따라 있을수 있는 랑비현상을 막으며 그들로 하여금 자기 생활을 잘 꾸리도록 지도하여야 할 것입니다. 우리는 또한 조합원들의 로동보호에 대하여 관심을 돌리며 조합원들이 정기적으로 휴식도 하고 잠도 충분히 잘수 있도록 보장하여야 하겠습니다. 특히 녀성들의 가정부담을 덜어주며 어린이들을 보호하고 더 잘 기를수 있는 조건을 지어주어야 할 것입니다. 그러기 위하여 탁아소, 유치원, 세탁소 및 재봉소 등을 잘 운영하여야 하겠습니다. 농업협동화가 완성되였으며 협동조합들의 규모가 커진 조건에서 그에 대한 당 및 국가의 지도와 방조는 더욱더 강화되여야 합니다.

농업협동화에 대한 당 및 국가의 지도와 방조내용

올해부터 우리는 종전에 평년수확고의 10~27%이던 농업현물세 비율을 12% 정도까지 낮추려고 합니다. 특히 아직 경제토대가 약한 산간지대의 일부 농업협동조합들에 대하여서는 현물세를 완전히 면제할 것을 예견하고 있습니다. 농산물의 수확이 해마다 늘어나고 있는 오늘 현물세률을 이와 같이 대폭적으로 낮추는 것은 농업협동조합들에 커다란 경제적 리익을 가져다 줄 것입니다. 이것은 협동조합들의 축적을 훨씬 늘여 농촌경리의 기술적 개조와 농촌건설을 더욱 촉진시키며 뒤떨어진 조합들을 추켜세워 그 토대를 튼튼히 하며 농민들의 생활을 더욱 높이는데 커다란 도움으로 될 것입니다. 우리는 농촌경리의 발전을 보장하며 협동경리를 튼튼히 하는데 있어서 각급 당 및 정권 기관들과 농촌경리지도일꾼들의 역할을 더욱 높여야 하겠습니다.

도 · 시 · 군 인민위원회의 농촌 지도역량 강화

최근에 우리 당은 도, 시, 군 인민위원회들의 농촌지도 력량을 강화하고 그들의 권한을 확대하는 일련의 조치들을 취하였습니다. 이것은 새로운 농촌현실에 맞게 지도를 생산에 접근시키며 지방의 창발성을 높이며 생산의 예비와 가능성을 동원하는데서 커다란 의의를 가집니다. 농촌지도사업에서 우리는 형식주의적 작풍을 없애야 하며 현지지도를 더욱 강화하여야 합니다. 특히 아직도 경제토대가 약한 농업협동조합들에 대한 지도사업에 힘을 집중하여 이 조합들을 빠른 시일내에 추켜세우도록 하여야 하겠습니다. 전체 농촌경리지도일꾼들은 지도를 대중의 혁명적 열의와 결합시키며 당과 대중의 통일을 더욱 강화하여 우리 당의 농업정책을 철저히 관철하도록 하여야 하겠습니다.

농업협동조합의 당사업 강화

농촌사업에 대한 우리 당의 령도를 보장하기 위하여 특히 농업협동조합내 당단체들의 사업을 강화하여야 하겠습니다. 농업협동조합내 당단체들은 광범한 군중에게 당의 로선과 정책을 깊이 해석 침투시키며 그들을 당정책을 관철하기 위한 투쟁에 힘차게 동원하며 이 투쟁에서 당원들의 선봉적 역할을 높이도록 하여야 하겠습니다. 당단체들은 여러개의 부락이 한 조합에 통합된 조건에서 나타날 수 있는 지난날의 협소한 조합본위주의적 및 가족주의적 경향을 없애고 조합원들의 사상적통일과 호상협조를 더욱 강화하여야 할 것입니다. 당단체들은 농업협동조합들의 관리운영사업과 경제활동에 대한 지도와 통제를 강화하여야 하겠습니다. 당단체들은 조합내에서 애국렬사 유가족과 후방가족들과의 사업을 강화하며 그들의 생활과 자녀들의 교육에 대하여 일상적으로 보살펴주며 그들이 조합사업에서 핵심적 역할을 하도록 백방으로 도와주어야 할 것입니다. 당단체들은 또한 민청을 비롯한 근로단체들의 사업에 큰 관심을 돌려야 하겠습니다. 당의 후비대인 민청원들은 우리나라 사회주의건설에서 돌격대의 역할을 맡고 있습니다. 당단체들은 민청단체들을 옳게 지도하며 청년들에 대한 공산주의 교양을 강화하고 그들의 기술문화수준을 계속 높임으로써 그들로 하여금 조국과 인민을 위한 용감한 투사로서 자기의 모든 지혜와 혁명적정열을 다하여 농촌에서의 사회주의건설에 복무하도록 하여야 하겠습니다. 이와 같이 하여 우리는 모든 농업협동조합들을 경제토대가 튼튼하고 조합원들의 생활이 넉넉하며 정치적으로 공고한 사회주의적 경리로 발전시켜야 하겠습니다. 이렇게 하여 우리는 우리당의 농촌진지를 철옹성같이 다져야 할 것입니다. 동지들!

남조선 비판

공화국북반부에서의 사회주의건설은 우리 조국이 둘로 갈라져있는 조건에서 남조선의 경제형편과 판이한 대조를 보여주면서 진행되고 있습니다. 오늘 남조선경제는 더욱더 파멸의 구렁텅이에 깊이 빠져 들어가고 있습니다. 13년동안 미제와 리승만도배가 남조선을 지배한 결과로 남은 것은 민족경제의 파산과 인민생활의 령락이며 무지와 몽매, 타락뿐입니다. 남조선에 있는 공장, 제조소들은 그 대부분이 중소기업소들이며 그나마도 약 80%는 조업을 중지 또는 단축하고 있습니다. 지금 남조선에는 420만명 이상의 실업자들이 거리를 헤매고 있습니다. 취업 로동자들의 임금은 최저생활비의 3분의 1에 지나지 않으며 로동자들은 그것마저 몇 달씩 받지 못하고 있습니다. 협동화된 우리의 사회주의적 농촌경리가 비약적인 발전을 계속하고 있을 때 남조선농업은 식민지 반봉건적 예속에서 벗어나지 못하고 그 생산력은 날로 혹심하게 파괴 되여 가고 있습니다. 남조선의 파종면적은 일제시기보다 60만정보나 줄어들었으며 알곡 총수확고는 40%나 줄어들었습니다. 일제시기에는 북조선보다 2배나 더 많은 알곡을 생산하던 남조선이 오늘에 와서는 공화국북반부보다 오히려 적은 알곡을 생산하고 있습니다. 지난날에 곡창으로 알려졌던 남조선은 만성적기근지대로 변하였으며 전체 농가의 약 절반이 절량상태에 빠졌습니다. 남조선농민들의 대부분은 한평의 땅도 없는 소작인 또는 고농으로 되였거나 자기의 향토를 버리고 떠다니면서 빌어먹고 사는 류랑민으로 되었습니다. 사태가 이럼에도 불구하고 미제와 리승만도당은 예산의 약 70%를 군사비와 경찰비에 돌리면서 농촌경리를 복구할데 대하여서는 티끌만한 관심도 돌리지 않고 있습니다. 그들은 남조선농민들의 피땀을 마지막 한방울까지 짜내기 위하여 방법과 수단을 가리지 않고 있습니다. 이 모든것은 남조선에 대한 미제의 식민지 략탈정책이 빚어낸 필연적 결과입니다. 나갈 길은 오직 미제침략자들을 몰아내고 나라를 통일하는데 있습니다. 남조선농민들은 미제와 리승만역도의 지배밑에서는 토지와 자유를 얻을 수 없으며 말할 수 없이 고통스러운 오늘의 비참한 처지에서 벗어날 수 없다는 것을 더욱더 깊이 깨닫고 있습니다.

우리 농촌에서 사회주의건설의 성과가 크면 클수록, 우리 농민들의 생활이 높아지면 질수록 그것은 압박과 착취에 신음하며 굶주림과 추위에 떨고 있는 남조선농민들에게 더욱 커다란 용기와 희망을 북돋아줄 것 입니다. 우리의 농민들은 남조선동포들을 구원하기 위하여 농촌경리를 더욱 발전시켜야 하며 사회주의를 더 잘 건설하여야 할 것입니다. 공화국북반부에서의 사회주의건설은 우리 조국의 평화적통일을 이룩하기 위한 결정적담보로 되며 그것은 조국이 통일된 후 남조선경제를 빨리 복구하며 남조선인민들의 생활을 개선하기 위한 강력한 물질적토대로 될 것입니다. 날이 가면 갈수록 공화국북반부에서의 사회주의 력량은 더욱 강화될 것이며 남조선인민들의 혁명적각성은 더욱 높아질 것입니다. 어떠한 힘도 조국과 민족의 통일을 지향하는 조선인민의 혁명력량의 장성을 막을 수 없습니다. 전국 동포들이 통일된 조국강토에서 다같이 자유롭고 부유하고 행복한 생활을 누리게 될 날은 반드시 오고야 말 것 입니다.

사회주의의 우월성

오늘 사회주의는 세계적 범위에서 승리하고 있으며 제국주의세력은 몰락의 한길을 걷고 있습니다. 사회주의진영은 제국주의진영보다 비할바없이 강대합니다. 사회주의진영은 지구 륙지 면적의 4분의 1이상의 넓은 지역을 차지하고 있으며 제국주의나라들보다 배나 더 많은 거의 10억의 인구를 망라하고 있습니다. 쏘련은 경제 및 과학기술의 발전에서 세계를 놀라게 하는 커다란 성과를 이룩하였으며 점차 미국을 압도하기 시작하였습니다. 쏘련은 이미 세개의 인공지구위성을 발사하여 과학의 발전력사에서 새기원을 열어놓았습니다. 새해벽두에 쏘련은 또다시 달을 향하여 우주로케트를 발사하였습니다. 이것은 자본주의에 대한 사회주의의 결정적우월성을 시위하는 것이며 전세계 진보적 인류에게 공산주의 미래에 대한 확신을 더욱 굳게 하여주는 것입니다. 모든 인민민주주의나라들에서 사회주의는 성과적으로 건설되고있으며 인민경제가 빨리 발전하고 인민생활은 끊임없이 개선되고 있습니다. 오늘 사회주의진영나라들의 공업생산은 세계 공업생산의 3분의 1을 차지하고 있으며 7년안에 그것은 절반이상을 차지하게 될 것입니다. 사회주의진영나라들은 맑스-레닌주의와 프로레타리아국제주의 기치밑에 더욱 굳게 단결되였습니다. 이 모든것은 제국주의세력을 압도하는 사회주의진영의 불패의 위력을 시위하는 것입니다. 모든 정세는 우리의 정당한 위업에 더욱더 유리하게 발전하고 있습니다. 우리 인민은 형제나라 인민들과 어깨 겯고 나아감으로써 우리나라에서 사회주의를 승리적으로 건설할 것이며 반드시 우리 조국의 통일을 이룩하고야말 것입니다. 이리하여 우리 인민은 극동에서와 나아가서는 전세계에서 평화와 사회주의의 진지를 더욱 공고히 하는데 이바지할 것입니다. 로동계급과 함께 우리의 농민들은 이 영광스러운 위업의 담당자들입니다. 농촌경리를 더한층 발전시키기 위한 우리 농민들의 로력투쟁은 공화국북반부에서의 사회주의건설을 위한 투쟁이며 그것은 곧 조국의 평화적통일과 장래번영을 위한 투쟁입니다. 나는 우리나라의 전체 농민들이 우리 당주위에 더욱 굳게 뭉쳐 당의 령도밑에 농촌경리부문에 맡겨진 웅대한 과업을 승리적으로 수행하리라는 것을 굳게 믿습니다.

2. 분조관리제를 정확히 실시하며 농업생산에서 새로운 앙양을 일으킬 데 대하여

(전국 농업일꾼대회에서 한 결론협동조합대회 / 1968년 2월 14일)

1967년 농업 부문의 성과

동지들! 지난해에 우리나라에서는 전국적으로 농사가 아주 잘되였습니다. 모든 농장원들과 농업부문일꾼들이 당대표자회 결정과 지난해에 있은 전국농업일꾼대회의 정신을 높이 받들고 경지 매 정보마다 500키로그람 더 내기 위한 투쟁을 정력적으로 전개한 결과 1966년에 비하여 알곡생산이 16%나 더 늘어났습니다. 만약 평양시와 평안남북도 일대에서 예년에 드문 큰물피해를 입지 않았더라면 알곡생산은 이보다 훨씬더 늘어났을 것입니다. 이것은 경지면적이 제한되여 있고 원래 집약화수준이 높은 우리나라의 실정에서 실로 기적적인 성과라고 말하지 않을 수 없습니다. 우리의 협동농장원들과 농업부문일꾼들은 농업생산에서 커다란 성과를 거둠으로써 인민생활향상과 나라의 전반적 인민경제발전 그리고 국방건설에 크게 이바지하였습니다. 나는 당의 령도밑에 농업전선에서 빛나는 성과를 거둔 이 자리에 모인 동무들과 동무들을 통하여 전국의 모든 협동농장원들과 협동농장관리일꾼들, 국영농목장로동자들과 국영 농목장관리일꾼들, 군협동농장경영위원회를 비롯한 모든 국가농업지도기관 일꾼들에게 조선로동당 중앙위원회와 공화국정부의 이름으로 뜨거운 감사를 드립니다.

특히 10만톤의 영예를 쟁취한 황해남도 연안군내 모든 협동농장원들과 농업부문일꾼들에게 가장 열렬한 축하를 보냅니다. 연안군에서는 벌써 몇해전부터 알곡 10만톤을 낼 것을 목표로 내걸고 투쟁하여왔습니다. 이 군에서는 해마다 이 목표에 닿을가 말가 하다가 닿지 못하였는데 지난해에 드디어 알곡 10만톤 고지를 돌파하는 높은 성과를 올렸습니다. 우리는 이에 대하여 매우 만족하게 생각하고 있습니다.

나는 또한 논벼 정당 5톤이상, 강냉이 정당 3톤이상 그리고 2모작을 하여 알곡을 정당 4톤씩 낸 모든 분조들과 작업반들, 농장들에 뜨거운 감사를 드립니다. 지난날에는 불모의 땅이라고 불리워오던 메마른 백무고원에 자리잡고 있는 량강도 국영5호 농장에서도 콩은 정보마다 1톤 400키로그람, 아마는 정보마다 3톤씩 내는 놀라운 성과를 거두었습니다. 이것은 5호농장이 생긴 뒤에 처음 보는 높은 수확입니다. 이에 대하여 당중앙위원회는 높이 평가하며 이 농장의 모든 로동자들과 관리일꾼들을 열렬히 축하합니다.

1967년 농사가 잘된 원인

그러면 지난해에 우리나라에서 농사가 이와 같이 잘된 원인은 어디 있습니까? 그것은 무엇보다도 먼저 우리의 모든 협동농장원들과 협동농장관리일꾼들, 농업부문의 모든 일꾼들이 당대표자회결정을 높이 받들고 경제건설과 국방건설에서 자기들에게 맡겨진 영예로운 임무를 다하려는 굳은 결심, 특히 일단 유사시를 생각하여 더 많은 알곡예비를 마련하려는 혁명적 각오를 가지고 이악하게 달라붙어 투쟁한데 있습니다. 다시 말하면 농업부문에서의 이러한 성과는 당과 혁명에 무한히 충실하며 새로운 혁명적대고조를 이룩하려는 불같은 념원으로 가득찬 우리의 모든 농업근로자들의 불굴의 투지와 완강한 투쟁에 의하여 이루어졌습니다. 우리 농민들은 지난해에 당의 농업정책을 높이 받들고 고인물빼기 운동을 전국가적, 전인민적 운동으로 힘있게 전개하였습니다. 사실상 우리는 이때까지 고인물 때문에 논벼생산에서 해마다 많은 피해를 입어왔습니다. 지난해에 당과 정부에서는 고인물로 인한 피해를 없애는 것을 알곡증산의 중요한 예비로 보고 여기에 많은 힘을 넣는 한편 농민들을 고인물빼기 운동에로 힘있게 불러일으켰습니다. 우리나라 모든 농민들은 당의 호소를 심장으로 받들고 한결같이 떨쳐나서 고인물을 빼기 위한 방대한 공사를 짧은 시일에 해제꼈습니다. 그리하여 고인물로 인한 농작물의 피해를 적지 않게 덜수 있었습니다. 우리 농민들은 또한 농사를 과학기술적으로 지을데 대한 당의 방침을 관철하기 위하여 토지를 개량하고 우량 품종과 종자를 육성하며 기후풍토조건에 맞게 작물을 합리적으로 배치하고 병충해를 없애는 등 과학적영농방법을 널리 받아들이였습니다.

특히 동무들은 이번 회의에서 많이 토론된바와 같이 우리 당에 의하여 우리나라에서 처음으로 도입된 분조관리제를 정확히 운영하기 위하여 모든 노력을 기울임으로써 그 우월성을 충분히 나타낼 수 있게 하였습니다. 다 아는바와 같이 우리가 분조관리제를 도입한지는 불과 2~3년밖에 안됩니다. 털어놓고 말해서 처음 한두해 동안은 그것을 도입하고 경험을 쌓느라고 그 생활력을 제대로 나타낼 수 없었습니다. 그러나 지난해부터는 우리나라의 모든 협동농장들에서 분조관리제가 은을 내기 시작하였으며 그 우월성이 뚜렷이 나타났습니다. 지난해에 농민들이 당의 농업정책을 관철하기 위하여 물불을 헤아리지 않고 몸바쳐 투쟁하였을 뿐만 아니라 농업에 대한 공업의 지원과 농민에 대한 로동계급의 방조가 그 어느 때보다도 적극적으로 진행되였습니다. 특히 화학공업부문로동자들은 사회주의건설에서 농업생산발전이 가지는 커다란 정치, 경제적 의의와 농민들을 지원해야 할 자기의 숭고한 임무를 깊이 자각하고 농촌에 질좋은 화학비료와 여러가지 농약을 더 많이 생산하여 보내줌으로써 농촌경리의 화학화를 힘있게 촉진시킬 수 있게 하였습니다. 이 모든 것이 지난해 우리나라 농업생산에서 새로운 앙양을 가져오게 하였습니다.

정보당 500kg 알곡 증산운동

동무들은 지난해와 마찬가지로 올해에도 농업생산에서 새로운 앙양을 이룩하여야 하겠습니다. 우리에게는 아직도 알곡을 더 낼수 있는 예비가 많습니다. 지난해에 알곡을 정보마다 500키로그람 더 내는 운동을 벌려 많은 협동농장들이 계획을 넘쳐 수행하였지만 부분적으로는 정보마다 500키로그람씩 더 내지 못한데도 있고 농사는 잘 지었지만 뜻하지 않은 큰물피해로 말미암아 알곡수확이 떨어진데도 적지 않습니다. 우리는 알곡을 더 낼수 있는 예비를 다 동원하였다고 말할수 없습니다. 그러므로 우리가 당정책을 높이 받들고 좀더 이악하게 달라붙어 일한다면 지금보다 훨씬 더 많은 알곡을 생산할수 있습니다. 올해에도 농업부문에서의 구호는 역시 알곡을 정보마다 500키로그람씩 더 내기 위한 운동을 벌리는 것입니다. 나는 오늘 당중앙위원회와 공화국정부의 이름으로 이 대회에 참가한 여러 동무들과 우리나라의 모든 협동농장원들과 농업부문일꾼들에게 올해에도 매 정보에서 알곡 500키로그람씩 더 내기 위한 운동을 다시 한번 힘있게 벌릴 것을 호소합니다. 동무들이 일을 잘하여 이 과업을 어김없이 수행한다면 인민들이 넉넉하게 먹고 잘살수 있을뿐 만아니라 축산업도 발전시킬수 있고 더 많은 알곡예비를 마련하여 놓을수 있을 것입니다.

사실 우리나라가 더욱 부강한 나라로 되려면 알곡예비를 적어도 몇백만톤은 가져야 합니다. 나라의 쌀독이 차고 쌀뒤주가 넘어나야 그 나라를 강하고 잘사는 나라라고 말할수 있습니다. 나라에 알곡예비가 많으면 전쟁이 일어나는 경우에도 겁날 것이 없습니다. 우리가 알곡을 많이 생산하면 외화를 절약하여 나라의 공업화에도 크게 이바지할수 있습니다. 우리가 알곡을 많이 생산하여 절약한 외화로 한해에 현대적인 기계공장을 10

개씩만 사들인다 하여도 그것을 가지고 많은 여러 가지 기계제품을 생산하여 인민경제의 기술개건사업을 더욱 추진시킬수 있을 것입니다. 지금 우리나라가 공업국가라고는 하지만 공업이 고도로 발전된 나라에 비하면 아직도 기계공업이 뒤떨어져있습니다. 공업발전력사를 놓고 보면 산업혁명을 한지가 영국 같은 나라는 200~300년이나 되고 일본도 100년이 넘습니다. 그런데 우리나라는 일제의 강점으로 말미암아 오래동안 뒤떨어진 식민지농업국가의 처지에 있었으며 문명한 새 조국을 건설하기 시작한지는 불과 20년밖에 안됩니다. 게다가 미제침략자들에 의하여 강요된 3년동안의 가렬한 전쟁으로 말미암아 여지없이 파괴된 인민경제를 복구하는데 돌려진 시일까지 빼낸다면 결국 우리나라 기계공업의 력사는 10년 남짓한 기간밖에 안됩니다. 우리가 기계공업에서 앞선 나라들을 따라잡자면 신들메를 든든히 졸라매고 달리고 또 달려 나아가야 합니다. 우리는 이미 거둔 성과에 조금도 자만하지 말고 분발하여 기계공업을 더 발전시켜야 하며 우리나라를 강력한 공업국가로 만들어야 할 것입니다. 발전된 공업을 가져야 수리화, 기계화, 전기화, 화학화 등 농촌기술혁명을 힘있게 추진시켜 농민들을 고된 로동에서 해방하는 력사적과업을 수행하고 농업생산력을 더 빨리 발전시킬 수 있습니다. 우리는 어떻게 하나 가까운 몇해 동안에 알곡생산을 비롯한 전반적 농업생산을 당이 요구하는 수준에 결정적으로 올려 세워야 합니다. 올해에는 지난해보다 당대표자회문헌도 1년동안 더 학습하였고 공화국정부의 10대 정강도 새로이 학습하고 있으니 알곡을 정보마다 500키로그람씩 더 내기 위한 사상적 준비는 훨씬 잘 되였으리라고 봅니다.

강하천 정리

문제는 "우리나라 사회주의농촌문제에 관한 테제"와 지난해 전국농업일꾼대회에서 내세운 두 가지 10대과업을 계속 철저히 관철하는가 못하는가에 달려 있습니다. 나는 오늘 구태여 테제에서 제시된 과업과 두 가지 10대 과업에 대하여 되풀이하지 않고 다만 올해에 농촌경리에서 반드시 집행하여야 할 몇 가지 과업에 대하여서만 중점적으로 강조하려 합니다. 무엇보다도 먼저 고인물빼기공사를 완전히 끝내며 강바닥을 파고 동뚝을 쌓는 등 강하천 정리를 대대적으로 하여 농작물과 땅이 물에 잠기지 않도록 하여야 하겠습니다. 이것이 첫째 과업입니다. 고인물과 큰물로 말미암아 우리는 해마다 알곡생산에서 커다란 손실을 보고 있습니다. 우리는 이미 계획에 예견되고 설계된대로 고인물빼기 공사를 다그치며 큰물에 터진 동뚝들을 빨리 다시 쌓고 약한 동뚝은 보강하여야 하겠습니다.

과학적인 시비체계 수립

다음으로 중요한 것은 여러 가지 토양조건에 맞게 과학적인 시비체계를 세우는 것입니다. 올해에 화학비료의 공급량은 급격히 늘어나 정보마다 질소비료는 논벼에 400키로그람, 강냉이밭에 300키로그람, 과수밭에는 600키로그람을 주게 될 것입니다. 이런 조건에서 과학적인 시비체계를 세워 비료의 효능을 최대한으로 높이는 것이 아주 절실한 문제로 나서게 됩니다.

병충해 방지사업 강화

또한 병충해를 막기 위한 사업을 면밀하게 짜고 들어야 하겠습니다. 우리가 해마다 입고 있는 병충해만 없애도 전국적으로 10만~20만톤의 알곡을 더 얻을 수 있습니다. 질소비료 시비량이 갑자기 많이 늘어나는 조건에서 우리는 도열병을 방지하는데 특별한 관심을 돌려야 하겠습니다. 지난해만 하여도 가는 곳마다에서 도열병때문에 적지 않은 피해를 입었습니다. 순안으로 나가는 큰길옆의 논벼들도 도열병에 걸려 얼럭덜럭하였습니다. 우리가 이것으로 손실보는 알곡만 하여도 전국적으로 따져보면 몇만톤 잘될 것 같습니다. 우리는 농장원들과 농촌경리부문일꾼들 속에서 과학영화를 만들어 돌리거나 필요할 강습을 주어 도열병을 비롯한 온갖 병충해를 막기 위한 지식을 널리 보급하며 농약을 미리 잘 준비해두고 종자도 병충해에 잘 견디는 좋은 것을 고르는 병충해를 없애기 위한 대책을 철저히 세워야 할 것입니다.

토지개량사업 강화

이와 함께 토지개량사업을 적극 진행하여야 하겠습니다. 토양분석사업을 앞세우고 토양의 래력을 구체적으로 알아서 흙깔이를 할데는 흙깔이를 하고 깊이 갈데는 깊이 갈고 광재를 칠데는 광재를 치고 석회를 칠데는 석회를 쳐서 땅을 개량하도록 하여야 하겠습니다. 토지개량에서 특별히 관심을 돌려야 할 문제는 땅에 미량원소비료를 주는 것입니다. 우리가 가꾸고 있는 땅은 대부분이 일군 지 오래되여 토양으로서 갖추어야 할 성분을 제대로 갖추지 못하고 있습니다. 그러므로 미량원소를 대대적으로 생산 공급하기 위한 조치를 적극적으로 취하여야 하겠습니다. 지금처럼 광재만 싣고 다녀서는 물동량이나 많아졌지 토양에 필요한 여러 가지 미량원소들을 제대로 보충하여 줄수 없습니다. 농업위원회와 농업과학원에서는 미량원소비료의 생산문제를 빨리 풀도록 하여야 하겠습니다.

농업근로자들에 대한 농기계와 땅에 대한 애착심 제고

다음으로 농업근로자들 속에서 농기계와 땅에 대한 애착심을 높이는 것이 매우 중요합니다. 지금 농민들 속에서 땅에 대한 애착심이 그리 높지 못합니다. 지난날 우리 농민들은 땅을 위하여 오래동안 투쟁하여 왔으며 토지혁명을 위하여 많은 혁명선렬들이 자기의 고귀한 생명을 바쳤습니다. 오늘 우리 농민들이 다루고 있는 땅에는 혁명선렬들이 흘린 붉은 피가 스며있습니다. 이 땅은 우리 세대 사람들의 행복한 살림을 위해서 뿐만아니라 후손만대의 번영을 위하여서도 아끼고 알뜰히 다루어야 할 나라의 귀중한 재부입니다. 그런데 농민들 속에서는 이 귀중한 땅을 되는대로 다루는 현상들이 나타나고 있습니다. 농업부문지도일꾼들은 농민들 속에서 땅에 대한 애착심을 높이도록 하는데 깊은 관심을 돌려야 할 것입니다. 분조, 작업반들은 자기에게 맡겨진 땅을 알뜰하게 거두고 한뙈기라도 물에 떠내려가지 않게 하며 기름진 땅으로 만들기 위하여 모든 힘을 기울여야 할 것입니다.

축산업 발전방안

알곡생산을 결정적으로 높이는 것과 함께 축산업발전에 큰 힘을 넣어야 하겠습니다. 축산업을 발전시켜야 질좋은 거름을 많이 생산하여 농사를 더 잘 지을 수 있으며 인민들의 식생활을 개선하고 식량을 절약할 수 있습니다. 축산업을 발전시키기 위하여서는 무엇보다도 먼저 매 집에서 고기 100키로그람 이상 생산하는 운동을 전개하여야 하겠습니다. 매 집에서 한해에 고기 100키로그람을 생산하려면 70키로그람짜리 돼지 한마리반을 기르면 됩니다. 이것은 그리 힘든 일이 아닙니다. 우리는 어떠한 일이 있더라도 매 집에서 돼지 한 마리반 이상씩 길러내도록 하여야 하겠습니다. 농장원들의 개인축산과 함께 공동축산도 더욱 발전시켜 작업반마다 2~3톤의 고기를 생산하도록 하여야 하겠습니다. 그러기 위하여 매 작업반에서 영양가 높고 수확이 많은 사료작물을 한 정보씩 심어야 하겠습니다. 이번에 동무들이 사료작물생산에 대한 과학영화를 보고 많은 것을 배웠으리라고 생각합니다.

앞으로 우리는 그 영화를 매개 도에다 내려 보내겠습니다. 그것을 도내 모든 작업반장들과 분조장들 그리고 농장원들에게 다 보여주도록 하여야 하겠습니다. 얼마전에 농업위원회 위원장에게 매 작업반에서 사료작물을 한정보씩 심도록 하라고 하니 그는 올해에 알곡생산과제가 긴장한데 작업반마다 사료작물을 한정보씩 심으면 수만정보의 땅이 없어지기 때문에 곤난하다고 하면서 강냉이를 많이 심어 고기를 생산하겠다고 하였습니다. 그래서 나는 그에게 강냉이를 심어가지고는 한정보에서 고기를 2~3톤이상 낼수 없으므로 수확성과 사료단위가 높은 다른 사료작물을 심으라고 하였습니다. 지금 당장 이렇게 할수 없는 작업반들에서는 시험도 해보면서 적어도 고기 2톤을 낼수 있는 사료기지는 조성하여야 하겠습니다. 이렇게만 하여도 전국적으로 계산하면 수만톤의 고기를 낼수 있습니다. 앞으로 점차 경험을 쌓게 되면 매 작업반에서 고기를 3톤씩 생산하도록 하여야 합니다. 이렇게 하면 작업반들에서 9만~10만톤의 고기를 내게 되며 여기에다 개인부업축산에서 생산하는 고기까지 합하면 농촌에서 모두 20만톤의 고기를 생산하는 것으로 됩니다. 염소와 양도 기르는 것이 좋습니다. 염소나 양을 기르는 데는 먹이가 많이 들지 않기 때문에 누구나 쉽게 기를수 있습니다. 염소를 기르면 아이들에게 늘 젖을 짜먹일수 있습니다. 앞으로 동무들은 집집마다 염소와 양을 각각 한마리씩 기르는 운동을 벌려야 하겠습니다.

남새생산도 결정적으로 높여야 하겠습니다. 남새를 많이 생산하려면 물을 대기 쉬운 곳에 남새밭을 정해야 합니다. 이 문제에 대하여서는 당에서 벌써 몇해 전부터 강조하였는데 좀처럼 잘 집행되지 않고 있습니다. 그리하여 지난해 가을에 일부 지방에서는 가물이 몹시 들어 남새가 잘되지 않았습니다. 앞으로 동무들은 가을남새밭이나 봄남새밭이나 할 것 없이 다 물을 대기 쉬운 곳에 정하고 잘 관리하도록 하여야 하겠습니다. 그리하여 남새를 사철 떨구지 않고 인민들에게 넉넉히 공급하도록 하여야 할 것입니다.

농촌 노력 고착화

다음으로 로력관리사업과 로력조직사업을 잘하여야 하겠습니다. 지금 한편으로는 방대한 7개년계획수행과 관련하여 나라의 로력사정이 매우 긴장하며 또 다른 한편으로는 원쑤들이 우리에게 자꾸 도발하여오는 첨예한 정세에 대처하여 국방력을 강화하여야 하기 때문에 아무래도 농촌에서 로력을 좀 뽑지 않으면 안됩니다. 이러한 조건에서 농촌로력 관리사업과 로력조직을 잘하는 것은 특별히 중요한 과업으로 나섭니다. 무엇보다도 먼저 농촌로력을 고착시키는데 깊은 주의를 돌려야 할 것입니다. 나라의 로력사정이 긴장하기 때문에 로력자 한사람이 관리하는 경지면적이 그리 많지 않은 협동농장들에서는 로력을 좀 뽑아야 합니다. 그러나 로력이 긴장되여 있는데서는 절대로 로력을 뽑지 않는 원칙을 지켜야 하겠습니다. 이 원칙을 지키지 않으면 농업생산을 추켜 세울 수 없습니다.

그리고 군인민위원장이나 군당책임비서들이 농장로력을 마음대로 조동하는 일이 절대로 없도록 하여야 하겠습니다. 농촌로력 관리질서를 엄격히 세워 기업체인 협동농장의 로력을 망탕 여기저기 빼돌리지 못하게 하여야 할 것입니다. 농촌로력을 고착시키는 동시에 우리가 청산리를 지도할때 내세운 방침대로 로력을 분산시키지 말고 모든 힘을 농사에 집중하도록 로력조직을 잘하여야 하겠습니다. 지금 농장들에서 과수작업반이요, 건설이요 하면서 로력을 분산시키는 현상들이 많이 나타나고 있는데 잘못하다가는 청산리를 지도하기전 상태로 되돌아갈 우려가 있습니다. 이러한 현상을 철저히 없애야 하겠습니다. 모를 낼 때와 김 맬때 같은 바쁜 농사철에는 과수작업반이나 건설로력이나 할 것 없이 모든 작업반, 모든 분조들의 로력을 다 농사일에 집중하도록 하며 그것이 끝난 다음에 과수원도 가꾸고 건설도 하도록 로력조직을 잘 짜고 들어야하겠습니다. 또 사실 과수작업반 같은데서 모내기철에 크게 할 일도 별로 없습니다.

분조관리제 공고 발전

다음으로 분조관리제를 공고 발전시켜야 하겠습니다. 분조관리제에 대하여서는 보고에서 구체적으로 지적되였기 때문에 몇 가지 문제에 대하여서만 간단히 말하려 합니다. 무엇보다도 먼저 분조관리제의 우월성에 대한 똑똑한 인식을 가질 필요가 있다고 생각합니다. 어떤 동무들은 분조관리제를 받아들이니 농장원들의 사업분공이 명백하여 일에서 책임성이 높아지고 건달군이 없어져서 좋다고 하는데 그렇게 단순하게 보아서는 안됩니다. 또 어떤 동무들은 분조관리제를 물질적 자극을 강화하는 수단으로만 보고 있는데 그것도 잘못입니다. 분조관리제의 중요한 우월성은 그것이 농장원들을 공산주의사상으로 교양하며 그들 속에서 집단주의정신을 키우는 훌륭한 형태라는데 있습니다. 아는 바와 같이 공산주의교양에서 중요한 것은 개인리기주의를 없애고 집단생활과 조직생활을 잘하도록 하는 것입니다. 지난 이태동안 우리가 분조관리제를 실시하면서 이모저모로 분석하여보니 비교적 규모가 작은 분조에서 농장원들은 서로 성격도 더 잘 알게 되고 리해가 깊어지게 되였으며 따라서 서로 돕고 이끄는 집단주의정신이 높아지게 되였습니다. 또한 모든 분조원들이 분조가 맡은 생산과제에 대하여 다같이 책임지려는 자각이 커지게 되었습니다. 이 모든 것은 분조관리제가 단순한 물질적 자극을 강화하는 수단이 아니라 농촌에서 농민들의 공산주의사상을 키우는 가장 합리적인 집단생활의 세포라는 것을 말하여줍니다.

물론 분조관리제가 생산에 대한 물질적 관심을 높이는 역할도 일정하게 놀지마는 그의 보다 본질적인 역할은 농민들의 집단생활을 강화할수 있게 하는 것입니다. 집단경리의 발전을 위하여 함께 투쟁하는 과정에서 분조성원들은 더욱더 단결되고 공동경리에 대한 그들의 책임성과 자각성은 끊임없이 높아질 것입니다. 그러므로 분조관리제는 결코 그 어떤 과도적 성격을 띤 것이라고 볼 수 없으며 앞으로 전민소유제로 넘어간 다음에도 계속 남아있게 될 것입니다. 이것은 분조관리제가 농장원들 속에서 집단생활을 강화하는 매우 효과적인 제도라는 것을 똑똑히 알수 있습니다. 우리가 처음으로 분조관리제를 받아들일 때에는 그래도 집단을 크게 하는 것이 좋으며 따라서 분조가 작업반에 비하여 집단생활면에서는 좀 뒤걸음질하는 것이 아닌가 하고 다소 의문을 가지는 사람도 있었는데 지금에 와서는 분조관리제가 농민들의 집단주의정신을 발양하며 집단생활을 강화하는 매우 훌륭한 형태라는 것이 누구에게나 명백하여졌습니다.

지난날 작업반단위의 큰 규모로 생산을 조직할 때에는 큰 집단이 밀려다니기 때문에 겉으로 보기에는 집단생활이 잘 되는것 같이 보였지만 실지에 있어서는 농민들이 집단경리를 자기경리처럼 여기지 않았으며 그들 속에서 개인 리기주의가 계속 남아있어 집단생활은 실속있게 진행되지 못하였습니다. 그러나 분조관리제를 실시하면서부터 농장원들의 단결이 더 강화되고 그들 속에서는 공산주의적 미풍이 높이 발양되게 되였습니다. 세포들이 모여서 유기체를 이루는 것과 마찬가지로 공산주의사회도 역시 작은 사회적집단의 세포들로 이루어질 것입니다. 그렇기 때문에 농촌집단생활의 세포로서의 분조는 앞으로도 계속 남아 있을 것입니다.

분조의 적정 규모

농촌에서 집단생활의 규모를 옳게 정하는 것은 공동경리를 발전시키는데서나 농민들의 집단주의정신을 발양시키는데서 매우 중요한 의의를 가집니다. 우리나라에서 협동농장을 처음으로 자그마하게 조직하였을 때에는 농민들이 공동경리를 자기 일처럼 여기고 집단생활에도 자각적으로 참가하였습니다. 그후에 협동농장들을 리 단위로 합치고 작업반들을 크게 조직하였는데 물론 그것은 대규모적인 토지건설을 한다든지 기계화를 하는 등 기술혁명을 수행하는데서 필요한 조치였습니다. 그러나 집단생활의 세포를 적당하게 조직하지 못하였기 때문에 공동경리의 우월성이 제대로 나타나지 못하였습니다. 그러다가 분조관리제를 받아들이면서부터 집단생활이 결정적으로 강화되게 되였습니다. 지금까지도 분조의 규모를 어느 정도로 하는 것이 좋은가 하는데 대하여 의견들이 구구합니다. 강원도 회양군에서 처음으로 분조관리제를 도입할 때 어떤 사람들은 농사가 흐름식공정이기 때문에 분조를 적어도 28명으로 조직하는 것이 좋겠다고 하였습니다. 특수한 사정이 있는 데서는 그만한 인원으로 분조를 조직할 수도 있겠지만 여느 지방에서는 분조를 그렇게 크게 할 필요가 없습니다. 이번에 당중앙위원회 농업부와 농업위원회, 내각 4사무국에서 조사한 자료를 읽어보았는데 우리가 이제 겨우 이태밖에 분조관리제를 운영하지 못한 조건에서 그것만 가지고 결론할 수도 없습니다.

그러나 한가지 명백한 것은 분조가 어디까지나 집단생활에 알맞춤하게 조직되여야 한다는 것입니다. 다시 말하면 분조는 사람들이 서로 사상이 통하고 서로 리해되고 모두가 합심하여 일치하게 공동경리발전을 위하여 투쟁할수 있는 그런 규모로 조직되여야 합니다. 지금까지의 모든 경험을 종합하여보면 분조의 규모는 15~20명 정도로 하는 것이 알맞춤할 것 같습니다. 회의에서 토론한 순안군 중석화협동농장의 녀성분조장 동무는 그전에 녕원군에 있을 때에는 작업반장을 하던 동무인데 그는 작업반보다 분조를 지도하는 것이 더 좋으며 관리하기도 헐하다고 합니다. 군대의 경험으로 보아도 분조를 너무 크게 조직하는 것이 좋을것 같지 않습니다. 여기에 제대군인들이 많기 때문에 잘 알겠지만 강한 규률 밑에 조직생활을 하고 침식을 같이하는 군대에서도 분대장이 여러 명의 분대성원들을 잘 관리하지 못하는 때가 있습니다. 그런데 집집마다 제각기 흩어져서 살며 아침이면 제각기 호미를 차고 일터로 나가는 농장에서 20~30명으로 분조를 조직하는 것이 아무리 생각해도 적당할 것 같지 않습니다. 만일 앞으로 토지정리가 잘되고 포전이 넓어지며 기계화가 전면적으로 도입되면 분포의 규모가 지금보다 더 작아질 수도 있습니다. 그러므로 분조의 규모는 고정불변할 수 없습니다. 이번 보고에 분조관리제를 운영한 경험들이 많이 소개되였는데 그것도 어디까지나 매 농장의 구체적 실정에 맞게 받아들여야 할 것입니다.

분조관리제 강화방안

우리는 분조관리제를 계속 발전시켜 그 우월성과 생활력이 더욱 뚜렷이 나타나게 하여야 하겠습니다. 분조관리제를 공고 발전시키기 위하여 무엇보다도 먼저 분조장대렬을 지난날의 고농, 빈농들과 피살자가족 등 농촌핵심들로 튼튼히 꾸려야 하겠습니다. 책임성이 강하고 신망이 높은 사람을 분조장으로 선거하도록 하여야 하겠습니다. 분조관리제를 강화하기 위하여서는 또한 분조성원들을 될수록 고착시켜야 합니다. 오늘은 이 분조에 두었다가 래일은 또 다른 분조에 옮겨놓는 현상을 결정적으로 없애야 하겠습니다. 사람들을 분조에 오래 고착시켜야 서로 친숙해지고 서로 성격과 체질, 능력과 수준을 잘알게 되며 또 그래야 분조장들이 정치사업과 경제사업 분공을 더 잘 조직할수 있습니다. 분조에 토지와 농기계도 고착시켜야 합니다.

분조관리제를 강화하는데서 가장 중요한 문제는 모든 분조원들을 당정책과 당의 유일사상으로 튼튼히 무장시키고 분조내 사상의지의 통일을 확고히 보장하는 것입니다. 당의 유일사상에 기초한 확고한 사상의지의 통일이 없는 분조는 참다운 혁명적 집단이라고 말할수 없으며 따라서 이러한 분조는 자기앞에 맡겨진 혁명임무를 제대로 수행할수 없습니다. 그러므로 모든 분조들에서는 당정책교양을 강화하여 모든 분조원들이 우리 당의 유일사상을 자기의 뼈와 살로 만들도록 하여야 하겠습니다. 이와 함께 모든 분조원들이 최신농업과학과 선진영농기술을 소유하며 자기 맡은 사업에 정통하도록 하여야 하겠습니다.

농촌에서의 전쟁준비 강화

끝으로 농촌에서 전쟁준비를 잘할데 대하여 좀 말하겠습니다.

다 아는바와 같이 우리는 얼마전에 우리나라 령해에 깊이 침입한 미제의 무장간첩선을 나포하였습니다. 이것은 우리의 응당한 자위적 조치입니다. 그런데 지금 미국놈들은 자기들의 무장간첩선이 세계 여러 나라 해안을 다 돌아다니면서 정탐활동을 하였지만 그 누구도 감히 건드리지 못하였는데 조그마한 우리나라가 함부로 그 배를 붙들었다고 하면서 큰 소동을 벌리고 있으며 우리를 위협하고 있습니다. 이 무장간첩선에 있는 지도에는 우리나라의 군사기밀을 정탐한 자료들이 표시되여 있으며 그놈들의 배일지에는 어느날 우리나라의 어디에 와서 정탐했다는 것이 다 적혀있습니다. 또 그 배에 탔던 미국놈들도 다 자기들이 우리나라 령해를 침입하였으며 정탐활동을 감행하였다는 것을 인정하고 자백서까지 썼습니다. 미제국주의자들은 이와 같이 정탐활동을 공공연하게 하고도 자기들이 사과할 대신에 도리여 우리보고 잘못했다고 빌라고 하며 또 무장간첩선과 그 선원들을 무조건 돌려보내라고 생억지를 쓰고 있습니다. 이것은 순전한 강도의 론리입니다. 이런 철면피한 날강도들이 세상에 또 어디 있겠습니까.

우리는 절대로 미제의 오만무례한 요구를 받아들일 수 없습니다. 우리는 결코 제국주의자들의 노예가 되여 살수 없습니다. 우리 인민은 오래동안 일본제국주의자들의 식민지노예로서 피눈물나는 생활을 겪은 쓰라린 과거를 가지고 있는데 오늘 어떻게 또다시 남의 노예가 되는 것을 참을 수 있겠습니까? 우리는 싸우다가 죽을지언정 결코 미국놈들 앞에 굴복할 수 없습니다. 미제국주의자들이 전쟁을 일으킨다 하여도 겁날 것이 없습니다. 우리는 그들에게 싸움을 해볼테면 해보자고 단호히 말합니다. 미제가 아무리 강하다고 하여도 우리 인민을 정복할 수 없습니다. 우리는 이미 미제와 싸워본 경험이 있으며 그들이 어떤 놈들인가를 잘 알고 있습니다. 만약 적들이 감히 덤벼든다면 우리는 그들에게 섬멸적 타격을 가할 것입니다.

오늘은 지난 조국해방 전쟁때와는 사정이 근본적으로 다릅니다. 우리나라에서는 전체 인민이 무장하고 온 나라가 요새화 되였습니다. 적들은 이것을 알기 때문에 함부로 우리에게 덤벼들지 못합니다. 그렇다고 하여 우리가 평화적기분에 사로잡혀 안일해이하여서는 안됩니다. 원쑤들은 모험적으로 전쟁을 일으킬 수도 있습니다. 그러므로 우리는 전쟁을 할 각오를 단단히 하여야 하며 전쟁준비를 철저히 하여야 합니다. 그러면 농촌에서 전쟁준비를 어떻게 하여야 하겠습니까? 무엇보다도 중요한 것은 농사를 잘 짓는 것입니다. 토론에서도 나왔지만 농민들은 농사를 잘지어 더 많은 알곡을 생산하여야 하겠습니다. 알곡을 많이 생산하는 것과 함께 쌀을 절약하기 위한 투쟁을 강화하여야 합니다. 그리하여 나라에 더 많은 쌀을 팔아야 하겠습니다. 나라에 쌀을 많이 팔아야 로동자, 사무원들과 군인들에게 쌀을 제대로 공급할수 있으며 나라의 식량예비도 넉넉히 마련할수 있습니다. 농민들은 나라에 쌀을 많이 파는 것과 함께 한 두달분의 자체의 식량예비를 마련하도록 하여야 하겠습니다. 이와 함께 전시에도 농업생산을 계속할수 있도록 만단의 물질기술적 준비를 갖추어야 하겠습니다.

다음으로 어린이들에게 겨울신발과 솜옷을 다 해주어야 하겠습니다. 이를 위하여 천을 랑비하는 이러저러한 현상을 없애고 생산하는 천을 효과적으로 쓰도록 하여야 하겠습니다. 그리고 어린이들에게 털모자도 만들어주어야 하겠습니다. 이것은 그리 어려운 문제가 아닙니다. 어린이모자 하나 만드는데 토끼가죽 두장이 든다고 합니다. 만일 우리나라의 모든 농가에서 한해에 토끼 여섯 마리씩만 기르면 모든 어린이들에게 털모자를 만들어 씌울수 있습니다. 우리는 앞으로 토끼 기르는 운동을 널리 벌려야 하겠습니다. 우리가 모든 어린이들에게 털모자와 겨울신발과 솜옷을 만들어주면 전쟁이 일어나서 그들을 어데로 소개하여도 걱정될 것이 없습니다. 다음으로 농촌주택건설을 전망성있게 잘하여야 하겠습니다. 농촌에서 새로 짓는 집들은 벌판에 짓지 말고 반드시 산기슭에 지으며 집들을 한곳에 모아 부락을 너무 크게 하지 말아야하겠습니다. 이렇게 하면 논밭을 다치지 않으니 좋고 큰길에서 멀리 떨어져있으니 먼지가 나지 않아 좋습니다. 모든 농민들은 언제나 혁명적 경각성을 높여 적들의 일거일동을 예리하게 살피며 한놈의 적도 얼씬하지 못하도록 하여야 하겠습니다. 이와 함께 우리를 비방하고 우리제도를 반대하며 미제와 남조선반동제도를 동경하는 적대분자들과의 강한 투쟁을 전개하여야 할 것입니다. 나는 당에 충실한 우리의 모든 협동농장원들과 농업부문일꾼들이 이번 전국농업일꾼대회에서 토의된 방향에 따라 올해농업생산에서 다시 한번 새로운 앙양을 일으키리라는 것을 굳게 믿습니다.

3. 농촌경리의 당면한 과업의 성과적 실행을 위하여

(전국농업협동조합대회에서 한 결론／ 1959년 1월 9일)

우리는 며칠동안에 걸쳐 우리나라 력사에 기록될 또 하나의 큰일을 하였습니다. 우리는 이번 전국농업협동조합대회에서 지난날 그처럼 어려운 문제로 여겨오던 농촌에서의 사회주의협동화를 몇해 사이에 성과적으로 끝마친 빛나는 승리를 총화하고 농촌경리의 앞으로의 발전을 위한 강령적인 과업을 토의하였습니다. 이번 대회에서 모든 대표동지들이 우리나라 농촌경리의 새로운 발전을 위하여 당중앙위원회가 내놓은 방대한 과업을 전폭적으로 지지 찬동하였으며 그것을 반드시 실행하고야말겠다는 굳은 결의를 다지였습니다. 모든 농민들과 전체 인민들의 이목이 집중된 가운데 진행된 이번 대회에서 대표동지들이 표시한 일치한 결의와 앙양된 기세는 우리 인민들이 자기의 심장이며 뇌수인 조선로동당 중앙위원회를 얼마나 열렬히 사랑하고 신뢰하며 당중앙위원회의 두리에 얼마나 튼튼히 단결되여 있는가 하는 것을 다시 한번 뚜렷이 보여주었습니다. 나는 이 대회가 큰 성과를 거두고 자기의 사업을 끝마치게 된 것을 매우 만족스럽게 생각합니다. 나는 당중앙위원회의 이름으로 대회에 참가한 모든 대표동지들과 여러분들을 이 대회에 파견한 전체 농업협동조합원들에게 뜨거운 감사를 드립니다. 나는 또한 우리 인민의 일을 자기 일과 같이 생각하고 우리의 승리를 자기의 승리처럼 기뻐하며 우리를 적극 지지 성원하여 주고 있는 여러 형제적 사회주의나라의 대표들이 대회에 참가하여 우리를 고무하여준데 대하여 조선로동당 중앙위원회와 이 대회의 이름으로 뜨거운 감사를 드립니다. 이번 대회에서 우리가 거둔 성과는 매우 크며 그것은 대단히 귀중한 것입니다. 그러나 우리는 여기에 만족할 수 없습니다. 우리는 이번 대회에서 앞으로 우리나라 농촌경리를 한걸음 더 전진시키기 위한 정확한 방침을 내세웠습니다. 우리가 선언이나 결정서를 채택하고 새로운 방침을 내세웠다고 하여 모든 사업이 다 잘될 것으로만 생각하여서는 안됩니다. 새로운 방침을 내세운 다음에는 그것을 실천하여야 합니다. 그런데 실천하는것은 방침을 내세우기보다 더 어렵습니다. 모든 농민들과 전체 인민들은 이미 이룩한 성과에 조금도 자만하지 말고 당중앙위원회가 내세우고 이번 대회에서 일치하게지지 찬동한 강령적 과업들을 실천하기 위하여 더욱 꾸준히, 더욱 정력적으로 노력하여야 하겠습니다. 대회가 내세운 과업들을 실행하는 과정에는 많은 애로가 있을수 있습니다. 그러나 앞으로 있을수 있는 애로는 정전직후에 우리가 재더미우에서 벽돌 한장, 세멘트 한그람, 강재 한톤 없이 맨주먹으로 공장과 살림집들을 복구 건설하던 때의 애로에 비하면 아무것도 아니며 그것을 극복하는 것도 그리 힘들지 않을 것입니다. 앞으로의 난관은 전진도상에서 있을수 있는 난관이며 능히 이겨낼수 있는 난관입니다. 나는 지난 시기에 어려운 난관과 애로를 용감히 이겨낸 우리 인민들이 앞으로 어떤 난관과 애로에 부닥친다 하더라도 그것을 대담하게 극복해나가리라고 확신합니다. 우리가 이미 체험한바와 같이 전체 인민이 당의 로선에 철저히 의거하고 당중앙위원회의 두리에 철석같이 뭉쳐 투쟁한다면 극복하지 못할 난관이란 있을수 없습니다. 지난날과 마찬가지로 우리의 전체 인민이 당에 충실하고 당은 인민들에게 충실하고 당과 인민이 당에 충실하고 당은 인민들에게 충실하고 당과 인민이 하나로 굳게 뭉쳐 나아간다면 우리에게는 언제나 승리만이 있을 것입니다. 모든 농업협동조합들을 정치경제적으로 공고히 하며 가까운 앞날에 농촌에서 기술혁명과 문화혁명을 성과적으로 수행하여 우리나라 농촌을 현대적인 기술을 가진 부유하고 문화적인 발전된 사회주의농촌으로 전변시키는 것, 이것이 오늘 우리 당이 농촌경리 부문앞에 내세우고 있는 중요한 과업입니다. 우리 당 중앙위원회는 이미 전체 당원들에게 보내는 편지에서 농촌에서 기술혁명과 문화혁명을 적극적으로 수행하며 농업생산을 더욱 높이기 위하여 투쟁할 것을 농민들에게 호소하였습니다. 이번 대회에서도 이 문제가 중요하게 강조되였습니다. 이번 대회에서 농촌경리의 발전을 위하여 내세운 과업을 철저히 수행하려면 무엇보다 먼저 대회에서 채택된 결정을 농민들에게 잘 해설 침투하여야 합니다. 그리하여 모든 농민들이 대회의 결정을 옳게 인식하고 그것을 실천하기 위하여 적극 투쟁하도록 하여야 합니다.

농촌경리 부문 앞에 나선 과업

농촌경리 부문앞에 나선 과업들을 수행하는데서 중요한 것은 농민들의 앙양된 기세를 계속 견지하여 농업생산을 획기적으로 늘이는 것입니다. 우리가 지난 몇해동안 체험한데 의하면 농업생산을 빨리 늘이는데 특별히 묘한 방법이 있는 것은 아닙니다. 우리 당이 내세운 방침들을 정확히 관철하면 되는 것입니다.

관개시설 확장 필요성

농업생산을 빨리 늘이기 위하여서는 당의 일관한 방침에 따라 무엇보다도 관개시설을 확장하여야 합니다. 대회보고에서 지적한바와 같이 우리는 앞으로 관개면적을 100만정보로 늘이며 치산치수사업을 잘하여 큰물과 가물피해를 막음으로써 자연의 피해를 모르고 농사를 안전하게 짓도록 하여야 합니다. 그렇게 하기 위하여 논면적을 계속 늘이는 동시에 밭관개공사를 대대적으로 하여야 합니다. 또한 하천정리사업과 사방공사를 널리 하여 토지보호면적을 더욱 늘여야 합니다. 관개공사와 하천정리를 하는데서 이미 거둔 성과를 공고히 하면서 작업을 적극 기계화하여야 합니다. 그리하여 로동생산 능률을 높이고 공사의 질을 보장하며 공사기일을 앞당기도록 하여야 합니다.

농촌경리의 기계화 필요성

관개시설을 늘이는 것과 함께 농촌경리의 기계화를 적극 실현하여야 합니다. 농촌경리를 현대적기계로 장비하지 않고서는 농업생산력을 발전시킬수 없으며 따라서 농업생산을 획기적으로 늘일수 없습니다. 이로부터 우리는 농촌경리를 현대적 농기계로 장비하고 모든 농사일을 기계로 할 것을 중요한 과업으로 내세웠습니다. 농촌경리를 기계화하면 로력을 절약할 수 있을 뿐 아니라 일을 헐하게 하면서도 농업생산을 늘이고 농산물의 원가를 낮출수 있습니다. 농촌경리부문에서 수공업적 농기구를 현대적 농기계로 바꾸고 농산작업에 기계를 많이 쓰도록 하여야 하겠습니다. 벌방지대로부터 점차 산간지대에로 기계화를 확대하며 가장 힘들고 품이 많이 드는 작업부터 기계화하여 점차 종합적기계화에로 넘어가며 대기계와 중소기계를 옳게 결합하는 방향에서 농촌경리의 기계화를 추진시켜나가야 할 것입니다.

토지개량사업 필요성

토지를 끊임없이 개량하여야 하겠습니다. 우리나라의 형편에서는 새로운 토지를 얻는 것보다 지금 경작하고 있는 토지를 개량하는 것이 더 중요합니다. 우리나라 속담에 《부지런한 농사군에게는 나쁜 땅이 없다.》는 말이 있습니다. 이 말은 일을 잘하는 농사군은 나쁜 땅도 좋은 땅으로 만든다는 것입니다. 모든 경작지를 비옥하게 하기 위하여 토지조사사업을 철저히 하고 그에 기초하여 과학적 시비체계를 세워야 하겠습니다.

집약적 영농업

경지면적이 적은 우리나라에서 토지의 리용률을 높이는 것은 알곡생산을 늘이는데서 매우 중요한 의의를 가집니다. 토지 리용률을 높여 알곡생산을 늘이기 위하여서는 다모작경종법을 널리 받아들여야 합니다. 특히 중요한 것은 집약적영농법을 발전시키는 것입니다. 집약적영농법에서 기본은 논밭을 깊이 갈고 곡식을 배게심으며 비료를 많이 주는 것입니다. 집약적영농법을 받아들여 올해에 알곡수확고를 높이기 위하여서는 지금부터 영농준비를 잘하여야 합니다. 당면하게는 전군중적운동으로 자급비료를 많이 생산하여야 합니다. 올해에 국가에서는 토양의 성질과 작물의 특성에 맞는 여러 가지 화학비료를 많이 생산하여 농촌에 공급하여야 하겠습니다. 농민들은 집약적영농법의 요구대로 논밭을 깊이 갈고 곡식을 배게 심으며 자급비료와 화학비료를 잘 배합하여줌으로써 농산물수확고를 결정적으로 높여야 하겠습니다. 종자를 부단히 개량하고 병충해를 막으며 논밭을 꽃밭과 같이 알뜰하게 다루어야 하겠습니다. 이와 같이 한다면 적은 땅에서 많은 수확을 거둘수 있으며 가까운 앞날에 700만톤이상의 알곡을 생산할데 대한 과업을 성과적으로 수행할수 있습니다.

축산업을 빨리 발전시켜야 하겠습니다. 조선사람들은 옛날부터 기와집을 쓰고 이밥에 고기국을 먹으면서 살면 부자라고 하였습니다. 가난한 빈농민들은 그런 생활을 부러워하였으며 그렇게 살기를 꿈꾸어왔습니다. 오늘 우리가 잘하면 전체 인민들이 다 그런 생활을 누리게 할수 있습니다. 올해에 계획에 예견한대로 논을 수리안전답으로 만들고 집약적영농법을 받아들여 알곡생산을 빨리 늘인다면 다음해나 그다음해에 가서는 모두가 다 이밥만 먹게 할수 있습니다.

그러나 이밥을 먹는 것만으로는 부족합니다. 고기도 먹게 하여야 합니다. 생활이 향상되는데 따라 인민들은 고기도 많이 먹을 것을 요구합니다. 이 요구를 충족시키기 위하여서는 축산업을 발전시켜 고기생산을 빨리 늘여야 합니다. 지금 우리나라 축산업의 토대는 대단히 미약합니다. 그러므로 농업협동조합들과 조합원들은 축산업을 발전시키기 위하여 많은 노력을 기울여야 합니다. 축산업에서 특히 주의를 돌려야 할 문제는 조선소를 젖소로 개량하여 우유를 많이 생산하는 것입니다. 지난날 우리 농민들은 조선소를 부리다가 늙으면 잡아먹는 것으로만 알고 있었지 조선소에서 젖을 짤줄은 몰랐습니다. 조선소를 기르면 유리한 점이 많습니다. 부림소로도 쓸수 있고 젖소로도 만들 수 있습니다. 앞으로 영농작업을 기계화하면 많은 소를 부리지 않고 젖소로 돌릴수 있습니다.

지난해에 열렸던 당중앙위원회 9월 전원회의이후 여러 지방에서 시험해본 결과 조선소 한마리에서 한해에 젖을 1~2톤, 잘하면 3톤까지 짤수 있다는 것이 증명되였습니다. 조선소 한 마리에서 한해에 젖을 1~2톤씩 짜는 것으로 보아도 밭 1정보를 사료전으로 만들어 소를 4~5마리 기르면 밭에서 알곡을 생산하는 것보다 훨씬 나을 것입니다. 산간지대에 있는 농업협동조합들에서 조선소를 젖소로 개량하는 사업을 잘하면 농민들의 생활수준을 빨리 높일수 있습니다. 조선소를 젖소로 많이 개량하여야 하겠습니다. 조선소 가운데서 젖이 잘 나는 소를 골라서 젖소로 개량하여야 합니다. 협종조합들에서 이 사업을 대대적으로 벌려야 하겠습니다. 소에서 젖을 많이 짜기 위하여서는 질좋은 먹이를 먹여야 합니다. 농촌에는 질좋은 먹이원천이 얼마든지 있습니다. 겨울에 농촌에 나가보면 강냥짚이 밭에 그대로 서있는데 그것은 고기와 우유를 버리는 것과 다름없습니다. 강냥대를 제때에 베여 씰로쓰를 만들면 그것을 소에게 먹여도 좋고 돼지에게 먹여도 좋습니다. 씰로쓰를 소에게 먹이면 살이 잘찌고 젖이 많이 날것입니다. 그러니 결국 강냥짚으로 고기와 우유를 바꾸는 셈입니다. 그런데 지금 이런 사업을 잘 조직하지 않고 있습니다. 물론 아직 농촌일꾼들에게 그렇게 해본 경험이 없습니다. 그렇다고 하여 그런 사업을 못한다는 법은 없습니다. 우리 농민들이 랭상모를 해본 경험이 있어서 랭상모를 한 것이 아닙니다. 랭상모를 하는 방법은 우리 농민들이 자기들의 실천투쟁을 통하여 창조한것입니다. 농민들이 있는 지혜를 다 내여 노력한다면 축산업을 발전시킬 수 있는 예비를 얼마든지 찾아낼 수 있습니다. 농업협동조합들에서는 알곡을 증산하는데 큰 힘을 넣으면서 있는 예비와 가능성을 다 동원하여 축산업을 빨리 발전시켜야 하겠습니다. 그리하여 2~3년안에 40만톤의 고기와 46만톤의 우유를 생산할데 대한 목표를 반드시 실현하여야 하겠습니다.

농업협동조합 경리의 다각적 발전 필요성

농업협동조합들에서는 자연경제적 조건을 옳게 리용하여 경리를 다각적으로 발전시켜야 하겠습니다. 아직 일부 산간지대농업협동조합 조합원들의 생활수준은 벌방지대농업협동조합 조합원들의 생활수준보다 뒤떨어져있습니다. 그러나 이번 대회 분과회의들에서 여러 동지들이 토론한바와 같이 산간지대의 농업협동조합들에서도 자연경제적 조건을 리용하여 경리를 잘 운영한다면 벌방지대농업협동조합들에서 소출이 낮은 강냉이를 생산하여 식량으로 소비하려할 것이 아니라 강냉이가 완전히 여물기전에 이삭과 함께 베여서 씰로쓰를 만들어 고기를 생산한다면 많은 수입을 얻을수 있을 것입니다. 거기에 조선소를 젖소로 개량하여 우유까지 생산한다면 더 많은 수입을 얻게 될 것입니다.

산과 바다 이용의 구체적 방법

우리 당은 이미 오래전부터 산을 낀 곳에서는 산을 잘 리용하여 바다를 낀 곳에서는 바다를 잘 리용할데 대하여 강조하여왔습니다. 산을 잘 리용하라는 것은 무엇을 의미합니까? 그것은 산에다 과수원도 조성하고 꿀벌도 치며 산에서 산나물도 캐고 집짐승도 길러 여러 가지 부업을 발전시키라는 것을 의미합니다. 산간지대의 농업협동조합들에서 산을 리용하여 경리를 다각적으로 발전시킨 좋은 경험들이 량강도를 비롯하여 각도에 많습니다. 이런 좋은 경험들을 널리 일반화하여 산간지대의 모든 협동조합들에서 산을 잘 리용하도록 하여야 하겠습니다. 바다를 끼고 있는 농업협동조합들에서는 바다에서 고기도 잡고 얕은 바다에서 조개, 굴, 미역 같은 것을 많이 양식하여 수입을 늘여야 하겠습니다.

지역 특수성을 고려한 농업정책 집행

당의 농업정책을 정확히 집행하기 위하여서는 반드시 지방의 구체적특성을 고려하여야 합니다. 만일 지방의 구체적 특성을 고려하지 않고 당의 농업정책을 형식적으로, 기계적으로 집행한다면 당정책이 아무리 정당하여도 성과를 거둘수 없습니다.

사례를 들어 량강도에서는 지난 시기에 적지적작의 원칙에 따라 작물을 배치할데 대한 당의 방침을 구체적 실정에 맞게 집행하지 않았습니다. 하늘아래 첫 동네라고 불리우는 량강도의 산간지대는 원래 강냉이 같은 작물을 주작으로 심어도 잘되지 않는 지대입니다.

그런데 당에서 강냉이가 밭곡식의 왕이라고 하면서 강냉이재배를 장려하였으며 벼농사를 하겠다고 밭을 논으로 전환하고 랭상모를 기르기에 열중하였습니다. 량강도에서는 논벼는 물론이고 강냉이도 잘될리 만무합니다. 지도일꾼들이 당의 의도에 맞게 농사를 잘 지도하지 못한 결과 량강도안의 적지 않은 농업협동조합들에서 몇해동안 농사를 제대로 짓지 못하였습니다. 지난 시기 량강도안의 농업학교들에서도 학생들에게 그 지방에서 잘되는 감자와 아마를 재배하는 방법은 가르치지 않고 도의 실정과는 인연이 없는 랭상모기르는 방법, 관개수리방법을 배워주었습니다. 벼가 되지도 않는 백두산밑에서 랭상모에 대하여 배운들 무슨 소용이 있겠습니까. 이런 기계적인 사업방법은 고쳐야 합니다. 우리는 량강도의 농업실태를 료해하고 그곳에서는 강냉이대신에 감자를 많이 심도록 하였습니다. 사실 량강도에서는 강냉이가 밭곡식의 왕인것이 아니라 감자가 밭곡식의 왕입니다. 지난해에 량강도에서 전반적으로 감자를 많이 심은 결과 농산물수확고를 훨씬 높였으며 한해농사를 지어 1년반내지 2년분의 식량을 마련하였습니다. 또한 적지적작의 원칙에 따라 아마를 많이 심은 결과 나라의 섬유문제를 해결하는데 커다란 도움을 주었으며 농민들의 수입도 훨씬 높였습니다. 오늘 량강도 인민들의 생활이 전반적으로 향상되였습니다. 이것은 량강도안의 당단체들이 최근에 당의 농업정책을 옳게 인식하고 그것을 정확히 집행하고 있다는것을 말하여줍니다. 농촌경리부문지도일꾼들은 당의 농업정책의 진수를 정확히 파악하고 그것을 지방의 구체적 실정에 맞게 정확히 집행하기 위하여 노력하여야 하겠습니다.

기술혁명 과업을 위한 노동계급 지원 강화

농촌경리 부문앞에 중요하게 나선 기술혁명의 과업을 성과적으로 실행하기 위하여서는 로동계급의 지원을 강화하여야 합니다. 오늘 우리나라에서 농촌기술혁명의 기본과업은 수리화·기계화·전기화를 실현하는 것입니다. 로동계급의 강력한 지원이 없이는 이 과업을 원만히 수행할 수 없습니다. 우리의 로동계급은 지난날 자진하여 농민들을 지원한 것처럼 앞으로도 농민들을 적극적으로 도와주어야 합니다. 특히 로동자, 기술자들은 농촌기술혁명을 수행하는데 필요한 기계와 자재들을 생산하여 제때에 농촌에 보내주어야 하며 농촌에 나가 농민들에게 기술을 배워주어야 합니다. 또한 농민들은 자기들을 항상 옳은 길로 이끌어주고 도와주는 령도계급인 로동계급을 적극 방조하여야 합니다. 그러자면 알곡과 공예작물을 더 많이 생산하여 식량과 공업원료림를 넉넉히 보내주어야 하며 그 질을 높이고 원가를 낮추기 위하여 노력하여야 합니다. 로동계급과 농민들이 이렇게 서로 도와준다면 우리 인민정권의 기초인 로농동맹은 더욱 튼튼하여 질것입니다.

농업협동조합관리위원회와 조합내 당단체들의 사업을 강화

끝으로 농업협동조합관리위원회와 조합내 당단체들의 사업을 강화할데 대하여 간단히 말하려고 합니다. 오늘 우리의 농촌경리는 완전히 사회주의적으로 개조되였습니다. 지난날 개인농때에는 농민들 자신이 자기 생활에 대하여 책임졌습니다. 그러나 오늘 농촌경리가 협동화된 조건에서는 협동조합이 농민들의 생활에 대하여 책임져야 합니다. 다시 말하여 농민들의 생활에 대하여 협동조합을 관리 운영하는 관리위원회가 책임져야 하며 협동조합을 지도하는 당단체가 책임져야 합니다.

그렇기 때문에 농업협동조합관리위원회와 협동조합내 당단체가 자기 사업을 잘하면 그 협동조합은 빨리 발전하여 생산토대도 공고화될 것이며 농민들의 생활도 향상될 것입니다. 반대로 협동조합관리위원회와 조합내 당단체가 자기 사업을 제대로 하지 못하면 그 협동조합의 농민들은 생활에서 많은 곤난을 겪게 될 것입니다. 그러므로 협동조합관리위원회 위원들과 협동조합당위원회 위원들은 자기들의 책임이 크다는 것을 똑똑히 인식하고 열성적으로 일하여야 합니다. 농업협동조합들이 리 단위로 통합되여 그 규모가 커진 것만큼 조합사업이 그전보다 어렵고 복잡할수 있습니다. 그러므로 협동조합의 관리일꾼들과 당일꾼들은 그전보다 더 정력적으로 사업하여야 하며 군중속에 들어가 군중에게서 배우고 군중을 배워주며 언제나 군중과 한몸이 되여 일하여야 합니다. 그리고 조합경리의 발전에 대하여 깊이 연구하며 선진과학과 기술을 제때에 받아들이기 위하여 노력하여야 합니다. 또한 조합사업을 방해하는 온갖 불건전한 현상들을 반대하여 견결히 투쟁하여야 합니다. 농업협동조합원들 속에서 민주주의를 최대한으로 발양시켜 그들로 하여금 조합의 관리운영에 주인답게 참가하며 모든 사업에서 창발적 열성을 남김없이 발휘하도록 하여야 합니다. 협동조합 관리위원장과 당위원장을 비롯한 관리일꾼들과 당일꾼들은 영농지식수준과 실무능력을 높이기 위하여 끊임없이 노력하여야 합니다. 관리일꾼들과 당일꾼들이 영농지식수준과 실무능력을 높이지 않고서는 군중의 요구에 맞게 사업을 잘할수 없습니다. 그러므로 항상 배우고 또 배워야 합니다. 오늘 우리는 적들과 대치하고 있는 조건에서 사회주의를 건설하고 있습니다. 적들은 간첩, 파괴암해분자들을 들여보내여 우리 대렬내에 숨어있는 불순분자들과 결탁시켜 우리의 사회주의건설을 파괴하려고 책동하고 있습니다. 우리의 성과가 크면 클수록 적들은 더욱더 불안해하면서 그것을 파괴하려고 악랄하게 책동할 것입니다. 그러므로 우리는 언제나 혁명적경각성을 높이고 적들의 침해로부터 사회주의전취물을 튼튼히 보위하기 위하여 적극 투쟁하여야 합니다. 나는 우리의 모든 농민들이 당중앙위원회의 두리에 더욱 철석같이 뭉쳐 앙양된 기세를 조금도 늦추고 않고 계속 긴장하게 투쟁함으로써 사회주의농촌건설에서와 농업생산에서 새로운 승리를 이룩하며 나아가서 나라의 평화적 통일을 앞당기는데 크게 이바지하리라는 것을 확신합니다.

4. 우리나라 사회주의농촌문제에 관한 테제

(조선로동당 중앙위원회 제4기 제8차 전원회의에서 채택 / 1964년 2월 25일)

농민, 농업문제의 중요성

맑스-레닌주의창시자들은 농민문제, 농업문제에 커다란 의의를 부여하였으며 이 문제의 해결에 깊은 관심을 돌렸다. 특히 레닌은 농민문제를 혁명의 기본적인 전략적문제로 내세웠으며 농촌문제를 사회주의와 공산주의 건설의 가장 중요한 구성부분으로 인정하였다. 레닌은 농민문제의 정확한 해결과 로농동맹의 강화가 혁명승리의 결정적담보로 된다는 것을 가르쳤으며 사회주의혁명단계에서의 농촌문제해결의 명확한 방도와 농촌에서의 사회주의건설의 길을 제시하였다.

농촌문제는 지난날 제국주의와 식민주의의 예속밑에 있었거나 아직도 그 예속밑에 있는 여러 나라들에서 특별히 중요한 의의를 가진다. 이 나라들에서 농민문제, 농업문제의 성과적 해결여부는 혁명의 승패와 사회적 진보를 좌우하는 관건적문제로 되고 있다. 도시와 농촌에서의 사회주의혁명의 승리는 농민문제, 농업문제의 해결에서 력사적 전환으로 된다.

사회주의혁명이 승리한 다음에도 농촌문제는 사회주의와 공산주의 건설에서 매우 중요한 자리를 차지한다. 농민은 로동계급의 믿음직한 동맹자이며 사회주의건설의 강력한 력량이다. 로동계급의 령도밑에 로농동맹을 부단히 강화하여야만 사회주의와 공산주의 건설을 힘있게 추진시킬 수 있다. 농업은 공업과 함께 인민경제의 2대부문의 하나이며 그것은 주민들에게 식량을 보장하고 경공업에 원료림를 공급한다.

공업을 발전시키고 그 지도적역할을 부단히 높이는 동시에 농촌경리를 공업의 발전에 따라 세워야만 전체 인민경제의 빠른 발전을 바랄수 있으며 인민생활의 체계적인 향상을 보장할수 있다. 농민문제, 농업문제는 도시와 농촌간의 차이, 로동계급과 농민간의 계급적 차이를 없애야만 종국적으로 해결된다.

농촌문제를 종국적으로 해결하고 농민들을 공산주의사회까지 이끌고 가는 것은 공산주의자들과 로동계급의 숭고한 임무이다. 맑스-레닌주의당은 사회주의제도가 승리한 다음 혁명을 계속하며 끝까지 완수하기 위하여, 전체 근로인민의 리익을 철저히 옹호하기 위하여 농촌문제의 해결에 힘을 집중하여야 한다.

1) 사회주의하에서의 농촌문제해결의 기본원칙

혁명 발전단계에 따른 농촌문제의 차이

농촌문제는 혁명발전의 각이한 단계에서 각이하게 제기된다. 반제반봉건적 민주주의 혁명단계에 있어서의 농민문제와 농업문제는 농촌에서 봉건적 토지소유 관계를 청산함으로써 농민들을 지주의 착취와 예속에서 해방하며 농업생산력을 봉건적 생산관계의 질곡에서 해방하는데 있었다. 우리는 지주의 토지를 무상으로 몰수하여 농민들에게 무상으로 분여하는 원칙에서 토지개혁을 철저히 수행함으로써 이 문제를 성과적으로 해결하였다. 사회주의혁명단계에 있어서의 농민문제와 농업문제는 농촌에서 자본주의요소를 청산하고 개인농민경리를 사회주의적 집단경리로 개조함으로써 농민들을 온갖 형태의 착취와 압박에서 영원히 해방하며 농업생산력을 사적소유에 기초한 낡은 생산관계의 구속에서 완전히 해방하는데 있었다. 우리는 실물교육과 자원성의 원칙에 의하여, 당과 국가의 강력한 지도와 방조에 의거하여 농촌경리의 사회주의적 협동화를 실현함으로써 이 문제를 훌륭히 해결하였다. 사회주의농촌경리제도는 개인농민경리에 비해서나 자본주의농촌경리제도에 비하여 결정적인 우월성을 가지고 있다. 그것은 농업생산력의 발전에 광활한 길을 열어주며 농민들의 물질문화생활을 빨리 높일수 있는 가능성을 지어준다. 문제는 사회주의 제도하에서 농촌사업을 어떻게 하며 농촌경리를 어떻게 발전시키는가에 있다. 도시와 농촌에서 사회주의제도가 승리한 다음에는 농촌문제가 그 이전시기와는 근본적으로 달리 제기된다. 사회주의하에서의 농민문제와 농업문제는 농촌에 수립된 사회주의제도를 끊임없이 공고화하는 기초우에서 농업생산력을 고도로 발전시키고 농민들의 생활을 넉넉하게 하며 착취사회가 남겨놓은 농촌의 락후성을 없애고 도시와 농촌간의 차이를 점차적으로 없애는데 있다. 사회주의농촌경리제도를 공고발전시키면서 도시와 농촌간의 차이를 점차 없애는 것은 사회주의를 건설하며 공산주의에로의 이행을 준비하는데 있어서 가장 기본적인 문제의 하나이다. 이것은 오랜 기간의 꾸준한 투쟁과 노력에 의해서만 완전히 해결될수 있는 복잡하고 어려운 과업이다. 사회주의적개조의 완성과 함께 우리나라에서 이 과업은 이미 제기되였다. 우리의 농촌사업은 응당 이 과업을 해결하는 방향에서 진행되여야 한다.

농촌사업의 세 가지 기본원칙

사회주의하에서의 농민문제와 농업문제를 성과적으로 해결하기 위하여서는 농촌사업에서 반드시 세 개의 기본원칙을 확고히 견지하여야 한다. 첫째로, 농촌에서 기술혁명과 문화혁명, 사상혁명을 철저히 수행하여야 하며, 둘째로, 농민에 대한 로동계급의 지도, 농업에 대한 공업의 방조, 농촌에 대한 도시의 지원을 백방으로 강화하여야 하며, 셋째로, 농촌경리에 대한 지도와 관리를 공업의 선진적인 기업관리수준에 끊임없이 접근시키며 전인민적소유와 협동적소유의 련계를 강화하고 협동적 소유를 전인민적소유에 부단히 접근시켜야 한다.

(1) 농촌에서의 기술혁명, 문화혁명, 사상혁명

3대 혁명의 중요성

사회주의를 전면적으로 건설하며 공산주의에로의 점차적 이행을 준비하기 위하여서는 혁명을 계속하여야 한다. 착취계급이 없어지고 사회주의적개조가 완성된 다음에도 도시와 농촌간의 차이가 남아있고 로동계급과 농민의 계급적 차이가 남아있다는 사실 자체가 혁명을 계속해야 하며 특히 농촌에서 혁명을 더욱 철저히 수행해야 한다는 것을 말하여준다. 만일 사회주의적 협동화가 실현되였다고 하여 혁명을 중단한다면 민주주의혁명과 사회주의혁명을 통하여 앙양된 농민들의 열성을 계속 견지할수 없으며 그것을 더욱 높일수 없다. 농촌에서 혁명을 계속하지 않고서는 사회주의농촌경리제도를 공고발전시킬수 없고 그 우월성을 발양시킬수 없으며 도시와 농촌간의 차이를 없앨 수 없다. 기술혁명, 문화혁명, 사상혁명, 이것은 사회주의적협동화가 완성된 다음 농촌에서 수행하여야 할 중심적인 혁명과업이다. 도시에 비한 농촌의 락후성은 우선 농업이 공업보다 물질기술적토대가 약하며 농촌주민들의 문화수준이 도시주민들보다 낮으며 농민들이 로동자들보다 사상의식이 뒤떨어져있는데서 나타나고 있다. 물론 이러한 락후성은 낡은 사회의 유물이며 사회주의하에서 그것이 계속 남아있게 되는것은 공업 및 도시의 발전수준과도 중요하게 관련되여 있다. 바로 이러한 락후성으로 하여 전인민적소유가 지배하고있는 공업과는 달리 농촌경리에서는 협동적소유가 지배적인 형태로 남아있게 되며 따라서 또한 로동계급과 농민간의 계급적 차이가 남아있게 되는 것이다. 그러므로 사회주의농촌경리제도를 공고 발전시키며 도시와 농촌의 차이를 없애며 로동계급과 농민간의 계급적차이를 없애기 위하여서는 사회주의공업과 도시의 빠른 발전에 기초하여 무엇보다도 먼저 농촌에서 기술혁명, 문화혁명, 사상혁명의 세 가지 혁명을 수행하여야 하며 이 세 가지 분야에서 농촌의 락후성을 없애야 한다.

사상혁명의 필요성

농촌에서의 기술, 문화, 사상 혁명의 과업은 서로 밀접히 련결되여 있으며 그것들은 통일적 과정으로서 수행되여야 한다. 그가운데서도 사상혁명은 모든 사업에 앞세워야 할 가장 중요하고 가장 어려운 혁명과업이다. 기술혁명과 문화혁명에만 치우치고 사상혁명을 소홀히 하는 것은 엄중한 착오로 된다. 사회주의하에서도 계급투쟁은 계속된다. 사회주의농촌에서의 계급투쟁은 외부로부터 침입하는 적대분자들과 전복된 착취계급 잔여분자들의 파괴책동을 반대하는 투쟁에서 나타나며 또한 농민들의 의식속에 남아있는 낡은 사상 잔재를 반대하는 사상투쟁에서 나타난다. 농민들의 계급적 각성을 높이고 그들속에서 사상투쟁을 강화하지 않고는 농촌에서 사회주의제도를 공고히 할수 없으며 원쑤들의 침해로부터 이 제도를 지켜낼수도 없다. 사회주의의 우월성, 사회주의의 생활력은 무엇보다도 이 제도하에서는 착취와 억압에서 해방된 근로자들이 공동의 목적과 리익을 위하여 서로 굳게 단결하며 동지적으로 긴밀히 협조하며 자각적으로 열성을 내여 일한다는데 있다. 농민들의 사상의식수준을 높이지 않고는 농촌에서 사회주의의 이 본질적우월성을 나타낼수 없으며 따라서 농업생산과 기술, 농촌문화도 빨리 발전시킬수 없다. 사회주의제도가 수립되고 생활이 높아진다고 하여 농민들의 사상의식이 저절로 개조되는 것이 아니다. 물론 사회주의제도의 승리는 낡은 사상을 낳는 경제적기초를 청산하며 농민들을 새로운 사상으로 무장시킬수 있는 사회적, 물질적 조건을 지어준다. 그러나 사회주의하에서도 농민들의 의식속에는 낡은 사상 잔재, 특히 소소유자적 근성이 오래동안 남아있게 되며 사상사업이 약화될 때에는 그것이 되살아날 수도 있고 더욱 조장될 수도 있는 것이다. 오직 오랜 기간에 걸치는 참을성있는 교양과 부단한 투쟁을 통하여서만 농민들의 사상의식을 완전히 개조할 수 있다.

기술혁명과 문화혁명의 필요성

사상혁명이 가장 중요하다고 하는 것은 결코 기술혁명과 문화혁명을 소홀히 하여도 좋다는 것을 의미하지 않는다. 사회주의와 공산주의는 생산력의 높은 발전수준을 요구하며 근로자들의 높은 문화수준을 요구한다. 사회주의와 공산주의를 건설하는것은 결국은 전체 인민의 행복한 생활을 보장하며 그들의 부단히 높아가는 물질적, 문화적 수요를 더욱더 완전히 충족시키기 위한 것이다. 농촌에서 기술혁명과 문화혁명을 수행하지 않고는 농업생산력을 발전시킬수 없고 농민들의 물질문화생활을 높일수 없으며 그들을 고된 로동에서 해방할수 없다. 농촌경리의 물질기술적토대를 강화하며 농민들의 문화수준을 높이는 것은 그들의 사상의식을 개조하는데서도 중요한 조건으로 된다. 사상혁명의 중요성만 강조하고 기술혁명과 문화혁명을 소홀히 하는 것도 역시 잘못이다. 우리는 사상혁명을 확고히 앞세우면서 여기에 병행하여 기술혁명과 문화혁명을 힘있게 추진시켜야 한다. 이리하여 농민들의 사상도 개조하며 농촌경리의 물질기술적토대도 강화하며 농촌주민들의 문화수준도 높여야 한다.

(2) 농민에 대한 로동계급의 지도, 농업에 대한 공업의 방조, 농촌에 대한 도시의 지원

농민에 대한 노동계급의 지도 필요성

로동계급의 당과 국가의 지도방조는 농촌에서의 사회주의제도의 발생과 공고발전을 위한 필수적조건으로 된다. 농민은 오직 로동계급의 령도와 방조하에서만 사회주의의 길에 들어설수 있으며 나아가서는 공산주의에로 넘어갈수 있다. 로동자와 농민은 같은 목적과 리상을 위하여 힘을 합쳐 투쟁하는 동맹자이며 다같이 사회주의적 근로자이다. 전인민적소유와 협동적소유는 호상 밀접한 련계속에서 발전하는 사회주의적소유의 두개 형태이며 다같이 사회주의국가의 경제적기초를 이루고 있다. 사회주의국가는 로동자, 사무원들의 생활뿐 만아니라 농민들의 생활에 대하여서도 책임지며 전인민적소유의 발전뿐 만아니라 협동적소유의 발전에 대하여서도 책임진다. 개인농민경리때에는 주로 매 농민이 자기의 경리와 생활에 대하여 책임을 졌지만 협동화된 다음에는 당과 국가가 협동농장들의 발전과 농민들의 생활에 대하여 책임지고 돌보아야 한다.

농업에 대한 공업의 지원 필요성

공업은 인민경제의 지도적 부문이며 도시는 정치, 경제, 문화의 모든 방면에서 농촌에 비하여 앞서 나아가고 있다. 지도적부문인 공업이 농업을 도와야만 농촌경리를 공업과 같이 현대적 기술로 장비할수 있으며 선진적인 도시가 농촌을 지원하여야만 뒤떨어진 농촌을 도시의 수준에 끌어올릴 수 있다.

농촌에 대한 도시의 지원 필요성

이로부터 사회주의협동화가 완성된후 농촌에서 기술혁명, 문화혁명, 사상혁명을 힘있게 추진시키며 도시와 농촌간의 차이를 점차 없애기 위하여서는 농촌에 대한 당과 국가의 지도와 방조를 백방으로 강화하여야 하며 도시가 농촌을 적극 지원하여야 한다.

농촌 중시의 필요성

물론 우리나라와 같이 지난날 뒤떨어진 농업국가 나라에서는 혁명이 승리한 후 사회주의공업화를 위하여 얼마동안은 농촌에서 일정한 자금을 얻지 않을 수 없다. 이러한 사회주의국가에서 현대적 공업을 창설하기 위한 농민들의 자금지출은 전사회의 리익을 위한 것이며 농촌경리의 장래발전과 농민들의 생활향상을 위해서도 필수적인 것이다.

그러나 일단 사회주의공업의 기초를 쌓은 다음에는 공업이 농업을 지원하는데로 방향을 돌려야 한다. 그때부터는 농촌을 모든 분야에 걸쳐 더욱 힘있게 지원하여야 한다. 로동계급은 농민을 정치사상적으로 지도할뿐 아니라 물질적으로, 기술적으로, 문화적으로 재정적으로도 도와주어야 한다. 사회주의국가는 농민들의 부담을 덜어주고 수입을 높여주기 위하여 백방으로 노력하여야 하며 로동자와 농민의 생활수준을 고르게 높이도록 하여야 한다. 만일 농촌사업을 소홀히 하고 농촌을 도와주지 않으며 심지어는 농업을 희생으로 하여 공업만 발전시키고 농촌을 희생으로 하여 도시만 꾸린다면 도시와 농촌간의 차이는 없어지지 않을뿐 아니라 더욱더 커지게 될 것이다. 이렇게 하여서는 농민들의 적극성을 발양시킬수 없으며 농촌경리를 발전시킬수 없고 농민생활을 높일수 없다. 이것은 결국 공업자체와 전체 인민경제의 발전에 지장을 주게 될 것이며 사회주의와 공산주의 건설에 커다란 손실을 끼치게 될 것이다. 농촌을 홀시하는 사상은 자본주의사상이다. 자본주의하에서는 도시가 농촌을 착취하며 도시에 비하여 농촌이 뒤떨어지는 것이 법칙으로 되어있다. 공산주의자들은 농촌을 홀시하는 사상을 결정적으로 배격하며 주권을 잡는 첫날부터 자본주의가 남겨놓은 농촌의 락후성을 없애기 위하여 투쟁한다. 사회주의하에서는 도시가 농촌을 도와주며 뒤떨어졌던 농촌이 모든 분야에서 도시의 수준에 더욱더 가까워 가는것이 합법칙적이다. 우리는 로동계급의 힘을 증대시키고 공업과 도시를 더욱 발전시키면서 농민에 대한 로동계급의 지도, 농업에 대한 공업의 방조, 농촌에 대한 도시의 지원을 부단히 강화하여 도시와 농촌간의 차이를 한걸음 한걸음 줄여 나아가야 한다. 이렇게 하여야만 농민들의 적극성을 계속 발양시킬수 있으며 농촌경리를 빨리 발전시킬수 있고 농민생활을 높일수 있다. 이것은 결국 공업자체와 전체 인민경제의 발전을 더욱 추동하게 될 것이며 사회주의와 공산주의 건설을 촉진하게 될 것이다.

(3) 농촌경리에 대한 지도와 관리, 전인민적 소유와 협동적소유의 련계

농촌의 소유관계와 경제관리 수준의 낙후성 개선 필요

사회주의하에서 농촌은 도시에 비하여 기술, 문화, 사상분야에서 뒤떨어져 있을뿐 아니라 또한 이것으로 하여 소유관계에서 뒤떨어져있으며 경제관리의 수준에서도 뒤떨어져있다. 소유관계에서의 공업과 농업간의 차이는 로동계급과 농민의 계급적 차이를 규정하는 본질적 차이이다. 경제관리수준에서의 공업과 농업간의 차이도 역시 중요한 차이이다. 그러므로 도시와 농촌간의 차이, 로동계급과 농민간의 계급적차이를 없애려면 기술, 문화, 사상 분야에서의 농촌의 락후성을 없애는 동시에 소유관계와 경제관리수준에서의 농촌의 락후성을 없애야 한다. 이렇게 하여야 도시에 비한 농촌의 온갖 락후성을 없앨수 있으며 이러한 락후성과 관련되여있는 도시와 농촌간의 모든 차이를 없앨수 있고 로동계급과 농민간의 계급적 차이도 없앨수 있다. 경제관리수준과 소유관계에서의 공업과 농업의 차이를 없애기 위하여서는 농촌에서 기술혁명, 문화혁명, 사상혁명을 힘있게 추진시키고 농촌에 대한 도시의 지원을 백방으로 강화하는 기초우에서 농촌경리의 지도관리를 개선하여야 하며 협동적소유를 점차적으로 전인민적소유의 수준에 끌어올려야 한다. 다른편으로 농촌경리에 대한 지도와 관리를 개선하며 협동적소유를 발전시키고 전인민적소유와 협동적소유의 정확한 호상관계를 보장하는 것은 농촌에서의 기술, 문화, 사상 혁명을 촉진하며 농촌에 대한 도시의 지원을 효과적으로 실현하며 사회주의농촌건설의 전반적문제를 성과적으로 해결하기 위한 중요한 조건으로 된다.

농촌경리에 대한 지도관리 개선 방향

사회주의농촌경리에 대한 지도와 관리를 개선하는 기본방향은 농업협동경리의 관리운영방법을 공업의 선진적인 기업관리방법에 끊임없이 접근시키는 것이다. 농업협동경리는 대규모의 사회주의적 경리이며 그것은 현대적 기술로 빨리 장비되고 있다. 농업의 경영규모가 커지고 그 기술장비가 점차 공업의 수준에 가까워 가는 만큼 농촌경리에 대한 지도와 관리 방법도 응당 공업의 기업관리방법에 더욱더 접근시켜야 한다. 이것은 무엇보다도 농업협동경리를 반드시 기업적 방법으로 지도하고 관리하여야 한다는 것을 말하여준다. 기업적 방법으로 관리한다는 것은 생산에 대한 기술지도를 강화하며 기업소의 모든 경영활동을 계획화하고 조직화한다는 것을 의미한다. 농업은 공업에 비하여 기술장비가 약할뿐 아니라 기술지도에서는 더욱 뒤떨어져있다. 개인농민경리의 협동화와 함께 농촌경리의 관리운영도 계획화되고 조직화되였으나 이 면에서도 공업에 비하면 훨씬 뒤떨어져있다. 기술지도의 강화, 모든 경영활동의 가일층의 계획화와 조직화, 바로 이것이 농업협동경리의 관리운영을 개선하는 기본방향이며 경제관리에서의 공업에 비한 농업의 락후성을 없애는 기본방향이다. 기업적방법에 의한 농업협동경리의 지도와 관리는 농촌기술혁명을 촉진시키며 농업관리에서의 산만성과 비조직성을 없애고 토지, 농기계를 비롯한 다른 생산수단들과 로동력을 합리적으로 리용할수 있게 하며 농촌경리에서의 생산문화를 높일수 있게 한다. 그것은 농업생산의 장성과 협동경리의 공고화, 농민들의 생활향상에 강력한 작용을 한다.

협동적 소유 발전

협동적소유의 발전에 관한 문제 그리고 또한 전인민적소유(공업)와 협동적소유(농촌경리)의 호상관계에 관한 문제는 사회주의농촌건설과 전반적사회주의 건설에서 기본문제의 하나이다. 이것은 농민의 사회경제적처지, 로동계급과 농민의 호상관계와 직접적으로 관련된 원칙적문제이다. 농업에서 지배적인 협동경리제도는 사회주의하에서 생산력의 성격과 수준에 적응하며 농민들의 의식발전정도에 알맞은 것이다. 농업협동경리제도는 커다란 우월성을 발휘하면서 생산력의 발전을 힘있게 추동한다. 사회주의농촌경리를 빨리 발전시키기 위하여서는 협동경리제도의 잠재력과 가능성을 최대한으로 동원하고 리용하여야 한다.

그러나 이것은 결코 사회주의하에서 농업협동경리제도가 고정 불변한 것으로 남아있게 된다는 것을 의미하지 않는다. 협동적소유도 발전하며 변화한다. 농촌경리의 물질기술적토대가 강화되고 농민들의 문화수준과 사상의식수준이 높아짐에 따라 협동적소유를 발전시키고 더욱더 완성하여야 한다.

전인민적 소유와 협동적 소유의 상호관계 설정

이와 함께 전인민적소유와 협동적소유간의 호상관계, 공업과 농업간의 련계에 관한 문제를 옳게 해결하여야 한다. 여기에서 가장 중요한 것은 공업과 농업간의 직접적인 생산적련계를 강화하며 협동적소유에 대한 전인민적소유의 지도적 역할을 끊임없이 높이는 방향에서 두 소유를 유기적으로 결합시키는 것이다. 이를 위하여서는 농촌경리에 직접 복무하는 국가기업소들 즉 농기계작업소, 관개관리소, 채종농장과 종자처리장, 농사시험장, 종축장과 수의방역소 등을 강화하고 이 기업소들로 하여금 협동경리의 농업생산에 적극 참가하도록 하여야 한다. 이러한 국가기업소들을 물질기술적으로 튼튼히 꾸리고 모범적으로 관리하여야 하며 농업협동경리발전에서의 그 역할을 끊임없이 높여야 한다. 공업의 발전에 따라 이러한 국가기업소들을 계속 확대하고 강화함으로써 전인민적소유에 속하는 현대적인 물질기술적 수단들이 농업생산에서 점차 압도적 비중을 차지하게 되도록 하여야 한다. 이와 같이 전인민적소유와 협동적 소유를 밀접히 결합시켜 나아가야만 농민에 대한 로동계급의 정치사상적영향을 강화할수 있으며 공업의 기계기술, 선진적 기업관리와 생산문화를 농촌경리에 더 잘 보급할수 있으며 농촌에 대한 도시의 지원을 효과적으로 실현할수 있다. 이렇게 하여야만 협동적소유를 공고 발전시키고 그것을 전인민적소유에 더욱더 접근시킬수 있으며 협동적소유의 전인민적소유에로의 점차적 전환과정을 순조롭게 할수 있으며 촉진할 수 있다. 이것은 로동계급의 령도적 역할을 높이고 로농동맹을 더욱 강화하는 길이며 사회주의와 공산주의 건설을 촉진하는 길이다. 만일 협동적 소유에 대한 전인민적소유의 지도적 역할을 약화시키며 두 소유를 분리시키는 방향으로 나아간다면 농민에 대한 로동계급의 정치사상적영향이 약화될 것이며 공업의 기계기술, 선진적인 기업관리와 생산문화를 농촌경리에 잘 보급할 수 없고 농촌에 대한 도시의 지원을 저해하게 될 것이다. 이렇게 하여서는 사회주의적 농촌경리제도를 공고발전시킬수 없으며 협동적소유의 전인민적소유에로의 점차적전환도 순조롭게 실현할수 없다. 이것은 결국 로동계급의 령도적역할을 낮추고 로농동맹을 약화시키는 길이며 사회주의와 공산주의 건설에 난관을 조성하는 길이다.

이와 반면에 현실적 조건과 가능성을 고려하지 않고 협동적 소유를 조급하게 전인민적소유로 전환시켜도 안된다. 농촌경리의 물질기술적토대가 약하고 공업로동과 농업로동간에 큰 차이가 남아있고 농민들의 사상의식수준과 문화수준이 로동계급에 비하여 뒤떨어져있는 조건하에서 협동적 소유를 전인민적소유로 개변한다면 그것은 오히려 사회주의농촌의 발전과 전반적 사회주의 건설을 지연시키는 결과를 가져오게 될 것이다. 우리는 반드시 협동적 소유에 대한 전인민적소유의 지도적 역할을 끊임없이 높이면서 두 소유를 유기적으로 결합시켜 사회주의농촌경리제도를 공고 발전시키며 협동적소유를 더욱더 전인민적소유에 접근시키도록 하여야 한다. 이리하여 현실적 조건과 가능성을 조성하면서 협동적소유를 점차적으로 전인민적소유로 전환시키도록 하여야 한다.

2) 사회주의농촌건설의 기본과업

당의 농촌정책 관철

우리 당은 농촌문제의 해결에서 항상 맑스-레닌주의원칙을 확고히 지켜왔으며 그것을 우리나라의 현실에 창조적으로 적용하여왔다. 우리는 농업협동화가 실현됨에 따라 기술혁명, 문화혁명, 사상혁명을 강력히 추진시키고 농촌에 대한 지원을 강화하며 농촌경리에 대한 지도와 관리를 개선함으로써 사회주의농촌건설에서 이미 커다란 성과를 거두었다. 우리나라에서 농업생산은 빠른 속도로 계속 장성하였다. 우리의 협동농장들은 정치경제적으로 더욱 공고화되였다. 농민들의 물질문화생활이 빨리 높아지고 그들의 정치적, 로력적 열성은 더욱더 높아가고 있다. 농촌의 면모가 달라졌으며 도시와 농촌간의 차이는 점차 줄어지고 있다. 생활은 우리의 사회주의농촌경리제도의 우월성과 우리 당 농촌정책의 정당성을 뚜렷이 증명하여준다. 오늘 우리앞에는 농촌경리를 더욱 높은 수준에로 발전시키며 우리의 사회주의농촌을 더 훌륭하게 건설하여야 할 방대한 과업이 나서고 있다. 우리는 당의 농촌정책을 계속 철저히 관철하여 농촌에서 이미 거둔 성과를 공고 발전시키며 사회주의농촌경리제도의 우월성을 전면적으로 발양시키며 사회주의농촌건설과 전반적 사회주의 건설을 더한층 촉진하여야 한다.

(1) 농촌기술혁명

농촌기술혁명의 기본과업

농촌기술혁명은 농촌경리를 현대적 기계와 기술로 장비하고 농업과학의 성과를 널리 받아들여 농업생산력을 고도로 발전시키며 농민들의 생활을 넉넉하게 하며 그들을 고된 로동에서 해방하기 위한 중요한 혁명과업이다. 우리 당은 농촌에서 협동화를 실현하는 한편 곧 기술혁명의 수행에 착수하였다. 우리는 수리화, 기계화, 전기화, 화학화를 농촌기술혁명의 기본과업으로 규정하고 여기에 커다란 힘을 돌렸다.

수리화의 중요성과 과제

수리화는 농촌기술혁명에서 매우 중요한 자리를 차지한다. 농업은 공업과 달리 자연지리적조건, 특히 기후조건에 많이 의존한다. 공산주의자들의 임무는 자연을 정복하고 개조하여 기후변동이나 기타 우연적 요인에 의하여 좌우되지 않는 튼튼한 생산토대를 마련하며 인민들에게 안정된 생활조건을 지어주는 것이다. 수리화의 실시는 큰물과 가물 피해를 이겨내고 농사에서 높고 안전한 수확을 내며 농업생산의 부단한 장성을 보장하기 위한 기본담보로 된다. 논농사가 큰 비중을 차지하며 거의 해마다 큰물과 가물피해가 심한 우리나라 농촌경리에서 수리화는 특별히 중요한 의의를 가진다. 우리 당은 해방직후부터 수리화에 힘을 돌렸으며 특히 농업협동화가 실현됨에 따라 관개공사와 치산치수사업을 전국가적, 전인민적 운동으로 힘있게 전개하였다. 우리는 수리화에서 이미 기본적인 것은 해결하였으며 흉년을 모르는 튼튼한 농업생산토대를 닦아놓았다. 우리의 앞으로의 과업은 어떠한 가물이 드나 큰물이 나도 항상 풍작을 이룩할수 있도록 수리화에서 이미 거둔 성과를 공고히 하며 더욱 확대하는데 있다. 여기에서 무엇보다도 먼저 해결해야 할 문제는 벼의 생산을 증가시키며 알곡 총수확고를 높이기 위하여 2~3년안에 논면적을 70만정보까지 늘이는 것이다. 지금 하고 있는 대규모의 관개공사들을 빨리 완공하며 새로운 관개공사를 더 많이 실시하여야 한다. 이미 있는 관개시설들을 정비하고 보강하며 그것을 더 효과적으로 리용하도록 하여야 한다. 치산치수사업, 특히 중소하천정리사업을 계속 힘있게 전개하여야 한다.

기계화의 중요성과 과제

농업에서 로동생산 능률을 높이며 농민들의 로동을 쉽게 하여주기 위해서는 반드시 기계화를 실시하여야 한다. 수천년동안 뒤떨어진 농기구를 가지고 온갖 고역에 시달려 온 농민들을 고된 로동에서 해방하는 것은 우리 공산주의자들에게 맡겨진 영예로운 력사적 임무이다. 농촌경리의 기계화를 힘있게 추진시켜 농업로동의 생산능률을 빨리 높이는 동시에 농민들의 힘든 로동을 덜어주며 그들로 하여금 충분히 쉴뿐 아니라 학습과 문화생활을 위한 충분한 시간을 가지도록 하여야 한다. 오늘 우리나라는 농업기계화를 전면적으로 수행하는 단계에 있다. 우리의 과업은 밭갈이로부터 가을걷이와 탈곡에 이르기까지 모든 농사일을 기계화하며 농촌경리의 종합적기계화를 실현하는 것이다. 우선 가장 고되고 품이 많이 드는 밭갈이와 김매기, 수송작업의 기계화에 힘을 집중하여 가까운 년간에 이 문제를 해결하여야 한다. 농촌경리의 기계화를 위하여서는 앞으로 뜨락또르대수를 7만~8만대(15마력 환산으로), 자동차는 3만~3만 5,000대에 이르게 하며 다른 여러 가지 농기계들을 결정적으로 증가시켜야 한다. 우리나라 농촌경리는 자연지리적 조건에서나 작물구성과 경종체계에서 일련의 특성을 가지고 있다. 우리 농업의 특성에 맞는 새로운 농기계들을 널리 창안 제작하여야 하며 동시에 토지를 정리하고 경종체계를 개선하는 등으로 기계화에 유리한 조건을 조성하여야 한다.

전기화의 중요성과 과제

전기화는 농촌 기술혁명과 문화혁명에서 중요한 역할을 한다. 농촌을 전기화하지 않고는 수리화와 기계화를 성과적으로 수행할수 없으며 문화적인 농촌건설을 기대할수 없다. 우리나라에서는 이미 전체 농촌리의 93.3%, 전체 농가의 71%에 전기가 들어갔다. 나라의 전기화를 위한 우리 당의 방침은 대규모의 수력발전소와 화력발전소의 건설을 병행하여 추진시키며 동시에 중소규모의 발전소들을 전국각지에 많이 건설하는 것이다. 당의 전기화 방침을 계속 관철하여 가까운 년간에 모든 농촌과 모든 농가에 다 전기가 들어가도록 하여야 한다. 농촌경리에 전기동력을 효과적으로 리용하며 탈곡, 양수, 사료의 분쇄와 절단 등 한자리에서 진행되는 작업들은 모두 전기화하도록 하여야 한다. 매개 농가들에서 라지오 또는 유선방송을 들을 수 있게 하며 여러 가지 전기용품을 널리 사용할수 있도록 하여야 한다. 화학화는 농작물의 단위당수확고를 높이는 중요한 방도로 된다. 농촌경리에서의 화학의 적용은 토양을 개량하고 토지의 비옥도를 높이며 농작물의 생장과 결실을 촉진하며 병해충과 잡초를 없앨수 있게 한다. 우리나라에서 화학공업이 빨리 발전한 결과 1963년에 농경지 정보당 화학비료의 시비량은 300키로그람에 이르렀으며 그 품종구성은 더욱 개선되였다. 농촌에 대한 농약의 공급량도 훨씬 많아졌다. 화학화에서의 과업은 우리나라의 토양과 농작물에 맞는 여러 가지 화학비료를 충분히 보장하며 여러 가지 살충제와 살초제의 공급량을 결정적으로 늘이는 것이다. 농경지 정보당 화학비료의 시비량을 가까운 년간에 500키로그람에 이르게 하며 장차로는 1톤 이상의 수준에 올려야 한다. 과학적 시비체계를 세워 화학비료를 가장 효과적으로 리용하도록 하여야 한다.

농촌기술혁명의 4가지 기본구성 부문

수리화, 기계화, 전기화, 화학화는 농촌기술혁명의 네 가지 기본구성부분이다. 기계화, 전기화에만 치우치고 수리화, 화학화를 소홀히 한다면 농사에서 수확고를 부단히 높일수 없다. 반대로 수리화, 화학화에만 힘을 넣고 기계화, 전기화를 하지 않는다면 로동생산 능률을 높일수 없고 농민들의 힘든 로동을 덜어줄수 없다. 공업의 발전정도와 농촌의 구체적 형편에 따라 선후차는 있을수 있지만 사회주의농촌경리의 물질기술적 토대를 참말로 튼튼히 쌓기 위해서는 반드시 농촌기술혁명의 네가지 기본과업 즉 수리화, 기계화, 전기화, 화학화를 실시하여야 한다.

농촌경리의 집약화

수리화, 기계화, 전기화, 화학화를 실시하면서 농업과학의 성과와 선진영농기술을 널리 받아들이며 집약적인 영농방법을 더욱 발전시켜야 한다. 농촌경리의 집약화, 이것은 영농사업에서의 우리 당의 기본방침이다. 현대적 과학기술에 기초한 집약농법은 가장 선진적인 영농방법이며 그것은 농사에서 다수확의 기본으로 된다. 집약적 영농방법에서 이미 얻은 풍부한 경험을 살리고 더욱 발전시켜 농작물의 단위당수확고를 획기적으로 높여야 한다. 토지를 정리하고 개량하며 할수 있는 모든 곳에서 2모작체계를 도입하며 간작, 혼작 등을 더 널리 실시하여야 한다. 육종사업을 강화하여 종자를 개량하며 자급비료를 더 많이 내며 모든 영농작업을 제때에 질적으로 수행하고 논밭을 알뜰하게 가꾸어야 한다.

농업생산증대

농촌기술혁명을 수행하는 기초우에서 농업생산을 부단히 높여야 한다. 농업생산에서 가장 중요한 것은 알곡생산이다. 알곡문제를 해결하여야만 주민들에게 식량을 넉넉하게 공급할수 있으며 농촌경리의 다른 부문들을 빨리 발전시킬수 있다. 우리는 알곡생산에 힘을 집중하여 이미 식량을 자급 자족할수 있게 되었다. 알곡생산에서의 당면과업은 벼의 생산을 증가시키고 알곡 총수확고를 훨씬 더 높여 전체 인민이 이밥을 먹을수 있도록 하며 축산업을 비롯한 농촌경리의 다른 모든 부문들을 더욱 발전시키기 위한 튼튼한 토대를 닦는 것이다. 알곡생산을 위주로 하면서 공예작물의 재배, 축산업, 과수업, 잠업 등 농촌경리의 모든 부문을 빨리 발전시켜야 한다.

농촌 기술혁명의 목표

우리는 농촌기술혁명을 수행하여 농업생산력을 고도로 발전시키고 우리의 사회주의 농촌을 튼튼한 식량, 원료림 기지로 전변시키며 우리 농민들을 유족하게 잘살도록 할 것이다. 우리는 농촌기술혁명을 힘있게 추진시켜 농민들의 로동을 쉽게 하여주고 농촌에서도 기본적으로 8시간 로동을 실시할수 있도록 하며 나아가서는 공업로동과 농업로동의 차이를 점차 없애도록 할 것이다.

(2) 농촌문화혁명

농민들의 일반 지식수준과 기술수준 제고

농촌문화혁명은 농민들의 문화, 기술 수준을 높이며 농촌 기술간부를 양성하며 농촌의 낡은 면모를 개변하고 온갖 뒤떨어진 생활양식과 인습을 없애며 생활을 문화적으로, 위생적으로 꾸리기 위한 중요한 혁명과업이다. 농촌문화혁명에서 기본으로 되는것은 농민들의 일반지식 수준과 기술수준을 높이는 것이다. 이것이 없이는 농촌에서 기술혁명을 실현할수 없으며 농민들에 대한 사상교양을 성과적으로 진행할수 없다. 우리나라에서는 1956년부터 초등의무교육제가 실시되고 1958년부터는 중등의무교육제가 실시되고 있다. 그리하여 도시에서뿐 만아니라 농촌에서도 젊은 세대들은 다 7년제까지의 일반지식을 소유하게 되였다. 농촌에 기술학교가 널리 설치되여 수많은 농촌청소년들이 기술교육을 받고 있다. 이제 문제는 후대들에게 전반적으로 기술교육을 주는 것이다.

가까운 시일에 9~10년제 기술의무교육을 실시하여 이 문제를 완전히 해결하도록 하여야 한다. 농촌에서 성인교육을 계속 힘있게 전개하여 모든 농민들이 초급중학교이상의 일반지식과 농사일에 필요한 기술지식을 가지도록 하여야 한다.

농촌 기술간부 양성

현대적 기계기술에 기초한 농촌경리의 빠른 발전은 더욱더 많은 농촌 기술간부를 요구한다. 앞으로 몇해동안에 매개 협동농장에 5명이상의 기사, 매개 작업반에 2명의 기수 또는 기사를 배치할수 있도록 하여야 한다. 이를 위하여서는 대학, 고등기술학교들을 통하여 농촌 청년들속에서 농업에 필요한 각 부문의 기술자, 전문가들을 대대적으로 길러내야 한다. 농촌 기술간부의 대렬을 빨리 늘이는 동시에 그 질적구성을 부단히 높여야 한다.

농민들의 문화생활 조건 개선

문화혁명에서 중요한 과업의 하나는 농촌보건위생사업을 발전시키며 농민들의 문화생활조건을 더욱 개선하는 것이다. 농업협동화가 실현된후 우리 농민들의 문화생활에서는 커다란 전변이 일어났다. 매개 농촌리에 진료소가 설치되고 농민들에게도 로동자, 사무원들과 같이 무상치료제가 실시되고 있다. 농촌에서 여러 가지 토질병과 전염병들은 자취를 감추고 있다. 모든 농촌리에서 공동비용으로 탁아소, 유치원을 설치하여 운영하고 있다. 농촌에 수많은 문화주택들과 문화후생시설들이 건설되였다. 여러 가지 출판물들이 많이 농촌에 배포되며 광범한 농민들이 군중적 문예활동에 참가하고 있다. 지난날 침체하고 어지럽던 우리 농촌이 오늘은 활기있고 깨끗하고 살기 좋은 새 농촌으로 꾸려지고 있다. 문화적인 사회주의농촌을 건설하기 위하여서는 더욱 완강한 투쟁이 요구된다. 농촌진료소들을 확장하고 완비하며 농민들에 대한 의료봉사를 더욱 개선하여야 한다. 농촌녀성들의 로동조건을 개선하며 그들이 사회적 로동에 충분히 참가할수 있는 모든 가능성을 지어주어야 한다. 녀성들에게 로력보수를 계속 주면서 산전산후휴가를 완전히 보장하여주도록 하여야 한다. 이미 건설된 탁아소, 유치원들을 더 잘 꾸리고 더 잘 운영하여 녀성들이 마음놓고 생산에 참가할수 있도록 하며 어린이들을 훌륭히 키우도록 하여야 한다. 농촌주택건설을 계속 힘있게 전개하여 모든 농민들이 아름답고 아담하고 편리한 문화주택에서 살도록 하여야 한다. 농촌에 여러가지 문화후생시설들을 원만히 갖추어 농민들의 생활상편의를 더 잘 도모하여야 한다. 농촌에 신문, 잡지, 도서들을 더 많이 보내며 모든 농촌리에 구락부를 건설하며 농민들속에서 군중문화사업을 더욱 발전시켜야 한다. 농촌에서 온갖 뒤떨어진 생활양식과 생활관습을 완전히 없애고 살림살이를 알뜰하게 문화적으로 꾸리도록 하여야 한다.

농촌문화혁명의 목표

우리는 농촌문화혁명을 철저히 수행하여 로동자와 농민들의 기술문화수준의 차이를 점차 없애도록 하며 모든 근로자들의 기술문화수준을 점차 기사, 기수의 수준에 끌어올리도록 할 것이다. 우리는 교육, 보건, 주택 조건, 문화후생시설을 비롯한 모든 문화생활조건에서 도시와 농촌간의 차이를 더욱더 줄이며 그 차이를 점차적으로 없애도록 할 것이다.

(3) 농촌에서의 사상혁명

농촌의 사상혁명 성과

농촌에서 사상혁명을 진행한다는 것은 농민들의 낡은 사상 잔재를 극복하고 그들을 선진적 로동계급의 사상으로, 공산주의사상으로 무장시킨다는 것을 의미한다. 우리 당은 농업협동화를 시작하면서부터 농민들 속에서 계급교양을 기본으로 하는 공산주의교양을 정력적으로 전개하였다. 그 결과 농민들의 각성이 매우 높아지고 그들의 사상의식에서 커다란 변화가 일어났다. 오늘 우리 농민들은 로동당의 주위에 굳게 뭉쳤으며 당정책을 관철하기 위해서는 모든 정력과 재능을 다 바쳐 투쟁하고 있다. 그들은 자기의 사회주의전취물을 무한히 귀중하게 여기고 있으며 그것을 지키며 더욱 공고 발전시키려는 굳은 결의에 충만되여 있다. 농민들 속에서 서로 돕고 이끌며 집단을 사랑하고 공동의 리익을 위하여 복무하는 공산주의도덕의 미풍이 더욱 발양되고 있다. 농민들의 로력적 열성과 창발성은 고도로 앙양되고 있다. 위대한 공산주의학교인 천리마작업반운동은 농촌에서 빨리 확대 발전되고 있다. 이 모든 사실들은 우리 농촌에서 사상혁명이 농민대중속에 깊이 들어가고 있으며 그것을 통하여 농민들이 새로운 인간으로 교양 개조되고 있다는 것을 말하여준다. 바로 여기에 농촌에서의 우리의 모든 승리와 성과의 중요한 담보가 있다.

공산주의 교양 강화

농촌사업에서 사상혁명을 앞세우는 원칙을 계속 확고히 견지하고 농민들에 대한 공산주의교양을 더욱 힘있게 전개하여야 한다. 공산주의교양에서 기본은 계급교양이다. 농민들을 제국주의와 지주, 자본가 계급을 미워하는 사상으로 무장시키며 착취제도를 반대하고 사회주의제도를 옹호하며 발전시키기 위하여 투쟁하도록 교양하여야 한다. 농민들을 로동계급의 견결한 혁명정신으로, 자기의 향토와 사회주의조국을 사랑하는 열렬한 애국주의정신으로, 프로레타리아 국제주의사상으로 튼튼히 무장시켜야 한다. 농민들에 대한 공산주의교양에서 가장 중요한 문제의 하나는 그들에게 남아있는 개인리기주의와 소소유자적 근성을 없애고 그들을 집단주의사상으로 무장시키는 것이다. 농민들에게 남아있는 리기주의사상은 수세기에 걸쳐 대대손손으로 계승되여온 뿌리깊은 사상이다. 농민들 속에서 리기주의를 반대하고 공동재산을 애호하며 집단과 조직을 사랑하는 정신을 배양하기 위하여 계속 완강한 투쟁을 전개하여야 한다. 우리의 모든 농민들이 《하나는 전체를 위하여, 전체는 하나를 위하여》라는 공산주의적 집단주의사상을 가지고 일하며 배우며 생활하도록 하여야 한다. 농민들을 로동을 사랑하는 정신으로 더욱 튼튼히 무장시키는 것이 중요하다. 농민들로 하여금 로동을 즐기고 가장 영예로운 것으로 여기며 일하지 않고 놀고 먹는것을 부끄러운 일로 생각하며 그것을 착취계급의 사상으로서 미워하고 배격하도록 하여야 한다. 전체 농민들이 로동에서 자각적인 열성과 헌신성을 발휘하며 집단과 사회를 위하여 공동로동에 더욱 성실하게 참가하도록 하여야 한다. 농민들 속에서 낡은 것을 반대하고 새것을 지향하는 정신, 미래를 사랑하는 정신을 배양하여야 하며 그들을 혁명적 락관주의로 무장시켜야 한다. 농민들속에 남아있는 씨족관념과 문벌주의를 반대하며 그들에게서 흔히 나타날수 있는 소극성과 보수주의를 반대하여 투쟁하여야 한다. 우리 농민들로 하여금 더 훌륭한 미래에 대한 희망과 열렬한 지향을 가지고, 승리에 대한 확고한 신심을 가지고 계속 전진하며 계속 혁신을 일으키도록 하여야 한다. 농민들 속에서의 공산주의교양은 반드시 당정책교양 및 혁명전통교양과 밀접히 결부하여 진행하여야 한다. 사회주의하에서의 군중교양의 기본방법은 사람들을 긍정적 모범으로 감화시키는 방법이다. 우리의 경험은 이 방법이 군중교양에서 가장 힘있는 방법이라는 것을 보여주었다. 긍정적 모범을 보급하며 사람들을 성의껏 도와주고 꾸준하게 설복하여 감화시키는 방법으로 농민들을 새로운 인간으로 교양하고 개조하여야 한다. 근로자들에 대한 공산주의교양은 주로 그들의 실천활동, 집단로동을 통하여, 생산현장을 거점으로 하여 진행하여야 한다. 농촌에서 천리마작업반운동을 계속 확대하고 심화시켜 농민들의 집단적 생산혁신 운동을 더욱 발전시키며 그들을 공산주의사상으로 교양 개조하는 사업을 더욱 성과적으로 수행하여야 한다.

사상혁명의 목표

우리는 농민들의 정치적각성과 의식수준을 부단히 높임으로써 사회주의농촌경리제도의 우월성을 전면적으로 발양시키며 농업생산과 기술, 농촌문화를 더욱 빨리 발전시킬 것이다. 우리는 농촌에서 사상혁명을 계속 힘있게 전개하여 농민들을 로동계급의 사상으로 무장시키며 로동자와 농민사이의 사상의식수준에서의 차이를 점차 없애도록 할 것이다.

(4) 농촌에 대한 지원

농촌에 대한 지원 실적

농민에 대한 로동계급의 지도와 방조, 농촌에 대한 도시의 지원은 로농동맹을 강화하며 공업과 농업의 균형적 발전을 보장하며 사회주의 도시 및 로동자구와 함께 사회주의 농촌을 튼튼히 꾸리며 점차 도시와 농촌간의 차이를 없애기 위한 기본조건의 하나이다. 우리 당은 해방직후 토지개혁을 실시할 때부터 농촌을 적극 지원하였으며 특히 농업협동화를 실시하면서부터 모든 분야에 걸쳐 농촌에 대한 지원을 결정적으로 강화하였다. 우리나라에서 개인농민경리의 사회주의 적협동화는 당과 로동계급의 령도, 사회주의적 국영공업의 강력한 지원에 의하여 성과적으로 실현되였다. 우리의 협동농장들은 당의 정확한 지도와 국가의 막대한 물질기술적 방조와 전체 인민의 지원에 의하여 그리고 이에 무한히 고무된 협동농민들의 헌신적인 투쟁에 의하여 정치경제적으로 빨리 공고화되였다. 우리 당은 농촌에 대한 정치적지도를 부단히 강화하면서 모든 힘을 다하여 농촌을 물질적으로, 기술적으로, 재정적으로 도와주도록 하였다. 농촌에 대한 국가의 물질기술적 방조는 방대한 규모에 달한다. 1959년부터 1963년까지의 5년동안에 인민경제에 대한 국가기본건설투자총액가운데서 15.8%가 농촌경리의 발전과 농촌문화건설에 돌려졌다. 국가는 또한 협동농장들에 막대한 자금을 대여하여주었으며 그가운데서 많은 부분은 상환을 면제하여주었다. 이러한 국가의 기본건설투자와 재정적 방조에 의하여 방대한 관개공사들과 치산치수사업이 진행되고 농촌경리의 기계화, 전기화, 화학화가 촉진되였으며 농촌문화건설이 널리 실시되였다. 우리의 공업은 해마다 더 많은 농기계, 화학비료, 농약, 건설재료와 여러 가지 소비품을 생산하여 농촌에 보내주었다. 우리는 농촌에 방대한 로력적 방조도 주었다. 국가는 농업현물세를 감면하며 공예작물수매가격을 높이며 농기계작업료, 관개사용료와 농기구의 가격을 낮추며 농촌어린이들에게 옷을 무료로 공급하는 등 농민들의 수입을 높이고 생활을 개선하기 위한 많은 대책을 취하였다. 농촌에 대한 이러한 지원은 농촌경리를 빨리 발전시키며 협동농장들을 공고히 하고 농민들의 물질문화생활을 더욱 높이는데서 결정적 역할을 하였다.

농촌에 대한 지원 확대방안

오늘 농촌경리앞에 나서고 있는 방대한 과업과 사회주의건설의 전반적리익은 농촌에 대한 지원을 더욱 강화할 것을 요구한다. 사회주의공업의 튼튼한 토대가 이미 마련된 조건에서 농촌에 능히 더 많은 방조를 줄수 있게 되였으며 또 응당 주어야 한다. 농촌에 대한 국가투자를 늘이며 물질기술적 방조를 더욱 강화하여야 한다. 농촌경리에 복무하는 공업부문들을 더욱 빨리 발전시켜 농촌에 현대적농기계, 화학비료, 건설재료 등을 더 많이 공급하여야 한다. 국가의 부담으로 각 부문의 기술자, 전문가들을 더 많이 양성하여 농촌에 보내야 한다. 우리나라에서 농업은 고도로 집약화되였으며 농촌경리의 기계화는 오랜 시일을 요한다. 우리의 농촌로력에서는 아직도 로인들과 녀성들이 다수를 차지하고 있다. 농촌에 청장년로력을 더욱 보충하여주며 농촌에 대한 사회적 로력방조를 더 계획적으로, 더 효과적으로 진행하여야 한다. 농민들의 생활향상을 위하여 필요한 모든 대책을 취하여야 한다. 농민들의 부담을 계통적으로 덜어주고 그들의 수입을 높여야 한다. 농민들에게 여러가지 공업상품을 더 많이 공급하며 농촌에서의 교육, 문화, 보건 사업의 발전에도 적극적인 방조를 주어야 한다. 농촌에 로동자, 제대군인들을 더 많이 보내고 혁명가유가족, 피살자가족들을 고착시키며 핵심대렬을 계속 확대하여 농촌진지를 정치사상적으로, 계급적으로 더욱 튼튼히 꾸려야 한다. 모든 당조직, 국가기관, 사회단체들과 그 일꾼들이 농촌사업에 깊은 관심을 돌리며 농촌에 더 큰 도움을 주어야 한다. 우리는 정치, 경제, 문화의 모든 방면에 걸쳐 농촌을 더 힘있게 도와줌으로써 로동계급의 령도적 역할을 높이고 로농동맹을 더욱 강화할 것이며 공업과 농업의 균형적 발전을 보장하고 전체 인민경제의 발전을 더욱 촉진할 것이며 사회주의도시와 사회주의농촌을 다같이 튼튼히 꾸리고 더욱더 번영하게 할 것이다. 우리는 농촌에 대한 지원을 계속 강화하여 나아감으로써 협동농장들과 농민들의 부담을 계통적으로 덜어주며 장차로는 농민들에게도 로동자들과 같이 모든 생산조건과 생활조건을 국가적으로, 전사회적으로 보장하여주도록 할 것이다.

(5) 협동농장들에 대한 국가적지도

농업에 대한 국가의 지도체계 개편

농업협동경리에 대한 국가적 지도체계와 지도방법은 협동경리의 관리운영사업을 개선하며 전인민적소유와 협동적소유의 련계를 강화하는데서 결정적 의의를 가진다.

우리 당은 농업협동화를 실현하는 첫날부터 협동농장들에 대한 국가적지도를 개선강화하는데 깊은 관심을 돌려왔으며 환경과 조건의 변화에 따라 제때에 지도 체계와 방법을 개편하였다. 우리 당의 전통적인 혁명적 사업방법, 당의 군중로선을 사회주의건설의 현실에 구현한 청산리정신과 청산리방법의 보급은 우리의 모든 당 및 국가 기관들의 사업에서 전변을 일으키게 하였으며 협동화된 농촌의 새 환경에 맞게 농촌지도사업을 개편하게 하였다. 특히 당은 청산리방법을 침투시키면서 당시 협동농장들에 대한 직접적인 지도기능을 수행하던 군인민위원회의 일꾼들로 하여금 현지에 내려가 사람들과의 사업을 강화하고 농장의 모든 사업을 직접 조직하여주며 구체적으로 도와주도록 하였다. 이것은 협동농장들에 대한 국가적 지도를 강화하는데서 커다란 역할을 하였다.

그러나 농촌현실의 빠른 변화는 농촌경리에 대한 새로운 더 높은 수준의 지도를 요구하게 되였다. 협동농장들의 규모가 커지고 농업기술이 더욱 발전하였으며 농촌에 대한 국가의 물질기술적 방조는 급격히 증대되였다. 농민들의 기술문화수준과 사상의식수준이 높아졌다. 농촌사업은 그 범위가 확대되고 훨씬 더 복잡하여졌으며 농촌경리앞에는 더욱더 방대한 과업이 나서게 되였다. 행정기관으로서의 군인민위원회는 이미 농촌경리를 원만히 지도할수 없게 되였다. 이로부터 우리 당은 1962년초에 새로 군협동농장경영위원회와 도농촌경리위원회를 조직하였으며 동시에 농업성을 농업위원회로 개편하였다. 군협동농장경영위원회와 도농촌경리위원회의 창설은 농촌의 변화된 현실에 맞게 농업지도체계를 근본적으로 개편하는 획기적 조치였으며 농촌경리발전의 성숙된 요구를 해결하기 위한 가장 적절한 조치였다. 그것은 맑스-레닌주의원칙과 우리나라의 현실을 결합시킨 창조적인 대책이였다.

군협동농장 경영위원회의 우월성

우리나라에 창설된 새로운 농업지도체계에서 가장 중요한 역할을 하는것은 군협동농장경영위원회이다. 군협동농장경영위원회는 농업기술자들과 농기계작업소, 농기구공장, 관개관리소 등 농촌경리에 봉사하는 국가기업소들을 통일적으로 틀어쥐고 협동농장들의 경영활동을 현지에서 직접 조직하며 지도한다. 경영위원회는 협동농장들을 직접적으로 지도하는 기능과 협동경리에 대한 국가의 물질기술적 방조를 직접 실현하는 기능을 통일시킨 전문적인 농업지도기관이다. 군협동농장경영위원회는 커다란 우월성을 가지고 있다. 경영위원회는 지난날과 같은 행정적방법으로가 아니라 기업적방법에 의하여 농촌경리를 더욱 효과적으로 지도할수 있으며 특히 농업생산에 대한 기술적지도를 더욱 강화할수 있다. 경영위원회가 조직된 결과 매개 협동농장들의 관리운영이 개선되였을뿐 아니라 군내협동농장들의 련계도 강화되였다. 경영위원회는 전인민적소유와 협동적 소유를 유기적으로 결합시키며 공업과 농업간의 생산적 련계를 강화한다. 경영위원회가 조직됨으로써 전인민적소유가 협동적소유에 더 넓게, 더 깊이 침투하게 되였으며 기술, 문화, 사상의 각 방면에 걸쳐 농민에 대한 로동계급의 영향이 더욱 강화되였다. 경영위원회의 창설은 농업협동경리에 대한 사회주의적국영공업의 물질기술적 방조를 강화하고 협동농장들로 하여금 이러한 방조를 더 효과적으로 리용할수 있게 하였다. 이 모든 것은 로동계급의 령도적역할을 높이고 로농동맹을 더욱 강화하며 전인민적소유의 지도적 역할을 높이고 협동적소유를 전인민적소유에 부단히 접근시킨다. 우리의 과업은 경영위원회의 우월성에 의거하여 농촌경리를 능숙하게 지도하며 협동농장들에 더 효과적인 방조를 주는데 있다.

경영위원회 일꾼들의 사업방법 개편

우선 중요한 것은 경영위원회일꾼들의 사업방법을 결정적으로 개선하는 것이다. 경영위원회일꾼들은 낡은 행정식 사업방법을 완전히 버리고 경영위원회의 본래의 사명에 맞게 협동농장들을 반드시 기업적 방법으로 지도하여야 한다. 계획 작성으로부터 시작하여 생산조직, 토지와 농기계 및 관개시설의 리용, 기술발전, 자재의 보장, 로동력의 배치와 조직, 생산물의 분배, 재정관리 등 협동농장들의 모든 경영활동을 직접 조직하여주며 구체적으로 도와주어야 한다. 기업적 지도에서 가장 중요한 것은 생산에 대한 기술적지도이다. 농업생산도 공업생산과 같이 하나의 기술공정이다. 농촌경리에서 기술의 역할은 더욱 높아가며 생산과정은 기술적으로 더욱 복잡하여지고 있다. 지금은 기술을 떠나서는 농사를 지을수 없으며 기술을 모르고는 농사를 지도할수 없다. 경영위원회는 일꾼들의 기술수준을 높이고 기술자들을 옳게 동원하여 농촌경리에 대한 기술적 지도를 결정적으로 강화하며 농촌기술혁명을 더욱 촉진하여야 한다. 모든 사업에서 기본으로 되는 것은 사람과의 사업이다. 생산이란 자연을 정복하기 위한 사람들의 투쟁이며 이 투쟁에서 주인은 사람이다. 농업에서 주인은 농민이다. 농민들의 창조력과 재능을 동원하지 않고는 농촌경리를 발전시킬수 없다. 농민들과 사업하지 않고는 농촌현실을 충분히 료해할수 없으며 농촌경리를 옳게 지도할수 없다. 경영위원회일꾼들은 청산리방법에 튼튼히 서서 항상 현지에 나가 사람과의 사업을 앞세우고 현실을 깊이 료해하는 기초우에서 협동농장들에 대한 기업적 지도를 원만히 보장하여야 한다.

경영위원회의 농촌경리에 대한 국가 지원사업 효과적 수행 강조

경영위원회는 농촌경리에 대한 국가의 물질기술적 방조를 효과적으로 실현하는데 깊은 관심을 돌려야 한다. 농업생산에 복무하는 국가의 모든 물질기술적 수단들과 자재들은 경영위원회의 직접적관할하에 있거나 또는 경영위원회를 통하여 농촌에 들어간다. 농촌경리에 대한 국가의 물질기술적방조가 효과있게 실현되는가 못되는가 하는 것은 결정적으로 경영위원회의 활동여하에 달려있다. 경영위원회는 군내농촌경리의 실정을 구체적으로, 종합적으로 파악하고 여기에 맞게 관개시설, 농기계, 화학비료 등 설비와 자재들을 가장 합리적으로 리용하도록 하여야 한다. 경영위원회는 자기 관할하에 있는 국가기업소들과 국가의 기술수단 및 물자들을 통일적으로 틀어쥐고 옳게 관리하여 그것들이 농촌경리에 더 잘 복무하며 협동농장들에 더 큰 도움을 주도록 하여야 한다. 이리하여 경영위원회는 군내의 모든 협동농장들을 물질 기술적토대가 튼튼하고 다각적으로 발전되고 수익성이 높은 사회주의경리로 만들어야 한다.

도농촌경리위원과 중앙농업위원회의 역할과 기능 제고

군경영위원회와 함께 도농촌경리위원회 및 중앙농업위원회의 역할과 기능을 높여야 한다. 도농촌경리위원회는 군협동농장경영위원회들과 국영농목장들을 직접 지도하고

도와주면서 도내농촌경리의 발전을 전반적으로 지도하여야 한다. 특히 도농촌경리위원회는 군에 농기계와 비료, 농약 등 영농자재를 원만히 보장하여야 하며 작물배치, 종자선정, 시비체계의 수립 등 기술적 지도에 깊은 관심을 돌려야 한다. 중앙농업위원회는 농촌경리를 전반적으로 지도하면서 주로는 농업기술의 발전방향에 대한 연구, 농촌경리의 전망적 발전과 관련된 문제들에 관심을 집중하여야 한다. 중앙농업위원회는 농업부문의 과학연구사업과 간부양성사업, 대규모의 자연개조사업을 직접 조직하고 지도하여야 하며 이 사업들을 더욱 성과적으로 진행하도록 하여야 한다. 농촌경리에 대한 우리의 국가적 지도체계는 농업의 경영관리를 선진적 공업관리의 수준에 더욱 접근시키며 전인민적소유와 협동적 소유를 유기적으로 결합시키며 농촌경리발전의 당면한 문제들과 전망적 문제들의 해결을 옳게 배합시키는 우월한 체계이다. 우리의 모든 농업지도기관들, 특히 군협동농장경영위원회들이 자기의 기능을 충분히 나타낼 때 우리 나라 사회주의농촌경리의 발전은 비상히 촉진될 것이다.

3) 사회주의농촌건설에서의 군의 역할과 임무

농촌사업에서 거점의 필요성

사회주의건설에서 농촌사업은 가장 복잡하고 가장 어려운 사업의 하나이다. 농촌사업이 복잡하고 어려운 것은 농촌의 기술, 문화, 사상의 락후성, 농민구성의 복잡성, 농촌경리의 자연적, 계절적 제약성 등과 관련되여 있으며 또한 중요하게 농촌의 분산성과 관련되여있다. 농촌사업의 대상은 전국각지에 널려있는 농촌마을들이며 넓은 지역에 널려있는 작업장들이며 소집단으로 널려 일하며 살고 있는 농민들이다. 농촌경리가 협동화된 결과 농촌의 분산성이 훨씬 퇴치되였으나 그것은 의연히 도시 및 로동자구와 구별되는 농촌의 중요한 특징으로, 공업과 구별되는 농업의 특징으로 남아있으며 장차로도 계속 그러한 것으로 남아있게 될 것이다. 농촌에서의 모든 사업은 언제나 이 특징을 고려하여 거기에 맞게 조직하고 집행하여야 한다. 농촌과 같이 지역적으로 분산된 대상을 지도하는데 있어서 중요한 문제는 지방마다 일정한 지역을 통일적지도의 단위로 설정하고 그것을 거점으로 하여 해당 지역내의 모든 대상들을 직접 지도하는 것이다. 이러한 단위는 그 크기가 알맞춤하여야 하며 그 단위의 범위내에서는 자연지리적 조건을 비롯한 다른 조건들에서 큰 차이가 없어야 한다. 이러한 거점은 해당 단위의 모든 사업을 능히 통일적으로, 종합적으로 지도할수 있는 간부들과 지도기관들, 물질기술적, 문화적 수단들을 기본적으로 갖추고 있어야 한다.

군이 농촌사업과 지방의 전반적 사업을 지도하는 거점

우리나라에서는 군이 농촌사업과 지방의 전반적 사업을 직접적으로, 통일적으로, 종합적으로 지도하는 지역적 단위로 되고 있으며 거점으로 되고 있다. 우리의 군들은 그 크기에 있어서나 간부와 지도기관들, 물질기술적, 문화적 수단들을 기본적으로 갖추고 있는 점에 있어서 이러한 단위로서 가장 적합하다. 우리나라에서의 사회주의건설에서 군은 실로 중요한 자리를 차지하고 있으며 커다란 역할을 하고 있다. 군은 농촌과 로동자구를 직접 지도하는 당과 행정의 말단지도단위이다. 당과 정부의 모든 정책이 군을 통하여 직접 농촌과 로동자구에 들어간다. 군기관들과 그 일꾼들은 농촌과 로동자구에 내려가 근로자들과 직접 접촉하며 모든 사업을 현지에서 직접 조직하고 집행한다. 군은 지방의 경제문화발전의 종합적 단위로 되고 있다. 지방공업이 군을 단위로 하여 발전하며 농촌경리의 발전도 군이 직접 지도한다. 군소재지와 농촌건설도 군단위로 진행되며 지방에서의 공급사업, 교육, 문화, 보건 사업도 군을 중심으로 하여 발전한다. 군은 정치, 경제, 문화의 모든 분야에서 도시와 농촌을 련결시키는 거점이다. 농민들은 군을 거쳐서 당의 정책을 받아들이며 군을 거쳐서 로동계급과의 생산적, 경제적 련계를 맺으며 도시의 문화와 생활풍습을 배운다.

군의 역할 강조

전반적 사회주의 건설에서의 군의 커다란 역할은 곧 사회주의농촌의 발전에서 군이 매우 중요한 역할을 한다는 것을 말하여준다. 군은 농촌에서의 기술혁명, 문화혁명, 사상혁명의 수행을 촉진하는 거점으로 되며 도시와 농촌을 련결시키고 농촌에 대한 도시의 정치, 경제, 문화적 지원을 실현하는 거점으로 된다.

우리 당은 나라의 구체적 실정으로부터 출발하여 군의 위치와 역할을 이와 같이 규정하고 이 방향에서 군사업을 끊임없이 개선 강화하여 왔다. 당은 군당위원회를 비롯한 군기관들을 유능한 간부들로 튼튼히 꾸리고 그 역할과 기능을 높이기 위하여 일상적인 지도와 방조를 주었다. 군에 협동농장경영위원회, 지방공업경영위원회를 조직하고 지방산업공장들을 건설하였으며 학교, 병원, 도서관, 영화관 등 많은 문화후생시설들을 건설하였다.

특히 1962년에 열렸던 지방당및경제일꾼창성련석회의는 창성군의 사업 성과와 경험을 총화하고 군들앞에 나선 과업을 명확히 내세움으로써 군사업을 새로운 더 높은 단계에 올려세울수 있게 하였다. 군을 튼튼히 꾸리며 군의 역할을 높일데 대한 우리 당의 방침은 사회주의건설의 모든 분야에서 훌륭한 결과를 가져오고 있다. 우리의 과업은 사회주의농촌의 발전과 지방의 정치, 경제, 문화의 전반적발전을 촉진하기 위하여 군사업을 더욱 개선강화하는데 있다. 농촌경리에 대한 군협동농장경영위원회의 지도를 강화하는 동시에 사회주의농촌건설의 모든 분야에서 군의 역할을 더욱 높여야 한다.

(1) 군내지방공업의 역할

지방공업의 중요성

인민소비품생산에서 대규모의 중앙공업과 중소규모의 지방공업을 병진시킬데 대한 당의 정책이 성과적으로 관철되여 우리나라에서는 지방공업이 빨리 발전하였다. 매개 시, 군에 직물 또는 편직물 공장, 장유공장, 가구공장 등 평균 10여개의 지방산업공장들이 건설되여 여러 가지 생활필수품을 생산하고 있다. 지방에 공장을 광범히 건설한다는 것은 공업을 농업에 더욱 접근시킨다는 것을 의미한다. 이것은 공업과 농업간의 련계를 강화하며 사회주의농촌건설을 촉진하며 도시와 농촌간의 차이를 없애는데서 커다란 의의를 가진다. 우리나라 군들에 건설된 지방산업공장들은 주로 지방원료림를 가공하여 소비품을 생산하는것을 기본목적으로 하고있다. 지방산업공장들은 여러가지 소비상품을 생산하여 군내의 농촌에 공급하는 동시에 도시에도 공급함으로써 근로자들의 수요를 충족시키는데 중요한 기여를 한다. 지방산업공장들은 여러 가지 농산물과 부업산물을 제때에 수매하여 가공함으로써 농민들의 수입을 높여주며 농업생산과 농촌부업의 발전을 더욱 추동한다. 지방산업공장들은 공업의 선진적인 기업관리방법과 생산문화, 기술을 농촌에 보급하며 농민들에게 로동계급의 정치적, 사상적 영향을 주는데서도 큰 작용을 한다.

지방공업 발전방향

모든 군들에서는 이미 마련한 토대에 의거하여 지방공업을 더 높은 단계에로 발전시켜야 한다. 지방산업공장들은 지방의 원료원천을 널리 동원하여 가공하며 특히 농민들이 생산하는 농산물과 부업산물을 가공하는데 더욱 주력하여야 한다. 모든 지방산업공장들은 군내의 농촌경리와 기타 부문들에 대하여 새 기술을 보급하는 기지로 되여야 하며 높은 생산문화와 선진적기업관리의 모범으로 되여야 한다. 지방산업공장들은 질좋고 다양한 상품을 더 많이 생산하여 농촌과 기타 지방에 공급하여야 한다. 이리하여 농민들의 생활을 높이고 농업생산과 농촌부업의 발전을 촉진하며 공업과 농업의 련계를 강화하는데서 지방공업의 역할을 더욱 높이도록 하여야 한다. 우리나라에서는 대규모의 중앙공업기업소들도 지방에 널리 분포되여 있다. 거의 모든 군들에 한두개 또는 그이상의 중앙공업기업소들이 있다. 이것은 농촌의 발전을 위하여 큰힘으로 되며 또한 공업자체의 발전을 위해서도 많은 면에서 유리한 것이다. 지방에 있는 중앙공업기업소들은 주변의 협동농장들을 물질기술적으로, 정치사상적으로 적극 도와주어야 한다. 협동농장들은 이 공장 로동자, 기술자들에게 남새, 축산물 등 식료품을 원만히 보장하여야 한다. 군은 군내의 중앙공업기업소들과 협동농장들간에 밀접한 련계를 지어주며 호상방조를 강화하도록 지도하여야 한다.

(2) 농촌에 대한 공급기지로서의 군

군은 도시와 농촌을 경제적으로 연결하는 거점이며 농촌에 대한 공급기지

사회주의농촌을 발전시키며 사회주의건설을 촉진하는데 중요한 문제의 하나는 도시와 농촌간의 경제적 련계, 상업적 련계를 강화하는 것이다. 도시와 농촌간의 경제적 련계를 강화하여야만 농촌에 공업상품을 원활히 공급하여 농민들의 생활을 높일수 있으며 공업상품에 대한 농촌의 수요를 장성시키고 상품의 실현을 촉진하여 공업발전을 더욱 추동할수 있다. 또한 이 련계를 강화하여야만 농산물을 제때 수매하여 도시주민들의 식량과 공업 원료림 수요를 보장할수 있으며 농민들의 수입을 높이고 농촌경리의 발전을 더욱 촉진할수 있다. 군은 도시와 농촌간의 경제적련계를 지어주는 거점이 되며 농촌에 대한 공급기지로 된다. 농촌에서 나는 생산물은 군을 거쳐 도시에 공급되며 도시에서 생산되는 공업제품은 군을 거쳐서 농촌에 공급된다. 군이 공급기지로서의 자기 역할을 잘 수행하지 못한다면 도시와 농촌간의 경제적 련계를 원만히 보장할수 없으며 이것은 결국 로동자, 농민들의 생활향상에나 공업과 농업의 발전에 큰 지장을 주게 된다.

도농간의 경제적 연결고리로서 군의 역할과 기능 확대

사회주의건설이 전진하면 할수록 도시와 농촌간의 경제적 련계는 더욱더 밀접하여지며 따라서 이 련계를 지어주는 거점으로서의 군의 역할과 기능은 더욱 높아져야 한다. 농촌경리가 발전하고 농민들의 수입이 높아짐에 따라 농민들은 질좋고 다양한 공업상품을 더 많이 요구한다. 군은 자체의 공급기지를 강화하고 농촌 상점망을 합리적으로 배치하며 상품배정을 잘하여 농민들에게 공업상품을 제때에 원만히 공급하도록 하여야 한다. 군상업기관들은 공업기업소들이 농촌의 수요에 맞게 제품을 더 훌륭하게, 더 많이 생산하도록 생산에 적극적인 영향을 주어야 한다. 다른 편으로 농업생산이 장성하고 농촌경리가 다각적으로 발전함에 따라 농촌에서의 상품생산물이 빨리 증가된다. 군은 자체의 수매기지를 강화하고 수매사업을 합리적으로 조직하여 농촌의 상품생산물을 제때에 사들임으로써 농민들의 수입을 늘이고 그들의 생산 의욕을 높이도록 하는 동시에 도시주민들과 공업에 대한 식량 및 농산원료의 공급을 원만히 보장하도록 하여야 한다. 사회주의하에서의 상업은 본질상 인민들에 대한 공급사업이다. 농촌상업은 농민들에 대한 공급사업이다. 군상업기관과 수매기관 일꾼들은 어디까지나 농민들을 위하여 복무하는 립장에서 자기 사업을 진행하여야 한다. 군은 농촌에 대한 상품공급과 함께 농민들을 위한 생활봉사를 개선하는데 특별한 관심을 돌려야 한다. 매개 농촌리에 상점은 물론, 리발소, 목욕탕, 세탁소, 의복 및 가구수리소, 합숙 등 여러 가지 편의봉사시설들을 완비하고 그것들을 잘 운영하여 농민들의 모든 생활상요구를 원만히 충족시키도록 하여야 한다. 이리하여 우리의 농촌리들을 농업의 튼튼한 생산세포로 만들뿐 아니라 농민들을 위한 훌륭한 공급세포로, 훌륭한 봉사세포로 만들도록 하여야 한다.

(3) 농촌문화혁명의 거점으로서의 군

군은 농촌문화혁명의 거점으로서도 사회주의농촌의 발전에 강력한 작용을 한다. 군소재지에는 학교, 병원, 영화관, 서점, 도서관 등 여러 가지 문화후생시설들이 갖추어져 있으며 이것들은 군소재지와 군내농촌 주민들을 위하여 복무한다. 군은 농촌 학교, 진료소들을 직접 관리하며 군내농촌의 전반적 문화위생사업을 직접 지도한다. 농촌의 당간부들과 관리기술간부들도 주로는 군교육기관들을 통하여 양성된다. 농촌 주택들과 문화후생시설의 건설사업은 군에 소속된 농촌건설대에 의하여 진행된다. 문화적인 사회주의농촌건설을 촉진하기 위하여서는 농촌문화혁명의 거점으로서의 군의 역할을 백방으로 강화하여야 한다. 군은 농촌학교들을 잘 꾸리고 교육의 질을 더욱 높이여 농촌청소년들을 지덕체를 다 갖춘 유능한 사회주의, 공산주의 건설자로 키우도록 하여야 한다. 특히 군은 군내의 농촌청소년들에게 다 기술교육을 줄수 있도록 기술의무교육제를 실시하기 위한 준비사업을 힘있게 추진시켜야 한다.

5. 북한의 주요 농업 연표

시기	내용
1945.10.10	노동당 창당
1945.10.28	북조선 5도 행정국에 10개국 중 농립국 설치
1945.11.30	조선총직직업동맹 창립
1946.1.31	북조선 농립 동맹 창립
1946.2.8	북조선 임시인민위원회 설립
1946.3.5	북조선토지개혁에 관한 임시조피법 공표
1946.3.8	토지개혁 실시(3월 30일까지)
1946.4	농민은행 창설
1946.5	소비조합 창설
1946.5.29	토지개간법령 발표
1946.6.27	농업현물세에 관한 결정서 공포(수확량의 25%를 세금으로)
1946.8.10	산업, 교통, 운수, 체신, 은행 등의 국유화에 관한 법령
1946.7.10	농업위원회설립, 수문 기상국 신설
1946.9	토지관계관리령
1946.12.12	지하자원, 산림, 수역 국유화법령 공표
1947.2.21	북조선 임시인민위원회를 북조선인민위원회로 개칭
1948.5.14	남한에 대한 송전 중단
1948.9.2	북한헌법 제정공포
1948.9.9	조선민주주의인민공화국 정권수립
1948.9	행정조직 중 농림성 발족 국영농목장 설치
1948.3.17	10개년 경제적 문화적 협력에 관한 협정(북한 소련 간)
1950.2	농기계임경소를 5개 지역 최초로 조직운영
1950.6.25	한국동란(04시 북한군 38선 전역에 남침 개시)
1952.4.27	전국과학자 대회
1952.12.1	과학원 설립(개원식)
1952.11.29	내각의 농림성을 농업성으로 개칭
1953.8.5	중앙위 제2기 6차전원회의에서 1954년부터 농업 협동조직을 결정
1953.11	농림성을 농업성으로 개칭
1950	우마임경소 창설
1954.4	협동조합화에 착수
1954.9	서해안간석지 조사사업을 전개할 데 대하여 내각지시76호
1954.10.20	제2차 헌법개정

시기	내용
1954.11	토지조사사업 실시
1954.11.24	농업협동조합기준규약 제정
1955.12.20	농업현물세 법령 제정공포
1956.4	조선노동당 제3차 대회에서 1차 5개년 계획기간에 농업협동화를 완성하는 것에 대한 과업을 제시함
1956.9.2	도문강유역 치수사업에 관한 의정서 채택(북한 중국 간)
1957.4.10	식물검역 및 농작물 병충해방지에관한협정(북한 중국 간)
1958	트랙터 자체생산(사리원트랙터 공장은 1957년 완공)
1958.4	신용협동조합업무 개시(전 농가가 가입함)
1958.8	농업협동화 완성
1958.9	전원회의: '밭관개 및 논관개 면적을 더욱 확장할 데 대하여'를 채택 100만 정보 관개조치 결정
1958.1	농업협동조합을 리 단위의 조합으로 통합하고, 신용협동조합 및 농촌 소비협동조합도 농협에 흡수시켜 개편함
1958.12	전원회의: 농기계임경소를 농기계작업소로 개편
1959.1.14	노동적위대 창설
1959.5	농민은행을 폐지하고 신용업무는 중앙은행에서 관장하게 함
1959.6.20	농업현물세법 개정
1959.6	협동농장 내 축산작업반 설치
1959.11.3	무역은행 설립(무역 및 무역 거래의 결재사업 담당)
1960.2	청산리방법 제시(평남 강서국 청산리농장 현지지도)
1960.3	작업반단위로 독립채산제 실시
1960	농기계임경소를 농기계작업소로 개칭
1960.7	토지관리에 관한 법령(토지관리규정) 공포
1960.8	기계화 실현령 공포
1961.4	토지개간령 공포, 산간지에 과수원 조성 지시
1961.4	화학화 촉진령 공포
1961.12.22	도,군 농촌경리위원회 조직(내각결정 제157호) 농업지도 관리 체계의 일원화 착수
1962.10.22	농업성을 농업위원회로 개칭 기구 확장
1962.1	도농촌경리위원회 창설
1963.1.8	농촌건설성 폐지
1963.8	농업위원회를 농업과학원으로 개편
1963	농촌노동력 부족을 메우기 위해 노동자, 사무원, 제대군인, 학교졸업생 등 26만 명을 농촌으로 이주시킴
1964.2.25	사회주의농촌문제에 대한 테제 발표(4기 8차 전원회의)

시기	내용
1964.6.25	조선농업근로자동맹 조직(당 4기 9차 전원회의)
1964.4	산업은행을 설립해 농촌신용사업 담당케 함
1966.4.29	농업현물세 폐지에 관한 법령 공포폐지에 관한 법령 공포
1966.3.22	농업근로자 동맹 창립
1966.4.27	농업 현물세 일부 폐지
1966	분조관리제 실시
1967	북 · 소간 목재채벌에 관한 협정 체결
1967	농업현물세 완전폐지
1968.4.22	축산업 발전계획 토의(4기 18차 회의)
1968	농작물 육종 및 채종사업을 개선 강화할 데 대한 결정 채택
1968	북 소간 목재체벌에 관한 협정 체결
1969.1	아오지화학공장 완공
1971	우량 벼품종 육성 성공
1971.9	협동농장의 새 기준규약 제정
1972.12.27	헌법 폐기 후 사회주의 헌법제정
1973.5.22	WHO 가입
1974.3.20	세금제도 완전 폐지 공포
1974.4.1	세금제도 완전 폐지
1975.1	포기농사 추진 발표, 400억 포기 강냉이 심기 운동
1976.10.11	자연개조 5대 방침 발표(5기 12차)
1976.12	치산치수사업 지시
1977.4	지하수 혁명 방침
1977.4.26	토지법 제정 공표(전문 6장 80조)
1977.6.21	200해리 경제수역 채택
1977.8.1	경제수역(200해리)과 군수수역(동해 50해리, 서해 200해리) 발효
1977.9.6	조 · 일 어업협력에 관한 잠정합의서 체결
1977.10	자연개조 5대 방침 발표
1977.11.14	국제식량농업기구(FAO) 가입
1978.9	금강은행 설립(기계, 금속, 광물, 화학제품 등의 수출입 담당)
1978.1	협동수산경리위원회 설립
1978.11	대성은행 설립(대외결재업무, 외국환업무를 주로 담당함)
1980.3.20	전국수산일꾼대회
1981.2.4	농업분야 연구 및 인력양성의 협조의정서 조인(북한 · 인도)
1981.3.29	전국과학자대회
1981.10.4	4대자연개조사업제시(30만 정보 간석지 개간, 20만 정보 새땅찾기, 남포갑문, 태천발전소 건설 등)

시기	내용
1982.4.5	과학원 신설
1982.9.1	FOA 아시아지역 협의회 회의 개막(평양)
1982.9.8	합영법 제정 공표
1986.2.5	기술 혁명을 다그칠 데 대하여(당 6기 전기위원회의 11차)
1986.4.7	환경보호법 채택(최고인민회의 7차 회의)
1986.6.24	서해 남포 갑문 준공
1986.10.6	벼파종기,옥수수파종기 자체 제작
1986.10.9	순천비닐론 연합기업소 1단계 조업 시작
1986.9	사리원 카리비료연합소 착공(1992년 4월 소송로 1기계열 준공)
1986.12.9	국제농업개발기금(IFAD)가입
1988.3.7	과학기술발전 3개년 계획 제시
1988.1	순천 비날론연합기업소 착공(1993년 1단계 완공)
1990.5.15	서해갑문 · 신천 · 강령 · 옹진 간 수로공사 완공
1991.3.21	UNDP 원조하에 농업과학원 벼유종시설 평양 남새과학연구소 연구시설 준공
1991.8	제2차 과학기술발전 3개년 계획 발표
1991.12.28	선봉 나진 자유경제무역지대 계획 발표(정무원 결정74호)
1991.12.24	김정일을 인민최고사령관에 임명(당전원회의 6기 19차)
1991.3.19	UNDP와 전력공급체계 현대화사업 협조계획서 조인
1992.4.9	헌법 개정
1992.10.5	합작법 개정
1993.3.12	NPT 탈퇴 선언
1993.4.8	지하지원법 공포
1993.4.9	김정일 국방위원장에 추대
1993.6.11	서해갑문, 태천, 옹진을 잇는 수로공사 완공
1993.9.9	과수업 발전 방향 제시
1993.10.7	과수부분 회의, 과수 부분 사업지도 제시
1993.10.27	토지임대법(6장 42조)제정 발표
1993.12.9	토지법(최고인민회의 9기 6차 회의)
1993.12.30	외국투자기업 노동규정 제정
1994.7.7	북 · UNDP 간 '농업생산의 증대와 농업과학기술 발전을 위한 협조계획서' 조인
1994.7.8	김일성 사망
1994.11.28	북 · 국제원자력기구 간 핵협상 종료(11.23~28)
1995.2.24	북 · 러 간 '러시아 영토 내에서 통나무 생산과 목재의 종합적 가공 및 산림복구의 협조에 관한 협정' 조인

시기	내용
1995.11.4	세계식량계획 협조이행 대표단 방북
1995.11.9	북한 · 유엔세계식량계획(WFP) 간 '쌀 및 식용류 제공 합의서' 조인
1995.11.10	나진-연변, 나진-부산 간 정기항로 '개통식'
1995.12.15	KEDO-북 경수로 공급협정문 조인(뉴욕)
1996.1.10	중국 수해지원 목화솜 435톤 제공(중국 인민폐 1000만 원 상당)
1996.3.28	큰물피해대책 대변인 세계 각국에 대북수해복구지원 촉구 '담화' 발표
1996.9.10	북 · 덴마크 '투자 장려 및 호상보호에 관한 협정' 조인
1996.9.15	유엔세계식량계획(WFP) 기증 식량 4만여 톤 남포 도착
1996.11.28	러 · 북 '투자장려 상호보호조약' 체결
1996.12.16	리비아 제공 쌀 5000톤 원산 도착
1997.1.22	황해남도 연안 · 신천군 등에 20여 개 복합미생물 비료공장 건설
1997.2.3	북한 · 유엔개발계획, 공업환경 부문 협정 체결
1997.2.19	양정법(6장 56조) 발표
1997.3.17	북한 · 유엔세계식량계획(WFP) 간 '큰물피해 긴급식량 협조 양해 각서' 평양서 채택
1997.4.1	유엔식량농업기구와 북한 간에 농업 부문 큰물 피해 협조 대상 문건 평양서 합의
1997.4.12	중국 북한에 7만 톤의 식량 무상제공 결정 통보
1997.4.30	덴마크, 영국, 타이완 및 NGO 등 제공식량 및 영농물자 남포 도착
1997.5.28	WFT를 통해 국제기구 및 단체들이 제공하는 식량 5만 9000톤 북한 도착
1997.6.3	애국복합미생물센터 완공. 조업 시작
1997.6.8	KEDO · 북한 간 제2차 고위급전문가 협상 개최(6.1~6)
1997.6.21	중국 무상 제공 식량 7만 톤 도착
1997.9.20	중국 제공 식량 8만 톤 도착
1998.3.2	큰물피해대책위원회, 1월 1일 현재 식량재고량은 총 16만 7000톤으로 배급량을 조절해도 3월 중순에 재고량이 바닥날 것이라고 발표
1998.3.8	봄철 '국토관리 총동원 기간' 시작
1998.3.11	러 · 북 간 '신조약체결' 문제 및 대북구호물자 지원문제 등 협의
1998.5.13	농업과학연구원, 80여 개 협동농장에 농업과학자를 파견해 영농기술지도 강화
1998.8.6	EU 제공 강냉이 3만 7000톤 남포 도착
1998.8.21	유엔세계식량계획(WFP) 지원 식량 남포 도착
1998.8.23	7만 4000정보의 농경지 침수, 4250여 세대 주택 파괴되었다고 발표
1998.8.26	1998년 3270여 개의 중소형 발전소 완공
1998.8.31	대포동 1호 미사일 시험발사
1998.9	사회주의 헌법개정 7장 166조, 주석 중앙인민위원회 폐지, 최고인민회의상설회의 정무원, 최고인민회의상임위원회, 내각으로 개편, 농업위원회에서 농업성으로 개편

시기	내용
1998.9.6	평안남도 200밀리미터 이상 집중 호우
1998.9.21	파키스탄 지원 식량 1차분 1만 4000톤 남포 도착(1998.9.21)
1998.12.18	농업법(6장 78조), 양어법(6장 49조) 발표
2000.3.13	김정일, 먹는 문제 해결을 위한 농업대책 지시 - 감자농사 혁명, 대규모 토지정리 - 두벌농사, 종자혁명 - 이모작 확대, 복합미생물 비료 확대
2001.8.9	독일 농업부, 쇠고기 3만 톤 대북지원
2002.7.1	7·1 경제관리개선조치 발표 - 농산물 수매 및 판매가격 인상, 토지사용료 징수
2003.4.1	농민시장을 '종합시장'으로 개편
2003.10.30	국제식량농업기구(FAO), 북한 9년 만에 식량 최고치 416만 톤 생산 발표
2003.11.9	800만 톤 식량증산 5개년 계획(2003~2007) 발표 - 작물 품종 개선, 영농공정 개선 - 토양에 맞는 두벌농사 개선 - 화학비료의 효율적 이용 - 땅심 높이기 - 농촌과학기술보급체계 확립 - 생산계획 수정
2003.12.18	'우리식 농업지도체계의 우월성'에 대해 보도, 김일성이 창조한 우리식 농업지도체계를 김정일이 구체적으로 발전시키고 조직화하고 있다고 밝힘
2003.12.21	전국농업과학기술성과 전시 및 발표회가 평양에서 이틀간 진행, 각지 농업 부문 과학자, 연구자, 기술자, 교원이 참가한 가운데 농업생산 문제를 해결한 124점의 성과자료들이 전시되고 165건의 혁신안이 발표되었다고 보도
2004.1.9	남포직할시를 특급시로 격하해 평안남도에 편입
2004.1.27	감자농사혁명선구자대회 개최
2004.6.16	제2회 국제감자과학토론회 평양에서 개최
2004.6.27	남북농민통일대회 금강산에서 개최
2004.7.20	김일성종합대학 생명과학부에서 성장호르몬 분비를 조정하는 새로운 형태의 동물성장촉진제 '룡남산 1호'를 개발했다고 보도
2004.11.25	종자부문 제1차 전국과학기술발표회 개최
2005.3.27	평양소재 일부 닭공장에서 AI(조류 인플루엔자)발생 사실 공식 확인
2005.8.18	남북농업협력위원회 제1차 회의 개성에서 개최
2005.10.24	산업 현장에 파견된 '2.17 과학자, 기술자돌격대'가 합리적인 논벼 재배방법을 받아들이고 이모작농사 관련 기술적 문제들을 해결했다고 보도
2005.11.23	과학원을 '국가과학원'으로 개칭

시기	내용
2005.12.13	모리스 유엔세계식량계획(WFP) 사무총장 방북
2006.1.8	함남 금호지구 경수로 인력(57명) 완전 철수. 경수로사업 사실상 종료
2006.1.9	국가과학원 함흥분원 유기화학연구소가 살충효과가 큰 새로운 농약을 연구했다고 발표
2006.1.11	농업과학원 농업화학연구소가 비료와 농약 부족문제 해결을 위해 농약과 미생물 비료 생산 공정 조성사업을 추진했으며 첫 제품을 생산했다고 노동신문이 보도
2006.1.31	농업근로자동맹 창립 60주년 기념일(1946.1.31 농민동맹결성, 1965.3.25 개칭)
2006.7.16	평안남도 등 대규모 수해 발생
2006.9.25	제2차 평양 가을철 국제상품전람회 개최
2006.12.13	남북나눔운동대표단(단장 홍정길) 방북
2007.3.13	외무성, UNDP 대북 지원 중단에 대한 비난
2007.5.9	수의방역 부문 과학기술발표회가 수의방역소 창립 60돌을 맞아 이틀간 인민문화궁전에서 진행됨. 수의방역사업과 '집짐승' 병 진단 관련 190여 건의 성과와 경험이 소개됨
2007.11.16	전국과수부문과학기술발표회가 인민문화궁전에서 이틀간 진행되었다고 보도
2007.12.14	50개의 농촌마을이 건설되었다고 보도, 김정일은 안정된 생활조건을 충분히 마련하기위해 '살림집' 건설을 강조한 바 있음. 이에 따라 농촌마을이 조성되었음(1247세대 살림집, 117동 공공건물 신축 및 기존 살림집과 공공건물 등 개보수 진행 사업 추진)
2007.12.29	1400여 세대의 농촌문화주택 새로 건설
2008.1.22	남측 제4차 경공업 기술지원단(단장 이송배), 경공업공장 현장 방문
2008.5.12	제11차 평양봄철국제상품전(3대혁명전시관)
2008.5.16	미국, 내달부터 1년간 북한에 50만 톤 식량 제공 공식 발표
2008.6.4	남한 정부, 지난달 미국의 대북 식량지원 결정 직후 '북한에 옥수수 5만 톤 지원 제안'
2008.6.11	유엔 공동실사단, 북한 식량 사정 현장조사(양강도 등 8개 지역의 53개 군, 560개 가구, 2주에 걸쳐 실사)
2008.7.11	금강산에서 북측 초병의 총격으로 남측 관광객 사망. 남한 정부 7월 12일부터 금강산 관광 중단
2009.2.21	미루벌 물길공사장에서 6만산 발파가 성공적으로 진행되어 큰 규모의 저수지 공사를 앞당길 수 있다고 보도
2009.2.24	전국 콩생산 부문 과학기술발표회 및 전시회가 이틀간 인민대학습당에서 진행
2009.2.28	통천군에서 70여 정보의 토지가 개간된다고 보도, 김정일은 '부침땅'을 끊임없이 늘이는 것이 토지 관리에서 중요한 과업 중 하나라고 언급한 바 있음
2009.3.17	북한, 미국의 대북 식량 지원 거부 및 미국 국제 구호 단체에 3월 31일까지 철수 통보
2009.7.22	내각 식료일용공업성 신설
2009.11.30	17년 만에 화폐 개혁. 11월 30일부터 12월 6일까지 신화폐(비율 100:1)로 교환
2010.1.15	남측에 옥수수 1만 톤 대북지원 수용 의사 표명. 외국인 관광 입국 허용(2009.11.20 국경 봉쇄)
2010.3.26	천안함 피격, 침몰

시기	내용
2010.4.27	종전의 벼직파 재배에서 제기되던 문제들을 극복하기 위해 농장 과학자들이 수확고의 안정성을 담보할 수 있는 벼건직파 재배 방법을 완성했다고 보도
2010.8.24	북한, 유엔에 긴급구호 지원 요청 [압록강 범람으로 신의주 일대 침수(8.21)]
2010.8.26	남측, 북측에 100억 원 상당의 대북 수해 지원 제의
2010.9.4	남측에 쌀 · 중장비 · 시멘트 등 복구장비 지원 요청
2010.12.1	내각 산하 국가자원개발지도국 → 내각 국가자원개발성으로 개편
2011.1.15	북한, 국가경제개발 10개년 전략계획 수립, 제시한 12개 사업 분야 중 하나가 농업개발 부문
2011.2.9	국제식량농업기구(FAO)에 구제역 발생 통보 및 긴급구호 요청
2011.2.10	북한, 구제역 발생 사실 발표. 전국 비상방역 선포(~3.10) 유엔세계식량계획(WFP) · 식량농업기구(FAO) 등 국제기구 실사단, 북한 식량상황 실태조사
2011.12.14	농작물 종자관리법 · 고등교육법 채택
2011.12.17	김정일 국방위원장, 중증급성 심근경색 · 심장쇼크로 사망(37년간 북한 통치)
2012.6.15	북, 남한이 지난 2000~2007년 식량지원 목적으로 북한에 제공한 차관의 상환 독촉 통지문 정식 수령 - 첫 상환기일(6.7), 첫 상환분 원금 및 이자 580만 달러(약 66억 원)
2012.8.4	북한은 7월 29일부터 내린 비로 수해피해 발생함, 노동신문은 큰물피해 복구사업에 온 역량을 집중한다고 보도
2012.9.13	홍건도 간석지 건설사업 진행한다고 보도
2012.11.21	룡전 과수농장에 과일가공기지가 6개월 만에 건설되었다고 로동신문 보도
2012.12.3	제3차 순환식생산 체계에 관한 농업 부문 과학토론회 진행
2013.5.17	벼모기르기에 새 기술을 적극 도입하는 사업을 통해 성과를 보고 있다고 로동신문 보도, 특히 벼모판종합영양제 생산 사업 강조
2013.7.23	평양 주재 유엔 실사단, 북한 내 홍수 발생 지역 피해상황조사 - 북한, 유엔에 긴급 수해 지원 요청 및 수해 피해 현황(사망 24명, 부상 2명, 실종 14명 등 총 40명) 통보
2013.9.27	유엔세계식량계획(WFP) · 국제식량농업기구(FAO) 합동조사단, 북한 작황과 식량상황 조사차 방북
2013.11.5	유기농업민족토론회가 이틀간 평양대외문화교류중심에서 진행됨
2013.11.11	산림 부문 전국 과학기술발표회가 산림과학원창립 65돌 기념으로 이틀간 진행됨
2014.2.6	북한은 "사회주의농촌문제에 관한 테제" 발표 50돌을 맞아 '전국 농업 부문 분조장대회'를 개최, 농업생산에서 전환을 일으켜 강성국가 건설을 앞당기는 것이 목표임
2014.5.30	김정은 "현실발전의 요구에 맞게 우리식경제관리방법을 확립할 데 대하여" 담화(5.30 조치)
2014.8.1	레이저연구소가 개발한 레이저종자처리장치 50여 대가 두 달 동안 여러 단위에 도입되었으며 이를 통해 정보당 알곡수확고 평균 10% 높였다고 ≪로동신문≫이 보도
2015.4.27	북한 당국이 2015년부터 협동농장의 토지와 가축을 가족단위별로 나눠 경작 · 관리하는 가족단위 분조도급제(포전담당책임제)를 전국적으로 실시하는 것으로 알려짐 ≪조선일보≫ 보도.

시기	내용
2015.4.28	농업과학원 밭작물연구소의 과학자들이 수확고가 높은 새로운 품종의 고구마를 개발했다고 ≪로동신문≫이 보도.
2015.6.5	농업과학원이 170여 건의 기술을 연간 63만여 정보에 도입하는 것을 2015년 과학기술 성과도입목표로 세움. 주목표는 물절약농법의 도입
2015.6.16	조선중앙통신은 100년만의 가뭄으로 농촌이 피해를 받고 있다고 보도, 전국적으로 모내기가 이뤄진 44만 1560여 정보의 논 중 13만 6200여 정보의 볏모들이 말라가고 있다고 보도
2015.11.3	세계식량계획은 2015년 12월 말 종료될 예정이던 대북 영양 지원 사업을 2016년 6월까지 연장

6. 농업협동조합 기준규약(잠정)(1958년 11월 24일)

◆ 총칙

제1조 조합은 조선 로동당과 조선민주주의 인민 공화국 정부의 령도하에 근로 농민들이 자원적으로 단합하여 토지를 비롯한 모든 생산 수단들을 공동소유로 하고 생산과 분배를 사회주의적 원칙에 의하여 실시하며 공산주의적 협조의 정신을 발양시켜 조합원들의 살림을 풍족하게 만드는 집단적 경리이다. 조합은 일체 사업을 민주주의적 원칙에 의하여 관리 운영한다.

제2조 조합의 목적은 로동 계급과의 동맹을 강화하고 그의 령도하에 우리나라 사회주의 제도를 더욱 공고히 하며 농촌에서 기술혁명과 문화혁명의 과업을 수행하여 사회주의 건설을 완성하며 점차 각자는 그 능력에 따라 일하고 수요에 따라 분배받는 공산주의 사회의 건설을 준비하는 데 있다.

제3조 조합은 국가 인민 경제 계획에 립각하여 농업생산을 주로 하면서 부업을 합리적으로 조직하며 상품 류통, 신용 및 교육, 문화, 보건 사업을 관리 운영하여 자기의 정리를 부단히 발전시킴으로써 조합원들의 생활을 향상시킨다.

제4조 조합은 조합원들을 공산주의 사상으로 교양하여 그들이 집단주의적 도덕과 질서를 자각적으로 준수하고 국가와 사회를 위하여 헌신하며 공산주의를 지향하여 견결히 투쟁하도록 한다.

◆ 토지 및 생산 수단

제5조 조합은 조합원들의 모든 토지와 영년생 작물을 통합하여 공동소유로 한다. 조합은 토지를 조합 경리에 유리하게 리용하며 경지면적을 부단히 확장하여야 한다. 조합은 경리를 다른 목적에 리용하려고 할 경우에는 반드시 해당 절차에 의한 승인을 받는다.

제6조 조합은 조합원용 소채전을 공동으로 경작하는 것을 원칙으로 하되 경우에 따라 공동소유 토지중에서 매 농호당 30~50평의 터밭을 줄 수 있다.

제7조 조합은 각종 생산수단들과 시설 및 설비품들을 공동소유로 하고 그를 계속 증대시키며 철저히 보관 관리한다. 조합은 뜨락또르와 화물자동차를 위시한 현대적인 농기계 및 운수 수단들을 소유한다. 조합원 농호들은 자기 텃밭을 다루면 가축, 가금류를 사양 관리함에 필요한 약간의 시설 및 소농기구들을 가질 수 있다.

제8조 농촌에 거주하는 16세 이상의 근로자로서 조합의 규약을 승인하고 가입금을 내는 자는 조합원이 될 수 있다. 과거 지주, 친일파 등 정치적 불순자는 후보조합원으로 된다. 그러나 이들 가운데서 조합과 사회업에 열성적으로 참여하여 일정한 기간 노력을 통하여 개조되었다고 인정되는 자는 조합원으로 될 수 있다. 조합가입금은 매 조합원에 대하여 100원으로 한다. 조합가입은 조합원 총회 또는 조합원 대표자회의(이하 총회 또는 대표자회의라 략칭함)에서 결정된다.

◆ 조합원의 의무와 권리

제9조 조합원의 의무는 다음과 같다.

1) 조합원은 국가의 법령을 준수하고 국가의 결정과 명령들을 모범적으로 시행하며 조합의 규약과 제반규정을 준수하고 조합의 결정을 충실히 집행하여야 한다.
2) 조합원은 생산에 의무적으로 참가하여 로동규율을 자각적으로 지키며 작업을 질적으로 보장하며 로농생산능률을 제고하기 위하여 로력하여야 한다. 조합원은 국가 및 조합고동재산을 소중히 관리하여 그를 침해 손상하는 현상과 투쟁하여야한다.
3) 조합원들은 로동계급과 동맹을 강화하고 그의 령도하에 항상 당과 인민정권을 옹호하며 전체근로인민들의 리익을 위하여 견결히 투쟁하여야 한다. 조합원은 농촌의 온갖 착취적 비 근로적 현상 등에 일체 자본주의적 잔재를 반대하여 투쟁하며 혁명적 경각성을 더욱 높여 적들의 온갖 파괴, 암해활동과 반 혁명분자들의 준동을 미연에 방지하여 그를 폭로 분쇄하여야한다.
4) 조합원은 자체의 정치, 문화 및 기술을 제고하기 위하여 부단히 로력하며 조합원 호상간에 협조와 단결을 강화하여 사회주의적 도덕을 지켜야 한다.
5) 조합원은 문화적인 향토건설사업과 보건위생사업에서 모범이 되어 자기의 집과 부락을 잘 거두는 데 일상적으로 로력하여야 한다.

제10조 조합원의 권리는 다음과 같다.

1) 조합원은 조합의 공동경리에서 로동하며 사회주의적 분배원칙에 의한 보수를 받는다.
2) 조합원은 조합 내에서 동등한 선거권과 피선거권을 가지며 회의에서 발언권과 결의권을 가진다

3) 조합원은 조합사업개선을 위한 건의와 비판을 할 수 있으며, 총회 또는 대표자회의 소집을 요구할 수 있다.

4) 조합원은 조합으로부터 탈퇴할 수 있다. 탈퇴하는 조합원은 공동소유로 된 생산수단과 공동재산을 분할받지 못하며, 당년에 번 로력일에 대하여는 년말 결산시 또는 전불로 분배를 받는다.

제11조 후보조합원은 조합 내에서 선거권 및 피선거권과 결의권을 가지지 못하며, 그 이외에서 조합원과 동일한 의무와 권리를 가진다.

제12조 국가의 법령과 조합의 규약 및 제반규정을 계속 지키지 않거나 조합발전에 엄중한 손실을 끼친 조합원에 대해서는 총회 또는 대표자회의의 결정으로서 후보조합원으로 내리우거나 제명할 수 있다. 이에 대한 결정은 시 군인민위원회의 비준을 받아야 한다. 제명처분을 받은 자가 자기문제에 대하여 이견이 있을 경우에는 이를 도인민위원회에 제기할 수 있다. 조합은 자기임무를 성실히 수행하지 않고 제반규율을 위반한 조합원에 대해서는 그의 정도에 따라 총회 또는 대표자회의의 결정으로 견책, 견고, 엄중경고, 책벌을 적용할 수 있다.

◆ 조합의 기관과 그의 사업

제13조 조합의 최고기관은 총회 또는 대표자회의다. 총회 또는 대표자회의 사업은 다음과 같다.

1) 조합규약과 제반규정의 제정 및 수정
2) 당과 정부의 결정 지시의 정확한 집중대책과 중요한 당면문제의 토의
3) 생산 건설 분배 상품류통 신용 교육 문화 보건사업에 대한 년간 및 전망계획의 비준과 그의 정확한 집행대책의 토의
4) 조합의 년간 결산과 수입분배안의 비준
5) 공동축적 사회문화폰드(기금) 및 원호폰드 규모의 설정, 원호대상자들의 결정
6) 작업반 편성, 작업반별 생산과제 및 자재소비기준의 비준
7) 등급별 작업정량, 로동보수기준, 로력일의 결산 및 삭감과 증대 제기준의 설정
8) 농기계 임경소 및 기타 단체와 체결한 계약의 비준
9) 관리위원회 및 검사위원회 사업의 청취 토의
10) 관리위원회 및 검사위원회 그 위원장들의 선거 및 소환
11) 관리위원회에서 임명하는 일꾼들에 대한 비준
12) 조합원 후보조합원의 가입, 탈퇴, 책벌 및 제명의 결정
13) 조합기본자산의 취득과 그 처분범위의 설정 및 조합재정상태에 대한보고 청취
14) 조합의 기타 기본문제들

제14조 총회 또는 대표자회의는 관리위원회가 월 1회 이상 소집하며, 조합원 총수의 3분지 1이상이 요구하는 경우에도 이를 소집한다.

제15조 총회는 조합원수의 반수이상, 대표자회의는 대표자총수의 3분지 2이상이 참가함으로써 성립되며, 그의 결정은 참가자의 반수 이상의 다수결에 의해서 채택된다. 대표자회의 대표자선출비율은 관리위원회가 규정하되 대표자의 총수는 전체조합원수의 30%를 넘어야 하며, 그의 선거는 6개월 또는 1년에 1차씩, 작업반 또는 기타 단위들에서 실시한다.

제16조 총회 또는 대표자회의는 조합사업을 관리운영하기 위하여 1~2년을 임기로 하는 관리위원회를 선거하고 그 중에서 위원장을 직접 선거한다. 관리위원회의 성원은 15~25명으로 한다.

제17조 관리위원회는 조합의 집행기관이며 조합사업에 대하여 총회 또는 대표자회의 앞에 책임을 진다. 관리위원회는 다음과 같은 사업을 진행한다.

1) 조합의 규약과 총회 또는 대표자회의 결정을 정확히 집행하며 조합사업을 정상적으로 관리운영한다.
2) 총회 또는 대표자회의를 소집하며 정기적으로 자기사업정형을 총회 또는 대표자회의 앞에 보고한다.
3) 관리위원회는 부위원장을 선거하며, 부기장(부기원), 생산지도원, 통계원, 창고, 작업반장, 분조장, 민주선전실장, 보건일꾼, 고아원, 상점일꾼, 전문가, 기술자 등을 임명 또는 해임한다.

제18조 관리위원회 위원장은 월 2회 이상 관리위원회를 소집하며, 조합의 결정을 집행하며, 작업반 및 기타 단위들의 사업을 일상적으로 지도하며, 조합 앞에 수시로 제기되는 문제를 처리하며, 국가와 사회기관들에 대하여 조합을 대표한다.

제19조 관리위원회 부위원장은 관리위원회의 사업을 도우며, 관리위원장이 없을 때에 그의 사업을 대리한다.

제20조 총회 또는 대표자회의는 1~2년을 임기로 하는 5~15명의 검사위원회를 선거하고, 그 중에서 검사위원장을 직접 선거한다. 조합관리위원회의 위원들과 부기 창고 상점일꾼들은 검사위원회 위원으로 천거될 수 없다. 검사위원회는 다음과 같은 사업을 진행한다.

1) 조합관리기관들의 조합규약과 제반규정의 준수정형과 총회 또는 대표자회의의 결정집행정형을 감독하며, 조합원들의 신소청원을 제때에 처리한다.

2) 조합의 국가의무수행정형과 조합재산의 보관관리, 채정부기계산, 로력일의 평가, 상품류통, 신용 보건 후생시설 등의 일체 경리활동정형을 검열하며, 국가 및 조합원들의 리해관계와 결부되어 일어난 사건들을 제때에 처리한다.
3) 검사위원회는 매분기 1회 이상 특히 년간 정형에 대한 검열을 실시하여 총회 또는 대표자회의 앞에 보고한다.

◆ 경영조직

제22조 조합은 경제활동을 국가의 인민경제적 수요에 상응하게 계획화한다. 조합은 전망계획과 년간 계획을 정확히 세우고, 이에 근거하여 자리경리를 계획적으로 운영한다. 조합에서 작성한 계획은 시 군인민위원회의 비준을 받는다. 조합은 년간계획에 기초하여 작업반 및 기타 단위에 계획과제를 시달한다.

제23조 조합은 자연경제적 조건을 옳게 리용하여 경리를 다각적으로 발전시킨다.
1) 조합은 국가적 수요와 지대적 조건에 적응하게 각종 알곡작물을 위주로 하고 그의 재배를 계획 발전시키며, 저류채소 및 목화, 아마, 담배, 호쁘 등 공예작물과 유지작물을 합리적으로 배치하여 그의 수확고를 계통적으로 제고한다.
2) 조합은 공동축산에 기본을 두고 그를 확대발전시키며 이에 개인 부업축산을 결합시켜 축산물생산을 부단히 증가시킨다. 조합은 사료기지를 공고히 구축하고 돼지를 대대적으로 사육하여 육류를 많이 생산하며, 조선소에서 젖을 짜는 동시에 그를 젖소로 개량하여 우유를 증가시키며, 가금을 많이 사육하며 밀원지를 조성하여 양봉을 더욱 발전시킨다. 조합은 조합원 농호들로 하여금 공동경리에 지장을 주지 않는 범위 내에서 2~3두까지의 비육돼지와 약간 수의 닭오리, 토끼 등을 기를 수 있다.
3) 조합은 뽕밭 직장량 및 피마주 재배면적을 확정하고 그를 잘 가꾸어 채엽량을 높임으로써 고치생산량을 부단히 증가시킨다.
4) 조합은 과수원을 확정하고 비배관리사업을 개선하여 그 수확고를 제고한다.
5) 조합은 조합림을 조성하고 그 보호관리를 잘하여 신제의 응제를 자체로 해결하며, 지정된 국가림에 대한 조림보호사업을 담당 수행한다.
6) 조합은 호수, 저수지, 하천 및 논밭 등을 리용하여 담수양어를 적극 발전시키는 동시에 해안지대에서는 어로양식, 가공 등 수산업을 더욱 발전시킨다.
7) 조합은 농업생산물의 가공, 건제생산, 철공소, 목공소 등을 조직 경영하며, 기타 부업 생산을 광범히 조직하여 이를 더욱 발전시킨다.

제24조 조합은 로동생산능률을 제고하며 내부 예비를 동원리용하여 절약제도를 확립하며, 생산물 원가를 계통적으로 저하시킨다.

제25조 조합은 현물로 조성된 공동 폰드(기금)와 일체 여유량곡을 국가에 관매하여 공예작물, 유지작물, 축산물, 잠견, 과실, 채소 등 농업생산물들에 대한 국가수매과제를 의무적으로 수행한다. 조합은 국가 및 조합생산을 보관관리하기 위하여 창고를 운영한다.

제26조 조합은 상점을 경영하여 조합원들에 대한 상품공급사업과 수매사업을 수행한다.

제27조 조합은 신용부를 두고 조합원들의 생활향상과 생활상 편의를 도모하기 위한 대부사업과 저금사업을 조직 실시한다.

제28조 조합은 학교, 탁아소, 유치원, 구락부, 휴양소, 진료소, 민주선전실 등 교육 문화 보건 시설들과 공동식당, 세탁소, 재봉소, 목욕탕, 리발소 등 후생시설들을 관리운영한다.

제29조 조합은 수리화, 전기화, 기계화를 위시한 농촌에서의 기술혁명을 수행한다.

1) 조합은 농업에서 자연재해를 극복하고 높은 수확을 보장하기 위하여 밭관개체계를 전면적으로 확립하여 치수사업을 강화하는 등 자연개조사업을 수행한다.
2) 조합은 자연 지리적 조건에 상응하게 중소규모의 발전소를 건설하며 농촌의 전기화를 실현한다.
3) 조합은 국가의 기술적 지도와 방조 밑에 뜨락또르 및 자동차를 위시한 선진 농기계를 적극 도입하여 기계화 작업반을 운영한다.
4) 조합은 포전작업의 기계화와 경지의 합리적 리용 및 그 보호를 위하여 토지건설사업을 진행한다.
5) 조합은 포전의 토양조건에 적응하게 과학적인 시비체계를 확립하며 각종 비료를 다량시비하여 토지의 비옥도를 계통적으로 높인다.
6) 조합은 선진영농기술과 농업과학이 달성한 제반 성과들을 의무적으로 도입하며 토지리용률을 제고하고 집약적 영농방법을 적극 발전시킨다. 조합은 시험포전을 설치하여 다수확 시험사업을 계통적으로 진행한다.

제30조 조합은 각종 생산시설과 교육 보건 후생시설 및 문화주택을 건설하여 사회주의적 문화농촌을 건설한다.

◆ 로동의 조직, 보수 및 규율

제31조 조합에서 로력조직의 기본형태는 고정작업반이다.

1) 조합은 생산부문의 구성과 그 규모 조합원들의 기술 기능 정도, 거주조건 등을 고

려하여 적당한 인원으로 작업반을 조직하고 모든 작업에서 책임제를 실시한다.

2) 작업반에서는 일정한 토지, 력축, 농기구와 어선, 어구를 위시한 각종 생산도, 경영건물 및 생산시설을 고착시킨다.

3) 작업반에는 그 규모와 작업의 범위, 포전 및 거주조건에 따라서 적당한 성원들로 조직된 몇 개의 분조를 둘 수 있다.

제32조 작업반장은 조합의 결정과 관리위원장의 지시에 따라 작업반 사업을 직접 지도하며 맡겨진 생산과제를 수행할 책임을 진다. 작업반장은 작업반의 생산수당을 옳게 관리리용하여 작업반 성원들이 수행한 작업과 생산정형 및 수득한 로력일을 정기적으로 관리위원회에 보고한다.

제33조 조합은 로력을 합리적으로 리용하며 작업을 적기에 보장하기 위하여 년간에 의한 시기별 또는 월별 작업계획을 세운다. 작업반은 년초에 총회 또는 대표자회의에서 규정한 로력일수와 계획을 정당한 리유없이 초가할 수 없으며, 부당하게 그를 초가하였을 경우에 관리위원회는 총회 또는 대표자회의 비준을 받아 처리한다. 조합은 계절적으로 부족도는 로력과 특수한 기술 기능이 요구되는 때에는 외부로력을 채용할 수 있다. 채용한 외부로력에 대한 보수는 로력일에 의한 분배 또는 임금으로 지불한다.

제34조 조합의 작업은 작업정량에 의하여 도급제를 실시하여 로동의 결과는 로력일로 평가계산하여 동일한 로동에 대해서는 동일한 보수를 준다.

제35조 관리위원회는 등급별 작업정량표를 매년 제정하여 총회 또는 대표자회의 비준을 받은 후 이에 근거하여 로력일을 계산한다.

제36조 관리위원회는 매월 1회 정기적으로 조합원이 번 로력일을 공시하며,조합원들이 1년에 번 총로력일을 결산하여 총회 또는 대표자회가 있기 전 2주일 전에 공시한다.

제37조 조합관리일꾼들의 보수는 종합경리에의 규모, 담당한 직무사업능력, 사업년한 및 사업 성과에 따라 총회 또는 대표자회의가 결정한 기준에 의하여 계산한다.

제38조 조합경리에 있어서 로동은 매개 조합원의 의무이며 영예이다. 조합은 1년 동안에 남자는 280로력일, 녀자는 180로력일 이상을 의무적으로 벌어야 한다. 임신부와 한 돌 미만의 어린이를 가진 모성은 130로력일 이상을 벌어야 하며, 오랜 병이나 기타 사고가 있는 조합원들에 대하여서는 경한 부문에서 일하게 하여 의무로력일을 총회 또는 대표회의에서 따로 정한다.

제39조 산모에 대하여서는 산전, 산후 각 1개월간의 작업에서 쉬게하며, 그 동안은 그가 지난 해에 번 하루 평균로력일의 70%를 매일 계산하여 준다. 조합은 자기의 로동의무를 충실히 선행한 녀성조합원들에게 그이 요구에 의하여 매월 3일까지의 유급휴가제를 실시한다.

제40조 작업반들에서 작업을 옳게 조직하여 로동생산능률을 높이고 자재를 절약하고 부과된 생산가제를 초과완수하였을 경우에 조합관리위원회는 총회 또는 대표자회의 비준을 받아 그에 해당한 로력일을 가산하여 주며 또는 우대한다. 작업조직을 잘못하였거나 작업을 성실하게 않은 결과 부과된 생산과제를 수행하지 못한 작업반에 대해서는 그 성원들이 번 총로력일의 10%까지 삭감할 수 있다.

제41조 조합원들은 특별한 사유없이 공동작업에서 이탈할 수 없다. 조합원들은 자기가 한 작업에 대하여 개인적 책임을 지며 로동규율을 위한하고 작업을 성실하게 수행하지 않았을 경우에는 총회 또는 대표자회의의 결정으로 로력일을 계산하지 않는 제작업시키거나 5로력일까지 삭감할 수 있다.

◆ 재산관리 및 수입문제

제42조 조합관리위원회는 총회 또는 대표자회의에서 비준된 년간재정계획을 집행하며 부기제도를 확립하고 재정규율을 엄격히 준수하여야 한다.

제43조 조합의 모든 공동재산은 해당 작업반장 및 창고원과 그의 취급자에 이르기까지 보관책임제를 실시하며 대장에 정확히 기장정리하고 이를 수시로 실시확인하여야 한다. 조합의 현금자산은 거래은행에 예금한다.

제44조 조합수입의 분배는 현물 및 현금 총수입 종에서 우선 국가납부, 종자, 사료, 비료, 기타 생산적 지출을 공제하고 남은 순수입 중 15-30%공동축적폰드(기금), 3~7%의 사회문화폰드 및 필요량의 원호폰드(기금)를 조성하고 그 나머지를 로력일에 따라 조합원들에게 분배하는 원칙에서 실시한다. 그러나 조합수입이 많아지고 투자가 더 많이 요구될 때에는 총회 또는 대표자회의 결정에 의하여 공동축적폰드 및 사회문화폰드를 더 높은 비율로 성장할 수 있다.

제45조 조합의 불분할폰드는 어떠한 경우를 막론하고 조합원들에게 분할하여 줄 수 없는 조합공동경리의 물질적 기초이다. 불분할폰드는 공동소유로 된 고정재산들과 조합원들의 가입금으로서 형성되며 매년 조성되는 공동축적폰드에 의하여 부단히 증대된다. 공동축적폰드는 조합의 확대재생산을 위한 각종 생산수단의 구입과 생

산적 건설 및 문화주택건설 등에 쓴다.

제46조 사회문화폰드는 간부양성, 조합이 운영하는 학교 유치원 탁아소 및 편의시설 등의 경영, 조합원들의 휴양 보건위생 및 문화사업, 조합로동과정에서 부상당한 환자의 치료 등에 쓴다.

제47조 원호폰드는 로력이 부족한 애국열사 유가족과 인민군 후방가족을 위시하여 로동능력상실자, 년소자 및 불행한 사고로 인하여 생활이 곤란한자 등의 살림과 그 자제들의 교육비를 도아주는 데 쓴다. 애국렬사 유가족과 인민군 후방가족에 대해서는 조합의 평균 생활수준을 반드시 보장한다.

제48조 조합은 조합경제형편과 조합원들의 생활상 요구를 고려한 기초 우에서 로력일에 의한 현물 및 현금전불제를 실시한다. 현물전불은 해당 조합원들에게 분배된 량의30%까지, 현금은 60%까지 범위 내에서 실시한다.

제49조 조합의 년간결산서는 관리위원회가 작성하여 총회 또는 대표자회의의 비준을 받는다.

◆ 정치문화사업

제50조 조합은 조합원들로 하여금 자기향토와 조국을 무한히 사랑하며, 우리 혁명의 종국적 승리를 위하여 모든 재능과 충성을 바치며, 당과 정부 주위에 굳게 단결하여 농촌에서의 사회주의의 전취물을 온갖 계급적 원쑤들의 침해로부터 경각성있게 수호하며, 사회주의적 질서를 자각적으로 준수하고 조합원 호상간의 협조와 단결을 강화하도록 공산주의 사상으로 부단히 교양한다. 조합은 조선노동당과 공화국 정부의 정권을 조합원들에게 일상적으로 해설 선전하며, 조합원들이 그의 실현을 위한 투쟁에 적극적 동원되도록 한다. 조합은 농촌에서 일체 낡은 유습과 개인 리기주의, 착취 및 비근로적 현상, 보수주의와 소극성을 반대하여 투쟁하여, 새로운 것을 적극지지 발전시킨다.

제51조 조합은 농촌에서 문화혁명을 적극 추진시킨다. 조합원들로 하여금 중등 이상의 지식수준과 높은 기술 기능수준을 소유하도록 하기 위하여 중등의무교육과 기술의무교육의 실시를 성과적으로 보장하며, 근로자학교를 운영하여 조합원들 속에 과학지식을 보급시킨다. 조합은 구락부, 민주선전실 및 각종 문화 서클을 운영하여 군중문화사업을 광범히 전개하여 체육사업을 발전시켜 조합원들의 체력을 향상시킨다. 조합은 보건위생사업을 강화하여 조합원들의 건강을 도모하며, 마을과 향토

를 아담하게 문화적으로 꾸리도록 한다.

제52조 조합은 조합 내에 민주주의를 발양하며, 관료주의를 반대하고 비판과 자기비판을 강화함으로써 조합원대중의 적극성과 창발성을 제고한다.

제53조 조합은 사회주의 증산경쟁을 조직 전개하여 집단적 혁신운동을 더욱 발전시킨다.

◆ 부 칙

제54조 본 조합은 · · · 조합이라 부르며 · · · 도 · · · 군(시) · · · 리에 둔다.

제55조 조합규약은 총회 또는 대표자회의에서 구체적으로 토의 결정한 후 시 군 인민위원회에 등록함으로써 효력을 발생한다.

참고문헌

제1장

1. 국내 문헌

김성보. 2000.「남북한 경제구조의 기원과 전개」. 역사비평사.

김운근. 1995.「북한의 농업현황과 전망」. ≪북한경제농촌≫, 창간호.

남성욱.「7 · 1조치 이후 북한 농업부문의 변화」. 통일농수산포럼 제21차 정기월례세미나 발표문.

_____. 2000.「북한의 농업정책과 남북농업협력방안」. ≪농어촌과 환경≫.

_____. 2003.「2002년 북한의 임금과 물가인상에 따른 주민 생산 · 소비행태의 변화에 관한 연구」.『7 · 1 경제관리개선조치의 평가 및 향후 전망』. 제4회 국제학술세미나 자료집, 고려대학교 북한학연구소.

남성욱 · 문성민. 2003.「북한의 시장경제 추정에 관한 연구: 1998년을 중심으로」. 경남대학교 북한대학원. ≪현대북한연구≫, 3권 1호.

농촌경제연구원. 1983.『북한의 농업생산능력평가』. 한국농촌경제연구원.

다마키 모토이(玉城素). 1999.『김정일의 북한, 내일은 있는가』. 김종우 옮김. 청정원.

박래경 외. 2000.「북한의 주요 농업개발 현황과 협력방안」. 한국농촌경제연구원.

부경생 외. 2001.『북한의 농업: 실상과 발전 방향』. 서울대학교출판부.

이용범. 2002.「북한의 원예 산업 현황, 북한농업연구」. ≪북한농업연구≫, 제9권.

통계청. 각 연도.『남북한 경제사회상 비교』.

_____. 각 연도.『남북한 경제사회상 비교』.

통일원. 1977.『남북한 영농기반 분석과 생산능력 비교』.

≪교도통신≫. 1999년 9월 1일 자.

≪중앙일보≫. 2003년 7월 9일 자.

≪연합뉴스≫. 2002.『2003 북한연감』.

2. 북한 문헌

국립출판사. 1961.「1946~1960 조선민주주의인민공화국 인민경제발전 통계집」. 평양: 국립출판사.

김일성. 1979.『김일성 저작선집』 2권. 평양: 조선로동당출판사.

_____. 1979.『김일성 저작선집』 3권. 평양: 조선로동당출판사.

_____. 1980.『김일성 저작집』 6권. 평양: 사회과학출판사.

_____. 1981.『김일성 저작선집』 12권. 평양: 조선로동당출판사.
_____. 1982.『김일성 저작선집』 18권. 평양: 조선로동당출판사.
조선중앙통신사. 각 연도. ≪조선중앙연감≫. 평양: 조선중앙통신사.
≪조선중앙방송≫. 1999년 10월 5일 자.
≪조선신보≫. 2000년 9월 29일 자.
_____. 2002년 1월 1일 자.
≪천리마≫. 2000년 3월 호.

3. 외국 문헌

에야 오사무(惠谷治). 1998.『北朝鮮の延命戰爭:金正日・出口なき逃亡路を讀む』. 東京.
FAO. *Production Yearbook, Monthly Bulletin of Statistics*.
FAO/WFP. 2002. "Crop and Food Supply Assessment Mission to the Democratic People's Republic of Korea." "Special Report." 28 October, GIEWS.
Kim Woon Keun. 1996. "The Food Crisis in North Korea: Background and Prospects," *East Asian Review*, vol.3, no.4, Winter.
「UN, FAO Almanac」. 1960~1998.
「UN, Commodity Trade Statistics」. 1998.

4. 인터넷 자료

한국은행. 2002.「국민총생산 추계」(http://www.bok.go.kr).
FAO. "Special Report." October 2002(http://www.fao.org/docrep/005/y7843E/y7843E00.htm).

제2장

1. 국내 문헌

국토통일원. 1986.『북한경제통계집(1946~1985)』.
김남식. 1972.「북한의 공산화과정과 계급노선」.『북한 공산화과정연구』. 고려대 아세아문제연구소.
김성보. 2000.「남북한 경제구조의 기원과 전개」. 역사비평사.
김승남. 1995.「북・중 경제체제의 비교」.『통일경제와 북한농업』.
김영윤. 1997.「북한 농업협동화의 성과와 한계」. 북한연구소, ≪북한≫, 6월 호.
김운근. 1995.「북한의 농업현황과 전망」. ≪북한경제논총≫, 창간호.
김종채. 1995.「북한 농촌사회의 변모」.『북한의 사회』. 을유문화사.
남성욱. 2000.「북한의 농업정책과 남북농업협력방안」. ≪농어촌과 환경≫, 12.

박래경 외. 2000.「북한의 주요 농업개발 현황과 협력방안」. 한국농촌경제연구원.
부경생 외. 2001.『북한의 농업: 실상과 발전 방향』. 서울대학교출판부.
서동만. 1996.「북한의 농업집단화에 관한 연구」. 한국정치학회 월례발표회.
이원준. 1982.「북한의 농업경제정책현황」. 북한연구소, ≪북한≫.
최민호. 1989.「북한의 농업생산에 관한 연구」. 국토통일원.
최수영. 1996.「북한의 농업정책과 식량 문제연구」. 민족통일연구원.
한국농촌경제연구원. 1983.「북한의 농업생산능력 평가」. 연구보고 65.
_____. 1983.『북한의 농업생산능력평가』.

2. 북한 문헌

과학출판사. 1983.『백과전서』. 평양: 과학백과출판사.
농업과학출판사. 1992.『조선농업사 4』. 평양: 농업과학출판사.
농업출판사. 1992.『우리나라 농촌문제 해결의 빛나는 경험』. 평양: 농업출판사.
_____. 1994.『농촌테제의 광휘로운 빛발아래 이룩된 위대한 전변』. 평양: 농업출판사.
림기범. 1992.「우리식 농촌문제해결의 빛나는 경험」. 농업출판사.
서관희. 1990.「농업전선의 선두에 서시어」. 평양: 조선로동당출판사.

3. 외국 문헌

FAO/WFP. 1995, 1996, 1997, 1998, 1999, 2002."Speical Report: Crop and Food Supply Assessment Mission to the Democratic Republic of Korea."
Glejser. 1969. "A New Test for Heteroscedasticity," *Journal of the American Statistical Association*, Vol. 64.
Gujarati Damodar. 1995. *Basic Econometrics*. New York: McGraw Hill Book Company.
John P. Doll and Orazem, Frank. 1978. *Production Economomics Theory with Application, Grid*. Ohio: Columbus.
Rebecca J., Elliott. 1995. *Learning SAS In The Computer Lab*. Duxbury Press.

4. 인터넷 자료

http://www.fao.org/docrep/005/y7843E/y7843E00.htm
http://apps.fao.org(FAO Statistical Databases

제3장

1. 국내 문헌

김귀옥. 1994.「통일을 향한 남북 사회 문화 연구」.『북단 50년의 구조와 현실』. 민중사.
김영윤. 2002.「북한 경제관리 개선 조치와 협동농장 구조개편」. ≪北韓≫. 북한연구소.
______. 2002.「북한의 경제관리개선 조치와 협동농장 개편 방향」. ≪북한경제논총≫.
박진환. 2001.「북한의 집단농업 실상과 가족농을 위한 개혁과제 IV」. ≪상업농경영≫, 161.
손상목 외. 2002.「북한 농업생산 및 농업정책의 현실과 전망」. 북한 농업연구회 발표 논문.
임상철. 2000.「북한 주체농법의 실상과 농업생산의 기술적 특성」. ≪북한농업연구≫, 제3권.

2. 북한 문헌

농업과학출판사. 1992.『조선농업사 4』. 평양: 농업과학출판사.
농업출판사. 1984.『농촌테제의 광휘로운 빛발아래 이룩된 위대한 전변』. 평양: 농업출판사.
______. 1992.『우리나라 농촌문제 해결의 빛나는 경험』. 평양: 농업출판사.

3. 외국 문헌

히라타 류타로(平田 隆太郞) 외. 1998.「북한 농업실상과 농업생산 통계의 제 문제」. 농어촌진흥공사. 북한 농업기반 국제세미나 발표 자료.

4. 인터넷 자료

디지털 북한 백과사전, ww.kdatabase.com
북한농업기반정보, rri.karico.co.kr/north/8140/4hwa-policy.html

제4장

1. 국내 문헌

김영윤. 2001.「북한 협동농장의 운영 실태와 개편 방향」. ≪통일경제≫, 5~6월 호.
김영훈 · 전형진 · 문순철. 2001.『북한 집단농장의 분배제도에 관한 연구』. 한국농촌경제연구원.
농업중앙회. 2000.『남북화해협력시대 협동조합의 역할에 관한 국제포럼』. 서울: 농협중앙회 자료집.
북한연구소. 1982.『북한총람』. 북한연구소.
신동완 외. 1998.『북한의 농업기술』. 오성출판사.
전상곤. 1999.『북한 협동농장의 전환방향에 관한 연구』. 한국농촌경제연구원.

≪조선일보≫. 2001년 5월 7일 자.

2. 북한 문헌

김일성. 1960.『김일성 선집』. 제4권. 평양: 조선로동당출판사.
_____. 1962.『김일성 저작집』. 제15권. 평양: 사회과학출판사.
농업출판사. 1991.『조선농업사 4』. 평양: 농업출판사.
사회과학출판사. 1986.『경제사전 I』. 평양: 사회과학출판사.
오대호. 1989.『협동농장관리운영경험』. 평양: 사회과학출판사.
조선로동당출판사. 1959.『전국농업협동조합대회 주요 문헌집』. 평양: 조선로동당출판사.
조선중앙통신사. 각 연도. ≪조선중앙연감≫. 평양: 조선중앙통신사.
「조선민주주의 인민공화국 사회주의 헌법」. 1998.
「농업근로자」. 1968.

3. 외국 문헌

조총련 기관지. 1999.「농업회복과 환경보호」. People's Korea.
IFAD. 1998.『최근 북한의 협동농장 실태』.
FAO. 1998. "Working Paper 5: Human Resources & Rural Institutions." AREP Programme.
Phrang Roy. "The Experience of IFAD with the Cooperatives of DPR Korea."

4. 인터넷 자료

국정원, www.nis.go.kr(검색일: 2000.1.25)

제5장

1. 국내 문헌

김성훈 외. 2002.『사회주의와 북한농업』. 비봉출판사.
부경생 외. 2001.『북한의 농업: 실상과 발전방향』. 서울대학교출판부.
서재진.「북한 농민들의 의식변화」.『한국농촌사회학회 2002년도 학술대회 및 정기총회』 논문집.
이영일 외. 1997.『통잉북한핸드북』. 한국방송프로듀서연합회, 평화문제연구소.
최은실. 1999.「탈북자 대담: 북한의 농장실태와 농민생활」. ≪통일한국≫, 9월 호.
한국쌀연구회. 1999.「북한의 협동농장과 운영 체계의 변화」. 북한지역의 쌀 생산성 향상을 위한 기술대책: 한쌀회 총서 제7권.

황만유. 2000. 『숨겨진 비밀 속의 북한 사회와 정치: 반역자의 땅』. 삶과 꿈.
≪연합뉴스≫. 2000년 3월 23일 자.

2. 북한 문헌

북한농업연구회. 2000. 『북한농업연구』.
서관희. 1993. 『농업전선의 진두에 서시어』. 평양: 조선로동당출판사.
≪농업근로자≫. 1968년 2월 18일 자.
≪북한≫. 1998년 9월 호.
≪조선신보≫. 1997년 7월 16일 자.
≪주간 북한동향≫. 제303호, 10.

3. 외국 문헌

김수대. 「共和國の 農業協同經營における分組管理制とその展望」. 『月刊朝鮮資料』. 東京: 朝鮮問題研究所.

제6장

1. 국내 문헌

권태진. 2003. 「북한의 농업실태와 농업발전 전략」. 『북한의 경제개혁에 따른 국제사회의 대북 농업협력 방향』. 한국농촌경제연구원.
김병철. 「북한의 농업생산기반 현황과 과제」. 한국농촌사회학회 2002년도 학술대회 및 정기총회 자료집.
김운근. 2001. 「북한 농업의 최근 동향과 2001년 작황」. ≪KREI 북한농업동향≫. 한국농촌경제연구원.
남성욱. 1999. 「북한의 식량난과 인구변화 추이, 1967~1998」. ≪현대북한연구≫, 2권 1호.
_____. 2000. 「남북농업생산의 교류와 협력방안」. 한국농업경제학회 하계학술회의 발표자료.
_____. 2000. 「북한농정 추진방향과 남북농업협력 추진방안」. 『북한농업연구』. 북한농업연구회.
농업기반공사 · 농어촌연구원. 2002. 『북한의 동해안지역 농업용수체계 현황 및 개선방안 연구』. 농림부.
양문수. 2001. 「김정일 시대 북한의 경제운용과 과학기술중시정책」. ≪통일문제연구≫, 통권 35호, 평화문제연구소.
유종열. 1997. 「북한의 식량문제 해결방안」. 1997년도 제3회 북한농업기반 국제세미나.
이일영. 1998. 「북한농법의 전개와 개혁의 전망」. 제4회 북한농업기반 국제세미나. 농어촌진흥공사.

_____. 2002.「북한의 농법」. 김성훈 · 심의섭 편저.『사회주의와 북한의 농업』. 비봉출판사.

임상철 외. 1996.「북한 주체농법의 실상과 농업생산의 기술적 특성」. ≪북한농업연구≫, 제3권.

한국농촌경제연구원.『북한 농업 및 농정 동향 분석』. 한국농촌경제연구원.

2. 북한 문헌

과학발전출판사. 1983.『백과전서』. 평양: 과학백과사전출판사.

김승준. 1992.『우리나라 농촌문제 해결의 빛나는 경험』. 평양: 농업출판사.

김일남 · 김세국 · 김융언. 1991.『조선농업사 4』. 평양: 농업출판사.

김일성. 1962.『김일성 저작집』 15권. 평양: 사회과학출판사.

_____. 1968.『김일성 저작집』 21권. 평양: 사회과학출판사.

_____. 1981.『김일정저작집』 14권. 평양: 조선로동당출판사.

_____. 1983.『김일성 저작집』 36권. 평양: 사회과학출판사.

_____. 1992.『인민대중중심의 우리식 사회주의는 필승불패이다』. 평양: 사회과학출판사.

_____. 1995.『김일성 저작집』 42권. 평양: 조선로동당출판사.

리진규. 1986.『위대한 수령 김일성동지께서 밝히신 사회주의적농업로동보수제에 관한 리론』. 평양: 과학백과사전출판사.

리철희. 1992.『식량문제 해결경험』. 평양: 사회과학출판사.

박영효. 1994.『농촌테제의 광휘로운 빛발 아래 이룩된 위대한 전변』. 평양: 농업출판사.

사회과학원 경제연구소. 1970.『경제사전 I』. 평양: 사회과학원 경제연구소.

오대호.『협동농장관리운영경험』. 평양: 사회과학출판사.

3. 외국 문헌

Sung Wook, Nam. 1999. "Discussion on Input Factors of Grain Production and Consumption in North Korea." *Journal of Rural Development 22.*

_____. 1998. "Prospects of Grain Production, Consumption and Trade in North Korea." Ph.D Dissertation,. University of Missouri-Columbia.

読売新聞. 1997.『This is 讀賣』. 東京.

제7장

1. 국내 문헌

권태진. 2003.「북한의 농업실태와 농업발전 전략」.『북한의 경제개혁에 따른 국제사회의 대북 농업협력 방향』. 한국농촌경제연구원.
김무환. 1998.「북한의 식량문제와 농업정책」.『북한경제동향-1997년도』. 한국개발연구원.
김성필. 2001.「북한의 식량 생산화 대북 농업 협력 방안」. 2000년 북한농업연구회 추계 학술발표회.
김태서. 1975.「북한농업의 현황과 문제점」. ≪자유≫. 북한연구소.
남성욱. 2000.「최근 북한농정추진방향과 남북농업협력 추진방안」. 2000년 북한농업연구회 추계 학술발표회.
농업기반공사. 2002.『제8회 북한농업생산기반 세미나』. 농업기반공사 농어촌연구원.
박석균. 1975.「북괴 알곡 생산고의 실상」. ≪국제문제≫. 극동연구소.
에야오사무. 1999.『김정일의 북한, 내일은 있는가』. 청정원.
오기완. 1976.「북한 농업의 실태와 문제점」. ≪자유공론≫. 한국자유총연맹.
이광운. 1972.「북한농업의 현황과 그 전망」. ≪국제문제≫. 극동연구소.
이우홍. 1990.『원산 농업대학 강사가 본 가난의 공화국』. 통일일보사.
이종원. 1996.『계량경제학』. 박영사.
이호. 1974.「농업생산량과 그 문제점」. ≪국제문제≫. 극동연구소.
장원석. 2002.「남북화해협력시대 농협의 역할」. 남북 화해협력시대 협동조합의 역할에 관한 국제포럼. 농협중앙회.
최수영. 1997.「북한 경제난의 실상과 전망」.『북한 경제난의 현황과 전망』. 민족통일연구원.
최진욱. 1998.「북한 농업생산기반 현황과 남북한 협력방안」. 북한농업기반 국제세미나 발표자료. 농어촌진흥공사.
로이 프랑(Frank Roy). 2000.「IFAD의 대북지원사업을 통해 본 북한 협동농장의 역할」.『남북 화해협력시대 협동조합의 역할에 관한 국제포럼』. 농협중앙회.
한국농촌경제연구원. 2002.『북한 농업 및 농정 동향 분석』. 한국농촌경제연구원.
홍기창. 1972.『북괴의 농업과 농업정책에 관한 연구』. 국토통일원.
히라타 류타로(平田隆太郎). 1998.「북한 농업실상과 농업생산통계의 제 문제」. 북한농업기반 국제세미나 발표자료. 농어촌진흥공사.
≪연합뉴스≫. 1999년 4월 28일 자.

2. 북한 문헌

국가계획위원회. 1949.『인민경제에 관한 보고집: 1947년, 1948년 및 1949~1950년』. 평양: 국가계획위원회.
국립출판사. 1961.『1946~1960 조선민주주의인민공화국 인민경제발전 통계집』. 평양: 국립출판사.
김정일. 1992.『인민대중중심의 우리식 사회주의는 필승불패이다』. 평양: 사회과학출판사.
천리마편집위원회. 2000. ≪천리마≫. 평양: 천리마편집위원회.

3. 외국 문헌

FAO/WFP. 1995.12, 1996.12. "Special Report: Crop and Food Supply Assessment Mission to the Democratic People's Republic of Korea."

Rebecca J., Elliott. 1995. *Learning SAS In The Computer Lab.* Duxbury Press.

Hwang, Eui-Gak. 1993. *The North Korean Economy.* Clarendon Press · Oxford.

Fan, Shenggen. 1991. "Effects of Technological Change and Institutional Reform on Production Growth in Chinese Agriculture." *American Journal of Agricultural Economics*, 73.

_____. 1990. *Regional Productivity Growth in China's Agriculture.* Oxford Westview Press.

J. Johnston. 1984. *Eonometric Methods.* New York: McGraw-hill company.

Mcmillan, John. 1989. "The Impact of China's Economic Reforms on Agricultural Productivity Growth." *Journal of Political Economy*, 97.

Yifu Lin, Justin. 1992. "The Household Responsibility system Reform in China: A Peasant's Institutional Choice." *American Journal of Agricultural Economics*, 69.

Min-Pok, Lee. 1997. *Cause and Status of North Korea's Food Shortage.* Seoul: National Unification Board.

Sung Wook, Nam. 1998. "Prospects of Grain Production, Consumption and Trade in North Korea." Ph.D Dissertation. University of Missouri-Columbia.

Rozell, Scott and N. Boisvert., Richard. 1993. "Grain Policy in Chinese Villages: Yield Response to Pricing, Procurement and Loan Policies." *American Journal of Agricultural Economics*, 75, May.

Kim, Woon-Keun. 1994. "Food Crisis in North Korea." *East Asian Economic Review*, Vol.8.

Kim, Woon-Keun and Hyun-ok Lee. and Daniel A., Summer. 1998. "Assessing the food situation in North Korea." *Economic Development and Cultural Change*, Vol.46, No.3.

Kueh., Y.Y. 1995. *Agricultural Instability in China, 1931~1991.* Oxford: Clarendeon Press.

Griliches, Zvi. 1963. "The Source of Measured productivity Growth: United States Agriculture, 1940~1960." *Journal of Political Economy*, 71, July.

제8장

1. 국내 문헌

권태진. 2003.「북한의 농업실태와 농업발전전략」.『북한의 경제개혁에 따른 국제사회의 대북 농업협력 방향』. 한국농촌경제연구원.

김경량. 1997.『남북한 농업통합에 대비한 협동조합의 역할』. 농협중앙회.

김영훈. 2002.「북한농업의 생산 침체 실태와 그 요인」. 한국농촌사회학회 2002년 학술대회.

남성욱. 2002.「북한 7 · 1 경제개선관리조치와 농업개혁」.『북한의 개혁과 개방 100일: 현황과 전망』.

남성욱 · 문성민. 2000.「북한의 시장 경제 부문 추정에 관한 연구: 1998년을 중심으로」. ≪현대북한연구≫, 제3권 1호. 경남대학교 북한대학원.

박진환. 2002.「극심한 물자부족에서 벗어나지 못하고 있는 북한사회」. 한국농촌사회학회 2002년도 학술대회 및 정기총회 자료집.

박현선. 2003.『현대 북한사회와 가족』. 한울.

부경생 외. 2001.『북한의 농업: 실상과 발전방향』. 서울대학교출판부.

서재진.「북한 농민들의 의식변화」.『한국농촌사회학회 2002년도 학술대회 및 정기총회 발표 논문집』.

장원석. 2000.「남북화해협력시대 농협의 역할」.『남북 화해협력시대 협동조합의 역할에 관한 국제포럼』. 농협중앙회.

프랑 로이. 2000.「IFAD의 대북지원사업을 통해 본 북한 협동농장의 역할」.『남북 화해협력시대 협동조합의 역할에 관한 국제포럼』. 농협중앙회.

헌터, 헬렌-루이스(Helen-Louise Hunter). 2001.『CIA 북한보고서』. 남성욱 외 옮김. 한송.

황만유. 2002.『숨겨진 비밀 속의 북한 사회와 정치: 반역자의 땅』. 삶과 꿈.

≪연합뉴스≫. 2002년 9월 25일 자.

2. 북한 문헌

김일성. 1992.『김일성 전집』 제5권. 평양: 조선로동당출판사.

리진규. 1986.『위대한 수령 김일성동지께서 밝히신 사회주의적농업로동보수제에 관한 리론』. 평양: 과학, 백과사전출판사.

3. 외국 문헌

Dolling. 1991. "Between hope and helpless Woman in the GDR after the Turning Point." *Feminist Review*, No.39, Winter.

FAO/WFP. 1995.12. "Special Report."

Kornai, Janos. 1992. *The Socialist System: The Political Economy of Communism.*

Princeton University Press.

제9장

1. 국내 문헌

김성훈 · 심의섭. 2002. 『사회주의와 북한의 농업』. 비봉출판사.

남성욱. 「남북경제공동체 형성을 위한 남북경제교류의 협력추진방안」. 『한국동북아경제학회 정책개발세미나 발표논문집』.

_____. 2000. 「북한 농업정책과 남북한 농업협력방안」. 『농업기반공사 주최 북한농업기반 세미나 발표자료』.

_____. 2000. 「북한 주체농법의 철학과 현실」. ≪농민과 사회≫, 여름 호. 한국농어촌사회 연구소.

_____. 2002. 『김일성의 북한: CIA 북한보고서』. 한송.

남성욱 · 문성민. 2000. 「북한의 시장 경제 부문 추정에 관한 연구: 1998년을 중심으로」. ≪현대북한연구≫, 제3권 1호. 경남대학교 북한대학원.

박정동. 2003. 『개발경제론: 중국과 북한의 비교』. 서울대학교출판부.

양문수. 2001. 『북한경제의 구조』. 서울대학교출판부.

2. 북한 문헌

김일성. 1960. 『김일성 선집』 4권. 조선로동당출판사.

_____. 1963. "사회주의 농촌문제 해결에서 나서는 몇 가지 문제에 대하여".

3. 외국 문헌

國家統計局農村經濟社會統計司. 1990. 『中國農村統計年鑑』.

農業部. 1993. 『農村合作經濟研究課題』.

Barry, Naughton. 1995. *Growing out of the Plan: Chinese Economic Reform, 1978~1993*. Cambridge: Cambridge University Press.

Gregory, Paul R. and Robert C. Stuart. 1986. *Soviet Economic Structure and Performance*, 3rd edition. New York: Harper & Row.

White, Gordon. 1995. *Riding The Tiger: The Politics of Economic Reform in Post-Mao China, Stanford, California*. Stanford University Press.

4. 인터넷 자료

www.apps.fao.org

제10장

1. 국내 문헌

김무환. 1998. 북한의 식량문제와 농업정책. 『북한경제동향(1997년도)』. 한국개발연구원.

김일남 · 김세국 · 김융언. 1991. 『조선농업사 4』. 1980년 김일성 신년사. 평양, 농업출판사.

남성욱. 2000. 「북한 농업정책과 남북한 농업협력방안」. 농업기반공사 주최 북한농업기반 세미나 발표자료.

_____. 2000. 「북한 주체농법의 철학과 현실」. ≪농민과 사회≫, 여름 호. 한국농어촌사회 연구소.

_____. 2002. 『김일성의 북한: CIA 북한보고서』. 한송.

_____. 2003. 「남북경제공동체 형성을 위한 남북경제교류의 협력추진방안」. 『한국동북아 경제학회 정책개발세미나 발표논문집』.

농촌경제연구원. 1983. 『북한의 농업생산능력평가』.

박석균. 1975. 「북괴 알곡 생산고의 실상」. ≪국제문제≫. 극동문제연구소.

오기완. 1976. 「북한농업의 실태와 문제점」. ≪자유공론≫. 극동문제연구.

유종열. 1997. 「북한의 식량문제 해결방안」. 제3회 북한농업기반 국제세미나.

이광운. 1972. 「북한농업의 현황과 그 전망」. ≪국제문제≫. 극동문제연구소.

이일영. 1998. 「북한 농법의 전개와 개혁의 전망」. 제4회 북한농업기반 국제세미나. 농어촌 진흥공사.

≪동아일보≫. 1999년 6월 5일 자.

2. 북한 문헌

과학백과출판사. 1983. 『백과전서』. 평양: 과학백과출판사.

농업과학출판사. 1992. 『조선농업사 4』. 평양: 농업과학출판사.

농업출판사. 1992. 『우리나라 농촌문제 해결의 빛나는 경험』. 평양: 농업출판사.

≪조선신보≫. 1999년 3월 23일 자.

_____. 1999년 3월 26일 자.

3. 외국 문헌

読売新聞. 1997. 『This is 讀賣』.

Damodar, Gujarati. 1995. *Basic Econometrics*. New York: McGraw Hill Book Company.

Fan, Shenggen. 1990. *Regional Productivity Growth in China's Agriculture*. Oxford: Westview Press.

FAO. 1998. "Special Report: Crop and Food Supply Assessment Mission to the

Democratic Republic of Korea."

Glejser. 1969. "A New Test for Heteroscedasticity." *Journal of the American Statistical Association,* Vol.64.

J., Johnston. 1984. *Econometric Methods.* McGraw-Hill, Inc.

John P., Doll and Frank Orazem. 1978. *Production Economomics Theory with Application, Grid.* Ohio: Columbus.

Kueh. 1995. A*gricultural Instability in China, 1931~1991.* Oxford: Clarendon Press.

McMiillan, John. 1989. "The impact of China's Economic Reform onAgricultural Productivity Growth." *Jouranl of polictical of Political Economy.*

Rebecca J., Elliott. 1995. *Learning SAS In The Computer Lab.* Duxbury Press.

U.S. Central Intelligence Agency National Foregin Assessment Center. 1997. *North Korea Economic Indicators.*

World Bank of the United Nations. 1997. *Social and Economic Statistics of World: World Tables.* Washington D.C.

제11장

1. 국내 문헌

고승효. 1993.『현대북한경제입문』. 이태섭 옮김. 대동.

국가안전기획부. 1990.『북한편람』.

국토통일원. 1988.『북한 최고인민회의 자료집』 제2집. 국토통일원.

김광인. 2003.「군인 · 중노동자 월급만으로는 살 수 없다」.『한반도의 대전환』. 조선일보사.

김성보. 2000.『남북한 경제구조의 기원과 전개』. 역사비평사.

김성훈 · 심의섭 외. 2002.『사회주의와 북한농업』. 비봉출판사.

김수대. 1997.「共和國の 農業協同經營における分組管理制とその展望」.『月刊朝鮮資料』. 東京: 朝鮮問題研究所.

김연철 · 박순성 편. 2002.『북한 경제개혁연구』. 후마니타스.

김영윤. 2001.「북한 협동농장의 운영 실태와 개편 방향」. ≪통일경제≫, 5 · 6월 호.

김용술. 2002.「북한 무역상 일본 강연전문」. ≪민족 21≫.

남성욱. 2000.「북한 주체농법의 철학과 현실」. ≪농민과 사회≫, 여름 호.

_____. 2000.「북한의 시장경제 규모 추정에 관한 연구」. ≪현대북한연구≫, 제3권 1호. 경남대 북한대학원.

_____. 2001.「북한의 협동 · 국영농장의 생산성 한계와 농업구조 개혁 방향」,「북한농업의 효율적인 재건방안」. 북한농업연구회 춘계학술 심포지엄 발표집.

노용환 · 연하청. 1997.『북한의 주민 생활보장정책 평가』. 한국보건사회연구원.
대산농촌문화재단 편. 1999.『새 천년을 향한 남 · 북한 농업 협력』. 대산 농촌문화재단 심포지엄 보고서. 도서출판 백의.
박석삼. 2002.「최근 북한 경제조치의 의미와 향후 전망」. 한국은행 조사국 북한경제팀.
박정동. 1993.『현대중국경제론』. 법문사.
박현선. 2002.『현대 북한사회와 가족』. 한울.
부경생 외. 2001.『북한의 농업: 실상과 발전방향』. 서울대학교출판부.
서남원. 1966.『북한의 경제정책과 생산관리』. 고려대 아세아문제연구소.
서재진. 2002.「북한 농민들의 의식변화」.『한국농촌사회학회 2002년도 학술대회 및 정기총회 발표 논문집』.
_____. 2002.5, 2002.8.「북한의 7 · 1 경제관리개선조치가 주민생활에 미칠 영향」. ≪통일정세분석≫.
양문수. 2001.『북한경제의 구조』. 서울대학교출판부.
이태섭. 2002.「북한의 사회주의 공업화 전략: 제1차 5개년 계획(1957~1960)과 제1차 7개년 계획(1961~1970)」. ≪북한학연구≫, 제3집. 고려대 북한학연구소.
장치(張琦). 2003.『북한의 농업개발 전략수립을 위한 외국의 경험과 시사점』. 한국농촌경제연구원.
최은실. 1999.「탈북자 대담: "북한의 농장실태와 농민생활」. ≪통일한국≫, 9월 호.
한국쌀사랑회. 1999.「북한의 협동농장과 운영 체계의 변화」. 북한지역의 쌀 생산성 향상을 위한 기술대책: 한쌀회 총서 제7권.
한림대학교 출판부. 1994.『북한경제통계자료집』.
황만유. 2002.『숨겨진 비밀 속의 북한 사회와 정치: 반역자의 땅』. 삶과 꿈.
황장엽. 2001.『어둠의 편이 된 햇볕은 어둠을 밝힐 수 없다』. 월간조선사.
「경제관리 개선 이제 시작이다」. ≪민족21≫, 2002년 10월 호.
「북녁 사람들의 군대생활」. ≪민족21≫, 2003년 5월 호.
≪월간 동화≫. 1999년 5월 호.
≪연합뉴스≫. 2003년 6월 10일 자.
_____. 2003년 3월 26일 자.
≪조선일보≫. 2003년 6월 11일 자.
≪중앙일보≫. 2003년 4월 3일 자.

2. 북한 문헌

곽정갑. 1996.「소비품 수요의 발생과 장성에 작용하는 주요 요인」. ≪경제연구≫, 제1호. 평양: 과학백과사전종합출판사.
김일성. 1960.「시 · 군 인민위원회의 당면한 몇 가지 과업에 대하여」.『김일성 저작집』6

권. 평양: 조선로동당출판사.
_____. 1960. 『김일성 선집 4권』. 조선로동당출판사.
_____. 1963. 「사회주의 농촌문제 해결에서 나서는 몇 가지 문제에 대하여」.
_____. 1982. 『김일성 저작집 17』. 평양: 조선로동당출판사.
김정일. 2002. 「현실발전의 요구에 맞게 사회주의 경제관리 체계를 개선할 데 대하여」. 『김정일 로작』.
북한 내부 자료. 「7 · 1 경제관리개선조치에 대하여」.
_____. 「로동자 생활비 표준표」.
정태식. 1957. 「계획 가격 형성과 관련된 몇 가지 문제」. ≪경제건설≫, 10월 호.
조선중앙통신사. 각 연도. ≪조선중앙연감≫.
≪조선신보≫. 2002년 7월 31일 자.
_____. 2002년 7월 22일 자.

3. 외국 문헌

Kim, H. 1992. *North Korea, Social Welfare in Socialist Countries*. New York: J. Dixon & D. Marcarov(eds.), Routledge.
Kornai, J. 1992. *The Socialist System : The Political Economy of Communism*. New Jersey: Princeton University Press.
Lavigne, M. 1999. *The Economics of Transition: From Socialist Economy To Market Economy*(2nd edition). New York: St. Martin's Press.
"WFP Emergency Report." No.29. 2002.7.
조총련 기관지. 1999. 「농업회복과 환경보호」. *People's Korea*, 3월 호.

4. 인터넷 사이트

www.bekkoame.ne.jp

제12장

1. 국내 문헌

기상청. 2011. 『북한기상 30년보』. 서울.
김선영 외. 2010. 「한국에서 기온상승이 사과 재배지역의 변화에 미치는 영향」. ≪한국지역지리학회지≫, 16권 3호. 한국지역지리학회.
김영훈. 2015. 「북한 농업평가와 2015년 전망」. ≪KDI 북한경제리뷰≫. KDI.
_____. 2015. 「북한의 농업: 전망과 과제」. ≪한반도포커스≫. 경남대 극동문제연구소.

김정수 외. 2009. 『북한개발지원의 쟁점과 해결방안』. 통일연구원.
신동천 · 이석기. 2014. 「북한 산업구조와 대북 투자의 효과분석: 산업연관분석을 중심으로」. 산업연구원.
이유진. 2015. 「북한의 농업개발구 선정원인과 성공요인 분석」. ≪북한연구학회보≫, 제19권 제1호. 북한연구학회.
이철호. 2015. 「흔들리는 식량안보, 자급률 OECD 최하위」. ≪자유마당≫. 한국자유총연맹.
정봉렬. 2003. 「북한의 산업개발 전략에 관한 연구」. 숭실대학교 대학원 박사학위청구논문.
통계청. 1998. 『통계로 본 대한민국 50년의 경제사회상 변화』. 서울.
_____. 2015. 「2014년 북한의 주요통계지표」. 대전.
통일연구원. 2014. 「제1차 KINU 통일포럼: 드레스덴 구상과 행복한 통일」. 서울.
평화문제연구소 · 조선과학백과사전출판사. 2005. 『조선향토대백과』. 서울.
한국농촌경제연구원. 2012. ≪북한농업동향≫, 제14권 제1호.
_____. 2012. ≪북한농업동향≫, 제14권 제2호.
_____. 2013. ≪북한농업동향≫, 제15권 제1호.
_____. 2014. ≪북한농업동향≫, 제16권 제1호.
_____. 2014. ≪북한농업동향≫, 제16권 제3호.
한국은행. 2012. 「산업연관표」. 한국은행.
_____. 2014. 「북한 국민소득 추계분석」. 한국은행.
≪노컷뉴스≫. 2014년 7월 23일 자.
≪농수축산신문≫. 2014년 11월 7일 자.
≪서울신문≫. 2015년 5월 9일 자.
≪연합뉴스≫. 2014년 7월 13일 자.
≪중앙일보≫. 2015년 5월 19일 자.
≪한국경제≫. 2007년 10월 3일 자.
≪NK투데이≫. 2015년 7월 31일 자.

2. 북한 문헌

윤재창. 1987. 『작성에서 부문사이 련계모형의 이용』. 평양: 과학백과사전출판사.
조선중앙통신사. 각 연도. ≪조선중앙연감≫. 평양.
「북한 지방급 경제특구 투자제안서」. 2013. 평양.
≪노동신문≫. 2015년 5월 19일 자.
_____. 2014년 6월 5일 자.
_____. 2014년 4월 14일 자.
_____. 2011년 3월 16일 자.
_____. 2013년 11월 20일 자.

3. 외국 문헌

FAO. 2013. "Special report: FAO/WFP Crop and food assessment mission to the democratic people's of Korea."

International Food Policy Research Institute(IFPRI). 2015. "2014~2015 Global Food Policy Report." Washington, DC.

Lee Cherl-Ho. 2015. *Korea Unification and Food Security*. Seoul: Sikkanyeon.

Lu Riyu. 2015. 「그린데탕트 기상분야 남북협력 방안 연구」. Institute of Atmospheric Physics, Chinese Academy of Science.

Nam Sung-Wook. 2006. *Contemporary Food Shortage of North Korea and Reform of Collective Farm*. Herbert Utz Verlag, Munchen.

White, Gordon. 1993. *Riding the Tiger: The Politics of Economic Reform in Post-Mao China*. California: Stanford University Press.

World Bank. 2008. *World Development Report 2008: Agriculture for Development*. Washington, DC.

미국 의회조사국(CRS). 2015. 「North Korea: 대미관계, 핵 외교, 내부 상황」. Washington, DC.

≪미국의 소리(VOA) 방송≫. 2015년 8월 18일 자.

찾아보기

(ㄱ)

가격의 일원화 · 세부화 원칙 351
가격자유화(price reform) 352
가격조정 374
가격편차금보상제 374
가급금제 367
가족농 50, 167, 228, 232, 235~236, 238, 242, 290, 300, 302~303, 306, 309, 323, 332~334, 339, 384
가족분조제 381
가족청부제 236, 291, 296, 298
간척사업 222
감자농사 7, 24, 32, 185, 191, 227
감자농사 혁명 25
감자증산정책 342
개천-태성호 물길공사 220
거시적 개혁 방향 330
검사위원회 129, 131~132, 152, 542~543
결산분배 81, 146~147, 149, 151, 158, 367
경제개선관리조치 23
경제개혁 338, 348~349, 375, 377
경제관리개선조치 24, 26, 309, 321, 384
경제합작사 268~270
경험단계 74~76, 79, 92, 96, 98, 100
경험집 88, 99, 100, 102, 104
계약재배 340, 345
계획경제의 이완 349
계획수매 160, 309
계획통계원 130, 139
고급기능 368~369, 386
고봉기 81
곡물생산함수 196, 199, 201, 203, 206, 209~210, 211, 215, 225
곡물증산 196, 378, 382
공공양정배급소 385
공수 93, 153, 379
관개담당원 130
관개시설 202, 211, 220, 343, 384, 463, 497, 513, 523~524
관리위원회 129~132, 139, 142, 153, 248, 310, 333, 475, 502, 543, 546, 548
교환수매 160
국가가격제정국 351~353, 378
국가계획위원회 138, 143, 145, 231, 284, 310, 331
국가농공위원회 296~297
국영농장 8, 22, 38, 121, 123, 163, 229, 308, 380
국정가격 157, 160, 338, 351, 355, 371, 380, 383
국제농업개발기금(IFAD) 144, 221, 344
국제식량농업기구(FAO) 21, 29, 42, 44, 195, 200, 220, 336
국제통화기금(IMF) 195, 221
군 인민위원회 115, 138, 140, 522
군 협동농장경영위원회 114~115, 135, 138, 140~141, 143, 146, 482, 522, 525, 527
극심한 가뭄 194
급양부문 349, 371~372
급진적 방식 306
기계류 사용량 203
기계화 32, 38, 55, 57, 68, 74, 98, 107, 122, 136, 163, 183, 202, 204, 211~212, 214, 217~218, 220, 225~226, 251, 289, 292, 299, 315, 329, 446, 458, 461~463, 465, 491, 497~498, 501, 513~515
기계화 정도 205, 220
기관이기주의 331
기능 368
기본건설기금 148

기사장 130, 142
기술·사상·문화혁명 183
기술혁명 57, 107, 122, 183, 443, 458, 460~461, 471, 476, 491, 496, 501, 505, 507, 526, 540
길주 제일주의 82, 85~86
김일성 20, 23, 44~45, 49~50, 52, 68, 76, 78, 81, 85, 98, 107, 111, 113, 121, 145, 158, 164, 166, 170, 177~181, 186, 235, 333, 342, 348
김정일 23~24, 33, 38~40, 175, 179, 185, 191, 335, 342, 344, 349, 375, 383

(ㄴ)

남북농업채권 345
남북농업협력 340
남새 31, 182, 185, 462, 468, 488, 528
노동보수 149, 156, 291, 294, 366, 371
노동통계원 130
노동행정 115~116
노력공수 146~147, 150, 154
노르마 방식 318~319
농가청부 생산책임제 40, 218
농공콤비나트 297
농기계임경소 63, 73, 446, 449, 454, 464
농민시장 7, 24, 55, 140, 160, 171, 173, 192, 258, 337, 351, 357~358, 360, 372, 374, 376~377, 379, 386
농민시장가격 337
농민시장 물가 351, 358, 360
농민은행 63, 143
농법 91, 176, 180, 183, 189, 193, 256, 467
농산분조 137
농업공동체 277, 279
농업구조 개편 327
농업노동력 57, 202~203, 208, 211, 217~218, 225, 232, 266, 273, 290, 329
농업법 24, 161~162, 192, 224
농업생산 호조조 242
농업생산 호조합작 242
농업성 28, 75, 115~116, 138~139, 141, 230, 236, 331, 522
농업집단화 56, 63, 66~67, 70~71, 111, 121, 241~243, 251, 255, 279, 281, 283, 286, 295, 299, 304~308, 315, 320
농업현물세 76, 109, 353, 477, 521
농업협동화 21~22, 56, 65, 68~69, 71, 73~74, 79~82, 84~87, 121, 133, 143, 243~244, 354, 446~447, 450, 452, 458, 477, 512, 517, 520
농장원 총회 129~130, 135, 139, 146, 152
농지면적 197, 214~215, 324, 343
농촌경리 19~20, 50, 57, 60, 68~69, 113~115, 164, 179, 183, 442~446, 451, 453, 455, 460~461, 463~464, 466, 470, 474, 476, 479~480, 484~485, 495~496, 501, 503~505, 507, 509~511, 513~515, 520, 524~525, 527~528

(ㄷ)

다락밭 건설 58, 180, 187, 221, 388
다중회귀 분석모델 202
담배분조 137
대약진운동 245, 262
대응기제 376
대중단계 74, 76~77, 84, 87, 92, 95, 449
대홍수 35, 190, 194
더미변수 208, 214
도 농촌경리위원회 115~116, 136, 138, 141, 310, 522
도급제 228, 546
도급지불제 367
동 개혁 실시에 대한 임시 조치법 55
두레마을 340, 343

두벌농사 24
뙈기밭 6, 22, 126, 162, 180, 220, 234, 237, 382

(ㄹ)

리당비서 146, 170, 330, 333
리 협동농장관리위원회 140, 142

(ㅁ)

마르크스-레닌주의 농업론 50, 54, 61, 274, 504
마오쩌둥 243
무기능 368~369, 371, 386
무상기간 202
문화혁명 107~108, 443, 460, 471, 474, 496, 505, 507~508, 512, 514, 517, 540
미국 농무성(USDA) 44, 200
미르 273, 323
미시적 개혁 방향 333
밀식재배 185, 190, 388

(ㅂ)

반사회주의적 성격 243
발머리작업 146
배급제 39, 305, 337~338, 362, 371
배급제 폐지 337
배급표 372, 379
배천바람 80~82, 86
베트남 236, 336
보충분배제도 166
복합미생물공장 222
복합미생물 비료 25, 37
봉건적 토지소유 33
부기장 130~131, 139, 143, 543
부마시반 90, 93~95, 97
부업 142, 235~236, 266, 292, 365, 470, 500, 540
부위원장 116, 130~131, 543
부침땅 180
북조선토지개혁법 64
분류별 날씨지표 206
분조관리제 무용론 170
분조구성원 173
분조도급제 325, 340
브리가다 284, 289, 291, 310, 313~315, 319
비공식부문 234, 237
비료 7, 20~21, 27, 32, 72, 103, 108, 110, 136, 150, 168, 173, 176, 182, 184, 186~187, 195, 200, 211~213, 215~216, 222, 225, 227, 231, 273, 294, 330~331, 334~335, 341, 344, 346, 378, 383~385, 448, 466, 498, 547

(ㅅ)

사회문화기금 148
사회주의 계획경제 49~51, 210, 237
사회주의노동법 366
사회주의 분배원칙 137, 155, 349, 362, 381
사회주의혁명 239, 241, 251, 255, 274, 276, 280, 307, 315~317, 322~323, 442, 446, 448, 458, 474, 503, 505
삼급소유제 246~248, 314
상금제 154, 192, 367
상품구매권 169
새땅찾기운동 187
새로운 분조관리제 39, 159, 163, 170~173, 206, 225, 237
생산대 245~248, 250~252, 254, 256~258, 259, 261, 268, 313~314
생활비 361, 363, 365~368, 372, 383

선군정치 33, 363, 365
세계식량계획(WFP) 220, 336
세계은행(IBRD) 195, 221
소결반 93, 97
소채전 382, 540
소프호스 280, 283, 289, 295~296, 300, 302, 304, 308~309
수리관개 214, 262, 270~271
수리관개화 211~213, 215, 217, 226
수리 관개화 비율 203
수리화 57, 107~108, 122, 183, 461~463, 466, 485, 501, 513~515, 545
수산분조 137
시범농장 185, 340
시비체계 116, 186, 388, 467, 486, 497, 515, 525, 545
시비체계의 과학화 186
시장수매 160
식량난 21, 24, 44, 108, 118, 173, 176, 191, 193~195, 225, 235~236, 325, 328, 333~334, 337, 343~344, 346, 369, 382, 383
식량자급률 347
신경제계획 275, 279
신해방지구 78, 80, 86, 450
실리보장 349
실리사회주의 376
쌍층경영 268
씨감자 28, 30, 223, 341~342

(ㅇ)

아렌다 293~295, 298
안시가평의(按時加評議) 254, 318
에야 오사무(惠谷治) 23, 223
연작 186, 388
완성단계 72, 78~79, 85, 92, 452
우대기금 152, 154
우리나라 50
우리나라 사회주의농촌문제에 관한 테제 56~57, 107, 176~177, 179, 503
우호가격 46
원산농업대학 197
원시적 축적 109, 241
위탁수매 160
유기질 비료 37, 190~191, 202, 216, 222
유동기금 148
윤작법 181
의무노력일 153, 164
이동수매 160
이모작 7, 22, 28~29, 31~32, 191, 219, 227
이우홍 197
이중곡가제 354, 374, 386
인민경제계획법 24, 192, 349
인민공사 40, 124, 242, 244~246, 248, 250, 252, 254~257, 260, 262~264, 266~268, 273, 304, 306, 308, 310, 313, 315, 318, 320, 329, 332, 383
인민공사제 236
인민생활공채 377
인센티브 제도 154, 172, 321
임금 인상 337, 361, 363, 365, 371

(ㅈ)

자류지(自留地) 244, 251, 253~254, 256~258, 318, 320, 383
자본축적 112, 241, 254, 286~287, 289
자연개조 5대 방침 45, 57, 204, 387
자연재해 20~22, 34, 44, 180, 194, 204, 209, 217, 220, 225~226, 245, 252, 343, 346, 388, 545
자원성 74, 77, 86~87, 103, 105, 328, 447, 450, 504
자유소토지 251
자유수매 160

자유처분권 159, 173, 224, 319
자유처분량 224
자재공급 115
작목선택권 7, 161, 227, 264
작물선택권 193
작부체계 227
작업반우대제 117~118, 136, 139, 145, 152, 154~155, 158~159, 166, 172, 192, 205, 319, 325, 380
작업분조 171, 173
작업통계원 131
잠업분조 137
잠업협력 340
장기농촌재건복구계획 343
재정활동 115, 152
적기적작 24, 186, 388
적지적작 24, 193, 388, 455, 500~501
전국농업대회 113, 179
전국농업협동조합대회 50, 68, 79, 443, 495
전기화 57, 107, 114, 122, 183, 461, 465, 513~515, 521, 545
전 인민적 소유 38~39, 57, 109, 113, 163, 183, 231, 241, 283, 308, 505, 507, 509, 511, 522~525
점진성 103, 105~106
점진적 방식 305
정무원 농업위원회 114~115, 185
정사합일체(政社合一體) 245, 248
정액기공 254, 318
정액지불제 367
정치경제학 49, 338
제2경제 223, 234
조선신보 168, 171
조선중앙연감 200
조선중앙통계국 199
조합원의 권리 128, 541
조합원의 의무 128, 541
종서(種薯)갱신 342
종자개량 191, 344
종자혁명 24~25, 28, 31, 222
종합시장 24, 160, 377, 386
주체농법 26, 114~115, 176, 178~180, 183, 189, 191, 193, 225, 387, 388
주체농업 39, 113, 161, 176, 182~183, 191
중국 46, 70, 97, 124, 173, 195, 218, 225, 229, 236, 239~240, 242, 247, 251, 255, 257, 263, 266, 271, 292, 306, 308, 310~311, 314, 318, 321~322, 338, 381
중국의 농업개혁 195, 258, 313~314
중앙정보국(CIA) 200
중앙집권적 관리체계 229
즈베노 284, 289~290, 310, 313~315, 319
집단농장제도 20, 194~195, 202, 204~206, 215, 217~218, 224, 382
집중지도 71

(ㅊ)

창고장 130, 142
채소분조 137
책임전 251
청산리 방법 56, 311~312, 522, 524
초과생산물 39, 155, 167, 224, 238, 293, 319
초인플레이션(hyper-inflation) 350
총화회의 146, 151
최우추정방법 210, 213
축산기사 130

(ㅋ)

콜호스 71, 94, 276, 280, 282~283, 285~289, 291, 293~300, 302, 304, 306, 308~310, 312~313, 315, 317~318
코브-더글러스(Cobb-Douglas) 생산함수로

210
쿨라크(kylak) 274, 277~278, 307
키트 291~292, 298

(ㅌ)

텃밭 6, 22, 35, 39, 126, 140, 162, 173, 195, 232~235, 237~278, 320, 325, 333, 381~382, 386
토사유출 190, 220~221
토양분석표 184
토지개혁 20, 22, 25, 41, 45, 50, 55, 60~65, 68, 93, 97, 99~100, 102, 121, 176~177, 239~242, 244, 251, 255, 268, 274, 277~278, 280, 283, 301, 304, 307, 323, 348, 443, 446, 452, 504, 520
토지개혁에 관한 법령 55, 63
토지등급 184
토지면적 203
토지 이용률 57
토지정리사업 24, 32~33, 219, 221, 459
토지행정에 대하여 176
통일농정 329

(ㅍ)

편의 부분 371
평균주의 원칙 361
포공도조 254, 318
포기농사 179, 182, 185, 225
포산도호 259~262

(ㅎ)

합영사업 340
해리슨 셀리그(Selig S. Harrison) 335
현지지도 20, 23~24, 158, 166, 179, 344, 478
협동농장 20, 22, 35, 38~39, 50, 66, 72, 81, 109~110, 112~113, 116~118, 121, 123~125, 127, 129, 131~132, 135, 138~139, 141~142, 144~145, 147, 149~150, 152, 154~156, 159~165, 168, 170, 176, 183~185, 192, 201, 205, 224, 227~230, 232~233, 236, 280, 304, 306, 308, 310, 312~313, 317~318, 320, 324~331, 333~335, 340, 343, 379~380, 384, 386, 483, 489, 507, 512, 517, 521~523, 528
협동농장규약 164, 230
협동농장기준규약 147, 164
협동적 소유 38, 109, 113, 149, 163, 183, 230~231, 241, 300, 510~512, 525
협동적 소유제 126, 283, 308, 314, 505
협상가격차 240, 252, 354
호조조 242, 244
화학비료 37~38, 58, 148, 186, 190, 203~204, 208, 216, 222, 225~226, 250, 252, 271, 449, 454, 467, 484, 498, 515, 521, 524
화학비료 사용량 225
화학화 57, 107, 122, 183, 202, 222, 484~485, 513~515, 521
회귀분석 196~197, 199, 201, 208, 210~212, 215

(기타)

10·3 노작인 383
4대 자연개조사업 204

지은이

남성욱(南成旭)

고려대학교 북한학과 교수(2002~현재) 겸 행정대학원장(2016~현재)
국방부 정책자문위원(2014~현재)
법무부 법무연수원 통일관계 자문교수(2014~현재)
중소기업중앙회 통일경제위원회 공동위원장(2014~현재)
고려대학교 아세아문제연구소 북한연구센터장(2014~현재)
민주평화통일자문회의 사무처장(차관급)(2012~2013)
국가안보전략연구소 소장(차관급)(2008~2012)
한국북방학회 고문(2007~현재)
기상청 남북관계 자문위원(2007~현재)
북한연구학회 부회장(2007~2012)
경기도 남북관계 자문위원(2006~현재)
KBS 북한문제 객원해설위원(2005~현재)
한국관광공사 남북관계자문위원(2005~현재)
한국학술진흥재단 남북위원회 자문위원(2005~2012)
동북아경제학회 총무이사(2005~2006)
아모레퍼시픽 장학재단 감사(2004~현재)
남북경제연구원장(사)(2004~현재)
북한경제전문가 100인포럼 이사(2004~2007)
농림부 정책자문위원(2004~2007)
한국북방학회 회장(2004~2006)
서울시 정책자문위원(2003~현재)
통일부 정책자문위원(2003~2005)
NSC 정책자문위원(2003~2005)
통일농수산포럼 연구이사(2002~2007)
북한농업연구회 이사(2002~2007)
남북경제연합회 부회장(2002~2007)
북한경제포럼 연구이사(2002~2005)
북한연구학회 총무이사(2002~2004)
KBS 라디오 "경제를 배웁시다: 북한경제 이야기" 출연(2002.9~2003.5)

주요 논저

『한국의 외교 안보와 통일 70년: 1945~2015』(공저, 2015)
『개방과 폐쇄의 딜레마, 북한의 이중적 경제: 북한의 경제』(공저, 2012)
『한반도 상생 프로젝트: 비핵 · 개방 3000 구상』(공저, 2009)
『북한의 급변사태와 우리의 대응』(공저, 2007)
『김정일 코드: 브루스 커밍스의 북한』(역서, 2005)
『북한의 IT 산업 발전전략과 강성대국 건설』(2002)
『사회주의와 북한의 농업』(공저, 2002)
『북한의 경제운영과 특성』(공저, 2002)
『CIA 북한보고서』(공역, 2001)
"Contemporary Food Shortage of North Korea and Reform of Collective Farm"(Germany, 2006).

한울아카데미 1876
현대 북한의 식량난과 협동농장 개혁(개정판)

지은이 **남성욱** | 펴낸이 **김종수** | 펴낸곳 **한울엠플러스(주)** | 편집책임 **최진희** | 편집 **허유진**

초판 1쇄 발행 **2004년 2월 10일** | 개정판 1쇄 발행 **2016년 3월 30일**

주소 **10881 경기도 파주시 광인사길 153 한울시소빌딩 3층** | 전화 **031-955-0655** | 팩스 **031-955-0656**
홈페이지 **www.hanulmplus.kr** | 등록번호 **제406-2015-000143호**

Printed in Korea.
ISBN 978-89-460-5876-7 93300 (양장)
ISBN 978-89-460-6132-3 93300 (반양장)
* 책값은 겉표지에 표시되어 있습니다.